KB059269

기후위기 시대에 춤을 추어라

기후위기 시대에 춤을 추어라

2024년 6월 25일 초판 1쇄 펴냄
2024년 10월 31일 초판 3쇄 펴냄

지은이 이송희일
편집 박은경
펴낸이 김경섭
펴낸곳 도서출판 **삼인**
전화 (02) 322-1845
팩스 (02) 322-1846
이메일 saminbooks@naver.com
등록 1996년 9월 16일 제25100-2012-000045호
주소 (03716) 서울시 서대문구 성산로 312 북산빌딩 1층

디자인 디자인 지폴리
인쇄 수이북스
제책 은정

ISBN 978-89-6436-270-9 03330

기후위기 시대에
춤을 추어라

기후-생태 위기에 대한 비판과 전망

이송희일 지음

삼인

호랑이 과부

2022년 8월 서울이 115년 만의 홍수에 잠식되던 밤, 손전등을 들고 밤새 집 주변을 서성였다. 배수구가 막혀 물이 빠져나가지 못할까 봐 걱정이 됐다. 서울 강북구의 반지하 집에 26년째 살고 있다. 그래도 강북구가 서울에서 가장 지대가 높아 한 번도 침수 걱정을 한 적이 없었는데, 2022년의 여름은 전혀 달랐다. 강남 지역이 물바다가 됐고 반지하 침수가 속출했다. 그 와중에 한 장애인 가족이 반지하에 갇혀 안타깝게 목숨을 잃었다는 소식이 귓전을 때렸다. 내 반지하 집의 안녕을 점검할 수밖에 없었다. 밤새 시꺼먼 장대비 속을 어슬렁거리며, 먼발치로 감지되던 기후 문제가 새삼 턱까지 치받쳐 올랐다는 두려움을 곱씹어야 했다. 못내 탄식이 흘러나왔다, 정말 위기가 도착했구나.

생각해보면 이상한 일이다. 영화감독이 영화는 안 만들고 이런 책을 쓰느라 진을 뺀다는 게. 확실히 이상한 일이다. 영화감독이 지난 3년 동안 전국을 돌며 기후위기 강의를 하고 다녔다는 게. 강의를 할 적마다 한 번도 예외 없이 똑같은 질문을 받았다. 왜 영화감독이 기후 강의를 다니세요? 그때마다 똑같은 대답이 입에서 흘러나왔다. '이상하죠? 저도 이상해요. 그런데 곰곰이 생각하면 지금 지구가 이상하잖아요. 이상한 세상에서 이상한 건 정상이라는 뜻이 아닌가 싶어요.' 영화감독이라는 직업 이전에 나 역시 이 지구에 깃들여 사는 하나의 피조물로서, 이상해진 기후와 이상해진 지구를 염려하는 건 기실 자연스러운 현상일 것이다. 무엇보다 반지하에 사는 누구나 창밖의 수상쩍은 빗줄기를 근심 어린 표정으로 기웃거릴 수밖에 없으니까.

어쩌다 보니 최근 몇 년 동안 페이스북에 정말 기후가 이상해요, 지구가 이상해요 하는 이야기들을 꾸준히 써왔는데, 영화감독이 영화 걱정보다 세상 걱정을 먼저 하는 게 자못 신기했는지 민주노총을 비롯한 노조는 물론 전국에서 강의 요청이 들어왔다. 처음엔 머뭇거렸다. 소위 전문가도 아닌데 강의에 나가 사람들에게 말을 하는 게 말이 되는 건가 싶었다. 그렇다고 기후와 생태 문제에 관심이 없었던 건 아니었다. 딴엔 20대 때부터 생태주의자로 삶을 정체화했으니 그 생의 역사가 짧다고 할 수는 없지만, 지난 20여 년간 영화 작업에 열중하느라 관심을 덜 기울였다고 하는 게 맞을 것이다. 그러다 2018년을 경유하며 북반구에도 폭염과 홍수 등 기후위기가 들이닥쳤고, 미어캣처럼 허리와 귀를 쫑긋 세우고 그제야 주위를 두리번거리게 됐다. 물론 나만 그랬던 게 아니다. 다른 사람들도 놀란 눈으로 두리번두리번 지구의 사정을 살펴보기 시작했다. 기후위기라는 말이 일반화된 것도 최근의 일이며, 기후정의운동이 한국에서 활발히 펼쳐진 것도 근자의 일이다. 내게 쇄도했던 강의 요청은 요컨대, 한국인들이 기후위기 문제를 심각하게 바라보기 시작한 그 사정이 반영된 것이었다.

이 책은 뜻하지 않게 전국을 돌며 기후 강의를 하던 어느 '듣보잡' 영화감독의 뜻하지 않는 생애 첫 단독 저서다. 답이 명료하게 주어진 것이 아니었기에, 이 책은 답을 찾아가는 지난한 여정으로 빼곡하다. 그동안 강의를 하면서 받았던 질문들, 그리고 스스로에게 던진 내면의 질문들에 대한 답을 찾기 위한 고투의 과정이다. 지난 몇 년간 기후위기에 붕괴되는 남반구의 이모저모를 살펴보는 과정은 기존의 사고와 관념이 송두리째 부서지는 경험을 동반했다. 어느 날엔가는 페이스북에 아프리카 남수단을 덮친 재앙적인 홍수에 관한 글을 올린 적이 있는데, 전혀 모르는 낯선 이에게 메시지를 받았다. 한국에서 일하는 남수단의 이주노동자였다. 세상 사람들이 전혀 모르거니와 알려고 하지도 않는 가난한 자기 고향 소식을 전해줘서 고맙다는 인사였다. 뿌듯한 마음 따위가 끼어들 새가 없었다. 오히려 그의 메시지는 나의 조막만 한 관심이 그저 기후 문제에 젠체하는 부유한 북반구 시민의 자기 만족이 아닌가 하는 낯 뜨거운 각성을 재촉했다.

그 이후로 기후와 생태 문제를 바라보는 시각이 전혀 다른 각도로 변침됐다. 소위 기후전문가들이 탄소중립 어쩌고 잔뜩 수치를 기입해 그려놓은 그래프들이 실상 무수한 이야기들을 가리고 있다는 걸 깨달은 것이다. 이 책을 쓰는 동안 글쓰기를 이끌었던 별자리들은 전문가나 과학자의 통계와 수치 따위가 아니라 목숨을 건 채 추출주의(Extractivism)로부터 숲과 강을 지키는 남반구 선주민들, 가장 먼저 부서지는 세계의 모서리마다 삽과 괭이를 들고 자연을 양육하는 농민들, 유례없는 가뭄 때문에 물을 뜨기 위해 폭력의 사막을 횡단하는 아프리카 소녀들, 괴멸적인 기후 태풍 속에서도 태양의 반란을 기획하며 맹렬히 다른 대안을 축조하는 민중들이었다. 그들이 길잡이였고 별의 지도였다. 행여나 그럴듯한 기후 시민 계발서를 원한다면 다른 책을 구입해야 할 것이다. 이 책은 그런 기후 시민 계발서가 잘못된 가정에 기초해 있다는 걸 폭로하기 위해 쓰였기 때문이다. 또 만일 텀블러, 줍깅, 분리수거, 채식 등 개인적 실천을 통해 기후 불안을 달래고 자족적 만족감을 고양하기 위한 안내서를 원한다면 그 또한 다른 책을 찾으라 권하고 싶다. 이 책은 개인적 만족으로 그치는 것보다 체제와 불화하는 것이 현명한 기후위기 대응이라고 권장하기 때문이다. 그리고 기후위기를 벗어나기 위해 화석연료 사용을 중지하고 재생에너지로 전환해야 된다는 '당연한' 이야기를 반복해서 원하는 독자라면 다른 책을 찾기를 추천한다. 이 지면은 세간에 통용되는 그 당연한 이야기가 당연해지기 위해서는 왜, 어떻게, 누가 같은 근원적인 질문의 체가 필요하다는 점을 역설하는 까닭이다. 대부분의 모순은 바로 질문들이 누락된 검은 공백에서 비롯된다.

기후위기의 책임을 개인에게 전가하거나 인간과 인류에게 그 죄를 떠넘기는 자유주의적 세계관, 탄소 상쇄와 탄소 포집 기술로 기후위기를 넘어설 수 있다고 주장하는 녹색 자본주의의 터무니없는 낙관론, 기후위기를 인구 증가 문제로 환원하는 맬서스주의, 세계가 곧 망할 것이라고 공포를 조장하는 파국론, 기후위기를 사회 체제와 무관한 독립적인 문제로 여기는 기후 결정론에 대한 비판이 이 책에서 다루고자 하는 주 목록들이다.

예를 하나 들어보자. 작년 봄 세종시에서 열린 기후정의파업 때문에 어느 지역의 단톡방에 소란이 일었다. 성소수자가 어떻게 연단에 올라 기후위기에 대해 발언할 수 있냐고 누군가 이의를 제기했기 때문이다. 참으로 기이한 생각이다. 실제로 기후재난이 발생하면 농민과 노동자는 물론이고 여성, 성소수자, 장애인, 이주민 등 자원이 부족한 사람들이 먼저 피해를 입는다는 사실은 기후정의의 기초 상식에 속한다. 미국은 물론 자메이카에서부터 방글라데시에 이르기까지 태풍 재난이 몰려오면 성소수자들도 가장 먼저 배제되는 주체 중 하나다. 코로나와 엠폭스 사태에서 보듯 기후변화와 연동된 감염병이 도래해도 성소수자가 먼저 희생양의 제단에 올려진다. 기후정의파업에 참여하면서 기후정의에 대한 기본을 숙지하지 못했다는 것도 문제지만, 이렇게 기후와 생태 문제를 정치-경제적 맥락에서 뿌리뽑아 탈정치화하는 보수적 세계관이야말로 정작 기후위기 대응을 더디게 하는 걸림돌로 작용한다. 안타깝게도 이러한 관점이 지배 기득권 세력은 물론이고 현재 기후 담론장의 주류를 형성하고 있는 게 현실이다. 기후운동이 정치적 역학 관계에서 벗어나 순수한 형태로 존재해야 된다는 이 주장들은 사실 가장 고도로 정치적인 이데올로기다. 왜냐하면 기후위기는 자본주의와 지배 권력, 그리고 불평등의 역학을 배제하면 손바닥 크기만큼도 온전히 이해할 수 없는 까닭이다.

분명히 기후 시계는 더 빨라지고 있다. 시시각각 재난이 몰려온다. 가까이에선 일본이 지난해 125년 만에 사상 최고 온도를 기록했다. 열사병 환자가 속출했다. 멀게는 영국에서 지난 5개월 동안 1,695밀리미터의 강우량으로 관측 이래 가장 습한 계절을 맞이하며 주요 작물의 5분의 1가량이 손실됐다. 식량 인플레이션으로 타격을 받게 된다. 기후위기는 단지 기후 문제가 아니다. 식량위기를 몰고 오고, 감염병을 부추기며, 보건위기를 양산하고, 나아가 전쟁과 분쟁을 촉발시킨다. 이 문단을 쓰는 와중에도 브라질에서는 80년 만의 대홍수로 수백 명이 사망하고, 케냐에서도 160명 이상이 홍수로 사망하고 댐이 무너졌다. 남중국, 두바이, 호주도 홍수로 몸살을 앓고 있는 중이다. 앞으로 물과 불의 재난 속에서 약자들이 더 많은 고통을 받게 될 것이다. 이렇게 기후위기의 현재 풍경을 예시하고 그것이 어떤 충격으로 인류를 위협하게 될지 구체적 이야기를 하려면 또 하나의 책을 써야 한다. 사실은 그와 관련한 기후재난 정보들을 50여 페이지 남짓 빼곡히 써내려가다가 못내 지우고 말았다. 이미 넘쳐날 대로 넘쳐나는 기후 정보의 스트레스를 독자들에게 건네는 게 무슨 의미인가 싶었기 때문이다. 게다가 그렇게 파국의 풍경을 폭로하는 책들은 이미 즐비하다. 기후위기 문제를 통계와 수치로 정량화하고, 표준적 인류를 가정한 채 감축 의무를 채근하고 지고지순한 자연 사랑을 예찬하는 책들도 넘쳐난다. 그러나 이 책의 관심사는 오히려 그 통계와 수치들이 숨기고 있는 불평등과 비대칭, 위선, 잘 보이지 않는 슬픔과 분노다. 가령, 서벵골 순다르반스Sundarbans 의 '호랑이 과부'의 슬픔 같은 것들.

하기는 호랑이 과부들은 이 책에서 내가 말하려는 거의 대부분의 이야기를 품고 있다. 잠시 그 이야기를 해보자. 현재 지구상에서 가장 기후위기 취약 지역으로 손꼽히는 곳이 서벵골이다. 방글라데시와 인도 국경이 겹쳐 있는 곳. 벵골만 어귀의 순다르반스는 세계 최대 맹그로브 숲이 펼쳐진 삼각주에 자리한다. 벵골어로 '아름다운 숲'이라는 뜻을 지닌다. 102개의 섬으로 이루어져 있고 54개의 섬에 대략 450만 명의 사람이 산다. 지난 20년 동안 매년 평균 3센티미터씩 해수면 상승으로 땅이 침식되고 있다. 이미 많은 섬들이 바닷물에 잠겨 사람들이 대거 이주했다. 점점 증가하는 염분 때문에 농사를 짓지 못한다. 또 어류가 감소하고 맹그로브 숲마저 점차 줄어드는 실정이다. 사람들의 선택지 중 하나는 고향을 떠나는 것이다. 매년 많은 이들이 도시로 이주하거나 더 나은 기회를 위해 다른 나라를 택한다. 근래 유럽 국경 문을 가장 많이 두드리는 것도 벵골만 출신들이다.

　한편 남아 있는 사람들은 농사짓는 게 어려워져 게를 잡고 꿀을 따거나 땔감을 주워 내다파는 등 삼림자원에 의존해 생계를 이어가야 한다. 이들은 카스트 제도의 최하위 계급이자 천민들이다. 생계를 위해 어쩔 수 없이 맹그로브 숲 안쪽으로 들어간다. 그런데 숲은 극도로 위험하고 치명적이다. 순다르반스의 숲이 바로 벵골 호랑이의 최대 보호구역이기 때문이다. 현재 대략 120여 마리가 이곳에 서식하는 것으로 알려져 있다. 이 보호구역도 기후위기의 영향을 받는다. 해수면 상승으로 물의 흐름이 바뀌면서 먹이 사슬이 붕괴되고 맹그로브 숲이 줄어드는 탓에 호랑이 서식지도 위협을 받는 형편이다. 그런 까닭에 호랑이들이 마을 가까운 숲으로 내려오고 있다. 민가를 향해 내려가는 호랑이, 꿀을 따러 숲으로 올라가는 농부들. 매년 수십 명이 그렇게 숲속에서 호랑이한테 잡아먹히는 비극이 속출하게 된 것이다. 실은 정확히 몇 명이 호랑이에게 사냥 당하는지 알지 못한다. 보호구역에 들어가는 게 불법인지라 관리들은 숲에서 희생당한 사람들을 통계에서 지워버린다. 정부, 시민단체, 지역 원로들마다 말하는 수치가 다르다. 농부들 주장에 따르면 1980년대 이후 적게는 3천 명, 많게는 6천 명이 호랑이에게 잡아먹혔다. 이렇게 희생된 자의 아내에게는 '호랑이 과부(Tiger Widows)'라는 멸칭이 부여된다. 호랑이 과부는 또 '남편 잡아먹은 여자(Swami khejos)'라는 지탄을 받으며 저주받은 존재로 여겨진다. 남편이 호랑이에게 죽은 건 아내가 불경하기 때문이라는 가부장제 미신이 작동하기 때문이다. 그러한 편견 덕에 호랑이 과부들은 일자리도 얻지 못한다. 결국 배고픈 자식들을 보다 못해 남편과 마찬가지로 게와 꿀을 얻기 위해 숲속으로 들어왔다가 또다시 호랑이와 맞닥뜨리게 된다. 벵골만에서 가장 가난한 여자들이 호랑이에게 물려 죽는 것이다. 그러면 분노한 마을 사람들이 호랑이를 때려죽인다. 해수면 상승과 점점 더 강력해지는 사이클론의 영향으로 익사 직전에 놓인 벵골만의 맹그로브 숲에서, 가난한 천민 여성과 굶주린 호랑이의 사투가 벌어지는 것이다.

그러나 여기까지가 서구 언론들이 기후위기에 봉착한 순다르반스의 비극적 풍경을 묘사하는 전형적 방식이다. 벵골 호랑이와 가난한 과부들의 끔찍한 대면을 반복적으로 상기시키면서 기후위기의 심각성을 토로하는 이런 관점은 호랑이와 호랑이 과부들을 '기후위기의 피해자'로 단순하게 정체화한다. 순다르반스의 자연과 인간에 들이닥친 재난을 기후위기라는 단일한 원인으로 간단히 치환하는 것이다. 여기에는 두 가지 중요한 질문이 빠져 있다. 우선, 벵골만의 물 재난은 기후재난인가? 서구 언론들은 지구 기온 상승으로 만년설이 녹아 강이 범람하는 가운데 비가 많이 와 벵골만이 수장되고 있다고 주장한다. 그런데 벵골만은 갠지스강을 비롯해 세 개의 강이 교차하면서 홍수와 퇴적이 반복적으로 이루어지던 비옥한 삼각주다. 이곳에서 홍수는 자연의 축복이었다. 수많은 수로와 습지들, 그리고 광대한 숲들로 구성되었던 이곳은 어쩌다 농업 지대가 된 것일까? 왜 논밭 주위에 방둑을 쌓게 된 걸까? 19세기 중엽 영국 제국이 이 지역을 농업 지대로 변경했기 때문이다. 1830년과 1873년 사이에 순다르반스 지역의 70%가 개간됐다. 삼림이 닥치는 대로 벌채되고 습지가 매립되었다. 물의 범람을 조절하던 수많은 수로들과 강과 숲이 개간되며 철도와 길이 놓였다. 그리고 농업 지대를 염분으로부터 보호하기 위해 방둑을 구축했다. 대규모로 농사를 짓고 그 수확물을 기차를 통해 영국으로 실어나르기 위해 태고의 생태적 조건을 인위적으로 변경한 것이다. 다시 말해, 항상적으로 범람과 퇴적이 반복되던 삼각주 지역을 농업 플랜테이션으로 강제 변경하면서 조금만 물 수위가 올라가도 속수무책으로 물바다가 되는 취약 지역이 된 것이다. 게다가 1960년대 이후엔 홍수를 막아야 한다며 세계은행의 지휘 아래 이곳에서 대규모 난개발을 벌였다. 요컨대 순다르반스의 생태적 재난은 오랜 세월 이 지역의 자연적 요소였던 홍수를, 농업 상업화와 자본 축적에 대한 방해물로 설정하고 인위적으로 자연 흐름을 변경한 자본주의적-식민주의적 수문학에 그 토대를 두고 있다. 오늘날 기후재난은 기온 상승뿐만 아니라 이처럼 식민주의와 자본 축적 기제가 맞물린 복합 재난의 형태다. 이와 관련된 쟁점을 우리는 이 책의 1장에서 보다 광범위한 사례를 통해 확인하게 될 것이다.

두 번째 질문은, 왜 방글라데시와 인도에서 호랑이 보호구역으로 인해 가난한 자들이 숲을 빼앗겼냐는 것이다. 최근 인도 나렌드라 모디Narendra Modi 총리는 50년간의 보존 프로그램을 통해 인도 전역에 3,000마리 이상으로 호랑이가 증가했노라 시끌벅적하게 자축했다. 이는 전 세계 호랑이의 75%에 육박하는 규모다. 모디 총리는 앞으로 국제큰고양이연맹(International Big Cats Alliance)을 출범시켜 호랑이뿐만 아니라 사자, 표범, 퓨마, 치타 등 7종의 고양잇과 동물을 보존하게 될 것이라고 천명했다. 그러나 1970년대부터 시작된 호랑이 보존 프로젝트(Project Tiger)는 선주민의 퇴거의 역사다. 인도에서만 50여 개의 호랑이 보호구역이 형성돼 있는데, 이 때문에 조상 대대로 생태적 삶을 구가해오던 아디바시Adivasi족을 비롯한 선주민들이 보호구역 바깥으로 강제로 추방됐다. 숲의 관리인이었던 이들이 갑자기 침입자로 단죄되며 쫓겨난 것이다. 이것은 19세기 미국에서부터 시작된 '야생 보존'이라는 식민주의적 보존 모델이 이식된 결과이자, 자연을 하나의 상품으로 치부하는 신자유주의적 야생 복원 프로그램이 은폐하는 실재의 풍경이다. 부유한 나라의 관광객들이 몰려와 망원경으로 멀리서 늠름한 벵골 호랑이를 보고 감격해하고 야생 보존을 찬양하는 사이, 순다르반스의 가난한 호랑이 과부들은 습지에서 새우를 잡다가 벵골 호랑이의 먹잇감이 된다. 인도와 방글라데시의 호랑이 관광 산업은 날로 팽창하지만 순다르반스에는 변변한 병원 하나가 없다. 세계자연기금

(WWF)과 야생동물 보존 협회(WCS)와 같은 국제 자연보호 기구들이 모디 정부의 야생 보존 프로그램을 상찬하며 인간이 사라져야만 야생동물이 살아갈 수 있다고 떠벌리는 동안, 최소 15세기부터 본비비Bonbibi라는 생태친화적 종교를 통해 호랑이와 인간의 공생을 모색하고 숲 공유지를 지켜오던 순다르반스 선주민들은 이제 항구적인 불법 침입자로 낙인화되고 숲 바깥에 밀려난 채 해수면과 사이클론과 지독한 가난을 온몸으로 헤쳐나가고 있다. 이것이 순다르반스 숲속에서 호랑이에게 살해당한 사람들을 익명으로 처리하고 사망자 통계에서마저 지우는 반면에, 분노한 마을 주민들이 식인 호랑이를 때려죽일 경우 관리들이 난리를 피우며 법적인 처벌을 가하는 이유다. 우리는 이 책에서 식민주의적 야생 보존 모델의 위악성과 그것이 어떻게 탄소 상쇄와 생물다양성 협약 같은 글로벌 기후 정책으로 둔갑되고 있는지 자세히 살펴보게 될 것이다.

　호랑이 과부들의 비극은 단지 기후라는 단일한 원인으로 구성되지 않는다. 자본주의 역사와 정치사회적 역학 관계를 배제하고 기후비상사태를 단지 기후 문제로만 소급하는 '기후 환원주의(Climate Reductionism)'는 우리의 시야를 흐리게 한다. 쉽게 파국론을 양산하고, 인간에게 모든 죄를 덮어씌우며, 기후비상사태를 넘어설 인식의 무기를 무디게 만든다. 어쩌면 모든 문제를 기후로 환원하는 기후 환원주의에서 벗어나자는 이야기를 하기 위해 이 책을 썼는지도 모르겠다. 인류의 존립을 위협하는 기후비상사태를 극복하기 위해서는 문제를 야기한 원인들을 회피하지 않고 똑바로 바라보아야 하기 때문이다. 질문을 정확히 해야 하기 때문이다. 부유한 한국인들이 삼척화력발전소 같은 막대한 탄소 배출 기계에 무관심한 채 2050년경 전 세계 커피 재배지의 절반가량이 재배 부적합 지역으로 변모해 커피값이 상승한다는 소식에 짜증을 내는 동안, 도대체 저기 순다르반스에선 왜 호랑이 과부들이 목숨을 걸고 숲속으로 걸어가야 할까? 가난한 인간과 호랑이가 맹그로브 숲속에서 사투를 벌이는 이 끔찍한 비극은 온당한 걸까? 방글라데시는 전체 온실가스 배출량의 0.015%의 책임밖에 없는데 왜 저렇게 기후 격변에 먼저 시달려야 할까? 이러한 불평등과 비대칭, 위선은 과연 어디에서 오는 걸까? 이 책은 호랑이 과부 같은 이들의 울분을 지도 삼아, 그 질문에 대한 답을 찾아가는 어떤 여행의 기록이다.

전문 학술서가 아니다. 30여 년 영화판에만 있던 사람으로서 학문적 훈련이 덜 되어 있는 게 사실이다. 학제적 연구를 할 만큼의 능력과 성실함도 결여되어 있다. 그렇다고 딱히 교양서나 에세이도 아니다. 그러기엔 조금 깊이 들여다본 부분도 적지 않다. 능력에 부쳐선지 몇 번이나 책 쓰는 일을 포기하고 싶었다. 그나마 계속 이어갈 수 있었던 것은 이야기의 힘을 믿기 때문일 것이다. 관련 자료들을 추적하면서 그동안 알지 못했던 사실들을 모으고 또 그것들을 이야기 다발로 엮으면서, 다른 이들과 함께 꼭 나누었으면 좋겠다는 욕심이 포기하지 않고 글쓰기를 붙들게 만든 동력이었다.

한편으로 이 책을 쓰는 동안 전국에서 만난 농민, 노동자, 여성단체, 성소수자단체, 교육기관, 협동조합, 생태 시민들 등 수많은 이들이 선물처럼 안겨준 영감과 질문들이 이 책의 자양분이다. 정말 뜻밖의 기회였고, 커다란 성장과 배움의 과정이었다. 부족한 내게 강의 요청을 하고 공부를 할 수 있게 해주신 점, 이 지면을 빌려 감사와 연대를 전한다. 다소 성기고 어수선한 책이겠지만 그래도 더 많은 이야기들이 오가는 데 조그마한 밀알이라도 되기를 바란다.

2024년 6월

이송희일

차례

1장

물 뜨는 여자들과
유칼립투스

"자본주의의 종말을 상상하는 것보다
세상의 종말을 상상하는 게 더 쉽다."

프레드릭 제임슨

물고기를 위한 섹스

아프리카 말라위의 여자들이 물을 뜨러 다니는 데는 하루 평균 54분의 시간이 걸린다. 반면에 남자는 평균 6분만 물을 뜨러 다닌다. 기니와 탄자니아의 여자들은 하루 평균 20분 이상 물을 뜨러 다니지만, 남자는 채 10분이 되지 않는다. 사하라 이남 아프리카에서 사람들이 물을 나르는 시간은 평균 33분, 아시아에서는 21분이 걸린다. 튀니지, 예맨, 모리타니에서는 한 시간이 넘게 걸린다. 대부분 여성들이 물을 나른다. 유니세프에 따르면, 전 세계 여성과 소녀들이 물을 얻기 위해 매일 2억 시간을 쓴다. 22,000년이 넘는 시간이다. 석기 시대에 빈 양동이를 들고 출발한 여성이 지구의 시간을 횡단해 2016년이 되어서야 집에 도착하는 것과 마찬가지다.[1]

그런데 기후비상사태가 도래하고 가뭄이 심해지면서 물 뜨러 다니는 시간이 늘어나고 있다. 인근의 우물과 강이 마르는 까닭에 더 멀리 가야 한다. 물통의 무게가 대략 18킬로그램인데 근골격계 손상, 연조직 파괴, 조기 관절염의 위험을 감수한 채 먼 거리를 계속 오간다. 이 문장을 쓰기 위해 인터넷 검색으로 종잡아 수십 장의 관련 사진을 모았는데, 한국 상황으로 치면 초등학생쯤 되는 소녀들이 자기 몸의 절반 크기의 물통을 짊어지고 먼지 흩날리는 길을 터벅터벅 걸어다닌다. 그마저도 가뭄이 악화되면 물이 부족해지거나 오염되기 십상이다. 그러면 다른 사람들과 경쟁을 벌여야 한다. 어린 소녀들이 새벽 이른 시간과 늦은 밤에 물 뜨러 나섰다가 야생동물의 공격을 받기도 한다. 무엇보다 소녀들을 힘들게 하는 건 거리가 멀어짐에 따라 성폭력과 강간의 위험에 노출된다는 점이다. 2021년 2월 유엔 안토니우 구테흐스Antonio Guterres 사무총장도 안전보장이사회 연설에서 물을 얻기 위해 더 멀리 걸어야 하는 아프리카 수단의 여성과 소녀들에게 파괴적인 성폭력이 일어난다고 토로한 바 있다.[2] 특히 무장 군사 조직들이 지배하는 지역을 지날 때 항시적인 성희롱과 성폭력이 도사린다. 그와 동시에, 소녀들이 학교에 가지 못하는 비극도 발생한다. 물을 긷느라 학교에 갈 시간이 없고, 또 가뭄으로 인해 가계 소득이 줄어드는 피해를 고스란히 떠안기 때문이다. 기후재난과 환경 위협으로 매년 전 세계에서 약 3,750만 명의 학습자가 교육에 지장을 받고 있다. 대부분이 아프리카, 남아시아, 중동, 남미 등 남반구의 소녀들이다.[3] 국제 비영리 기구인 말랄라 펀드Malala Fund에 의하면, 2021년 기후 격변으로 저소득 국가에서 최소 400만 명의 소녀들이 교육을 이수하지 못했다. 현재 추세가 계속되면 2025년까지 매년 최소 1,250만 명의 소녀들이 교육을 받지 못할 것으로 추정된다.[4] 사하라 이남 아프리카에서만 1,400만 명의 여성과 300만 명의 어린이가 매일 물을 길어 나르는데, 이 과정에서 성적 학대와 학교 중퇴의 위험에 빈번하게 노출된다. 이 지역의 90%에는 수도 시설이 없다. 물 긷는 곳이 가까워지면 자연히 소녀의 학교 출석률이 향상된다. 탄자니아의 어느 지역에선 집에서 15분 거리에 급수장이 생기자 학교 참석률이 12%나 증가했다.[5] 앞으로 기후위기의 파고가 높아질수록 가난한 소녀들은 양동이와 물통을 어깨에 짊어진 채 소실점 너머 더 먼 곳으로 걸어갈 것이다. 그녀들의 책가방 위에 먼지가 아득히 쌓이게 될 것이다.

극단적인 기후위기는 가난한 여성을 더욱 빈곤하게 만든다. 남반구에서는 여성들이 식량 생산과 농업 활동을 주로 담당한다. 아프리카의 경우 식량 생산의 80~90%가 바로 여성의 손에서 나온다. 그런데도 남성에 비해 토지 소유권, 신용, 기술과 같은 자원에 대한 접근이 제한되어 있다. 또 자그마한 땅에 농사를 지으면서 버섯, 열매 등 생계를 천연자원에 의존하는 경우가 많기 때문에 기후재난이 일어나면 생계가 위험해질 수밖에 없다. 전 세계 빈곤층의 80%도 여성이고 기후 이주민의 80%도 여성이라는 유엔의 통계는 이 같은 잔인한 현실을 적확히 폭로한다. 여기에 더해, 기후재난이 증가하면 젠더 기반 폭력이 급증한다. 인신매매, 성매매, 성 착취, 가정 폭력이 줄을 잇는다. 케냐, 우간다, 소말리아 등 아프리카 여성들은 장기간의 가뭄 속에서 가정 폭력, 조혼, 강간, 여성 생식기 절단과 같은 끔찍한 고통을 겪는다.[6] 기후재난으로 가축 손실 등 가부장 남성의 수입이 감소하면서 가정 내 긴장과 갈등이 증가하고 이것이 여성과 아동에 대한 폭력으로 이어지는 것이다. 또 빈곤에 처한 여성들이 자식들을 먹이기 위해 성매매를 하거나 생계 수단을 잃은 소녀들이 포주에 이끌려 도시의 사창가로 이주한다.

부연하자면 아프리카에서는 가뭄이 번질 때, 남아시아에서는 홍수가 날 때 성매매와 인신매매가 증가한다. 예를 들어 기후위기의 취약지인 서벵골에서 태풍 아일라Aila가 닥친 2009년에 홍등가로 이주한 성노동자 수가 20~25% 증가했다. 이렇게 재난으로 성매매를 하게 된 여성들은 스스로를 자조적으로 '침수된 사람들(bhasha)'이라고 부른다.[7] 말 그대로 태풍과 홍수에 삶이 침수되어버린 것이다. 2013년 필리핀에서는 거대 태풍 하이엔Haiyan이 몰려와 400만 명의 이재민을 냈을 때, 수천 명의 여성과 소녀가 불법 모집업자와 인신매매범의 표적이 되었다. 정부 당국에 의해 공식적으로 확인된 것만 수백 건이 넘었다.[8] 밤새 천둥이 내려치는 이재민 대피소에는 정의의 신에 내줄 자리가 없다. 태풍이 올 때마다 도시의 포주와 인신매매범이 그림자처럼 대피소를 어슬렁거리며 소녀들을 물색한다. 방글라데시에서도, 인도에서도, 카리브해에서도 똑같이 소녀 밀렵이 재현된다. 유엔환경계획(UNEP) 보고서에 따르면, 네팔에서도 자연재해가 발생할 때마다 인신매매가 20~30% 증가한다. 그중 70%가 성매매 산업으로 끌려 들어간다.[9] 기후재앙의 소용돌이 속에서 특히 여성과 소녀가 이렇게 지하 경제의 희생양이 된다.

기후위기의 영향은 동일하지 않다. 약자들부터 먹어치운다. 2017년 장기간의 가뭄에 시달린 케냐에서는 12세의 시골 소녀들이 성매매에 내몰린 채 구타, 심리적 학대, HIV와 같은 성병에 시달려야 했다.[10] 2022년 짐바브웨에서는 가뭄과 돌발 홍수로 농작물이 파괴된 후 전국 농촌 지역의 소녀 수백 명이 마을과 도시에서 성매매를 강요당했다.[11] 가족을 부양해야 한다는 게 이유였다. 2022년 거대한 홍수에 직면한 파키스탄에서는 배고픈 아이들을 위해 여성들이 성매매를 해야 하는 끔찍한 상황에 대한 분노의 표현들이 SNS에 올라왔지만 이에 대한 내용이 언론에 거의 기사화되지 못했다. 파키스탄 영토의 3분의 1이 잠긴 초유의 홍수 재난으로 1천 5백 명 이상이 사망했는데 그중 80%가 여성과 아이들이었다. 재난시에도 여성이 집 밖에 나가는 걸 꺼리는 가부장제 습속이 만들어낸 참담한 피해였다. 또 수십만 명의 임산부가 의료 서비스를 제공받지 못했고, 재난의 와중에도 여성들이 물을 길어 밥을 짓고 가족들에게 돌봄 노동을 제공하느라 콜레라, 장티푸스 등의 수인성 질병에 시달려야 했다. 파키스탄은 아시아에서도 기후 관련 성 불평등 지수가 가장 낮다. 대다수가 농업에 종사하는데도 여자라는 이유로 토지를 소유하지 못한다. 발루치스탄Baluchistan 여성은 99.5%, 펀자브Punjab 여성은 96.7%, 신드 여성은 98.7%가 토지 소유권이 없다.[12] 토지를 소유하지 않으면 정부의 재난 보조금을 받을 수 없다. 그녀들이 재난에 더 취약한 이유다.

동아프리카 호수 주변에 광범위하게 퍼져 있는 '자보야Jaboya' 시스템은 기후와 환경 악화가 어떻게 성 불평등을 부채질하고 여성을 빈곤하게 하는지 극명하게 보여주는 사례다. 동아프리카에서 HIV 유병률이 가장 높은 지역이 빅토리아 호수 주변이다. 우간다, 케냐, 탄자니아 영토가 걸쳐 있다. 우간다 남서부 어부들 사이에서 HIV 유병률이 2009년에 29%(여성 33.9%, 남성 23.9%)로 국가 평균 수준을 훨씬 웃돌았다. 케냐의 어촌 마을들 역시 30% 남짓으로 전국에서 가장 압도적인 유병률을 보인다.[13] 어촌 마을에 HIV와 에이즈가 유독 증가한 이유가 무엇일까? 바로 남자 어부와 여자 상인들 사이에 성 거래가 암묵적으로 만연되었기 때문이다. 성을 구매하는 남성 어부를 자보야Jaboya, 성을 판매하는 여성 상인을 자캄비Jakambi라고 부른다. 호수 어촌 마을의 여성들은 어부에게 생선을 구입하고 그것을 판매해 생계를 꾸려간다. 어획량이 감소하면서 남성 어부들은 여성 상인들에게 성을 요구하고, 또 여성 상인들은 경쟁에서 우위를 차지하기 위해 성을 제공하는 관행이 호수 주변으로 고착된 것이다. 이는 전통도 아니고 오랜 문화적 관행도 아니다. 1980년대 후반 신자유주의로 인해 동아프리카의 공식 부문 경제가 쇠퇴하면서 호수에 대한 생계 의존도가 높아짐에 따라, 어류 쟁탈전이 벌어졌고 성 거래 관행인 자보야가 등장한 것이다. 남획과 환경 악화로 점점 더 어획량이 감소해왔는데 최근에는 기후변화에 따른 가뭄 증가 때문에 어류 개체수가 급감한다. 부족해진 물고기를 놓고 성적 거래가 더 빈번하게 발생할 수밖에 없다. 이 거래에 참여하는 여성들의 상당수가 기혼자다. 식량 불안에 시달리는 여성들일수록 성매매에 더 참여한다. 설령 생선이 팔리지 않더라도 그 재고를 아이들에게 먹일 수 있기 때문이다.[14] 종종 학령기의 어린 소녀들도 물고기를 얻는 대가로 성관계를 제공하며 가족 수입에 기여한다. 이른바 '물고기를 위한 섹스(Sex for fish)', 이것이 동아프리카에서 해변 마을에 에이즈가 가장 많이 발병하는 이유다. 케냐 여성 상인의 일부는 이러한 착취 관행에 맞서기 위해 협동조합을 꾸리기도 한다. 그 명칭이 '물고기를 위한 섹스 금지(No Sex For Fish)'다. 또는 우물이나 작은 저수지를 만들어 직접 어류를 키우거나 함께 배를 구입해 호수에서 어업 작업에 나선다.[15] 성 착취와 에이즈 감염으로부터 자신들의 삶과 생계를 지키기 위해서다.

물 뜨는 소녀들에서부터 물고기를 위한 섹스에 이르기까지, 기후위기는 지구의 여성들에게 파괴적 영향을 미친다. 가뭄과 홍수는 순수한 자연재해가 아니라 젠더화된 사태로 재현된다. 이는 부유한 북반구에서도 비슷한 양상으로 전개된다. 2005년 뉴올리언스에 허리케인 카트리나가 덮쳐 미국 역사상 가장 최악의 재난이 일어났을 때도 저소득층 흑인 여성과 미혼모는 가장 늦게 탈출해야 했으며, 대피소에서 밤마다 성폭력이 발생해 충격을 안겨주었다. 또 트랜스젠더 등 LGBTQ도 공격의 대상이 되거나 구호 과정에서 차별을 받았다. 2019~2020년 재앙적 산불이 일어났던 호주에서는 사태 직후 가정 폭력이 급증했는데, 화재로 가장 많은 피해를 입은 지역에서의 가정 폭력이 피해를 덜 입은 지역보다 무려 7배가 더 높았다. 화재로 인한 소득 감소의 절망과 스트레스가 여성들에게 전가된 탓이었다.[16]

이렇게 재난이 젠더화된 이유는 재난 자체의 파괴력 때문이 아니다. 마치 호수의 물이 다 빠지고 밑바닥의 시체가 드러나듯이, 재난이 사회의 표면을 휩쓸어버리고 사회의 실재를 전면에 노출하기 때문이다. 가부장제, 계급적 불평등, 인종 차별, 불의, 부패, 엘리트의 위선, 국가권력의 무능력이 악취를 품으며 실제의 몰골을 드러내는 것이다. 물을 뜨느라 학업이 중단되고 나이 많은 남자와 강제 결혼을 해야 하는 아프리카 어린 소녀에게 가뭄은 기후재앙이 아니라 가부장제 재앙일 뿐이다. 물고기를 얻을 요량으로 어부에게 자신의 성을 제공하는 동아프리카의 여자에게 빅토리아 호수의 가뭄은 그저 여성의 몸을 착취하는 가부장제의 척박한 배경이다.

종종 우리는 기후위기를 자연적 재앙으로 이해하지만 명백히 정치적 재앙이다. 그것은 가부장제 재앙이고, 자본주의 재앙이며, 인종주의 재앙이다. 한국을 비롯한 부유한 북반구 시민들은 기후 집회에 나가 '지구가 죽어간다', '지구를 살리자'는 피켓을 들고 시위를 벌인다. 그 구호를 볼 때마다 한 움큼의 의뭉스러움이 치받쳐 오르곤 한다. 과연 그 지구는 같은 지구일까? 사과와 커피 값을 걱정하는 한국의 시민과 저기 아프리카에서 고행길을 걸으며 물을 뜨는 소녀에게 지구는 같은 공간일까? '행성적 관점'을 갖는다는 건 덩그러니 지구 그림을 그리고 그 위에 꽃 모양의 색종이를 알록달록 붙이는 게 아니라, 자원과 탄소 불평등이 야기한 세계의 그 수많은 갈

림길들을 헤아리기 위해 노력하는 게 아닐까? 지구에 거주하는 인간과 비인간 존재 모두가 연결되어 있어서 호혜의 관계를 가질 수도 있고, 지금저럼 착취적이고 불평등한 관계로 결착될 수도 있음을 이해하는 게 아닐까? 많은 이들이 기후위기 앞에서 낭만화된 지구를 이야기하지만 정작 지구 행성의 실재에 대해서는 이야기하지 않는다. 모름지기 행성적 관점이란 인류의 고향인 지구의 소중함만큼이나, 자본주의에 의해 변형되고 왜곡된 지구생태계의 실상과 슬픔을 헤아리는 것까지를 포함하는 정밀하되 너른 시각을 의미한다. 이를테면 물 뜨는 아프리카 소녀가 모래 바닥에 찍은 마른 발자국의 도상을 정면으로 응시하는 것이다. 행성적 관점으로 바라본 기후재난은 재난 이전의 재난, 다시 말해 자본주의에 촉발된 재난의 연속이다.

2005년 미국 뉴올리언스를 수장하고 막대한 피해를 입혔던 카트리나 태풍은 과연 자연재해였을까? 그 재난은 신자유주의 재난이었다. 태풍 이전부터 제방을 수리하고 기존 습지를 보강하는 등 공공 인프라에 투자하지 않으면 사달이 날 거라는 경고가 계속 발신됐지만, 당시 미국 부시 정부는 귀를 닫은 채 공공 부문을 축소하며 신자유주의의 페달을 미친 듯 밟고 있었다. 제방 보수는커녕, 주택, 의료 서비스, 교육 접근성이 제한된 뉴올리언스는 가난한 유색인종과 저소득층이 그냥 방치된 슬럼 도시이자 미국에서 두 번째로 가난한 도시였다.[17] 인구의 67%가 아프리카계 미국인이고, 40%가량이 빈곤선 이하의 삶을 살아가고 있었다. 10만 명이 자동차가 없어서 카트리나가 들이닥쳤을 때 막상 도시를 떠날 수조차 없었다. 주민의 95%가 흑인이었던 나인스 워드Ninth Ward 지역이 가장 큰 타격을 받았다.[18] 만일 제때 제방을 보수했다면 뉴올리언스는 수장되지 않았을 것이다. 민영화와 개발에 혈안이 되지 않고 재난 구조에 대한 공적 투자가 제대로 진행되었다면, 자원봉사자와 구조대가 학교 옥상의 위태로운 대피소에 머물던 여성들을 겁탈하는 끔찍한 사태가 빚어지지 않았을 것이다. 카트리나 폭풍은 그렇게 신자유주의의 폭풍이었고, 또 인종주의와 가부장제의 폭동이었다.

그러면 2022년 기후위기의 대명사가 되었던 파키스탄 홍수는 어떤가? 나라가 온통 물에 수장되고 수천만 명의 이재민을 속출시켰던 파키스탄 수해 현장은 세계를 아연케 했다. 명백히 기후비상사태의 현재적 풍경처럼 여겨졌다. 유엔 사무총장은 헬기를 타고 물에 잠긴 현장을 답사한 후 비통한 표정으로 세계인을 향해 이렇게 말했다. "파키스탄 홍수 같은 기후 대학살을 본 적이 없습니다!"[19] 그러면서 전체 탄소 배출량 중 1%밖에 배출하지 않은 파키스탄이 제일 먼저 폭격을 받고 있다며 탄소 배출량에 막대한 책임이 있는 부유한 국가들을 비난했다. 틀린 이야기가 아니지만 그렇다고 실재를 뚜렷하게 반영한 말도 아니다. 북반구 언론들도 북쪽의 빙하가 빠르게 녹으면서 강을 범람시키고 여기에 강력한 몬순 폭우가 더해져 거대한 홍수가 났다고 분석하지만, 왜 펀자브와 신드 지역이 이토록 물에 잠겨야 하는지, 그리고 또 왜 이것이 매년 반복되는지 입을 다문다. 이를 제대로 이해하기 위해서는 식민주의 이야기가 나와야 하기 때문이다.

파키스탄 홍수는 19세기와 20세기 초 영국 자본이 인더스강을 끌어들여 이 지역에 관개 시스템을 구축하고 농업 지대로 만든 식민지 수문학에 그 기원을 두고 있다. 애초에 펀자브와 신드 지역은 목축 지대였다. 이곳에 살던 선주민들은 강의 범람 문제를 오랜 세월 터득한 지식으로 잘 알고 있었고, 생태계의 시간에 맞춰 범람이 일어날 때 가축들을 이동시키며 조화롭게 살고 있던 터였다. 그러나 영국이 무리하게 강의 흐름을 비틀고 운하를 팠다. 이유는 런던 금융가가 수익을 늘리고 자본 투자를 하기 위해서였다.[20] 또 인디고, 아편, 면화, 설탕 같은 환금 작물을 심어 유럽으로 빼돌리고 토지 임대료로 부를 증식하기 위해서였다. 즉 식민지 플랜테이션 때문이다. 그 이후 20세기 중반부터는 부채를 빌미로 세계은행이 파키스탄 정치에 개입하면서 댐 개발을 독려했다.[21] 외국 자본과 기술 지원으로 진행된 대규모 댐 건설과 관개 확장은 파키스탄의 소수 민족을 쫓아내고, 농부의 물 접근성을 박탈하며 인더스강의 흐름을 왜곡하는 방식으로 진행됐다.[22]

세계은행이 개발이라는 미명하에 댐 건설을 비롯한 대규모 인프라 개발과 농업 프로젝트를 남반구에 밀어붙이며 대규모 퇴거, 강제 이주, 생태계 교란, 환경 부정의를 야기해온 건 새삼스럽지 않은 이야기다. 이렇게 식민지 수문학이 지속된 결과, 펀자브와 신드 지역은 운하와 크고 작은 수로로 엮인 물의 그물망이 되어버렸고 조금만 물이 흘러도 홍수가 나는 물의 들판으로 변모한 것이다. 다시 말해 파키스탄 홍수는 식민주의와 자본주의의 결과물이다. 영국을 위시로 부유한 중심부 국가들이 탄소 배출에 대한 '기후 배상'과 더불어, 파키스탄을 물의 벌판으로 만든 것에 대한 '식민 배상'도 해야 한다는 걸 의미한다. 이것이 서구 미디어와 자유주의 진영이 파키스탄 사태에 대해 죽어라 기후변화 이야기를 하면서도 식민 지배의 역사와 자본주의 수탈사에 대해서 입을 앙다무는 이유다.

또 2023년 단일 기후재난으로 가장 많은 피해가 났던 리비아 홍수는 무슨 재해였을까? 9월에 태풍 다니엘Daniel이 리비아를 덮쳤고 곧장 두 개의 댐이 무너지며 데르나Derna 도시가 물에 쓸려나갔다. 애초에 적십자는 11,300명이 사망하고 10,100명이 실종한 것으로 추정했는데 나중에 유엔 보건기구가 3,958명 사망, 9,000명 실종으로 피해 수치를 보정했다.[23] 도시의 4분의 1이 흔적도 없이 사라져버린 전대미문의 혼란이었기 때문이다. 이 궤멸적인 광경에 전 세계가 입을 다물지 못하던 순간, 버락 오바마 전 미국 대통령이 엑스(구 트위터)에 두 리비아 남자가 빗속에서 우비를 입고 배수구를 청소하는 사진을 올리며 리비아 사람들을 돕기 위해 오바마 재단에 기부할 것을 촉구했다. 그러자 위선적이라는 비판이 당장 쇄도했다. 그도 그럴 것이 리비아의 인프라를 이토록 망쳐놓은 책임에 자유롭지 못한 당사자가 아무렇지 않은 듯, 마치 이 참사가 오로지 기후변화 탓인 듯 기부를 촉구하는 모습이 자못 염치없고 뻔뻔했기 때문이다.

2011년 나토 전투기가 리비아를 폭격했다. 7개월 동안 26,000회 출격하고 9,600회 리비아 영토를 공격했다. 거의 모든 인프라가 파괴되고, 카다피를 비롯해 2만여 명이 죽었다.[24] 힐러리 클린턴 전 장관은 카다피가 처형된 후 언론 인터뷰에서 깔깔 웃으며 이렇게 말했다. "왔노라, 보았노라, 죽었노라." 이 죽음의 향연을 뒤에서 승인한 게 바로 오바마였다. 리비아는 반식민지 투쟁을 벌여 1951년에 독립한 터였다. 당시만 해도 북아프리카 최빈국이었다. 그러다가 1955년 석유가 처음 발견됐다. 고품질이었다. 그뿐만 아니라 아프리카에서 가장 많은 매장량이었다. 쿠데타로 정권을 잡은 카다피는 유전의 절반 이상을 국유화하고 오일 머니의 상당 부분을 사회화했다. 의료와 교육의 무상화, 주택 지원, 장애 및 노령 혜택, 해외 유학 등 보편적인 기본 서비스를 확대했고, 심지어는 자급자족 식량 생산을 촉진하기도 했다. 카다피 치하에서 문맹률이 떨어져 80%까지 읽고 쓰는 능력을 향상시켰다.[25] 2011년 이전 리비아는 그렇게 북아프리카에서 가장 부유한 나라로 발돋움했다. 카다피가 장기집권을 지속하면서 초기의 진보적 열정이 사그라지고 반대 세력을 억압하는 독재자 면모를 보인 건 사실이다. 그렇다고 미국과 유럽을 중심으로 한 나토(NATO)가 민간인을 학살하고 한 나라를 궤멸시킨 게 정당화될 수 없다. 공습으로 국가 기반 시설을 모두 파괴하는 와중에도 정유소 등 석유 관련 시설들은 용케 피해갔다. 나토 침공의 목적이 무엇인지 정확히 보여주는 장면일 것이다. 전쟁 후 명실상부 국가 시스템이 사라져버렸다. 군벌이 득세하고, 석유를 노리는 서방 자본이 각축을 벌인 덕에 내전과 만성적 폭력에 시달리는 신세가 된 것이다. 리비아인의 인권 때문에 전쟁을 일으켰다는 유럽과 미국은 사실, 중동에서의 패권과 석유에만 관심을 가졌을 뿐이다.[26] 중앙 정부가 없으니 댐을 비롯한 인프라가 점점 형해화되고 재난 대처 능력이 떨어지는 건 당연한 수순이었다. 태풍 다니엘이 오기 전부터 리비아의 수문학자와 지식인들이 데르나 댐 붕괴 가능성에 대해 이미 계속 경고를 날리고 있었다.[27]

수많은 사람들이 물에 휩쓸려 바다에 떠내려가고 여전히 시신을 찾지 못하고 있는 저 리비아의 참사. 과연 자연재해인가? 기후변화 탓인가? 이것은 제국주의 태풍이자 석유 재난이다. 석유를 먹고 덩치를 키운 태풍이 제국주의의 파괴의 족적을 따라 또다시 리비아 도시를 붕괴시킨 이 경로는 기후위기를 순전히 자연적 조건, 즉 정치와 경제와 무관한 외부의 사태로 이해하려는 자유주의적 관점이 오류투성이라는 것을 정확히 예시한다. 석유를 불태워 탄소를 무한하게 배출해온 자본주의가 괴물 태풍을 생산해냈고, 그 괴물 태풍은 제국주의가 파괴한 리비아의 가장 취약한 지점에 다시 한번 치명적인 고통을 선사한 것이다. 상황이 이런데도, 서구 언론과 정치인들은 리비아가 기후변화로 큰 피해를 받았으니 도와야 한다는 립서비스로 유난을 떤다. 기후변화 앞에서 인류는 동일한 존재인 것처럼, 기후변화는 정치적-경제적 문제와 관계가 없는 것처럼, 서구 제국의 폭력은 아무런 관련이 없는 것처럼. 하지만 그것마저도 버락 오바마만큼 위선적이었다. 우크라이나-러시아 전쟁에 거의 400억 달러를 쏟아붓는 유럽연합이 리비아 홍수 피해자들에게는 고작 537,000달러를 적선하듯이 기부했다.[28]

오늘날 대부분의 기후재난은 그렇게 외부가 아니라 내부에서 온다. 기민한 사냥꾼처럼 자본주의가 지구 생태계를 파괴한 경로를 추적하며, 정확히 그 발자국을 따라 귀환한다. 가장 취약한 곳을 파고들고 가장 연약한 곳을 물어뜯는다. 2022년 주거의 기본적 권리가 배제당한 서울 반지하의 장애인 가족에게 수마가 덮쳤듯이, 2023년 토건 개발에만 집착하고 공공의 안전을 도외시하는 신자유주의 수마가 충북 오송역 지하차도를 덮쳤듯이. 기후재난의 물줄기는 그 사회의 가장 약한 곳에 흘러넘치며 체제의 모순을 남김없이 폭로한다. 세계에서 가장 잘사는 곳 중 하나인 미국의 뉴욕에서도 최근 연달아 홍수 피해를 입는데, 그때마다 빈곤한 지역과 지하 거주지가 침수된다. 저소득층, 유색인종, 이주노동자, 장애인, 홈리스가 사는 곳들이다. 돌발 홍수의 강수량을 버티지 못할 정도로 뉴욕의 인프라가 낙후되어 있기도 하지만, 실재적 원인은 유색인종과 소수민족에게 금융 서비스를 제공하지 않는 '레드라이닝Redlining'이 집행된 20세기 초부터 뉴욕의 도시 인프라가 계급적이고 인종주의적인 불평등에 기초해 설계되어 있기 때문이다. 이처럼 가장 약한 지점들을 파괴하며 기후 물 재난은 하나의 뚜렷한 형상을 그려낸다. 마치 물을 뿌리면 나타나는 그림처럼 서서히 그 형상이 드러난다. 불의 재난도 마찬가지다. 정확히 똑같은 형상을 그려내며 산불이 타오른다. 그 형상은 바로 자본주의다.

2023년 8월 하와이에서 발생한 산불은 미국 역사상 100년 만의 최악의 재난이었다. 하와이 역사에서는 비슷한 규모를 찾기 힘든 초유의 참사였다. 최소 106명이 사망했고 수많은 이재민이 나왔으며 55억 달러 이상의 피해가 났다. 당시 SNS을 통해 실시간으로 지켜보던 마우이섬의 라하이나 Lahaina 해변가는 그야말로 아비규환이었다. 주택들이 속절없이 불타오르고, 주차되어 있던 자동차가 펑펑 소리를 내며 터지고, 사람들이 목숨을 건지기 위해 바다로 뛰어들었다. 한때 하와이 왕국이 자리했던 유서 깊은 라하이나가 화재로 시꺼멓게 전소되고 말았다. 기상학자와 언론들은 허리케인 도라Dora를 유력한 용의자로 지목했다. 강풍 때문에 화재가 커졌다는 주장이다. 그에 따라, 세상 사람들은 하와이의 산불 재앙에 자못 놀란 표정을 지으며 기후위기가 심각해졌다며 혀끝을 찬다. 하지만 가장 유력한 용의자는 따로 있다. 기니그라스Guineagrass다. 아프리카가 원산지인 이 풀은 물을 주지 않아도 3미터까지 자라고 다 자라면 바싹 말라서 불씨 하나에도 폭발하듯이 곧장 들불로 번진다. 현재 하와이 전체 면적의 25%를 기니그라스를 포함한 비토종 식물들이 뒤덮고 있다.[29] 가장 피해가 컸던 마우이섬의 라하이나는 기니그라스가 더 많이 분포되어 있었다. 특이하게 이 침입종은 공기 중에 이산화탄소가 증가할수록 더 빨리 자라는 특성이 있는 터라, 기후 온난화 때문에 맹렬히 증가하며 마우이섬을 잠식하고 있었다.[30]

도대체 왜 아프리카 식물이 습한 열대 섬 마우이에 자라는 걸까? 기니그라스를 마우이에 가져온 것은 누구였을까? 범인은 미국인들이다. 하와이는 종전에는 스페인과 유럽의 식민지였다가 19세기에 미국의 식민지가 되었다. 백인 정착민들은 곧바로 하와이에 설탕 플랜테이션을 구축하고, 대규모 목축 지내를 만들기 시삭했다. 기니그라스는 소의 식량 중 하나였다. 동물들을 먹이기 위해 아프리카 들풀을 들여온 것이었다. 대신에 가축 방목, 사탕수수 플랜테이션, 대규모 자본주의적 농업을 위해 토착 식물들을 닥치는 대로 제거했다. 그 덕에 습기가 많아 불에 저항력을 가진 내화성 토착 식물이 점차 사라지고 가연성 높은 침입종이 계속 늘어났다.[31] 그리고 1990년대 이후 사탕수수 플랜테이션이 쇠퇴하고 농장들이 그대로 방치되면서 침입종이 무성하게 자라 하와이 경관을 완전히 변모시켰다. 언제든 불씨만 떨어지면 대형 화재가 날 조건이 형성된 것이다. 환경운동가이자 하와이 전 국회의원인 카니엘라 잉Kaniela Ing의 말처럼 "마우이는 열대섬이다. 산불이 나면 안 되는 곳"이었다.[32] 그녀에 따르면 산불은 식민지 탐욕 때문에 발생한 것이다. 하와이 선주민들은 조상 대대로 물을 숭배해왔다. 라하이나가 하와이 왕국이 될 수 있었던 것도 이 지역에 물이 풍부했기 때문이다. 실제로 라하이나의 중심지 와이네에Waine'e는 습지였다. Wai라는 말은 하와이어로 물을 뜻한다. 하지만 식민지 정착민들은 대규모 사탕수수 농장과 목축을 위해 라하이나의 물의 풍요로움을 서서히 붕괴시켰다. 플랜테이션 시대가 끝난 후에는 백인 농장주의 후예들이 하와이를 관광지로 개발하기 시작했는데, 골프장과 호텔을 짓느라 부동산 자본과 투기꾼들이 라하이나 지역의 물을 사유화하고 독점적으로 비축했다.[33] 선주민들은 물이 부족해 아이들도 제대로 씻기지 못하는 형편인데, 초호화 골프 코스와 호텔들의 수영장에 늘 푸른 물이 공급되며 담수를 고갈시키고 있었다. 그 덕에 한때 물의 전설을 머금고 있던 라하이나는, 애초에 습지였던 그 지역은 2세기 동안 바싹 건조해지고 말았다. 그게 기니그라스가 라하이나에마저 잠식한 이유다. 한국을 포함한 부유한 나라의 관광객들이 낙원인 양 아름다운 섬으로 묘사하며 유흥을 즐기는 하와이는 실제로 그 내부에선 정착민 식민주의 세력과 선주민들이 관광지 개발 때문에 점점 부족해지는 물 자원을 놓고 오랫동안 격렬하게 갈등을 빚어왔다. 그리고 그것이 2023년 8월 소방관들이 불을 끄기 위해 호스를 열었을 때 소화전이 바싹 말라 있었던 이유다.[34] 강풍 때문에 헬기가 제대로 뜨지 못해 바닷물을 공급할 수 없던 상황인데, 담수가 말라버렸으니 피해가 더 극심해질 수밖에 없었다. 요컨 대 산불의 연료가 된 기니그라스와 건조해진 섬, 그리고 부족한 물, 그것이 하와이 산불의 실제적 배경이다.

　과연 재앙적인 하와이 산불의 원인은 무엇인가? 허리케인 도라의 파괴 적인 강풍인가? 아니면 지구 기온 상승인가? 자명하게도, 이 산불은 하와 이의 생태 경관을 변모시킨 식민주의와 자본주의의 경로를 따라 불타올랐 다. '아이나와 와이Aina and Wai', 즉 땅과 물을 지키며 조상 대대로 소규모 농 사를 짓고 생태친화적으로 살아왔던 하와이 선주민들로부터 땅과 물을 빼 앗고, 하와이의 토착 생태계를 붕괴시키며, 플랜테이션과 관광지 개발로 이윤을 축적하던 2세기 동안의 자본주의의 궤적과 산불의 궤적이 놀라우 리만치 정확히 일치한다. 당시 가족끼리도 생사 확인이 안 되던 절체의 상 황에서 생존자들에게 걸려온 괴이한 전화는 자본주의가 하와이의 산불 재 난조차 어떻게 이윤 축적의 기회로 여기는지, 마지막 남은 먹잇감을 어떻 게 노리는지를 통렬하게 적시한다. 그 전화는 불타버린 땅을 싼값에 사려 는 개발업자와 투기꾼들의 독촉 전화였다.[35] 아직 불씨가 채 꺼지지도 않고 경찰들이 수습되지 않은 시신들을 찾느라 수색견들과 함께 폐허 속을 헤매 던 시점이었다. 산불 이후, 하와이 선주민 단체들은 선주민의 자결권과 지 속 가능 관행을 무시하는 재난 자본주의가 참사를 일으킨 원인이라고 주장 하며 하와이 독립을 유엔에까지 호소하는 실정이다.

산불 팬데믹

하와이 산불 재난은 15세기 말에 시작된 유럽의 식민주의가 어떻게 지구의 경관과 생태계를 바꾸며 자연과 인간을 수탈해왔는지, 그리하여 그 식민주의적 자본주의가 오늘날 우리가 맞게 된 기후-생태 위기의 원인라는 것을 단번에 압축해 보여준다. 식민지 개척과 함께 시작된 자본주의의 궤적을 이해하지 못하면 우리는 기후변화를 그저 '인간 활동'이나 '인간의 본성' 같은 추상적 개념으로 인식하게 된다. 인류세(Anthropocene) 담론이 대표적이다.

인류세라는 단어는 '인간(anthropo)'과 '새로운(cene)'을 조합한 그리스 합성어다. 지금으로부터 11,700여 년 전, 마지막 빙하기가 끝난 후 인류는 안정적인 기후 패턴 하에서 농사를 짓고 문명을 구축한 홀로세(Holocene)에서 살아왔는데, 이제 인류세라는 새로운 지질학적 시대로 접어들었다는 이야기다. 인간의 파괴적인 영향, 예를 들어 방사능, 플라스틱, 닭뼈와 같은 특질들로 확연히 구분되는 시대라는 것이다. 1980년대 과학계에서 서서히 개진되다가 2000년 대기 화학자 파울 크루첸Paul J. Crutzen이 본격적으로 제안하면서 대중적인 개념으로 자리잡았다. 그러면 언제를 인류세의 시작으로 보아야 하는가? 크게 1850년 산업혁명, 그리고 대가속 시대가 시작된 1950년을 기준점으로 놓고 지금까지 논쟁을 펼쳐왔다. 하지만 2024년 3월 국제지질학연합은 인류세를 도입하지 않기로 공식 결정했다. 46억 년 지구 역사에 새로운 지질학적 시대가 도래했다는 증거가 없다고 판단했다.

그러면서도 인류세가 "인류가 지구 시스템에 가한 충격을 묘사하는 귀중한 표현"으로 학계와 대중들 사이에서는 계속 사용하게 될 거라고 예상했다.[36] 그 말처럼, 현재까지 세계의 연구자들이 1,300여 편 이상의 과학 논문을 통해 인류세를 연구해왔다. 미디어와 대중들 사이에서도 기후변화의 핵심 배경으로 인류세를 주목해온 터다.

인류세란 '인간이 지구 시스템을 변화시켰다'는 문장으로 요약할 수 있다. 문제는 그 '인간'이 누구냐는 것이다. 가뭄 때문에 물통을 이고 지고 그 먼 거리를 횡단하는 아프리카의 어린 소녀와 석유를 팔아치우며 돈을 주체할 수 없을 정도로 벌어들이는 세계 최대의 석유 기업 엑슨모빌의 이사는 과연 같은 인간으로 통칭할 수 있을까? 북반구의 학계와 대중들이 '인간의 본성이 문제다'와 '그러므로 위기를 인간의 도덕성으로 해결해야 한다'와 같은 이야기를 붙잡고 서로에게 책임을 전가하느라 북새통을 이룰 때, 남반구의 지식인들과 선주민들은 코웃음을 쳤다. 인류세 개념은 식민주의, 자본주의, 가부장제와 같은 착취 시스템의 역할을 은폐하고 지구 시스템에 실제적 충격을 안긴 세계화와 추출주의의 인종주의적 배경을 말끔히 지운다고 주장하는 것이다. 반론은 크게 두 가지 질문으로 이루어진다. 첫째, 설령 산업혁명을 인류세의 시작점으로 잡는다고 해도 무려 15세기 말부터 유럽이 아프리카와 라틴 아메리카 등 남반구를 폭력적으로 식민 지배하며 자연경관을 변경하고 노예 무역으로 공동체를 파괴해왔던 피비린내 나는 역사는 어디로 사라졌는가? 두 번째, 남반구 각 지역의 선주민들이 인간, 동물, 식물, 토양 사이의 깊은 유대감과 상호 연결을 통해 생태적 삶을 구축해왔는데 북반구가 식민 지배와 글로벌 자본주의 체계로 그걸 붕괴시켜놓고 이제 와 인류세 개념을 통해 '인간은 본래 탐욕적이다'는 말로 왜 책임을 외면하는가? 자연을 인간에게 생명을 주는 소중한 존재가 아니라 마음껏 자원을 추출하는 대상으로 치부한 서구 식민주의와 자본주의가 행성 위기의 진짜 원인이 아닌가? 따라서 인류세 개념은 식민 지배의 역사를 은폐하며 또다시 식민화하려는 인식의 제국주의라는 비판이 뒤따를 수밖에 없다. 인류세가 아니라 플랜테이션세(Plantationocene), 또는 자본세(Capitalocene)처럼, 경제적 이득을 위해 특정의 시스템이 자연과 인간을 수탈해온 궤적을 적확히 응시해야 위기의 본질을 이해할 수 있다고 주장하는 것이다.

2022년 IPCC(기후변화에 관한 정부간 협의체)의 6차 보고서에도 식민주의가 기후변화를 악화시켰다고 명시되어 있다. 1990년부터 기후변화에 관한 과학 보고서를 작성해온 이래 IPCC는 식민주의와 기후변화의 연관성을 회피해왔다. 북반구 과학자들로 구성된 협의체가 남반구와 선주민의 입장을 차단하고 배제해오다가 지속된 문제제기와 항의로 30년 만에 마침내 식민주의의 기원을 인정하게 된 것이다.[37] 지구 경관을 파괴적으로 변경하고 자연과 인간을 노예화했던 식민주의가 바로 기후변화의 뿌리다. 그 연관을 놓치면 기후변화에 대한 이해는 '인간 탓'이라는 인류세의 블랙홀 속을 헤맬 수밖에 없다. 지금 현재, 기후비상사태 속에서 펼쳐지는 '산불의 팬데믹' 이야말로 식민주의와 자본주의의 궤적을 낱낱이 폭로한다. 산불의 시간은 놀랍게도, 해결되지 않은 원한이 다시 귀환하는 시간이다. 그것은 파괴된 존재들의 목소리가 불의 힘을 빌려 우리에게 전달되는 순간인지도 모른다.

우선 호주의 불매(Firehawks) 이야기를 해보자. 불매는 산불이 난 곳에서 불붙은 나뭇가지나 풀잎을 물어다 다른 곳에 떨어뜨린다. 그러면 새로운 산불이 난다. 저 새들은 왜 불을 지르는 걸까? 화염과 연기를 피해 도망치는 동물과 곤충들을 사냥하기 위해서다. 호주 선주민들이 수천 년 동안 불매의 전설을 노래해왔는데, 최근 과학자들이 호주에 불매가 실재한다는 걸 확인했다. 솔개, 휘파람솔개, 갈색매 등이 불매에 속한다. 혼자, 또는 소규모 조직을 이뤄 불붙은 가지를 주워 옮긴다는 게 밝혀졌다. 이득을 위해 불을 통제하는 불매의 특별한 능력이 증명된 것이다.[38] 그런데 더 놀라운 것은 호주 선주민들이 불매를 따라 오래전부터 고의적으로 산불을 내왔다는 점이다. 호주에 선주민이 거주하기 시작한 것은 65,000년 전이다. 1788년 영국이 호주를 식민지화하기 전에 선주민들은 최소 1만 년 동안 '관행 소각(cultural burning)'을 해왔다. 전체 삼림을 다 불태우는 것이 아니라 모자이크 모양으로 부분부분 불을 지르는 형태다.[39] 겨울과 이른 봄, 또는 늦은 가을에 지르는 '차가운 산불'이었다. 이렇게 하면 화재를 예방할 뿐만 아니라 생물다양성이 향상된다. 산불의 연료로 기능하는 잡목들을 제거하기 때문이다. 한편 잡목을 태운 재는 땅을 비옥하게 하고 식물에 영양을 제공한다. 또 관행 소각은 비가 내리는 미기후를 형성한다. 자연히 기름진 땅으로 유대류를 비롯한 동물들이 돌아온다. 베리, 버섯, 약용 식물들로 대지가 다시 풍요로워진다.[40] 현대인들은 산불이 일어나면 안 된다고 생각하지만, 자연적 화재뿐만 아니라 부분적으로 수행되는 선주민들의 관행 소각도 전체 생태계를 다시 재부팅하며 활력을 북돋운다. 자신들뿐만 아니라 자연을 양육하는, 자연을 모방하는 관습이었다. 호주는 계절성 산불이 자주 일어나는 곳이다. 오랜 공진화 과정을 거치며 불매는 불을 떨어뜨리는 지혜를 산불로부터 얻고, 또 인간은 새들로부터 그 지혜를 전수받은 셈이다. 복잡하고 순환적인 공생 관계가 구축된 것이다.

하지만 백인 식민지 정착민들은 그 의미를 전혀 이해하지 못했다. 불을 지르는 행위에 겁을 집어먹은 채 호주 북부 지역을 제외하고 관행 소각을 전부 금지시켰다. 또 선주민들을 쫓아내고 대규모 목축 산업과 농장을 개발하며 아예 삼림을 벌채하거나 기존의 삼림을 관리하지 않은 채 그냥 방치해버렸다. 애초에 호주의 경관은 사바나와 비슷했다. 식민지 이전에는 풀과 허브 식물들이 지배했으며 나무와 관목이 약 15%와 34%를 차지하고 있었다. 반면에 영국의 침략 직후 호주 남동부의 숲과 삼림의 관목 비중이 최대 48%까지 치솟기 시작했다.[41] 사바나 경관이 빽빽하게 우거진 삼림과 너른 목축지 형태로 변경된 것이다. 따라서 대형 산불에 취약한 지형이 되고 말았다. 2019~2020년 수만 마리의 코알라를 죽게 하고 전 세계를 경

악케 했던 호주의 산불은 여봐란듯 관목과 나무들이 우거진 지역에서 주로 발생했다. 식민지 이전 선주민들의 관행 소각은 숲의 바이오매스를 10분의 1로 줄여 산불의 연료 부하를 줄였는데, 영국의 정착민들은 선주민들을 내쫓고 관행 소각을 금지시킴으로써 연료 부하를 급격히 가중시켰던 것이다.[42] 그리고 이제서야 백인 정착민들은 자신의 잘못을 깨닫고, 뒤늦게 부랴부랴 산불 대응책으로 선주민들의 지식에 손을 빌리기 시작했다. 그들이 그토록 미개하다고 조롱하고 억압해왔던 그 토착 지식 말이다. 관행 소각과 디지털 매핑을 연결짓고 정부 보조금으로 선주민 레인저들을 고용하고 있다.[43]

이 과정은 캐나다에서도 똑같이 재현된다. 현재 캐나다는 산불 팬데믹의 중심에 놓여 있다. 2023년 산불의 22%가 캐나다에서 발생했다. 1,850 헥타르가 불탔으며, 2,400메가톤의 이산화탄소 환산량이 배출되었다. 이는 캐나다의 연간 산업 배출량의 3배에 이르는 막대한 규모다.[44] 유럽인들이 도착하기 전부터 이곳 선주민들도 관행 소각을 해오고 있었다. 부분적으로 불을 지름으로써, 숲의 연료 부하를 줄여 산불 위험을 줄이고 생물다양성을 촉진시켜왔다. 그러나 백인 정착민들은 토지를 박탈하고 선주민들을 보호구역으로 강제 이주시켰으며 관행 소각을 금지했다. 그 대신 산불과 함께, 산불에 저항하며 진화해온 원시림을 모두 베어내고 단일 수종을 빽빽하게 심었다. 이 나무 플랜테이션을 위해 사시나무같이 상업적 가치가 없는 내화성 나무들이 줄줄이 제거됐다.[45] 생물다양성을 양육해온 선주민 숲지기들의 오랜 토착 지식 대신, 자본주의적 임업이 삼림 관리의 규범으로 뿌리내린 것이다. 당연히 연료 부하 증가로 캐나다 삼림이 산불에 취약해질 수밖에 없었다.[46] 자본주의적 임업 하에서 숲은 인간과 비인간 존재들이 동거하는 공동의 집이 아니라, 땔감과 버섯과 상수리 열매와 산딸기를 나눠 먹는 공동의 식탁이 아니라 나무를 상품화하고 이윤을 추출하는 획일적 공장처럼 변모한다. 캐나다에서도 호주에서와 마찬가지로 선주민의 토착 지식에 손을 벌리기 시작했다. 식민주의와 자본주의 역사가 자초한 희비극이 아닐 수 없다.

최근 라틴 아메리카에서 가장 산불에 시달리는 칠레 역시, 자본주의 입법의 파괴적 궤적으로부터 영향을 받는다. 칠레 임업은 현재 90억 달러 상당 규모로, 해당 국가의 세 번째 수출 주력 산업이다. 바로 유칼립투스와 소나무가 그 주인공들이다. 그런데 호주가 원산지인 유칼립투스 나무를 왜 그 먼 칠레에 조림한 것일까? 피노체트 정부의 신자유주의 정책 때문이다. 민주적 사회주의의 기치를 내건 아옌데 정부를 미국과 함께 쿠데타로 전복시키고 탄생한 피노체트 정부는 세계 최초로 신자유주의를 도입했다. 그 과정에서 임업이 주력 산업으로 부상한 것이다. 1974년부터 막대한 보조금을 살포하며 유칼립투스와 소나무를 단일 재배하는 플랜테이션을 장려했다. 지난 40년 동안 8억 달러의 보조금이 투여됐는데, 이 돈의 4분의 3이 두 임업 기업에게 돌아갔다.[47] 칠레에서 생산된 유칼립투스와 소나무는 목재와 각종 원자재로 가공돼 미국과 유럽으로 실려간다. 이렇게 나무 플랜테이션이 확산되는 과정에서 가장 피해를 입은 게 마푸체Mapuche족이다. 이 선주민은 오랜 세월 칠레 중남부의 공유지에서 생태친화적인 방법으로 농사를 짓고 살던 사람들이다. 유칼립투스와 소나무 농장이 확대됨에 따라 점차 땅을 빼앗기고 쫓겨났다. 유칼립투스는 보통 6년에 20미터까지 자랄 정도로 빨리 성장한다. 그만큼 물을 많이 필요로 하는 수종이다. 그 덕에 인근 마푸체족의 우물들이 바싹 말라가고 식수와 농업용 물이 점점 부족해졌다.[48] 마푸체족이 남미에서 가장 강력한 저항 세력이 된 사정에는 이렇게 토지와 물을 강탈하는 유칼립투스의 식민주의가 자리한다. 그리고 그 나무 농장들이 오늘날 칠레 산불의 도화선이 된 것이다. 매년 수백 개 이상의 '불기둥(tormenta de fuego)'이 치솟아 막대한 피해를 입는 데다 산불 시즌마다 매번 국가 비상사태가 선언되는 지경에 이르렀다. 2024년 2월에는 최소 133명이 사망하고 7천 개 이상의 가옥이 파손되는 역대 최악의 산불이 났다. 2010년 지진 이후 인명 피해가 가장 많이 발생했다. 기후변화를 연구하는 국제 과학자 그룹(World Weather Attribution)은 최근의 칠레 산불에 대해 기후변화와 엘니뇨가 아니라 바로 유칼립투스와 소나무의 대규모 조림이 유력한 범인이라고 정확히 지목한다.[49]

유칼립투스, 그것은 식민주의와 자본주의의 식물학적 도상이다. 대륙과 단절된 호주에 자생하던 유칼립투스를 세계화시킨 이들은 영국 식민 지배자들이다. 특히 식물학자들이 유칼립투스에 열광했다. 목재, 펄프, 숯, 의약품, 오일 등을 선물할 신세계의 이국적인 식물이라고 여겼다. 이내 수십만 개의 씨앗이 유럽으로, 대영 제국이 지배하는 남아프리카로 퍼져나갔다. 유칼립투스의 전도사로 알려진 식물학자 페르디낭 야콥 하인리히 폰 뮐러 Ferdinand Jacob Heinrich von Müller는 편지 속에 씨앗을 넣어 우편으로 전 세계에 발송하기까지 했다.[50] 그러다 2차 세계대전을 경유하며 산업적 목적으로 남아프리카, 지중해, 캘리포니아, 인도, 칠레 등에서 집중적으로 육성되기에 이른다. 하지만 유칼립투스는 토착 생태계에 재앙적인 존재였다. 코알라를 비롯한 호주 유대류들은 오랜 세월 유칼립투스의 질기고 영양 낮은 잎을 먹도록 진화했지만, 다른 대륙의 동물들은 그 잎을 먹을 수 없었고, "메뚜기조차 유칼립투스 잎을 먹지 않았다."[51] 유칼립투스는 호주의 가뭄과 계절성 산불 속에서 진화한 수종이다. 물을 많이 먹어 인근 지역을 가물게 한다. 소나무 농장에 비해 30~50% 더 많은 물을 소비한다.[52] 또 함유하고 있는 오일 성분의 휘발성이 다른 어떤 나무보다 강력하다. 불씨 하나에 폭발하듯이 산불을 야기하는 파괴력을 갖고 있는데, 특이하게 산불에 잎이 다 타도 줄기에서 바로 잎을 틔워낸다. 재빨리 잎과 나뭇가지를 드리워 다른 나무의 싹을 도태시키는 것이다.[53] 놀랍게도, 오일 자체에도 다른 식물 종의 성장을 방해하는 성분을 함유하고 있다. 심지어 껍질에 불이 붙으면 최대 수백 미터까지 날아가 산불을 확장시킨다. 다시 말해 유칼립투스는 산불을 통해 증식하도록 진화한 것이다. 그런 까닭에 유칼립투스 대규모 조림은 토착 생태계의 교란과 생물다양성 축소는 물론이거니와 스스로 화약고를 짊어진 모순의 자처인 셈이다. 그러나 자본의 입장에서 복잡하고 지저분한 생물다양성은 이윤에 방해물이 될 뿐이다. 유칼립투스 플랜테이션처럼 단순화된 산업적 생태계야말로 최적화된 이윤 창출의 공간이기 때문이다.

침입종 유칼립투스. 그것은 토착민에게는 빈곤을, 토착종에는 재앙을 의미한다. 시장 기반의 자본주의가 전통적인 토지 시스템을 유칼립투스의 상품화를 위해 단일 재배 시스템으로 폭력적으로 전환하기 때문이다. 그리고 이제 기후비상사태를 맞아, 유칼립투스가 활짝 열어놓은 그 불의 지도를 따라 맹렬히 타오르는 공포의 화염을 목도하게 됐다. 현재 산불 팬데믹에 잠식된 캘리포니아에서부터 지중해에 이르기까지 산불의 지도를 보라. 어김없이 유칼립투스 군락을 발견하게 될 것이다. 거꾸로 말해도 같은 결론에 도달한다. 전 세계 지도를 펴놓고 유칼립투스 플랜테이션의 지도를 작성해보라. 그러면 산불의 지도가 그려질 것이다. 산불 핫스팟으로 손꼽히는 지중해 지역도 매년 재앙적인 산불에 시달리고 있는데, 농부들이 일자리를 찾아 도시로 떠나면서 시골 지역이 거의 방치된 까닭에 유칼립투스와 소나무의 밀도가 점점 더 촘촘해져 산불에 취약해져 있다. 오래전부터 지중해의 농부들은 숲속에 동물을 방목하며 혼농업의 관행을 유지해온 터였다. 식성 좋은 염소들이 잡목과 마른 덤불 등을 먹어치움으로써 산불을 예방하고 또 배설물로 토양을 기름지게 하는 농생태학적 지혜의 발현이었다. 최근 스페인을 비롯한 지중해 여러 나라에서 산불 대응책으로 다급하게 염소를 소방관인 양 다시 모셔오는 중이다. 확실히 이 시대의 희비극이다.[54] 비근한 예로, 2023년 칠레 남부 도시 산타후아나에 치명적인 산불이 들이닥쳐 주변이 다 소실됐는데도 딱 한 공원만 화마를 비켜난 이례적 사건이 발생한 바 있었다. 산불을 피하고자 지중해 농부의 혼농업의 지혜를 빌려, 진즉에 염소가 숲을 관리하게 한 것이었다.[55] 그러나 이제 지중해의 많은 농촌 지역들은 소멸의 길을 걷고 있다. 버려진 숲엔 방화성 오일을 잔뜩 머금고 있는 유칼립투스와 소나무만이 점령하고 있을 뿐이다. 농부들이 떠나자 지주들이 수익을 위해 나무 농장에 땅을 임대해줬기 때문이다. 한때 농업, 방목, 내화성 수종인 참나무 숲이 펼쳐져 있던 지중해의 풍경이 그렇게 단일 수종의 농장으로 변모하며 시한폭탄처럼 기폭의 시간을 기다리고 있다. 자유무역과 농촌에 대한 체계적 수탈이 농촌을 텅 비게 했다면, 나무를 상품 수단으로 대량생산하기 위한 자본의 욕망이 그곳을 침입종으로 가득 채운 것이다.

2017년 포르투갈은 기후재난의 한복판이었다. 극심한 폭염, 혹독한 가뭄, 그리고 재앙적인 산불이 일어났다. 50만 헥타르의 숲이 불탔는데 이는 국토의 5%에 해당되는 면적이다. 국가 역사상 최대의 산불 규모였다. 100명 이상의 희생자가 나왔다. 그런데 산불 피해가 가장 높았던 지역에서 불에 탄 면적의 70%가 바로 유칼립투스와 소나무 농장이었다.[56] 가연성 높은 나무의 단일 재배가 도화선을 제공한 것이다. 포르투갈은 세계에서 유칼립투스를 가장 많이 식재한 나라 중 하나다. 목재, 제지, 우드 펠릿 등 상업용으로 맹렬히 조림해온 터다. 2017년의 산불 재난은 포르투갈과 유럽인들에게 경각심을 일으켰다. 참나무 같은 내화성 자생종 대신 산업용 유칼립투스와 소나무를 단일 재배한 덕에 치명적인 산불 위험에 처했다는 걸 비로소 깨달았기 때문이다. 경각심의 고삐를 더욱 조이게 한 사건이 또 있다. 화재 당시 페라리아Ferraria라는 지역이 유칼립투스 때문에 전부 까맣게 초토화됐는데, 딱 한 마을만 멀쩡하게 화마를 버텨냈다. 조상들이 심어놓은 200년 된 코르크 참나무들 앞에서 불길이 기적처럼 멈췄던 것이다. 푸른 참나무들이 마치 둥지처럼 페라리아 드 상 주앙Ferraria de São João이라는 마을을 에워싼 채 산불로부터 보호한 이 사건은 적잖이 화제가 됐다.[57] 관련 사진을 보면, 정말로 산 아랫마을만 빼놓고 주변의 유칼립투스 숲이 모두 새까맣게 전소했다. 물을 품고 있는 참나무의 힘을 여실히 보여준다. 화재 이후 마을 주민들과 전국 각지에서 온 자원활동가들이 연대해 마을 주변에서 유칼립투스를 뽑아내고 참나무와 밤나무 등 자생림을 복원하는 작업을 펼쳤다.[58] 기후위기 앞에서 우리가 어떻게 대응해야 하는지를 미시적으로 보여주는 풍경일 것이다.

현재 유칼립투스는 전 세계 약 2,500만 헥타르에 걸쳐 재배된다. 영국 전체보다 더 큰 면적이다. 예측에 따르면 2028년까지 유칼립투스 오일 시장은 2억 1,300만 달러, 펄프 시장은 거의 170억 달러까지 확장될 것으로 추정된다. 여기에, 유칼립투스 확산을 더욱 부추기는 이니셔티브가 존재한다. '탄소배출권' 시장이 그것이다. 세계에서 유칼립투스를 가장 많이 생산하는 나라가 브라질이다. 대략 전체의 30%를 차지한다.[59] 기존보다 더 빠르게 성장하는 유전자 변형 7종이 브라질 동부의 광대한 생물다양성을 먹어치우며 점점 더 뻗어나가는 중이다. 빠르게 자라는 만큼 수자원을 더 소비하고 글리포세이트 기반 제초제인 라운드업Roundup을 남용함으로써 생태계를 붕괴시키고 있다. 다국적 기업과 지주들이 브라질에서 상업용 유칼립투스를 식재하는 이유는 펄프와 오일로 판매해 수익을 얻고 동시에 탄소배출권을 발급받아 더 많은 이윤을 얻을 수 있기 때문이다.[60] '나무를 심으면 화석연료 탄소가 흡수된다'는 검증되지 않은 가설을 내세우며 막대한 탄소배출권 시장이 형성되었고, 이에 유칼립투스가 탄소배출권을 낳는 황금 거위처럼 취급되고 있다. 어린나무를 심느라 기존의 자생림 숲을 파괴하고, 그 안에 살던 선주민들을 내쫓고, 물을 약탈하며, 탄소폭탄이나 마찬가지인 산불을 부추기는 유칼립투스 농장을 기후위기의 해법으로 둔갑시키는 괴상한 흑마법이 펼쳐지는 것이다. 단순한 셈법으로도 속임수라는 걸 알 수 있다. 자생림 숲을 파괴하면 당연히 탄소가 풀려나온다. 여기에 어린 유칼립투스를 심고 살충제로 관리하고 그것을 펄프와 제지로 가공하는 과정에서 또다시 대량의 탄소가 배출된다. 이것이 바로 녹색 자본주의가 전 세계 민중들을 대상으로 전개하는 교활한 눈속임이다. 우리는 다른 장에서 탄소배출권의 위선에 대해 상세하게 톺아볼 것이다.

시상의 모든 곳에서 산불이 나고 지구가 불타는 와중에도 금융과 다국적 자본들이 탄소배출권을 추출하기 위해 유칼립투스를 암세포처럼 증식시키는 과정은 끔찍한 자해나 마찬가지다. 브라질은 물론 칠레, 아르헨티나, 우루과이 등 라틴 아메리카 전역에 유칼립투스 농장이 들어서고 있다. 최근에는 미국의 조 바이든 행정부가 기후 대응 운운하며 라틴 아메리카에 유칼립투스 농장 프로젝트를 지원한답시고 5천만 달러를 지원하기도 했다.[61] 한국의 포스코도 우루과이에 유칼립투스를 조림하고 탄소배출권을 발급 받아 막대한 화석연료를 사용하는 죄를 스스로 사한 바 있다.[62] 사정은 아프리카에서도 마찬가지다. 가령, 가나에서는 노르웨이 기업이 가나에 산업용 유칼립투스 농장을 짓고 있다. '탄소중립 연료'라는 미명 하에 나무를 불태워 전기를 생산하는 잘못된 관행이 유럽 전반에서 자행되고 있는데, 유칼립투스의 바이오매스를 얻기 위해 아프리카 선주민의 땅과 물을 약탈하는 것이다.[63] 그렇게 얻어진 전기는 고스란히 유럽인의 제국적 생활 양식에 빨려 들어간다.

이스라엘 시온주의자들만큼 유칼립투스를 식민주의와 환경 무기로 탁월하게 활용한 세력도 없을 것이다. 유대인 국가 기금(Jewish National Fund)은 이스라엘 영토와 유대인 정착지를 개발하기 위해 1901년에 설립된 기관이다. 그들이 가장 먼저 한 일은 유칼립투스를 심는 것이었다. "사막에 꽃을 피우자(make the desert bloom)"라는 신화적 믿음을 증명하기 위해 호주에서 씨앗을 들여와 유칼립투스를 심었다. 물을 흡수하는 유칼립투스의 특성을 이용해 호수와 습지를 건조시키고, 빠르게 성장하는 특질에 맞춰 숲과 공원을 조성하면서 점차 유대 영토를 넓혀갔다. 1948년 팔레스타인 선주민의 75%를 추방한 나크바Nakba 이후에는 그 파괴된 현장을 은폐하고 선주민들이 다시 돌아오지 못하도록 유칼립투스와 유럽 소나무를 심었다.[64] 소나무는 산성도가 높은 솔잎을 떨어뜨려 나무 밑에 다른 식물이

자라지 못하게 한다. 자신의 고향으로 다시 돌아온들, 숲에서 동물을 방목하는 팔레스타인 목자들이 버틸 재간이 없다. 그런가 하면 이스라엘은 올리브나무와 토착 식물들을 닥치는 대로 제거했다. 올리브나무는 팔레스타인 농부들이 조상 대대로 생계를 의존하는 삶의 나무다. 지금까지 나크바 이후 최소 80만 그루 이상이 이스라엘 당국과 정착민들에 의해 뽑혀지고 불태워졌다. 다시 말해, 팔레스타인 생태 환경 자체를 완전히 유럽에 맞춰 변경해버린 것이다. 마치 외계 행성을 자신의 고향 행성에 맞춰 테라포밍 하듯이, 유칼립투스와 소나무를 앞세워 팔레스타인 선주민과 토착종을 뿌리 뽑아버렸다. 지금도 서안 지구와 네게브 사막에서 올리브나무를 불태우고 영토를 넓히기 위해 소나무를 심고 있으며, 온갖 더러운 폐수와 산업쓰레기를 가자 지구와 서안 지구에 내다버리고 있다. 그런데도 유대인 국가기금은 자신들을 유칼립투스로 사막을 푸르게 하고 땅을 보호하는 환경단체라고 내세우며, 이스라엘 정부는 재생에너지 확대와 탄소중립에 앞장서는 글로벌 리더라고 스스로 격찬하고 있다.[65] 겉과 속이 다른 이런 위선이 이스라엘에 고유한 것처럼 보이지만 사실은 유럽과 미국 등 부유한 북반구가 탄소배출권을 추출하기 위해 라틴 아메리카와 아프리카에서 벌이는 짓과 똑같은 경로를 밟는다. 지금 이 글을 쓰는 시간에도 가자 지구에서 수많은 사람들을 학살하는 이스라엘의 저 반인륜적 범죄 역시, 그동안 제국주의가 식민지에서 벌였던 수많은 폭력의 모방일 뿐이다. 그러나 어쨌거나 스스로에 대한 자화자찬이 무색하게 이스라엘 역시 어김없이 산불에 직면하고 있다. 2010년과 2016년 수만 명의 이스라엘인들이 혼비백산 도망쳐야 했던 최악의 산불 재앙과 맞닥뜨렸다.[66] 건조한 지역에 식민 지배를 위해 가연성 높은 소나무와 유칼립투스를 빼곡히 심어놓은 자가당착에 대한 혹독한 대가가 시작된 것이다. 시온주의자들의 그 잘난 '예외주의'도 산불에는 아무 소용이 없다.

오늘날의 산불은 식민주의, 자본주의, 불평등, 인간-자연 관계 등이 반영된 사회적, 정치적, 역사적, 생태학적 현상이다. 자본주의는 무한하게 탄소를 배출함으로써 기후 산불의 조건을 야기하고, 또 자본 축적의 경로는 산불의 도화선이 된다. 자본주의가 돈을 벌기 위해 지역 생태계를 파괴하거나 폭력적으로 변경함으로써 물과 불의 재난으로부터 취약하게 만들었기 때문이다. 두말할 나위도 없이 방화범은 자본주의다. 그리고 방화범은 불을 끄지 않는다. 가령, 2021년 지옥문을 열어젖힌 듯한 유럽 최대의 산불이 그리스를 집어삼킬 때, 세상 사람들이 화염에 잠긴 그리스를 보며 드디어 올 게 왔다고 한탄할 때 정작 그리스의 화재 전선에는 소방차, 항공소방의 자원이 제한적이거나 아예 존재하지 않았다. 2020년 그리스 산림청은 화재가 날 것을 염려해 정부에 1,770만 유로를 예산으로 편성해줄 것을 요청했지만, 정부는 그것의 10분의 1인 170만 달러를 제공한 터였다. 공공 재정에 대한 긴축과 삭감, 즉 신자유주의 기조 때문이었다. 전투기를 구매하는 데 19억 유로를 지출하고 시위를 진압할 특별 경찰을 설립하는 데 3천만 유로를 배정했지만 정작 산불을 끌 변변한 소방 헬기조차 없었던 것이다.[67] 그렇게 정부가 무능력을 드러낸 채 수수방관하고 있을 때 동분서주 불을 끄고 재난 속에서 상호부조하며 연대했던 건 평범한 시민들이었다. 튀르키예는 사정이 더 엉망이었다. 그해, 그리스와 마찬가지로 튀르키예도 역대 최악의 산불을 겪었는데 불을 끌 단 한 대의 소방 비행기조차 없었다. 자국의 소방 시스템이 충분하다고 거짓말을 하던 에르도안 대통령은 결국 사실을 실토하고 타국에 소방 비행기를 구걸해야 했다.[68] 긴축, 공공지출 삭감, 아웃소싱, 민영화, 임금과 노동 조건의 악화 등 신자유주의가 휩쓰는 사이 전 세계 소방 시스템이 밑바닥을 드러내고 있었던 것이다. 가장 산불이 많이 발생하는 미국 캘리포니아의 경우에도 화재 진압을 교도소에 철저히 외주화한다. 범죄자들이 가석방을 조건으로 단 2주간의 훈련과 하루 3달러 미만의 임금을 받고 산불 속으로 뛰어 들어간다.[69] 이렇게 수감자 소방 프로그램을 통해 캘리포니아주는 연간 1억 달러를 절약하지만, 공적 책임을 수감자들에게 싼값에 전가한다는 도덕적 비판을 피할 수 없다.

지구 생태계는 산불과 함께 진화해왔고 산불을 통해 새로운 생명력을 발아한다. 번갯불은 질소를 고정해 대지를 풍요롭게 하는 동시에 산불을 냄으로써 생태계를 다시 활기차게 재구성한다. 그러나 자본주의 하에서 발생하는 산불의 상당수는 온실가스의 폭주, 생태계의 인위적 파괴, 연료 부하의 증가, 자연 흐름의 교란, 산업적 삼림 관리의 실패 등이 맞물려 있다. 그 재앙의 화염들이 남실대며 자본주의라는 방화범의 몽타주를 선명하게 그려준다. 그런데도 산불이 나면 자본주의 정부와 언론은 범인을 찾는 데 주력한다. 누가 점화를 했냐는 것이다. 부싯돌을 당긴 한 개인의 행위가 이 재앙의 진정한 원인인 것처럼. 미국의 저명한 생태도시학자 마이크 데이비스는『공포의 생태학』에서 "점화 관리에 대한 편집증적인 집착이 종말과 같은 불폭풍과 그에 뒤따르는 대홍수를 사실상 불가피하게 만든다"고 주장한다.[70] 책임을 개인에게 전가하는 점화 관리의 대응이 정작 산불이 일어나는 실재적 경로를 읽지 못하게 하기 때문이다. 마이크 데이비스는 온난화와 연료 축적에 의해 상시적으로 산불이 일어나는 고위험 지역에 이윤을 위해 계속 집을 짓는 미국 자본주의에 대해 "자연을 완전히 무시하는 미친 정치경제 시스템"이라고 일성을 높인다. 그의 말이 옳다. 지구 온난화, 숲과 대지를 지키던 농부들의 제거, 생태계의 교란, 그리고 산불이 활활 타오르는데도 섶을 지고 불 속으로 뛰어 들어가게 하는 그 이윤에 대한 맹목의 욕망이 지금 이 시대를 휩쓰는 지옥불의 원인이다. 소고기와 대두를 위해 대농장과 기업들이 아마존 열대우림에 가공할 만한 규모로 불을 지르는 것처럼, 돈벌이에 미쳐 다국적 기업들이 유칼립투스를 심고 그것을 불태우며 탄소중립을 이루고 있다고 주장하는 것처럼, 자본주의는 끊임없이 나무와 식물을 태우고 끝내 지구에 불을 지르며 폭주하는 체제다. 자본주의 프로메테우스는 불을 가져다줌으로써 명백히 지구와 인간에게 돌이킬 수 없는 치명상을 입히고 있다.

방화범은 누구인가

기후 온난화를 야기하는 화석연료는 무엇인가? 결국 나무와 식물이다. 지금으로부터 약 3억 년 전 양치식물 계통의 나무들이 지구를 뒤덮고 있었다. 이산화탄소 농도가 홀로세보다 3배 이상 더 높아 습하고 기온이 높았다. 따라서 나무가 훨씬 더 울창하고 키가 컸다. 아직 대형 초식동물이 등장하기 전이라 아무런 방해도 없이 지상의 모든 곳을 지배했다. 그 나무들이 죽어서 늪과 습지에 점차 쌓이기 시작했다. 왜 나무들이 썩지 않고 차곡차곡 쌓였던 걸까? 여전히 학계는 그 문제를 놓고 다툼을 벌인다. 죽은 나무를 분해할 미생물과 균류가 아직 진화하지 못했기 때문이라는 주장이 있는가 하면, 나무들이 습지와 늪 속으로 침잠해 산소 부족으로 썩지 못했기 때문이라는 주장도 있다. 어쨌거나 썩지 않은 죽은 나무들이 아래로 아래로 가라앉으면서 퇴적됐다. 산소가 없는 상태에서 수백만 년 동안 퇴적층의 압력과 고온의 마사지를 받으며 고체 형태의 화석이 됐다. 햇빛 에너지와 이산화탄소를 농축한 죽은 나무들의 사체, 그것이 바로 석탄이다. 그리고 이 시기를 석탄기라고 한다. 반면에 석유는 식물성 플랑크톤과 해조류의 잔재다. 중생대에도 이산화탄소 농도와 해수면 온도가 지금보다 몇 배 더 높았다. 이산화탄소를 잔뜩 머금은 식물성 플랑크톤과 조류의 사체가 바다 밑으로 눈처럼 떨어져 오랜 시간 퇴적된 것이 석유다.

그러면 기후위기는 왜 일어나는가? 간단한 이야기다. 이산화탄소가 고농축된 식물의 사체인 석탄, 석유, 천연가스를 미친 듯이 불태웠기 때문이다. 18세기 중반 산업혁명 이후 증기기관에 석탄이 탑재되고, 19세기 말 미국에서 석유가 상업화되었다. 마치 주술에 풀려나온 영혼들처럼 땅속에서 잠자던 나무 사체의 온실가스들이 대기에 방출되면서 지구가 점차 뜨거워지기 시작했다. 석탄은 갈탄이나 역청탄 형태로 이미 오래전부터 인간들이 사용하고 있었다. 석유 역시 페르시아에서 중국에 이르기까지 수천 년에 걸쳐 약재와 기름 등으로 사용해왔다. 자본주의가 그것을 기계 장치의 연료로, 상품 생산 회로의 동력으로 삼으면서 사용량이 폭발적으로 증가한 것이다. 자본주의가 시작되었을 때 제분, 제련 등 대부분의 공장들은 강 주변에 위치해 있었다. 수력을 빌려 기계 장치를 구동했기 때문이다. 그런데 왜 수력을 석탄으로 대체했던 걸까? 스웨덴의 인류학자 안드레아스 말름 Andreas Malm은 논쟁적이고 문제적인 저작 『화석 자본』을 통해 노동자의 힘을 무력화하고 24시간 쉬지 않고 기계를 돌려 이윤을 축적하기 위해서였다고 분석한다.[71] 강과 수력에 얽매여 있던 기계 장치가 석탄 에너지만 제공되면 그 어디든 임금이 싸고 순종적인 노동자들이 있는 곳으로 자유롭게 이동할 수 있는 까닭이다. 그렇게 석탄은 자본주의의 태엽으로서, 쉬지 않고 노동자들을 일하게 하는 권능으로 등장했다. 마침내 밤낮없이 인간이 시시포스처럼 노동해야 하는 세계가 펼쳐진 것이다. 그렇다면, 석유는 왜 등장한 걸까? 사려 깊은 정치학자 티머시 미첼 Timothy Mitchell은 석탄을 석유로 전환했던 중요한 이유가 석탄 광부들의 힘을 약화시키는 데 있었다고 지적한다. 19세기 말과 20세기 초, 석탄 광부들이 노동조합을 만들고 보통선거권을 쟁취하는 등 민주주의 기반을 닦게 되자 그 힘을 좌초시키기 위해 석유로 대체했다는 분석이다.[72] 석탄은 광산과 철도 등 여전히 많은 노동력을 필요로 하지만, 석유는 유전과 송유관으로 노동력을 쉽게 대체할 수 있다. 다시 말해 기계 장치를 쉬지 않고 돌리기 위해, 그리고 이 과정에서 방해가 되는 노동자의 힘을 약화시키기 위해 석탄과 석유를 차례대로 자본주의가 동력원으로 이용한 것이다.

기후위기를 야기한 두 번째 요인으로는 토지 이용 변화다. 마지막 빙하기가 끝나던 시점인 약 12,000년 전에 인류는 얼음이 물러난 자리에 농사를 짓기 시작했다. 그때부터 지금까지 지구 표면을 차지하던 대략 5조 8천억 그루의 나무 중 거의 절반을 제거했다. 그런데 이렇게 제거된 숲의 32%가 바로 자본주의하에서 소멸된 것이다. 지금도 매년 약 150억 그루가 사라진다.[73] 주되게는 소고기를 위해, 그리고 환금 작물을 심을 경작지를 위해. 화석연료와 에너지를 대량으로 소비하는 자본주의 농법도 충분히 문제지만 탄소를 흡수하는 숲의 소멸, 그것이 오늘날 기후위기를 야기한 중요한 요인 중 하나다. 영화 〈매드맥스: 분노의 도로〉에서 주인공 퓨리오사는 나무는 도무지 찾아볼 수 없고 황량한 사막만 펼쳐진 세계를 바라보며 이렇게 말한다. "숲은 우리 세계의 생명선이에요." 물론 영화 속 상상처럼 나무가 전부 사라지지는 않을 것이다. 하지만 지금 이 시간에도 매초, 매분 나무들이 잘려나가고 불태워지는 게 사실이다. 세계자원연구소(World Resources Institute)에 따르면 2023년 전 세계 삼림 벌채는 전년에 비해 3.2% 증가했다. 그러는 와중에도 지구 기온이 올라가며 전 세계가 산불에 휩싸여 있다. 확실히 자본주의는 죽은 나무의 사체를 불구덩이에 집어넣으며 움직이기 시작했고, 지금도 여전히 지상의 나무들을 불태우며 질주하는 폭주기관차다.

"현재 전 세계의 용광로에서는 연간 약 20억 톤의 석탄을 태우고 있습니다. 이것이 연소되어 산소와 결합하면 매년 약 70톤의 이산화탄소가 대기에 추가됩니다. 이러한 추세는 점점 더 지구의 기온을 상승시키고 따뜻해진 대기가 지구를 담요처럼 덮게 만들 것입니다."[74]

2021년 소셜미디어에 한 장의 낡은 신문 스크랩 이미지가 화제로 떠올랐다. 1912년 뉴질랜드 신문의 단신 기사였는데, 위 내용이 담겨 있다. 보다시피, 석탄 연소와 지구 온난화와의 인과 관계에 대한 묘사가 정확하다. 진위 여부를 놓고 소란이 일었다. 언론들이 팩트 체크에 나섰고 사실임이 밝혀졌다. 그리고 저 단신 기사가 1910~1920년대에 호주, 영국 신문에도 게재된 사실이 드러났다. 대중들이 신문 스크랩에 놀라워했던 이유는 이미 100년 전에 과학자들이 지구 온난화 사태를 알고 있다는 점이었다. 물론 과학자들은 익히 알고 있었다. 1824년 프랑스 물리학자 조제프 푸리에 Joseph Fourier가 처음으로 '온실효과'를 밝혀냈고, 1856년에는 미국의 여성 과학자 유니스 푸트Eunice Foote가 간단한 유리 실린더 실험으로 이산화탄소의 열 포획 능력을 확인했으며, 스웨덴 과학자 스반테 아레니우스Svante Arrhenius는 1896년 이산화탄소가 지구 온도 상승에 영향을 미친다는 연구 결과를 공개함으로써 이미 과학계에선 온난화 사태를 짐작하고 있었다. 그러나 당시에 그 이야기는 그리 나쁜 소식이 아니었다. 추운 지역은 덜 추워질 것이고, 얼음이 녹으면 땅을 경작할 수 있을 거라고 착각했기 때문이다. 심지어 일부 사람들은 그것을 좋은 소식이라고 생각했다.

지구 온난화가 나쁜 소식이라는 걸 정확히 깨닫기 시작한 건 1950년대 후반이다. 1959년 수소폭탄 발명에 기여한 과학자 에드워드 텔러Edward Teller가 석유 업계 임원들이 모인 심포지엄에서 이렇게 경고했다.

"석유를 연소할 때마다 이산화탄소가 발생합니다. 대기 중에 이산화탄소가 존재하면 온실효과가 일어납니다. 세계가 화석연료를 계속 사용한다면 만년설이 녹아 해수면이 상승할 것입니다. 결국 모든 해안 도시가 물에 잠기게 될 것입니다."[75]

과학자들도 그 심각성을 뚜렷하게 알고 있었고 석유 기업들도 자신들이 무슨 짓을 저지르고 있는지 이미 수십 년 전에 간파했다는 이야기다. 하지만 화석연료 기업들은 나쁜 소식을 내내 은폐해왔다. 심지어 세계 최대 석유 기업 엑슨모빌은 1970년대 아예 과학자들을 모아 관련 연구를 시행했고 지구 온난화가 2000년경에 뚜렷하게 감지될 거라는 것조차 놀라우리만치 정확하게 파악했지만 이 소식을 은밀하게 캐비닛 속에 감춰뒀다.[76] 1950년대부터 적지 않은 과학자들이 화석연료의 파괴력을 경고했음에도,

화석연료 기업들 그리고 로비를 받은 정치인들은 최소 30년 동안 이 나쁜 소식을 내내 봉인해왔던 것이다.

그러나 나쁜 소식은 아직 멀었다. 1992년 마침내 브라질 리우데자네이루에서 처음으로 국제 환경회의가 열렸다. 전 세계 185개국 정부 대표단과 114개국 정상과 관료들이 모여 기후와 환경 문제를 논의한 인류 최초의 테이블. 유엔 환경 및 개발 회의, 흔히 리우 지구정상회담으로 알려진 역사적인 자리였다. 드디어 기후와 환경 문제가 더 이상 묵과할 수 없는 인류사의 중대한 지상과제임이 천명됐다. 조지 부시 대통령은 "기후변화에 대한 행동 계획을 가지고 왔다"고 자랑했으며, 컬스 수주키Cullis Suzuki라는 12세의 캐나다 소녀는 "저는 앞으로 다가올 모든 세대를 대변하기 위해 이 자리에 섰습니다. 더 이상 갈 곳이 없어 죽어가는 수많은 동물들을 대변하기 위해 여기에 왔습니다."라고 그 유명한 연설을 수행했다.[77] 그런데 그로부터 32년이 흐른 뒤 우리는 어떤 결과를 손에 쥐었을까? 그 소녀가 이제 40살을 넘긴 세상은 어떻게 변했을까? 1992년에 전 세계 이산화탄소 배출량이 총 226억 톤이었는데, 30년 후인 2022년에는 372억 톤으로 65%가 증가했다. 그 30년 동안 배출된 이산화탄소 양이 산업혁명 이후 배출된 전체 이산화탄소의 절반 이상을 차지한다. 급기야 2023년에는 374억 톤이 배출됐다.[78] 인류사에서 가장 많은 양의 이산화탄소다. 그야말로 나쁜 소식이다. 앞에서는 감축하자고 약속해놓고, 뒤에서 미친 듯이 배출해왔다는 뜻이다.

세 번째 나쁜 소식은 인류의 마지노선이라 불리던 1.5도 상승에 이미 도달했을지도 모른다는 사실이다. 1995년 베를린에서 시작된 유엔기후변화협약 당사국총회(COP)가 매년 각국의 배출량을 놓고 책임을 전가하며 공회전을 거듭하다, 드디어 2015년 파리에서 역사적 협약을 이끌어냈다. 인류가 지구에 안정적으로 거주하기 위해서 산업화 이전과 비교해 기온 상승을 금세기 말까지 1.5도로 억제하자는 내용이었다. '1.5℃', 오늘날 기후변화의 모든 담론에 예외없이 등장하는 기후 정치의 핵심 방정식이 구성된 것이다. 당시 파리 회담장의 역사적 장면이 전 세계에 송출되었는데, 울고불고 감격하던 정치인들의 표정을 잊을 수 없다. 이제 인류의 앞날에 창창한 하늘이 열릴 것처럼 낙관으로 가득한 얼굴들이었다. 그런데 그로부터 8년 후인 2023년, 그 낙관이 산산이 깨지고 말았다. 코페르니쿠스 기후변화서비스(Copernicus Climate Change Service)에 따르면, 2023년에 지구 평균 기온이 1.5도 상승했다. 10만 년 만에 가장 따뜻한 해였다. 인류가 지구에 거주하면서 처음 겪는 뜨거운 1년이었다.[79] 심지어 2023년 11월 17일은 2.09도까지 평균 기온이 치솟았다. 빨간색으로 2.09도라고 마크되어 있는 그래프를 보면서 나 역시 내내 입을 다물지 못했다. 예상을 훨씬 초과하는 속도였기 때문이다. 아니나 다를까, 2023년에 불 재난과 물 재난이 지구 곳곳에 요동쳤다. 가장 충격적인 소식은 남극 빙하에서 멕시코 면적의 얼음이 사라졌다는 것이다.[80] 과학자들은 1년 내내 딱 세 마디만 반복할 뿐이었다. '미쳤다'.

2024년 4월, 이 글을 쓰는 시간에도 유럽의 일부는 40도가 넘나드는 폭염이 벌써 찾아왔고, 지난해 4월부터 지금까지 인류는 역사상 가장 뜨거운 1년을 겪었다. 정말로 1.5도 데드라인을 넘겨버린 걸까? 물론 슈퍼 엘니뇨가 물러나면 기온이 다소 내려갈 가능성이 있다. 하지만 결국엔 지구 온난화 때문이다. 그리고 진짜 나쁜 소식이 기다리고 있다. 세계기상기구(World Meteorological Organization) 보고서에 따르면, 향후 5년 내에 지구 연평균 기온이 산업화 이전보다 1.5도 높아질 확률이 66%다.[81] 그 이전 보고서에서는 확률이 50%였다. 그렇다면 AI를 활용한 시뮬레이션에서는 어떤 결과가 나왔을까? AI 역시 향후 10년 안에 1.5도 상승에 도달할 것으로 예측했다.[82] 과학자들과 AI가 공히 비슷한 결론에 도달한 셈이다. 지금의 배출 추세가 지속된다면, 금세기 말은커녕 몇 년 안에 우리는 1.5도의 세계에 도달하는 것이다. 그렇게 되면 기후붕괴와 티핑포인트가 시작될 것으로 예상되는 2.0도 상승도 바짝 앞당겨질 가능성이 높다. 이보다 더 나쁜 소식은 영화 〈어벤져스〉의 타노스가 핑거 스냅을 누 번 쳐 지금 당장 지구상에서 인류를 한꺼번에 사라지게 해도 지구 기온은 당분간 계속 상승할 거라는 점이다. 한번 배출된 이산화탄소는 어디론가 흡수되지 않으면 길게는 천 년 이상 대기 속을 떠돌기 때문이다.

매년 5월이 되면 마우나 로아 관측소(Mauna Loa Observatory) 웹사이트에 조바심을 내며 들어간다. 2022년에는 그곳에 들어갔다가 심장이 덜컥 내려앉았다. 하와이 화산섬 산꼭대기에 위치한 이 관측소는 이산화탄소 농도를 측정한다. 북반구는 5월 말부터 녹음이 우거지기 때문에 그때가 대기 중 이산화탄소 농도가 정점을 찍는다. 2022년 5월에 이산화탄소 농도가 420.99ppm을 찍었다. 수백만 년 만에 처음으로 421ppm에 도달한 것이다. 전 세계 언론과 과학자들이 이 충격적인 수치를 타전하며 출렁거렸다. 수치를 확인하던 내 눈도 울렁거렸다. 저명한 대기화학자 찰스 데이비드 킬링Charles David Keeling이 1958년 3월 29일 마우나 로아 관측소에서 처음으로 이산화탄소 농도를 측정했을 때, 그 수치가 315ppm이었다. 64년 만에 106ppm이 증가한 것이다. 미국의 환경학자 빌 맥키번Bill McKibben과 과학자들이 '350'이라는 캠페인을 추진했던 이유는 이산화탄소 농도가 350ppm을 초과하면 인간이 지구에 거주할 수 없는 극한의 환경이 만들어진다는 경고 메시지를 공유하기 위해서였다. 산업화 이전의 홀로세, 다시 말해 인류가 농사를 짓고 살며 1만 년 이상 문명을 구축할 수 있도록 안정적이고 평탄한 기후 환경이 조성되었던 시기에는 통상 280ppm을 유지하고 있었다. 그런데 이제 한계선인 350ppm을 훌쩍 넘어 421ppm이라는 경이로운 수치로 껑충 비약한 것이다. 1850년 이후로 대략 1조 5,000억 톤의 이산화탄소를 미친 듯이 대기에 퍼부은 결과다.

421ppm은 불길한 이정표다. 이 농도는 지금으로부터 410만~450만 년 전 플라이오세Pliocene와 비슷하다는 게 과학계의 공통된 의견이다. 이

기간 동안 지구 기온은 현재보다 2~4도 더 높았고, 해수면은 5~25미터 더 높았다. 또 기온이 따뜻해 북극 툰드라 지역에 대규모 숲이 조성돼 있었다.[83] 이 정도면 지금의 육지 해안선은 모두 변경되고, 서울을 비롯해 세계의 대도시 상당수도 물에 잠기게 된다. 같은 421ppm임에도 우리가 아직 물에 잠기지 않는 이유는, 당시는 화산 폭발로 인해 백만 년 동안 점증적으로 이산화탄소가 누적된 반면, 지금은 자본주의가 시작된 이래 단 250년 만에 폭발적으로 증가했기 때문이다. 마치 목, 턱, 입, 코까지 점점 차오르는 물처럼 매년 이산화탄소 농도가 3~4ppm씩 상승하고 있다. 2023년 5월에는 424ppm으로 최고 기록을 경신했다. 그리고 지금 마우나로아 웹사이트에 들어가보니 2024년 3월 15일 자로 이산화탄소 농도가 무려 427.93ppm을 기록했다. 이것 역시 처음 보는 수치다.

찰스 데이비드 킬링 이름을 딴 킬링 곡선(Keeling curves)은 기후위기를 단 한 장의 그래프로 보여주는 상징적인 도상이다. 1958년부터 계속 대각선을 그리며 행성 한계를 향해 치솟는 이산화탄소 농도. 현재 인류가 직면한 운명의 아슬아슬한 기울기다. 킬링 박사는 자신의 측정 장치를 철거하려는 혹은 정확도를 떨어뜨리려는 많은 시도들을 이겨냈다. 대부분의 공격은 미국 의회나 정부 기관에 의한 것이었다. 예산을 삭감하거나, 상위 기관의 업무를 규제하는 것은 물론 1990년대에는 미국 에너지부가 아예 화석연료 연소가 식물의 성장을 촉진한다는 식의 연구에만 재정을 지원하겠다고 협박할 정도였다.[84] 인류의 운명을 한눈에 시각화한 저 킬링 곡선이 사람들에게 영향을 미칠까 봐서였다. 화석연료 자본과 정치 엘리트들이 관심을 갖는 건 이렇게 인류의 운명이 아니라 이윤의 운명일 뿐이다.

"이산화탄소의 끝없는 상승을 늦출 수 있는 집단적 의지가 부족하다는 것은 우울한 일입니다. […] 우리는 여전히 전 지구적 재앙을 향해 가장 빠른 속도로 달려가고 있습니다."[85]

아버지 찰스 데이비드 킬링이 사망한 후, 그 뒤를 이어 지구화학자로서

마우나 로아에서 이산화탄소 농도를 측정하는 아들 랄프 킬링Ralph Keeling
의 말이다. 재앙의 혼돈을 향해 끝없이 증가하는 이산화탄소 농도를 화산
섬 정상에서 지켜보는 과학자의 음울한 심경이 그대로 전해진다. 그의 말
대로, '집단적 의지'는 여전히 발현되지 않고 있다. 매년 열리는 COP 회담
은 화석연료 기업들이 로비의 향연을 벌이는 기업 박람회장이 된 지 오래
고, 부유한 북반구 자본주의는 배출량에 대한 책임을 여전히 외면하고 있
다. 겉만 번지르르한 탄소중립과 녹색 자본주의는 배출량을 유의미하게 줄
이는 대신 갖은 수사를 동원해 그린워싱을 도모한다. 그 와중에 우크라이
나 전쟁, 이스라엘의 가자 학살 같은 전쟁의 포화가 기후위기에 대한 심각
성을 가리고 있다. 그 전쟁의 여파로 석유 공룡 기업들만 떼돈을 벌었다.
우크라이나 전쟁 이후로 지금까지 엑슨모빌, 영국 BP(British Petroleum),
셰브론, 셸 등 메이저 석유 기업들은 자그마치 2,810억 달러로 역사상 가
장 큰 수익을 챙겼다.[86] 전쟁의 유일한 승자들인 셈이다.

　확실히 우리는 불타는 세계 위에 서 있다. 예언의 시대는 끝났고, 증언
의 시대가 도래했다. 증언대에 오른 가장 유력한 증인이 바로 산불이다.
1971년부터 2021년까지 기후변화로 인한 화재 면적이 172% 증가했으며,
1996년부터 2021년까지는 무려 320% 증가했다. 앞으로는 연간 3~52%
까지 급속도로 증가할 것으로 추정된다.[87] 그리고 자본의 축적 회로, 불타
는 대지 위에 유칼립투스를 심는 자본의 탐욕, 성장과 개발에 집착하는 세
계 엘리트들의 어리석음, 대중적 무관심이 산불의 연료가 되어 점점 더 지
구가 불타오르게 될 것이다. 과연 우리는 이 거대한 불의 재난 앞에서 어떻
게 할 것인가?

　아이러니하게 보이겠지만, 우선적으로 우리가 할 일은 파국론에서 벗어
나는 것이다. 산불과 자본주의 간의 인과적 역학이 잘 보이지 않기 때문에,
산불로 구현되는 기후재앙에 압도당한 채 종말론과 파국론, 또는 운명론에
쉽게 사로잡히곤 한다. 공포와 체념 사이를 저울추처럼 방황하다가 기후

종말이 왔으니 이제 자신의 말을 들으라는 거짓 카산드라의 말에 굴복하기 십상이다. 대표적인 파국론자인 제임스 러브록James Lovelock을 떠올려보자. 지구 생태계를 하나의 살아 있는 거대한 생명체이자 자기 조절 개체로 설명하는 '가이아 이론'으로 현대 환경 담론의 주요 지분을 차지하는 러브록은 지구의 파국을 막기 위해서 원자력을 대안으로 삼아야 한다고 주장한다. "우리가 지구를 병들게 했으니 풍력 터빈이나 바이오 연료와 같은 대체 친환경 치료법으로는 치유되지 않을 것입니다. 이것이 제가 합리적인 원자력 에너지라는 적절한 치료제를 추천하는 이유입니다."[88] 더 나아가 러브록은 기후 파국을 막기 위해서는 무능력한 인간이 아니라 인공지능(A.I.)에게 지구 관리를 맡기자는 주장으로 비약한다. 인간의 어리석음은 과학기술의 권능 앞에 그 자리를 내놓을 필요가 있다는 것이다.[89] 이처럼 기후위기의 원인을 인간의 어리석음에 돌리는 파국론은 기술지상주의라는 낙관론으로 재빨리 도약한다. 가이아 이론 같은 신비주의적 유기체론에 경도된 채 지구 생태계를 파괴한 자본주의 체제의 현실적 힘을 이해하지 못할 때 그 대안이라는 게 실망스러울 정도로 시시하거나, 훨씬 더 위험한 도박일 수밖에 없다.

파국론을 조장하고 기술만능주의를 그 대안으로 내세우는 건 러브록뿐만이 아니다. 빌 게이츠, 조지 소로스, 제프 베조스, 더스틴 모스코비츠 등의 억만장자들은 기후 파국을 돌파하자며 태양복사 지구공학에 연구비를 지원하고 열렬한 홍보대사로 나선다. 뜨거워진 지구를 식히기 위해 성층권에 이산화황 같은 미세 입자를 살포하려는 게 그들의 계획이다.[90] 태양복사 관리(SRM, Solar Radiation Management)는 쉽게 말해, 태양빛을 인위적으로 차단하거나 다시 우주로 돌려보내 지구의 기온을 떨어뜨리는 것이다. 마치 거대한 화산재처럼 말이다. 이들 기술만능주의자들은 탄소 배출량을 줄이는 대신, 기존의 약탈적인 대량생산-대량소비 시스템을 줄이는 대신, 태양을 가려 자본주의를 구원하자는 데 관심이 있을 뿐이다. 이로 인해 발생할 생태적 재앙과 또 다른 파국에 대해서는 그다지 관심이 없다. 남반구에 혹독한 가뭄을 양산하고 위험천만한 이산화황을 뿌려 지구의 대기를 핏물에 담그듯 빨갛게 적시는 한이 있더라도 자본주의 위기를 기술로 해결할 수 있다고 믿는 부유한 돈키호테들의 저 폭력적 망상은 자본주의의 본원적 특성이다. 오늘날 대다수의 녹색 자본주의자들이 기후재난을 어쩔 수 없는 불가항력의 운명인 것처럼 호도하며 탄소 포집 및 저장 장치나 소형 핵발전소(SMR)와 같은 기술들이 우리를 구원해줄 것이라고 복음의 말씀을 전하는 것도 이와 같은 맥락이다. 파국에 대한 대안으로, 실효성도 없고 기약도 없는 미지의 기술들을 과대선전함으로써 탄소배출권 시장을 확장하거나 자본 투자를 유치하려고 든다. 하와이 산불 재난 직후에 이재민들에게 땅을 팔라고 재촉하던 부동산 자본처럼, 이윤이 목적인 세계에서 재난과 종말은 한몫 잡기에 더할 나위 없는 호재에 지나지 않는다. 재난자본주의는 종말조차 상품화한다.

자연과 인류 문명을 불사르는 이 거대한 화염 앞에서 파국론과 종말론은 사태의 본질을 교묘히 숨기는 알리바이를 제공한다. 모두가 광야의 선지자가 되어 이렇게 말한다. 자, 파국이 닥치기 전에 내 말을 들어라. 그만그만한 우파 환경운동가들은 세상이 망하게 생겼다며 텀블러 교육과 친환경 제품으로 돈을 벌고, 자동차 기업들은 빙하 위에서 눈물 흘리는 북극곰 사진을 들이대며 전기자동차가 북극곰의 눈물을 닦아줄 거라고 주장한다. SK 같은 천연가스 기업들마저 버젓이 광고를 통해 지구 종말 이미지를 반복적으로 발신하면서 자기 기업들이 얼마나 청정기업인지를 홍보한다. 또 우리의 기후 거버넌스 활동가들은 파국이 오기 전에 정부와 시민들이 탄소중립을 실천해야 한다고 닦달하며 자신의 입지와 권력을 확보한다. 물난리와 불난리의 재앙 이미지와 영상들을 들이댄 채 지구 종말을 피하기 위해 국가, 기업, 전문가들의 말을 잘 들으라고 끊임없이 소곤거린다. 마치 기독교 종말론자들이 재난 이미지들을 야훼의 분노의 증거라고 들이대며 교회에 나오라고 극성을 피우는 것과 같은 모습이다. 『2050 거주불능 지구』같은 베스트셀러처럼 매년 수없이 쏟아지는 기후위기 관련 책들은 불가역적 종말을 가정하며 인간의 탐욕과 원죄 때문에 세상이 이 지경이 됐다고 한탄한다. 한편 시민들은 그 말들의 파도에 몰려 고분고분한 순응적 주체가 되거나 아예 외면의 길을 선택한다. 확실히 프레드릭 제임슨이 명료하게 요약했듯, "자본주의 종말을 상상하는 것보다 세상의 종말을 상상하는 게 더 쉽다."

이상하지 않은가. 자본주의가 불씨를 댕기고 연료를 제공하는 이 자본주의 산불 앞에서 자본주의 종말을 상상하는 것보다 세상의 종말을 상상하는 것, 그리하여 방화범들을 모조리 풀어주고 산불의 경로를 차단하지 못해 정말로 세상의 종말을 맞이하게 되는 기막힌 역설이 펼쳐지는 것이다. 집에 불이 났는데도 한 톨의 이윤을 위해 휘발유를 들고 불길 속으로 뛰어드는 사람들은 세상의 종말을 상상할 수 있을지언정 자본주의의 종말에 대해서는 감히 상상하지 못한다. 기후혼돈이 시시각각 지구를 잠식하고 있는 이 시간에도 주식 그래프를 하루 종일 들여다보다가 남반구의 기후재난 소식에 혀를 끌끌 차는 사람들은 세상의 종말은 쉽게 가정하되 자본주의의 종말은 도무지 상상하지 못한다. 심각하게 기후위기를 염려한 나머지 매일매일 성실하게 플라스틱 재활용과 텀블러 사용법에 고민하는 사람들도 자본주의의 종말에 대해서는 일고의 상상을 불허한다. 아인슈타인이 말한 바와 같이 "문제를 일으켰던 그 사고방식으로 결코 그 문제를 해결할 수 없다." 이것을 고쳐 쓰면, 자본주의의 종말을 상상하지 않는 방식으로 기후위기를 결코 해결할 수 없다.

저 파괴적인 산불을 일으킨 방화범은 자본주의다. 15세기 말부터 남반구의 생태계와 경관을 파괴적으로 변경하고, 석탄기와 중생대의 죽은 나무에 불을 지르면서 기계 장치를 돌려왔던 자본주의가 바로 지구를 불태우는 주범이다. 우리를 압도하는 저 무시무시한 산불 앞에서 가장 먼저 할 일은 시야를 가리는 파국론을 단호하게 거부하는 것이다. 기후비상사태가 치명적이지 않아서 그런 게 아니라, 너무도 치명적이기에, 선주민, 여성, 농부, 노동계급, 빈곤층 같은 민중들부터 먼저 먹어치우기에 사태의 본질을 정확히 꿰뚫는 맑은 눈이 필요하다. 압도되지 않고 기후위기를 정면으로 마주보는 것, 그것이 먼저다. 불을 끄려면 불을 정면으로 응시해야 한다.

2장

기후위기의
심리학

"세계 전체가 파괴되는 것보다 내 손가락의 상처가 더 아픈 것은
전혀 이치에 어긋나지 않는다."

데이비드 흄

정상성 편향

"처음 한 시간 동안 타이타닉의 승객 중 충돌을 심각하게 받아들이는 사람은 거의 없었습니다. 이것이 사건 초반에 많은 사람이 구명보트에 탑승하지 않은 또 다른 이유입니다. 승객들은 어둡고 추운 밤에 노 젓는 배를 타고 대서양을 떠돌아다니는 것보다 밝은 조명이 있는 배의 따뜻함과 편안함을 훨씬 더 선호했습니다. 첫 번째로 7번 구명보트를 내리면서 1등 항해사가 승객들을 불렀을 때 단 한 명만 응했고, 12시 55분에 두 번째로 하강한 5번 구명보트에는 41명만 탑승했는데 24명을 더 태울 수 있는 공간이 남아 있었습니다. […] 타이타닉이 침몰할지도 모른다는 건 '터무니없는' 생각이었습니다."

미국 논픽션 작가 월터 로드Walter Lord가 묘사한 타이타닉호의 침몰 초반 상황은 적잖이 당혹스럽다.[1] 승객들이 곧 들이닥칠 재난을 '터무니없는' 것으로 일축했고 그것이 더 큰 화를 불러일으켰다는 것이다. 재난이 닥치면 민첩하게 행동할 것 같지만 막상 실재 재난 앞에 서면 이해할 수 없을 정도로 느리게 행동하거나 사고 능력이 현저히 떨어지는 이상한 상황에 놓이곤 한다. 말 그대로 재난 앞에서 얼어붙는 것이다.

9.11 테러 당시에도 기이한 상황이 벌어졌다. 미국 국립표준기술연구소(NIST)가 약 900명의 생존자 인터뷰를 통해 실시한 연구에 따르면, 세계무역센터에서 살아남은 사람들은 아래층으로 내려가기까지 평균 6분이 걸렸다. 비행기가 빌딩에 부딪친 즉시 뛰쳐나간 사람도 있는 반면, 꽤 많은 사

람들이 30분이나 늦장을 부렸다. 곧장 나가지 않고 업무를 보거나 친구와 가족에게 전화를 걸었다. 이미 불꽃과 연기를 목격했고, 제트 연료 냄새를 맡았으며, 빨리 퇴거하라는 외침 소리를 들었지만 얼추 1,000명이 컴퓨터를 종료하느라 생사의 시간을 느릿느릿 흘려보내고 있었다고 한다.[2] 생존자들은 왜 느리게 움직였던 걸까?

1982년 7월 일본 나가사키에는 11일 동안 무려 600밀리미터의 큰비가 내린 터였다. 정부는 오후 4시 55분 홍수경보를 발령하고 주민 대피를 권고했다. 그러나 밤 9시경 당국의 조사 결과, 대피한 주민은 고작 13%에 불과했다. 주민 대부분이 어떻게 될지 관망하면서 자리를 지켰다. 평소의 고만고만한 홍수처럼 원만하게 지나갈 거라고 보았다. 그 직후, 대홍수로 265명이 사망하고 34명이 실종됐다.[3] 2012년 미국 뉴욕을 강타한 허리케인 샌디Sandy의 재난 상황에서도 비슷한 일이 일어났다. 대피 경보가 발령됐지만 뉴저지 주민들은 그저 또 하나의 허리케인이라 대수롭지 않게 여겼다. 그 탓에 인명과 재산 피해가 눈덩이처럼 불어났다.

재난이 닥쳤을 때 사람들이 이렇게 놀랍도록 유순해지는 상황을 심리학에서는 '정상성 편향(Normalcy bias)'이라고 부른다. 극도의 스트레스에 직면했을 때 지금 이 위기를 평소와 다를 바 없는 정상적인 상황으로 여기며 현실을 회피하는 심리적 패턴을 의미한다. '그런 재난은 일어나지 않는다'고 굳게 믿는 것이다. 생존심리학을 연구하는 존 리치John Leach에 의하면, 재앙에 맞닥뜨렸을 때 70%의 사람들은 아무것도 하지 않고, 15%의 사람들은 패닉 상태에 빠지며, 나머지 15% 사람들만이 미리 재난을 대비한다. 그는 재난에 대한 반응 유형을 세 가지로 구별짓는다. '싸우거나', '도망치거나', 혹은 '얼어붙거나'.[4] 싸우는 유형은 꼼꼼하게 안전 매뉴얼을 미리 읽어두거나 팬데믹이 도래하면 성실하게 마스크를 착용하는 사람들이다. 이들은 존 F. 케네디가 말한 '햇빛이 쨍쨍할 때 지붕을 고치는' 수완을 발휘한다. 그만큼 생존 가능성도 높아진다. 반면에 아무것도 하지 않는 70%의 사람들이 재난의 희생자가 될 가능성이 높다. 이들은 하늘이 무너져도 솟아날 구멍이 있다고 생각하는 게 아니라 절대 하늘은 무너지지 않는다고 믿기에 발밑에 불길이 넘실거려도 그 자리를 고수하는 것이다.

1977년 카나리아섬에서 두 대의 비행기가 활주로에서 충돌하는 사고가 발생했다. 안개가 잔뜩 끼어 시야가 좋지 않은 날이었다. 관제탑과 조종사 간의 잘못된 수신호로 추돌 사고가 발생했는데, 한 대는 즉시 기체가 박살 났고 다른 기체는 꼬리 부분이 분리됐다. 소수의 승객들은 재빨리 뛰어내렸지만, 나머지는 그 자리에 그냥 앉은 채 죽음을 맞이했다. 나중에 한 심리학자가 생존자 대상으로 조사한 결과, 충분히 탈출할 수 있었던 상황임에도 많은 승객들이 유독 가스와 불길에 휩싸일 때까지 그 자리에 앉아 있었던 것으로 밝혀졌다.[5] 그 사고로 61명이 생존했고, 335명이 사망했다. 1985년 영국 맨체스터 공항에서 보잉 737 엔진 화재로 55명이 사망한 사고에서도 도망칠 여지가 있었지만 일부 승객은 그 자리에 붙박인 채 불길에 잠식됐다.[6]

아무것도 하지 않고 불길이 스스로 가라앉아 정상의 상태로 돌아오기를 바라는 편향된 심리는 분명 기이한 미스터리다. 화산 폭발, 선박 침몰, 자연재해, 항공 사고, 지진과 자동차 사고에 이르기까지, 이렇게 느리고 둔한 인지 편향의 패턴이 수없이 관찰된다. 판단력의 차단기를 내린 것처럼 좁고 흐릿한 시야 속에 스스로를 유폐하거나, 눈앞에 어른거리는 위험이 연기처럼 사라지고 금방 맑게 갠 풍경이 드러날 거라는 터무니없는 환영에 도박을 건다. 느닷없는 불가항력의 자연재해뿐 아니라 전쟁과 정치적 위협처럼 느린 재앙의 폭력에서도 비슷한 양상이 재현된다. 나치 홀로코스트는 정상성 편향에 짓눌린 수동적 인간상을 극적인 방식으로 보여준다. 나치가 유대인들에게 노란색 다윗의 별을 달게 하거나 'J'라는 붉은 도장이 찍힌 신분증을 나눠주는 등 명백한 정치적 위험 신호가 위태롭게 발신되고 있었다. 즉시 위험을 감지하고 기민하게 떠난 사람들이 있었지만, 독일을 탈출할 수 있을 정도의 재력을 갖춘 다수의 유대인들이 별일 일어나겠나 싶어 그냥 머무는 쪽으로 운을 시험했다.[7]

2장을 쓰기 위해 정상성 편향에 얽힌 재난의 목록을 모으면서 인간의 뇌와 행동이 꽤 불완전하다는 걸 절감한다. 하기는 일상생활에서도 느닷없는 상황에 처하거나 충격적인 사건을 접했을 때 잠시 버퍼링에 걸린 듯 판단을 중지한 채 멍해 있을 때가 많지 않다. 도대체 이 수동적인 인지 편향을 어떻게 이해해야 할까? 진화심리학자들은 정상성 편향이 인간의 뇌에 이식되어 있다고 주장한다. 오랜 진화의 흔적이라는 것이다. 사자나 호랑이 같은 천적이 등장했을 때 마치 존재하지 않는 듯이 가만히 숨어 있는 게 생존 확률을 높이기 때문에 움직이지 않고 가만히 있는 쪽으로 진화했다는 이야기다. 다시 말해 위험에 노출되면 꼼짝없이 얼어붙는 것이다. 저 아프리카 평원에서 도망치다가 사자의 앞발에 공격을 받자마자 곧장 사지를 쭉 뻗고 죽은 체하는 임팔라처럼, 죽음의 위장으로 생존 확률을 높이는 최후의 전략이 인간 뇌에 내장되어 있다고 분석한다. 그에 더해, 원시 시대에서의 재난은 대부분 지척에서 발생하기 때문에 위험을 판단할 때 눈에 띄는 근접성과 확실성에 높은 우선순위를 두도록 우리의 두뇌 메커니즘이 진화한 측면도 존재한다. 상황판단 능력이 보수적이고 방어적인 형태로 굳어진 것이다. 고인류학자 이언 태터설Ian Tattersall은 이렇게 단언한다.

"우리는 위험을 평가하는 일에 몹시 서툴다. 이 부분에 있어서 우리의 뇌는 물고기, 파충류, 뾰족뒤쥐와 다를 바 없다."[8]

진화심리학이 이렇게 원시 시대 초원의 풍경을 시뮬레이션하며 뾰족뒤쥐와 인류의 유사성을 탐색하는 사이, 사회심리학계 일각에선 '수치심'을 정상성 편향의 주요 원인으로 주목한다. 사회적 존재인 인간은 타인의 시선에 민감하다. 사회적 관계 속에서 위험에 대해 잘못된 판단을 내릴 경우 신뢰도가 떨어지기 때문에 눈에 띄게 불안해하거나, 과민반응을 내보이면 바보처럼 여겨질 수 있다고 생각한다. 팬데믹 초기에 마스크에 대한 유럽과 미국의 유별난 반응처럼, 기존의 관계망과 사회적 공기를 흔드는 돌출적 행위는 점잖지 못한 것으로 평가받기 쉽다. 넷플릭스 드라마 〈오징어게임〉의 노인 일남이 그랬듯 높은 곳에 올라가 '이러다 다 죽어!'라고 외쳐봤자 비웃음을 사거나 체면을 깎일 공산이 크다. 사회적 수치심이야말로 우리의 정상성 편향을 강화한다는 것이다.[9]

재난 앞에서 그 자리에 얼어붙는 인간의 인지 편향은 확실히 문제가 있어 보인다. 최근 기후위기에 대한 부인, 침묵, 또는 무관심을 '정상성 편향'으로 해석하는 시도가 다방면에서 등장하는 게 그리 놀라운 일이 아닐 것이다. 전대미문의 지구적 재앙이라는 기후위기 앞에서 많은 사람들이 아무것도 하지 않거나 애써 모른 척하는 모습은 분명 미스터리한 풍경이다. 침몰하는 타이타닉호의 승객과 폭발 직전의 비행기 안에 가만히 앉아 있던 승객의 이미지와 꽤 흡사하지 않은가. 행성 위기 앞에서도 외면하거나, 침묵하거나, 움직이지 않고 그대로 굳어 있는 사람들의 무감각한 행동에 진화론적 근거를 제시하는 담론들이 우후죽순 쏟아지는 이유는 위기의 시급성에 비해 태연하게 느리고 정적인 우리의 반응양식에 대한 당혹감 때문일 것이다. 사바나 덤불 속에 몸을 숨긴 채 사자 그림자에 잔뜩 얼어붙어 있던 인류는 지금의 거대한 행성 위기를 해결할 능력이 도무지 없는 걸까?

"인류의 초기 생존을 보장했던 인지적 편향은 기후변화와 같이 인류의 생존을 위협하는 현재의 복잡한 난제를 해결하기 어렵게 합니다." 정치심리학자 코너 세일Conor Seyle은 지난 200만 년 동안 우리가 진화해온 방식 때문에 기후위기처럼 복잡한 재난에 대한 대응 능력이 떨어진다고 분석한다.[10] 우리의 뇌가 정보를 선택적으로 빠르게 걸러내고 생존과 번식에 가장 필수적인 것에 집중하도록 진화한 덕에, 현대의 복잡한 현실에서는 유용성이 떨어지고 인지 편향이라는 의사 결정의 오류를 유발한다고 지적한다.

인간이 장기적 걱정보다 단기간의 걱정에 적응하도록 진화해왔다는 주장은 꽤 그럴듯한 개연성을 제시한다. 확실히 인간의 '걱정의 웅덩이'는 유한하다. 한번 물을 퍼내면 채워지는 데 시간이 걸린다. 우리의 시야는 대체적으로 내 발밑의 위험은 명확하게 인지하되 다소 떨어져 있는 재난은 흐릿하게 초점을 흐리는 단렌즈의 편향에 지배되어 있다. 이를테면, 자신이 살고 있는 지역에 원자력 발전소나 핵폐기물 매립장이 들어서면 당장 대책위를 꾸리고 목청 높여 싸우게 된다. 가습기 살균제나 유해 식품에 대해서도 단호하게 행동하고 결집한다. 눈에 보이는 실체의 '적'이 존재하고 바로 지척에서 위험 경고음이 울렸기 때문이다. 실체의 적만 제거하면 위험 요소가 사라질 거라고 여기는 까닭이다. 그렇지만 실체가 모호하고 불확실한 기후재난에 대해서는 멈칫거리기 일쑤다. 과학자들이 끔찍한 재앙을 예언하고 온갖 수치와 통계치를 제시해도, 그저 형체가 흐릿한 미래의 이야기처럼 받아들인다.

그런 까닭에 지금 현재와 기후재난 사이의 공백에는 온갖 다양한 인지 편향이 배양된다. 이른바, 우리가 '확증 편향'이라고 부르는 것들.

먼저 음모론의 편향이 있다. 대표적인 게 미국의 기후부인론자들이다. 그들은 기후위기를 전 세계 기득권으로 구성된 그림자 정부(Deep state)가 벌이는 희대의 과학 사기극이라고 일축한다. 기후변화를 '미국 제조업을 무너뜨리기 위해 중국인에 의해, 그리고 중국인을 위해 만들어진' 사기극이라고 일갈한 도널드 트럼프가 대표적이다. 기후부인론자들이 보기에, 유엔기후변화협약과 기후위기 담론은 저개발된 남반구의 발전을 가로막기 위한 북반구 엘리트들의 치졸한 음모다. 또 소고기를 먹지 말라든지, 자전거를 타라든지 하는 것은 리버럴 기득권이 소시민들에게 가하는 생활양식의 억압에 불과하다. 이들은 과학적 사실과 정보를 자의적으로 절취해, 북극 빙하는 줄지 않았고 지구 기온도 상승하지 않았다 따위의 조잡한 자료들을 '과학의 이름으로' 인터넷과 SNS에 퍼뜨린다. 기후부인론자들이 미국 내에 여전히 극성을 부리는 이유는 화석연료 기업이 은밀하게 연구소, 과학자들, 우익 집단에 돈줄을 대주고 있기 때문이다. 한 사회학자의 연구에 따르면, 미국의 91개의 싱크탱크와 옹호 단체, 무역 기관 들이 기후변화를 부정하는 여론 조성에 매년 10억 달러 남짓의 거액을 지불했다.[11] 화석연료 기업과 보수적인 억만장자들의 치밀한 네트워크가 그 배경을 이룬다. 물론 이런 어리석은 기후부인론은 시간이 지나면 사라질 가능성이 많지만, 여전히 석유 문명을 옹위하기 위해 음모론을 양산하며 사회적 변화를 늦추는 장해물이 되고 있다. 때론 전기자동차가 화석연료 산업을 위협한다며 2035년까지 전기자동차 판매 금지를 결정한 미국 와이오밍 주의회처럼, 정치적 힘을 행사하기도 한다.[12]

음모론은 현실을 회피하는 가장 손쉬운 확증 편향이다. 가상의 적을 만들고 적의를 쏟아낼수록, 재앙의 실재적 힘과 대면하지 않을 가능성이 높아진다. 2020년 미국 오리건 북서부에 대형 산불이 났을 때, 일단의 극우 무장 자경단이 도로를 불법적으로 차단하고 화재를 피해 도망치는 주민과 언론인을 위협했다. 이들은 극좌파(Antifa)가 정치적 목적으로 일부러 방화를 저질렀다고 주장했다. 극좌파들이 기후위기에 대한 대중적 관심을 환기시키기 위해 일부러 숲에 불을 질렀고, 이를 막을 수 있는 건 자신들밖에 없다는 것이다.[13]

이런 음모론은 한편으로 기존의 사회적 소수자들을 억압하는 절호의 수단이 되기도 한다. 2021년 8월 튀르키예, 그리스, 튀니지, 알제리, 이탈리아 남부 등 지중해 지역이 폭염과 함께 불타올랐다. 튀니지는 관측 이래 가장 높은 48도를 기록했고, 그리스에서 두 번째로 큰 에비아섬을 잠식한 산불은 단테의 「신곡」에 묘사된 지옥의 화염을 연상하게 할 정도였다. 불타는 자신의 집을 떠나며 고통스러운 얼굴로 가슴을 부여잡은 에비아섬의 노인 사진은 그해 '올해의 사진'으로 뽑혀 전 세계 언론 매체에 회람되기도 했다. 소방관들의 사투와 자욱한 연기로 가득했던 2021년 유럽 남쪽과 북아프리카의 재난은 의심의 여지없이 기후위기의 여파였다. 그해 7월은 관측 사상 142년 만에 가장 더운 달로 기록된 터였다.

그런데 산불을 대하는 사람들의 반응은 달랐다. 산불이 막심해지자 튀르키예의 에르도안 대통령과 그의 지지자들이 즉각 음모론을 제기했다. 쿠르드족이 일부러 방화했다는 것이다. 특히 쿠르드족 자치권을 위해 투쟁해온 쿠르드노동자당(PKK)의 소행이라는 음모론이 양산됐고 소셜미디어에 '튀르키예를 불태우자'는 가짜 계정들이 만들어졌다. 일부 지역에서는 계절노동자로 일하는 쿠르드족에 대한 집단 린치가 발생했다.[14] 이어 성난 농부들이 날선 농기구를 들고 떼지어 몰려가 쿠르드족을 마을에서 추방하거나, 100여 명의 시민들이 도로를 점거한 채 쿠르드족으로 보이는 운전자들을 닥치는 대로 두들겨 팼다.[15] 산불 초기 진압을 제대로 하지 못했고 신자유주의 강행으로 소방 인프라의 부족을 자초한 에르도안 정부가 무능력을 감추기 위해 쿠르드족을 희생양 삼은 거지만, 시민들조차 그 음모론에 쉽게 젖어들었다는 건 확증 편향의 힘이 얼마나 무서운지를 예증한다.

최근 그리스의 한 여론조사 결과는 음모론의 힘을 적나라하게 현시한다. 2021년 그리스 전역을 휩쓴 수백 건의 산불에 대해 응답자의 70%가 고의적으로 발생했다고 여기는 것으로 나타났다. 절반 이상이 산불 재난을 풍력 터빈을 설치하기 위해 기업들이 일부러 저지른 방화 사기극이라고 생각하고 있었다. 더 놀라운 것은 응답자의 오직 1.3%만이 기후변화 문제를 중요하다고 여겼다는 점이다.[16] 그리스 총리가 나서 연쇄적인 산불은 기후변화가 원인이라고 밝혔음에도, 시민들은 풍력 터빈을 범인으로 지목했다. 만일 질문을 바꿔 기후변화 대응이 중요하냐고 물었다면 대부분 '네'라고 대답했을 것이다. 실제로 2021년 11월에 실시된 다른 여론조사에서 그리스인들의 83%는 기후변화 문제가 21세기의 가장 중요한 과제라고 생각하고 있었다.[17] 하지만 같은 해 그리스를 위협했던 거대한 산불에 관해서는 무려 70%나 되는 사람들이 음모론을 제기하며 곧장 인지 편향으로 대응한 것이다. 그런가 하면 2023년 세계에서 가장 큰 산불이 난 캐나다에서도 음모론이 활개를 쳤다. 전 외무장관에서 군소정당의 대표로 변신한 막심

베르니에Maxime Bernier가 엑스에 "전국에서 발생한 산불의 상당수가 기후변화 캠페인에 힘을 실어주고자 하는 녹색 테러리스트들이 일으킨 것입니다"라고 작성해 논란을 야기했다. 다른 소셜미디어 유저들도 산불의 배후 세력으로 환경운동가들을 지목하고 앞다퉈 비난을 퍼부었다.[18] 트뤼도 정부가 탄소중립을 위해 산업 규제에 나섬에 따라 그에 대한 반감의 증가가 음모론의 파생으로 이어진 것이지만, 역사상 유례없이 기승을 부린 산불의 압도적 규모가 대중들의 인지 편향에 영향을 미친 것이다.

가장 끔찍한 음모론의 폭력은 알제리에서 일어났다. 실로 비극적인 사건이었다. 2021년 100건이 넘는 재앙적인 산불로 알제리는 수많은 숲과 터전을 잃어야 했는데, 북부 카빌리에 지역도 산불로 마을들이 파괴됐다. 8월 12일 산불 진압을 도우러 이곳에 갔던 38세의 청년 자말 이스마일Jamal Ismail이 방화범으로 몰려 100여 명의 사람들에게 집단 린치를 당하고 산 채로 불에 태워졌다. 시인이자 작곡가였고 시민운동가였던 평범한 청년이 광기와 폭력에 무참히 살해된 것이다. 심지어 시신을 불태우고 조롱하는 사진들이 버젓이 SNS에 올라왔다. 사건이 일어난 카빌리에 지역은 베르베르족 분리주의 운동의 마지막 거점인데, 압도적인 산불 재난이 발생하자 서로 불을 질렀다는 음모론의 광기 속으로 돌진하다 끝내 한 무고한 시인 청년의 우주를 붕괴시킨 것이다. 지난겨울 1년여의 재판 끝에 살인에 연루된 48명에게 사형이 선고됐다.[19]

작년에 이 청년의 비극을 칼럼으로 쓴 바 있다. 트위터를 통해 실시간으로 이 광란의 살인극을 직접 목도하게 됐는데, 그날 도통 잠을 이룰 수 없었다. 이게 인간 영혼의 어두운 심층인가 싶어 몹시 괴로웠다. 참혹한 산불 재난에 대한 공포가 무고한 희생양을 산 채로 제물로 바치는 광적인 폭력으로 둔갑한 것이었다. 공포는 희생양을 요구한다. 거대한 재난의 힘에 압도될 때 사람들은 즉시 설명 가능한 대체 스토리를 만들어낸다. 재난의 한복판을 정면으로 응시하지 못하는 대신, 재빨리 고개를 돌려 누군가를 원인으로 지목하는 그럴듯한 허구의 이야기로 숨어버린다. 재난의 심연에 잠식되느니 차라리 가상의 적을 비난하는 권선징악의 시놉시스에 의지하는 게 더 쉬운 일이다. 14세기 유럽에 페스트가 창궐했을 때 우물에 독을 퍼뜨렸다고 유대인을 모함했듯이, 일본 관동대지진 때 우물에 조선인이 독을 탔다고 무고한 사람들을 학살했듯이, 코로나 팬데믹에 점령되자 아시아인에 대한 증오를 퍼뜨리다가 이내 백신 기업의 음모로 분노의 타깃을 옮겼듯이, 기후위기 앞에서도 각종의 음모론과 기후부인론이 출몰한다. 대부분 사회적 약자를 정죄하거나 갈등 관계에 있던 타자에게 비난을 투사하는 방식이다. 현실의 권력관계와 불평등 체계를 더욱 공고히 하는 현상 유지에 정박된 편향으로서, 당연히 기후위기의 실재와 대면하지 못하게 하는 걸림돌이 될 수밖에 없다. 나아가 자신과 내집단의 보호와 안전에 대한 고도의 집착은, 이 책의 다른 장에서 다룰 '생태파시즘'을 배양한다.

기후우울증과 솔라스텔지어

　이렇게 기후 음모론이 재난의 공포를 외부에 투사한다면, '기후우울증'은 불안과 공포를 자기 내부로 흘려보내는 심리 장애다. 전자가 재난에 대한 회피라면 후자는 정면의 응시에서 오는 상실감의 비애다. 기후위기는 가속되는데 정부와 사회의 움직임은 더디기만 하고, 이 간극에서 어떻게 해야 할지 몰라 불안이 점차 커질 수밖에 없다. 2021년에 발표된 연구 조사 결과는 기후우울증의 심각성을 그대로 펼쳐놓는다. 심리학자, 환경 과학자, 정신과 의사를 포함한 9명의 연구원 그룹이 16세에서 25세 사이의 10개국 10,000명을 대상으로 기후우울증에 대해 조사한 결과, 응답자의 75%가 미래를 두려워하고 있었다. 59%가 극도로 걱정하고, 84%는 조금 걱정하고, 50% 이상이 죄책감, 슬픔, 불안, 분노, 무력감을 느꼈다. 무려 39%의 청소년이 아이 갖는 걸 주저하는 것으로 드러났다.[20] 이 새로운 전염병은 전 세계로 퍼져나가고 있다. 세계보건기구(WHO)도 기후변화가 정신 건강을 심각하게 훼손하고 있다며 각국에 대책을 권고하는 실정이다.[21]

　"이렇게 망가진 세상에서 어떻게 애를 낳겠습니까?" 폴 슈레이더 감독의 영화 〈퍼스트 리폼드First Reformed〉(2017)에 등장하는 젊은 환경운동가도 우울증에 잠식돼 있다. 지구는 점점 뜨거워지고 환경 쓰레기는 나날이 쌓여만 가는데 자신의 운동 역량은 턱없이 부족한 것만 같다. 가족을 꾸리고 싶은 아내와 달리, 망가진 세상에 어떻게 아이를 낳겠냐고 절망한다. 결국 활동가는 자살로 생을 마감하는데 그가 느낀 허무와 우울증이 상담을 했던 교구 목사에게도 바이러스처럼 전이된다. 이 영화는 기후우울증에 관한 탁월한 임상보고서다. 영화 속 환경운동가처럼, 그레타 툰베리를 비롯한 전 세계의 많은 기후활동가들도 종종 기후우울증을 토로한다. 파국을 향한 시계 초침이 째깍거리는 가운데 아무리 열심히 활동하고 세상을 향해 목소리를 높여도 변화의 기미가 적으니 자연 무력감이 증폭될 수밖에 없을 것이다. 때론 번아웃되어 운동판을 떠나거나 '이미 늦었다'는 숙명론에 굴복해 자신만의 고치 속에 은둔하기도 한다. 2023년 봄, 실제로 벨기에의 한 남자가 숙명론에 침잠하던 끝에 인공지능 챗봇과 6주간 기후위기에 대한 이야기를 나누다가 스스로 목숨을 끊었다. 그 남자는 지구를 구하기 위해 자신을 희생하기로 마음먹었고 챗봇도 그게 좋겠다며 자살을 권유했다.[22] 기후위기에 대한 대안으로 인공지능을 추천한 가이아의 이론가 제임스 러브록의 어리석음이 돋보이는 대목이 아닐 수 없다.

출산 기피증 역시 미래의 영속을 포기한다는 점에서 기후우울증의 정점을 이룬다. 2020년 모닝 컨설트의 조사에 따르면, 자녀가 없는 미국 성인 4명 중 1명은 자녀를 갖지 않기로 한 결정에 기후변화가 영향을 미쳤다고 밝혔다. 2019년에는 18세의 한 캐나다 학생이 정부가 기후위기에 대해 긴급하게 대응할 때까지 아이를 갖지 않겠다는 '#No Future, No Children' 캠페인을 진행했고 1년 동안 1만 명이 넘는 청년들이 서약에 참여하기도 했다.[23] 2022년 31개국 대상으로 한 글로벌 조사에서는 응답자의 65%가 기후위기가 '매우 심각하다'고 여겼으며 40%가 아이를 낳지 않거나 원하지 않는다고 대답했다. 한국이 59%로 2위를 차지했다.[24] 기후위기가 날로 확장되면서 출산을 기피하는 경향이 계속 증가 추세다. 최근에는 망가진 세상에 어떻게 아이를 낳겠냐는 차원의 염려를 넘어, 인간 한 명이 늘어날 때마다 탄소 배출량이 증가한다는 맬서스적 절망으로까지 그 무력감이 심화되고 있다. 북반구 가정에서 아이가 한 명 줄면 매년 약 58.6미터톤의 탄소를 절약할 수 있다는 스웨덴의 한 연구처럼, 인간의 목숨을 그저 사물처럼 탄소 배출량으로 저울질하기 시작한 것이다. 호주의 경우에도 상황은 마찬가지다. 국가 기후 보고서에 따르면 25~34세의 호주인 중 84%가 기후변화를 염려하는데 출생률 저하 요인 중 하나로 기후변화 불안이 손꼽힌다. 호주 브리즈번에 사는 39세 여성은 이렇게 말한다.

"저는 기후변화와 지구 온난화로 인해 우리가 처한 파괴적인 궤적을 잘 알고 있습니다. 탄소 발자국을 줄이는 데 가장 큰 영향을 미치는 게 출산이라고 생각해 20대 후반에서 30대 초반에 아이를 낳지 않기로 결심했습니다."[25]

출산 기피증이 미래에 대한 불안에 연원하는 반면, 이미 현재의 기후재난을 겪고 있는 사람들은 외상 후 스트레스 장애(PTSD)에 시달리고 있다. 혹독한 가뭄에 시달리는 사하라 이남 아프리카에서 점점 거대해지는 허리케인에 침탈당하는 필리핀에 이르기까지, 기후재난을 겪은 사람들의 상당수가 PTSD를 호소한다. 푸에르토리코 역사상 최악의 허리케인이었던 마리아가 지나간 이후 PTSD를 겪은 아동의 비율이 일반 대중의 두 배나 됐다. 허리케인 카트리나에 파괴되었던 미국 뉴올리언스의 경우에는 자살률이 세 배 가까이 치솟았다. 의료 전문가들은 우울증과 PTSD의 증가가 거의 팬데믹 수준이라고 표현했다.[26] 2013년 초강력 태풍 하이옌으로 인해 8천 명 이상의 사망자가 나온 필리핀에서도 청년층이 높은 PTSD 유병률을 보였고, 홍수 피해를 입은 파키스탄의 경우엔 80% 이상이 PTSD를 겪은 것으로 나타났다.[27] 직접 홍수를 경험하거나, 누군가가 익사하거나 사망한 것을 보거나, 재난시 가족과 분리될수록 스트레스가 격화될 수밖에 없고 청소년과 어린아이가 정신적 상해가 더 크다. 매년 전 세계적으로 약 1억 명 이상의 청소년들이 기상이변에 노출되는데, 재해 후 3개월간 청소년의 PTSD 유병률이 평균 72%에 육박한다.[28]

기후재앙뿐 아니라 화석연료 채굴, 쓰레기 매립, 오염물질 배출, 물 부족 등의 각종 생태 재난으로도 정신 장애가 발생한다. 2008년 호주에 극심한 가뭄이 한창일 때, 17세 소년이 자신이 물을 마시면 수백만 명이 죽을까 봐 두려워 물을 거부했다. 주치의는 소년에게 '기후변화 망상'이라 진단하고 항우울제를 처방했다. 사람들이 소년에게 왜 그런 극단적인 행동을 했냐고 묻자, 그는 죄책감을 느꼈다고 답했다.[29] 그 소년이 느낀 게 과연 망상일까? 기후위기와 생태재난으로 인한 심리적 피해를 다루기 위해 '생태심리학(Ecopsycholgy)'으로 알려진 분야가 최근에 사람들에게 주목받고 있다. 기후 불안(Climate Anxiety), 생태 불안(Eco Anxiety), 생태적 슬픔(Ecological Grief) 등 여러 용어와 개념들이 기후재난과 환경파괴로 야기된 상실감과 멜랑콜리아를 판독하기 위해 제시되고 있다. 대부분 이 용어들은 사전에 없는 말들이다. 당연하게도 인류가 자본주의의 안장에 올라탄 이후 지금까지 땅과 거주지, 자연과 경관이 붕괴되면서 인간 내면에까지 파고드는 그 슬픔의 파도를 정면으로 응시한 적이 별로 없기 때문이다.

새로 제시되는 용어 중 '솔라스탤지어Solastalgia'는 행성 위기의 비애를 생생하게 포착한다. 버림받음과 외로움을 뜻하는 라틴어 솔루스solus와 노스탤지어nostalgia의 합성어다. 호주의 철학자 글렌 알브레히트Glenn Albrecht는 뉴캐슬 대학교에 재직 중일 때, 자주 방문했던 인근 지역의 주민들로부터 도움을 요청받았다. 주민들은 노천 탄광과 발전소 오염으로 고통을 받고 있었다. 집을 빼앗기거나 천식과 암 등의 질병을 앓았다. 알브레히트는 광산의 채굴이 어떻게 주민들의 고통을 야기하고 경관을 파괴하는지를 직접 목격하면서 '솔라스탤지어'라는 단어를 창안해낸다.[30] 이 말은 고유한 장소감각이 붕괴되는 것을 의미한다. 땅, 집, 고향, 정체성이 망실되는 고통이다. 살던 터전에서 쫓겨나 다른 곳으로 전치되는 고통이며 고향의 풍경이 붕괴되는 상실감의 비애다.

15세기에서 19세기 사이 아프리카에서 카리브해의 플랜테이션으로 강제 이송된 흑인 노예들이 '노스탤지어'에 시달렸다면, 이제 21세기에는 '솔라스탤지어'가 퍼져나간다. 바닷물에 점차 가라앉는 투발루의 소년에서부터 사이클론에 잠긴 고향 땅을 등진 채 포주 손에 이끌려 수도 다카로 향하는 방글라데시의 어린 소녀에 이르기까지, 세계의 모서리마다 그리움과 상실감이 물결친다. 노스탤지어는 고향에 돌아가면 치유할 수 있지만, 솔라스탤지어는 돌아갈 고향이 없거나 돌아간다고 해도 원초의 경관이 이미 붕괴됐기 때문에 도무지 해소할 수 없는 영구적 결핍이다. 호주 북쪽의 토레스 해협에는 2018년부터 사람의 뼈가 섬 전체에 흩어져 돌아다니고 있다. 해수면 상승으로 무덤이 파헤쳐져 조상의 뼈가 노출된 것이다.[31] 삶의 터전이 서서히 바닷물에 가라앉는 걸 지켜보며 조개껍데기처럼 조상의 뼈를 줍는 후손들의 눈동자에 비친 세계는 이미 절대적 그리움이 당도한 소멸 직전의 행성일지도 모른다. 기후위기와 생태재난으로 지구 행성은 이렇듯 점차 실향민의 별로 변해가고 있다. 한 글로벌 여론조사에서도 응답자의 35%가 25년 안에 기후재난의 영향으로 자신의 집을 떠나게 될 거라고 두려워한다.[32]

오늘날 기후변화 심리학의 지평엔 정상성 편향, 기후부인론, 음모론, 기후우울증, PTSD, 솔라스탤지어 등 다양한 증상과 인지 편향이 존재한다. 하지만 진화심리학처럼 우리의 행동을 단순히 뇌에 입력된 유전적 코드의 아웃풋으로만 여길 경우, 기후위기 심리학을 둘러싼 다양한 사회적 힘의 역학과 정치경제적 조건을 놓치게 된다. 사자의 그림자가 무서워 사바나 초원에 숨어 있는 영장류 인류로부터 유추해낸 재난 심리학은 꽤 그럴듯하지만, 기후위기의 심리학을 이해하는 데는 그다지 도움이 되지 못한다. 최근 전 세계에서 다양하게 개진되는 기후변화 심리학의 대부분은 재난의 위협과 개인의 대응이라는 모노드라마에 정박되어 있다. 그리하여 해결 방식이라는 것도 혼자 있지 말고 계속 사람들과 수다를 떨며 공포심을 털어내라는 초라한 조언들이다.

기후위기의 심리학은 훨씬 더 다면적이고 중층적이다. 지리적 경계에 따라, 자산 소득에 따라, 성별과 나이에 따라, 정치적 입장의 차이에 따라

각기 다른 풍경이 펼쳐지는 여러 겹의 지도와 같다. 파리 협정이 체결된 2015년에만 하더라도 미국과 중국 두 나라는 이미 가뭄 재난에 휩쓸리고 있던 중앙 아메리카와 사하라 이남 아프리카인들에 비해 기후변화를 훨씬 덜 우려했다. 평균적으로 전 세계 사람들의 54%가 기후위기를 심각하다고 느꼈지만, 미국은 41%, 중국은 18%에 그쳤다. 미국의 경우 민주당 지자자들의 68%가 심각성을 느낀 반면에 공화당 지지자들은 20%만 그 심각성에 동의했다.[33] 이산화탄소를 가장 많이 배출하는 두 나라에서 기후변화의 심각성을 애써 부정하는 인지 패턴이 드러난 것이다. 그런데 7년 후인 2022년 다른 글로벌 조사에서는 미묘한 변화가 일어난다. 34개국 대상의 입소스 여론조사에서 미국인의 48%, 중국인의 48%가 기후변화가 심각하다고 느꼈다.[34] 그사이에 무슨 일이 발생한 걸까?

2019년경부터 미국과 중국에 가뭄과 홍수 같은 심각한 기후재난이 연달아 일어났다. 그레타 툰베리를 위시로 전 세계 청소년들의 맹렬한 기후운동의 영향도 있었지만, 그즈음부터 미국과 유럽 등 북반구에도 기후재난이 강렬한 궤적을 그리기 시작했고, 이에 따라 변화의 기류가 형성된 것이다. 단적인 예가 '기후위기(Climate Crisis)'라는 용어의 등장이다. 건조하고 중립적인 과학 개념처럼 느껴지는 '기후변화'는 지금의 기후비상사태를 효과적으로 표현할 수 없기에 '기후위기'라는 표현을 쓰자는 주장이 2007년경부터 시작됐다.[35] 1970년대와 80년대에 과학계와 미디어에서 주로 사용하는 용어는 '지구 온난화'였다. 2002년 미국 중간선거를 앞두고 공화당 전략가들과 화석연료 로비스트들이 공화당 후보들에게 지구 온난화 대신, 기후변화라는 표현을 쓰라는 메모를 은밀히 전달했다.[36] 지구 온난화는 지구가 뜨거워지는 이미지를 연상시키기 때문에 사람들에게 두려움을 일으키는 표현이라고 여겼다. 반면에 '기후변화'는 화석연료와 기후와의 인과관계를 희미하게 하고 사람들의 일상과 거리가 있는 과학계의 추상적 담론처럼 느끼게 한다고 판단했던 것이다. 하지만 아이러니하게도 최근에 미국

보수 진영은 지구 온난화를, 과학계와 대중미디어는 기후변화를 더 선호하는 경향이 있다. 온난화는 홍수, 허리케인의 증대, 이상 한파와 같은 기후 격변을 포괄하기 어려운 탓이다.

그런데 북반구에서 대중적 용어로 자리잡은 '기후변화'의 담론적 지위를 기후운동 진영과 남반구가 문제삼았다. 기후변화는 아프리카와 라틴 아메리카, 동남아시아 등 남반구에서 펼쳐지는 기후비상사태를 제대로 표현하지 못하는 무미건조한 용어라는 비판이었다. 북반구는 그동안 기후재난을 남반구에서나 벌어지는 사태인 양 무심하게 대응해온 터였다. 투발루처럼 해수면 상승으로 위협받는 태평양 섬 국가들이 줄곧 고통을 호소하고, 사하라 이남 아프리카 같은 가난한 나라들이 메마른 사막 위에서 모스 부호를 절실하게 타전해도 강 건너 불구경하듯 무표정으로 일관해왔는데, 막상 2019년경부터 북반구의 심장부에 기후재난이 들이닥치자 '기후위기'라는 단어를 다급하게 쏟아내기 시작했다. 연이어 기후카오스, 기후전쟁, 기후대재앙, 기후비상사태 등 온갖 위협적 은유들을 쉴 새 없이 방출하고 있다. 위선이 클수록 호들갑도 크기 마련이다. 기후위기라는 용어 속엔 그렇게 계급적 위선이 스며 있다.

남반구의 경우 기후변화라는 용어의 뜻은 정확히 몰라도 뭔가 불길하고 거대한 변화를 진즉부터 겪고 있었다. 해안 침식으로 고향을 떠날 수밖에 없는 벵골 지역의 기후난민처럼, 또는 성서에 나올 법한 재앙적인 메뚜기떼로부터 작물을 보호하느라 안간힘을 쓰는 서아프리카 농부들처럼. 2015년 이전만 하더라도 북반구는 가난한 남반구 국가들이 먹고사는 문제에 매달리느라 기후변화 문제에 관심이 없다는 여러 여론조사 결과를 내놓았다. 하지만 이는 정보 부족 때문이었다. 네이처 기후변화에 게재된 한 연구는 2007~2008년 사이에 119개국 대상으로 한 갤럽 여론조사를 토대로 몇 가지 인상적인 결과를 도출했는데, 이에 따르면 세계 성인의 3분의 1이 기후변화라는 개념 자체에 대해 들어본 적이 없었다. 남아프리카, 방글라데시, 나이

지리아 등 주변부 국가에서는 성인 인구의 3분의 2가 기후변화에 대해 알지 못했다. 그런데 막상 기후변화 개념에 대해 알게 되면 심각하게 걱정하는 경향이 있었다. 에콰도르(99%), 방글라데시(98%), 토바고(98%) 같은 남반구 국가들에서 기후변화에 대한 정보를 숙지한 사람들 거의 대부분이 표정이 심각하게 굳어지는 반면에, 미국(64%), 독일(65%), 영국(71%), 중국(36%) 등 북반구 국가들의 경우 정보를 충분히 취득했음에도 훨씬 우려가 적었다.[37]

왜 이런 차이가 발생하는 걸까? 위 논문의 연구자들은 기후변화에 대한 '교육'이 필요하다고 주장하는데, 정작 교육받은 북반구 시민들이 기후변화에 대해 덜 우려하는 지점에 대해서는 납득할 만한 설명을 제시하지 못한다. 같은 정보를 이해하고도 왜 부자 국가의 시민들은 기후변화에 대해 덜 염려하는 걸까? 단지 기후재난에 덜 피해를 입었기 때문일까?

영국의 정치학자 사라 부시와 아만다 클레이튼은 부자 국가일수록 기후위기를 덜 우려하는 이유에 대해 꽤 설득력 있는 논거를 제시한다.[38] 가난한 나라의 경우 기후변화에 더 취약할 수밖에 없는데, 농업 경제에 더 많이 의존하고, 북반구보다 더운 지역에 위치하여 더 빨리 기후 한계점에 도달할 가능성이 큰 탓이다. 또 기상이변과 해수면 상승에 대응할 정치적-경제적 자원이 부족하다. 그에 비해 사회 인프라와 자원을 갖춘 부유한 국가의 시민은 기후변화 문제를 덜 절실하게 바라볼 가능성이 높다. 두 저자는 2010년부터 2021년까지 100개 이상의 국가에서 실시한 설문조사와 연구들을 분석한 결과, '1인당 GDP와 성별'이 기후변화 태도를 가로지르는 핵심적 변수라는 걸 밝혀냈다.[39] 부유한 국가의 남성이 기후와 환경 문제에 대한 관심이 적은 이유는 탈탄소화 정책을 그들이 치러야 할 물질적 비용으로 저울질하기 때문이다. 탄소세 같은 기후변화 정책들이 가속화되면 본인이 크게 손해를 입을 것이라 여긴다. 때론 남성성에 대한 위협으로 인식하는 경향이 있다. 자동차와 육류 같은 남성적인 소비 습관의 감소를 우려하는 것이다. 실제로 유럽과 미국의 남성은 여성보다 16% 더 많은 탄소를 배출한다.[40] 화석연료, 에너지, 철강, 건설 등 탄소 집약적인 직장에 다닐 확률이 높고 자동차, 외식, 술과 담배 등 에너지 지출이 큰 소비 패턴을 가지고 있다. 같은 국가에 살더라도, 남성이 경제와 사회 계층 구조에서 평균적으로 여성보다 더 많은 혜택을 누리기 때문에 "환경 위험을 경시하거나 무시하는" 경향이 있다는 것이 이 학자들의 주장이다.[41]

기후변화와 탈탄소 사회로의 전환은 중대한 혼란을 야기한다. 사회적 특권을 가진 사람일수록 심리적 비용이 클 수밖에 없다. 부유한 나라의 남성은 여성보다 저항의 폭이 크고, 부유한 나라의 여성은 가난한 나라의 여성보다 기후변화에 대한 회피 경향이 크다. 영국의 저명한 기후변화 전문가인 조지 마셜은 『기후변화의 심리학』의 말미에서 사람들이 기후변화를 외면하는 이유를 이렇게 적시한다.

"우리가 기후변화를 받아들이지 않는 이유는 기후변화가 유발하는 불안과 그것이 요구하는 근본적인 변화를 피하고 싶기 때문이다."[42]

그런데 여기에서 '우리'는 누구를 지시하는 걸까? 자유주의에 기반한 기후 담론들은 인간을 하나의 추상적 표상으로 뭉뚱그린다. 홍수에 대비해 고급 SUV로 런던 도심을 가로지르는 35살의 백인 남성과 만조 때마다 바닷물이 차올라 섬이 잠식되는 탓에 계속 해머로 말뚝을 두들기며 제방을 쌓는 인도 고라마라섬의 35살 어부는 과연 같은 우리일까? 물에 잠긴 목화밭을 보며 시름에 잠긴 인도 펀자브의 여성과 홍수가 난 도심을 고층 빌딩에서 굽어보는 뉴델리의 부유한 여성은 같은 우리일까?

기후위기를 둘러싼 인류의 심리적 지도는 지리적, 계급적, 인종적, 성적 경계들에 따라 다른 풍경으로 형상화된다. 오랜 가뭄과 해안 침식에 위협받는 남반구의 가난한 사람들은 솔라스탤지어와 외상 후 스트레스처럼 미처 언어화되지 못하는 내밀한 고통에 시달린다. 반면에 남반구의 정치 관료와 엘리트의 상당수는 기후재난의 크기를 강조하면서 북반구에 지원금을 요구한다. 일견 탄소 배출에 대해 책임을 지라는 요구는 정당해 보이지만, 이 돈이 기후재앙의 최전선에 있는 사람들에게 쓰일 가능성은 많지 않다. 권위주의 국가일수록 기후 적응을 위한 인프라와 복지 개선보다는 또다른 개발 투자와 북반구의 전기자동차 구매 따위에 비용을 지출할 여지가 큰 게 사실이다. 그런가 하면 북반구의 정치 관료들은 표면적으론 탄소 중립 시나리오를 고수하면서 현재의 자본주의 경제를 유지하고 성장을 지속하기 위해 여전히 화석연료 에너지에 기댈뿐더러 대량생산과 대량소비라는 끝없는 쳇바퀴를 체제의 유일한 동력원으로 생각한다. 그리고 중심부 국가의 시민들은 기후변화에 대한 정보를 숙지하면서도 기후부인론이나 음모론 같은 편향의 세계로 회피하거나, 기술 발전이 끝내 행성 위기를 해결해줄 거라는 낙관론의 종교에 귀의하거나, 또는 미래에 대한 불안 때문에 자신을 안전하게 보호해줄 '벙커'에 집착한다.

왜 외면하는가

하와이에 초호화 비밀 벙커를 짓고 있는 마크 저커버그에서부터 지구환란에 대비해 화성으로 부자들을 태운 우주선을 쏘아 올리자는 일론 머스크에 이르기까지, 오늘날 슈퍼 억만장자들이 종말 벙커나 우주선과 같은 그들만의 노아의 방주를 짓고 있는 건 결코 우연이 아니다. 이들의 기이한 행각에 대해서는 다른 장에서 공들여 논의하게 될 것이다. 그것 자체가 기후위기에 대한 자본주의의 위선적이고 폭력적인 대응을 상징하기 때문이다. 억만장자들이 초호화 벙커에 집착하는 반면에, 북반구의 중산층과 남반구의 부유층은 기이하게 SUV에 강박되어 있다. '기이하게'라는 표현이 딱 맞다. SUV 열풍은 기후위기에 대한 중산층의 분열적 심리의 초상이기 때문이다.

2010년경부터 만개한 전 세계 SUV 붐은 가히 폭발적이다. 2010년 5천만 대 미만에서 2021년 약 3억 2천만 대까지 치솟았다.[43] 이는 유럽의 총 차량 대수와 같다. 왜 이렇게 갑자기 SUV 붐이 일어난 걸까? SUV 차량이 주류 언론에 자리잡기 시작한 건 1980년대부터다. 아름다운 자연 풍광이 펼쳐진 모래 언덕을 질주하고 가파른 산길을 가뿐히 달려 캠핑장으로 달려가는 SUV 광고가 전 세계에 타전됐다. "자연의 구원을 위한 기술, 즉 자연의 비밀스러운 미학을 엿보고 그 숭고한 장엄함을 진정으로 경험하고 감상할 수 있는 렌즈"로서 SUV를 홍보하는 데 1990년부터 2001년까지 90억 달러의 마케팅비가 들어갔다.[44] 아웃도어 판타지와 자연친화적 상품미학이 소비자의 죄의식을 덜어냈고 상당수의 환경단체들마저 회원 영입과 후원금 때문에 SUV의 환경적 비용을 눈감아주면서 지금의 붐을 형성하는 데 일조했다.

SUV는 일반 자동차에 비해 20% 더 많은 에너지를 소비한다. 국제에너지기구 IEA에 따르면, 2010년 이후 SUV는 전력 부문에 이어 두 번째로 전세계 이산화탄소 배출량 증가에 기여했다.[45] 철강, 시멘트 같은 탄소 집약적인 산업뿐 아니라 항공 부문의 배출량을 가뿐히 추월한다. 지난 10년 동안 거의 10억 톤 이상을 배출했는데, 나라로 치면 세계에서 여섯 번째로 큰 탄소배출국이 된다. 독일의 배출량과 맞먹는다. 또한 세단과 같은 경차에 비해 차체가 무겁기 때문에 더 많은 금속 자원과 희토류를 가용해야 한다. 현재 미국에서 판매되는 자동차의 2분의 1, 유럽에서 판매되는 자동차의 3분의 1이 SUV다. 중국에서는 부의 상징으로 여겨지며, 인도에서도 점차 수요가 늘어나고 있다. 아프리카 같은 남반구에서도 부유층의 사랑을 받기 시작했다. 한국은 보다 심각하다. 2017년 자동차 시장에서 SUV의 판매 비중이 40% 정도였다가, 2018년 43%, 2019년 46%, 2020년 49%, 2021년 54%, 그리고 2022년에는 60%를 넘어섰다. 미국을 앞지르는 SUV의 왕국이 됐다.[46]

탄소를 줄이자는 국제 기후협약 하에서, 그리고 점증적인 기후위기 앞에서 확실히 SUV의 폭발적인 붐은 괴기한 현상이다. 최근 미국과 유럽의 기후활동가들이 밤에 부자 동네를 돌며 SUV 타이어에서 몰래 바람을 빼는 시위 퍼포먼스를 이따금 벌이는데, 그래봤자 기껏 소소한 반달리즘의 아류로 치부하곤 한다. 주류 미디어는 '기후 킬러' SUV의 폐해에 대해 일제히 입을 다문 채 SUV 성능과 시장에 대한 찬가를 부르느라 정신이 없다. 독일의 경우, 청소년 기후운동이 본격화되고 독일 정부가 스스로를 녹색전환의 선두주자로 공언하던 2019년에 역설적이게도 SUV 판매량이 20% 이상 껑충 뛰어올랐다. 팬데믹이 지난 2023년 상반기에도 상승세가 이어져 현재 독일 내 판매 차량의 30% 이상을 차지하는 가장 인기 있는 차종이 됐다.[47] 분명 시대의 흐름과 역행하는 기이한 소비 패턴이다. 뒤늦게서야 환경단체들이 SUV의 배출량과 물질 처리량을 비판하고 있지만, SUV에 대한 광적인 열풍은 멈출 기세가 보이지 않는다.

왜 북반구의 중산층과 남반구의 부자들은 SUV에 열광할까? 행성 위기 속에서 코뿔소의 무게를 지닌 3억 대 이상의 SUV가 지구의 표면을 질주하는 역설을 어떻게 설명해야 할까? 2007년 금융위기 이후 휘발유 가격이 떨어지고 SUV의 연료 성능이 좋아졌기 때문이라거나, 폭스바겐과 포드가 세단 생산을 중단하기 때문에 구매자들이 SUV와 픽업트럭으로 옮겨갔다는 주장은 이 기이한 모순을 제대로 설명하지 못한다. 유력한 가설은 안전에 대한 경쟁이다. 일각에서는 도로 위의 "군비 경쟁"에 비유하기도 한다.[48] 높은 좌석으로 인한 시야 확보, 부피와 무게가 제공하는 안정감, 견고함 같은 특징들이 안전에 대한 소비자 욕구와 맞아떨어졌다는 이야기다. 2007~2008년 금융위기 재난은 휘발유 가격만 떨어뜨린 게 아니라 사회에 대한 신뢰도 함께 떨어뜨렸다. SUV의 높은 좌석에 앉아 불안에 잠긴 미어캣처럼 전방의 시야를 확보하고, 자신과 가족을 외부 위험으로부터 보호하며, 넉넉한 공간에 한꺼번에 다양한 짐을 실을 수 있는 교통수단은 예측하기 힘든 다양한 재난에 대한 보호막이자 보험이 될 수 있다. 여기에 잦은 호우와 태풍, 홍수 등 점차 거세지는 기후재난에 직면했을 때 작은 세단보다는 안전할 확률이 높다. 가늠할 수 없는 다층적인 재난에 대한 움직이는 방화벽, 요컨대 SUV는 도로 위를 달리는 중산층의 벙커로 이해할 수 있다.

기후재난에 아랑곳없는 중산층의 SUV 열풍 현상이 일견 모순적으로 보이지만, 사실 개인적 전략 차원에서는 나름 합리적인 선택이다. 또 SUV 증가가 아무리 교통사고 사망률을 올리더라도 자기 자신은 차체 내부에 머무는 한 살아날 확률이 높기 때문에 안전에 대한 썩 괜찮은 투자일 것이다. SUV와 경트럭은 일반 자동차보다 60% 이상 교통사고 사망률을 높인다. 차체가 견고하고 무겁기 때문이다. 미국의 경우 비교적 감소 추세이던 교통사고 사망률이 근 20년 동안 점차 가파르게 치솟아 2021년에는 급기야 40년 만에 최고치를 기록했다. 자전거 이용자의 사망률도 2010년에서 2020년 사이에 44% 증가했다.[49] SUV가 자동차 시장을 게걸스럽게 먹어치우는 동안, 도로 위에서는 보행자와 자전거 이용자들이 죽어나간 셈이다. 시야 부족, 헤드라이트 눈부심, 충돌시 3배의 사망률 등 사회적 안전을 심각하게 저해하지만, 개인의 안전에 관해서는 탁월한 선택으로 자리매김한 것이다. '아무것도 내게 해를 끼칠 수 없다. 어쨌든 나는 안전하게 달린다.' 아무리 폭풍우가 내리치고 보행자들이 튕겨나가도 '나는 안전하다'. 매끄러운 도시의 보도 위를 마치 자갈길과 산길을 달리듯이 혼자 거침없이 질주하는 저 맹렬한 생존 본능, 막대하게 탄소를 뿌려대고 환경을 오염시키며 제멋대로 돌진하는 두꺼운 갑옷의 전사, 흡사 도로 위에서 펼쳐지는 매드맥스 같은 생존 투쟁인 것이다. 그렇게 SUV는 "잠재적 몰락의 불안"에 대처하는 중간 계급의 수단이 되었으며, 심지어 계급투쟁의 제2의 무대처럼 해석되기도 한다.[50] 이러한 이유들 때문에 최근 프랑스 파리에선 SUV 주차 요금을 3배 인상하는 법안을 통과시키며 SUV의 퇴출이 개시되었다.[51] 파리 시민들이 이런 결정을 내릴 수 있었던 데는 자동차 중심의 도시 공간이었던 파리가 보행자와 자전거 친화적인 공간으로 변모하면서 풍경이 완연히 바뀌었기 때문이다. 풍경이 바뀌면 인식의 변화가 뒤따른다.

　이것이 SUV의 세계다. 탄소 배출과 환경 오염, 그리고 교통 안전을 외부화하면서 철저히 제 잇속과 안전만을 도모하는 SUV의 폐쇄적 세계는 결코 자기모순적이지 않다. 정확히 자본주의 세계를 구현한다. 생태적 비용과 위험을 자연과 사람들에게 외부화하면서 이윤과 편익을 전유해왔던 자본주의 세계와 명확히 조응한다. 더 나아가, SUV는 오늘날 기후위기에 직면한 북반구 중산층의 심리 상태를 이해하는 데 중요한 실마리를 제공한다. 기후위기 사태를 비교적 정확히 숙지하고 기후재난을 염려하기 때문에

SUV를 구입하는 심리적 경로는 이율배반적이기는커녕 오히려 한없이 투명하다. 예컨대, 데이비드 흄이 옳다. "세계 전체가 파괴되는 것보다 내 손가락의 상처가 더 아픈 것은 전혀 이치에 어긋나지 않는다."

북반구의 중산층과 남반구의 엘리트들은 기후위기를 왜 외면하는가? 제 손가락 상처가 더 중요하기 때문이다. 남반구 민중들이 기후재난에 휩쓸리는 동안, 사회적 재생산과 돌봄 영역을 건사하는 여성들이 기후위기의 최전선에 서 있는 동안, 미래의 삶을 강탈당한 어린 세대가 기후운동의 맨 앞에 도열해 있는 동안, 슈퍼 부자들은 자신들만의 초호화 벙커와 노아의 방주를 기획하고, 북반구의 중산층은 자기 보호를 위해 SUV를 구매한다. 세계 전체가 파괴되더라도 현재의 특권과 이익에 기반한 기득권과 삶의 형식을 유지하는 데 더 골몰하는 것이다. 자원과 특권을 가질수록, 그리고 체제에 대한 신뢰가 높을수록 가라앉는 선박과 불타는 비행기 안에서 늑장을 부리며 '모든 사태가 곧 정상으로 돌아올 것이다'라고 믿는 경향이 클 수밖에 없다.

때로는 기후부인론, 때로는 기술 장치와 지구공학이 자신들을 구원해주리라는 허튼 희망, 아니면 방주 바깥에서 가난한 자들이 절멸하더라도 내 일신과 안위만 챙기면 된다는 극대화된 개인주의가 기후위기 시대의 정상성 편향을 구성하는 것이다. 말하자면 세상이 망하든 말든 내 알 바 아니라는 이기주의와 각자도생의 세계다.

Apres moi, le Deluge! 그 각자도생의 세계는 이 프랑스 관용구로 단번에 축약된다. 내가 죽은 후에 대홍수, 풀어 쓰면 내가 죽은 후에 대홍수가 오든 말든 무슨 상관이야. 영어로 하면 After me, the Deluge이고, 한국식으로 말하면 '될 대로 되라지!' Deluge는 성서에서 노아의 방주를 야기한 그 대홍수를 의미한다. 프랑스 루이 15세, 또는 그의 정부였던 마담 드 퐁파두르Madame de Pompadour가 처음 이 말을 했다고 알려져 있다. 왕실의 무분별한 사치로 재정이 부족해지고 민심이 흉흉해지고 있다는 신하의 조언에 둘 중 한 명이 전혀 대수롭지 않은 표정으로 그렇게 대답했던 것이다. 실제로 루이 15세가 죽고 14년 후에 프랑스 혁명이 일어나 구질서를 쓸어버렸다. 또 하나의 가설은 1757년 천문학자들이 핼리 혜성이 다가오자 그 영향으로 창세기의 대홍수가 일어날 거라며 염려하자, 루이 15세가 그 말을 했다는 것이다.[52] 앙시앵 레짐의 붕괴든, 대홍수든 전혀 개의치 않았던 프랑스 왕가의 이 무도한 표현은 그 이후로 유행어가 되었고, 급기야 칼 마르크스의 『자본』에도 등장한다. "모든 자본주의자와 모든 자본주의 국가의 모토는 '될 대로 되라지!(Apres moi, le deluge!)'다. 따라서 자본은 사회의 강압이 없는 한 노동자의 건강이나 수명에 대해 전혀 개의치 않는다."[53]

마르크스의 말처럼 단기 이익에 종속된 자본주의 체제는 앞날의 대홍수를 신경 쓰지 않는다. 노동자의 건강과 수명은 물론 미래 세대가 어떻게 되든, 자연이 어떻게 파괴되든 내 알 바가 아니다. 중요한 건 지금 현재의 이익이다. 내가 죽은 다음에 오는 대홍수와 대화재가 대체 무슨 상관이란 말인가. 다시 말해 단기간의 축적과 소비, 그리고 빠른 자본 회전율의 속도와 리듬으로 조율된 자본주의 생활양식과 세계관이 앞날의 대홍수를 염려하고 후세대의 삶을 성찰하는 우리의 감각 자체를 상실하게 만든 것이다. 현재의 부에 집착하는 지배 엘리트와 중산층은 기후위기 대응에 따른 경제적-사회적 변화를 당연히 탐탁지 않게 여길 것이고, 노동 계급과 민중들 입장에서도 내일의 기후재앙보다 하루하루 벌어 먹고사는 오늘의 위기가 더 큰 문제로 다가올 수밖에 없다.

2018년 프랑스의 노란 조끼 운동은 그 사실을 명징하게 증명한다. 마크롱 정부의 유류세 인상에 대한 반대로 시작된 노동자들의 격렬한 시위는 우리에게 기후위기를 둘러싼 계급적 지평을 사유하도록 독려했다. 당시 노란 조끼 운동의 슬로건 중 하나가 이거였다. "마크롱은 지구 종말을 걱정하지만, 우리는 이달 말을 걱정한다."[54] 탄소중립을 위해 유류세(탄소세)를 인상하자는 정부 정책에 생활고와 집세가 먼저라며 맞불을 놓은 것이다. 이를 두고, 한국의 자유주의 기후운동의 일부는 지구가 망하게 생겼는데 노동자들이 이기적으로 군다고 혀를 찼다. 그것이 과연 이기적인가? 물가와 경제적 불평등이 하늘 높은 줄 모르고 치솟는 상황에서, 탄소 배출에 대한 자본의 막대한 책임은 정작 방기한 채 노동자들과 가난한 민중에게 책임을 전가하고 탄소세를 걷는 것이 과연 정의로운 대책인가? 당연히 이달 말에 몰려오는 삶의 위기가 내일의 재난보다 더 큰 법이다. 마크롱의 신자유주의 정부는 내일의 재난을 핑계로 노동자들에게 오늘의 고통을 더욱 배가시켰을 뿐이다. 노란 조끼 운동은 기후위기에 대응하기 위해서는 자본을 통제하고 제압하는 형태의 정의롭고 담대한 전환이 우선되어야 함을 역설한 사태였다.

자명하게도 자본주의는 계급 체제다. 가진 자들은 가진 것을 움켜쥐느라 기후위기를 외면하지만, 무산자들은 오늘의 위기 때문에 내일의 위기를 걱정할 여력이 없다. 자본주의하에서 민중에게 위기와 비상사태는 항상적이기 때문이다. 하루 벌어서 하루 먹고살고 당장 집값과 생활비를 걱정하는 사람들에게 지구 종말이 걱정된다고 말해본들 돌아오는 대답은 같다. "이달 말이 걱정입니다." 따라서 자본주의는, 그 체제로부터 비롯된 각자도생의 세계관은 기후위기에 대처할 능력이 없다. 세계의 통시성을 인지하는 우리의 감각이 통째로 자본의 시간에 구속되어 있는 까닭이다. 삶의 재생산에 초점을 맞춘 공생의 사회가 아니라, 현세의 찰나적인 순간에 집착하는 체제에 우리를 묶어두었기 때문이다. 혹자는 그럼에도 이렇게 현세에 대한 집착과 탐욕을 인간의 본성이라고 말할지도 모르겠다. 여기에 '7세대 원칙'이 존재했던 어떤 사회를 소개하고 싶다.

미국의 연방법과 선거법에 영향을 준 아메리카 선주민인 '이로쿼이족(Iroquois)'이다. 이 위대한 부족 연합은 12세기에서 16세기까지 6개 부족의 상생을 도모하기 위한 연방법과 규칙을 세밀화하며, 세계에서 가장 오래된 참여 민주주의를 구축했다. 6개 부족이 싸우지 않고 어떻게 저리 평화로울까? 벤자민 프랭클린, 조지 워싱턴을 비롯한 미국 건국의 아버지들은 이로쿼이족을 속으로는 '미개하다'고 얕잡아 보면서도 그들의 연방법을 열심히 베꼈다.[55] 이로쿼이족으로부터 배운 건 가부장 남성들뿐만이 아니었다. 백인 여성들도 마찬가지다. 이로쿼이족을 통솔하는 건 '씨족 어머니(Clan Mother)'다. 족장을 선출하고 해임할 수 있는 최종 권한을 가지고 있다. 이로쿼이족은 모계 사회였고 여성들이 의사 결정 과정에 동등하게 참여한다. 여성이 남성과 동등하게 세계를 구축하고 젠더 기반 폭력도 일어나지 않는 이로쿼이 세상은 과연 어떻게 만들어진 것일까? 참정권은 커녕 여성에 대한 폭력이 난무하던 20세기 초반, 이로쿼이의 성평등과 민주주의는 미국의 백인 여성 참정권 운동가들에게 많은 영감을 선사했다.[56] 더 나아가 이로쿼이족에게는 연방법, 참여 민주주의, 모권제, 성적 다양성 등을 직조하는 삶의 원칙이 있었다. 그것이 바로 '7세대 원칙(Seventh generation principle)'이다. 각 부족이 모여 중요한 의사 결정을 내릴 때 최종의 원칙은 지금 내리는 결정이 과연 '향후 후손 7세대의 삶에 어떤 영향을 미칠까'라는 질문이다.[57] 단기적 이익의 추구에 매몰되지 않고 후세대의 미래에 방점이 찍힌 것이다. 당연히 그들은 이 결정에 햇빛, 물, 바람, 동물, 식물들도 관여된다고 생각했다. 왜냐하면 비인간 존재를 부정하거나 파괴하면 7세대까지 삶이 지속되지 못하기 때문이다. 7세대를 이어가기 위해서는 땅과 자연의 협력이 필요하다. 생명의 재생산, 그것이 이로쿼이 사회의 모토였다.

자본주의 대신 7세대 원칙이 오늘날 인류의 지배적인 세계관이었다면 애초에 행성 위기 같은 건 발생하지 않았을 것이다. 자연을 함부로 수탈하지도 않았거니와 지하에 묻힌 죽은 나무의 사체를 꺼내 지구의 대기에 온실 독가스를 함부로 살포하지도 않았을 것이다. 그리고 나 역시 기후위기의 심리적 풍경을 이해하기 위해 머리를 싸맬 이유가 없었을 것이다.

우리가 기후위기 앞에 머뭇거리고 외면하는 이유는 뇌 유전자에 각인된 진화의 흔적 따위 때문이 아니다. 자본주의 체제의 속도와 운율에 공명하는 주체로서 이 흐름에 순응하거나, 이탈하거나, 반란을 일으키거나, 대안을 구축하는 등 여러 선택지 중에 여전히 많은 이들이 순응에 고착되어 있기 때문이다. 북반구 시민들의 상당수는 이미 기후위기 현실을 인지하고 있다. 다만 기후재난 기사를 슬쩍 곁눈질하면서 끌끌 혀를 차고 그다음 페이지로 건너갈 뿐이다. 주식 시세와 쇼핑 앱과 통장 잔고와 이달 말의 고통과 가십거리로 재빨리 관심의 채널을 돌리는 것이다. 나바호족의 "잠든 사람은 깨울 수 있어도, 잠든 척하는 사람은 깨울 수 없다"는 속담처럼, 우리 대부분은 그냥 잠든 척을 하는 중이다. 모든 것이 정상으로 다시 돌아올 때까지 잠든 척을 하기로 결심한 사람을 깨우는 것은 대단히 어려운 일이다. 잠든 척을 하기 때문에 아무리 소리를 치고, 몸을 흔들어도 눈을 뜨지 않는다. 양심에 닦달하거나 과학에 호소해도 마찬가지다. 그들이 깰 수 있는 방법은 크게 두 가지다. 하나는 실제로 발목이 물에 잠기거나 불길에 잠길 경우다. 놀라서 화들짝 일어나겠지만, 너무 늦어버린 각성이다. 두 번째는 잠든 척을 하지 않아도 되는 다른 이야기를 귓속에 들려주는 것이다. 잠든 척했던 게 창피하지 않을 만큼 설득력 있고 솔깃한 이야기여야 할 것이다. 행성 위기를 맞아 체제를 전환하려는 사람들의 성공은 바로 어떤 이야기를 세공하는지에 달려 있다. 미국의 저항 시인 무리엘 루카이저Muriel Rukeyser는 "세상은 원자로 이루어진 것이 아니라 이야기로 이루어져 있다"고 쓴 바 있다. 세상을 바꾸려면 이야기를 바꾸어야 한다.

사바나의 임팔라는 사자의 발톱을 피하고자 죽은 척을 하지만 기후위기 앞의 우리는 깨어나지 않기 위해 잠든 척을 한다. 요컨대 기후위기의 심리학은 잠든 척하는 자와의 대화이며, 끝내는 그 배후에 존재하는 자본주의라는 거대한 백일몽과의 대결이다.

3장

이메일을 지우면
산불이 꺼질까?

"이메일 한 통을 삭제하면
자그마치 4그램의 이산화탄소를 줄일 수 있습니다."

한정애 전 환경부장관

탄소 발자국 이데올로기

2021년 12월 한정애 전 환경부장관은 탄소중립 실천을 하자며 페이스북과 환경부 홈페이지에서 '불필요한 이메일 지우기' 운동을 시민들에게 독려했다. 이메일 한 통을 삭제하면 4그램의 이산화탄소를 감축할 수 있으니 불필요한 이메일을 지워 탄소중립 실천을 하자는 내용이었다. 환경부 지침을 받은 전국의 중고등학교와 공무원 사회에서 광범위하게 이메일 지우기 실천이 펼쳐졌다. 이따금 고등학교에 기후 강의를 간 적이 있는데, 이학교에서도 이메일 지우기 운동을 하냐고 물으면 학생들이 해맑은 얼굴로 그렇다며 손을 들곤 했다.

처음엔 실소가, 나중에는 한숨이 나왔다. 이것이 한 나라의 환경부에서 내놓은 지침이라니 그저 황당할 뿐이었다. 과연 기후악당 한국의 환경부답달까. 한국은 세계에서 1인당 이산화탄소 배출량이 가장 높은 국가 중 하나다. 무려 연간 1인당 15.5톤을 배출하며, 세계 평균의 두 배를 훌쩍 뛰어넘는다.[1] 한정애 전 장관의 지침대로 15.5톤을 감축하려면 매일 10,616통의 이메일을 지워야 한다. 슈퍼스타 BTS도 하루 1만 개의 이메일을 받기 어려울 것이다. 그런데 이 논리에는 다른 역설도 존재한다. 이메일을 지우기 위해 컴퓨터를 켜는 순간 에너지를 사용해야 한다는 점이다. 여기에 웹페이지 하나를 펼칠 때마다 0.44그램의 탄소가 배출된다.[2] 다시 말해, 탄소를 줄이기 위해 탄소를 배출해야 하는 개미지옥 같은 무한루프에 갇히게 되는 것이다.

사실 이메일 지우기 운동은 한정애 환경부에서 처음 발상된 것도 아니었다. 영국와 프랑스에서 이미 실행한 기후 캠페인이었다. 6천만 명의 영국인이 '감사합니다'와 같은 답메일을 하루에 한 통 덜 보낼 경우 연간 16,433톤의 탄소를 절약할 수 있으니 '감사하기 전에 생각하기' 운동을 벌이자든지, GIF나 이모티콘 이미지가 더 많은 에너지를 사용하기 때문에 그냥 텍스트를 보내는 게 탄소 감축에 좋다든지, SMS 문자 메시지는 각 문자당 0.014그램의 이산화탄소 환산량을 생성하므로 이메일보다는 문자를 보내자든지, 인터넷 검색어 하나의 배출량이 1.45그램이니 검색을 덜 해야 한다든지 다양하고 조잡한 실천들이 제안되었다.[3] 이렇게 개인의 모든 디지털 활동을 분자 단위로 미분해 감축의 로드맵을 짜고 그에 맞춰 실천하면 정말 유의미한 기후 실천이 되는 걸까?

차라리 스마트폰과 컴퓨터를 창밖에 던져 박살내는 게 더 낫지 않을까? 그도 아니라면 그냥 지금 당장 숨을 멈추는 게 탄소를 감축하기 위한 가장 현명한 개인 실천이지 않을까?

이메일을 지워라, 분리배출을 해라, 안 쓰는 전원 플러그를 뽑아라, 텀블러를 써라, 에어컨을 덜 써라, 장바구니를 들고 다녀라, 카풀을 이용해라, 치즈버거를 덜 먹어라, 채식을 해라, 반찬을 남기지 마라…… 기후위기 시대의 명령어들 대부분이 정확히 '개인'을 조준한다. 출근, 식사, 여행 등 우리의 모든 일상생활에 묻어 있는 탄소의 무게를 1그램 단위까지 측정하고 개인적인 결단으로 그걸 줄여나가는 것을 기후 실천이라는 명목으로 정부, 기업, 환경단체가 끊임없이 권장한다. 문재인 전 정부든, 윤석열 현 정부든, 탄소중립을 위해 권고하는 개인 과제의 리스트는 대동소이하다. 개인들이 온몸에 묻은 탄소 발자국을 타월로 박박 지워내 기후위기에서 벗어나자는 것이다. 과연 그게 가능할까?

5천만 명이 넘는 한국인들이 365일 매일 '감사합니다'와 같은 의례적인 답메일을 보내지 않는 인터넷 실천을 한다면 매년 대략 15만 톤의 온실가스를 줄일 수 있다. 그런데 곧 가동되는 삼척블루파워 석탄화력발전소 1,2호기는 자그마치 시간당 389톤, 1년이면 1,282만 톤의 이산화탄소를 배출한다. 발전소 수명기간 30년으로 계산하면 3억 8천만 톤 남짓이다.[4] 단 두 기의 석탄화력발전소에서 매년 내연기관차 500만 대의 온실가스를 배출하고, 한국의 1년 온실가스 배출량의 절반을 넘어서는 압도적인 대기오염 물질을 뿜어내게 되는 것이다. 그것도 맹방해변을 붕괴시키고 해당 지역 선주민의 삶을 침식시키며 삼척과 그 주변의 대기질을 황폐화하면서 말이다. 애초에 비교 가능한 수준이 아닌 것이다. 상식적으로 생각해도, 국민들에게 이산화탄소 4그램을 줄이기 위해 이메일을 지우라고 독촉하는 것보다 3억 8천 톤을 배출하는 화력발전소를 가동하지 않는 게 현실적으로 납득 가능한 이야기 아닌가? 도대체 이메일을 지워 어떻게 지구를 불태우고 있는 산불을 끌 수 있다는 말인가? 동화처럼 허무맹랑한 이 주장들이 바로 성실하고 부지런한 개인들의 실천으로 포장된 채 기후위기 대응이랍시고 오늘날 지배 권력이 내놓는 대안이다. 우리의 시선을 이메일 4그램에 쏠리게 하는 대신 삼척발전소의 3억 8천만 톤을 보지 못하게 하는 것이다.

공교롭게도 이 장을 쓰다가 잠시 들어간 페이스북에서 어느 중년 남자가 아이들과 함께 '지구를 살리는 절약'이라며 전깃불을 끄고 어두운 거실에 촛불을 켜놓은 사진을 우연히 봤다. 지구와 인류를 걱정하며 함께 기도를 올리고 있었다. 그는 어떤 환경운동 단체의 활동가였다. 개인적 실천 양식이 얼마나 모순적인지를 예증하는 장면이다. 대부분의 양초는 원유에서 추출한 파라핀으로 만들어진다. 파라핀 양초를 태우면 수소가 대기 중 산소와 결합해 이산화탄소와 수증기로 분리되는데, 양초를 태우면 통상 시간당 약 10그램의 탄소를 방출하게 된다. 탄소를 줄이기 위해 탄소를 배출하는, 그러면서도 기후위기에 대응하고 있다고 믿는 종교적 열정이 있기에 가능한 숭고한 자가당착이다.

'탄소 발자국(Carbon Footprint)'은 분명하게 기후위기 시대의 지배 이데올로기다. 정부는 탄소중립을 위해 각자의 행동반경 내에서 탄소 발자국을 줄이라고 채근한다. SK를 비롯한 화석연료 기업들도 광고를 통해 당신들의 탄소 발자국을 지우라고 설득한다. 상당수의 환경-기후단체들 역시 각각의 상품과 소비 패턴의 탄소 발자국을 수치로 제시하며 사람들에게 죄의식을 닦달한다. 이 상품을 구매하면 지구를 구하고, 이 상품을 사용하면 비윤리적인 소비자라고 규정한다. 정부와 기업, 그리고 환경단체들이 모두 나서 기후위기와 환경 오염의 주범은 개인적 소비자들이며 착한 소비의 윤리와 미덕이야말로 세계가 붕괴되는 걸 막을 수 있다고 합창하는 것이다.

그런데 기이하게도 '탄소 발자국' 개념을 세상에 처음 제시한 것은 환경단체나 기후과학자들이 아니라 영국 굴지의 석유 기업 BP였다. BP는 18,000여 개의 정유소를 소유한, 세계에서 네 번째로 큰 석유 기업이다. 2003년경 오길비 앤드 매더Ogilvy & Mather라는 홍보 기업을 영입해 특단의 전략을 개시했다. 바로 '탄소 발자국'이란 개념을 역사상 처음으로 발명하고 그것을 캠페인과 광고를 통해 널리 알린 것이다. 2003년에서 2006년까지 연간 1억 달러라는 천문학적 돈을 들여 영국과 미국 등에 노골적으로 광고를 살포했다. '당신의 탄소 발자국을 계산해보세요', '지구상에서 당신의 탄소 발자국은 얼마나 될까요?' 기후변화를 야기한 것은 석유기업이 아니라 상품을 소비하고 일상생활을 영위하는 개인들이라는 프로파간다의 대대적인 유포였다.[5] 이산화탄소와 메탄처럼 보이지 않는 형태의 오염을 발자국 형태의 구체적 이미지로 그려 사람들의 모든 동선에 배치하는 가히 천재적인 전략이었다. 2004년에는 자체 개발한 '탄소 발자국 계산기'를 온라인에 공개해 많은 파장을 일으켰다. 아침에 눈 뜨고 일어나면서부터 잠들 때까지 당신의 모든 탄소 발자국을 계산해보라는 거였다. 식탁 위의 탄소 발자국은? 회사에서의 탄소 발자국은? 친구들과 디저트를 즐길 때의 탄소 발자국은? CCTV가 당신의 모든 동선을 검열하듯이 이제 탄소 발자국 계산기가 당신의 모든 동선을 격자처럼 분해해 에너지 사용을 계량화하기 시작한 것이다. BP의 이 놀라운 캠페인 이후에 《뉴욕타임스》를 비롯한 언론들이 앞다투어 광고비를 챙기며 '탄소 발자국을 줄이는 방법'에 관한 가이드를 게재했고, '탄소 발자국을 줄이는 여행법' 같은 탄소 상품이 줄을 이었으며, 심지어 미국 환경보호청(EPA)에서조차 탄소 계산기를 제공하기 시작했다.[6] 오늘날 기후위기의 책임을 개인화하는 가장 강력한 신화적 메타포가 바로 탄소 발자국이다.

2005년 BP가 하루 400만 배럴의 석유를 퍼올리는 동안, 한편에선 '이제 저탄소 다이어트를 할 때입니다'와 같은 광고를 대량으로 살포하며 소비자들의 죄의식을 닦달했던 것이다. 2008년에는 런던 거리에서 일반 사람들을 인터뷰하는 영상으로 TV 광고를 제작하기도 했는데, 한 치의 망설임도 없이 다음과 같은 질문으로 시작한다. "당신의 탄소 발자국은 얼마나 됩니까?" 이 질문을 받은 시민들은 '나' 또는 '우리'라는 주어를 사용하며 탄소 배출을 줄여야겠다고 걱정한다.[7] 이렇듯 탄소 발자국은 탄소 배출의 책임과 죄의식을 개인들의 양심에 파종하는 마법의 언어가 된다. 기후위기의 책임이 개인들에게 n분의 1의 책임으로 공평하게 분배되는 것이다. 그 사이 BP는 2019년 미 서부 텍사스의 새로운 석유 및 가스 매장지를 매입하고 입지를 다지며 성장가도를 달렸고 지난 2022년에는 우크라이나 전쟁과 에너지 위기 덕분에 천문학적 수익을 벌어들여 주주들과 떠들썩하게 배당금 축제를 벌였다. 우리가 죄의식에 사로잡혀 '감사합니다' 답메일을 보낼까 말까 고민할 때, BP를 포함한 100개 대기업이 전 세계 탄소 배출량의 71%를 뿜어내며 지구를 뜨겁게 달구면서 상상할 수 없는 떼돈을 축적했다. 1988년 이후로는 단 25개의 기업이 배출량의 절반을 차지했는데, 그중 BP는 열한 번째로 많은 탄소를 배출했다.[8]

한편으로 탄소 발자국 전략은 불평등을 은폐한다. BP가 탄소 발자국 캠페인을 시작한 직후 MIT 연구진이 그 기준을 적용해 무료 급식소에서 식사를 하거나 쉼터에서 잠을 자는 노숙자의 탄소 배출량을 계산했는데, 연간 8.5톤의 이산화탄소를 배출하는 것으로 나타났다.[9] SUV를 몰고 다니지 않아도, 값비싼 소비재를 사용하지 않아도, 냉난방 시스템을 갖춘 집에 살지 않더라도 그저 미국에 살고 있다는 이유로 세계 1인당 탄소 배출량을 훌쩍 뛰어넘는 탄소 발자국을 생성한 것이다. 탄소 발자국은 이렇게 노숙자 같은 빈곤층마저 '개인들'이라는 바구니에 쓸어담아 그 책임을 떠안게 만든다.

놀랍게도 BP의 탄소 발자국 전략은 담배 기업의 회피 전략과 그 뿌리를 공유하고 있다. 워싱턴 D.C.에 본부를 둔 국제환경법센터(CIEL, Center for International Environmental Law)는 1950년대부터 석유와 담배 산업이 서로 얽히고설킨 공생 관계라는 걸 발견했다. 동일한 홍보 기업과 동일한 연구기관, 연구원을 공유한 정황이 비밀 문서에 빼곡히 기록되어 있었다. 심지어 석유 기업들은 1950년대에 이미 담배의 독성을 테스트했으며, 엑슨모빌을 포함한 일부 기업은 담배 필터에 대한 특허권을 보유하고 있었다.[10] 석유와 담배 기업들은 1956년 초에 뉴욕의 영향력 있는 홍보 기업 힐 앤드 놀튼Hill & Knowlton Inc.을 고용하여 홍보 활동을 펼쳤는데, 폐암과 흡연의 연관성에 대해, 그리고 지구 온난화와 화석연료의 인과성에 대해 '과학적으로 밝혀진 게 없다'는 주장을 널리 확산시키는 게 주목적이었다. 홍보 기업 힐 앤드 놀튼과 화석연료 기업들의 밀월관계는 지금까지 이어져오고 있다. 그 정점을 이룬 사건이 2022년 이집트에서 일어났다. 이집트에서 개최된 COP27의 공식 홍보 기업이 바로 힐 앤드 놀튼이었던 것이다. 의장국인 이집트는 전 세계 기후활동가들의 반발에도 불구하고, '거짓 정보를 퍼뜨린 수치스러운 기록'으로 점철된 이 기업을 발탁했다. 그들이 COP27에서 가장 먼저 한 일은 코카콜라와 화석연료 투자 기업들을 후원사로 위촉하고 회담장을 그들의 로고로 휘황차게 도배한 거였다. 인류의 운명을 짊어지고 있다는 지구정상회의의 회담장까지 화석연료 기업들의 촉수가 깊게 뻗친 것이다.[11]

석유와 담배 기업들은 수십 년 동안 같은 뿌리를 공유하며 책임을 회피하는 수사학을 주도면밀하게 개발해왔다. 식설석으로 '개인의 책임'을 말하는 게 아니라, '선택의 자유'에 초점을 맞춰 정부 규제에 대응해왔다. 1977년 미국의 대표적인 담배 로비스트인 호레이스 코네게이Horace Kornegay가 제조업자들에게 했던 연설이 대표적이다.

"흡연자든 비흡연자든 미국 국민에게 진짜 문제는 선택의 자유라고 말합시다. 정부가 흡연 행동을 통제하게 되면, 다른 행동도 통제하게 됩니다."[12]

담배의 위해성 소송이 불붙고 정부의 규제 움직임이 일자 '선택의 자유'를 전면에 내세운 것이다. 소비자가 상품을 선택하고 기업이 상품을 판매할 수 있는 자유를 정부가 규제하면 안 된다는 자유시장주의를 앞세운 전략이었다. 아울러 선택의 자유는 책임 소재를 소비자에게 돌릴 수 있는 마법의 방책이었다. 무한한 자유는 무한한 책임이라는 이자가 붙기 때문이다. 담배 기업과 소비자 중에 누가 더 책임을 져야 하는지에 대해 역사적 공방을 벌였던 시폴로네 대 리겟Cipollone v. Liggett Group 사건에서 기업 측 변호인단의 주장은 선택의 자유가 어떻게 소비자에 대한 비난으로 향해지는지 적확히 예시한다.

"증거를 통해 알 수 있는 건 시폴로네 부인이 원해서 담배를 피웠다는 겁니다. 그녀는 흡연을 좋아했습니다. […] 그녀 스스로 선택했습니다. […] 그녀는 자신이 하고 싶은 걸 한 것뿐입니다. […] 이 여성은 흡연뿐 아니라 삶의 다른 측면에서도 자신을 위한 선택을 하는 데 단호한 사람이었습니다."[13]

가장 중요한 문장은 이것이다. '그녀 스스로 선택했습니다.' 그러므로 잘못도 그녀에게 있고, 그 결과에 대한 책임도 그녀에게 있다는 의미가 자동으로 생성된다. 가장 효과적인 선전은 거짓이 아니라 이렇게 프레이밍에 의존하는 것이다. 선택의 자유라는 프레이밍은 피해의 책임을 피해자에게 전가하고 사건을 둘러싼 실재의 배경을 흐릿하게 감춘다. 담배 기업이 구사한 프레이밍을 화석연료 기업들도 똑같이 활용했다. 2018년 샌프란시스코와 오클랜드 두 도시가 제기한 기후 비용 소송에서, 엑슨모빌을 포함한 5개 석유 기업의 변호인이 IPCC 보고서를 인용하며 이 마법의 요술봉을 유감없이 휘둘렀다.

"IPCC는 탄소 배출을 주도하는 것이 석유 생산과 추출이라고 주장하지 않았습니다. 탄소 배출을 주도하는 것은 에너지 소비입니다. 그리고 에너지 수요를 창출하는 것이 바로 경제 활동입니다. […] 그게 사람들이 삶을 살아가는 방식입니다. […] 화석연료 사용에 대한 우리 자신의 책임을 무시하고 그걸 공급한 사람들에게 지구 온난화의 책임을 전가하는 것이 과연 공평한 것일까요?"[14]

결국에 연방 판사는 소송을 기각하며 석유 기업들의 손을 들어줬다. 선택의 자유가 더 중요하다고 본 것이다. 최종 단계에서 각종 로비로 얼룩진 IPCC 5차 보고서는 기후위기를 자초한 원인으로 화석연료 기업을 정확히 지목하지 않은 상태였다. 담배-석유 커넥션에 따르면, 소비자가 자유의지로 담배를 피워 폐암에 걸린 것이고, 또 소비자가 화석연료 에너지를 소비했기 때문에 지금의 기후위기가 비롯된 것이다. 인간 생명에 위해를 가한다는 사실을 숨기는 것은 물론, 오히려 적반하장격으로 소비자에게 그 책임을 교묘히 청구하는 전략이다. 영화 〈터미네이터〉의 배우였다가 지금은 기후운동가로 변모한 아놀드 슈왈제네거는 이 전략의 위선을 간결하게 폭로한다.

"담배 업계는 오랫동안 흡연이 사람을 죽이고 암을 유발한다는 사실을 알면서도 사람들에게 그 사실을 숨기고 부인했습니다. 결국 그들은 법정에 끌려나와 수억 달러를 지불해야 했습니다. […] 석유 회사들은 1959년부터 자체 연구를 통해 화석연료로 인해 지구 온난화가 일어날 것이라는 것뿐만 아니라 사람들의 생명이 위험해지고 죽게 될 거라는 걸 알고 있었습니다."[15]

이렇게 사람들에게 위험을 숨겼다는 비판에 직면하자 남배와 석유 기업들은 위험을 고지하는 방식으로 선회하게 된다. 하지만 이 역시 책임을 외부화하는 프레이밍에 불과했다. 담배 포장지에 부착된 '위험' 경고 문구는 위험을 발생시킨 책임을 개인과 사회 전체로 확장시킨다. 온갖 치명적인 질병 사진들과 함께 폐암, 구강암, 발기불능의 위험을 경고하는 그 문구의 메시지는 간결하되 강렬하다. '너희의 책임이다.' 국민 건강과 보건위생에 대한 책임을 개인의 영역으로 이전시키는 것이다. 화석연료 기업들도 이 전략을 그대로 모사한다. "대부분의 사람들은 인간이 초래한 기후변화가 장기적인 위험이라는 사실을 인정하고 있습니다" 또는 "기후변화의 위험이 사회와 생태계에 미칠 잠재적 영향이 널리 퍼지고 있습니다"와 같은 엑슨모빌의 광고 문구들은 석유 기업들을 무고한 중립적 존재로 가장한 채 위험을 사회 전반에 고르게 배분하는 메시지를 담고 있다.[16] 위험의 사회화는 곧 책임의 사회화로 귀결될 수밖에 없다. 달리 말해, 이들 자본은 이익은 철저히 사유화하되 위험은 적극적으로 사회화하는 전략을 취하는 것이다.

담배-석유 자본의 이러한 외부화 전략은 다른 부문의 산업들에도 지대한 영향을 미쳤다. 총기류, 제조업, 플라스틱, 포장 및 음료, 가당 음료와 정크 푸드, 자동차, 도박, 납 함유 제조업 등 상당수의 기업들이 선택의 자유를 강조함으로써 상품 소비 과정에서 발생하는 위험과 사회적 비용을 개인과 사회가 떠안도록 심혈을 기울여왔다.[17] 수많은 총기 사고들이 발생하는 미국의 경우 선택의 자유 이데올로기가 여전히 총기 규제에 대한 요구를 압도한다. 총기 기업들과 관련 조직들은 떼돈을 벌지만, 총기 사고의 충격은 피해 당사자들의 몫으로 환원되고, 사후 비용은 고스란히 세금으로 충당된다. 전쟁 사상자보다 더 많은 사람들이 총기 사고로 죽거나 다치는 것은 순전히 총기를 원하는 사람들 때문이다. 마찬가지로 가당 음료와 정크 푸드를 먹고 비만이 된 사람들은 스스로 원해서 그렇게 된 것이다. 매년 4

억 톤의 플라스틱 폐기물이 지구를 뒤덮게 된 것은 플라스틱을 원하는 소비자들 탓이다. 또 자동차 사고는 자동차를 원하는 욕구의 필연적 파생물일 뿐이며, 도박 중독은 스스로의 자유를 통제하지 못하는 자들의 죄악이다. 따라서 기후위기는 화석연료를 소비하는 개개인의 욕망에 의해 비롯된 것이다. 화석연료라는 마약에 중독된 소비자 탓이다.

자본주의 체제하에서 사회적 위험과 환경 비용은 이렇게 끊임없이 개인들에게 청구된다. 자유로운 시장이라는 유토피아를 가정하고 인간을 순전히 그 안에서 경제적 동기에 움직이는 주체로 설정한 자유주의가 19세기 이래 자본주의의 근간이 되면서, 시장이 자초하는 온갖 폐해와 위험까지도 그 게임에 참여하는 모든 사람들이 책임져야 하는 숙명으로 굳어진 것이다. 이 세계관에 따르면 근대의 인간은 '호모 에코노미쿠스Homo economicus', 즉 경제적 인간이다. 경제적 합리성을 최우선으로 삼고 최대의 이득을 위해 자신의 자유의지로 선택하고 행위하는 존재다. '굶어죽을 자유'와 '노동할 자유' 사이의 양자택일에서 노동을 선택한 사람이 어쩔 수 없이 일정의 양보와 착취를 감내해야 하듯이, 시장의 상품과 서비스를 소비하면서 발생하는 위험에 대한 책임도 그 체제의 룰에 참여하는 사람들 전부에게 n분의 1로 배당될 수밖에 없다는 것이 이 세계관의 요체다.

개인의 자유의지가 우주를 구성하는 질료라고 여기는 자유주의 세계에서 선택의 자유와 책임의 개별화는 하나의 지상명령이 된다. 특히 1980년대부터 지구촌을 집어삼킨 신자유주의 체제는 이 같은 이데올로기를 더욱 강화했다. 무역의 자유화, 세계화, 금융화 등 고삐 풀린 자본의 무제한적인 자유를 보증하는 동시에 '자유를 구가하는 개인'이라는 원자들로 구성된 허구의 세계를 창조했다. 국가는 작을수록 좋은 것이고, 교환과 상품 사슬에서 벗어난 행위들은 무의미한 것들이며, 시민 공공성의 증대와 공공지출은 나태와 죄악의 표시에 다름없다. 이 세계에서 개인들은 그저 경제적 행위로 존재의 가격이 측정되는 고립된 원자들로 표상된다. 사회와 시민이라는 존재 양식은 돈벌이에 아무짝에도 쓸모가 없다. 신자유주의의 전도사였던 마거릿 대처의 '사회는 없다'는 선언은 이 체제의 목적을 가차없이 웅변한다.

"사회가 뭐죠? 사회? 그런 건 없습니다! 개인으로서의 남자와 여자가 있고, 가족이 존재할 뿐입니다. 정부는 사회가 아니라 사람들을 통해서만 작동할 수 있습니다."

사회도 없고, 시민도 없고, 오로지 개인만이 존재하는 세계다. 이곳에서의 개인들은 자신의 노동을 내다팔고, 그렇게 생산된 상품을 소비하는 동시에 또 그에 대한 책임도 덩그러니 도맡게 되는 단위들로 철저히 객체화된다. 기업들은 천문학적인 정부 지원금을 받고 그 이익을 철저히 사유화하지만, 그로 인해 파생된 물질적-환경적 비용을 고스란히 개인들에게 청구하는 기생적 시스템, 그런 비대칭의 모순 때문에 경제적 불평등이 끝없이 심화되는 시스템, 그게 바로 신자유주의다. 공공성과 사회를 지운 채 그 공백에 각자도생의 십자가를 짊어진 개인들을 양산한 체제 말이다. 따라서 오늘날 처참한 환경 쓰레기의 바벨탑 앞에서, 그리고 인류의 운명이 걸린 기후비상사태 속에서 양심과 죄의식에 시달리는 건 선량한 개인들이다. 200여 년에 걸쳐 자본주의와 신자유주의가 주조한 순응적 주체의 초상이다. 정부가 이메일을 지우고 쓰레기를 분리수거하라고 독려하고 화석연료 기업들이 교활하게 위험을 사회화하는 동안, 우리는 모래알처럼 작은 입자로 형해화된 채 각각 양심의 무게를 끌어안고 개인적 실천에 공허하게 매몰돼 있는 것이다.

이런 역설은 계급에 따른 탄소 배출량의 차이만 들여다봐도 단번에 무너지는 신기루에 가깝다. 간단히 말해, 세계에서 가장 부유한 10%가 전체 탄소 배출량의 절반가량을 배출한다. 상위 부자 1%가 전체 배출량의 17%를 배출하는 반면에, 가장 가난한 사람들은 고작 12%밖에 배출하지 않는다.[18] 옥스팜에 따르면 지구촌 35억의 빈자들이 배출하는 탄소량은 기껏

10% 남짓이다. 상위 부자 1%가 하위 10%보다 평균적으로 175배 더 많은 탄소를 배출하고 있다.[19] 경제적 불평등이 심화됨에 따라 계급 간 탄소 배출량의 격차도 더욱 심화되는 실정이다. 국제에너지기구(IEA)의 최근 보고서는 상위 1%가 하위 1%에 비해 1천 배 더 많은 온실가스를 배출하고 있다고 지적한다.[20] 과연 '개인'은 탄소 배출 앞에서 동일한 개인인 걸까?

다시 반복해 강조하지만, 화석연료와 자동차 기업을 비롯한 100개 대기업이 전 세계 탄소 배출량의 71%를 배출한다. 단 25개의 기업이 배출량의 절반을 차지하고 있다. 한국의 경우 10개의 대기업의 배출량이 무려 전체의 46%를 차지한다. 포스코, 남동발전, 남부발전, 현대제철, 삼성전자를 비롯한 10개 기업들은 전체 기업의 1%도 채 되지 않는다.[21] 46%의 탄소를 대량 배출하는 10개 기업 앞에서 4그램의 이메일을 지우기 위해 고심하는 한 개인의 죄의식은 무엇을 의미할까?

당연하게도 자본과 부자들에게 탄소 배출의 압도적 책임이 있다. 그런데도 정부는 탄소중립을 위해 개인적 실천이 중요하다며 그 책임을 n분의 1로 배분한다. 또 자본은 기후위기를 극복하자며 힘을 합치자고 속삭인다. 심지어 환경단체들은 앞장서 개인적 실천이야말로 인류의 미래를 구할 수 있다고 설득한다. 이메일 지우기, 쓰레기 줍기, 재활용, 불 끄기, 텀블러 사용, 지구의 날 행사와 같은 실천들을 강조한다. 이들은 사람들에게 '죄의식'을 파종하고, '개인적 만족감'을 수확한다. 자신이 환경과 기후를 망치고 있다는 죄의식에 시달리는 사람들은 쓰레기를 주우면서, 또는 텀블러를 사용하는 것으로 죄를 면제받고 친환경 생활을 한다는 자족감을 갖게 된다. 이렇게 개인들을 닦달하고 죄의식을 조직하는 과정에서 회원도 증가시키고 후원비도 얻으니 환경단체 입장에선 썩 괜찮은 영업 전략일 수밖에 없다. 자본과 정부 대상으로 싸움을 벌이는 일은 돈이 안 되지만, 개인들의 양심을 자극해 쓰레기를 줍게 만드는 것은 명예와 돈이 되기 때문이다. 요컨대 책임을 개별화하는 전략을 그대로 전유한 '신자유주의적 환경운동'이다.

이처럼 보수적인 환경단체와 진보의 외피를 뒤집어쓴 자유주의자들은 최근 전기 요금 인상 논란에 있어서도 가정용 요금 인상을 피력한다. 국내의 가정용 전기는 전체 사용량의 15%에 불과하며 이미 상업용보다 더 비싼 가격을 지불하고 있다. 이들의 주장에 따르면, 기후위기가 심화되고 있으니 절전의 미덕을 고취하려면 가정용 요금을 더 올려야 한다. 논란이 일자 상업용 전기 요금도 올리면 되지 않냐고 응수한다. 명시지는 않지만, 그 주장의 핵심은 '소비의 미덕'이다. 기후재난을 극복하기 위해선 개인들이 먼저 절약의 모범을 보여야 한다는 것이다. 책임의 개인화라는 끈질긴 이데올로기의 소산이다. 심지어 진보정당 소속 전문가라는 사람들이 공공재정의 적자를 걱정하며 가정용 전기 요금을 올리자고 하는 대목에선 실소가 터져나온다. 그들은 기후재난이 도래했는데 이러고 있을 때가 아니라고 훈계한다. 전시 상황이나 마찬가지이므로 검약의 실천에 돌입해야 한다고 주장한다. 감정적으로 이런 선동이 효과적일지는 모르겠지만, 논리적으로나 실제적으로나 낙제점이다. 15% 남짓의 가정용 요금을 닦달하는 게 효과적인가, 아니면 80%가 넘는 상업용 요금을 올려 기업을 통제하는 게 더 효과적인가? 문제투성이의 천연가스 직수입 민자회사를 정리하고 재생에너지 중심으로 에너지 산업의 구조를 빨리 개편하고 공영화하는 게 더 나은가, 아니면 가정 냉난방 요금을 올려 서민 가계에 부담을 지우는 게 더 나은 기후 전략인가? 노동계급과 저소득층에게도 모두 혜택이 돌아가도록 주택 정책과 국가 예산 구조를 대대적으로 개혁하는 게 나은가, 아니면 저소득층의 주머니까지 털어 난방비 요금을 계속 올리는 게 더 나은 선택인가? 말이 나온 김에 예를 하나 들면, 최근 독일의 건축에너지법(Building Energy Act) 사태에서 보듯, 화석연료에서 열 펌프 난방 시스템으로 전환하는 과정에서 주택 소유자들에게 부담을 지우는 방식 때문에 독일 시민들의 적개심이 어마어마하게 증가했다.[22] 극우정당 '독일을 위한 대안(AfD)'이 그 분노를 지렛대 삼아 히틀러 이후로 가장 많은 지지를 받는 형국이다.

관련 기업과 공공재정을 민주적으로 통제하고 공공 투자 프로그램을 마련해 친환경 난방 시스템으로 전환하기보다 개인들에게 책임의 일부를 전가하는 사민당과 녹색당으로 구성된 신호등 연정의 자유주의 정책이 이 같은 함정을 스스로 자초했다. "마크롱은 지구 종말을 걱정하지만, 우리들은 이달 말이 걱정입니다"라고 했던 프랑스 노란 조끼 운동의 교훈을 전혀 깨닫지 못한 것이다.

이처럼 자유주의 대안들은 개인에 대한 책임 전가에 집중돼 있다. 도대체 4그램의 이메일을 지우라고 죄의식을 부채질하는 게 나은가, 아니면 당장 3억 8천만 톤을 배출하는 삼척화력발전소를 중단시키는 게 더 나은가? 산과 강에 버려진 플라스틱을 주우며 자족하는 게 기후위기를 벗어나는 데 도움이 되는가, 아니면 플라스틱 자체를 생산하지 못하도록 기업을 규제하는 게 더 도움이 되는가?

플라스틱 문제만 해도 그렇다. 유엔환경계획에 따르면, 전 세계적으로 매년 4억 3천만 톤의 플라스틱이 생산된다. 각국에서 재활용과 리사이클을 하겠다고 큰소리치지만 매년 600만 톤씩 증가 추세. 심지어 재활용되는 플라스틱은 전체의 9%밖에 되지 않는다.[23] 플라스틱 합성 성분 때문이다. 아무리 개인들이 열심히 분리수거를 한들, 그렇게 모아진 플라스틱 쓰레기 대부분은 땅에 매립되고 소각되거나, 바다로 흘러가거나, 아니면 가난한 남반구 국가에 수출되는데 코끼리와 소가 그 쓰레기를 먹으며 죽어가고 있다. 플라스틱을 분리수거하거나 청소하는 행위는 마땅히 선량한 마음에서 기인했겠지만, 수돗물을 틀어놓은 채 물걸레로 물을 닦아내는 짓은 무의미한 행위나 다름없다. 중요한 건 수도꼭지를 잠그는 것이다. 플라스틱을 생산하지 못하는 법령을 만들고, 기업들을 규제하며, 스스로 생분해 제품을 연구하고 투자하도록 강제하는 게 훨씬 효과적이고 빠른 방법이다. 말하자면 영리 활동의 외부화 비용을 이제 기업들이 스스로 지게 만드는 것이다. 그동안 화석연료로 가공한 플라스틱으로 온 지구를 오염시키며 돈을 번 자본에게 책임을 묻고 대책을 강구하도록 압박하는 게 훨씬 더 윤리적이다. 줍깅과 분리수거 같은 '착하고' 순응적인 개인적 실천으로는 매년 압도적으로 증가하는 플라스틱 생산량을 결코 제어할 수 없다. 이 속도라면 2060년경 지금보다 세 배 더 많은 플라스틱이 온 지구를 뒤덮게 된다. 당신이 지금 매일 2천 개의 플라스틱 입자를 먹고 있다면, 당신 자식들은 매일 1만 개 이상의 플라스틱 입자를 먹게 될 것이다. 우리의 선의는 결코 우리 스스로를 구원하지 못한다.

◐

부자들의 환경주의

　놀랍게도, 우리에게 플라스틱을 줍도록 먼저 독려한 게 플라스틱 기업들이라는 사실을 알고 있는가. 1971년 '울부짖는 인디언(Crying Indian)'이라는 미국의 TV 광고를 주목해보자. 지금도 누구나 유튜브에서 이 공익광고를 볼 수 있다. 아메리카 선주민(실제로는 이탈리아계 미국인 배우)이 바닥에 떨어진 플라스틱 쓰레기를 바라보는 장면으로 시작된다. 세상이 온통 쓰레기 천지가 되었고 선주민이 카메라를 향해 눈물을 흘린다. 당시 광고 부문 우수상을 수상한 이 감동적인 광고는 마지막에 "오염의 시작은 사람입니다. 사람들이 멈출 수 있습니다."라는 자막을 올리며 끝난다. 그런데 이 광고를 제작한 비영리 환경 조직 '미국을 아름답게(Keep America Beautiful)'가 사실은 매년 수십억 개의 플라스틱 병을 생산하는 코카콜라 컴퍼니Coca-Cola Company, 펩시코PepsiCo, 안호이저-부시 컴퍼니Anheuser-Busch Companies 등 음료 및 포장재 대기업들이 1953년에 은밀히 만든 환경 조직이라는 사실은 대부분 알지 못한다.[24] 줍깅과 분리수거 등 미국에서 가장 성공적인 환경 캠페인을 주도해왔던 이 조직이 사실 플라스틱 생산 기업들이 만든 외부 조직이었던 것이다. '울부짖는 인디언'이라는 광고는 아메리카 대륙을 식민 지배하며 선주민들을 억압했던 백인들의 죄의식을 교묘히 이용해 쓰레기를 버리고 환경을 오염시키는 원흉이 바로 개개인의 인간이라는 메시지를 살포하는 프로파간다였다. 플라스틱을 규제하려는 시도들에 대해 완강하게 저항하는 한편, 비영리 환경 조직을 만들고 광고를 제작해 사람들에게 쓰레기를 줍고 분리수거를 하도록 독려하는 자본의 저 놀라운 근면성을 보라. 원대한 사기극을 보라.

자본이 이렇듯 교묘하게 책임을 개인화하는 이유는 자신이 저지른 근원의 책임을 면하기 위함이고, 위험을 사회화하는 이유는 외부화 비용을 지불하지 않고 사회에 기생함으로써 더 많은 돈을 벌기 위한 것이다. 오늘날 '개인의 책임과 개인적 실천'이라는 규범은 기후-생태 위기를 확대하는 또 하나의 강력한 지배 이데올로기로 작동한다. 우리가 분리수거를 잘하는지 서로를 감시하며 알량한 도덕적 자족감에 사로잡힌 사이 코카콜라 자본은 1분당 20만 개의 플라스틱 병을 토해내며 지구 행성의 마지막까지 더럽히고 있다. 자유주의자들이 검약과 소비 미덕을 실천하기 위해 서민의 난방비를 올리자고 호들갑을 떠는 사이, 한국의 화석연료 기업들은 정부 보조금을 두둑이 받아가며 세계 곳곳에서 천연가스를 퍼올리거나 화력발전소를 건설하고 있다. 한편으로, 개인 책임에 대한 과중한 무게와 개인적 실천의 무력감이 기후우울증을 부추기거나 아예 위기를 외면하는 무관심의 태도로 전이되기도 한다. 개인 책임의 무한한 쳇바퀴가 우리의 양심을 병들게 하고 영혼을 황폐하게 만드는 까닭이다.

공교롭게도 한국의 경우 '개인적 책임'의 이데올로기가 보다 견고하게 뿌리를 내리고 있다. 2022년 예일대가 메타Meta와 함께 전 세계 페이스북 유저 대상으로 진행한 글로벌 조사에서 "누가 기후변화에 가장 책임이 있는가?"라는 질문에 대해 한국인들은 정부(26%)와 기업(26%)보다 '개인(38%)'에 더 높은 책임을 부여했다. 개인에 책임을 두는 인식이 아시아 태평양 지역에서도 가장 높은 것으로 나타났다.[25]

왜 아니겠는가, 한국은 신자유주의의 천국 아니던가. 윤석열 대통령이 갓난아이의 옹알이처럼 입만 열면 수없이 반복하는 '자유, 자유, 자유……'는 기실 신자유주의 돌림 노래에 지나지 않는다. 1997년 IMF의 구조조정 프로그램과 신자유주의의 대대적인 확산은 오늘날 세계 최고의 불평등과 자살률, 세계 최저 출생률, 압도적인 산재율, 높은 성별 임금 격차, 소수자와 인종 차별 등 사회와 공공성의 붕괴라는 재앙적 위기 상태를 자초했다. 이 각자도생의 배틀 로열에서 살아가기 위해선 자기계발이라는 인적 수단 외에 아무 방법도 존재하지 않는다. 개인의 능력치로 삶의 가치가 매겨지는 자기 책임화의 무한한 지평이다. 능력도 개인 책임, 무능력도 개인 책임. 능력주의가 지배하는 사회에선 우리의 인생사가 공적인 돌봄과 상호호혜성이 아니라 경쟁과 자기 관리의 고독한 여정으로 점철될 수밖에 없다. 요컨대 개인 책임의 감옥, 그것이 현재 한국 사회의 풍경이다. 때문에 기후위기에 대한 책임의 지분을 묻는 질문에 자본과 국가보다 '개인'에게 더 많은 책임이 있다고 답하는 건 당연한 귀결이다.

이는 왜 한국의 환경단체들이 신자유주의를 경유하며 점점 더 보수화되고 있는지를 설명해준다. 가령, '환경재단'의 경우 기업의 후원금을 받고 그것을 ESG로 포장한다. 2023년 환경재단이 주최하는 국제환경영화제의 후원사에는 농협은행, 포스코, 삼성물산 같은 반환경 기업들이 버젓이 들어가 있다. 농협은행은 삼척화력발전소의 최대 주주이며, 포스코는 전 세계적으로 악명이 높은 기후 악당이며, 삼성물산은 팜유 생산을 위해 환경 파괴와 토지 분쟁 등을 야기한 탓에 인도네시아 정부로부터 180억 원의 벌금형을 선고받았던 기업이다. 환경재단은 기업들의 후원금을 받아 환경을 보호하는 게 이로운 일이라고 주장하지만, 결국엔 환경 파괴 기업들로부터 돈을 받고 알리바이를 서주는 그린워싱의 선두주자라는 오명을 피할 도리가 없다. 예를 들어, 평화영화제가 군수 기업과 무기밀매상으로부터 후원금을 받고 영화제를 열면 그게 평화에 도움이 되는 일인가? 노동영화제가 노동 착취 기업들로부터 후원금을 받으면 노동권에 도움이 되는 것인가? 반환경 기업들로부터 후원금을 받아 환경영화제를 여는 형용모순, 기묘한 자화자찬. 세상에선 그것을 흔히 로비와 유착이라고 표현한다.

환경재단을 포함해 한국의 주류 환경단체들이 자본과 정부를 비판하는 대신, 개인들의 죄의식을 종용하는 이유는 순전히 환경 문제를 개인의 문제, 더 나아가 추상화된 인간의 문제로 치환하는 게 안전한 영업 전략이 되기 때문이다. 이 맥락에서 이제 환경 오염과 생태계 파괴는 개인의 행위와 양심의 문제로 환원되고 그저 인간들의 이기적 욕망의 결과로 표상된다. 자본과 정부를 대상으로 한 투쟁과 갈등 관계는 조직 사업과 확장에 도움이 되지 않는다고 판단할 뿐 아니라, 시장을 통해서 충분히 지금의 행성 위기를 해결할 수 있다는 신자유주의를 암암리에 내면화한 탓이다.

에콰도르에서부터 인도에 이르기까지 남반구 기층 민중들이 삶의 터전과 자연경관을 파괴하는 북반구 자본의 채굴, 벌채, 토지 전용에 맞서 필사적인 생존 싸움을 벌이는 동안, 한국을 비롯해 잘사는 북반구의 주류 환경단체들이 줍깅, 텀블러, 온갖 친환경 상품 판매, 북극곰 사진 보며 울기, 탄소배출권 거래, 기업과의 유착, 정부와의 협치 따위에 자족하는 모습은 여실히 계급적인 면모를 보여준다. 이에 대한 반작용으로 최근 들어 행동주의적이고 전투적인 환경운동이 활발히 전개되고 있지만, 여전히 대중들에게 호소력을 갖는 쪽은 주류 환경운동이다. 정부와 기업과의 협력을 통해 발언의 권력을 갖고 있고, 대중들 입장에서도 간단한 개인적 실천과 관심만으로도 면죄부를 받는 쪽이 비교적 안전하기 때문이다. 이른바 '부자들의 환경주의'인 것이다.

현대 환경운동의 초석이 된 1962년 레이철 카슨의 『침묵의 봄』은 살충제 남용으로 생태계를 파괴하는 자본주의 농법과 이를 방관하는 정부에 대한 강렬한 비판을 담고 있다. 벌이 사라지고 새가 울지 않는 침묵의 봄에 저항하고자 기존의 보수적인 운동과 전혀 다른 결을 지닌 새로운 환경운동이 북미 지역에서부터 탄생했다. 1969년에 발생한 샌타바버라 석유 유출 사고도 이 흐름에 많은 영향을 끼쳤다. 수많은 환경단체들이 우후죽순 생겨났던 1960, 70년대는 바야흐로 환경운동의 전성기였다. 깨끗한 공기법, 야생지 보호법, 수질 보호법 등 일련의 중요한 환경법들이 제정되고 전 세계 환경운동의 태동에 적지 않은 영향을 미쳤다.

북미에서 이러한 활발한 흐름의 기세가 꺾인 건 1980년대 신자유주의의 등장과 궤를 같이한다. 70년대는 그나마 자본주의가 야기한 환경 문제에 대한 관심이 촉발된 시기였지만, 신자유주의는 이런 경향과 완전히 결별한 채 시장의 자유만을 지상명령으로 삼았다. 초국적 자본에 무소불위의 권력을 부여한바, 지상의 모든 자연과 생태계 서비스가 상품 시장 속으로 빨려 들어갔다. 1980년대 이후 담수 이용의 급증, 항공 산업의 팽창, 소고기와 팜유로 인한 열대우림 파괴, 벌채의 가속화, 구조조정 강요로 인한 농업의 상업화, 토지의 민영화, 화석연료와 희토류 채굴 등 환경 파괴가 끝없이 지속됐다. 그런데 남반구에서는 자본의 침탈로부터 토지와 강과 숲을 지키기 위해 가난한 자들이 목숨을 걸고 싸우는 동안, 북반구 주류 환경단체들은 신자유주의 세력에 밀려나는 게 두려워 점차 기업과 정부에 타협을 시도했다. 캐나다 저널리스트 나오미 클라인Naomi Klein은 환경운동의 급진적 목소리를 과격주의자들의 헛소리로 치부하는 신자유주의 세력에 지레겁을 집어먹고 많은 환경단체들이 시장에 투항하고, 기업 친화적인 태도로 돌변했다고 비판한다.[26]

"많은 환경주의자들이 경제적 현상 유지를 깨뜨릴 기후위기 대응책의 구상을 기피하고 결국 희망 사항(기적의 상품이나 탄소 시장, 또는 징검다리가 되어줄 연료)을 해법으로 제시한다. 하지만 몹시 취약하거나 위험성 높은 이러한 해법들에 우리의 집단적인 안전을 맡기는 태도는, 바라기만 하면 이루어지리라 생각하는 일종의 주술적 사고다."[27]

세계은행 부총재를 지냈던 영국의 경제학자 니콜라스 스턴Nicholas Stern 경마저 그 유명한 「스턴 보고서」에서 "기후변화는 시장의 완벽한 실패"라고 실토했지만,[28] 급진적 과거를 세탁하고 완연히 친시장주의로 변모한 보수적 환경단체들은 시장에 약간의 양념을 치고 정부 관료들에게 협조를 구하면 기후와 생태 위기를 극복해낼 수 있다는 망상에 갇혀 있다. ESG, 탄소중립위원회, 전기자동차, 그린수소 등 시장 기반의 기술주의적 해법이 능사인 양 대중들을 현혹한다. 행성 위기를 '시장' 안에서 해결할 수 있다고 믿는 이 환경단체들이야말로 녹색 화관을 쓴 신자유주의자들일 것이다. 이들이 보기에 자연과 대척점에 서 있는 인간 세계는 오로지 시장과 개인으로 구성된 우주다. 사회, 공공 영역, 공동체와 같은 개념은 외부화 비용을 떠넘길 때만 편의적으로 호명하는 마술 램프의 지니와 같다. 따라서 생태계 파괴와 기후 붕괴를 돌파하기 위한 환경운동의 선택지를 둘 중 하나라고 여긴다. 시장에 개입하거나, 또는 개인들의 실천을 독려하거나.

한국의 환경재단처럼 거리낌없이 환경 파괴 기업들로부터 영화제 후원금을 받고 광고를 해주면서도 아무런 모순을 느끼지 못하는 건 시장 안에서 환경 문제를 해결할 수 있다고 믿기 때문이다. 나오미 클라인이 지적한 대로, 주술적 사고다. 또 한정애 전 장관과 환경부가 이메일 삭제로 산불을 끌 수 있다고 믿는 것 역시 주술적 사고다. 이 문단을 쓰고 있는 이 시각에도 한반도 면적의 절반 가까이를 불태우며 맹렬히 번지고 있는 캐나다 퀘벡의 저 재앙적 산불은 결코 이메일 삭제 따위로 끌 수 없다. 더군다나 가족들이 모여 전기를 끄고 촛불을 켠 채 기도를 올리는 건 주술적 사고의 완성이다. 불난 집에서 우리가 취할 수 있는 더 나은 선택지는 기도를 올리다가 타죽는 게 아니라 재빨리 불을 끄거나 불난 집에서 뛰쳐나가는 것이다.

지금 당장 기후재난 속에 휩싸인 이 세계에서 가장 빠르고 효과적인 대응은 오염의 주범인 자본을 통제하는 것이다. 더 나아가 화석연료 사용을 중단시키고, 노동과 원자재를 저렴하게 수탈하며 지구 생태계 시스템을 파괴해온 자본주의 체제를 일소하고 생태적인 체제로 전환하는 것이다. 이에 반해, 책임을 n분의 1로 분할하는 개인적 실천 규범은 시간을 늦추는 점진주의 전략이다. 지금의 이윤 축적과 경제 규모를 그대로 유지하기 위한 녹색 자본주의의 더디고 느린 일정표이자 기후 불평등을 은폐하는 수사적 제스처들이다.

생각해보라. 현재 '기후 적소(Climate Niche)' 밖에서 사는 사람들이 6억 명에 이르는 실정이다. 생명을 유지하는 데 적합한 기후 조건이 극지방으로 이동함에 따라 남반구의 가난한 기층 민중들은 더위, 극심한 가뭄, 식량 부족, 높은 사망률에 직면한 채 기후 장벽 너머에서 사투를 벌이고 있다. 2023년 5월 네이처 지속 가능성 저널에 발표된 한 연구에 따르면, 배출량을 급격히 줄이고 대규모 이주를 하지 않을 경우 금세기 말경 30억~60억 명의 인류가 기후 적소 바깥의 극심한 재난 속에서 삶을 영위하기 어렵게 된다.[29] 대륙별로도 '기후 장막'이 세워지고 있지만, 일국 차원에서도 부유한 자와 가난한 자 사이에 점차 벽이 들어서고 있다. 지난 10년 동안 지구 기온은 0.2도가 올랐고, 탄소 예산도 거의 고갈됐다.[30] 그나마 석탄발전소가 줄어드는 게 다행인 것 같지만, 오염 입자 감소로 외려 지구에 쏟아지는 태양 광선 양이 많아지면서 지구 기온을 더욱 끌어올리는 기막힌 역설에 봉착한 상황이다.

우리에겐 시간이 그리 넉넉하지 않다. 그 시간마저도 불공평하게 배분된다. 개인적 실천을 종용하는 지배 이데올로기는 그것 자체가 효과적이지 않은 전략이라는 점에서도 문제가 크지만, 행성 위기의 시간을 지연하면서 기후위기 최전선 주체들의 고통을 가중시킨다는 점에서 불평등을 더욱 확대재생산한다. 개인적 차원에서는 도덕적 행위일지 모르지만, 거시적 관점에서는 비윤리적이다.

개인적 실천이 위악적이라는 이야기가 아니다. 개개인의 선의가 잘못됐다는 주장을 하려는 것도 아니다. 모래 알갱이처럼 고립되고 분자화된 실천이 무의미하다는 뜻이다. 자본주의 체제가 끊임없이 할당하는 '소비자'라는 위치, 그리고 '개인'이라는 주체의 위치에 수동적인 비활성의 원자처럼 존재하는 한 결코 이 폭력적 게임의 룰을 바꿀 수 없다는 이야기다. 자본주의 체제가 파괴적 성장을 구가하며 각각의 개인들에게 책임을 전가하고 죄의식을 파종해왔던 그 경로를 그대로 모사하는 방식으로 위기를 극복할 가능성은 없다.

우선 "기후위기에 대해 개인으로서 무엇을 할 것인가?"라는 질문 자체를 다른 맥락으로 변경할 필요가 있다. 개인의 자리에 '시민'을 소환하면 전혀 다른 풍경이 펼쳐진다. 질문을 이렇게 바꿔야 한다. 시민으로서 무엇을 할 것인가? 자본주의와 신자유주의가 그토록 저주를 퍼붓고 붕괴하려 애써왔던 사회와 시민을 다시 복원하는 것이다. 개인적 실천에 갇히면 우리의 상상력과 정치적 힘이 그저 착한 소비에 정박된다. 현재의 지배 권력과 주류 환경운동이 원하는 게 그것이다. 착한 소비자가 되라, 분노하지 말고 순응하라, 잘못은 너에게 있다.

개인으로 호명되면 우리는 기껏 제 발밑을 응시하지만, 시민으로 스스로를 주체화하면 시선을 들어 다른 이의 눈을 바라보게 된다. 다시 말해, 격리된 집에서 나와 광장에 모이는 것이 '무엇을 할 것인가'에 대한 첫 응답이 되어야 한다. 그리고 어떻게 할 것인지 머리를 맞댄 채 계속 이야기를 나누는 것이 중요하다. 함께 모여 책을 읽는 것이든, 텃밭을 가꾸는 것이든, 선거에 개입하는 전략을 짜든, 거리 투쟁을 벌이든 고립을 떨쳐내 함께 마주하는 것의 힘과 가능성은 무궁하다.

고립된 개인의 민주주의는 4년마다 투표소에 가는 게 전부지만, 광장의 민주주의는 우리 삶의 많은 부분을 스스로 결정짓고 자율적으로 구성할 수 있게 한다. 개인적인 플라스틱 재활용 실천은 고작 분리수거지만, 시민으로서 이웃과 함께하는 실천은 기업을 압박하거나 나아가 쓰레기의 자치화를 구축하고 지금까지 경제가 독점해왔던 생산과 소비 과정 전체를 시민 사회가 전유할 가능성에 불씨를 댕기게 된다. 개인적인 채식 실천은 착한 소비에 머무르게 되지만, 시민적인 채식 실천은 먹거리의 자급화와 농촌의 재지역화까지 사유하게 만든다. 산불을 끄기 위한 개인적 실천은 4그램의 이메일을 지우는 데 그칠 공산이 크지만, 시민적 실천은 화석연료 자본을 지구로부터 추방하는 힘을 가질 수 있다. 개인의 책임화는 우리를 외롭고 우울하게 하는 반면, 체제의 책임화는 자연과 남반구를 착취하는 대가로 영위하는 제국적 생활양식에서 벗어나 지금과는 다른 새로운 삶의 풍경을 스케치할 가능성을 제공한다.

역설적이게도 기후위기에 대한 가장 좋은 개인적 실천은 바로 그 '개인적'이라는 이데올로기를 주저 없이 발로 걷어차는 것이다. 고립을 요구하는 체제에 단호히 NO를 선언하는 것이다. 자연과 인류를 위한 새로운 생태학을 꿈꾼다면 벽장 문을 열고 나와 서로 연결되는 것이 우선되어야 한다. 왜냐하면 생태학의 처음도 끝도 연결이기 때문이다.

4장

제인 구달이
틀렸다

"계급투쟁 없는 환경운동은 정원 가꾸기다."

치코 멘데스

문제는 인구가 아니다

"인구 증가를 외면할 수 없습니다. 인구 증가가 수많은 문제의 근원이기 때문입니다. 우리가 이야기하는 이 모든 것들은 500년 전과 같은 인구 규모라면 문제가 되지 않았을 겁니다."

제인 구달의 이 말은 2022년 소셜네트워크에서 적잖은 파장을 일으켰다. 기후위기와 환경 문제를 해결하기 위해 제인 구달이 '인구 감소' 정책을 주장했다는 음모론이 퍼져나갔다. 코로나 팬데믹은 인구를 감소시키기 위한 그림자 정부 엘리트들의 음모로 촉발된 사태인데, 제인 구달이 스스로 그 사실을 자인했다는 것이다. 곧장 AP 통신을 비롯한 서구의 많은 언론들이 팩트 체크에 나섰다. 문제의 발언을 검토한 끝에 제인 구달은 인구 감소를 주장한 적이 없다고 평가했다.[1]

2020년 제인 구달은 다보스 세계경제포럼의 '아마존을 위한 지속 가능한 미래 확보'라는 토론에 참여했다. 삼림 보호를 위한 1조 그루의 나무 심기 프로젝트에 대한 토론 과정에서, 식재된 묘목들을 지역 사회와 약탈적 대기업으로부터 보호하기 위해 무엇을 해야 하냐는 한 참석자의 질문에 제인 구달은 빈곤 해결, 육식 감소, 가축 방목 감소, 정치적 부패 제거 그리고 마지막으로 인구 증가를 꼽으며 바로 저 논란이 된 발언을 한 터였다.

당연히 코로나 팬데믹이나 인구 감소 문제를 엘리트의 음모로 여기는 정신 나간 북미 우익들의 헛소리는 일고의 가치도 없지만, 제인 구달이 인구 감소를 명시적으로 발화하지 않았더라도 맥락상 인구 감소의 필요성을 강조했다는 건 지울 수 없는 사실이다. 맥락을 삭제하는 언론의 팩트 체크는 항상 중요한 지점을 간과하게 만든다. 제인 구달은 그동안 여러 지면과 인터뷰에서 인구 감소의 필요성을 꾸준히 피력한 터였다. 2019년, 자선단체 '인구 문제(Population Matters)'에 대한 응원 영상에서도 유사한 발언을 한 바 있다.

"저는 모든 환경 보호 단체와 모든 정부 기관이 유한한 자연 자원을 가진 지구에서 무제한적인 경제 개발을 추구하는 그 부조리함을 고려하기를 권장합니다. 이미 일부 지역에서는 어머니 대자연이 회복할 수 있는 속도보다 더 빠르게 귀중한 천연자원을 소비하고 있습니다. 이대로는 안 됩니다. 인류의 인구 증가를 더 이상 숨길 수 없습니다. 이 문제를 해결할 방법을 찾아야만 합니다."[2]

영국에 기반을 둔 자선단체 '인구 문제'는 인구 증가를 환경 파괴와 기후위기의 주요 원인으로 간주하는데, 제인 구달은 이 조직의 주요 후원자다. 제인 구달이 앞서 언급한 '일부 지역'은 아프리카와 남아시아와 같은 최빈국들이다. 가난한 국가의 인구가 많아져 생태계 파괴가 발생하고 생물다양성이 손실되고 있다는 주장을 오랜 세월 지속적으로 주장한다. 이에 대해 인종주의적 선입견이라는 비판이 가해졌다. 가난한 나라의 인구 증가만을 비난하는 게 온당하지 않다는 지적이다. 그러자 '인구 문제'는 북반구의 식민지 유산과 불공정한 정치적-경제적 관계를 지양해야 한다며 전향적 제스처를 취했는데, 그러면서도 "빈곤 속에 사는 사람들은 선택의 여지가 없어 그들 지역에서 환경 파괴를 일으키기" 때문에 인구를 감소하는 게 긴급하다는 종래의 입장을 고수한다. 해당 단체의 웹사이트에는 이렇게 기재되어 있다.

"오늘날 인구 증가는 우리가 직면한 거의 모든 주요 문제에서 가장 중요하지만 소홀히 다루어지고 있는 요인 중 하나라고 믿습니다. 지구가 직면한 여러 환경 위협뿐 아니라 지속 불가능한 인구는 빈곤, 분쟁, 자원 고갈,

삶의 질 저하에 기여합니다."

결국엔 오늘날 우리가 겪는 기후-생태 위기의 책임을 인구 증가, 특히 남반구 국가들의 인구 과잉에 전가한다. 예를 들어, 2021년 '인구 문제'에서 제작한 팸플릿은 영국 내에서 적지 않은 논쟁을 야기했다. 해맑게 웃고 있는 남아시아 소녀 세 사람의 사진 위에 "우리는 인구에 대해 이야기해야만 합니다"라는 문구가 적힌 팸플릿이다. 지구의 생태 환경을 위해 남아시아 같은 가난한 나라의 인구를 억제해야 된다는 메시지로 해석될 수 있는 논쟁적 표현임이 분명하다.

한편 '인구 문제'와 제인 구달은 아프리카 등의 남반구 인구를 감소하기 위해서는 해당 지역의 여성 역량 강화와 성평등이 중요하다고 역설한다. 상당히 공정한 말처럼 들리지만 북반구-남반구 사이의 식민주의와 구조적인 불평등 체계를 바꾸지 않는 조건에서 인구 억제책으로 여성의 역량 강화를 이야기하는 건 가난한 여성의 '재생산권'에 대한 통제로 전환될 소지가 농후하다. 해당 국가의 여성들이 자국의 가부장제 구조를 밑에서부터 뜯어고치며 성평등과 재생산권을 구축하는 경로가 아니라, 잘사는 북반구의 원조와 간섭으로 구성된 재생산권 논의는 인구 통제 수단으로 전락할 위험이 크기 때문이다. 아메리카 선주민들과 흑인의 인구를 감소시키기 위해 은밀히 작동시켰던 저출산 정책처럼, 오랜 기간 제국주의적 자본주의를 관통해왔던 우생학의 그늘이 이들의 논지에도 드리워져 있다.

제인 구달의 주장이 은밀하다면, 데이비드 애튼버러 경의 인구과잉론은 거침이 없다. 공교롭게도 데이비드 애튼버러 역시 제인 구달과 마찬가지로 '인구 문제'의 최대 후원자다. 그는 인구 증가가 지금 현재 인류가 직면한 환경 위기의 가장 중요한 원인이라고 생각한다.

"우리의 모든 환경 문제는 더 적은 인구일수록 해결하기가 더 쉬워지고, 더 많은 인구일수록 해결하기가 점점 어려워지고 궁극적으로는 불가능하게 됩니다."[3]

영국의 국보라 불리며 그동안 아름다운 환경 다큐들을 제작한 공로로 2022년 유엔으로부터 '지구의 챔피언'이라는 환경상까지 받은 세계적인 방송인이 보기에, 인구 증가를 해결하지 않으면 행성 위기를 돌파할 가능성이 전혀 없다. 그의 인구과잉론은 텔레그래프와의 인터뷰에서 정점을 찍는다. 아프리카와 아시아 인구가 문제적이라며, 기근에 시달리는 지역에 식량 원조를 보내는 것은 인구 증가라는 근본적인 문제를 회피하는 어리석은 짓이라는 발언을 서슴지 않는다.

　"에티오피아의 기근은 무엇 때문일까요? 과연 무엇 때문일까요? 너무 적은 땅에 너무 많은 사람들이 살고 있기 때문이에요. 그게 바로 문제입니다. 우리는 스스로 눈을 가리고 있어요. 그저 유엔에 밀가루 한 포대를 보내라고 말합니다. 그건 말도 안 돼요."

　이 베테랑 방송인은 그렇다고 자신의 말이 아프리카인들이 모두 굶어 죽으라는 의미도 아니고, 또 '유럽인이 아프리카인들에게 아이를 낳지 말라고 말하는 것은 문제를 해결하는 방법이 아니다'라는 유보적인 단서를 덧붙인다.[4] 그렇지만 아프리카와 아시아 인구를 어떻게 해서든지 감소시키지 않으면 안 된다는 당위를 전면에 내세운다. 빈국의 인구 증가가 지구 생태계를 위협하는 중요 요인이라는 동일한 결론에 도달한다. 데이비드 애튼버러는 50년 동안 꾸준히 눈부시게 아름다운 환경과 동물에 관한 영상물을 제작해왔다. 〈아름다운 바다〉, 〈프로즌 플래닛〉 등 넷플릭스에서 서비스되는 그의 다큐들만 봐도 형형색색의 지구 경관과 야생동물의 아름다움을 정성껏 포착하고 있다. 하지만 가난한 나라의 인구 증가는 그 반짝거리는 자연 이미지를 훼손하는 얼룩과 오염에 불과하다.

　제인 구달과 데이비드 애튼버러 같은 유명인사들의 인구 타령은 전 세계에 걸쳐 상당한 영향력을 발휘한다. 그렇지만 단 하나의 예만 들어도 이들의 인구 타령이 얼마나 편협한 인종주의에 기반한 것인지, 얼마나 위선적인 주장인지 알 수 있다. 제인 구달과 애튼버러의 모국인 영국은 산업혁명 이후 누적 이산화탄소 배출량이 780억 톤으로 전체의 5%를 차지한다.[5] 그러면 애튼버러가 밀가루 자부를 보내는 게 무슨 소용이냐고 했던 에티오피아는 얼마나 배출했을까? 이산화탄소 누적 배출량이 2억 8천만 톤. 무려 영국과 260배가량의 차이가 존재한다. 영국인이 1년에 1인당 5.2톤의 이산화탄소를 배출한다면, 에티오피아인은 고작 0.15톤을 배출한다.[6]

그런데 더 놀라운 것은 아프리카 53개국 대륙 전체의 누적 배출량이 3% 미만이라는 것이다.[7] 아프리카 인구가 종잡아 12억쯤 된다. 영국 인구는 6,700만 명 남짓이다. 영국인은 특별한 인종이어서 그렇게 많은 탄소를 배출하는 것일까? 그 작은 섬나라 영국이 18세기부터 지금까지 5%를 배출하는 동안, 아프리카 대륙 전체는 3% 미만밖에 배출하지 않았다. 이 놀라운 격차는 무엇을 의미할까? 인구가 문제라던 제인 구달과 애튼버러에게는 이같은 불평등의 심연이 도무지 보이지 않는 걸까? 왜 영국인 6,700만 명은 12억 아프리카 대륙 인구에 비해 더 많은 탄소를 배출하고 기후위기와 환경 파괴에 지대한 영향을 끼치는 걸까? 정말 인구가 문제인 걸까?

애튼버러가 제기했던 기근 문제만 해도 그렇다. 에티오피아의 최근 기근 재난은 '너무 적은 땅에 너무 많은 사람들이 살고 있기 때문'이 아니라 정치적 분쟁 때문이다. 최근의 기아 사태의 경우, 중앙정부와 티그레이 인민해방전선(TPLF) 간의 무력 분쟁이 분출하고 수십만 명이 실향민과 난민이 되면서 식량 문제가 발생한 것이다. 대량 강간, 인종 학살은 물론 식량 원조를 차단하고 기아를 무기화하면서 형성된 비극이며, 민족적-인종적 정체성을 둘러싼 지난한 분쟁과 갈등이 에티오피아의 기근을 촉발한 주요 원인이다. 한때 아프리카에서 가장 빠르게 경제 성장을 이루던 이 나라는 내전으로 국고에서 10억 달러 이상이 빠져나가며 경제적 파탄에 이르렀다.[8]

아프리카 기근의 원인을 인구과잉 탓으로 돌리는 터무니없는 말들은 거대한 허구의 신화에 의존한다. 인구 증가가 곧 기근으로 이어진다는 완벽한 거짓 신화 말이다.

　기근 문제를 살피기 위해 잠시 식량 이야기를 해보자. 인류는 지구 표면을 구성하는 30%의 육지에 거주한다. 그리고 전 세계 농지 면적은 약 50억 헥타르로 육지 표면의 38%를 차지한다. 이 중 약 3분의 1은 경작지로 사용되고 나머지 3분의 2는 가축 방목을 위한 초원과 목초지로 구성된다. 지상 최대의 탄소 흡수원인 열대우림을 불태우고 벌채해 대량의 탄소를 방출하며 만든 개척지의 77%에 대두, 옥수수, 목초 등을 재배한다. 다시 말해, 오로지 육류 생산을 위해 아메리카 대륙 전체 크기의 토지가 가용되고 있다. 그 넓은 땅덩이에 식량이 아니라 사료를 위한 작물들이 자라는 것이다. 현재 전 세계에서 생산되는 곡물의 절반가량이 사람의 입으로 들어가지 않는다.[9] 사료로 가공돼 동물의 입으로 들어간다. 바로 식탁에 오를 '고기' 때문이다. 그런데 육류 섭취량은 부유한 국가에서 압도적으로 높다. 미국의 1인당 연간 육류 섭취량은 124킬로그램이나 된다. 애튼버러와 제인 구달의 모국인 영국의 경우 86킬로그램를 섭취하지만, 아프리카 빈국은 20킬로그램 미만을 소비한다. 육류 생산은 토지, 물, 에너지를 가장 집약적으로, 그리고 불평등하게 사용하는 비합리적인 식량 체계다.

　하지만 밥상의 불평등은 여기에서 그치지 않는다. 전 세계적으로 곡물의 10%가량이 사람의 입으로 들어가지 않는다. 자동차 주입구 속으로 들어간다. 옥수수, 사탕수수, 대두 등이 바이오연료에 가용되는 것이다. 미국에서는 옥수수의 3분의 1 이상이 에탄올로 가공돼 자동차를 먹이기 위해 사용된다.[10] 우크라이나 전쟁 직후, 에너지 가격이 오르자 유럽과 미국은 더 많은 곡물을 태워 바이오연료로 전환했다. 그리고 아프리카에서는 에너지와 식량 가격 상승으로 많은 이들이 굶어 죽었다. 바이오연료는 국제 식량 가격을 상승시키는 주범이다. 2007~2008년 식량 위기 당시에도 바이오연료에 대한 수요 증가가 옥수수와 대두 가격의 상승을 견인하며 전 세계적인 식량 위기의 쓰나미를 만들었다.[11] 그러니까 한쪽에서는 사람이 굶어 죽고 있는데, 한쪽에서는 자동차를 먹이기 위해 곡물을 불태우는 것이다.

그런데 식량의 일부가 또 사람의 입으로 들어가지 않는다. 전 세계에서 생산되는 식품의 3분의 1이 그냥 버려진다. 농장에서 식탁에 이르기까지 음식이 질질 새고 있다. 유엔 식량농업기구 FAO에 따르면 식품의 14%가 수확과 유통 과정에서 '손실'되는 반면에, 소비자 수준에서 17%가 '낭비' 된다(가정에서 11%, 식품 서비스에서 5%, 소매 과정에서 2%). 매년 25억 톤 이상의 식량이 손실되고 낭비되는데, 가격 폭락과 유통 문제로 수확되지 못한 채 그냥 밭에서 썩거나, 또는 판매되지 못한 식품들이 버려지고 가정과 음식점에서 많은 양의 음식이 끊임없이 쓰레기 처리된다. 놀랍게도 전 세계 음식 쓰레기가 배출하는 탄소량은 무려 전체의 10%에 육박한다.[12] 미국의 경우 생산된 식품의 40%가 그냥 버려지며 그중 95%가 땅에 매립된다. 코로나 팬데믹은 이 비합리의 광기를 투명하게 현시했다. 팬데믹이 정점이었을 때 미국 축산농가는 매일 370만 갤런의 우유를 하수구에 흘려보냈고, 양계업자들은 매주 750만 개의 부화되지 않은 계란을 파쇄했다. 농부들 역시 양파와 양배추 등을 그냥 밭에서 썩혀둘 수밖에 없었다.[13] 한쪽에선 식량을 오물처럼 하수구에 버리고 다른 한쪽에선 저소득층과 가난한 유색인종이 푸드 뱅크 앞에 길게 줄을 선 기이한 풍경은 사람들을 아연실색하게 했지만, 이는 특수한 현상이 아니라 자본주의 식품 시스템의 구조적 불평등이 팬데믹을 통해 전면으로 드러난 것뿐이다.

음식이 공공재가 아니라 사유재, 즉 철저히 시장 가격에 구속되는 상품으로만 존재할 때, 수지 타산이 맞지 않으면 그냥 버리는 게 안전한 투자가 된다. 시장은 이웃의 굶주림에 동정이 없다. 오히려 굶주림은 폭리의 기회가 된다. 2022년 거대 농식품업체들은 석유 기업과 함께 잭팟을 터뜨렸다. 팬데믹과 우크라이나 전쟁으로 야기된 인플레이션과 식량 가격 폭등을 통해 떼돈을 벌었다. 식량 불안에 처했던 인구가 팬데믹 이전에 1억 3천만 명이었다면 현재는 3억 4천만으로 두 배 이상 증가했는데, 식품 부문의 억만장자들은 팬데믹 기간 부를 45%나 늘렸다. 세계 최대 농축산기업체인 카길Cargill은 2022년 1분기에 전년 대비 30% 가까이 수익이 상승하며 역사상 가장 높은 이윤을 가져갔다.[14]

카길을 비롯해 통상 ABCD(ADM, Bunge, Cargill, and Louis Dreyfus)라 불리는 단 4개의 거대 기업이 전 세계 곡물 거래의 70~90%를 독점하고 있다.[15] 곡물, 육류, 채소, 사료 등 전 세계 농축산 식품 시장과 유통망을 장악한 채 무소불위의 시장 권력을 행사한다. 그에 더해 2007년 금융위기 이후 투기성 금융과 온갖 헤지 펀드가 마치 아프리카 동부에 창궐하는 재난의 메뚜기떼처럼 본격적으로 곡물 시장에 몰려가 이윤을 위해 곡물 가격을 몽땅 올려놓는다. 식량 위기가 만성화되는 이유다.

아프리카와 아시아 지역에서의 식량 불안은 부유한 영국의 귀족 애튼버러가 생각하는 것처럼 인구가 많아서 야기된 게 아니다. 식량을 살 여력이 없기 때문이다. 또한 그들이 무능하고 게을러서 가난한 것이 아니라 남반구의 식량 자급 체계를 망가뜨린 구조적 폭력이 존재하기에 가난한 것이다. 그 시원은 당연하게도 15세기 영국을 필두로 한 식민지 체제까지 거슬러 올라가야 한다. 유럽의 식민 지배 국가들은 아프리카와 아시아에 플랜테이션과 환금 작물 재배를 강제하고 잉여 곡물을 덜 저장하도록 인두세를 적용했다. 자신들의 삶을 재생산할 먹거리를 재배하는 게 아니라 설탕, 밀, 차, 마, 육두구 등 유럽이 필요로 하는 환금 작물을 심어야 했다. 덕분에 농사를 짓고 목축을 하던 전통적 자급 체제가 파괴되고, 잉여 곡식을 저장하고 어려운 시절을 견디도록 설계된 공동체 협동 시스템과 친족 네트워크가 붕괴됐다. 그렇게 고스란히 바다를 건너 유럽으로 이전된 환금 작물과 잉여가치가 서구 자본주의의 토대가 된 것이다. 식민지에서 추출한 부가 없었다면 지금의 자본주의는 존재하지 않는다. 영국인들이 중국에서 강탈한 매끄러운 도자기 찻잔 속에 인도에서 수탈한 따뜻한 홍차와 카리브해 노예들이 플랜테이션에서 생산한 설탕을 넣고 천천히 휘저으며 여유를 음미하며 '티 타임Tee-Time' 문화를 만들 때, 남반구에선 식량을 조달할 수 있는 자급 시스템이 붕괴되는 걸 목도해야 했다.

독립 이후에도 식민지 수탈이 지속됐다. 명목상으로는 탈식민지 시대가 열린 듯 보이지만, 2차 세계대전 이후로 차관과 원조를 빌미 삼아 녹색혁명과 무역의 세계화가 남반구를 휩쓸었다. 식량 증가를 위해 녹색혁명이 권장되면서 개량 종자, 화학비료, 살충제 등 상업적이고 외부 투입물이 많은 농법이 남반구 전체를 잠식하는가 하면, 세계은행과 IMF 그리고 각종 무역협정이 원조와 부채를 통해 구조조정 프로그램을 강제하고 공유지의 사유화, 농촌 보조금 폐지, 소농의 소멸, 상업 작물 위주의 단작 시스템을 관철시켜 아시아와 아프리카의 자급 농법 체계를 형해화했다.

가령, 에티오피아 농부들은 자신의 가족과 공동체를 먹여살리는 곡물과 채소를 심는 대신 북반구 사람들이 신의 음식으로 추앙하는 커피를 대량으로 단작 재배한다. 만일 국제 커피 가격이 떨어지면 농부들은 우크라이나와 러시아 등의 수입 밀을 비싸게 구입하거나 굶는 처지로 전락하게 된다. 여기에 카길을 비롯한 거대 농축산 자본들은 비축분을 조절하면서 곡물을 비싸게 판매해 돈잔치를 벌인다. 아프리카인의 굶주림은 이 과정에서 그저 곡물의 희소성을 높이는 배경이 될 뿐이다. 북반구 시민들의 일상을 충전시키는 그 검은 연료 속엔 세계의 불평등이 담겨 있다.

아마도 인도 농부의 비극이 이 불평등 체제의 가장 극명한 예시일 것이다. 인도에선 하루에 48명의 농부가 자살한다. 1995년에서 2018년까지 거의 40만 명이 자살했다.[16] 게다가 가부장적인 인도 사회가 토지 소유권 없는 여성을 농부 범주에서 배제하기 때문에 실제 자살 수는 이보다 더 많다.[17] 인도 농촌에서는 도대체 무슨 일이 일어나는 걸까?

인도의 농촌 잔혹사는 영국 식민 지배로부터 발원한다. 지난 4세기 동안 최소 6천만 명의 인도인이 굶어 죽었다. 19세기 말이 가장 치명적이었다. 수천만 명이 기근으로 사망했다. 당시 최악의 엘니뇨가 아시아를 덮쳐 인도, 중국, 한국 등에 재앙적인 가뭄을 야기했지만, 보다 더 근원적인 요인이 자리한다. 마이크 데이비스는 홀로코스트 대학살에 견주며 인도 기근이 식민지 체제의 결과임을 설득력 있게 논증한다.

"농민들은 자신들의 식량 안보를 희생해가며 해외 소비를 위해 생산해야만 했다. […] 벵골의 아편 재배 외에도 인디고, 목화, 밀, 쌀 등 새롭게 수출용 단일 작물 재배가 이루어지면서 수백만 에이커에 이르던 자급용 농작물이 사라져버렸다. […] 인도 역사상 최악의 기근들이 발생한 1875년부터 1900년 사이에 연간 곡물 수출은 3백만 톤에서 1천만 톤으로 증가했다."[18]

영국 제국주의는 인두세와 통화 정책으로 인도 농민의 잉여 비축고와 상호부조 시스템을 파괴하고, 목화와 밀 등 상업용 단일 작물 재배를 강제하고 유럽으로 끊임없이 식량을 유출시켰다. 군대를 먹이고, 다른 나라에 팔며, 자국 노동자들의 임금을 낮추는 데 사용됐다. 이렇게 대영 제국은 인도 농업을 세계 시장에 강제로 편입시키며 굶주림의 대학살을 자행했다. 엘니뇨 기후 폭풍 속엔 식민 수탈이 존재했던 것이다. 19세기 말, 시장의 무한한 자유가 곧 진보와 삶의 풍요를 가져올 거라던 자유주의가 유럽에서 드높이 찬양되고 자본주의의 황금기가 구가되던 바로 그때, 인도와 중국 등 남반구 식민지에서는 수많은 사람들이 굶주리며 속절없이 죽어나갔다.

비극적이게도 인도 농촌의 참상은 현재진행형이다. 2차 세계대전 이후, 또다시 세계 시장에 폭력적으로 빨려 들어갔다. 녹색혁명과 세계화를 거치며 소농이 점차 줄어들고 지주와 대농, 그리고 카길과 몬산토 등 다국적 기업이 지배적 권력을 행사하는 세계 식량의 전초기지로 전락하고 말았다. 소농들은 목화, 밀, 사탕수수 등 수출용 단일 작물을 재배하기 위해 다국적 기업의 값비싼 유전자 변형 종자와 살충제에 의존하고, 은행 부채와 고리대금업에 종속돼 '빚을 내서 빚을 갚는' 악순환의 덫에 빠져 있다. 그뿐만 아니라, 살충제 노출과 관련된 극심한 암 발병과 질병이 농부들을 괴롭힌다. 세계 최대 면화 생산국인 인도에서 목화 재배 면적은 전체 농지의 5% 밖에 안 되지만, 무려 살충제의 54%를 목화밭에 들이붓는다.[19] 다국적 기업은 인도 농부의 문맹률이 높다는 걸 알고 있으면서도 뻔뻔하게 살충제 위험 경고문을 아주 작은 글씨로 농약병에 부착해놓는다. 매년 580만 명의 목화 농부들이 농약에 중독돼 죽거나 만성 질환으로 고통받고 있는 실정이다. 여기에 더해, 인도는 기후위기의 대표적인 취약지다. 극심한 가뭄과 홍수 재난이 펀자브 지역을 비롯한 인도 농촌을 매년 강타하는데, 수확량 감소가 또 다른 부채 증가로 이어질 수밖에 없다. 인도 농부가 그 값비싼 살충제를 마시며 목숨을 끊는 이유는 고통스러운 악마의 맷돌로부터 벗어나기 위해서다. 자신의 가난을 더욱 부추기는 그 비싼 농약을 마시며 무려 매일 48명씩 죽어나가는 것이다.

비단 인도만이 아니다. 오늘날 아프리카와 아시아, 남미 등 남반구 전역이 자신들의 삶을 스스로 건사하는 자립의 체계가 붕괴되고, 수출용 단일 작물 재배에 종속되어 있다. 환금 작물을 심어야 세계은행과 IMF에 부채를 갚을 수 있고, 다시 또 빚을 빌릴 수 있다. 우크라이나 전쟁 직후 사하라 이남 아프리카 지역은 높은 밀 가격 때문에 식량 대란이 발생했는데, 이는 밀의 40%를 우크라이나와 러시아에 전적으로 의존하기 때문이다. 오랜 세월 아프리카인에게 고급의 영양을 주던 수수와 귀리 등의 곡물은 녹색혁명과 세계화 속에서 시시한 퇴물 취급을 받으며 점차 축소됐고, 밀조차도 수입에 의존하게 된 것이다. 가나, 코트디부아르 등 서아프리의 경우엔 열대우림을 불태운 자리에 코코아나무를 재배한다. 수백만 명이 하루 1달러도 받지 못한 채 혹독한 노동에 시달린다. 100만 명이 넘는 어린 아동들이 마체테를 휘두르며 코코아 열매를 수확하는 노예 노동에 처해 있는데, 그중 25% 남짓이 인신매매를 당한 아이들이다.[20] 19세기부터 지금에 이르기까지 북반구의 혀끝을 중독시킨 그 검고 달콤한 초콜릿을 위해, 식용 작물을 재배하는 대신 살충제에 중독된 채 코코아나무를 오르내리는 것이다. 허쉬, 네

슬레 같은 거대 초콜릿 가공 기업들이 떼돈을 축적하는 사이에, 서아프리카는 현재 식량 가격이 20~30% 오르면서 2,700만 명이 굶주리고 있다.[21]

더군다나 자본주의적 농업과 단일 작물 시스템은 서식지 파괴와 함께, 생물다양성을 위협하는 환경 오염의 주범이다. 데이비드 애튼버러 같은 북반구의 고매한 환경주의자들 눈엔 북극곰과 돌고래 같은 크고 아름다운 야생동물밖에 안 보이겠지만, 북반구가 획일적으로 강요한 단작 시스템은 더 많은 생명을 파괴한다. 기계를 이용한 경운법, 화석연료를 가용한 화학비료, 살충제 남용 등 2차 세계대전 이후 전 세계로 확장된 자본주의 농법이 제6의 멸종의 고삐를 바짝 잡아당긴다. 살충제의 대량 사용으로 1970년 이후 전 세계 곤충 개체수가 50% 이상 감소했다. 향후 수십 년 안에 남은 곤충 종의 40%도 멸종될 가능성이 높다. 지난 세기 동안 23종의 벌과 말벌이 멸종했으며 살충제 사용 횟수는 지난 25년 동안 약 두 배로 증가했다.[22] 인류의 총 무게보다 17배가 더 무거운 지구의 곤충들이 가뭇없이 사라지고 있는 것이다. 독일의 한 연구에서는 1989년에서 2016년 사이에 독일 곤충 바이오매스의 75%가 사라진 것으로 밝혀졌다.[23] 새들의 운명도 마찬가지다. 1980년 이후 유럽의 총 농지 조류 개체수가 3억 마리 감소했다.[24] 캐나다와 미국에서는 1966년부터 2013년까지 농지 조류의 74%가 사라졌다. 레이첼 카슨이 경고한 '침묵의 봄', 벌의 윙윙거림과 새들의 지저귐이 사라진 황량하고 차가운 봄이 가차없이 도래하고 있는 것이다. 토지의 침식을 가속하고 살충제와 화학비료 사용으로 생물다양성을 파괴하는 단일 작물 재배 농법이 가져온 참혹한 생태적 재앙이다. 2024년 봄, 한국에서는 꿀벌이 수억 마리 줄었다며 기후위기를 걱정하는 목소리가 울려퍼진다. 기후 혼돈이 벌어짐에 따라 면역력이 약화된 측면도 있지만 꿀벌 대량 멸절의 주요 이유는 살충제, 그리고 따뜻한 날이 길어지면서 꿀벌에게 가혹하게 노동을 시켜 발생하는 '과로사'다.

단작 농법은 생태계 질서를 급진적으로 '단순화'하는 과정이다. 아시아,

유럽, 북미, 남미 등 전 세계 농지 면적의 50%에서 콩, 밀, 쌀, 옥수수, 이렇게 단 4가지 작물만 재배하고 있다.[25] 또한 작물 품종의 약 75%가 사실상 농업 시장에서 사라졌고 단 아홉 가지 식물 종이 모든 재배 작물의 3분의 2를 독차지한다.[26] 인류 역사상 이렇게 식용 작물의 다양성이 무자비하게 빠른 속도로 사라진 경우가 없다. 콩, 밀, 옥수수가 대지를 파랗게 잠식한 단작 재배지는 병충해 입장에선 탁 트인 고속도로와 같다. 작물의 면역력이 떨어지고 병충해가 질주할 때마다 살충제를 퍼붓고, 그때마다 토양은 계속 침식될 수밖에 없으며, 그에 따라 황폐화된 토양에 더 많은 화학비료를 퍼붓는 악순환이 벌어진다. 농사를 짓는 것이 아니라 흙과 전쟁을 치르는 셈이다. 도무지 땅이 쉴 틈을 주지 않고, 농지를 기반으로 살아가는 수많은 미생물과 곤충을 대상으로 전쟁을 치르니 당연히 생물다양성 붕괴를 자초할 수밖에 없다. 유엔환경계획에 따르면, 생물종 멸종 위험을 줄일 수 있는 잠재력의 60%가 농경지 안에 존재한다.[27] 즉 생태친화적인 농경지를 만들면 생물다양성이 회복되는 것이다.

남반구의 빈곤과 식량 위기는 정치적 분쟁과 부족 간 갈등 등 식민지 유산과 더불어, 식량 자급 체계를 교란하면서까지 수출용 단일 작물을 심게 하고 세계 시장에 폭력적으로 통합시킨 글로벌 자본주의의 구조적 폭력으로부터 비롯된다. 북반구는 밀 같은 곡물을 남반구에 수출하고, 남반구는 북반구의 슈퍼마켓을 위해 열대 채소와 과일을 생산하는 국제 노동 분업이 고착된 것이다. 남반구로부터 가져온 값싼 먹거리를 북반구 노동자들에게 제공함으로써 임금과 생활비를 낮추는 동시에 정치적 분노를 달랠 수 있으니, 중심부 국가와 자본 입장에서 세계화와 자유무역이 얼마나 중요했겠는가. 세계은행, IMF, WTO 등이 세계화 물결 속에서 구축한 재식민화의 가장 중요한 목표는 남반구 토지의 전유였다. 데이비드 애튼버러가 '세계은행'의 컨퍼런스에 초대되어 오지에서 멸종되는 대형 동물들의 아름다움을 설파하는 동안, 그 세계은행은 남반구 토지를 전유하기 위해 아프리카와 아시아에 끊임없이 채무의 올가미를 놓고 다녔다. 국제 금융기관들이 강제하는 농업에 대한 지원 감소 덕에 남반구의 소농 양식이 붕괴되고 곡물 생산량이 급격히 줄었다. 또 삼림을 벌채하고 지구 담수의 70%를 사용하며 치명적인 살충제를 살포하는 단작 시스템이 전 지구를 뒤덮어 오늘날 생물다양성 위기를 초래하게 되었다. 즉 농부들과 자연이 더 빈곤해졌다.

상황이 이런데도, 여전히 중심부 국가의 유명 인사들은 '너무 적은 땅에 너무 많은 사람들이 살고 있기 때문'에 기근이 발생하고 환경 재앙이 일어난다고 시끄럽게 재잘댄다. 실재 세계에서 무슨 일이 발생하는지, 어떤 구조적 폭력이 작동하는지 도무지 살펴볼 생각도 없이 이들은 토머스 맬서스Thomas Malthus의 『인구론』을 앵무새처럼 반복한다. 인구는 기하급수적으로 증가하는 데 비해, 식량은 겨우 산술급수적으로 증가하기 때문에 빈곤 속에서 허덕이다가 멸망할 것이라는 맬서스주의의 망령을 끝없이 소환하며 지금의 생태 위기가 아프리카와 아시아 인구 증가 때문이라는 터무니없는 비난을 쏟아낸다. 빈민을 구제하면 인구와 식량 위기를 가속시킨다는 이유로 맬서스가 '구빈법'을 반대했듯, 애튼버러 역시 인구 과잉과 환경 오염을 야기한다는 망상에 근거해 에티오피아 같은 기근 국가에 대한 '식량 원조'를 비난하는 것이다. 완벽한 동어반복이다.

맬서스주의자들은 동물 사료, 바이오 작물, 그리고 쓰레기통에 들어가는 식량을 다 합하면 최대 180억가량의 인구를 충분히 먹일 수 있다는 사실을 애써 부정한다.[28] 아니, 알려고 하지도 않는다. 또 화학비료와 살충제를 가급적 사용하지 않는 유기 농법으로 전환해도 지금의 인류를 충분히 먹여 살릴 수 있다는 농생태학의 반짝거리는 연구들에 대해서도 귀담아 들으려 하지 않는다. 오늘날의 기근은 인구가 아니라 토지와 식량을 자본화하고 불평등하게 배분하는 이 망가진 자본주의 생산양식에 의해 발생한다는 진실을 철저히 외면한다. 맬서스의 『인구론』에 대해 "인류에 대한 모독"이라고 평가한 칼 마르크스의 비평은 오늘날에도 여전히 유효하다.

아이러니하게도, 인구과잉론을 펼치는 인사들이 제국주의의 본산인 영국에 널리 퍼져 있다. 윌리엄 왕세손도 그중 한 명인데, 아프리카 인구 발언으로 여러 차례 구설수에 올랐다.

"그동안 살아오면서 우리는 전 세계 야생동물 개체수가 절반 이상 감소하는 걸 목격했습니다. 아프리카 인구는 2050년까지 두 배 이상 급격히 증가할 것으로 예상되며, 이는 매달 350만 명씩 증가하는 엄청난 수치입니다. 이러한 인구 증가로 인해 야생동물과 서식지가 엄청난 압박을 받고 있다는 것은 의심의 여지가 없습니다."[29]

그러는 본인은 자식을 세 명이나 두고 있는데, 이런 위선은 고려의 대상이 되지 못하나 보다. 심지어 영국 왕실 가족이 개인 전용기로 잦은 호화 여행을 하며 대기에 토해놓는 탄소는 항공기 한 대가 지구와 달을 왕복하는 데 드는 배출량에 맞먹는다. 57개의 식민지와 전 세계 영토의 25% 남짓을 지배했던 대영 제국의 후손인 윌리엄 왕세손이 식민 지배에 대한 사과와 배상은커녕 아프리카 인구 증가로 야생동물 개체수가 감소한다는 배부른 소리를 지껄이는 동안, 전 세계 토착민은 지금 이 시간에도 지구에 남아 있는 모든 생물다양성의 80%를 관리하고 있다.[30] 이들은 인구로 치면 5%밖에 안 되지만 지구 영토의 약 25%에 골고루 분포되어 있고, 수렵, 전통 농업, 목축업으로 삶을 영위하며 생태계와 공생 관계를 유지한다. 그들이야말로 지구의 양육자들이다. 심지어 전 세계 선주민 공동체가 관리하는 토지는 다른 집단이 관행적으로 관리하는 토지보다 탄소 배출량이 최소 73% 적다.[31] 영국이 전 세계 구석구석 식민 지배를 통해 부를 약탈하기 시작한 16세기부터 최근 리시 수낵 영국 총리가 북해 석유-가스 탐사와 채굴 사업을 수백 건 허가하기로 결정한 데 이르기까지 수백 년에 걸쳐 지구 생태를 파괴하는 동안, 전 세계 토착민들은 생태적 삶을 구가하며 지구의 자연을 지속 가능한 형태로 가꿔왔다. 윌리엄 왕세손이 야생동물을 위협한다고 주장하는 그 사람들 말이다.

보존주의의 실상

    자, 이제 이 장의 핵심 주제인 '보존주의(Conservationism)'에 대해 이야기할 시간이다. 윌리엄 왕세손이 주장하는 보존주의는 적확하게 식민지 유산이다. 제인 구달, 애튼버러와 같은 백인 식민주의자들이 야생을 보호한다는 이유로 왜 아프리카와 아시아의 인구 증가를 혐오하는지, 그 보존주의의 명맥이 지금까지 이어져 왜 탄소배출권과 생물다양성 협약의 토대를 이루게 되었는지, 왜 보존주의가 기후위기 대응책으로 제시되는지, 자연과 야생 보호 역사가 어떻게 폭력과 추방의 역사를 은폐해왔는지 그 내막을 살펴볼 것이다.

    보존주의는 19세기 후반 미국에서 옐로스톤 국립공원을 만드는 과정에서 처음으로 발아됐다. 사람의 때가 전혀 타지 않은 순수한 '야생(Wild)'의 자연을 보호하기 위해 광활한 땅을 따로 분리하고 그곳에서 인간의 활동을 금지하자는 운동이 펼쳐졌다. 매디슨 그랜트Madison Grant, 존 뮤어John Muir 같은 현대 환경운동의 아버지들과 시어도어 루스벨트 대통령 등이 보존주의의 창시자들이다. 그들은 자연과 야생동물을 대하는 태도가 그 사회의 품격을 가늠하는 척도라는 신념하에, 국립공원, 야생동물 보호구역, 공공토지를 인간 사회로부터 분리하기 위해 애썼다. 1892년 시에라 클럽Sierra Club을 창립한 존 뮤어는 거대한 숲, 높은 산봉우리 같은 웅장한 경관을 국립공원으로 지정하는 운동을 펼친 덕에 현재에 이르기까지 '국립공원의 아버지'라는 칭송을 받고 있다. 전 세계 등산 애호가들이 곧잘 인용하는 '산이 부르니 나는 가야만 한다'는 경구를 만들어낸 것도 그였다. 미국 국립공원관리청의 주춧돌을 놓은 매디슨 그랜트 역시 인간에 의해 오염되지 않은 순수한 야생과 자연의 중요성을 널리 대중화했다. 고대 삼나무를 베는 사람은 누구나 파괴자이자 야만인으로 간주해야 한다고 주장하며 '삼나무 보호 연맹(Save the Redwoods League)'을 창립했고, 또 멸종위기에 처한 들소 등 야생동물을 적극적으로 보존해야 한다고 주장함으로써 현대 환경운동의 기초를 쌓았다는 평가를 받았다. '가장 위대한 자연보호 운동가'라는 수식이 늘 그를 따라다닌다.

그런데 이렇게 자연 보존 운동의 위대한 설계자들은 사실 철저한 인종주의자들이었다. 브롱크스 동물원 원장이었던 매디슨 그랜트는 1906년 아프리카 콩고에서 납치된 음부티 부족의 청년을 유인원과 함께 철창 우리에 가두어 수십만 명의 뉴요커들에게 전시했다.[32] 나중에 그 콩고 청년은 고향을 그리워하며 끝내 총으로 자살했다. 매디슨 그랜트는 인간에 의해 지구의 자연이 황폐화되기 때문에 궁극적으로 어떤 형태의 생명을 보존해야 할지 결정해야 한다고 주장했다. 다윈의 자연 선택에 의거해 노르딕(아리안) 민족이 가장 월등하고 아프리카인을 비롯한 유색인종은 열등하다는 우생학이 그의 환경주의 저변에 흐른다. 노르딕 민족을 상징하는 아름답고 신비로운 고대 삼나무는 어떻게 해서든지 지켜야 하지만 열등 인종과 장애인처럼 결함이 있는 인간들은 필연적으로 도태당할 운명이다. 히틀러로부터 '나의 성경'이라는 찬사를 받았던 그의 대표작 『위대한 인종의 쇠망(The Passing of the Great Race)』은 나치의 생태파시즘 형성에 지대한 영향을 미쳤을 뿐 아니라 1924년의 이민법 제정에도 적잖은 입김을 불어넣었다. 시에라 클럽을 창립한 존 뮤어 역시 우생학적 환경주의를 신봉하긴 마찬가지였다. 요세미티 계곡 등 미국의 자연경관을 보호한 덕에 미국 기념주화에 등장할 정도로 존경을 한몸에 받은 그였지만, 백인 우월주의자들과 소수집단의 강제 불임을 장려하는 집단을 지지하는 등 인종주의자로서의 면모를 유감없이 보여줬다.

자본주의 발전에 따라 유럽은 자연경관이 훼손되고 석탄 연소로 공기 질이 점차 최악으로 치닫고 있었다. 점점 도시가 팽창하고 자연과의 교감이 차단되던 시점이었다. 식민 지배자의 눈에 광활한 북미의 자연경관은 낭만적 풍경에 대한 갈증을 풀어주는 최후의 보루와 같았다. 인간의 손이 전혀 타지 않은 에덴 동산으로 보존해야 할 필요성을 절감한 것이다. 매디슨 그랜트나 존 뮤어 같은 초창기 환경운동가들의 인종주의는 식민 지배의 자연스러운 귀결이었다. '순수한 야생'을 보존해야 하는데 그 안에 살던 토착민들은 분명 눈엣가시였다. 야생의 순수성을 더럽히는 존재였다. 흑인과 이주민들도 매한가지였다. 끊임없이 자식을 번식하고, 밀렵을 일삼으며, 생태계를 파괴하는 원주민들과 가난한 자들을 도려내고 순수 상태의 야생을 보존하는 것이야말로 환경운동의 목적이라고 여겼다.

1864년 캘리포니아 요세미티에 설립된 최초의 국립공원을 위해 미웍Miwok족을 강제 퇴거시켰다. 34년 후 지금의 와이오밍주에 설립된 옐로스톤 국립공원 역시 선주민의 자치권을 제압하면서 만들어진 것이다. 옐로스톤의 광대한 숲과 평원에 살던 선주민들, 즉 라코타Lakota, 크로우Crow, 배녹Bannock 등 여러 부족들을 강제로 쫓아냈으며, 그에 저항하는 수백 명의 사람들을 살해했다.[33] 19세기 말에 시작된 미국의 국립공원 역사는 그렇듯 선주민 추방과 학살의 역사였다. 아름다운 국립공원을 위해 기마대가 총을 쏘아대며 선주민들을 고향에서 쫓아냈다. 요세미티, 옐로스톤, 그랜드 캐년 등 이름도 쟁쟁한 국립공원들은 원형의 자연을 보존하고 여유로운 사파리 사냥을 위해 대형 야생동물들이 뛰어놀기를 바랐던 부자 백인 엘리트들의 열망에서 연원한 것이다.

미국에서 발원한 '식민주의적 야생 보존 모델'은 금세 전 세계로 확장되었다. 왜 그렇지 않겠는가. 독일 나치는 미국의 보존주의를 통해 아리안 민족에게만 허락된 생태 유토피아가 가능하다는 깨달음을 얻었고, 20세기

초 유럽의 식민 지배자들 역시 자연 보존을 명목으로 아프리카 토착민을 고향에서 추방하는 전략을 배웠다.

1919년 벨기에 국왕 앨버트 1세는 미국 여행 중 옐로스톤, 요세미티 등 국립공원을 방문했다. 장엄한 자연경관과 보존주의 모델에 매료돼 당시 식민 지배하던 콩고에 1925년 자신의 이름을 딴 '앨버트 국립공원'을 설립하게 된다. 아프리카 최초의 국립공원이었다. 당연히 그 안에 수천 년 동안 살아오던 토착민 수만 명이 잡초처럼 뽑혀져나갔다. 앨버트 국립공원은 독립 후에 명칭이 바뀌었는데, 오늘날 전 세계에 널리 알려진 '비룽가 국립공원(Virunga National Park)'이 바로 그 주인공이다. 현재 공원의 관리 책임을 맡고 있는 사람은 벨기에의 왕자다.

비룽가 공원을 시작으로 아프리카와 아시아 전역으로 보존주의 모델에 기반한 국립공원과 보호구역이 물결처럼 번져나갔다.[34] 1933년에는 '런던협약'으로 불린 자연 상태의 동식물 보존에 관한 협약이 체결되는데, 이는 유럽의 유명 트로피 사냥꾼들이 주도한 것이었다. 아프리카 야생과 동식물을 보존하자는 내용이다. 또 1961년에는 비영리 국제 단체인 '세계자연기금(WWF)'이 설립된다. 이 단체는 유럽과 미국의 환경단체들의 막강한 지원을 업고 비룽가 공원을 비롯해 전 세계 야생 보존 프로젝트들을 지휘하며 오늘날 보존주의의 대표적인 아이콘으로 자리한다.

독립 이후에는 식민 지배국의 직접적인 통제가 사라졌지만 유럽과 미국의 야생동물 단체, 보존 기구, NGO, 학술연구 기관들이 아프리카와 아시아 지역의 보존 프로젝트에 밀접히 개입해왔다. 야생동물 보존협회(Wildlife Conservation Society)를 비롯해 영국, 독일, 미국에서 흘러나온 기금이 국립공원을 요새처럼 무장하는 데 흘러 들어간다. 비룽가 국립공원의 경우 800여 명의 중무장한 경비대가 마운틴고릴라를 보호하거나 부유한 백인 관광객들을 위한 트래킹 안내를 맡고 있다.

2014년 아카데미 최우수 다큐멘터리 작품상 후보에 오른 〈비룽가

Virunga〉(2014)는 비룽가 국립공원과 멸종위기의 마운틴고릴라를 지키는 경비대의 희생과 소명의식을 조명해 세계적인 화제에 오른 작품이다. 비룽가 공원은 외곽에 사는 가난한 선주민들이 숯과 식재료를 구하느라 공원을 침입하고, 밀렵과 벌채를 일삼는 무장 반군들이 경비대의 목숨을 위협하며, 심지어 영국 석유회사 oco와 프랑스의 토털에너지가 석유 탐사권을 앞세우며 공원 개발을 주장하는 곤경에 처해 있다. 다큐는 매달 한 명의 경비 대원이 살해되는 지옥 같은 환경에서도 자연과 야생동물을 지키기 위해 고군분투하는 벨기에 백인 왕자와 흑인 경비대의 숭고한 사명감을 감동적으로 담아낸다. 단지, 그 눈물겨운 스토리에 선주민들의 목소리가 지워져 있을 뿐이다.

이 작품은 자연 보존을 위해 '녹색의 군사화'[35]가 불가피하다는 전제를 암암리에 가정한다. 인근 원주민과 외부 위협을 차단하기 위해 요새를 구축하고 백인 왕자의 지휘하에 수백 명의 무장 흑인 경비대원들이 목숨을 걸고 이를 보호하는 모습은 우리가 익히 보아온 것이다. 백인 구세주 신화와 식민지 요새 말이다. 예전엔 식민 지배자들을 지키기 위해 요새를 지었지만, 지금은 야생을 보존하기 위해 요새를 짓고 방어막을 친다. 한때 비룽가에서 살다가 쫓겨난 후 오갈 데가 없어 국립공원 외곽을 맴돌면서 생존을 위해 숯과 먹거리를 채집하는 선주민들은 자연을 훼손하고, 환경을 파괴하는 위협 요소로 재현될 수밖에 없다. 버섯과 약초를 따거나 나무 땔감을 가져가는 행위조차 '밀렵'으로 규정되고 심지어 학대, 고문, 강간, 퇴거를 위한 구실이 된다.

'인간으로부터 오염되지 않은 야생'이라는 관념은 이렇게 선주민이라는 얼룩을 지워야 성립 가능한 폭력적인 이데올로기로 진화한다. 콩고에는 비룽가 외에도 많은 국립공원들이 존재한다. 유네스코 세계문화유산이자 콩고 최대 보호 지역인 카후지 비에가 국립공원(KBNP)에서 최근에 보존을 명목으로 선주민에 대한 대대적인 퇴거 작전이 실행됐다. 바트와Batwa

족은 공원이 조성된 1970년대에 추방되었지만, 2018년 10월부터 다시 돌아오기 시작한 터였다. 그러자 공원 경비대와 군인들로 구성된 합동 부대가 박격포와 수류탄 같은 중화기로 마을을 폭격하고 비무장 민간인을 닥치는 대로 살해하고 여성들을 강간했다. 2019년부터 2021년까지 7개 마을이 공격당했고, 최소 22명이 사망했으며 15명 이상의 여성이 끔찍한 성폭력을 당해야 했다. 한 마을에선 경비대가 두 아이를 불태워 죽이기까지 했다.[36] 자기 고향 땅에 다시 와서 살기 위해선 살해, 강간, 신체 절단을 각오해야 하는 것이다. 국립공원의 로랜드 고릴라를 지키기 위해서라는 게 그 이유였다. 녹색이 요새화되고 군사화되었을 때 벌어지는 끔찍한 폭력과 배제다. 미국과 유럽의 부유한 보존 단체들이 돈줄을 대고, 아프리카 국립공원의 경비대와 정부군을 고용해 야생을 보호한다는 명목으로 공유지 파괴, 강제 퇴거, 살인과 강간, 인권 유린 등을 자행하는 경로가 구축된 것이다. 야생동물 보존협회는 극구 부인했지만, 이 협회가 이스라엘 민간 군사업체를 고용해 카후지 비에가 공원 경비대에게 군사식 훈련을 제공한 정황이 드러났다.[37]

놀랍게도 야생동물 보존협회의 전신은 1895년 설립된 뉴욕 동물학회(New York Zoological Society)다. 콩고 청년을 유인원과 함께 동물원에 전시했던 '가장 위대한 자연보호 운동가' 매디슨 그랜트가 바로 이 학회의 회장이었다.[38] 19세기 말 식민 지배 체제에서 싹튼 우생학적 환경주의가 100년이 훌쩍 지난 후에 오히려 더 내밀하게 확대되며 아프리카의 자연 생태계를 잠식하고 있는 건 결코 우연이 아니다. 지금 이 시간에도 아프리카 전역에 국립공원을 조성하며 선주민들을 쥐 잡듯이 고향에서 쫓아내고 있다.

탄자니아의 마사이족 역시 멈추지 않는 고통 속에 놓여 있다. 그 유명한 세렝게티 국립공원을 포함한 보호 지역들이 지정되면서 십수만 명의 마사이족이 강제 퇴거당했다. 그들은 현재까지 자기 고향 땅의 60%를 잃어버렸다.[39] 2014년에는 아랍 에미리트 왕족을 위한 사냥터를 만들기 위해 마사이족 4만 명에게 퇴거하라는 명령이 내려졌다.[40] 또 2022년에는 응고롱고로 국립공원에 사냥 보호구역을 지정하고 퇴거를 진행하는 과정에서 경찰들이 마사이족들에게 총을 난사하는 사건이 벌어졌다. 많은 사람들이 부상을 입었고 수천 명이 케냐로 도망쳐야 했다.[41] 이 사태의 배후에는 식민주의적 보존 모델을 따르는 부패한 탄자니아 정부뿐 아니라 독일의 프랑크푸르트 동물학회(Frankfurt Zoological Society), 사파리 회사를 운영하는 아랍 에미리트의 왕족과 사냥을 즐기는 영국 앤드루 왕자, 벌목과 채굴 등 경제적 이익을 도모하는 기업가들 등 북반구의 부유한 이들이 존재한다.

국립공원과 보호구역 때문에 퇴거당한 아프리카 선주민들을 대변하기 위해 만들어진 인권단체 서바이벌 인터내셔널Survival International은 2022년 자신들이 퇴거 배후 세력이 아니라고 극구 부인하는 프랑크푸르트 동물학회에 항의 서한을 보내며 유년 시절에 세렝게티에서 쫓겨났던 한 마사이족 장로의 말을 인용한다.

"세상의 모든 적 중에서 마사이족의 가장 큰 적은 프랑크푸르트 동물학회입니다. 우리가 세렝게티를 떠난 이래 마사이족의 모든 퇴거에 책임이 있기 때문입니다. […] 세렝게티를 떠난 후 저는 너무나 중요한 것을 잃었습니다. 세렝게티를 잃었어요. 평원, 방목하기에 정말 좋은 땅이었죠. 정말 좋았어요."[42]

이 서한은 프랑크푸르트 동물학회가 2022년 마사이족 퇴거에 대한 우려를 표명한 직후에 발신됐다. 수십 년 동안 탄자니아 세렝게티 국립공원을 확장하며 마사이족을 대거 축출하는 데 앞장선 조직이 처음으로 퇴거에 대한 우려를 표명한 것인데, 폭력적인 퇴거 과정이 처음으로 휴대폰에 찍혀 SNS을 통해 실시간으로 전 세계에 송출된 탓에 마지못해 다급하게 형식적인 우려를 표명한 것에 지나지 않았다.

당시 나 역시 SNS로 그 광경을 실시간으로 지켜봤다. 무표정하게 총을 발사하는 군인들과 그 끔찍한 상황에서도 고향 땅을 지키기 위해 사력을 다하는 마사이족의 모습을. 총이 발사되자 막대기를 든 마사이족 사람들이 숲속으로 도망쳤다. 숲속 그늘 속에 숨어 총 든 군인들을 바라보는 한 마사이족 청년의 피 묻은 얼굴엔 공포와 슬픔이 어려 있었다. 그 땅에서 수천 년 동안 방목과 자급 생활을 하는 사람들을 쫓아내기 위해 환경과 자연보호의 이름으로 총을 발사하는 세상은 얼마나 잔인한가. 세렝게티 관련 다큐들은 끊임없이 야생동물의 다채로움과 경이로움을 전 세계에 송출하지만, 공원 바깥으로 추방되고 이주 지역에서 비참하게 삶을 이어가는 마사이족의 얼굴은 단 한 컷도 보여주지 않는다.

세렝게티를 잃었다고 슬퍼하는 마사이족 노인의 주장대로, 독일의 프랑크푸르트 동물학회는 마사이족 퇴거에 막대한 책임이 있다. 베른하르트 그르지멕Bernhard Grzimek은 수십 년 동안 이 단체를 이끌며 유럽에서 가장 크고 부유한 동물 보호 단체로 성장시킨 인물인데, 그가 바로 '세렝게티의 창시자'다. 탄자니아 국립공원 영웅으로 오늘까지도 상찬된다. 독일 야생동물 보호 운동의 대표적 얼굴이면서 영국의 데이비드 애튼버러에 맞먹는 유명세를 떨쳤다. 세렝게티를 국립공원으로 지정하는 데 결정적인 역할을 했고, 1959년에는 아들과 함께 〈세렝게티는 죽지 않는다(The Serengeti shall not die)〉라는 다큐를 제작해 오스카상을 수상하기도 했다. 그의 무덤은 마사이족이 쫓겨나고 있는 탄자니아의 응고롱고로 공원에 있다.

그런데 베른하르트 그르지멕이 나치 출신이라는 사실은 잘 알려져 있지 않다. 스물네 살에 나치 돌격대인 슈트룸압타일룽(SA, Sturmabteilung)에 자진 입대한 인물이다. 나중에 나치 패배 후 미군정의 심문에 신변 위협 때문에 입대했고 자신은 몰래 유대인들에게 음식을 나눠줬다고 주장하며 무죄를 받았지만, 나치당(NSDAP)도 아니고 돌격대에 들어간 정황은 분명 그 의도의 무게가 가볍지 않다는 걸 추정하게 한다. 심지어 그는 요제프 괴벨스Joseph Goebbels가 운영하던 극단적인 반유대인 신문에 글을 기고했는데,

평시에도 유전적 장애가 있는 사람들은 불임 수술을 받아야 한다고 주장했다. "나는 인간의 자손을 줄여야 한다고 믿습니다"라고 인구과잉을 격렬히 걱정하는 편지를 쓰기도 했다.[43] 환경과 야생동물을 보존하기 위해 열등한 인종을 제거하고 배제해야 된다는 나치의 생태파시즘이 '아프리카인이 없는 아프리카의 보존'이라는 그르지멕의 원대한 세렝게티 프로젝트로 그 명맥이 도도히 이어진 것이다. 독일 정부는 야생 보호라는 명목하에 역사적 반성을 지워버렸다. 아프리카에서의 보존 모델을 열렬히 지지할 뿐만 아니라 그르지멕의 프랑크푸르트 동물 학회에 공적 자금을 쏟아부었다.[44] 비유하자면, 아프리카 세렝게티에 나치 요새가 지어진 셈이다.

이 글을 쓰는 2024년 3월, 나치 출신의 위대한 국립공원의 아버지 그르지멕의 무덤이 있는 옹고롱고로 지역에선 대대적인 마사이족 퇴거 작전이 펼쳐지고 있다. 탄자니아 정부는 2024년 1월 보호구역 내 인간 정착을 금지하고 10만 명의 마사이족을 퇴거하겠다고 발표했다. 마사이족이 그동안 생태적인 삶을 살아왔다는 과학자들 수백 명의 항의에도 아랑곳없이 퇴거 작전이 본격화되고 있다. 부패한 탄자니아 정부 뒤에 숨은 진짜 지휘자들은 그르지멕의 프랑크푸르트 동물학회, 유네스코, 사파리 조직과 기업들 등이다. 삶터에서 쫓겨나는 마사이족의 고통과 슬픔의 크기를 언어로 형상화하기가 어렵다. 항의를 하는 한 마사이족 여성이 들고 있는 피켓에는 이런 글귀가 적혀져 있다. "우리의 땅은 우리의 삶입니다. 우리 어머니 땅에서 다시 퇴거당하느니 차라리 죽는 게 낫습니다."[45]

이처럼 야생 보존 모델은 끊임없이 아프리카와 아시아 원주민들을 쫓아내는 방식으로 전개된다. 소위 '부시맨'으로 알려진 보츠와나의 가나족과 그위족에서부터 인도의 호랑이 보호구역에서 쫓겨난 아디바시족에 이르기까지 협박, 파괴, 강간, 고문, 고립 등을 통해 뿌리를 뽑아낸다. 새로운 이주 정착지에서 그들은 생활수단을 박탈당한 채 알코올 중독과 자살과 폭력 등 절망 속에서 간신히 생을 이어간다.[46]

현지인으로부터 울타리를 쳐 야생을 보호한다는 관념은 영국의 '인클로 저Enclosure'로부터 파생된 것이다. 인클로저는 자본주의의 시작이자 그 모태다. 조상 대대에 걸쳐 농부들이 관습적으로 이용해오던 공유지에 영국 귀족과 지주들이 울타리를 치고 접근을 차단했다. 버섯과 꿀과 나뭇가지를 제공할뿐더러 가축을 키울 수 있었던 그 풍요로운 숲의 공유지에서 쫓겨난 농민들은 굶주린 걸인처럼 광야를 헤매다가 끝내 도시로 흘러들어가 공장 자본을 위해 자신의 노동력을 값싸게 판매할 수밖에 없었다. 토지라는 생산수단의 박탈이 이루어지지 않았다면, 계속 고향 숲에서 땔감과 먹거리를 채집하고 방목과 농사를 지을 수 있었다면, 사람들은 공장의 톱니바퀴 속으로 빨려들어가 자신의 노동력을 그토록 저렴하게 판매하지 않았을 것이다. 인클로저는 그렇게 '희소성'을 만들어낸다. 인간과 비인간 존재 모두에게 넉넉히 품을 내어주던 숲과 공유지가 울타리로 봉쇄됨으로써 접근이 용이하지 않은 희소재가 된다. 자본주의는 공유가치를 희소가치로, 풍요를 결핍으로, 나눔을 독점으로 변질시킨다.

양모 산업을 위해 울타리를 치고 농민들을 축출하는 것으로 자본주의 인클로저가 시작되었다면, 아프리카와 아시아 등에서 자행되는 '생태 인클로저'는 야생을 위해 울타리를 치고 선주민을 추방하는 방식으로 작동된다. 이제 환경 문제마저 세계 선주민들의 토지를 빼앗는 방식으로 해결하려고 드는 것이다. 자본주의는 지구의 토지를 먹어치우며 성장한다. 간단히 말해, 인클로저가 자본주의의 형식이다. 일찍이 자본주의의 동학을 간파한 로자 룩셈부르크가 주장한 바와 같이 '비자본주의적인 것의 끊임없는 포섭'을 통해 영토를 넓히며 확장된다. 보존주의 역시 그 형식을 모방한다. 아메리카 선착민을 내쫓고 학살하며 국립공원을 만들었듯, 아프리카 선주민들을 내쫓고 살해하면서 국립공원을 확장해나가고 있듯. 놀랍지 않은가? 그 풍요로웠던 대지의 자연이 희소해진 야생, 독점적 자연이 되고 만 것이다.

실재는 훨씬 더 추악하다. 앞에서는 자연보호를 말하지만, 대부분의 보존 모델들은 다양한 기업들의 이익과 은밀하게 결속되어 있다. 채굴, 벌목, 트로피 사냥, 고급 관광 등 산업적 개발과 이권 결탁을 뒷전에 감춰놓기 일쑤다. 예를 들어 세계자연기금은 콩고의 메속자Messok Dja 지역에 새로운 공원을 조성하면서 수백만 달러를 지출했는데, 이 자금은 벌목, 팜유, 관광 기업, 야생동물 보존협회, 미국 정부, EU, UN 등에서 나온 것들이다. 유엔에서부터 팜유 기업에 이르기까지 모두 공범자다. 메속자에서 조상 대대로 살아오던 바카Baka족의 땅을 빼앗고 자연보호를 구실로 이권 잔치를 벌인 것이다. 그 덕에 바카족은 먹거리와 약초 채집을 하다 구타당하거나 체포되는 신세로 전락했다.[47] 또 보츠와나의 유명한 칼라히라 수렵 금지구역(Kalahira Game Reserve)은 세계에서 두 번째로 큰 사냥 금지지역이지만 광산 채굴에 절반가량의 땅을 배정했다. 석탄, 석유, 천연가스 쟁탈전이 벌어질 뿐만 아니라 다이아몬드 광산도 자리한다.[48] 이곳에 살던 부시맨들은 공원 바깥으로 쫓겨나거나 다이아몬드 광산에서 허드렛일을 한다.

반면에 거의 모든 아프리카 보호구역이 그렇듯 부유한 백인 관광객들은 이곳에서 호화로운 숙박시설과 아름다운 자연경관을 즐긴다. 때론 영국의 앤드루 왕자처럼 여유를 즐기며 사냥을 즐긴다. 아프리카인이 존재하지 않는 아프리카에서 각종 자원을 채굴하고, 석유를 탐사하며, 팜유 플랜테이션을 짓고, 대형 동물을 사냥하기 위해 열대우림을 벌채하면서도 딱 한 마디면 이 모든 모순이 정당화된다. "야생 보호". 서구의 대규모 환경 NGO들과 산업계가 커넥션을 통해 자금을 모으고 그 돈으로 현지인들을 경비대로 채용해 보호 지역을 요새처럼 방어하면서, 그들은 계속 야생 보호라는 신화를 방어막처럼 사용한다. 이를테면, 전 세계 SNS에 광고를 뿌리며 후원 캠페인을 벌이는 세계자연기금을 보라. 눈물 흘리는 북극곰, 판다, 여우원숭이, 멸종 직전의 고릴라 사진을 올리며 야생을 살려야 한다고 어제도 오늘도 부르짖는다.

야생 보존에서 REDD+까지

그들은 왜 그토록 야생에 집착할까? 간단히 말해, 토지 수탈이 쉽기 때문이다. 유럽의 제국주의자들은 식민화를 시작할 때 아메리카와 아프리카가 '텅 빈 땅'이라고 여겼다. 그 안에 선주민들이 살아가고 있는데도 문명화되지 않고, 경작이 되어 있지 않으며, 개발이 안 된 토지이기 때문에 '미개간지'라고 주장했다. 주인이 없는 땅이라는 것이다. 그 안에 살아가는 선주민은 '고결한 야만인'에 불과했다. "북아메리카 인디언들은 나무를 의자로 만들지 못했다. 따라서 영국인은 이 땅의 선점자였다". 존 로크를 비롯한 당대 영국의 지식인들이 개진한 소유론은 이런 논리를 기반으로 만들어진 것이었다.[49] 자연과 그 자연 속에 동화된 고결한 야만인은 소유권이 없다. 그곳은 순수한 야생의 미개간지이므로, 먼저 선점하고 그 땅을 개발하는 문명화된 인간에게 토지의 권리가 부여된다는 '테라 눌리우스Terra Nullius' 식의 자연법으로 토지 수탈과 식민화를 정당화했다. 수천 년 이상 선주민들이 숲과 초원에서 일궈오던 수렵, 채집, 목축, 혼농업 같은 삶의 양식이 철저히 부정된 것이다. 이러한 식민주의가 이제 야생 보존의 논리로 둔갑되었다. 선주민들은 순수한 야생을 오염시키는 얼룩과도 같다. 마사이족처럼 토지 수탈에 저항하고 사납게 구는 '야만인'은 이에 대한 소유권이 없다. 그저 울타리를 치고 쫓아내야 할 위협적인 존재로 표상될 뿐이다. 그 땅은 백인과 부자들이 소유하려면 말하자면, 계속 야생이어야만 한다.

시드니 폴락의 영화 〈아웃 오브 아프리카Out of Africa〉(1985)에서 우아한 카메라 워킹으로 서정적이고 아름답게 표현된 아프리카 대평원은 실상 식민화된 자연의 표상이다. 이 영화 속에서 로버트 레드포드는 경비행기를 타고 초록이 물결치는 아프리카를 여행하거나, 플랜테이션을 운영하거나, 이따금 사파리 복장으로 사자와 얼룩말이 뛰어다니는 광활한 평원을 질주하며 야생동물을 사냥한다. 그 평원에서 내쫓겨진 선주민의 이야기는 끼어들 틈이 없다. 덴마크 부르주아 출신의 소설가 카렌 블릭센Karen Blixen이 케냐에서 커피 플랜테이션을 운영했던 실제 경험을 녹여 묘사한 원작 자체가 제국주의 끝물의 고적함과 낭만을 품고 있다. 덴마크에서 모더니즘의 위대한 성취로 손꼽히는 원작 소설과 영화를 향해 쏟아지던 북반구 관객들의 찬사의 의미는 무엇이었을까? 그들에게 아름답다는 걸 무엇을 의미할까? 그 아름다움은 감추어진 폭력과 배제의 이면인 걸까? 차가운 거짓말인 걸까? 아프리카 평원을 지배하고 대자연 속을 유유히 걷는 잘생기고 훤칠한 백인의 이미지는 그들이 꿈꾸는 생태적 이상향의 그림자였던 걸까?

한편, 카렌 블릭센이 『아웃 오브 아프리카』를 집필하기 바로 직전에 제인 오스틴은 영국의 전원을 배경으로 눈부신 소설을 쓰고 있었다. 당시 영국에서는 부자들의 '전원주택(Country House)'이 폭발적으로 인기를 모았다. 자연의 순환적 흐름과 사계의 풍요로움에 맞춰 설계된 '영국식 정원' 말이다. 영국 부자들의 푸른 정원은 잘 조경되고 분리된 자연의 은유였다. 달리 말해 산업혁명 이후 스모그 오염과 산업적 악취로 가득한 대도시에서 탈출하기 위해 만든 휴식의 장소였다. 인클로저를 통해 농민들을 내쫓은 그 땅에 구축한 그들만의 아름다운 정원, 석탄 연기와 온갖 폐수로 오염된 대도시 공장 속에서 노동자들의 노동력을 쥐어짜 얻은 이윤으로 시골에 만든 평화로운 자연 생활. 물론 영국식 정원이 한창 유행할 때, 영국 중산층이 정원을 거닐며 제인 오스틴 식의 한담을 나눌 때, 저 슬픈 열대의 플랜테이션에선 노예들이 혹사당하고 있었다. 아프리카와 아시아의 굶주림과 수탈된 부가 없었다면 푸르고 찬란한 영국식 정원 따위는 존재하지 않았을 것이다. 미국의 비평가 리베카 솔닛은 『오웰의 장미』에서 영국식 정원과 플랜테이션을 비교하며 "한가로운 온대 지방 풍경의 이면에는 열대 지방의 잔인한 산업에 투입된 노동이 감추어져" 있다고 비판한다.[50]

우리는 하나의 지도를 그려볼 수 있다. 제국주의 내부에는 자연을 본뜬 '영국식 정원', 식민지에는 순수한 야생을 본뜬 '국립공원'. 그리고 하나 더, '동물원'을 지도에 삽입해야 한다. 19세기 말에 동물학이 발전하고 처음으로 동물원이 만들어졌다. 먼 아프리카 땅에서 납치한 희귀 야생동물들을 유럽으로 끌고 와 감금하고 전시했다. 인류 역사에서 이렇게 야생동물을 분류, 납치, 감금, 전시를 실행한 적이 없다. 제국의 위용과 인간의 우위를 증명하고 확인하는 공간이었다. 아프리카의 국립공원, 영국식 정원, 그리고 동물원이 19세기에 동시 출현한 것의 의미는 무엇일까? 울타리를 치고 그들만이 즐길 수 있는 아름다운 자연과 야생이란 도대체 무엇을 뜻하는 걸까? 요컨대 인간의 개입을 막고 토착민을 제거하는 방식으로 자연을 지키겠다는 보존주의 모델은, 야생에 대한 그 지독한 사랑과 집착에도 불구하고, 자연으로부터 인간을 분리할 수 있고, 또 그렇게 인간과 분리한 채 자연 자체로 관리할 수 있다고 믿는 근대의 기계론적 세계관에 기반한 것이다. 보존주의 모델은 자연의 식민화를 의미한다.

데이비드 애튼버러가 그토록 아름답게 치장하는 야생동물 다큐들은 식민화된 자연의 파노라마, 그 이상도 그 이하도 아니다. 식민지 보존주의 모델을 그대로 따를 뿐이다. 제인 구달 역시 마찬가지다. 기후-생태 위기를 해결하기 위해 500년 전 인구 규모로 돌아가자고? 볼리비아 포토시 광산에서부터 카리브해의 사탕수수 플랜테이션에 이르기까지 닥치는 대로 삼림을 남벌하고 선주민을 노예로 삼아 생지옥에 빠뜨렸던 16세기로 돌아가면 지금 우리에게 닥친 행성 위기를 바로잡을 수 있다는 말인가? 자본주의의 시초 축적의 파괴적인 기계장치가 돌아가던 그 잔인한 시기가 과연 인간의 낙원이란 말인가? 영국 지배자들에겐 낙원이었겠지만, 자연과 남반구 선주민들에겐 지옥의 시작이었다.

아프리카와 아시아의 국립공원은 예외적 공간이 아니라, 식민주의 자연관과 사회적 권력을 반영하는 보편적 공간이다. 이 사실을 이해해야만 우리는 제인 구달과 애튼버러 같은 서구 지식인들의 황량한 정신세계와 주류 환경운동의 모순을 이해할 수 있으며, 유엔을 기축으로 돌아가는 기후협상과 생물다양성협약의 위험성을 제대로 판독할 수 있다. 오늘날, 보존주의 모델이 갈수록 더 광범위하게 전개되고 있기 때문이다.

세계에서 가장 유명한 생물학자 에드워드 윌슨은 말년에 '지구의 절반(Half Earth)' 운동을 펼쳤다. 제6의 멸종을 막기 위해 지구의 50%를 국립공원과 보호구역으로 지정해 인간의 오염을 막자는 이야기다. 윌슨의 아이디어가 특히 문제인 것은 보호구역으로 지목하는 곳이 생물다양성의 밀도가 높은 지역들이라는 점이다. 즉 선주민들이 사는 아프리카 초원과 아시아 숲, 그리고 남아메리카의 열대우림들. 당연히 '지구의 절반' 프로젝트가 가동되면 전 세계 선주민들이 또다시 총구에 쫓겨 추방될 가능성이 높다. 북반구 자본주의가 하늘과 땅과 바다에 세상의 모든 오염 물질들을 버려놓고 지구 생태를 망가뜨려 이 사달이 났는데, 에드워드 윌슨은 인류가 생물다양성을 위협하고 있으니 생물다양성이 높은 지역에 울타리를 치고 홀로세 이전의 '인간이 없는 자연'으로 야생화하자고 주장하는 것이다. 그 피해를 주변부에 고스란히 다시 전가하는 셈이다.

지구 면적의 50%에 살던 사람들은 어디로 가란 말인가? 미국과 유럽으로 물밀듯이 밀려가면 빵과 장미를 기꺼이 나눠줄 텐가? 지금도 난민들을 지중해 바다에 빠뜨려 죽게 할 정도로 인종주의로 가득한 유럽이? 거대한 벽을 구축하고 있는 미국이? 그런데 보존이 그렇게 중요하다면, 왜 북반구를 재야생화하자고 이야기하지 않을까? 런던과 뉴욕을 재자연화하고 보존지역으로 만드는 건 어떤가? 유엔이 공헌하듯 선주민들은 이미 세계 생물다양성의 80%를 건사하고 있는데, 왜 군이 그들을 쫓아내야 하는 걸까?

단 한 번도 자연과 함께, 자연 속에서 동물들과 함께, 자연의 일부가 되어 살아본 적이 없는 부유한 백인들이 머릿속에 그려낸 인공의 야생 보존 프로그램은 허구의 이상향과 다름없다. 예를 들어, 아프리카의 코끼리를 보자. 동아프리카의 국립공원과 보존 지역을 위해 유럽 식민자들이 도로보 Dorobo라고 경멸적으로 부르는 선주민과 부족 사냥꾼들을 내쫓자 사바나 코끼리 수가 급격히 증가해 생태계를 파괴했다. 초목을 먹어치워 다른 초식동물의 삶을 위협할 지경에 이르렀다. 그러자 우리의 보존주의자들은 아무도 모르게 코끼리를 대량 학살했고, 기부자들에게 이 사실을 숨겨야 했다.[51] 또 케냐에서는 매년 부족 사냥꾼들이 일부 코끼리를 사냥하며 개체수를 조절해왔는데, 공원 보존과 관광산업을 위해 이를 전면 금지하자 코끼리가 급격히 늘고 이를 감당할 수 없을 정도로 토지 압력이 증가했다. 결국 대규모 가뭄이 닥치면서 수만 마리가 굶어 죽는 비극이 발생하고 말았다. 아프리카 일부 지역은 이미 코끼리 개체수 증가로 골머리를 앓는 실정이다.[52] 가장 극적인 사건은 1950년대 짐바브웨에서 발생했다. 2013년 생태학자 앨런 세이보리Allan Savory는 TED 강연에서 수백 명의 과학자들을 충격에 빠뜨렸다. 1950년대 짐바브웨 국립공원에서 4만 마리의 코끼리를 학살했다고 증언했기 때문이다. 선주민과 가축들을 쫓아내고 국립공원을 만들었는데, 외려 코끼리 개체수가 증가했고 토양이 점차 고갈되면서 사막화가 진행된 것이다. 생태계를 다시 복원하기 위해 코끼리를 대량 사살했던 이 끔찍한 사건을 두고 앨런 세이보리는 '내 인생에서 가장 슬프고 큰 실수'라고 고백한다.[53]

다시 반복하지만 이미 전 세계 선주민은 생태계의 청지기다. 단적으로 아마존의 인공위성 이미지만 봐도 의심의 여지 없이 선주민이 통제권을 유지하는 열대우림이 그대로 남아 있다는 걸 보여준다. 에드워드 윌슨이 인간을 비워놓자고 주장하는 지역에서, 이미 수천 년 동안 선주민들은 생물다양성을 가꾸며 살아간다. 세계은행조차 선주민들이 통제되는 지역의 삼림 벌채가 훨씬 적다고 밝힌 바 있다. "라틴 아메리카의 선주민 지역은 다른 어떤 형태의 보존 지역보다 거의 두 배 더 효과적"이라는 것이다.[54] 유엔 환경프로그램(UNEP)도 마사이족을 '저비용 수호자'라고 부르며, 탄자니아의 응고로고로 보호 지역에서 보존주의자들에 의해 마사이족이 대대적으로 퇴거당하자 "밀렵의 증가와 그에 따른 코뿔소 개체수가 거의 멸종"됐다고 보고했다.[55] 선주민이 땅을 지키는 과정에서 밀렵꾼들로부터 야생동물을 보호한다는 건 익히 잘 알려져 있는 이야기다.

대부분의 선주민은 단백질 식량을 위해 사냥을 한다고 하더라도, 콩고 분지의 바카족처럼 '공동체의 불문율'을 따른다. '강 상류에서는 사냥하지 말 것, 암컷과 어린 동물은 죽이지 말 것, 짝짓기 시즌에는 사냥하지 말 것, 동물들이 물을 마실 수 있도록 물웅덩이 근처에서는 사냥하지 말 것, 사냥감이 고갈되면 사냥하지 말 것, 무엇보다 필요 이상으로 죽이지 말 것.' 바카족은 세계에서 가장 평등한 사회로 숲에서 너무 많이 채취하거나 가족과 친구들과 제대로 공유하지 않으면 사냥과 채집에 성공할 확률이 낮아진다고 믿는다.[56] 이는 생태 공유지를 지키기 위한 오랜 삶의 지혜로부터 숙성된 것이다. 숲을 보호하고 개체수를 조절하며 긴 시간 자연 속에서, 자연과 함께 공생하며 터득한 유기적 세계관의 반영이다. 반면, 우리의 보존주의자들과 심층 생태학(Deep ecology)은 선사시대 인간이 사냥으로 매머드를 멸종시켰고, 호주의 거대 야생동물들을 학살했으며, 이스터Easter섬처럼 그 안에 살던 선주민들이 혹독한 삼림벌채로 생태계를 파괴시키고 결국 생태적 자살을 감행하며 스스로 문명을 절멸시켰다는 주장들을 거의 기도문처럼 반복적으로 읊어대며 인간 존재를 자연을 파괴하는 암적인 존재라고 선험적으로 가정한다.

말이 나온 김에, 이스터섬에 관한 이야기도 그렇다. 미스터리한 모아이 석상들만 남겨진 이 섬에 관해 가장 대중적인 이야기 버전은 재레드 다이아몬드의 『문명의 붕괴』에 나온 것이다. 이곳에 살던 사람들이 석상을 굴리기 위해 야자나무를 닥치는 대로 훼손하는 바람에 삼림이 사라지고 생태계가 붕괴됐다는 플롯에 기반한다. 생태적 자살에 가까운 이러한 자해 행위로 내전과 식인 풍습으로 치닫다가 문명이 붕괴되었다는 스토리다. 이 이야기에는 두 가지 전제가 스며 있다. 하나는 인간은 원래 이기적이다. 다른 하나는 인구 증가가 생태적 압력의 원인이다. 클라이브 폰팅의 『녹색 세계사』 역시 이러한 전제를 깔고 이스터섬의 몰락을 인간 문명의 붕괴에 관한 우화로 서술한다. 어리석은 선주민들 때문에 생태 파괴가 일어나 문명이 사라졌다는 스토리는 여전히 인기리에 사람들 입에 오르내린다. 하지만 이는 인종주의로 채색된 한 편의 잔혹 동화에 가깝다. 거의 4년 남짓의 단기간에 이스터섬에서 인구학적 붕괴가 일어난 것은 이 섬에 백인들, 즉 선교사와 상인들이 들어오면서부터였다.[57] 백인 식민 지배자들의 대량 학살과 전염병으로 이스터섬의 선주민이 절멸되었다는 최근의 연구가 단연 더 설득력이 높다.[58] 후자의 주장이 사실이라면 이스터섬의 비극은 선주민이 미련해서, 인간이 원래 어리석어서, 인구가 증가해서 발생한 것이 아니다. 바로 식민주의의 잔학성 때문이다.

백인 보존주의자들은 전 세계 선주민들이 다양한 시행착오를 거치며 공생의 삶을 구축해온 사실을 애써 외면한다. 가령, 야생을 위협하는 존재로 여겨지는 마사이족의 순환 방목의 오랜 관행은 실제로는 초원을 관리하고 야생동물의 경로를 촉진한다. 이들의 전통적 경로를 따라 초원이 다시 자라고 코끼리, 누, 기린 등 야생동물들의 이동 패턴이 안정화된다.[59] 보존주의자들의 허구적 이상과 다르게, 마지막 빙하기 이후 지구의 자연은 인간과 함께 구성된 '인간화된 자연'이다. 신석기 혁명을 거치며 인류가 생태계를 파괴하고 교란하기도 했지만, 한편으로 주어진 생태적 조건에 공명하는 삶을 구축하기도 했다. 선험적으로 인간의 본성을 정죄하는 주장들은 인간이 자연과 함께 공생공락하며 살아왔던 역사를 부정할 뿐만 아니라, 앞으로의 가능성조차 말소시킨다. 요컨대 야생은 식민주의, 또는 자본주의의 허구의 관념에 불과하다. 자연을 파괴하고 먹어치우며 성장하는 식민주의-자본주의의 죄의식의 반영이다. 야생은 대부분 인간화된 자연이다. 텅 빈 곳이 아니라, 태곳적부터 사람들이 살아왔던 곳이다. 순수한 자연이 아니라 홀로세 이후에 인간과 자연의 지문이 뒤섞인 혼종의 자연이다. 마사이족이 물길처럼 만들어낸 코끼리 길처럼, 콩고 바카족과 바카야족이 숲의 개체수를 조절하기 위해 야생동물들에게 피해 가라고 동물의 길에 만들어 놓는 나뭇잎 조형물처럼 관계의 무수한 겹침이 존재한다. 저 미련한 보존주의자의 주장과 달리, 지구 생태계를 파괴한 건 '인간화된 자연' 속에 살아왔던 사람들이 아니라 '자본화된 자연'을 추구해온 식민-자본주의다.

2016년에 건설된 '나슐라이 마사이 보존 지역(Nashulai Maasai Conservancy)'은 케냐와 탄자니아를 잇는 지역에 위치해 있는데, 마사이족과 지역 사회가 스스로 관리하는 최초의 보존 지역이다. 이곳에선 방목하는 마사이족과 야생동물이 함께 공존한다. 마사이족 언어로 '나슐라이 Nashulai'는 야생, 동물, 그리고 사람이 함께 어우러지는 상태를 의미한다. 이곳은 짧은 기간에도 그 어떤 보존 지역보다 생태계를 더 활력 있게 가꾸고 있다. 창립자의 한마디는 보존주의자들의 위선을 가볍게 들춰낸다.

"우리는 사라져가는 생태계의 수호자입니다. 보존은 사람들이 참여할 때 효과가 있는 것이지 밀려날 때 효과가 있는 것이 아닙니다."[60]

보존주의는 이렇게 자연이 부여한 한계 안에서 토착민들이 지구의 양육자로서 생물종 다양성의 밀도를 풍유롭게 가꿔왔던 역사를 부정한다. 이 생태친화적 세계관이야말로 지금의 행성 위기를 돌파할 수 있는 중요한 나침반이 된다는 사실도 극구 부인한다. 자연의 한계를 무너뜨리면서까지 자본 축적을 가속화함으로써 행성 위기를 자초한 북반구의 지배 엘리트들이 대안이랍시고 내세우는 건 울타리를 쳐 자연을 희소화하고 독점하는 것뿐이다. 사실상 남반구의 삼림 벌채의 상당수는 자본 축적과 북반구의 '제국적 생활양식'에 기인한다. 석유와 천연가스, 육류, 팜유, 식량, 목재, 바이오연료, 희토류와 금속 자원 채굴 등 북반구와 남반구 대도시로 유출되는 원자재들을 위해 아프리카에서부터 라틴 아메리카에 이르기까지 지구의 모든 구석구석을 금융화하고 침탈하는 글로벌 자본주의가 생태계와 야생동물의 주적이다. 오늘날 세계의 선주민과 환경운동가들이 침탈에 맞서 숲과 땅을 보호하기 위해 목숨을 건 싸움을 이어가고 있다. 지난 10년 동안 1,700여 명이 선주민의 땅을 지키다가 살해됐다. 이틀에 한 명꼴로 죽어가는데, 대다수가 선주민들이다.[61] 이들이 땅과 자연의 수호자다.

생태 위기의 책임과 비용을 남반구와 토착민에게 떠넘기는 방식은 오늘날 더욱 기승을 부리고 있다. 기후위기 해결책으로 제시된 삼림 보호 프로젝트 'REDD+'가 대표적인데, 이 역시 보존주의의 대표적 변형이다. 유엔 기후변화협약이 개발한 'REDD+' 프로젝트는 '개발도상국의 삼림 벌채로 인한 배출량 줄이기(Reducing Emissions from Deforestation in Developing countries)'의 줄임말이다. 2000년 이후 세밀하게 다듬어져 파리 기후협정에도 반영되었는데, 간단히 말해 남반구의 삼림 보존으로 탄소 배출량을 줄여보자는 것이다. 삼림 벌채로 인한 배출량이 전체의 12% 남짓이나 되기 때문에 그걸 줄여 기후위기를 완화하자는 이야기. 기본적으로는 북반구 기업들이 남반구 재조림과 삼림 보전에 투자하고 그 대신 탄소배출권을 획득하는 방식으로 설계되었다. 남반구는 숲을 보호하고, 북반구는 탄소배출권을 얻으니 윈윈win-win할 수 있다는 계산이 깔려 있다.

결론부터 말하면, 'REDD+'는 위선적인 기만이다. 가령 페루는 정부 차원에서 2009년 가장 앞서 REDD+를 시작했는데, 세계은행이 설계한 청정개발기금(FCPF)과 청정개발프로그램(FIP)의 자금이 토대가 된다. 이 펀드들에는 미주개발은행(IDB), 북반구 기업들, 그리고 영국 석유 기업 브리티시 페트롤리엄(BP) 등 다양한 기업들이 참여했다.[62] 여기에 참여한 기업들은 탄소배출권을 가져가거나 또 그것을 다른 기업에 판매할 수 있다. 말하자면 숲을 보호한다는 명목으로 영국의 BP는 계속 석유를 채굴하고, 미주

개발은행은 팜유 플랜테이션에 투자함으로써 열대우림을 계속 파괴할 권리를 갖게 되는 것이다. 탄소 상쇄라는 그럴싸한 미사여구를 동원하지만, 삼림 보호를 채굴권과 벌목권과 거래하는 속임수의 만찬이 펼쳐진다.

실상 페루 원주민 영토의 65% 이상과 자연 보호 지역의 49%가 석유 유정과 겹쳐져 있다. 2014년 페루 에너지 광산부에 따르면 50,516개의 광산 광구가 광범위하게 영토를 잠식했다. 이에 따른 토지 갈등, 환경 오염, 벌채, 폭력과 범죄 등이 페루의 열대우림을 감소시키는 주요 원인이지만, REDD+ 공식 보고서는 감소 원인을 간단히 '농지 확보'라고 적시한다.[63] 즉 선주민과 페루의 농민들이 문제라는 것이다. 그러니까 페루의 선주민과 농부로부터 숲을 보호한다는 구실이 곧 탄소배출권 생성의 이유가 된다. 이렇게 아마존 파괴의 진짜 책임자들은 은폐된다. 대신 가장 취약한 자들에게 책임이 전가되며, 삼림 보호를 핑계로 채굴권과 벌채권을 서로 나눠 갖고 돈잔치를 벌인다. 이게 탄소배출권의 마법이다.

페루의 코르디예라 아술 국립공원(Cordillera Azul National Park)의 사례는 이 위선을 간명하게 폭로한다. 공원에 대한 REDD+를 위해 대략 2,800만 개의 탄소 크레딧이 판매되었다. 이는 2,800만 톤의 이산화탄소를 상쇄할 수 있는 양이어야 한다. 셸, 토털에너지 등 석유 회사들이 돈을 지불하고 탄소배출권을 사들였다. 수백만 달러가 모금되었지만, 이 지역에 살던 키와Kichwa족은 토지 소유권이 인정되지 않아 보상을 제대로 받지 못했을 뿐 아니라 숲 보존을 위해 공원 경비대에게 쫓겨났다. 전승된 윤작 농법으로 숲속에서 생태친화적 삶을 영위하던 이들이다.[64] 오렌지, 망고, 카사바 등을 심으며 평화롭게 살던 이들이 한순간에 쫓겨나 극심한 빈곤 상태에 놓이게 됐다. 셸과 토털에너지 같은 최악의 지구 오염자들이 계속 '배출할 권리'를 사들이는 동안 토착민이 퇴거된 것이다. 그런데 아이러니하게도, 최근 AP통신이 자체 실행한 위성 분석에 따르면, 이 공원에서 REDD+를 시행한 이래 두 배의 나무 손실이 발생했다. 관리 부실과 오랜 벌채에 따른 산사태가 주요인이다.[65] 나무가 줄어 탄소를 더 흡수하는 기적이 발생할 리 없는데, 여기에 투자한 오염 기업들은 여전히 이 사업이 유효하다고 우기고 있다. 도대체 탄소가 어디로 흡수되었다는 말인가?

REDD+와 탄소배출권은 기적의 솔루션이다. 예수가 물을 포도주로 바꾸듯이, 삼림 보호로 북반구 배출량을 상쇄하며 기후위기를 퇴치할 만병통치약처럼 외쳐진다. 노르웨이의 삼림 및 탄소배출권 기업인 녹색 자원(Green Resources)은 모잠비크, 우간다, 탄자니아에 걸쳐 대략 26,000헥타르의 삼림 소유권을 보유하고 있다. 이 회사는 우간다 13개 마을에서 8천여 명의 토착민을 쫓아내고, 자생림을 쓸어버리고 소나무와 유칼립투스를 심었다. 탄소배출권도 판매하고 목재도 팔아 이윤을 극대화하려는 목적이다. 노르웨이, 스웨덴, 핀란드 금융 기업들이 탄소배출권을 위해 이 사업에 투자했다.[66] 영국의 엔바이로트레이드Envirotrade라는 기업은 2003년 모잠비크 북부 국립공원에 지역사회를 참여시키는 REDD+ 프로젝트를 가동했다. 마을 사람 수백 명을 모집해 나무를 심고 북반구 기업들에게 탄소배출권을 판매했다. 마을 사람들은 식량 대신 나무를 심고 돌보았다. 그런데 사업이 종료되자 이 기업은 임금을 체불하고 잽싸게 먹튀했다. 토착민의 분노와 돌이킬 수 없는 빈곤만 덩그러니 남게 됐다.[67] 우간다의 카나미레Kanamire 지역의 토착민 1만 명은 2010년 2월 어느 날 아침 군대와 경찰이 들이닥치면서 잠에서 깨어났다. 하루아침에 바나나 같은 그들의 식량이 뽑히고 재산이 파괴됐다. 탄소 시장을 목적으로 설립된 영국의 뉴 포레스츠 컴퍼니New Forests Company라는 기업이 우간다 삼림청과 거래를 통해 나무 플랜테이션을 시행했던 것이다. 네덜란드를 비롯한 북반구 기업과 우간다 기업들이 이 사업에 뛰어들어 탄소배출권 파티를 벌이는 동안, 토착민들은 황량한 재정착촌에서 누더기 옷으로 생활하는 신세가 됐다.[68] 탄소배출권의 광란의 파티는 케냐에서도 벌어진다. 2023년 11월 영국의 찰스 국왕이 케냐를 방문하는 동안, 케냐 야생동물 보호국과 삼림청이 수렵채집인인 오지에크Ogiek 부족 수백 명을 폭력적으로 퇴거시켰다. 탄소배출권을 위해 수년간 오지에크인을 쫓아내던 참이었다.[69] 스스로를 기후변화의 리더라고 자찬하는 찰스 국왕의 흔적은 역시 남다른 데가 있다. 한편 케냐 북부에서는 북부 목초지 신탁(NRT, Northern Rangelands Trust)이 운영하는 북부 케냐 초원 탄소 프로젝트가 진행 중이다. 이곳에는 삼부루Samburu 부족 10만여 명이 살아가고 있는데, 이들 역시 퇴거 위험에 처해져 있다. 메타Meta와 넷플릭스가 NRT의 주요 고객이다.[70]

그런가 하면 열대우림이 많이 분포된 브라질에선 탄소배출권 시장을 놓고 기업들이 카니발 축제를 벌인다. 열대우림의 최대 포식자인 미국의 자리 그룹Jari Group은 1967년부터 파라Pará주와 인근 아마파Amapá주에 160만 헥타르가 넘는 토지를 점령했는데, 유칼립투스와 같은 목재용 나무를 심느라 수만 헥타르의 열대우림을 파괴한 이력을 가지고 있다. 이 그룹은 세계 최대의 탄소배출권 기업 중 하나인 비오필리카-암비파르Bioflica-Ambipar와 협력 체계를 구축해 2010년부터 브라질 열대우림에 REDD+를 시행함으로써 무려 2,997,953개의 '오염 크레딧(pollution credits)'을 판매했다. 오염 크레딧을 구매한 기업들은 아마존 삼림 벌채의 주범인 브라질 은행 브라데스코Bradesco, 독일의 초국적 농약 회사 바이엘Bayer, 세계 최대 육류 가공업체 JPS 등이다.[71] 다시 말해, 브라질 열대우림을 보호한다는 명목으로 선주민의 토지를 빼앗으면서 뒤편으로는 열대우림을 파괴할 권리를 사들여 또다시 숲을 야금야금 파먹은 것이다.

이와 유사한 퇴거 기록은 끝없이 이어진다. 일일이 나열하면 백서 한 권 분량으로도 부족하다. 시장 기반의 REDD+ 프로그램이 아프리카, 아시아, 라틴 아메리카에서 야기한 토지 갈등, 식량 주권 침해, 퇴거, 인권 문제 등은 삼림 보존이라는 허울 속에 감추어져 있다. 북반구 자본주의가 배출하는 탄소와 남반구 숲이 흡수하는 탄소는 전혀 다른 성질을 갖고 있다는 과학계의 의견을 무시하는 것도 문제지만, 나무가 과연 얼마큼 탄소를 흡수하는지에 대한 엄밀한 측정 방식도 아예 존재하지 않는다. 또 자생 삼림을 파괴하고 가연성 높은 유칼립투스 플랜테이션을 조성해 산불을 부추기며 막대한 탄소를 배출하는 것은 용서할 수 없는 만행이다. 게다가 불법 벌채에 대한 삼림 관리도 엉망진창이어서 현재 진행되는 REDD+ 사업의 대부분이 실패로 귀결되고 있다. 환경단체들이 REDD+가 시행되는 세계 곳곳의 삼림 위로 드론을 띄워 관찰하고 있는데, 거의 대부분이 벌채가 일어나고 나무 손실이 발생한다. 환경단체 지구의 벗(FOE, Friends of the Earth)은 아예 REDD+가 실효성이 전혀 없는 '거짓 사기극'이라고 일축한다.[72]

◐

탄소 상쇄의 마법
〰〰〰

　한국 기업들과 정부도 REDD+ 사업에 맹렬히 결합하고 있다. 삼림청의 경우 2012년부터 예산을 편성해 인도네시아를 시작으로 캄보디아, 미얀마, 라오스 등에 사업을 진행 중이다. 2020년 9월 산림청은 캄보디아에서 REDD+ 사업으로 65만 톤을 감축하는 성과를 냈다며 자랑했다. 그런데 캄보디아 현지 활동가들의 제보를 받고 환경운동연합이 캄보디아에서 현장 조사한 결과, 해당 삼림의 37%가 파괴되어 있었다. 외국 소유의 목재 기업들이 불법 벌채를 하는 동안 아무 관리도 하지 않았던 것이다.[73] 그래놓고 65만 톤을 감축했다며 자축하는 한국 산림청의 속임수와 용기가 그저 놀라울 따름이다. 산림청이 삼림 보전과 나무 심기로 탄소배출권 시장을 선도하며 한국의 오염 대기업들의 죄를 싼값에 사해주는 사제 노릇을 한 지 꽤 오래됐다.

　그러나 현재 시장에서 판매되는 탄소 크레딧의 상당 부분은 유령의 존재다. 미국의 비영리단체인 베라VERRA는 세계 최대 규모의 탄소 크레딧인 VCS를 운영하는데, '자발적 탄소 시장'에서 인증되고 유통되는 배출권의 3분의 2를 발행하는 곳이다. 그런데 지난 2023년 1월 영국 일간지 《가디언》은 베라에서 인증한 탄소 크레딧의 90% 이상이 '유령 크레딧'이라는 사실을 폭로했다. 충격적인 소식이었다. 여러 기관의 연구 결과에 따르면, 벌채 감소를 보인 숲은 극히 일부분이고 대부분은 전혀 벌채 감소가 이루어지지 않았다.[74] 그런데도 탄소 크레딧이 허위로 남발되고 20억 달러 상당의 탄소 시장이 형성됐다. 이번에 발각된 유령 크레딧은 대략 8,900만 톤의 배출량에 해당한다. 그리스와 스위스의 연간 배출량을 모두 합친 것에 필적한다. 그러니까 감축하지도 않은 걸 감축했다며 유령 탄소배출권을 발급하고 또다시 오염이 이루어진 것이다. 셸, 디즈니, 넷플릭스, 구찌, 보잉, 바이엘 같은 대기업들이 베라의 저 유령 크레딧을 구매하고 그 대신 탄소를 흥청망청 배출해왔다. 심지어 저 8,900만 톤은 베라 인증 프로젝트의 3분의 1의 규모에 불과하다. 실제 미인증 크레딧 수는 훨씬 많을 것으로 추정된다.[75] 한국의 산림청과 SK 등도 국내 탄소 시장을 활성화한답시고 최근 베라와 업무 협약을 맺었다.[76]

자, 이런 식으로 탄소배출권이 형성된다. 저기에 숲이 있다. 나는 저것을 벨까, 말까? 베지 않고 보존하겠다고 결심했으니 탄소배출권을 발급하자. 실제로 이런 허위의 크레딧이 계속 발급되고 있다. 이를테면, 한국 산림청이 속임수를 쓰다 들통난 캄보디아를 보자. 이 나라는 영토의 41%가 자연보호구역으로 지정돼 있는데, 역설적이게도 세계에서 가장 높은 삼림 벌채율을 보유한다. 누가 나무를 자르는 걸까? 외국의 목재 기업들이다. 지역 사회가 주도하는 게 아니라 외부의 야생동물 보호 단체, 기업들, 부패한 정부가 결탁한 하향식 프로그램이라 관리가 제대로 되지 않는 탓이다. 1994년에 야생동물 연합(Wildlife Alliance)을 설립한 미국 출신의 백인 여성 수완나 건틀렛Suwanna Gauntlett은 아시아 쪽으로 조직을 확대하다가 2000년대 초반 마지막 열대우림이 자리한 캄보디아에 와서 이렇게 외쳤다. "완전히 야생의 서부잖아."[77] 그러나 그 열대우림 안에는 캄보디아 선주민들의 농지가 있었고, 그 열대우림은 조상 대대로 관리해온 공유지다. 2000년대부터 야생동물 연합과 캄보디아 정부가 캄보디아 영토의 상당수를 보호 지역으로 지정하면서 탄소배출권을 발급하기 시작했다. 이를 인증한 게 앞서 거론한 베라다. 이렇게 이 삼각편대가 추진한 게 서던 카다몸Southern Cardamom REDD+ 프로젝트다. 지금까지 이 프로젝트를 통해 수천만 달러의 탄소배출권 시장이 형성됐다. 이것이 한국 산림청이 배출권 보따리를 들고 캄보디아에 다급하게 뛰어간 이유다. 야생동물 연합은 탄소배출권을 팔아 자기 조직을 확대할 수 있으니 좋고, 캄보디아의 부패한 관료들 역시 자신의 주머니를 채울 수 있으니 좋고, 델타, 맥킨지, 보잉을 비롯한 기업들은 탄소배출권을 싸게 얻을 수 있으니 좋고, 누이 좋고 매부도 좋은 잔치가 캄보디아에서 벌어지는 중이다. 보호 지역 지정을 통해 배출량이 감소됐다는, 아무도 증명하지 못했고 아무도 확인하지 못한 마법이 화폐로 통용된다. 종전보다 삼림 벌채가 더 확대되었음에도 불구하고 말이다. 그 과정에서 역시나 선주민과 농부들이 농지를 빼앗기고, 강제 퇴거 당하며, 협박과 괴롭힘을 당한다. 마체테를 든 야생동물 연합의 활동가들이 농부들의 바나나 나무를 베어내고, 정부 관료들은 열대우림에 들어갔다고 선주민들을 체포한다.[78] 휴먼 라이츠 워치Human Rights Watch는 최근 보고서를 통해 페루와 함께 전 세계 탄소배출권 시장의 17%를 차지하는 캄보디아에서 선주민의 권리가 지속적으로 훼손되고 있다고 폭로했다.[79]

기적의 탄소 마법, 이게 오늘날 시장 기반 해법의 감춰진 실상이다. 기후-행성 위기를 시장을 통해 해결할 수 있다는 맹목의 신화가 이렇게 탄소 상쇄, 탄소배출권 같은 기만적인 신용을 창출한다. 1987년 탄소 상쇄가 최초로 시도되었을 때부터 그 실패는 예정된 일이었다. 셰릴 스터지스Sheryl Sturges라는 에너지 회사의 임직원이 미국 코네티컷의 석탄발전소에서 배출된 탄소를 상쇄하기 위해 저 멀리 과테말라 산지에 나무를 심자는 아이디어를 제출한 것이 탄소 상쇄의 출발점이다. 5,200만 그루의 나무를 심으면 그 석탄발전소에서 40년간 배출된 탄소를 상쇄할 수 있다는 확인되지 않은 가설에 기초해 상쇄 프로그램이 시작되었는데, 나중에 식량을 심을 땅이 부족해지자 농부들이 과일나무처럼 먹거리를 제공하는 나무를 심기 위해 식재된 나무들을 뽑아냈다. 추후에 밝혀진 바에 따르면, 과테말라 산에 조림된 나무들은 기껏 코네티컷 석탄발전소 배출량의 10%밖에 상쇄하지 못했다. 이렇듯 시장 기반의 눈속임 해법임에도 불구하고, 북반구 녹색 자본주의는 이를 우아하게 치장하기 위해 '자연 기반 해법(nature-based solution)'으로 부른다. 남반구 숲을 탄소 크레딧으로 계량하고 이를 금융 시장에 내놓으면, 굶주린 자본들이 떼지어 몰려와 배출권을 사들이고 자신들은 이제 깨끗한 기업이 되었노라 선언하며 스스로 면죄부를 발급하는 것이다. 탄소 시장의 유니콘이라 불리는 세계 최대 탄소 상쇄 업체인 스위스의 사우스 폴South Pole이 행한 기적을 보라. 사우스 폴은 짐바브웨 숲을 보존한다는 명목으로 1억 유로 상당의 탄소배출권을 발행했는데, 크레딧의 가치가 30배 이상으로 부풀려진 게 밝혀졌다.[80] 그뿐만 아니라 최근에 유출된 문서에 따르면 사우스 폴은 토털에너지, 셰브론, 셸은 물론 사우디 국영석유기업 사빅Sabic과 러시아의 가스프롬Gazprom 등과 은밀히 거래하며 이 공룡 석유 기업들의 구석구석을 세척해준 것으로 드러났다.[81] 허위의 탄소배출권으로 오염 기업들의 더러운 때를 벗겨준 것이다. 그럼에도 여전히 REDD+는 기후위기를 해결할 황금 열쇠처럼 홍보되며 더욱 확대되는 실정이다. 세계자연기금(WWF), 미국자연보호협회(The Nature Conservancy), 환경방위기금(Environmental Defense Fund), 포레스트 트렌즈(Forest Trends) 등 세계의 환경 NGO들이 금융 자본과 대기업들의 이윤을 위해 '삼림 보존'이라는 허울을 앞세워 녹색 시장의 문지기 역할에 여념이 없다.[82]

저들에게 숲은 무엇을 의미할까? 풀과 새와 인간이 다 함께 목을 축이는 생명의 고향인 걸까, 아니면 그저 탄소를 흡수하는 기계 장치일까? 한국 산림청이 2021년 30억 그루를 심겠다고 밝혔다가 환경단체들로부터 비판 세례를 받고 슬그머니 철회했던 삼림 계획도 REDD+의 일환이다. 어린 묘목이 탄소를 더 흡수하기 때문에 무려 30억 그루를 베어내고, 그 자리에 다시 나무를 심자는 희대의 이 어리석은 계획은 자연을 대하는 자본주의의 앙상한 인식을 드러낸다. 천연림이 단일 수종을 식재하는 것보다 훨씬 더 많은 탄소를 격리할 뿐만 아니라 생물종 다양성의 밀도를 높이는 생명의 그물이라는 사실은, 단순히 나무를 탄소 흡수 기계와 바이오연료용 목재로 환원하고 가격을 매기는 자본주의 시장 법칙하에서는 전혀 가치없는 이야기일 뿐이다. 숲이 사람과 동물들에게 먹거리와 보금자리를 제공하는 그 풍요로운 돌봄의 가치는 자본 입장에서는 아무 쓸모가 없다. 자본주의 사회에선 나무가 드리우는 생명의 그늘은 GDP에도 산정되지 않는 무쓸모의 가치로 치부되지만, 나무를 벌채해 목재로 판매하면 가치가 발생하기 때문이다. 더군다나 멀쩡한 나무를 베지 않겠다고 선언하며 허위의 탄소배출권을 채굴해도 가치가 발생한다. 그렇게 애초에 저들은 숲과 자연에 관심이 없다. 그저 하나의 상품, 하나의 가격이 존재할 뿐이다.

보존주의자들에게 국립공원의 자연이 그저 식민화된 경치라면, 오늘날 REDD+를 위해 선주민 토지를 빼앗고 조성한 삼림은 탄소 시장에 불과하다. 자연의 생태계 서비스와 돌봄의 양식을 일거에 탄소 가격 하나로 수렴하는 것이다. 즉 시장화되고 금융화된 자연이다. 예전에는 야생을 보존하겠다고 그곳에 살던 사람들을 내쫓았는데, 이제는 기후위기에 대응하자며 그들을 추방한다. 어머니 대자연을 보호하고, 야생을 되살리며, 삼림 보존으로 기후-생태 위기에 대처하자는 그럴듯한 미사여구를 남발하지만, 결국엔 남반구 생태계를 계속 식민화하고 그 비용을 자연과 사람들에게 전가하겠다는 말에 지나지 않는다. 탄소배출권과 탄소 상쇄 담론은 요컨대, 탄소 식민주의다. 또 녹색 식민주의다.

2022년 12월 무지개색 창문으로 알록달록 꾸며진 캐나다 몬트리올의 팔레 데 콩그레에서 제15차 유엔 생물다양성협약 당사국총회(COP15)가 열렸다. 200개 국가 대표들이 마침내 2030년까지 생물다양성 보존을 위해 토지와 해양의 최소 30%를 보호하자고 의결했다. 이른바 '30×30 보호지역 계획'. 육지와 바다의 30%를 보존함으로써 위기에 처한 자연을 구하자는 내용이 골자였다. 회담장에서 박수가 터져나오고 후레시가 번쩍거렸다. 15년 만의 역사적 쾌거라며 전 세계 언론과 환경단체들도 환영했다.

하지만 회담장 바깥에 있던 전 세계 선주민들은 분노의 표정을 짓고 있었다. 지구 육지 면적의 20%에 고루 분포되어 있는데도 이들 부족은 국가가 아니어서 의결에 참여할 권리를 배제당했다. 회담에 참여할 권리를 달라고 무수히 요청했지만 묵살됐다. 유사 이래 모든 대륙마다 존재해왔고, 땅을 경작하고 자연을 가꾸며 살아왔지만 자신들의 삶을 결정짓는 중대한 협상 과정에 참여하지 못한다. COP15 이전부터 선주민의 권리를 중심으로 보호 계획을 설계해야 한다고 줄곧 주장해온 터였다.

"원주민이 토지에 대한 소유권을 유지하거나 확보하지 못하고 의사 결정 과정에서 동등한 권한을 갖지 못한다면 유엔의 30×30 정책은 역사상 가장 큰 토지 강탈이 될 수 있으며 전 세계 원주민의 신체적, 문화적 생존을 더욱 위협할 것입니다."[83]

전 세계 선주민 지도자들은 유엔 생물다양성협약 사무총장과 COP15 참가자들에게 이런 내용의 서한을 보냈지만, 결국 선주민이 배제된 '30×30 보호 지역 계획'이 의결된 것이다. 비록 이 협약이 강제성이 있는 건 아니더라도, 기존의 야생 보전 프로그램과 REDD+의 탄소 시장 확장에 정당성을 부여함으로써 앞으로 생물다양성 밀도가 가장 높은 선주민들의 땅이 더욱 수탈될 거라는 건 불 보듯 뻔한 일이다. 이제 19세기 말부터 시작된 야생 보존 모델이 REDD+와 30×30 프로그램에 어떻게 영향을 미쳤는지 이해될 것이다.

COP15 개막식 연설에서 저스틴 트뤼도 캐나다 총리는 생물다양성 보전을 위해 2억 5,600만 달러를 기부하겠다고 발표했다. 또 4개의 원주민이 주도하는 캐나다 보존 프로젝트에 대한 지원 차원에서 5억 달러 이상을 배정하겠노라 약속했다. 그러면서 예의 그 세련되고 예의바른 어조로 이렇게 말했다.

"우리 영토의 30%를 보호하려면 강력한 파트너십이 필요합니다. 무엇보다 태곳적부터 이 영토를 보호해온 선주민들과의 파트너십이 중요합니다."[84]

그 순간, 열렬한 야유가 쏟아져 나왔다. 캐나다 BC주 선주민 청소년들이 회담장을 점거한 채 트뤼도의 연설을 방해했다. 트뤼도 정부는 선주민과의 파트너십을 이야기하지만 대부분의 보존 프로젝트에 선주민들이 합의한 바 없었기 때문이다.[85] 오랜 세월 캐나다 선주민들은 끝없이 가장자리로 추방되어왔는데, 이제 또 '30×30 보존' 프로그램으로 조상의 땅이 위협당하는 상황에 놓이게 된 것이다. 게다가 트뤼도의 연설은 더할 나위 없이 기만적이었다.

기후위기에 대응하기 위해 생물다양성 보존 지역을 넓히겠노라 말하지만, 한편으로는 수십억 달러 규모의 송유관 건설 사업을 세 개나 추진 중이다. 그중 하나인 코스탈 가스링크Coastal GasLink 프로젝트는 670킬로미터 송유관을 건설해 천연가스를 실어나르게 되는데, 바로 선주민 영토를 관통하게 된다. 송유관이 건설되면 토지와 강이 오염되고 대량의 탄소가 방출될 수밖에 없다. 이에 최근 몇 년간 캐나다 선주민들과 환경운동가들은 격렬하게 저항해왔는데 그때마다 트뤼도 정부는 폭력적으로 진압하며 많은 사람들을 체포해온 터였다. 심지어 캐나다 화석연료 기업과 로비 단체들은 소셜미디어에 천만 건이 넘는 광고를 쏟아부으며 선주민 사이를 이간질하거나 송유관 반대 시위를 불법화하는 데 공을 들였다.[86]

COP15 개막식에서 트뤼도에게 야유를 퍼부은 선주민 청소년들에겐 그렇게 합당한 이유가 존재했다. 뒤에선 타르 샌드와 천연가스를 실어나르기 위해 대규모 송유관들을 증설하고 그 피해를 고스란히 선주민에게 전가하면서도, 앞에서는 기후위기와 생물다양성 위기에 대응하기 위해 선주민의 땅을 보존 지역으로 삼자고 주장하는 이토록 아름답고 찬란한 위선. COP15 개막식에서 트뤼도와 야유하는 선주민 사이에는 19세기부터 지금까지 끊질기게 이 세계를 폭력적으로 구획하는 보존주의 이데올로기가 자리하고 있었다.

남반구의 생태계 문제를 정말로 걱정한다면 주어진 답은 간단하다. 선주민들에게 그들의 땅과 주권을 돌려주고 생태계 수호자로서의 역할을 존중하는 것이다. 그들은 이미 지구 생물다양성의 풍요로움을 지속적으로 양육해왔다. 아울러 그간의 식민 착취에 대한 배상 차원에서, 또 배출량이 적은데도 가장 먼저 재난에 휩싸이는 기후 부채에 대한 배상 차원에서 남반구에 보건, 위생, 교육, 주택 등 보편적인 기본 서비스를 지원하는 게 공정하고 정의로운 자연 보존이다. 남반구의 생활 개선과 복지 향상, 그리고 여성 교육과 성평등의 신장은 자연스레 인구 감소로 이어질 것이다.

남반구 토지 수탈을 심화시키는 화석연료 채굴, 삼림 벌채, 단작 농법을 줄이기 위해서는 REDD+ 같은 엉터리 탄소 시장이 아니라 남반구의 부채 탕감을 빨리 시행해야 한다. 세계은행과 IMF 같은 국제 신용 기관들은 부채를 빌미로 수출용 작물 재배를 독려하고 세계 시장으로 편입하도록 강제해왔으며, 각 정부들도 지속 불가능한 토지 이용 장려와 신자유주의적 농업 정책을 밀어붙였다. 남반구의 많은 국가들이 교육과 보건 등 공공 복리보다 부채 상환에 더 많은 비용을 출혈할 수밖에 없다. 여기에 금리 상승, 통화 평가절하, 글로벌 원자재 가격 변동, 기후위기의 파괴적 영향 등이 복합적으로 작용하여 부채 상환은 영원히 뛰어넘을 수 없는 허들이 되고 있다. 부채는 덫이자 함정이다. 부채 문제를 해결하지 못하면 남반구 토지 개발과 생태계 파괴가 이어져 지구의 마지막 남은 열대우림마저 불태우게 될 것이다.

예를 들어 인도네시아는 국내총생산(GDP)의 40% 이상에 해당하는 대출금을 갚기 위해 수출용 작물 재배에 집중하는데, 열대우림을 벌채하고 팜유 플랜테이션을 늘린 것도 이와 밀접한 인과관계가 존재한다. 브라질이 그토록 대두 수출에 우선순위를 두는 데에도 GDP의 80%가 넘는 대외 부채가 중요한 원인으로 작용한다. 또 모잠비크는 GDP의 101%에 해당하는

대외 부채 때문에 최근 몇 년 동안 석탄과 가스를 채굴하기 위해 노력해왔다.[87]

지금의 부채 시스템은 자원과 노동력 등 남반구를 '채굴'하도록 설계됐다. 그것이 아프리카와 라틴 아메리카의 기후정의 활동가들이 가장 중요한 대응책으로 '부채 탕감'을 주장하는 이유다. 지난 250여 년 동안 북반구 자본주의가 산업화 과정을 통해 배출한 압도적인 탄소량이 이 위기의 근본 원인이기에 그에 걸맞은 책임을 져야 하거니와, 또 기후재난으로 농사가 망쳐지고 사회적 인프라가 붕괴돼 더욱 더 빚의 굴레에 갇혀 채굴과 남벌로 이어지는 악순환의 고리를 끊기 위해서라도 부채 청산이 가장 현실적이고 타당한 선택이다. 실제로 기후위기 취약 국가의 93%가 부채 위기에 처해져 있다.[88]

유엔과 중심부 국가들이 시도하는 '기후 금융'은 수많은 자화자찬에도 불구하고, 정확히 또다시 보존주의 모델을 답습한다. 유엔기후변화 협약에 따라 설립된 녹색기후기금(Green Climate Fund)은 2013년 한국의 인천에 본사를 설립했는데, 세계은행, 국제 사모펀드 등 민간 자본을 끌어들임으로써 공적 투자보다 민간 영역의 시장을 창출하는 데 더욱 애를 쓴다. 예를 들어, 녹색기후기금이 2020년에 승인한 아르바로 펀드Arbaro Fund는 중남미와 사하라 이남 아프리카 7개 국가에 75,000헥타르의 유칼립투스 나무 플랜테이션을 조성하는 프로젝트다. 탄소 포집과 이산화탄소 감축이라는 미명하에 지역 공동체가 전통적인 토지에서 쫓겨났다. 농민 경제가 붕괴되었고, 단일 작물 재배로 인한 환경적 피해가 발생했다.[89] 다시 유칼립투스다. 또 추방이다. 한 치의 오차도 없이 같은 패턴의 반복이다.

기후-생태 위기 시대를 맞아 마치 책임 있는 기후 리더인 양 과거를 세탁하고 현재 기후 금융을 주도하는 세계은행과 IMF는 그동안 남반구를 저개발의 늪에 빠뜨리고 부채 함정과 생태계 파괴를 조장한 명백한 책임이 있다. 두 기관의 대출에는 언제나 공공서비스 민영화 등의 가학적인 조건이 강제되었고, 이는 남반구 국가들이 계속 부채와 불평등의 쳇바퀴 속에서 공회전하게 만들었다. 오늘날 두 기관이 출자하는 기후 금융은 녹색 기술, 재해 보험, 탄소배출권처럼 시장 영역에 한정되어 있다. 오죽하면 돈을 빌려주고, 그 돈으로 북반구에서 만들어진 전기자동차 따위나 수입하게 하냐는 비판이 나오는 실정이다. 그렇다고 국제 금융 기관들이 기후 문제를 진지하게 받아들이냐면 그것도 아니다. 기후 의제로 세상이 떠들썩할 때도 IMF는 100개 이상의 국가에 화석연료 기반 시설을 확장하라고 권고했으며, 세계은행은 파리 협약이 체결된 이후에 화석연료 프로젝트와 정책을 지원하는 데 148억 달러를 지출했다.[90]

다시 힘주어 말하면, 부채가 곧 수탈의 방정식이다. 오늘날 기후-행성 위기를 자초한 중대 원인 중 하나이기도 하다. 부채를 신식민지의 핵심 메커니즘으로 본 부르키나파소의 전설적 혁명가 토마스 상카라Thomas Sankara는 부채 상환을 거부하는 범아프리카 연합을 구축하다가 암살당했다. 1987년 그가 죽은 직후 기다렸다는 듯 신자유주의가 삽시간에 아프리카 대륙을 집어삼켰다. 하지만 최근에 이르러 부채 청산을 통해 신식민지적 경제 종속에서 벗어나는 동시에 식량주권, 생태적 조화, 아프리카의 번영과 민주주의를 꿈꿨던 그의 이상이 지금의 행성 위기를 돌파할 수 있는 중대한 실마리로서 다시 호명되는 중이다.[91] 콜롬비아의 좌파 대통령 구스타보 페트로Gustavo Petro 역시 부채 청산이 가장 효과적인 기후-생태 대응책이라는 메시지를 전 세계에 강력하게 타전 중이다. 아마존을 보호하고 싶은가? "그러면 남반구의 부채를 청산하라. 대외 부채와 생태 부채를 교환하자. 아울러 화석연료를 얼른 폐지하자."[92] 콜롬비아의 GDP 대비 대외 부채 비중은 2022년 기준으로 53.4%에 이른다.[93] 그의 말인즉슨, 남반구 부채와 그간 북반구가 야기한 생태적 파괴에 대한 부채를 교환하자는 것이다. 설령 아마존 보호를 위해 북반구가 경제적 지원을 하더라도 화석연료에 대한 북반구의 끊임없는 탐욕이 존재하는 한, 그리고 대외 부채가 줄지 않는 한 콜롬비아에서의 석유 채굴과 열대우림 남벌은 지속될 수밖에 없다. 선주민 중심으로 아마존 열대우림을 보호하고, 채굴에 의존하지 않는 경제적 형식을 구성하기 위해 급진적인 글로벌 협상을 제안하는 콜롬비아와 남미 좌파 정부들의 노력은 북반구의 위선에 비해 훨씬 명쾌하다.

남반구에 보편적 서비스가 안착되고 생활이 개선될 때까지 개발을 통해 증가하는 배출량만큼, 북반구의 배출량을 급진적으로 줄이는 균형점이 우리의 목표가 되어야 한다. 남반구의 생태 파괴가 그렇게 걱정되거든, 부채를 탕감하고 개발이 아니라 돌봄에 초점을 맞춰 교육, 보건, 의료, 성평등 등 삶을 윤택하게 하는 보편적 기본 서비스를 배상하면 된다. 그것이 지구 시스템의 한계를 무너뜨리지 않으면서 공생을 모색할 수 있는 유일한 방법이다.

데이비드 애튼버러, 제인 구달, 영국의 왕실, 에드워드 윌슨 같은 보존주의자들이 꿈꾸는 순수한 진공의 야생 따위는 존재하지 않는다. 단지 녹색 식민주의의 카탈로그가 존재할 뿐이다. 그들이 국립공원으로, REDD+ 보호구역으로, 생물다양성 보전 구역으로 울타리를 쳐왔던 그 공간에는 길게는 1만 년 이상 공존해온 인간과 식물과 동물의 공생체가 존재한다. 호주 선주민처럼 주기적으로 숲에 불을 놓아 대형 화재를 막고 숲을 기름지게 하거나, 캐나다와 라틴 아메리카 선주민처럼 주기적으로 일부 나무를 벌목함으로써 삼림을 더욱 풍요롭게 가꾸거나, 아프리카의 마사이족처럼 소떼를 움직여 야생동물의 이동 통로를 열어주거나, 아마존 선주민처럼 쓰레기를 태운 숯으로 검은 흙을 빚어 숲의 영양 순환을 더욱 돋우거나 그 안에는 북반구 자본주의가 잃어버린 공생의 지혜들이 반짝거린다.

그렇게 자연을 보존하고 싶다면 자신들이 거처하는 북반구를 생태친화적 공간으로 만들면 될 일이다. 자신들이 살고 있는 자본주의 중심부에서 계속 오염물질을 토해내는 건 당연하니, 남반구 자연을 요새처럼 군사화한 채 야생을 보존하자는 터무니없는 식민 지배 근성을 버리면 된다. 세계자연기금을 비롯한 북반구 환경 NGO 단체들도 아프리카와 남미에 대한 간섭과 교란을 멈추고 북반구를 재자연화하고 성장주의에 기초한 자본 축적 체제를 혁파하는 데 노력을 기울이는 게 낫다. 중심부 국가의 경제 규모, 물질 및 에너지 처리량을 축소하고 성장주의를 다른 체제로 전환하는 방식이 우선되어야 행성 위기를 돌파할 수 있기 때문이다. 그들의 장소에서 자연을 파괴할수록, 아프리카와 아마존 숲에 대한 환상에 가일층 매달리는 이 환멸적인 모순을 먼저 직시해야 한다. 아마존과 아프리카의 숲과 대지는 북반구 자본주의가 토해놓은 오염물질을 세척하는 개수대가 아니다.

'인간이 너무 많아서' 남반구 삼림과 자연이 훼손된다는 보존주의와 주류 환경운동의 주장은 인간에 대한 터무니없는 모독이다. 태곳적부터 자연과 더불어 살아왔던 사람들에 대한 경멸이며, 무정부적인 탐욕으로 주변 세계와 자연을 붕괴시키며 성장해온 본인들의 세계, 즉 파괴적인 자본주의의 본성을 인류 전체에 투사하는 일반화의 오류다. 이들이야말로 인간과 자연을 철저히 분리한다. 자본주의가 태동할 때 인간과 자연을 분리하고, 자연을 조각내고 채굴할 수 있는 하위의 존재로 타자화했듯이, 오늘날에도 겉으로는 야생의 위대함을 떠벌리지만 사회와 자연을 완벽히 두 영역으로 분리한 채 소수의 인간들이 자연을 관리해야 된다는 계급적-인종적 엘리트주의를 은밀하게 전개하는 것이다. 최근에 일단의 연구자들이 에드워드 월슨의 '절반의 지구' 아이디어를 사회주의적으로 변형하자는 주장을 펼치는데, 중심부 국가의 자본 축적 체제를 그대로 방치하고 남반구 토지를 철저히 관리 대상으로 치부한다는 점에서 북반구 중산층의 오만한 헛소리에 불과하다.[94] 오늘날 식민주의와 글로벌 자본주의의 맥락을 소거하고 전체적 시야를 상실한 좌파들의 기후 타령만큼 게으른 이야기도 없을 것이다.

행성 위기의 책임을 인구과잉과 인간의 본성에 돌리는 북반구 엘리트들의 저 지겨운 돌림노래는 정확히 서구 기독교의 '원죄설'에 그 기원을 두고 있다. 이브와 아담이 에덴에서 추방된 이후, 에덴은 희소해지고 잃어버린 자연의 원형이 된다. 이때부터 순수한 자연의 이상향은 타락한 인간 사회와 분리되기 시작한다. 당연히 누구나 에덴에 들어갈 수 없다. 누군가는 지옥불로 떨어져야 하고, 또 누군가는 운 좋게 천국행 티켓을 받을 수 있다. 그 때문에 순수한 자연의 이데아인 에덴은 이단자와 더러운 자들과 끊임없이 번식하는 인간 떼들로부터 격리되고 보호될 필요가 있다. 희소하기 때문이다. 천국을 이 지상에서 자연과 함께 충분히 건설할 수 있다는 생각은 철저히 이단시된다. 아시시의 성 프란치스코에서부터 회칙 「찬미받으소서」를 통해 사회생태주의의 지평을 넘나드는 너른 안목을 보여준 프란치스코 교황에 이르기까지 위대한 생태학의 계보가 일부 존재하지만, 자연과 인간을 분리하고 생명에 따라 위계를 짓고 서열화한 기독교가 서구 자본주의의 기원에 중대한 영향을 끼쳤다는 점은 주지의 사실이다.

오늘날 기후–생태 위기 앞에서 제인 구달과 애튼버러 같은 엘리트들은 언론과 대중매체를 통해 지속적으로 원죄설을 유포한다. 일반 시민들도 이 모든 문제의 책임은 인간에게 귀속된다는 신화화된 믿음을 서로에게 끊임없이 속삭인다. 주류 환경단체들은 생명과 자연보호에 관한 곡진한 수사를 남발하며 인간이 문제라고 지탄하기 바쁘다. 그러면서 최소한의 염치도 없이 자본과 거리낌 없이 어깨를 겨루며 인간의 원죄를 설파하고 자연보호를 주야창천 외친다. 지고지순한 동물 사랑, 아름다운 정원, 소중한 야생 공간. 이들은 문화, 사회, 정치, 불평등 같은 사회적 관계로부터 환경을 순수하게 증류시킬 수 있다고 믿는다. 자연을 마치 사회로부터 분리된 하나의 순수한 공간으로 여기는 것이다. 자연을 그저 인간 사회의 외부에 격리한 채 관리하는 수동적인 객체로 전락시킨다는 점에서, 그들은 지극히 인간중심적이다. 인간을 모든 문제의 근원이라고 여기는 생각은 인간 본성을 비난하는 것처럼 보이지만 결국 인간을 자연과 분리된 예외적 존재로 상정한다는 점에서 철저히 인간중심주의적이다. 이들의 자연은 노스탤지어가 투사된 회고적 자연이며, 과거에 머무는 낭만화된 자연이자, 오리엔탈리즘의 박물관에 박제화된 자연이다. 다양한 인종의 인간과 다른 비인간 존재들이 서로 섞이고, 오염되고, 협력하는 상호성의 자연을 부정하고 지배 세력에 의해 관리되고 통제되는 식민화된 자연을 열망한다.

아마존과 고무 노동자를 지키다 살해된 치코 멘데스Chico Mendes는 살아생전 이들의 자연관을 날카롭게 비판한 바 있다. "계급투쟁 없는 환경운동은 정원 가꾸기다." 자연을 파괴하는 건 인간이 아니라 자본이라는 사실을 부정하는 부자들의 환경주의, 그리고 자본에 맞서 인간과 자연의 끈을 다시 이으며 공생 관계를 구축하기보다 인간에게 모든 죄를 떠넘긴 채 희소화된 자연 공간을 찬양하는 부자 환경주의의 그 뻔뻔한 위선을 예리하게 꼬집는다. 그런데도 유엔 사무총장 잉거 안데르센마저 COP15 개막식에서 "인간은 자연과 전쟁 중"이라며 또다시 인구과잉이 문제라고 주장한다.

"우리는 방금 지구상에서 80억 번째 인류의 일원을 맞이했다. 아기의 출생은 멋진 일이지만 사람이 많아질수록 지구에 더 큰 압박이 된다는 것을 이해해야 한다."[95]

어쩌라는 걸까? 80억 명이 집단자살이라도 하라는 걸까? 잉거 안데르센은 인간이 위기를 자초했기 때문에 결국에 인간이 이 위기를 해결할 수 있다고 주장하면서 그 해법 중 하나로 바다와 육지의 30%에서 인간의 흔적을 지워버릴 것을 촉구한다. 물론 이 과정에서 누가 지워질지는 자명하다. 이처럼 원죄설에 기반한 인간 혐오는 자본과 지배 엘리트들에게 면죄부를 부여함으로써 위기를 끊임없이 지연시킨다. 전체 이산화탄소 배출량의 80%를 차지하는 G20 국가들에 대한 결정적 책임은 제쳐두고, '인간이 너무 많다'는 공포를 조장하고 위기에 대한 책임을 주변부 선주민들과 가난하고 힘없는 사람들에게 전가하는 이 교활한 말장난은 되려 위기를 더욱 확산할 뿐이다.

유엔 사무총장은 이렇게 말했어야 했다. '자본의 탐욕이 많아질수록 지구에 더 큰 압박이 됩니다. 우리는 자본주의를 철폐해야 합니다.'라고. 누가 더 많이 타락했는지 죄의 경중을 세세히 따져 묻고, 고 김수환 추기경이 추진했던 '내 탓이오 운동'처럼 가슴을 주먹으로 내려치며 내 탓이오, 내 탓이오, 천 번 만 번을 외쳐도 탄소는 유의미하게 줄어들지 않는다. 자연과 전쟁을 치르는 건 인간이 아니라 자본이다. 15세기부터 지금까지 이어져 온 자본의 무자비한 축적 체제가 탄소를 무한하게 배출하고 생태계를 붕괴시켜왔으며, 더 나아가 남반구와 북반구 민중들의 삶을 형해화했다는 점을 이해하는 것이 문제 해결의 시발점이 되어야 한다.

인간은 사회적 동물이다. 사회 시스템이 변화하면, 또는 사회 시스템을 변화시키면 인간성도 변화하기 마련이다. 우리의 마음 풍경은 어떤 사회적 조건 속에서 사냐에 따라, 어떤 공동체에서 머무냐에 따라 바뀌게 된다. 자본의 그늘 속에 존재하느냐, 나무 그늘 속에 존재하느냐에 따라 우리의 오감이 달라지게 된다. 지구라는 우주선 속에 거처하는 동안, 자연과 함께, 누군가를 배제하거나 착취하지 않으면서 지상의 번영을 구가할 수 있다는 비전의 실행은 인간 혐오를 단호히 기각하는 것에서부터 시작된다. 인간에 대한 모독은 자연에 대한 모독이다. 인간 수탈이 곧 자연 수탈이기 때문이다.

5장

기후 장벽과
생태파시즘

"100명의 승객을 태운 배가 갑자기 전복되고
구명보트가 하나뿐이라면 어떻게 해야 할까요?"

펜티 린콜라

지구 탈출의 꿈

호수가 말라붙은 미국 네바다의 블랙 록 사막. 이곳에서 매해 여름 버닝맨 페스티벌Burning Man Festival이 열린다. 전 세계 도시에서 사람들이 찾아오고 880편 이상의 전용 제트기가 오르내린다. 그늘 한 점 없는 사막에 가건물과 캠핑카들로 거대한 인공 도시가 지어지는데, 한가운데에는 페스티벌의 마지막에 불태워질 인간 형상의 구조물이 세워진다.

'공동체, 예술, 자기표현, 자립'이라는 페스티벌의 주제에 걸맞게 1980년대에 처음 시작했을 때만 해도 히피족의 축제였다. 북유럽의 하지 모닥불 축제를 모방하는 동시에, 소비지상주의와 자본주의에서 탈출해 대안적 공동체를 창출하려는 유토피아적 열망이 그 기원이다. '버닝맨'은 켈트족 신화에 등장하는 '위커맨Wicker Man'에서 유래한바, 버드나무로 만든 거대 인간 형상물을 위커맨이라고 부른다. 그 안에 전쟁 포로와 동물을 넣고 화형시키며 제를 지냈다고 전해진다. 항간에는 로마 시대 때 제국의 힘을 보여주기 위해 위커맨 안에 전쟁 포로들을 가둬놓고 불태우며 희생 제의를 올렸다는 설이 존재하기도 한다. 버닝맨 페스티벌의 애초 기획의도는 위커맨으로 상징되는 이단적 신화와 상상력에 기대어 해방감과 자유를 만끽하는 거였다.

그런데 기이하게도 현재 이 페스티벌은 일론 머스크, 마크 저커버그 등 실리콘밸리의 억만장자들과 금융 엘리트들이 즐겨 찾는 부자들의 메가 이벤트가 되었다. 온갖 화려한 예술 장치들이 전시되고 흥겨운 음악이 흘러나오는 동안, 뜨거운 사막 열기를 조금이라도 제어하고자 고급 캠핑카와 텐트에서 쉴 새 없이 에어컨 바람이 쏟아져 나온다. 한 번의 페스티벌 때문에 대략 10만 미터톤의 이산화탄소를 배출한다. 페스티벌의 핵심 모토가 '아무것도 남기지 말 것(leave no trace)'인데, 대량의 탄소 배출은 물론 매년 수많은 쓰레기와 오염물질을 남겨놓는다.[1]

2023년 8월 말, 미국의 기후행동가들은 블랙 록 사막으로 가는 이동 경로에 바리케이트를 쳤다. 탄소를 대량 방출하는 880편 이상의 개인 제트기를 퇴출하라, 프로판 가스를 사용하지 말라, 플라스틱을 쓰지 말라, 발전기를 사용하지 말라는 것이다. 버닝맨 축제가 1960년대 우드스톡의 정신으로 돌아가기를 요청했다.[2] 하지만 경찰이 활동가들을 모두 끌어내고, 신이 난 미국의 우익들이 경찰을 응원하며 환호했다.

그런데 며칠 후, 보란 듯이 네바다에 역대급의 홍수가 났다. 단 하루 만에 3개월 치 비가 내리 퍼부었다. 그 덕에 수만 명이 사막에 고립되고 말았다. 부자들의 흥겨운 사막 유흥이 기후재난으로 박살난 것이다. 심지어 홍수 재난으로 사막에 새우가 등장하는 진풍경이 벌어지기도 했다. 축제 전에 태풍 힐러리Hilary의 파괴적 강우량이 예고되었지만, 이들은 이벤트의 쾌락에 도취돼 귓등으로 들었을 뿐이다. 고립으로 인해 음식, 물, 약품 공급이 끊기고 사망자가 나오는 등 사막 한가운데에 수많은 사람이 오도 가도 못하는 진풍경이 펼쳐졌다. 이에 《워싱턴포스트》는 "버닝맨 2023은 기후위기에 대한 우화다"라는 제목의 기사를 실었다.[3]

적절한 비유다. 치명적인 태풍이 다가오는데도 기후활동가들을 내쫓고 페스티벌의 자유를 흥청망청 구가하던 사람들이 졸지에 고립의 신세로 전락한 과정은 기후재앙 시대의 중요한 단면을 보여주는 우화로서 손색이 없다. 심지어 물 위를 달릴 수 있는 교통수단을 동원해 부자들이 가장 먼저 진창 속을 빠져나간 반면에 자전거로 사막에 온 시민들은 끝까지 고립된 채 구호의 손길을 기다려야 했는데, 이마저도 한 편의 계급 우화에 빗댈 만

한 광경이었다. 마치 영화 속 한 장면처럼 물살을 거침없이 가르며 사막을 빠져나가는 트럭 위에서 호탕하게 웃는 백인 부자들의 모습은 분명 낯설고 이물스러운 장면이다.

일론 머스크와 마크 저커버그 같은 억만장자들은 왜 버닝맨 페스티벌에 열광할까? 버닝맨 페스티벌은 꽤 급진적인 기획 속에서 탄생했다. 1960년대 프랑스 상황주의자들의 구호를 원용했는데, '급진적 자기 표현', '자유', '대안사회', '탈상품화', '직접 물물교환'과 같은 반자본주의적 표현들이 범람했다. 계급투쟁과 사회운동의 힘으로 현존하는 자본주의 내부를 변화시키기보다는 자본주의 외부에 탈상품화된 대안 공동체를 건설하자는 1960, 70년대 문화혁명의 영향을 받은 터였다.[4] 본의 아니게, 실리콘밸리의 자유지상주의자들을 자극한 것이 바로 그 '외부'였다. 일론 머스크와 억만장자들에게 자신들의 부와 권력으로 외부의 땅에 새로운 사회를 건설할 수 있다는 환상을 부여하기 때문이다. 사막의 인공 도시가 새로운 외부이자 재창조를 위한 영토처럼 비친 것이다. 불평불만으로 가득한 무산자들이 늘 시위를 하고 오염이 가득한 대도시에서 벗어나 자유, 자유, 자유를 구가할 수 있는 아편과도 같은 쾌락을 제공하는 공간이나 다름없다. 억만장자들은 전용 제트기를 타고 사막 오지에 내려앉아 힘과 돈의 자유를 과시하며, 그 새로운 외부의 흙냄새와 바람을 탐닉했던 것이다. 그들에게 버닝맨 페스티벌은 요컨대, 지상의 테라포밍을 향한 욕망의 장소였다.

테라포밍Terraforming은 지구가 아닌 다른 행성의 환경을 지구 생태계와 비슷하게 개조하는 지구화地球化 작업이다. 대기와 온도를 지구와 유사하게 바꿔 인간이 살 만한 환경으로 재구성하는 행성 공학이다. '지구'를 뜻하는 Terra와 '만들다'를 의미하는 Forming의 합성어인데, 이 단어는 1942년 출간된 잭 윌리엄슨Jack Williamson의 SF 소설 「충돌궤도」에 처음 등장했다. 이후 1950, 60년대 공상과학 소설들 속에서 꾸준히 개진되다가, 1961년 과학자로는 처음으로 칼 세이건이 짧은 논문을 통해 금성을 테라포밍하자고 제안하면서 이 개념이 유명세를 얻기 시작했다. 이산화탄소를 산소로 변화시키기 위해 조류를 금성의 대기에 뿌리자는 것인데, 황산으로 뒤덮인 대기 조건과 태양풍 때문에 실현 불가능한 것으로 판명됐다. 칼 세이건과 과학자들은 곧장 시선을 돌려 화성을 바라보기 시작했다. 지구와 가깝고 그나마 비슷한 환경을 지녔기 때문이다. 평균 기온 영하 62도에 달하는 화성에 유전자를 조작한 미생물을 번식시키자는 주장에서부터 핵폭탄으로 얼음을 녹여 바다를 만들자는 아이디어에 이르기까지 수많은 가설과 제안이 쏟아졌다.

급기야 2013년 네덜란드 기업가인 바스 란스도르프Bas Lansdorp가 '마스원Mars One' 프로젝트를 세상에 내놓았다. 24명을 선발해 2024년부터 화성에 이주시키겠다는 계획이다. 프로젝트가 발표되자마자 20만 명이 넘는 신청자가 쇄도하고 많은 투자자와 과학자들이 참여하는 등 전 세계의 이목이 집중됐다. 화성 식민 정착지에서 리얼리티 TV쇼를 제작하겠다는 원대한 포부를 밝혀 사람들을 흥분시켰다. 하지만 2019년 마스원 벤처 회사가 슬그머니 파산 신청을 하면서 우주 사기극 논란에 휩싸였다.[5]

한편 2002년 민간 우주 기업 '스페이스X'를 설립한 일론 머스크 역시 화성 식민지 계획을 추진 중이다. "2022년부터 화성에 식민지를 건설하고, 2024년에 100~200명을 이주시키겠다"는 계획을 밝힌 바 있다. 화성의 온도와 기압을 올리기 위해 극지방에 핵폭탄을 터뜨리고 얼음을 녹여 테라포밍하자는 과감한 주장을 펼쳤다. 하지만 이 장을 쓰는 시점까지 화성은커녕 아직 우주에도 진입하지 못했다. 2023년 4월 스페이스X의 우주선 스타십은 이륙 4분 만에 폭발하며 추락했다.

이미 나사NASA는 2018년 일론 머스크의 꿈을 좌절시킨 바 있다. 연구 결과, 현재 기술로는 화성을 테라포밍할 수 없다고 결론지었다. 극지방을 핵무기로 폭파하든, 토양을 가열시키든 화성을 따뜻하게 데울 수 있을 만큼의 충분한 이산화탄소가 없다는 것이다. 화성의 기압은 지구의 약 0.6%

밖에 되지 않는다. 기압을 올리려면 이산화탄소가 필요한데, 남극 얼음, 광물 매장냥, 먼지 입자 속의 이산화탄소를 다 합쳐도 고작 4%, 5% 남짓밖에 되지 않는다.[6]

이렇게 지구 생태계를 다른 곳에 복제하려는 욕망은 이미 1990년대 미국 애리조나 사막 한가운데에서 시연된 바 있다. '바이오스피어2Biosphere2' 실험이 그것이다. 지구 생물권(바이오스피어1)을 인위적 환경 하에서 그대로 복제하는 것이 바이오스피어2다. 흡사 영화 〈마션〉에서 맷 데이먼이 화성에 만든 인공 온실의 확장 버전과 같았다. 미국 애리조나 사막에 무려 1억 5천만 달러를 들여 대규모 생태적 실험장을 구축했는데, 그 안에 열대우림과 습지를 조성하고 150여 종의 농작물과 3천여 종의 생물을 반입시켰다. 노아의 방주처럼, 원형의 지구를 구축하려는 것이었다. 숲, 사막, 돼지, 산호초, 벌새가 존재하는 폐쇄 실험 공간에서 1991년부터 1993년까지 2년간에 걸쳐 빨간 유니폼을 입은 여덟 명의 백인 남녀가 자급자족에 기반해 농사를 지으며 생활했다. 근원을 추적하면, 바이오스피어2 실험은 1960, 70년대 청년들의 반문화(counter-culture) 운동과 환경운동의 영향 아래에서 발아한 것이었다. 존 앨런John P Allen이라는 이상주의자가 생태학과 연극을 결합해 만든 실험적 공연 그룹 '모든 가능성의 극장'이 그 시초라고 봐야 할 것이다. 당시는 오염된 세상과 단절된 유토피아 공간을 창출하려는 욕망이 분출되던 시기였다. 존 앨런 주변으로 다양한 사람들이 모여들었는데, 텍사스 출신의 석유 억만장자인 에드 배스Ed Bass가 이 몽상가 집단에 결합하고 경제적 지원을 하면서 마침내 거대한 생태 모험이 감행된 것이다.[7] 환경 오염, 인구 증가, 자원 고갈로 얼룩진 지구에서 벗어나 사막의 오지에 에덴 동산을 인위적으로 건설하려는 대규모 프로젝트. 이들은 바이오스피어2가 훗날 인류의 우주 여행과 테라포밍에 본보기를 제공할 것이라고 믿었다.

하지만 그들의 야심찬 계획은 실패로 귀결된다. 자급자족 농사는 잘되지 않았고, 식량이 몰래 조달됐다. 또 산소가 부족해져 두 번에 걸쳐 산소 공급이 이루어졌다. 그럼에도 존 앨런을 비롯한 참가자들은 이 획기적인 실험을 계속 이어가기를 원했는데, 석유 억만장자 에드 배스가 1993년 여덟 명 전부를 해고했다. 바이오스피어2를 영리 기반의 사업으로 확장하기 위해서였다. 뒤이어 스티브 배넌Steve Bannon이 헬기를 타고 화려하게 등장해 CEO 대행을 맡았다. 도널드 트럼프의 전략가 스티브 배넌이 왜 인공 실험실의 운영을 맡았는지는 여전히 미스터리다. 그는 나중에 트럼프 정부가 파리 기후 협약에서 미국을 탈퇴시키는 데 결정적 영향을 미친 인물이지만, 바이오스피어2를 운영할 때는 기후변화의 위험을 인지하고 있었다.[8] 애초의 승무원들을 바이오스피어2에서 해고한 후에도 실험이 계속됐는데, 두 번째 역시 실패로 돌아갔다. 현재는 애리조나 대학이 시설을 관리하고 있다.

　원형의 지구를 사막 오지에 복원하려던 유토피아적 열망은 석유 재벌과 우익 엘리트가 실험 공간을 점령하면서 그렇게 금세 시들고 빛이 바랬다. 버닝맨 페스티벌과 바이오스피어2는 유사한 궤적을 그린다. 기성 세계를 탈출해 생태적이고 평화로운 이상향을 창조하려는 애초의 노력이 존재하고, 그 뒤를 지배 엘리트들이 쫓아와 그곳을 전유하는 패턴이 거의 같다. 자아 찾기, 목가적 삶, 낭만화된 자연, 탈상품화, 히피즘, 반자본주의 따위의 수사들로 가득했던 1960, 70년대의 급진적 문화운동이 체제의 내부를 변혁하기보다 체제의 외부를 구축하다 대부분 권력에 포섭되거나 실패로 귀결된 그 전철을 그대로 답습한 것이다.

　이렇게 바이오스피어2 실험이 허풍과 돈 잔치의 허무한 결말로 끝맺음했음에도 여전히 우주 여행과 테라포밍에 대한 관심은 멈출 기세가 없다. 우주 탐사와 행성 정착을 시뮬레이션하는 프로젝트에 참여하는 사람들을 '아날로그 우주 비행사'라고 부르는데 유타, 하와이, 텍사스, 오만, 이스라엘, 심지어는 남극 대륙에도 관련 시설이 존재한다. 현재 기술로는 수천 년

이 걸릴지도 모른다는 과학계의 지적에도 아랑곳없이 화성을 얼른 식민화하고 지구를 벗어나야 한다는 강박이 유령처럼 떠돈다. 심지어 스티븐 호킹조차 말년에 계속적으로 우주 테라포밍과 화성 식민지가 인류의 유일한 선택지라고 주장했다.

"우리는 지구에 기후변화라는 재앙적 선물을 안겼습니다. 예전에 비슷한 위기에 처했을 때는 대체적으로 식민지로 만들 곳들이 있었습니다. […] 그러나 이제는 새로운 세상도, 코앞의 유토피아도 없습니다. 우리는 공간이 부족하고 가야 할 유일한 곳은 다른 세계뿐입니다."[9]

케임브리지의 이 천재 물리학자는 한 바구니에 계란을 전부 담아놓는 게 지극히 위험하다고 여겼다. 위험을 분산하기 위해 우주에 또 다른 인류의 거처를 마련해야 한다고 믿었다. 인공지능, 유전자 변형 바이러스, 핵전쟁 같은 치명적 재앙들이 언제 들이닥칠지 모르는 데다, 무엇보다 기후위기가 인류의 삶을 붕괴시킬 거라고 염려한 것이다. 화성 식민지나 외계인 침공 같은 허무맹랑한 이야기를 한다는 비판에도 불구하고, 스티븐 호킹의 주장은 대중들에게 적지 않은 영향을 끼쳤다. 또 영화 〈인터스텔라〉를 비롯한 SF 영화와 드라마, 각종 소설들이 앞다퉈 인류의 유일한 생존 전략은 제2의 지구에 달려 있다는 신화를 지속적으로 유포한다. 지구는 이미 황폐화되었고 인구 증가로 자원까지 바닥났다는 절망감이 잿빛의 매연처럼 우리의 상상력 위에 드리워져 있다.

그리고 이런 절망을 해결해줄 구세주 같은 표정으로, 미국 억만장자들이 우주 시대를 열겠다고 출사표를 던지고 있다. 스티븐 호킹이 600년 후에 지구가 불덩어리가 될 것이기에 100년 안에 화성 식민지 건설을 서둘러야 한다고 채근했다면, 일론 머스크는 인류가 지구에 머문다면 결국 종말이 일어날 것이라고 경고한다. 종말에 대한 대안은 인간을 다성 행성에 거주하게 하는 것이다. 테슬라의 CEO는 자신의 전 재산을 털어 화성을 식민지로 만들 테니, 자신의 무덤도 화성에 만들 테니, 그곳에 갈 사람들은 열심히 저축을 하고 티켓을 구매하라고 독촉한다.[10] 화성 전초기지가 일론 머스크의 목적이라면, 아마존의 창립자 제프 베이조스Jeff Bezos와 그의 우주 회사 블루 오리진Blue Origin은 지구 주위에 우주 식민지를 건설하려고 한다. 그의 꿈은 수 킬로미터에 달하는 우주 구조물 수백만 개가 지구 주변을 회전하는 풍경이다. 달과 태양계 행성들에서 필요한 자원을 채굴하고 태양 에너지를 활용하는 수백만 개의 우주 구조물에 줄잡아도 인류 1조 명을 탑승시킬 수 있다는 것이다. 아마존 억만장자의 이 황당한 아이디어는 1970년대 우주 정착지 개념을 개척한 물리학자 제라드 K. 오닐Gerard K. O'Neill의 비전에서 비롯된 것이다. 제라드 오닐은 제프 베이조스의 대학 스승으로, 인구 과잉과 에너지 부족 같은 지구 행성의 한계 때문에 우주 식민지를 개척해야 한다는 주장을 펼쳤다. 스승의 의견에 크게 감화받은 제프 베이조스는 우주 식민지 건설의 초석을 놓기 위해 2024년까지 달에 착륙선을 안착시키겠노라 큰소리를 치고 있다.[11]

우주 개척을 놓고 벌이는 억만장자들의 경쟁은 자못 눈꼴사나운 지경이다. 일론 머스크와 제프 베이조스가 화성과 달 중에 어느 것이 더 중요한지를 놓고 유치하게 트위터로 설전을 벌이는 사이, 영국의 억만장자 리처드 브랜슨이 2021년 7월 잽싸게 우주선을 띄워 민간 최초의 우주 여행이라는 타이틀을 어부지리로 선점했다. 브랜슨을 포함 총 여섯 명을 태운 우주선이 고도 87킬로미터까지 올라가 미세중력을 체험했는데, 민간 상업 우주여행의 신호탄으로 평가된다. 이미 약 600명이 최대 2억 9천만 원에 달하는 티켓을 구매하고 5분간의 무중력을 체험하기 위해 대기표를 받아든 상태다.[12] 최초의 영예를 뺏긴 제프 베이조스가 바짝 조바심을 불태우며 1주일 후 곧바로 우주선을 띄워 올렸다. 100킬로미터 상공까지 올라가 10분간 무중력 상태를 여행하고 돌아왔다. 그런데 이제 우주 여행이 가능해졌다는 자화자찬보다 우주선 모양이 더 화제를 끌었다. 꼭 남자 성기 모양을 닮아 '하늘을 나는 페니스'라는 인터넷 밈을 폭발적으로 양산했다. 2021년

코로나 전염병이 인류를 봉인하는 동안, 세계 시민들이 고유가와 물가 상승으로 고통받고 있는 동안, 팬데믹 기간에 천문학적 떼돈을 벌어들인 빅 테크 자본가들이 우주의 새로운 군주가 되기 위해 경쟁적으로 성기 모양의 우주선을 쏘아 올리는 광경이야말로 이 세계의 계급 관계와 불평등을 극명하게 보여주는 외설에 다름 아닐 것이다. 남근 모양의 우주선이 하늘로 치솟는 광경은 생태-기후 위기, 가부장제, 식민주의, 자본주의의 모순들이 중층적으로 얽힌 지구 행성의 한 단면을 응축해 보여주는 한 장의 스냅사진이었다.

왜 저 빅 테크 자본가들과 슈퍼 부자들은 지구 바깥으로 탈출하기 위해 저토록 애를 쓸까? 정말로 인류를 걱정해서일까? 제프 베이조스의 대답은 우리에게 중요한 힌트를 제공한다.

"우리에겐 선택지가 있습니다. 현상 유지와 배급을 원할 것인가, 아니면 역동성과 선택권을 원할 것인가? 이건 쉬운 선택입니다."[13]

한계에 봉착한 지구에서 근근이 배급(공산주의)을 받으며 살 것인가, 아니면 우주로 나가 역동적인 성장을 도모할 것인가. 제프 베이조스와 일론 머스크는 앙숙처럼 싸우면서도 성장을 위해 지구 바깥으로 나가야 한다는 필연성을 함께 공유한다. 행성 한계를 돌파하고 우주에 식민지를 구축해야만 성장을 도모할 수 있다는 것이다. 그들에게 지금의 행성 위기는 그들의 지상과제인 성장을 가로막는 결정적 장애물이나 다름없다. 성장의 한계, 그것이 그들을 지구 바깥으로 뛰쳐나가게 하는 족쇄다.

1972년 MIT 과학자들이 내놓은 보고서 「성장의 한계」는 자원 한계와 경제 활동에 따른 환경 비용 때문에 산업적 성장이 더 이상 지속될 수 없다는 충격적인 내용이 담겨 있다. 인구 증가, 산업화, 오염, 식량 생산, 자원 고갈 등 현재의 성장 추세가 계속되면 지구 행성의 성장 한계점이 100년 이내에 도래할 거라고 예측했다. 이때가 되면 인구와 산업 능력 전반에 통제할 수 없는 급격한 감소가 이루어지게 된다. '유한한 행성에서 무한한 성장은 불가능하다'고 선언한 셈이다. 이 보고서는 출간 이후 전 세계에 3천만 부가 팔려나갈 정도로 세상을 놀라게 했을 뿐만 아니라 지금까지도 중대한 영향력을 행사한다. 하지만 경제학자들은 기술 발전으로 경제 활동과 환경 오염을 충분히 '비동조화(Decoupling)'할 수 있다고 장담해왔다. 디지털 등의 기술 혁신으로 경제 활동과 그에 따른 환경적 영향을 분리하는 것이 가능하다는 것이다. 오늘날의 기후재앙 시대에도 경제학자와 과학자들의 희망의 찬가는 계속 이어진다. 탄소 포집 및 저장 기술, 인공지능과 디지털, 또 원자력을 이용해 경제 성장을 추구하면서도 환경적 비용을 줄이고 배출량을 감소시킬 수 있다고 말이다. '녹색성장', '지속 가능 발전', '녹색 자본주의'는 어법만 달리할 뿐 이처럼 마술적 기계장치와 비동조화를 통해 유한한 행성에서 무한한 성장과 발전을 지속할 수 있다고 믿는다.

그렇기에 지구를 뛰쳐나가 우주에 식민지를 건설하려는 억만장자들의 집착은 일견 기이해 보인다. 빅 테크 자본가들은 기술이 부리는 비동조화의 마법을 스스로 부정하는 건가?

1957년 10월 4일 소련의 바이코누르 우주기지에서 인류 최초의 인공위성 스푸트니크 1호가 발사됐다. 공교롭게도 찰스 데이비드 킬링이 1958년 하와이섬에서 처음으로 이산화탄소 농도를 측정하고, 엑슨모빌의 이사들이 화석연료로 지구가 불태워질 수 있다는 것을 알아채고도 쉬쉬하던 때와 시간이 겹쳐진다. 인류가 막 행성 위기의 조짐을 파악하기 시작하던 그때, 지구 바깥으로 첫 우주선을 날린 것이다. 한나 아렌트는 『인간의 조건』 서론에서 소련이 발사한 스푸트니크 1호를 "지구의 감옥으로부터 탈출하려는" 무모한 시도, "인간을 자연의 자녀로 속하게 만드는 마지막 끈조차 제거하려는" 세계 소외로 분석하며 우주로의 탈출이 되려 우리가 발 딛고 있는 존재 조건을 강렬하게 상기시킨다고 지적한다.

"지구는 가장 핵심적인 인간 조건이다. 우리 모두가 아는 것처럼, 지구는 우주에서 유일한 인간의 거주지이다. 인간은 여기서 별 노력 없이 그리고 스스로 만들어놓은 수단 없이도 움직일 수 있고 살 수 있다."[14]

인간 조건의 정수인 지구를 버리고 우주 식민지를 건설하려는 욕망은 확실히 반인간적이며 반자연적이다. 과학 기술의 끝없는 발전과 경제 성장에 대한 중독이 유한한 지구 행성을 감옥으로 여기게 하고 우주 바깥으로 탈주하게끔 충동질하는 것이다. 성장에 대한 무한한 집착은 유한한 지구 행성을 성가신 족쇄로 감각하게 한다. 이들에게 기후–생태 위기에 처한 지구는 질식할 것 같은 병든 감옥이다. 인구가 너무 많고, 전염병이 창궐하며, 식량이 부족하고, 해수면이 상승하는 등 퇴락의 기미로 가득하다. 또한 이윤을 축적하기 어려운 불량 시장이다. 기술 제국의 새로운 군주들이 품은 우주에 대한 열망은 결국 새로운 땅, 새로운 식민지를 찾으려는 자본의 탐욕이다. 개인적 기벽이 아니라 자본주의 보편의 욕망인 것이다.

테라포밍의 역사

우주 테라포밍은 즉, 우주 플랜테이션이다. 공간이 지구 밖으로 바뀌었을 뿐, 15세기 말부터 시작된 식민주의의 확장이다. 풀어 말해, 테라포밍은 최근에 등장한 게 아니라 자본 축적 과정의 시초적 기제로 항상 존재한다. 잠시 눈을 감고 15세기 말의 아메리카 대륙을 떠올려보자. 1492년 아메리카 대륙에 유럽인이 처음으로 도착했을 때 단순히 사람과 배만 도착한 게 아니었다. 천연두, 인플루엔자, 홍역, 발진티푸스, 폐렴, 성홍열, 말라리아, 황열병 등 최소 여덟 개의 전염병이 신대륙에 도착했다. 유럽인들과 그들이 데려온 가축들에서 연원한 전염병이었다. 항체가 없는 아메리카 선주민들은 속수무책일 수밖에 없었고, 순식간에 선주민의 90% 이상이 절멸했다. 갑자기 텅 빈 대륙이 된 것이다. 대략 5,500만 명이 절멸한 후 16세기의 아메리카 대륙은 선주민들이 농사를 짓던 곳이 그대로 방치되고 인간활동에 의한 화재가 감소하면서 다시 초목이 우거지며 재야생화되었다. 연구 결과, 1500년대부터 1600년대 초반에 걸쳐 대기 중 이산화탄소 농도가 7~10ppm 급격히 감소한 것으로 추정된다.[15] 당시 지구 기온이 잠시 하강한 것에 아메리카 토착민 대멸종이 영향을 미쳤을 거라는 주장이 제기된다. 선주민들이 사라지고 다시 숲이 우거지면서 이산화탄소를 대량 흡수하고 기온을 떨어뜨렸다는 것이다. 어디에서 많이 본 광경 아닌가. 외계인이 다른 행성에 도착해 바이러스로 그곳에 살던 존재를 절멸시키거나, 지구인이 바이러스를 옮겨 다른 행성의 생명체를 절멸시키는 SF의 흔한 장면 말이다. 그렇다, 테라포밍의 시작은 침입종 바이러스다.

뒤이어 포르투갈, 에스파냐 등 유럽의 제국주의 국가들이 서아프리카의 노예를 납치해 텅 빈 아메리카 대륙으로 이송했다. 플랜테이션을 구축하기 위해서다. 바베이도스, 자메이카 등의 카리브해 지역뿐 아니라 브라질 등 라틴 아메리카 전역에 설탕 플랜테이션을 구축했다. 이렇게 아메리카로 옮겨진 흑인 노예는 1,200만 명에 이른다. 아메리카 토착민이 절멸된 공간에 납치한 아프리카 노예들을 데리고 와 사탕수수 플랜테이션을 경쟁적으로 구축하고, 설탕을 정제하느라 밤낮으로 불가마를 지피고 삼림을 벌채하기 시작했다. 그렇게 아메리카의 플랜테이션에서 검은 노동으로 생산한 하얀 설탕이 유럽으로 실려가면서 서구 근대와 자본주의의 시원이 마련된 것이다. 유럽 경제 부양책의 원료가 된 그 하얀 설탕을 위해 바베이도스섬 하나에서만 1630년부터 1810년에 이르기까지 노예들이 혹사당하다 25만 명이 사망했다.[16] 노예 무역이 없었다면, 설탕이 없었다면, 남미의 은광이 없었다면, 북미에서 흑인 노예들이 딴 목화가 없었다면 유럽 자본주의는 그처럼 발흥하지 못했을 것이다. 유럽 식민자들이 흑인 노예들을 서아프리카에서 아메리카 대륙으로 멀리 데려온 이유는 노예들이 쉽게 도망치지 못하게 하기 위한 것뿐 아니라, 유럽인들이 아프리카의 기후와 질병에 취약했기 때문이다. 식민자들은 유럽의 기후와 환경이 비슷한 아메리카, 뉴질랜드, 호주에 몰려가 그곳의 생물학적 구조를 변경하고 정착의 토대를 마련했다.

수 세기 동안 사슬에 묶여 아메리카로 이송된 아프리카 노예의 70% 정도가 플랜테이션, 즉 잔혹한 단일 상품 생산공정에서 일했다. 설탕 플랜테이션의 역사만 살펴봐도, 산림을 끊임없이 황폐화시키고 토지를 고갈시키며 인간과 자연을 무자비하게 몰아가는 과정이었다.[17] 재배, 수확, 운송, 정제 등 설탕 플랜테이션의 분화된 노동 과정은 훗날 영국 대공장의 모델로 모방되었고, 단일 작물의 생산공정 역시 지금의 자본주의 농법의 원형을 제시했다. 고쳐 말해, 15세기 이래 수 세기 동안 지속된 잔혹한 노예 무역과 플랜테이션은 자본주의를 태동시키기 위한 테라포밍의 원초적 형태였던 것이다. 기후변화, 전염병 이동, 토지와 자연 수탈, 노예 노동, 약탈과 전쟁, 저항 등 테라포밍 과정의 전체 풍경을 요연하게 보여준다.

마데이라의 비극은 식민지 테라포밍의 전형을 예시한다. 북아프리카 대서양에 위치한 마데이라 제도는 유럽과 비슷한 온화한 기후대에 속해 있다. 1418년 포르투갈인들이 처음 마데이라에 왔을 때 한 치의 빈틈도 없이 거대한 나무들로 완전히 뒤덮여 있는 섬이었다. 그래서 나무라는 뜻을 지닌 '마데이라Madeira'라는 이름을 붙였다. 포르투갈 정착민들은 이곳을 자신의 고향과 비슷한 환경으로 만들기 위해 숲을 제거했다. 불을 지른 것이다. 섬 전역을 불사른 대화재 때문에 "남자, 여자, 어린아이 할 것 없이 모두 맹렬한 불길을 피해 바다로 피난 가야 했으며, 바다에서 목만 내민 채 이틀 밤낮을 먹을 것도 없이 있어야 했다."[18] 화재는 무려 7년 동안 이어졌고, 섬 토착종들이 멸종됐다. 이후에 포르투갈인들은 돼지, 소, 밀, 포도나무 등을 유럽에서 들여왔다. 종래의 섬 생태계가 완벽히 테라포밍된 것이다. 1452년 포르투갈 왕은 이 섬에 최초의 수력을 이용한 설탕 공장을 허가했다. 뒤이어 노예무역으로 사탕수수를 재배하고 설탕을 가공할 노예들을 데려왔다. 그렇게 마데이라 제도는 최초의 노예무역과 최초의 설탕 플랜테이션의 시원적인 거점이 되었다. 이후 수 세기 동안 이어질 플랜테이션의 기본 모형을 제공한 장소이자 식민지 역사의 출발지 중 하나였던 것이다.[19]

새로운 영토의 생태계를 식민 지배에 걸맞게 변형하는 것, 부를 축적하기 위해 애초의 자연적 조건을 파괴하는 것이 테라포밍이다. 신대륙에서는 '플랜테이션'을 위해 서아프리카 흑인들을 삶의 장소에서 뿌리 뽑아 노예 노동력으로 삼고 아메리카의 생태 환경을 변형했다면, 자본주의 산실인 영국에서는 '인클로저' 과정을 통해 가난한 농부들을 농촌에서 뿌리 뽑아 도시 대공장에 저임금 노동력을 공급하고 농촌의 공유지를 파괴했다. 남반구를 식민지로 만들고 그곳에서 살아오던 선주민들을 글로벌 생산 공정에 배열시키는 것과, 농촌을 식민지로 변경하고 그곳에 살던 농부들을 뿌리 뽑아 자본주의 생산 공정에 재배치하는 것은 동일한 패턴을 이룬다. 테라포밍은 땅을 빼앗고 그곳에 살던 인간/비인간 생명의 뿌리를 뽑아버리는 폭력적 수탈인 것이다. 이렇듯 태생적으로 자본주의는 식민지 테라포밍과 함께 시작됐고, 그 과정 없이는 축적 체제가 지속될 수 없다. 기존의 생태계를 수탈하고 노동을 착취하기 위해 공간을 새롭게 전유하는 것이 바로 테라포밍의 작동 원리인 것이다. 우주 식민지를 창출하려는 빅 테크 자본가들의 저 집착은 곧 자본주의의 욕망이다. 더 많은 채굴, 더 많은 자연 수탈, 더 저렴한 노동력을 위해 그것이 지구의 오지가 되었든 우주가 되었든, 유무형의 땅을 찾아 끊임없이 떠도는 탐욕의 여정.

2023년 5월 미국의 극우 정치인으로 잘 알려진 론 드샌티스Ron DeSantis 플로리다 주지사는 민간 우주 회사의 산재 책임을 면제하는 법안에 서명했다. 일론 머스크의 스페이스X를 비롯한 우주 회사들이 우주선에서 승무원과 승객들이 부상을 입거나 사망해도 책임을 지지 않아도 된다는 내용이다.[20] 제프 베이조스의 블루 오리진이 개발하는 민간 우주 정거장 프로젝트 오비탈 리프Orbital Reef의 경우에도 노사 문제는 물론 관련 시설에서 발생하는 문제 일체에 관해 정부 감독과 규제에서 벗어나 있다.[21] 노동권과 생명권에 대해 조용하고도 암묵적인 부정이 거래되는 것이다. 물류창고 노동자들이 일하다가 시간이 없어 생수병에 오줌을 누어야 할 정도로 노동력을 착취해온 아마존의 제프 베이조스, 직원들이 집에 갈 시간도 없어 회사에 간이침대를 놓고 새우잠을 자는 걸 자랑스럽게 여기는 일론 머스크 같은 자본가들이 국제기관과 정부의 규제, 그리고 노동법과 노조의 간섭이 존재하지 않는 우주 공간에 얼마나 매혹되었을지 굳이 설명할 필요가 없을 것이다. 끊임없이 노동조합을 비방하고, 트위터를 인수하자마자 직원 7,500명 중 5분의 4를 해고한 일론 머스크에게 노조가 없는 우주 공간이란 지상이 허락하지 않는 금단의 파라다이스일 것이다.

우주를 향한 머스크와 베이조스의 집착은 사실 우주 여행의 신기원을 이룬 베르너 폰 브라운Wernher von Braun의 열망과 연결되어 있다. 1969년 7월 16일, 케네디 우주센터 발사실에서 인류 최초로 인간을 태우고 달을 향해 막 출발한 아폴로 11호를 바라보던 베르너 폰 브라운은 아마도 자신이 개발한 로켓 추진체 '새턴 V'를 뿌듯하게 여겼을 것이다. 그는 미국 최초의 탄도 미사일을 개발했고, 이 미사일을 수정 보완해 미국의 첫 번째 인공위성 익스플로러 1호의 추진체인 주피터Jupiter-C를 만들어냈다. 그 후에는 새턴 V를 개발해 인류의 달 여행을 가능하게 했다. 그런데 우주 여행의 신기원을 이룬 이 전설적인 인물은 사실 나치였다. 히틀러 치하에서 연합군을 공포에 떨게 한 그 장엄한 미사일 V-2를 설계한 장본인이다. 초음속으로 날아가는 미사일이어서 런던 사람들은 아무 소리도 듣지 못한 채 폭격을 당하곤 했다. 독일이 패전하자마자 그의 천재성을 탐낸 미국 정부가 재빨리 그를 빼돌리면서 처벌을 면했다. 아폴로 11호의 추진체인 새턴 V는 바로 대량 살상 무기인 V-2에 연원한 것이다. 그 덕에 미국 우주 여행의 아버지로 추앙되고 《타임》 표지 모델이 되는 등 말년까지 화려한 삶을 살았고, V-2에 얽힌 폭력의 역사도 조용히 잊었다.

미사일 V-2가 야기한 인명 피해는 비단 투하 지점에만 국한되지 않았다. 베르너의 미사일을 조립하다가 죽은 사람들이 2만 명에 달한다. 세 개의 지하 공장에서 미사일을 생산했는데, 프랑스와 이탈리아 포로들, 집시들, 독일 범죄자 등 수만 명을 수용소에 수감한 채 강제 노동을 시켰다.[22] 심지어 형법 제175조에 따라 처벌받은 동성애자들도 미사일 플랜테이션으로 끌려왔다. 지하 터널들로 연결된 미사일 공장의 노동 여건은 지옥과도 같았다. "주당 최소 72시간을 일했으며, 하루에 1,100칼로리밖에 섭취하지 못했다. 습기와 높은 기압으로 폐병과 심장병이 만연했고, 하루 평균 사망자가 160명에 달했다. 수감자 대표가 상황을 개선해달라고 요구하자, SS 여단장 한스 카믈러는 곧바로 기관총을 쏘아 80명을 그 자리에서 죽였다."[23] 베르너 폰 브라운이 직접 총을 쏘지 않고 나치즘을 신봉하지 않았다고 해서 그의 윤리적 책임이 면제될 수 없을 것이다. 죽음의 미사일을 설계하고 또 대량 학살과 강제 노역을 방관했기 때문이다. 우주 여행의 시작점에는 그렇게 참혹한 노예 노동이 숨겨져 있다. 이것은 일론 머스크 등 우주 여행에 집착하는 자본가들이 어떤 규제와 간섭도 없이 노동력을 전유하려는 욕망과 잇닿아 있다. 노동자를 경멸하는 그 뿌리 깊은 엘리트들의 유산 말이다. 물론 베르너 폰 브라운은 변명했을 것이다. 열세 살 생일 선물로 어머니가 준 망원경이 그에게 우주에 대한 열망의 씨앗을 제공했고, 언젠가는 우주 여행을 떠나 달에 도착할 거라는 부푼 꿈에 젖어 그저 미사일을 개발했을 뿐이라고.

15세기 탐험가들과 항해사들도 베르너 폰 브라운처럼 신대륙을 꿈꿨다. 황금으로 반짝거리고 야생과 모험이 가득한 그 미지의 세계. 베르너 폰 브라운과 그의 억만장자 후예들이 우주의 신대륙을 꿈꾼다면, 과거 유럽의 식민자들은 14세기 페스트 창궐로 인해 인구가 감소하고 감염병 위기로 얼룩졌던 유럽 너머의 신대륙을 욕망했다. 철학자 캐롤린 머천트가 『자연의 죽음』에서 선명하게 적시했듯 15세기 무렵 자연과 인간 간의 공생적 관계를 도모하는 '유기적 세계관'이 끝나고 자연을 그저 정복의 대상으로 여기게 된 '기계적 세계관'이 등장하면서, 신대륙에 대한 갈망이 점점 부풀어 올랐다. 자연을 철저히 정복의 대상으로 여기는 세계관의 배양 속에서 개척 정신, 성장과 팽창에 대한 경도, 과학과 기술에 대한 신화화, 분석과 해부, 황금의 신화, 신대륙 같은 관념들이 왕성하게 자라났다. 우주 신대륙으로 나가려는 자본의 욕망은 최근의 것이 아니라 15세기 황금을 찾아 대서양을 건너던 항해사들의 꿈으로부터 비롯된 것이며, 그것의 연장이다. 위대한 경제학자 케네스 볼딩Kenneth E. Boulding은 그것을 '카우보이 경제cowboy economy'라고 표현한다. 1966년 그 유명한 논문 「다가오는 우주선 지구의 경제학」에서 우주선처럼 검은 우주를 떠도는 유한한 지구를 무한한 평면으로 착각한 채 기존의 환경이 악화되면 또 다른 미개척지를 찾아 약탈하는 자본주의를 카우보이 경제에 빗대는데, 탁월한 비유다.[24] 케네스 볼딩은 인류가 약탈적인 카우보이 경제를 지양하고, 지구 행성 한계를 존중하며 인간의 복지와 웰빙에 초점을 맞춘 '우주선 경제'로 전환할 것을 호소한다. 과연 돛대와 범선을 발명한 중국은 왜 식민지를 개척하고 약탈하지 않았을까? 왜 다른 문명은 카우보이 경제를 추구하지 않았던 걸까? 보잘것없던 유럽이 15세기 말 전 세계의 신대륙과 미개척지를 찾아 바다 여행에 나섰던 그 자본주의적 욕망과 탐욕이 바로 오늘날 우주 여행에 집착하는 억만장자들의 무의식이다.

절묘하게도, 이 폭력적이고 파란만장한 신대륙의 대서사시 말미에는 '똥'이 기다린다. 은유가 아니라 실제의 똥. 1969년 아폴로 11호가 인류 처음으로 달에 착륙했을 때, 그러니까 베르너 폰 브라운이 만든 엔진을 부착한 우주선이 지구에서 달로 처음 왔을 때, 당시 찍힌 사진 중 한 장에 미스터리한 하얀색 제트백이 포착돼 있다. 그 정체를 놓고 잠시 논란이 일었다. 사실은 우주 비행사들의 똥과 오줌이었다. 우주 비행사들은 무중력 여행을 하면서 기저귀를 사용한다. 달에 도착하자마자 가장 먼저 똥 기저귀를 버린 것이다. 달에 버려진 인류 최초의 쓰레기다. 이렇게 달에 버려진 인간 배설물 덩어리가 지금까지 96개다. 그뿐만 아니라 골프공 두 개, 미국 국기 다섯 개, 부츠 열두 켤레, TV용 카메라, 영화잡지, 망치, 갈퀴, 삽, 물티슈, 비행사 가족사진 등이 버려져 있다. 가장 무거운 쓰레기는 50여 차례 착륙 불시착 과정에서 발생한 우주선 잔해들인데, 현재까지 달에 쌓인 쓰레기는 대략 200톤이며, 계속 그 무게가 불어나고 있다. 2023년 8월에는 러시아의 루나 25호 탐사선이 달 표면에 추락했고, 인도의 찬드라얀 3호 탐사선이 달 남극에 착륙했다. 거기에다 스페이스X와 블루 오리진과 같은 민간 기업들은 향후 10년 동안 무려 100개의 달 탐사 프로젝트를 계획하고 있다.[25] 이 추세라면 앞으로 달은 똥과 쓰레기들로 뒤덮인 위성이 될 것이다.

또 민간 기업의 채굴로 구멍이 숭숭 뚫린 흉한 몰골이 될 것이다. 1971년 앨런 셰퍼드가 아폴로 14호 착륙 후, 6번 아이언 골프채를 휘둘러 두 개의 공을 날린 장면은 달 식민지를 대하는 지구 우주인의 오만한 태도를 상징적으로 보여준다.[26] 앨런 셰퍼드는 골프 마니아였다. 그가 친 골프공은 지구에서보다 여섯 배 더 멀리 날아갔고, 지금도 달 표면 어딘가에 존재한다.

많은 사람들이 '공유지의 비극'을 이야기한다. 아무도 저 달을 사적으로 소유하지 못했기 때문에 무분별한 환경 오염이 시작됐다는 것이다. 서구 경제학자들 대다수가 주장하는 저 주장은 전적으로 틀린 말이다. 공유지는 지속 가능성을 위한 규칙과 참여자들의 협력이 존재해야 성립 가능하다. 1969년 미국과 소련 중심으로 맺어진 달 조약에는 어느 나라든 달을 소유할 수 없다는 조항만 명시되어 있다. 그러나 개인과 기업은 예외다. 민간의 이름으로 얼마든지 탐사하고 채굴할 수 있다. 현재 일론 머스크와 제프 베이조스를 비롯한 자본가들이 달 프로젝트를 맹렬히 진행하는 이유다. 사적으로 소유하지 못해 달이 오염된 게 아니라, 달을 글로벌 공유지로 지정하지 않았기 때문에 아폴로 11호의 우주 비행사들이 도착하자마자 똥 덩어리를 집어던지고, 앨런 셰퍼드가 실력을 자랑하고 골프채를 휘두른 것이다. 달을 공유지로 만들고, 식민화를 금지하며, 쓰레기 따위로 오염시키지 말자는 규약을 만들어 지구와 달 사이의 지속 가능한 관계를 추구하기보다 무한한 경쟁과 성장을 위해 누구든지 기술력만 있으면 점유할 수 있는 황무지로 단정했기에 다짜고짜 똥을 집어던진 것이다. 지구를 넘어 달에서까지 똥과 쓰레기로 '자본세'를 각인하는 형국이다.

지구 궤도 상황은 더 심각하다. 1밀리미터보다 큰 쓰레기 파편이 1억 개가 넘는다. 총알보다 열 배 더 빠른 속도로 지구 궤도를 질주한다. 우주선과 인공위성 잔해, 장갑, 칫솔, 렌치, 페인트 조각 들이 널려 있다. 지구에서 수백 마일 이내에 7,700여 개의 위성이 존재한다. 이 숫자는 2027년경에 수만 개로 늘어날 수도 있다. 이 문단을 쓰는 와중에 읽은 기사에는 얼마

전 나사의 우주 비행사가 정거장 정비를 하다 도구 가방을 잃어버려 우주를 떠돌고 있다는 소식이 담겨 있다. 수많은 쓰레기들을 거느린 채 태양을 도는 쓰레기 행성, 그것이 현재 우리 지구의 모습이다. 이 어지러운 장면이 우리에게 시사하는 바는 무엇일까. 공유지를 파괴하며 성장해온 자본주의가 점차 지구 바깥마저 파괴하고 있음을 의미한다. 오염된 지구를 버리고 새로운 우주를 탐사하자는 이야기들은 결국 다른 우주 공간을 식민화하고 오염시키자는 말이다. 새로움과 열정적인 모험심으로 채색된 우주 개척의 말들은 실상 낡고 진부한 탐욕의 언어들이다.

2019년 일론 머스크는 한 인터뷰 비디오 영상에서 칼 세이건의 그 유명한 '창백한 푸른 점(Pale Blue Dot)'을 읽어 내려갔다. "지구는 지금까지 생명체가 존재하는 것으로 알려진 유일한 세계입니다. 적어도 가까운 미래에 우리 종이 이주할 수 있는 다른 곳은 없습니다." 여기까지 읽던 일론 머스크가 깔깔 웃으며 이렇게 말한다. "이건 사실이 아니죠. 틀렸어요. 화성이라고요!"[27] 비록 칼 세이건이 금성과 화성의 테라포밍을 지지했지만 일론 머스크와 다른 게 있다면 다른 세계에 대한 존중을 갖고 있다는 점이다. 화성에서 만약 생명체가 발견된다면 그 즉시, 아무것도 하지 말아야 한다고 주장했다. 그게 미생물일지라도 온전히 화성에 속해 있기 때문이다. 소련의 스푸트니크 1호를 보며 지구가 인간 조건의 정수임을 간파했던 한나 아렌트처럼, 칼 세이건 역시 창백한 푸른 점을 바라보며 지구가 우리의 고향이라는 걸 강조한다. 1990년 태양계 탐사선 보이저 1호가 지구로부터 60억 킬로미터 떨어진 곳에서 촬영한 희미하고 외로운 한 점의 지구 사진은 칼 세이건이 나사를 설득해 탐사선의 방향을 거꾸로 돌려 포착한 것이다. 광활한 검은 우주에 떠 있는 보잘것없는 창백한 먼지를 보며 칼 세이건은 감동적인 말을 남겼다. "여기 있다. 여기가 우리의 고향이다. 이곳이 우리다." 이어 이렇게 덧붙인다. "이 창백한 푸른 점보다, 우리가 아는 유일한 고향을 소중하게 다루고, 서로를 따뜻하게 대해야 한다는 책임을 적나라하게 보여주는 것이 있을까?" 적어도 칼 세이건은 고향에 대한 향수를 느꼈다. 지구를 가꾸고 생명체들이 서로를 따뜻하게 돌보는 것이 중요하다는 걸 깨달았다. 반면에 이런 교훈을 일축하며 유일한 출구는 '화성'이라고 답을 한 일론 머스크에게 지구 행성은 그저 부유하는 먼지처럼 표상될 뿐이다.

단지 일론 머스크와 억만장자들의 우주 장광설이 얼마나 어리석은지에 대해 이야기하려고 우주 여행사를 장황하게 서술하고 있는 게 아니다. 또 행성 위기를 극복하기 위해 정치와 경제 시스템을 전환하는 대신, 슈퍼 부자들의 우주 이야기에 더 많은 관심을 기울이는 사람들을 도덕적으로 비난하려고 이 장을 쓰는 것도 아니다. 오늘날 저 억만장자들이 천문학적 돈을 로켓의 연료로 불태우며 써내려가는 우주 판타지는 우리가 발 딛고 있는 이 세계의 실체적 가치를 덧없게 하고 있으며, 바로 그러한 이유로 기후-생태 위기 속에서 펼쳐질 계급적 지평을 가늠하게 하는 중요한 단초를 제공하기 때문이다. 오히려 억만장자들이 기획하는 테라포밍은 생각보다 훨씬 더 구체적이며, 기존의 SF 영화들이 종종 묘사해왔던 '계급의 장벽'의 실사판에 가까워지고 있다. 억만장자들의 욕망의 추이는 현재 일어나고 있고, 앞으로 더욱 첨예해질지도 모를 기후정치의 갈등을 얼추 짐작하게 하는 실마리를 던져준다. 미리 앞질러 단언하면, 우주 전쟁이 아니라 최후의 계급 전쟁의 서막이 오르고 있다.

2020년 일론 머스크는 모 지면과의 인터뷰에서 하와이의 라나이Lanai섬을 가리켜 '세계를 위한 소우주' 같다고 말한 적이 있다.[28] 라나이섬은 3천여 명이 살고 있는 하와이에서 가장 작은 섬 중 하나다. 예전에 파인애플 플랜테이션이었던 이곳은 신호등과 포장도로가 거의 없고 야생 고양이들만 북적거리는 한적한 섬이다. 아름다운 바다를 배경으로 고급 리조트와 골프장이 들어서 있는데, 1994년 마이크로소프트의 창업자 빌 게이츠가 골프 코스에서 결혼식을 올려 잠깐 화제가 된 적도 있다. 이 섬이 세간의 하마평에 오른 것은 2012년 오라클의 억만장자 래리 엘리슨Larry Ellison이

3억 달러로 섬 면적의 98%를 사들이면서부터다. 코로나 팬데믹이 덮쳤을 때 세계 6위의 억만장자는 아예 라나이섬으로 들어와 살기 시작했다.[29] 그가 소유한 고급 리조트의 스위트룸은 1박당 21,000달러로 하와이 전역에서 가장 비싼 가격인데, 부자들의 헬기가 조심스럽게 이곳에 착륙한다. 일론 머스크, 톰 크루즈, 심지어는 베냐민 네타냐후 이스라엘 총리 같은 부자와 정치인이 주요 고객이다. 래리 엘리슨은 이 섬을 자급적이고 생태적인 유토피아로 건설하겠다는 목표를 갖고 있다. '경제적으로 실행 가능한 최초의 100% 친환경 공동체'. 식량을 위해 수경 온실 두 개를 구축했고, 에너지를 조달하기 위해 테슬라 태양광 패널 1,600개를 설치했다. 또 자연 속에서 즐길 수 있는 골프, 승마 등 다양한 위락 시설을 지었다.

당연히 이렇게 섬의 환경이 바뀌자 선주민과 농부들이 쫓겨나는 신세가 될 수밖에 없었다. 부족한 주택과 치솟는 부동산 가격을 감당하기 어렵기 때문이다.[30] 거친 지형과 사나운 파도에 둘러싸인 채 한때 파인애플 플랜테이션으로 기능했던 이 섬은 이제 선주민과 노동자의 후예들이 점차 떠나고, 대신 헬기가 내려앉는 부자들의 유토피아로 변해가고 있다. 코로나 역병과 오염된 도시의 소란에서 벗어나 자급자족과 친환경 시스템을 갖춘 그들만의 생태적 유토피아를 구축하고 있는 것이다. 일론 머스크는 라나이섬의 이런 변화를 '세계를 위한 소우주'라고 상찬했지만, 사실은 억만장자들을 위한 소우주일 뿐이다.

래리 엘리슨이 하와이의 작은 섬을 사들여 연출하는 이 소우주 기획은 오늘날 억만장자들이 앞다퉈 시도하고 있는 신세계 프로젝트들의 축소판이다. 화성 식민지 유토피아 건설에 매진하는 동시에, 일론 머스크는 미국 텍사스에도 토지를 매입해 새로운 도시를 건설하고 있다. 그가 스스로 '콜로라도강을 따라 펼쳐진 텍사스 유토피아'라고 묘사하는 이 마을의 이름은 '스네일브룩Snailbrook'인데, 자신과 스페이스X의 직원들을 위한 일종의 기업 도시다. 또 스페이스X 발사 기지 주변에도 '스타베이스Starbase'라는 신

도시를 건설하는 것으로 알려져 있다.[31] 마이크로소프트의 창업자인 빌 게이츠의 계획은 훨씬 더 야심차다. 2017년 그는 4천만 달러로 24,800에이커 규모의 애리조나 사막 땅을 사들였다. '벨몬트Belmont'라고 명명될 스마트 시티를 건설하기 위해서다. 거대한 사막을 개조해 20만 명을 수용할 8만 개의 주거 시설과 학교는 물론, 고속 디지털 네트워크, 데이터센터, 하이테크 제조 시설, 자율주행차 등 최첨단 스마트 기술이 구현된 유토피아 도시를 건설할 계획이다. 월마트의 전 CEO인 마크 로어Marc Lore 역시 네바다와 애리조나 등의 사막에 2050년까지 유토피아 도시 '텔로사Telosa'를 건설하고 500만 명을 수용하겠단 포부를 밝히고 있다. 4천억 달러를 들여 녹색과 최첨단 하이테크 기술이 결합된 기술주의적 유토피아 도시를 구현하려는 목적이다.[32] 암호화폐로 세계적 갑부가 된 제프리 번스Jeffrey Berns 역시 2018년 네바다 사막 땅 67,000에이커를 1억 7천만 달러에 구입했다. 인터넷과 블록체인으로 스마트 도시를 구축하겠다는 야심을 공표했다.[33] 한편 대중들 앞에 나서지 않고 은밀하게 땅을 사들이는 억만장자 그룹도 존재한다. 실리콘밸리 슈퍼 부자들의 그룹 캘리포니아 포에버California Forever는 지금까지 8억 달러를 들여 캘리포니아에서 가장 가난한 지역의 땅 53,000에이커를 비밀리에 사들였다. 주로 밀과 보리를 심고 가축을 방목하던 곳인데, '우물에 독을 타듯이' 지역 주민들 사이에 토지 분쟁을 일으키고 야금야금 토지를 사들여 적잖은 논쟁을 야기했다.[34] 캘리포니아 포에버 웹사이트에는 걷기 좋은 녹지 공원과 자전거 타기 등 다소 복고적인 AI 이미지를 곁들여 자신들이 구축할 도시 풍경을 소개한다.

　도대체 억만장자들은 왜 도시 외곽과 사막의 땅에 유토피아 도시를 건설하려고 하는 걸까? 언뜻 보기에 기존의 기업 도시와 유사한 형태처럼 보인다. 기업 도시는 광업, 섬유, 철강 등 외딴 지역에 분포된 광산과 공장 인근에 노동자를 수용하기 위해 19세기 미국에 처음 등장했다. 당시에는 여러 가족이 거주하는 목조 판잣집이 기본 구조였는데 기껏해야 교회와 학교, 그리고 회사 상점들만 존재했다. 노동자의 주거와 이동을 용이하게 하고, 임금을 지불하는 동시에 자사의 상품을 바로 구매하도록 설계된 구조였다. 애초부터 노동력 재생산에 대한 자본의 통제를 위해 축조된 것이다. 공공성과 복지 제도가 없다 보니 불만이 팽배해질 수밖에 없었고, 나중에는 항의와 소요가 속출했다.

19세기 후반, 영국에 등장한 '정원 도시 운동'은 기존의 기업 도시를 보다 자율적이고 생태적인 버전으로 재구성한 형태였다. 현대 도시 계획의 아버지로 일컬어지는 에버니저 하워드Ebenezer Howard가 먼저 주창했는데, 산업화로 인해 오염되고 빈민굴로 허덕이는 대도시에서 벗어나 사람들이 시골의 전원 생활도 즐기고 도시 서비스도 향유할 수 있는 유토피아 공간을 창조해내는 게 목적이었다.[35] 19세기의 유럽은 바야흐로 유토피아의 시간이었다. 시골과 전통적 공동체가 붕괴되고, 대도시는 노동자들에 대한 고강도 노동 착취가 일어나며 매연과 온갖 질병이 만성적으로 흐르는 공간이었다. 로버트 오웬이나 생 시몽처럼 사회주의적인 유토피아 공동체 실험이 시도되었는가 하면, 정원 도시 운동처럼 점차 커지는 도시 노동자들의 불만에 대응하기 위해 시골과 도시의 장점을 두루 갖춘 외곽의 신도시를 구성하려는 노력이 발아했다. 비록 런던 외곽에 시도되었던 에버니저 하워드의 정원 도시 실험은 시시하게 끝났지만, 그 모델은 미국, 브라질, 남아프리카, 일본과 호주 등에까지 확장되어 오늘날에까지 적지 않은 영향을 끼치고 있다. 아마도 월트 디즈니가 기획했던 '미래 사회의 실험 견본(EPCOT, Experimental Prototype Community of Tomorrow)'이 대표적 예일 것이다. 지금은 그저 그런 요란한 디즈니 테마파크처럼 꾸며져 있지만, 월트 디즈니가 애초에 설계한 EPCOT는 미래에 대한 청사진을 제공하는 새로운 도시였다. 1960년대 미국인의 상당수가 도시 빈곤, 범죄, 오염, 교통 혼잡에 좌절감을 느끼면서 새로운 도시를 갈망했는데, 월트 디즈니도 그중 한 명이었다. 그는 휴양지나 교외의 조용한 마을이 아니라 플로리다

지역에 생생한 유토피아 도시를 짓기 원했다. 그가 상상한 도시는 커다란 돔이 방사형의 도시를 뒤덮고 있으며 기후를 자동적으로 조질해주는 형태였다. 또 자동차를 도시에서 추방하고 사람들이 모노레일을 통해 이동하는 교통 시스템을 구축할 예정이었다. 1966년 사망할 때까지 월트 디즈니는 끈질기게 EPCOT 계획을 붙잡고 있었다. 자산가와 엘리트들이 "도시 문제에 대한 해결책을 찾는 것보다 더 중요한 과제는 없다"[36]고 생각했기 때문이다.

최근에까지 월트 디즈니의 EPCOT가 획기적인 청사진이었다고 상찬되지만 그래봤자 기업 도시의 확장판에 불과하다. 그 안의 거주자들은 영주권과 투표권이 없다. 시민과 노동자들은 입을 다문 채 노동력을 제공하거나 기업 생산물을 소비하다가 조용히 사라지는 주권 없는 존재에 지나지 않는다. 유토피아로 포장된 기업 도시의 꿈은 자본가의 꿈이다. 전지전능한 자본가의 지휘 아래 설계된 도시는 시끄러운 노동조합도, 매사 귀찮게 달달 들볶는 노동권의 외침도, 공공성이나 부자 증세를 요청하는 시민들의 성가신 목소리도 존재하지 않기에 자본가와 엘리트들에게는 고요한 파라다이스와 마찬가지일 것이다.

빌 게이츠의 벨몬트가 되었든, 마크 로어의 텔로사가 되었든 최근 사막에 짓겠다는 유토피아 도시들 역시, 기업 도시의 확장판이다. 자사의 노동자들만 대상으로 하는 게 아니라 모든 이들에게 개방하겠다고 말하지만, 결국 이 도시들은 철저히 사유화된 공간이기 때문이다. 사막의 모래 위에 유토피아를 건설하겠다는 억만장자들의 저 거만한 일성에서 우선 읽어야 할 건 우리 문명과 삶의 조건의 사유화다. 인류 역사상 가장 지독한 부의 불평등이 존재하지 않았다면, 저들의 허풍도 가능하지 않았을 것이다. 단 81명의 억만장자가 전 세계 50%의 부를 합친 것보다 더 많은 부를 소유하는 이 경이로운 자산의 독점이 사막 모래 위에 젖과 꿀이 흐르는 유토피아를 건설하겠다는 호언장담의 원천이다. 지구상에서 가장 부유한 상위 10%

가 세계 부의 76%를 소유하는 반면에, 세계 인구의 하위 50%는 단 2%만을 소유한다. 부의 불평등이 폭주기관차처럼 거침없이 지구를 관통한다. 최근 '불평등 주식회사(Inequality Inc)'라는 제목으로 옥스팜이 발표한 자료에 따르면, 아마존의 제프 베이조스, 테슬라의 일론 머스크, 오라클의 래리 엘리슨 등 다섯 명의 억만장자는 2020년 이후 시간당 1,400만 달러를 호주머니에 집어넣고 있다. 그들이 지난 4년 동안 3조 3천억 달러 더 부유해지는 동안, 50억 명의 사람들은 더 가난해졌다. 이 추세가 계속되면 10년 안에 급기야 조만장자가 탄생하게 된다.[37] 다시 말해, 웬만한 국가들보다 더 많은 돈을 가진 초유의 부자들이 마치 전지전능한 신이라도 되는 듯, 사막의 골짜기에 유토피아를 짓는 기적을 과시함으로써 자본의 역능을 우주 삼라만상에 과시하려는 것이다. 화성처럼 황량한 사막의 황무지를 테라포밍하고 기술지상주의적 유토피아를 만들어내겠다는 것이다.

사막의 꿈에 집착하는 건 비단 미국의 억만장자들뿐만이 아니다. 행성 위기가 도래하면서 전 세계 곳곳에서 거대한 메가 프로젝트가 가동 중이다. 역시나 한결같이 디지털 기술과 녹색으로 치장되어 있다. 우선 사우디아라비아의 네옴Neom 프로젝트가 눈에 띈다. 900만 명의 주민을 수용하기 위해 설계된 미래형 도시 '라인The Line'은 직선 구조의 형태다. 폭 200미터, 높이 500미터의 거울 벽으로 구성된 공간이 사막, 산, 계곡을 가로지르며 홍해에서 내륙까지 170킬로미터가량 길게 이어지는데, 벨기에보다 더 큰 면적을 차지한다.[38] 1조 달러 상당의 천문학적 예산이 들어갈 예정이다. 깨끗한 물이 흐르고 재생에너지를 자체적으로 조달하며 녹음이 우거진 사막의 직선 도시 라인은 세계 최대의 탈탄소 그린 도시라는 포부를 자랑한다. 이 계획은 억만장자 모하메드 빈 살만 왕세자의 지휘 아래 설계된 것이다. 언뜻 보기에, 사막 위의 유토피아처럼 보이지만 사실 지상 최대의 그린 워싱 프로젝트다. 사우디아라비아는 세계 2위의 석유 생산국이며 수익의 70%를 석유에 의존한다. 기후위기 압력 아래서도 석유 채굴을 줄이는 대신, 녹색 도시를 짓는 것으로 그 책임을 모면하려는 것이다. 또 도시를 건설하는 과정 자체가 파괴적이다. 대략 1.8기가톤(18억 톤)의 탄소가 건설 과정에서 배출될 것으로 추정된다. 한국이 연간 6.5억 톤을 배출하는데, 무려 세 배가량의 배출 오염이 발생하는 것이다. 아울러 도시 건설 과정에서 사막 부족들을 추방하고 있다. 2022년 10월 사우디 법원은 세 명의 남성에게 사형을 선고했다. 자신의 고향에서 떠나기를 거절했던 사막의 타부크Tabouk족 선주민들이다.[39] 녹색 도시를 짓기 위해 그곳의 고유한 경관과 생물다양성, 선주민의 삶을 여지없이 파괴하는 것이다. 여기에 더해, 근본적인 질문을 던질 수밖에 없다. 과연 이 찬란한 녹색 도시의 입주자는 누구인가? 답은 하나밖에 없다. 값비싼 부동산 가격을 지불할 수 있는 부자들과 부유한 관광객들. 이 도시는 그린워싱을 도모하는 한편, 기후위기 압력에 버틸 수 있는 부자들의 안전한 요새인 것이다. 사방이 거울 벽으로 차단된 채 사막에서 반짝거릴 이 유토피아 도시는 완벽한 배제와 차단을 전제한다.

말레이시아의 바이오다이버 시티Biodiver City 프로젝트도 비슷한 경우다. 2030년까지 생물다양성이 풍요로운 말레이시아 페낭섬에 세 개의 '생물다양성 도시'를 건설할 예정이다. 각각 4,500에이커에 달하는 섬을 재생에너지와 폐기물 관리에 중점을 둔 도시로 구축하게 되는데, 자동차를 배제하고 생물다양성 통로를 만들어 녹색 친화적인 도시를 만들겠다는 것이다. 그러나 예측한 대로, 이 프로젝트는 부동산 자본의 작품이다. 원래 그곳에 살고 있던 선주민과 어부들은 도시 개발로 인해 환경재앙이 발생할 것이고, 조상 대대로 어부 일을 해왔던 자신의 터전도 파괴될 거라고 항의하고 있다.[40] 새로운 도시 건설은 탄소를 대량으로 배출하는 일이다. 아무리 친환경 건축 자재를 사용한다고 해도 철강과 시멘트는 산업 원자재 중에 탄소를 가장 많이 배출한다. 또 갖은 녹색 수사를 동원해봤자 도시 개발은 탄소와 오염물질 배출을 동반할 수밖에 없다. 생물다양성의 보고인 열대우림을 파괴하고 생물다양성 도시를 짓겠다는 이 뻔뻔한 말장난과 부조리가 버젓이 유토피아 도시 건설로 둔갑되어 있다. 이집트 역시 도시 과밀을 이유로 카이로에서 45킬로미터 떨어진 사막에 거대한 '신행정 수도'를 건설하고 있다. 친환경 교통, 재활용 프로그램, 녹색 건축뿐만 아니라 도심 한가운데를 생태 공원이 가로지를 예정이다. 공원 면적이 무려 뉴욕 센트럴파크의 여섯 배다. 사막 속의 푸르고 청정한 도시처럼 보이지만, 실상 이 도시 개발을 추동한 건 이집트 군부와 부동산 자본의 이윤이다. 쿠데타로 정권을 잡은 압델 파타 엘시시 대통령을 비롯한 군부가 도시 개발 계획을 통해 막대한 경제적 이익을 보상받을 것이다. 역시나 새 수도의 주택가가 워낙 높아 부자들만 이곳에 입주할 수 있다.[41] 이렇듯 행성 위기가 도래함에 따라 세계 도처에서 부동산 자본이 지휘하는 녹색 유토피아 합창곡이 울려퍼진다.

부유층의 '요새 도시'의 역사는 1980년대부터 본격화되었다. 부의 불평등이 심화되고 신자유주의가 가속되면서 이른바 폐쇄적 공동체(Gated communities) 같은 부유층의 주거 공간이 증가했다는 건 주지의 사실이다. 울타리, 외부인 출입 제한, 사설 경비원, 상업-공공 시설에 대한 배타적 권리 등으로 점철된 부자들의 요새는 미국 캘리포니아 교외 도시에서부터 베이징 외곽의 롱비치, 홍콩의 팜스프링스, 서울 강남의 타워팰리스에 이르기까지 전 세계에 걸쳐 존재한다. 주변 환경과 경계를 긋고 대다수 시민들로부터 장벽을 세운 부자들의 성채는 바야흐로 새로운 중세의 출현을 알리는 상징이다. 요새 도시는 부의 과시이기도 하지만, 범죄와 약탈에 대한 두려움의 표현이기도 하다. 2008년 금융위기를 경유하며 무산자들의 반란과 투쟁에 겁을 먹은 슈퍼 부자들의 불안이 더욱 커졌고 이에 대응하고자 보다 더 폐쇄되고, 보다 더 안전한 요새 도시에 집착해왔다. 1980년대 이래 금융자본주의가 번성하는 동안 부자들은 미친 듯이 돈을 쓸어담았고, 빈자들은 더욱 가난해진 터였다. 월스트리트 운동, 스페인의 성난 사람들 운동이 보여준 바와 같이 부지불식간에 무산자들의 분노가 자신들을 집어삼킬 거라는 불안에 잠식당할 수밖에 없었다. 그와 동시에 도래한 기후-생태 위기는 급기야 '생존주의'라는 유령을 소환했다. 기후변화, 해수면 상승, 대규모 이주, 감염병, 자원 고갈 등 전대미문의 위험에서 살아남기 위한 슈퍼 부자들의 엑소더스가 펼쳐진 것이다.

현재 억만장자들의 도피처로 가장 각광받는 곳이 뉴질랜드다. 구글 창업자 래리 페이지Larry Page와 페이팔 공동 창업자 피터 틸Peter Thiel을 비롯, 뉴질랜드의 땅을 사들이거나 시민권을 얻는 슈퍼 부자들이 줄을 잇고 있다. 2016년 트럼프 당선 이후, 미국 부자들이 뉴질랜드 땅을 사들이기 위해 몰려들었다는 사실은 잘 알려진 이야기다. 이곳에 땅을 사들인 부자들이 은밀히 지하에 벙커를 짓고 있다는 소문이 공공연히 나돌고 있다. 인공지능 기업 OpenAI의 CEO 샘 알트만Sam Altman은 2016년 언론 인터뷰에서 사회 붕괴의 첫 징후가 나타나면 전용기를 타고 뉴질랜드에 있는 피터 틸의 저택으로 탈출하기로 합의했다는 사실을 밝히기도 했다.[42] 억만장자들이 뉴질랜드를 선호하는 첫 번째 이유는 그곳이 '고립된 섬'이기 때문이다. 서늘한 기후와 토지 비옥도도 중요하지만, 지리적 여건으로 인해 기후 난민의 물결로부터 비교적 안전하다고 여긴다. 영국 러스킨 대학의 환경과학자들 역시 기후재난으로부터 가장 안전한 나라로 뉴질랜드를 손꼽는다.[43] 태즈메이니아, 아일랜드, 아이슬란드 같은 섬 국가들이 그 뒤를 잇는다. 해수면 상승으로 뉴질랜드 해변이 심각하게 침식되고 있으며 2023년 봄에는 100년 만의 홍수 피해를 입고 비상사태가 선언되었음에도, 세계의 억만장자들에게는 여전히 매력적인 도피처로 인식된다. 링크드인LinkedIn의 창업자 리드 호프만Reid Hoffman은 "대재앙이 발생했을 때 가장 선호되는 피난처"로 뉴질랜드를 지명했고, "뉴질랜드는 이미 유토피아입니다"라고 선언한 피터 틸은 뉴질랜드 토지를 사들이고 편법으로 시민권을 얻어냈다. 한 영국 작가에 따르면, 1997년에 발간된 『주권자 개인: 복지 국가 시대에서 생존하고 번영하는 방법(The Sovereign Individual: How to Survive and Thrive Period of the Welfare State)』이라는 책 한 권이 최근 실리콘밸리와 기술지상주의자들 일부에게 컬트적인 명성을 떨치고 있는데, 피터 틸은 자신에게 가장 영향을 미친 텍스트로 이 책을 손꼽으며 자주 인용한다.[44] 인터넷과 암호화폐의 출현으로 과세가 불가능해짐에 따라 민주주의의 힘이 붕괴되고 국가가 쓸모 없어지는 세상이 열리면서 주권자로서의 개인들이 권능을 얻는 새로운 시대가 열릴 것이라는 묵시론적 내용을 담고 있다. 기존 질서의 붕괴, 엘리트와 부자들이 지휘하는 세계의 부상. 풀어 쓰면, 피터 틸에게 뉴질랜드 도피처는 기존 질서가 붕괴되는 대재앙을 피하고 새로운 도약을 맞이하기 위한 '안식처(Sanctuary)'인 셈이다.

억만장자들의 엑소더스

물론 미국 시민들 사이에도 '준비족(Doomsday Preppers)'이 늘어나고 있다. 연방재난관리청에 따르면, 미국 시민의 7%인 약 2천만 명이 최후의 종말을 준비한다. 벙커, 고립된 장소, 은둔, 사재기 등 다양한 형태의 대비책을 마련한 채 삶이 지속되지 못할까 봐 두려워한다. 부엌에 통조림을 비축하고, 탄약과 화장지를 챙겨놓는다. 현재 비상식량 시장이 30억 달러를 넘는다.[45] 좀 여유가 있는 중산층은 교외 지역에 은둔 대피소를 마련하기도 한다. 핵전쟁, 기후재난, 이슬람 테러, 경제적 공황, 감염병, 인공지능 반란 같은 격변이 일어날 것이라고 여기는 것이다. 준비족의 시작은 냉전 시대였다. 존 F. 케네디는 방사능 낙진에 대비해 국민들에게 지하 방공호를 건설하라고 재촉했다. 뒤이어 레이건 역시 각자만의 대피소를 구축하라고 부채질했다. 방사능을 막기엔 애초에 물리적으로 불가능한 어리석은 대책이었고 재난의 위험을 개인화하고 해결 방식도 개인들의 몫으로 환원했다는 비판이 쏟아진 실패한 방위 전략이었지만, 반공주의 고취엔 더할 나위 없이 적절한 방편이었다. 어느 모로 보나, 이익은 사유화하고 위험은 사회에 전가하는 미국식 금권자본주의가 체현된 비루한 풍경이었다. 재난마저 사유화된 채 그 해결 방식마저 온전히 개인들의 몫으로, 그리고 소비의 영역으로 치부되는 것이다. 그렇게 공동체와 공공성이 형해화되면 개인 주체들로 원자처럼 쪼개진 시민들은 불안에 잠식당한 채 각자도생에 운을 맡길 수밖에 없다. 영화 〈테이크 셸터Take Shelter〉(2011)는 다가오는 재앙에 대한 중산층의 불안을 방공호로 탁월하게 은유한다. 거대 폭풍이 올 거라고 믿는 한 남자가 밤낮으로 마당을 파고 방공호를 짓는데, 가족과 이웃들 모두 미친 짓이라며 그를 외면한다. 2008년 금융위기의 충격, 실패한 사회보장, 기후위기 같은 거대한 재난 앞에서 가족을 지키기 위해 한 남자가 필사적으로 방공호 짓는 일에 매달린다는 우화는 지금 이 시대의 미국 중산층의 불안을 탁월하게 소묘한다.

확실히 자본주의의 종말을 상상하는 것보다 세상의 종말을 상상하는 게 더 쉽다. 최후의 아마겟돈에 집착하는 건 중산층들뿐만이 아니다. 억만장자들도 그 대열에 동참한다. OpenAI의 CEO인 샘 알트만은 2016년 인터뷰에서 종말에 대비하기 위해 '총, 금, 요오드화칼륨, 배터리, 물, 이스라엘 방위군의 방독면, 그리고 비행기로 탈출할 수 있는 캘리포니아의 넓은 땅'을 비축해놓았다고 말했다.[46] 레딧Reddit의 CEO인 스티브 허프만Steve Huffman은 종말이 일어날 것을 대비하느라 라식 수술을 받았다. 종말이 오면 안경을 구하지 못할 수도 있기 때문이다. 그뿐만 아니라 자신의 집에 잘 숨어 있을 수 있도록 오토바이 두 대, 총과 탄약을 구입해놓았다.[47] 그 역시 일론 머스크와 마찬가지로 사막 위에서 연출되는 '버닝맨 페스티벌'을 자주 방문하는 억만장자다. 낡은 세계의 종말을 두려워하는 한편, 새로운 세계의 도래를 갈구하는 것이다.

래리 페이지나 피터 틸처럼 고립된 섬 도피처를 찾는 억만장자들이 있는가 하면, 땅속 지하와 바다의 도피처를 찾아 헤매는 부자들도 수두룩하다. 코로나 팬데믹과 거대한 산불 연기가 동시에 미국을 덮쳤을 때 캘리포니아 지하 벙커들의 인기가 하늘을 찔렀다. 수영장, 볼링장, 극장, 스파까지 갖춘 초호화 지하 벙커들이 부자 고객들을 불러들였다. 세계 최대 규모의 지하 벙커로 알려진 체코의 오피둠The Oppidum은 인공 태양, 와인 저장고 등이 존재할 뿐만 아니라 외부의 침입으로부터 완벽히 차단돼 억만장자들의 안전과 휴식을 보장한다. 미국 최대 보안 시설인 세이프 헤이븐 팜스

Safe Haven Farms, 미 육군의 군사용 벙커를 개조한 비보스Vivos 등 기후재난 시대 속에서 슈퍼 부자들의 생존 벙커 시장이 폭발적으로 성장하고 있다. 그중 눈에 띄는 건 페이스북의 마크 저커버그가 하와이에 은밀히 짓고 있는 지하 벙커일 것이다. 저커버그는 2014년 1억 7천만 달러를 들여 하와이 땅을 사들였다. 두 개의 고급 멘션, 열한 개의 목조주택으로 꾸며진 복합 단지가 들어설 예정이다. 또 그 아래에는 탈출용 해치와 방폭문을 갖춘 초호화 벙커를 구축하고 있다. 관련자들에게 기밀 유지 각서를 쓰게 할 만큼 철통의 보안 속에서 건설되는 지하 벙커는 자체적으로 에너지와 식량을 자급할 수 있는 시스템까지 갖춘 것으로 알려져 있다.[48] 저커버그의 하와이 복합 단지를 짓는 건설비에만 1억 달러가 소요된다. 말하자면, 페이스북 CEO의 안식처 하나를 위해 2억 7천만 달러라는 막대한 재정이 땅속에 무의미하게 파묻혀 낭비되는 것이다. 한편 땅속이 아니라, 바다로 도망치는 억만장자들도 있다. 2021년 전 세계적으로 887개의 슈퍼요트가 판매되어 전년도보다 판매량이 77% 증가했다.[49] 코로나 감염병과 기후재난에 대한 방주로 슈퍼요트에 대한 수요가 늘어난 것이다. 러시아 억만장자 로만 아브라모비치Roman Abramovich가 소유한 슈퍼요트 에클립스는 길이 162미터로 세계에서 가장 큰 요트 중 하나인데, 종말에 대한 대비책으로 제작됐다. 아이러니한 것은 이 요트는 로만 아브라모비치가 석유와 천연가스를 팔아 생성한 부로 제작되었다는 점이다. 이렇게 헬기장은 물론 자동차 주차장까지 완비된 맞춤형 메가 요트들이 세계 부두 도처에서 노아의 방주처럼 은밀히 수주되고 있다. 링크드인의 CEO 리드 호프만은 지하 벙커와 메가 요트를 준비하는 것으로 '종말 보험'을 드는 경우가 억만장자의 50% 정도 될 것으로 추정한다.[50]

그러니까 억만장자들은 땅속으로, 바다 위로, 사막으로, 심지어 우주선을 띄워 지구 바깥으로 난파선 쥐 떼처럼 혼비백산 도망치기 위해 애를 쓰는 것이다. 미국의 중산층과 저소득층도 종말을 염려하지만 그들은 2백만 달러짜리 재난 벙커를 구매할 수 없다. 수억 달러짜리 요트도 구매할 수 없다. 그들의 재난 대비란 지하실을 개조해 지하 벙커 흉내를 내거나 통조림을 미리 사재기하는 것뿐이다. 확실히 21세기 억만장자들의 도피 행각은 독보적이다. 20세기 초 황금시대의 억만장자들은 록펠러처럼 도시 한가운데에 가장 큰 건물을 지었고, 아무리 탐욕스러워도 자신을 시민사회의 구성원으로 여겼다. 하지만 현대의 억만장자들은 시민과 사회를 자신들의 발전을 가로막는 장애물, 자본 축적의 외부화 효과로 인한 불가피한 희생자, 다음 식민지 개척 뒤편에 남겨질 낡은 문명의 유물로 이해한다. 그들은 현실 세계를 무가치한 것으로 정죄하고 사람들을 철저히 비인간화하며 자신들을 시민사회로부터 분리하는 데 고도로 집착한다. 일론 머스크와 제프 베이조스는 지구를 포기하자며 우주 식민지를 개척하고, 빌 게이츠는 사막에 유토피아 도시를 건설하며, 래리 페이지는 지상 최후의 도피처인 양 뉴질랜드 땅을 사들이고, 마크 저커버그는 두더지처럼 하염없이 하와이 땅속을 파고 내려가 지하 벙커를 짓고, 인공지능 개발자들은 클라우드에 인간의 영혼을 업로드하는 것으로 실재 세계로부터 도피한다. 세상을 더 나은 곳으로 만드는 것보다 인간의 조건을 완전히 초월하기 위해 기꺼이 기술만능주의의 신도가 되려 한다. 『부자들의 생존법(Survival of the Richest)』의 저자 더글라스 러쉬코프Douglas Rushkoff는 도피에 집착하는 빅 테크 억만장자들의 궁극적인 목표는 자신들을 보호하는 것이라고 주장하며, 이들에게 기술의 미래는 "단 한 가지, 즉 우리들로부터 탈출하는 것"[51]이라고 단언한다.

그런데 종말론과 도피주의는 왜 미국에서 유독 극성을 피우는 걸까? 종말론이 사회 구석구석을 장악했다는 것은 미국의 정치경제적 시스템이 통제 불능 상태로 고장났다는 뜻이 아닐까? 공동체와 사회적 관계가 산산이 부서져 유의미한 연결을 구성하지 못하기 때문에 시스템에 대한 파산 선고가 종말론의 형태로 증폭되는 게 아닐까? 최근 영화 〈리브 더 월드 비하인드Leave the World Behind〉는 재난자본주의에 함몰된 미국 중산층의 불안을 포착하는데, 한 가지가 아니라 여러 가지 재난이 모호하고 중층적인 위협으로 재현된다. 오지의 시골로 휴가를 온 평범한 중산층 가족에게 재난이 들이닥친다. 처음엔 불시에 침입한 낯선 자들의 공격인가 싶었는데, 점점 어떤 재난인지 종잡을 수 없는 안개 속이 된다. 북한의 침공인가, 인도의 핵 공격인가, 인공지능의 반격인가, 기후재난과 감염병 같은 거대한 자연의 반격인가, 아니면 쿠데타인가? 영화 속 인물들은 갈피를 못 잡는 복합적 종말 앞에서 어찌할 바를 모르고 공황 상태에 빠지게 된다. 이 영화에서 그나마 오래 버티는 자들은 미리 종말을 예견하고 지하실에 벙커를 구축한 준비족들뿐이다. 종말론이 2008년 금융위기와 월스트리트 점거 운동을 경유하며 본격적으로 부상한 데는 분명한 이유가 있다. 신자유주의가 결코 경제적 번영과 의미 있는 삶에 대한 약속을 이행하지 못한다는 게 가차없이 폭로되고, 인간의 욕구보다 이윤을 우선시하는 야만적인 시스템의 민낯이 드러났음에도 어떤 사회 보호 기제도 작동하지 않는다는 걸 깨달았을 때 미국 사회는 '사회주의'와 '백인 파시즘'의 기로에서 방황하다가 결국 후자를 선택했다. 전자는 월스트리트 점거 운동과 버니 샌더스 운동이었고, 후자는 트럼프주의였다. 사회경제적 질서를 붕괴시킨 자본주의를 다른 체제로 전환하기 위해 노력하기보다 붕괴의 원인을 흑인, 무슬림, 이주민, 트랜스젠더 탓으로 돌린 채 백인 기독교 중심의 민족주의 국가 건설을 목표로 하는 파시즘의 자장 안으로 성큼 걸어 들어갔던 것이다. 타자에 대한 증오, 상호 간 비인간화, 차별과 편견의 폭증으로 얼룩진 사회에서 당연히 온갖 음모론과 종말론이라는 독버섯이 번성할 수밖에 없다. 종말론의 독버섯은 썩어버린 사회의 몸체를 숙주 삼아 자란다. 여기에 미국 사회의 군사화도 폭력과 불안을 증대시킨 요인이다. 스스로 '예외주의'와 '개척자 자유지상주의'를 적용하며 군사화된 미 제국을 변명하지만, 전체 가정의 절반가량이 집에 총기를 소유하고 한 해 8천억 달러가 넘는 군비를 지출하며 전 세계 전쟁에 앞장서는 나라에서 매해 700건이 넘는 총기 사건이 발생하는 건 당연한 인과적 결론이다. 군수 산업의 이윤과 제국의 유지를 위해 밖에서도 전쟁, 안에서도 전쟁을 부추기는 이른바 '갱스터 자본주의'는 테러와 공포를 일용할 양식으로 삼는 파국의 체제를 낳을 수밖에 없다. 이렇듯 신뢰 체계가 무너지고 사회적 관계가 파탄난 그 폐허 위에 허무주의적인 종말론이 뿌리를 내린 데는 신자유주의와 군사-자본주의의 심화가 자리한다. 저 종말론의 번성은 미국의 예외적 상황이 아니라, 자본주의의 극단에 위치한 보편의 풍경인 것이다.

우리의 억만장자들이 종말론에 기꺼이 동참하는 이유는 정말로 종말을 믿어서라기보다 세계의 종말에 기여한 자신들의 죗값을 피하기 위해, 종말 자체를 자신들과는 전혀 무관한 사건처럼 스스로를 설득하기 위해 연출하는 싸구려 제의에 가깝다. 경제적 공황과 기후재앙보다 더 큰 재앙은 전 세계의 부와 사회적 자원을 한 줌의 억만장자들이 독차지하게 만드는 지독히 부패한 자본주의다. 이윤을 위해 행성 한계를 종잇장처럼 찢어발기며 하늘과 바다를 오염시키는 데 앞장선 그 자본주의다. 그 체제로부터 압도적 수혜를 누린 억만장자들은 이제 자본주의가 야기한 재난들이 몰려오자 책임을 지기보다 자신들과는 전혀 상관없는 척, 오히려 피해자인 척 도망치는 걸 선택할 뿐이다. 우주선에서부터 사막 위의 유토피아 도시에 이르기까지, 전 세계 슈퍼 부자들이 계획하거나 시도하는 다양한 유토피아 프로젝트들은 그들이 망쳐놓은 세계에서 도피하기 위한 새로운 지도 만들기이다. 기후-생태 위기가 없는 세계, 부유세와 국가 규제 같은 간섭과 잔소리가 사라진 세계, 무산자들의 반란이 존재하지 않는 고요한 세계, 그들이 전적으로 군림하고 지배하는 사유화된 세계, 행성 한계의 파괴적 힘으로부터 벗어난 초월적 세계를 찾아 우주와 사막과 바다를 두더지처럼 샅샅이 뒤져 새로운 땅을 테라포밍하려는 욕망이 바로 이 소란스러운 유토피아 기획의 전모다.

물론 이는 철저히 기만적인 유토피아다. 디지털 기술이 현재 당면한 행성 위기를 기술적으로 제어할 수 있다는 신화적 믿음을 양산하며 우리의 상상계를 식민화하는 것도 문제시만, 이들의 유도피아가 실제 세계와 전혀 무관하게 작동하는 것처럼 시치미를 떼는 태도야말로 극히 위선적이다. 빅테크 자본이 구현하는 디지털 기술은 아프리카의 광물 채굴이 없으면 단 1초도 구동할 수 없다. 희토류를 비롯한 수많은 광물들을 채굴하기 위해 어린 아동과 노동자들이 혹사당하고, 담수가 고갈되며, 생태계가 파괴되는 과정이 없으면 그들의 기술주의적 유토피아는 애초에 성립할 수 없다. 테슬라 자동차는 코발트 광산 분쟁 때문에 콩고민주공화국에서 강간당하는 여성들의 눈물을 연료로 사용한다. 그리고 사막에 짓는 그들의 유토피아 도시들은 물과 자원의 접근성 때문에 애초에 지속 가능하지 않다. 설령 도시 건설이 현실화된다고 해도 물질 자원의 막대한 낭비와 다른 사람들의 희생을 대가로 치러야 한다. 가령 사우디아라비아 왕세자가 화석 자본으로 사막에 짓는 라인은 세계 최대의 탈탄소 도시라고 자찬하지만, 이 도시 건설과 성장에 소비되는 육류의 90%를 제공하기 위해 사하라 이남 아프리카에서 피비린내 나는 분쟁이 벌어지고 있다. 목초지를 위해 농부들이 쫓겨나고 군사화된 목축업자들의 분쟁이 끊이질 않는다. 사막 위의 그린 도시와 탈탄소 도시는 물질과 에너지 사용, 세계의 불평등 문제를 겉표면의 도금으로 감쪽같이 은폐한 형상물이다. 실재 세계를 벗어난 유일한 유토피아는 죽음 너머의 세계일 뿐이다. 이들의 유토피아 기획이란 자본주의 책임을 은폐하는 지상 최대의 그린워싱이다.

오늘날 억만장자들의 도피 행각과 유토피아 계획은 우리에게 무엇을 의미할까? 비겁함, 무책임, 회피에 대한 도덕적 정죄는 그다지 의미가 없다. 15세기 이래 자본가들은 단 한 번도 도덕적 비판에 책임을 진 적이 없다. 영화 〈돈 룩 업Don't Look Up〉의 쿠키영상처럼 지구가 멸망한 후 부자들만 태운 우주선이 어느 행성에 도착하자마자 그곳에 살던 공룡들에게 여지없이 다 잡아먹힐 거라는 식의 비아냥이나, 예상치 못한 대홍수로 고립되었

던 버닝맨 페스티벌의 우스꽝스러운 처지처럼 억만장자들이 계획하는 유
토피아 도시들이 돈 낭비만 하고 끝내 어리석은 악몽에 이를 거라는 냉소
역시 이 글의 관심사가 아니다.

이들의 유토피아엔 결정적 문제가 잠복해 있다. 일론 머스크의 화성 식
민지든 빌 게이츠의 사막 도시든, 그곳에 들어갈 수 있는 입장표가 한정적
일 뿐만 아니라 명백히 계급적이라는 점이다. 당신은 우주선 티켓을 구매
할 수 있을까? 우리는 억만장자들의 사막 유토피아 도시의 통행권을 발급
받을 수 있을까? 감염병과 산불을 피해 초호화 벙커에 들어갈 수 있을까?
이 질문에 '네'라고 대답하는 사람은 정말로 부자이거나, 스스로 부자라고
착각하는 중산층일 것이다. 대부분의 평범한 우리들은 불청객이다. 애초에
저 유토피아는 노골적인 배제의 유토피아다. 그들이 이윤 축적을 하는 동
안 망쳐놓은 지구의 조건들로부터 회피하고, 가난한 자들로부터 장벽을 쌓
아 구축한 그들만의 요새일 뿐이다. 장벽은 요새의 형식이다. 그리고 장벽
은 언제나 정치적인 형상이다. 고쳐 말하면, 억만장자들은 현재 장벽을 쌓
아 올리는 데 주력하고 있고, 이는 기후-행성 위기가 가속될수록 장벽의
높이가 계속 올라갈 거라는 걸 시사한다. 그들이 건설하려는 게 화성 식민
지가 되었든, 사막 유토피아가 되었든, 식량 자급자족과 에너지 자급 계획
이 항상 동반된다. 설령 글로벌 공급 사슬이 끊겨 그 계획이 현실적으로 작
동하지 않는다고 하더라도 장기적으로 재난에 대비하는 요새를 구축하겠
다는 열망의 표현인 셈이다. 우주, 사막, 또는 외딴섬처럼 지리적으로 먼 거
리에 있는 새로운 '외부'를 찾으려는 행보로 유추하건대, 향후 기후위기가
심화될수록, 지금의 불평등 구조가 지속될수록 세계 도처에 부자들을 위한
난공불락의 요새가 구축될 가능성이 크다. 가난한 자들과 평범한 시민들의
접근을 불허하는 계급적 장벽으로 둘러싸인 중세의 요새들, 이는 앞으로
펼쳐질 미래의 풍경을 예시하는 징후가 아닐까. 낡은 세계에 파산을 선고
하고 그들만의 또 다른 세계를 구축하려는 욕망, 장벽 너머에서 사람들이

물에 빠져 죽고 불타 죽어도 괘념치 않겠다는 기후 장벽의 출현, 요컨대 기후 파시즘의 부상.

확실히 남근을 닮은 제프 베이조스의 우주선이 하늘로 치솟는 장면이나 억만장자들이 정화조 하나 묻기 힘든 사막에 유토피아 도시를 건설하겠다고 장광설을 펼치는 모습은 우스꽝스럽기 짝이 없다. 그런데 이게 과연 세계에서 가장 부유한 자본가들이 불멸을 꿈꾸며 수행하는 허황된 기벽에 지나지 않는 걸까? 혹시 이 무모한 시도들은 실재 세계의 정치적 욕망을 반영하는 게 아닐까? 기후-생태 위기의 심화 속에서, 장벽을 쳐 가난한 자들을 떨궈내려는 부유한 국가들의 욕망의 적나라한 모조품은 아닐까? 저 부자들의 유토피아 기획들은 기실 부유한 북반구 국가들을 잠식하고 있는 극우 파시즘의 정념을 반영하는 게 아닐까?

자명하게도 관련이 있다. 억만장자들의 도피 행각과 북반구 백인 파시즘의 관계를 추적하는 게 바로 이 장의 목표다. 맹렬히 외부의 땅을 찾아다니는 억만장자들과, 자신들의 땅을 결사적으로 지켜야 한다며 대중들을 선동하는 유럽과 미국의 극우 정치가들은 같은 욕망의 그림자를 공유한다. 얼핏 별개의 사안처럼 보이지만, 기후 장벽을 쌓고 자기들만의 땅을 테라포밍하려 한다는 점에서 정확히 동일한 욕망으로 펼쳐진 두 개의 트랙이다. 이제 생태파시즘에 대해 본격적으로 이야기할 시간이다.

◑

생태파시즘

"국경이야말로 환경의 가장 큰 동맹입니다. 국경을 통해 지구를 구할 수 있습니다."[52] 프랑스 극우 정당 국민연합(RN)의 대변인 조르당 바르델라 Jordan Bardella의 이 말은 최근 유럽을 강타하는 '극우 생태주의'의 선언문과도 같다. 국경이 핵심이다. 국경을 높이 쌓아 올려 이주민들을 막아내는 것이 가장 최선의 환경 정책이라고 주장하는 것이다. 국민연합의 대선 후보였던 마린 르펜은 보다 시적이면서 선동적인 표현을 활용한다. "고향에 뿌리를 둔 사람은 생태주의자인 반면에, 유목민은 환경에 아무 관심이 없습니다. 그들은 조국이 없습니다."[53] 유럽에 사는 백인들은 유럽이라는 고향에 애착이 있어 환경을 보호하지만, 이주민들은 고향을 버리고 떠난 사람들이기 때문에 제멋대로 환경을 오염시키게 된다. "유럽은 유럽인의 땅"이며, 이제 유럽 백인들은 이주민이라는 "침입종"에 맞서 생태계를 보호해야 할 의무가 있다는 것이다.[54] 요약하면, 침입종을 뿌리 뽑아 국경 너머로 집어던지고 백인들로만 구성된 유럽 최초의 생태문명을 구축하자는 이야기다.

최근 유럽의 극우의 상당수가 기후부정론을 포기하고, 기후위기를 인정하되 이주민 혐오 정서에 기댄 생태 민족주의로 선회하고 있다. 침입종의 침략에 맞서 토착종의 환경을 지켜야 한다는 정언명령이 유럽 전역을 배회하기 시작했다. 영국의 브렉시트를 주도하며 한때 유럽 최대 극우세력으로 자리매김했던 국민당(British National Party)은 녹색당을 '가짜 녹색당'으로 치부하며 스스로가 유일무이한 진정한 녹색정당임을 자부한다. 그들에 따르면, 인구 과잉이 기후-생태 위기를 야기하는 원인이고 이민자들이 곧 인구 과잉의 원천이다. 이민자들로 인해 더 많은 주택을 건설해야 하고, 교통 및 물 공급과 같은 인프라가 확장됨으로써 환경 오염과 탄소 배출이 증가한다는 것이다. 따라서 가장 최선의 환경 정책은 이민자 거부다. 내부적으로는 유기농 장려, 공장식 축산 철폐, 풍력과 태양 등 재생에너지 개발, 도시 간 철도 네트워크 확장을 통해 영국을 생태친화적인 공간으로 전환시키는 동시에, 외부적으로는 호시탐탐 국경을 넘어오는 침입종을 막아내자는 것이 영국 국민당의 환경 강령이다.[55] 스위스 국민당(Swiss People's Party)의 예봉은 훨씬 더 날카롭다. 지난 13년 동안 스위스로 넘어온 이주민이 100만 명 정도로 추정되는데 이들이 더 많은 자동차, 더 많은 전기 소비, 더 많은 건설을 야기한 주범이라고 비판한다. 13년 동안 이민자들 때문에 543,000대의 자동차와 789대의 버스가 늘어났고, 20억 킬로와트의 전력 소비와 590억 리터의 물 사용량이 증가했다고 추정한다. 따라서 이민을 거부하는 자신들이 가장 친환경적인 정당이라고 목소리를 높인다.[56] 또한 '지속 가능한 인구 개발'이라는 목표하에 스위스 영주권자가 천만 명을 넘기지 않도록 통제하고, 950만 명이라는 한도가 초과될 경우 거주와 시민권 모두 박탈하겠다는 계획을 세웠다.[57] 그리고 2023년 10월 치러진 스위스 총선에서, 이렇게 반이민 정서를 앞세운 국민당이 28.6%의 지지율로 압승했다. 유럽 극우의 군홧발 행진에 박차를 가한 사건이었다.

기후변화 부정이 전매특허였던 극우 정당들이 태도를 바꾸는 이유는 무엇일까? 2019년을 전후로 전 세계에 일어난 기후운동의 약진에 영향을 받기도 했지만, 이제 부유한 북반구에도 들이닥친 기후재난의 파괴력을 더 이상 무시할 수 없기 때문이다. "생태학보다 더 우익적인 것은 없습니다. 우파는 땅과 정체성, 조국을 사랑하기 때문에 환경을 사랑합니다."[58] 이탈리아 극우 총리 조르지아 멜로니Giorgia Meloni의 이 말은 기후변화에 대한 유럽 극우의 어떤 곤경을 품고 있다. 최근 이탈리아는 역대급의 산불과 가품 등 유럽 남부에서 가장 많은 기후재난을 겪는 나라다. 극우 세력이 무솔리니 이후 100년 만에 정권을 잡았지만 더 이상 기후변화를 부정할 수 없는 처지에 놓이게 됐다. 그래서 오히려 기후변화 문제를 우익적 의제로 전환하기 위해 땅과 조국이라는 수사를 빌려 애국심에 호소하기 시작한 것이다. 최근 급부상하고 있는 '독일을 위한 대안(AfD)'과 독일 극우 세력의 경우에도 미묘한 기류가 흐른다. AfD의 청년부에서는 시종일관 기후변화를 부정해온 지도부를 비판하며 기후변화 의제를 적극 끌어안아야 한다고 주장하는가 하면, AfD의 상징적 인물인 비욘 회케Bjön Höcke는 냉혹한 글로벌 자본주의에 대비되는 '생태적 시장 경제'로 전환해야 한다고 역설한다. 더 나아가, 독일의 신나치 정당인 독일민족당(NPD)과 몇몇 우파 잡지들은 나치의 에코파시즘의 복원을 주장하는 형국이다.[59]

　최근의 주목할 만한 연구에 따르면, 22개 유럽 극우 정당 중 15개 정당이 '극우 생태주의'에 관련한 수사를 사용하고 있다. 선언문, 보도자료, 웹사이트, 연설, 인터뷰, 선거 팸플릿 등에서 반이민과 환경보호를 연결짓는 정치적 수사가 증가하는 것으로 나타났다. 이 연구에서 영국의 두 정치학자는 '에코보더링Ecobordering'이란 개념으로 우익의 최근 경향을 분석한다.[60] 에코보더링은 남반구에서의 이주를 지역 정체성과 환경에 대한 위협으로 간주하고, 국경 강화가 가장 적극적인 환경보호임을 주창하는 일련의 담론 형성 과정이다. 이주민들은 지역에 대한 소속도 없고 자연 자원을 관리할 의무도 없기 때문에 무책임하게 환경을 파괴한다. 이주는 환경 약탈이다. 인구를 늘리고, 탄소 배출량을 증가시키며, 토지와 식량 등 자연 자원을 고갈시키고, 염치도 없이 환경을 더럽힌다. 완곡어법을 사용하는 경우도 더러 있지만, 영국과 스위스의 우익정당처럼 '환경보호=반이주' 등식을 전면에 내세우는 세력들이 점점 증가하고 있다. 스칸디나비아의 신나치 조직인 노르딕 저항 운동(Nordic Resistance Movement) 역시 일말의 망설임 없이 이주자를 공격한다. 그들에게 다문화주의와 대량 이민은 비윤리적이며, 자연 질서를 위반하는 행위다. 끝없이 천연자원을 착취하고 끝내는 북유럽 인종의 멸종을 부추기게 될 것이다. 이주자들은 고유의 생태계를 교란하고 파괴하는 무시무시한 침입종이다. 잡초를 뽑아내듯이 즉각적인 추방만이 유일한 해법이다. 대신 이들은 자신들의 조국을 푸르게 가꾸기 위해 지속 가능한 환경 정책의 목록을 제시한다. 자연 보존, 엄격한 환경법 제정, 재생에너지 투자, 동물권 보호, 유기농, 도시보다는 시골 생활 등 친환경 정책들의 만찬을 차려놓는다.[61]

　이주민을 바라보는 극우 생태주의자들의 얼굴은 계속 공포로 일그러지는 양상이다. 공포에 대한 반응이 정치적 수사로만 그치지 않고 실재적 폭력으로 등장하기 시작했다. 2019년 뉴질랜드 크라이스트처치에서 군복 차림의 백인 우월주의자가 두 곳의 모스크에 침범해 반자동 총을 난사해 무슬림 51명이 사망하는 끔찍한 사건이 발생했다. 현대 역사상 가장 잔혹한 이슬람 혐오 테러 중 하나로, 학살 장면이 그대로 인터넷으로 생중계됐다. 총격범은 이민자들을 "세계를 과잉 인구로 채우는 침략자들"이라고 칭하며, "침략자들을 죽이고 환경을 보호하자"[62]는 선언문을 남겼다. 이 충격적인 사건이 일어난 지 몇 달 후, 미국 텍사스의 엘파소 월마트에서도 히스패닉을 향한 무차별 총격 사건이 벌어졌다. 스물세 명이 사망하고 수십 명이 부상당했다. 총격범은 뉴질랜드 크라이스트처치 학살범을 영웅시하며 이번 공격이 "히스패닉의 텍사스 침공에 대한 대응"이라고 밝혔다. 텍사스 인구의 80%가 히스패닉계이고, 1836년까지 텍사스가 멕시코 영토였다는 사실은 이 백인 에코파시스트에겐 아무런 의미도 없었을 것이다. 그가 사건 전에 작성한 선언문의 제목은 "불편한 진실(An Inconvenient Truth)"인데, 2006년 기후변화 각성을 촉구하는 엘 고어의 다큐멘터리 제목에서 따왔을 개연성이 농후하다. 여기에서 그는 스스로를 "에코파시스트"라고 칭하며 이민을 "환경 전쟁"으로 묘사한다. 인구 과잉이 오염의 원인이며, 따라서 "사람들을 충분히 없앨 수 있다면 우리의 삶의 방식은 더욱 지속 가능해질 수 있다"고 주장한다.[63] 2022년 미국 버팔로 슈퍼마켓에서 총을 난사해 열 명을 학살한 총격범 역시 스스로를 에코파시스트라 부른다. 가능한 한 흑인들을 더 많이 죽이기 위해 슈퍼마켓을 범행 장소로 골랐다는 18세의 백인 총격범은 사건 전 온라인에 이주가 환경에 해를 끼치고 있다는 글을 다수 게재했고, 180쪽의 장황한 선언문에는 유색인종의 대량 이민에 맞서 싸우지 않으면 궁극적으로 백인의 인종적, 문화적 대체가 발생할 거라는 공포심이 서술되어 있다.

버팔로 총격범의 선언문은 '백인 대체' 음모론으로 가득했다. 뉴질랜드 크라이스트처치 학살범이 작성한 77쪽의 선언문 제목도 "백인 대체(The Great Replacement)"였다. 무슬림이 몰려와 백인을 대체할 거라는 공포로 가득한 이 선언문에는 '출산율'이라는 단어가 반복적으로 등장한다. 서방 국가로 이주해온 비백인 이민자들이 백인보다 자녀를 더 많이 낳아 인구통계학적인 대체가 일어날지 모른다는 두려움의 표현이다. 크라이스트처치 총격범이 존경하는 영웅은 2011년 노르웨이 사상 최악의 테러 공격으로 77명을 잔인하게 살해한 안데르스 브레이빅이라는 악명 높은 백인 우월주의자였다. 그 역시 1,500페이지 분량의 파시스트 선언문을 통해 백인 대체에 대한 두려움을 표현한 바 있다.[64]

오늘날 '백인 대체' 음모론은 백인 우월주의자들이 품고 있는 가장 강력한 음모론이다. 2017년 캐나다 퀘벡의 모스크에서 발생한 무슬림 학살 사건, 2018년 미국 피츠버그 유대인 회당 테러, 2020년 독일 백인 우월주의자들이 쿠르드족과 터키인들이 자주 찾는 물담배 라운지에서 열한 명을 살해한 테러에 이르기까지 백인 대체 음모론이 이 끔찍한 학살들을 추동한 배후였다.[65] 트럼프 미국 전 대통령, 이탈리아 우익 내무장관이었던 마테오 살비니, 유럽의회 의원이었던 비욘 회케 등 세계 극우 엘리트들도 공개적으로 백인 대체 음모론을 두둔할 정도로 파괴력이 확대하는 상황이다. 유색인들의 이주 쓰나미 속에서 백인들이 모조리 익사할 것이라는 백인 대체 음모론은 1990년대 프랑스 우파 작가 르노 까뮈Renaud Camus가 처음 정식화했다. 유대인들이 백인 기독교 유럽을 중동과 북아프리가 출신의 갈색 무슬림 이민자들로 대체하기 위해 뒤에서 은밀히 조종하고 있다는 다소 황당한 내용이지만, 이후에 극우 사상가들에 의해 계속 다양하게 업데이트되면서 지금의 상황에 이르게 된 것이다. '백인 대체'가 외부의 이주민들이 내부로 습격해온다는 공포에 기반한 음모론이라면, '백인 집단 학살(White genocide)' 음모론은 내부의 비백인 인종의 수가 더 많아져 백인들이 도태하게 될지도 모른다는 두려움에 기초한다. 이 음모론은 19세기 아프리카와 북미의 식민 정착지에서 시작되었는데, 흑인 노예 인구가 폭발적으로 증가하거나 반란이 일어나 백인 정착민의 특권이 붕괴될 수 있다는 공포감에서 비롯된 것이다. 가장 위대한 자연보호가로 칭송받는 미국의 보존주의자 매디슨 그랜트의 『민족의 삶과 성격(National Life and Character)』이 바로 백인 멸종에 대한 종말론적 비전을 담고 있다. '백인 집단 학살' 음모론은 지금에 이르기까지 100년이 넘는 시간 동안 식민 지배국의 극우들에게 사상적 젖줄을 제공하고 도처에 영향력을 뻗치며 공포를 조장한다. 걸핏하면 백인 우월주의 발언을 내뱉는 일론 머스크가 최근에, 남아공의 좌파 지도자 줄리우스 말레마가 행사장에서 부른 반아파르트헤이트의 노래에 대해 "남아공에서 백인 집단 학살을 공개적으로 추진하고 있다"[66]고 주장해 구설수에 오른 사건에서 보듯, 이 음모론은 계층을 막론하고 독버섯처럼 퍼져 있다.

비백인 인종들이 국경 너머에서 넘어오고(백인 대체), 또 국경 안에서 무한히 증식해(백인 집단 학살) 백인들을 모조리 집어삼키고 멸종시킬 거라는 종말론적 망상의 배후에는 이렇게 백인 특권주의와 식민 지배의 잔상이 자리한다. 아프리카와 아메리카의 선주민들이 백인 이주자들에게 느꼈던 공포감이 전도돼, 이제는 백인 선주민들이 유색 이주자들에게 전율의 적개심을 느낀다. 식민주의의 경계선이 서아프리카와 남미에서 유럽의 국경선으로 이동한 것이다. 그리고 이제 더 나아가 우리는 백인 대체 음모론과 기후위기의 화학적 결합물인 '에코파시즘'의 도래를 목도하는 형국이다. 크라이스트처치, 엘파소, 버팔로로 이어지는 끔찍한 연쇄 학살 사건이 일어났을 때 미국과 유럽의 극우들은 입을 굳게 걸어 잠갔다. 흑인과 이주민의 소멸과 배제야말로 그들이 줄곧 주장해온 음모론 방정식의 귀결이기 때문이다. 2017년 미국의 외교전문지《포린 폴리시Foreign Policy》에 실려 화제가된 "극단주의의 다음 물결은 녹색이 될 것이다"[67]라는 제명의 칼럼은 환경운동이 이슬람 테러의 뒤를 잇는 극단주의를 지향하게 될 것이라고 예상했는데, 완벽히 틀린 가정이다. 오늘날 서구의 전투적인 기후-환경운동이라고 해봤자 영국의 저스트 스톱 오일Just Stop Oil처럼 화석연료 거부를 대중들에게 환기시키기 위해 고흐의 미술 작품에 주황색 페인트통을 집어던지거나, 도로에 바리케이드를 치다 경찰에 끌려가는 소소한 직접행동이 전부다. 지금의 극단주의는 종말론에 사로잡힌 채 이주민들을 추방하자고 공공연히 주장하고, 심지어 이주민들에게 총을 난사하는 극우 생태주의다.

근래 들어 점점 머리를 쳐들고 위용을 드러내는 극우 생태주의는 해수면 아래에 몸을 감추고 있던 괴물의 형상이다. 이제 기후-생태 위기를 맞아 긴 잠에서 깨어나 기지개를 켜고 눈빛을 번뜩이기 시작했다. 극우 생태주의의 기원과 맥락을 이해하기 위해서는 잠시 19세기 독일로 떠나야 한다. 근대성과 자본주의의 그늘, 그것이 극우 생태주의의 발화 지점이기 때문이다.

애초에 생태주의는 좌파가 아니라 우파의 요람에서 탄생한 것이다. 우파의 시작은 근대성에 대한 반계몽주의적 거부였다. 19세기, 산업화와 도시화가 가속되면서 자연과 유기체적 공동체가 파괴되자 근대성과 산업화에 대한 불만이 스멀스멀 차올랐다. 영국에선 전통과 질서정연한 자연경관을 희구하는 낭만주의가 출현하고, 독일과 오스트리아에선 민족주의 운동(Völkisch movement)이 등장했다. 산업 자본주의가 지배적 생산양식이 되고 민족 통일에 의한 혼란에 직면하게 되면서 순수 독일주의를 표방하던 사상가들이 대지와 자연에 동화된 삶으로 복귀할 것을 주장했다. Völkisch라는 형용사는 Volk(people)에서 파생된 것으로, 민중과 민족이 혼재된 개념이다. 그 안에는 우월주의적 민중주의, 반유대주의, 자연신비주의, 농촌에 대한 찬양과 도시화에 대한 반발 등이 뒤섞여 있다. "독일인들은 그들을 태고의 행복으로 되돌려놓고, 유대인의 음모가 몰래 들여온 산업 문명이란 적대적인 환경을 파괴할 신비주의적 전체를 찾고 있었다."[68] 그 이상에 고취된 젊은이들이 참나무 주위에 모여 순수한 아리안계의 유토피아적 공동체를 찬양하는 장면들이 독일 전역으로 퍼져나갔다. 강력한 청소년 운동인 '반더포겔Wandervogel(철새 운동)'이 대표적이다. 1900년경 시작되어 금세 독일 전역으로 확산됐다. 그 놀라운 기세에 정치인들마저 눈치를 볼 정도였는데, 대도시 문화와 산업혁명의 여파를 거부하고 과거와 자연에 대한 동경으로 채색된 낭만주의를 피력한다. 등산화를 신은 청소년들이 기타를 들고 교외로 뛰쳐나가 장거리 하이킹을 하고, 들녘에서 야영을 하며 별빛과 모닥불 아래에서 민요를 불렀다. 부르주아 사고방식과 물질주의를 경멸하고 부모의 권위와 억압적인 학교 문화를 거부한바, 1960년대 '히피즘'의 전신으로 분류된다.

독일 민족주의 운동은 이렇게 산업화의 감춰진 이면 속에서 등장한 것이다. 우주적 생령과의 교감 속에서 자연 안에 뿌리박은 사회를 열망했다. 그러나 실존적 소외와 뿌리 뽑힘, 그리고 환경 파괴의 원인을 사회 구조에서 찾기를 거부하고, 피상적 수준에서 근대성과 도시 문명에 대한 비난을 퍼부었다.[69] 1867년 '생태학(Ecology)'이라는 용어를 처음 창안한 독일의 동물학자 에른스트 헤켈 역시 이 흐름 속에 놓여 있다. 그는 유기체와 환경 사이의 상호작용을 연구하는 과학 분과로서 생태학을 정립시킨 인물이다. "문명과 민족들의 삶은 자연과 유기체의 삶에 동일하게 작용하는 법칙에 의해 규제된다"[70]고 주장하며, 자연과 인간 사회를 규정하고 관통하는 일원론적인 자연법칙이 존재한다고 봤다. 이 관점에 비춰보면 인류는 광대한 우주의 티끌 같은 존재다. 우주의 광활함과 자연의 압도적인 힘에 비교하면 하찮은 피조물일 뿐이다. 따라서 인간은 겸손한 태도로 다시 대지로 돌아가고, 농촌을 복원하며, 땅에 기대어 살아야 한다는 것이다.

"인간중심주의적 관점 일반은 거부되어야 한다. 그러한 관점은, 자연이 오직 인간을 위해서 탄생되었다고 가정했을 때만 타당하다. 우리는 이러한 태도를 결정적으로 거부한다. 자연에 대한 우리의 개념에 따르면, 인간은 어떤 다른 유기체와 마찬가지로 자연의 살아 있는 사슬의 한 고리일 뿐이다."[71]

이 문장은 최근에 유행하는 철학 사조인 신유물론의 한 문장이나 21세기의 어느 강직한 환경운동가의 주장처럼 보이지만, 독일의 나치 교육가가 쓴 것이다. 19세기 민족주의 운동을 나치즘이 포섭하면서 반인간주의, 반합리주의, 유사과학에 기댄 자연신비주의, 영성주의, 유기론적 전체주의 같은 이념들이 만개했다. 에른스트 헤켈에서부터 기술 비판과 인간중심주의 거부라는 토대 위에서 철학적 지평을 사유한 하이데거에 이르기까지 근대성 비판 이론들 속엔 독일 민족주의의 숨결이 깃들어 있다. 오늘날 생태주의와 생태학에 알게 모르게 스며든 반인간주의의 기척은 19세기, 그리고 20세기 초의 우파들의 작품이다.

"자연에 대항한 인간의 행동은 필히 인간을 몰락으로 이끈다"라고 『나의 투쟁(Mein Kampf)』에서 주장한 히틀러는 "영원한 자연법칙 앞에서 인간의 무력함"을 토로하며 사회 질서가 자연 질서에 복속되는 유기론적 전체주의를 함양하고자 했다. 히틀러는 때로 진지하게 화석연료 대신 수력, 풍력, 조력 같은 재생에너지를 미래의 에너지로 선언하기도 했다. 현대의 호사가들은 흔히 생태적 관점과 실천을 비꼬기 위해 히틀러가 채식주의자에다 각별한 동물권 지지자였지만, 한쪽에선 끔찍한 제노사이드를 버젓이 자행한 악마였다는 점을 즐겨 지적하곤 한다. 그러나 호사가들의 오해와 달리 이 둘은 별개의 독립적인 항이 아니라, 에코파시즘을 이루는 두 개의 버팀목이다. 19세기 독일 민족주의 운동을 나치즘이 흡수하면서 '환경적' 순수성과 '인종적' 순수성의 연계를 강조한바, 농업 사회에서 산업 사회로 전환하면서 인종의 몰락이 초래되었다는 관점을 사상적 주춧돌로 삼았다.[72] 큰 도시들이 생기고 다른 인종과의 혼합이 이루어졌는데, 이는 각자의 인종이 각자의 대지 위에서 각자의 삶을 살아가도록 틀 지워진 자연의 질서를 위배하는 문명의 타락으로 단죄된다. 인종 혼합은 곧 인종의 종말을 의미한다. 인종의 순수성이 상실되기 때문이다. 특히 대지와 어떤 관계도 맺지 않은 채 이곳저곳 유랑하는 유대인이야말로 자연 질서를 파괴하고 인종적 순수성을 오염시키는 위험한 존재였다.

나치 에코파시즘의 핵심 슬로건은 '피와 대지(Blood and Soil)'이다. 인종과 민족을 의미하는 '피'와 조국과 농촌을 의미하는 '대지'의 결합이 지시하는 것처럼, 주어진 땅에 뿌리를 내리고 그 자연환경을 보호하며 살아가는 것이 가장 중요하다고 본 것이다. 특히 대지는 농촌으로 수렴된다. 대지에 뿌리를 내리고 농촌에서 삶을 구성하는 것이 곧 인종의 순결성을 지키고 자연을 지키는 일이 된다. 인종적 순수성은 농민을 보호할 때, 조국의 자연을 보호할 때만 유지될 수 있다. 최고의 독일 혈통을 저장하는 곳이 바로 농촌이다. 이에 인종 오염이 발생하고 땅과의 관계를 상실한 도시로부터 탈출해 농촌으로 가자는 귀농 운동이 벌어졌던 것이다. 1923년 시작된 독일 청년 운동 조직인 '아르타만Artaman 연맹'이 대표적인 사례다. 아르타만은 '농업인'을 뜻하는 중세 독일어였다. 독일 사람과 농경지의 영적-생물학적 결합을 설파하는 잡지도 발간했는데, 그 잡지 이름이 '피와 대지'였다.[73] 이렇게 광범위하게 독일에서 유행하던 피와 대지 개념을 체계화한 이가 바로 리하르트 발터 다레Richard Walther Darré다. 아르타만 연맹의 회원이었던 그는 나중에 『피와 대지』라는 책을 집필해 대중들에게 사상적 영향을 끼쳤고, 1933년부터 1942년까지 농림부 장관을 역임하며 나치의 에코파시즘을 집대성한 인물이다. 발터 다레는 독일과 유럽의 전원화를 계획하는가 하면, 인종적 건강과 생태의 지속 가능성을 위해 자작농 확대 정책을 펼쳤다. 또 유럽 최초로 유기농법을 제도화했다. 토양의 악화가 자연의 생명 순환을 교란하고 농촌을 황폐화하기 때문에 유기농법을 생태주의의 가장 중요한 실천으로 여겼으며, 나치 치하에서 유기농법의 제도화와 전국적 보급을 추진했다. 그의 별명은 '녹색의 아버지'였다.

나치의 에코파시즘을 처음 접해본 독자라면, 최근의 생태주의와의 유사성에 적잖이 당황했을지도 모른다. 그러나 독일 민족주의 운동이든, 19세기 말의 미국 보존주의 운동이든, 현대 환경운동과 생태주의의 모태가 산업화와 자본주의의 그늘에서 태어났기 때문에 이 관계는 운명의 실로 엮여 있을 수밖에 없다. 거칠게 단순화하면, 19세기 후반경 자본주의 발전에 따라 농촌 공동체와 자연경관이 파괴된 자리에 좌파들은 존재하지 않았고, 대신 그 자리에 우파가 있었을 뿐이다. 대다수 마르크스주의와 좌파들이 도시 대공장의 계급투쟁에 천착해 있는 동안 농촌과 주변 환경은 시시각각 부서져 내리고 있었다. 인클로저와 농업의 자본화로 인해 공유지와 공동체가 파괴되고 농민들은 살던 곳에서 뿌리 뽑힌 채 부랑아가 되어 전국을 떠돌거나 도시로 스며들어 저임금 노동력을 제공하는 처지로 전락했으며, 농촌에선 토양과 자연경관이 훼손되고 삶의 질적 하락이 심화되던 차였다. 그때 농촌 붕괴와 환경 파괴를 걱정하거나 농민들의 입장을 대변하는 사람들은 퇴락한 늙은 귀족들, 그리고 나치와 같은 극우 세력이었다. 히틀러와 나치는 영특하게 19세기 독일 민족주의 운동에 잠복된 힘을 제대로 인식하고 있었다. 통속적 좌파들이 농민을 보수적인 존재로 폄훼하는 사이, 그리고 생산력주의에 매몰돼 생태 문제를 도외시하는 동안, 우익들이 농촌과 환경 문제를 예리하게 파고들었던 것이다. 칼 폴라니에 따르면, 시장경제로 인해 인간과 자연이 '악마의 맷돌'에 이윤의 파편들로 갈려나가고 사회가 붕괴되었을 때, 시장 메커니즘이 더욱 가속화되는 동시에 다른 한 축에선 인간들이 상품으로 전락하는 것에 저항하고 공동체를 다시 보호하려는 '이중운동'이 발생한다. 그런데 사회를 복원하려는 운동에는 연대와 호혜성에 기반한 바람직한 시도가 있는가 하면, 나치즘과 파시즘처럼 붕괴된 사회를 폭력적으로 재구축하려는 강렬한 움직임이 존재한다. 요컨대, 나치의 에코파시즘은 붕괴된 농촌과 자연을 다시 복원하려는 이중운동의 한 차원이었다.

1930년 리하르트 발터 다레는 나치 운동에 가담하면서 나치당이 승리하기 위해선 농민의 지지를 얻어야 한다고 히틀러를 설득했다. 38세 나이에 모든 농업 조직을 장악했고 제국의 농민 지도자라는 타이틀을 거머쥐며 농림부 장관을 차지했다.[74] 나치들이 전부 생태주의에 경도된 건 아니었지만, 히틀러와 히믈러 등 최고위급 지도자들은 피와 대지라는 이데올로기가 독일 시민들에게 백인 우월주의와 인종-민족주의를 고취시키는 사상적 촉매제라는 걸 기민하게 터득하고 있었다. 나중에 발터 다레를 숙청할 때까지 에코파시즘은 나치의 '녹색 날개'로 기능하며 꾸준히 활강했다. 유럽 최초로 자연보호구역을 만든 것은 물론, 1933년에 동물보호법을 제정했고, 1935년에는 숲과 동식물 종을 보호하는 자연보호법을 통과시켰다. 환경보호법의 최초 사례 중 하나였다. 연이은 환경 정책에 힘입어 나치에 대한 대중들의 지지가 상승했는데, 더욱 큰 폭으로 지지를 올린 계기가 아우토반 고속도로 건설이다. 아우토반은 경제 성장을 도모하는 동시에 환경도 보호하려던 나치의 딜레마를 상징적으로 보여준다. 고속도로 건설로 인해 1932년부터 1937년 사이에 약 100만 명의 노동자가 고용되었다. 자동차 생산은 다섯 배 증가했으며, 또 자동차 부문 고용은 네 배 증가했다.[75] 하지만 이 고속도로 프로젝트는 환경 기준을 준수하며 계획되었다. 히틀러가 건설 책임자로 선정한 프리츠 토트Fritz Todt는 민족주의 지지자였으며, 자연과 조화를 이루는 개발을 추구했다. 고속도로 경로를 결정할 때는 경제적 비용보다 해당 지역의 환경적-문화적 중요성을 먼저 고려했다. 삼림 벌목을 방지하고, 자연적 조건에 충실하도록 직선이 아니라 곡선 형태를 띠며 환경

친화적 재료를 사용했다. 또 호숫가와 산비탈 우회 도로를 만들어 탑승자가 '때 묻지 않은 아리안 풍경'을 감상하면서 조국 독일의 아름다움을 물씬만식하게 했다. 그뿐만 아니라 아우토반 프로젝트가 환경에 미치는 영향을통제하기 위해 열다섯 명의 환경 컨설턴트를 고용하기도 했다. 고속도로건설과 자동차 산업 성장으로 독일의 탄소 배출이 비약적으로 증가했지만,그 자신들은 자연과 조화를 이루는 미적인 굴곡의 고속도로를 배타적으로 향유하는 모순, 그것이 독일 아우토반의 기반에 새겨져 있는 나치의 인장이다. 그럼에도 자연과 농촌을 보호하려는 나치의 에코파시즘은 대중들뿐만 아니라 독일 내 환경주의자들의 지지를 받았다. 1939년까지 적어도60% 이상의 환경주의자들이 나치당에 가입했다. 당시 성인 남자의 10%,교사와 법률가의 25%가 나치당에 가입한 수준에 견줘보면 압도적인 지지였다.[76] 환경주의자들과 국가사회주의의 밀월 관계는 그렇게 견고했다.

　다시 한번 강조하지만, 에코파시즘이 자본주의와 근대성의 뒤안에서 자라났다는 것을 주지할 필요가 있다. 시장경제가 자연과 인간을 상품 질서에 편입시키고 전통적 공동체와 사회를 붕괴시킴에 따라, 다시 공동체를복원하려는 열망이 곧 에코파시즘의 불씨다. 문제는 자본주의와 시장경제를 다른 체제로 전환하기보다 유기농, 채식, 동물권 같은 개인 주체의 존재양식의 변화에 초점을 맞추거나 유대인 같은 타민족에 혐의를 씌워 비난을 쏟아내고 순혈주의에 매몰되었다는 점이다. 에코파시즘의 유토피아는철저히 배타적이고 인종주의적이다. 미국의 우생학적 보존주의자들이 노르딕 백인들의 순혈성을 지키기 위해 선주민과 이주민들을 모조리 내쫓고야생으로 충만한 국립공원들을 만들어냈듯이, 나치의 에코파시즘 역시 이주민들을 추방하고 북방 백인들만을 위한 자연 유토피아를 기획한 것이다.유대인 수용소 주변으로 조성한 자연경관이야말로 에코파시즘이 그리려는 세계의 면모를 선연하게 예시한다. 유대인의 대량 학살을 은폐하는 푸르고 아름다운 숲들, 타자의 절멸 위에서 구가하는 자연 예찬.

궁극적으로 에코파시즘의 자연은 '희소성'에 기반한다. 자본주의가 풍요로운 공유지와 공공재를 파괴하고 희소성에 기반한 상품 체제를 설계한 것처럼, 에코파시즘도 희소성에 기반한 자연 유토피아를 지향한다. 그들의 대지에는 누구나 함부로 들어갈 수 없다. 순혈 백인들에게만 입장이 허용된다. 새의 지저귐과 정령의 춤이 곁들여진 영적이고 신비로운 낙원을 다시 복원하기 위해선 타락한 이민족들을 쫓아내고 농촌으로 다시 뒤돌아가야만 한다. 이들에게 자연은 과거의 것이다. '고향(Heimat)'으로 다시 돌아가는 것이 인종 혼합의 타락과 근대성의 해악을 치료할 수 있는 유일한 선택지라고 주장한다. 이 세계관 속의 자연 개념은 이미 그 자체로 완결되어 있고, 복고적이며, 인간 사회까지도 통제하는 전체론적인 유기체로 상정된다. 자연 그 자체를 물신화하는 것이다. 이렇게 자연을 닫힌 체계로 생각하기 때문에 경계와 장벽을 세우고, 순수성을 해치는 오염과 이물질에 대해 늘 전전긍긍한다. 이들은 인간과의 상호 작용 속에서 지구의 자연이 부단히 변화해왔고, 자연의 개념 역시 끊임없이 변해왔다는 사실을 외면한다. 어떻게 관계를 맺냐에 따라, 즉 인간과 자연의 변증법에 따라 그 가능성의 경우가 미래를 향해 무수히 열려 있음을 인정하지 않는다. 마치 19세기 자유주의가 사회로부터 '경제'를 뿌리 뽑아 그 자체로 자기 조정의 기능을 갖춘 자율적인 체계인 양 호도해왔던 것처럼, 이제 생태근본주의자들은 정치적 관계로부터 '자연'을 뿌리 뽑아 탈정치화하고 그 스스로 완결적인 체계를 갖춘 것처럼 우리를 현혹한다. 다시 말해, 시장근본주의의 대척점에는 생태근본주의가 자리한다. 자연과 인간을 이분법적으로 분리한 채 자연을 수탈해왔던 시장근본주의의 맞은편에, 그에 대한 반작용으로 자연과 인간을 동일시한 채 세계의 불평등을 용인하고 권력 관계에 눈을 감는 생태근본주의, 나아가 '반인간주의'가 득세한다.

예를 들어 독일 녹색당이 내세운 "우리는 왼쪽도 아니고 오른쪽도 아니며, 다만 앞쪽(생태지향)일 뿐이다"라는 슬로건은 역사적으로 순진하고 정치적으로도 치명적이다.[77] 생태 문제를 탈정치화한 생태근본주의가 나치의 먹잇감으로 전락했던 에코파시즘의 유산으로부터 배운 게 별로 없다는 의미다. 1980년 녹색당 창당 당시 베르너 게오르그 하버벡Werner Georg Haverbeck 같은 나치 에코파시스트들과 광신적인 유기농 지지자들이 몰려와 녹색당을 '피와 대지' 운동의 플랫폼으로 만들려고 애썼다는 사실은 잘 알려진 이야기다. 다행히 내부 투쟁을 거치며 쫓아냈지만, 지금에 이르러서도 독일 녹색당이 유기농, 자전거, 채식 같은 개인적 실천과 규율에 집중하는 반면 신자유주의와 불평등 문제를 상대적으로 도외시하면서 점점 더 우경화되고 있다는 비판을 받는 저간의 사정에는 이처럼 생태와 자연을 탈정치화하고 물신화하는 철학적 배경이 자리한다. 독일 녹색당이 '자전거를 탄 신자유주의'라는 비판을 받는 동안, 20세기 초반 독일에서와 마찬가지로 에코파시즘이 기승을 부렸던 오스트리아의 최근 상황도 꽤 난감한 지경이다. 2020년 오스트리아 우익 정당인 국민당(VP)과 녹색당이 연립정부를 구성했는데, 탄소 순배출 제로 목표 연도를 2050년에서 2040년으로 앞당기는 대신 학교에서 소녀들의 머리 스카프 착용을 14세까지 금지하는 법안과 망명 신청자들에 대해 '예방적 구금'을 도입하는 것에 합의했다. 만족스러운 표정으로 녹색당 대표와 협상 테이블에서 악수를 나눈 직후, 국민당의 쿠르츠 총리는 "기후와 국경을 동시에 보호하는 것이 가능하다"고 주장했다.[78] 오스트리아 녹색당은 2020년, 약 900건의 이주자 추방에 동의했다. 비록 연립 정부하에서 탄소 배출을 줄이기 위해 대중교통을 무상화하고 도시를 녹색화하는 데 이바지했지만, 결국 녹색당이 이주자들을 배척하고 신자유주의를 강화한 극우 정부의 녹색 날개로 기능했다는 비판을 피할 수 없다. 2023년 7월, 오스트리아의 극우 정당들과 수백 명의 지지자들이 '토종 오스트리아인'들이 소수가 되고 있다며 백인 대체 음모론을 주장하면서 횃불을 들고 밤 도시를 위협적으로 활보하며 전개한 이주 반대 시위는 확실히 녹색운동의 미래를 어둡게 한다.

인구폭탄과 맬서스주의

자연을 '공유성'이 아니라 '희소성'으로 접근하게 되면, 생태 파괴는 인간의 나쁜 본성이나 인구 과잉 문제로 환원된다. 동식물과 인간 모두가 참여하고 협력하는 회합의 관계로서 자연을 이해하면 생태 파괴가 곧 권력의 문제가 되지만, 자연을 고정불변의 희소성을 가진 공간으로만 대상화할 경우 생태 파괴는 곧장 침범과 장벽의 문제로 직결된다. 지구를 망치는 건 인간의 천부적 본성에 기인한다, 인구 과잉이 곧 생태 재앙이다, 따라서 침범과 오염을 막기 위해서는 보호구역을 요새화하고, 장벽을 올려 이주를 막으며, 산아제한을 실시해야 한다는 논리로 귀결된다. 오늘날 에코파시즘은 기후-생태 문제를 인구 증가의 문제로 환원하는 담론들에 기생하며 그 기세를 확장해왔다. 19세기 맬서스주의가 환경보호 담론이라는 화관을 쓴 채 화려하게 귀환한 것이다.

인구 증가가 환경 파괴의 원인이라는 신맬서스주의는 1960, 70년대 현대 환경운동의 출발선에 나란히 존재한다. 거의 대부분의 주요 환경단체들의 그림자에 인구 증가에 대한 공포가 드리워져 있다. 우선 시에라 클럽의 초대 전무이사인 데이비드 브라워David Brower가 눈에 띈다. "부모가 정부 면허증을 소지하지 않는 한, 아이를 낳는 행위는 사회적으로 처벌받아야 하는 범죄입니다", "전쟁에서 젊은이들이 죽는 것은 불행한 일이지만, 인류가 산과 야생 지역을 건드리는 것보다 더 심각한 문제는 아닙니다"[79]와 같은 발언들을 서슴지 않았던 그는 1952년부터 20년 동안 시에라 클럽을 미국 최대 환경단체로 성장시킨 인물이다. 이후 세계적인 환경단체 '지구의 벗'을 창립했고, 북미에서 가장 영향력 있는 환경주의자 중 한 명으로 입지를 굳혔다. 브라워는 정작 슬하에 네 명의 자식이나 두었지만, 입만 열면 인구 증가로 인해 환경이 붕괴될 거라고 염려했다. 전 장에서 앞서 기술했듯, 시에라 클럽은 19세기 말 존 뮤어 등의 우생학적 보존주의자들이 창립한 단체다. 2020년 조지 플로이드 사건으로 인해 전 세계적으로 '흑인 목숨은 소중하다(Black Lives Matter) 운동'이 퍼져나가고 백인 식민 지배자의 동상들이 곳곳에서 파괴되자 불똥이 튈까 봐 다급하게 창립자 존 뮤어를 비롯해 자기 조직의 우생학적 토대를 반성하는 사과문을 게재하기도 했다.[80] 중상류층 백인들을 위해 야생을 보존하는 국립공원들을 지정하면서 그곳에 살던 선주민들을 쫓아낸 것에 대한 사과였다. 100년이 훨씬 지난, 늦어도 한참 늦은 사과였다. 우생학적 세계관 속에서 탄생한 이 단체는 2000년대까지도 인구 증가 문제를 놓고 내부적으로 격론을 벌일 정도로 에코파시즘의 그늘에서 벗어나지 못했다.

1968년에는 '신맬서스주의의 신기원'으로 회자되는 책 한 권이 발간된다. 데이비드 브라워가 선거에 영향을 미치기 위해 스탠퍼드 대학의 곤충학자 폴 에를리히Paul R. Ehrlich에게 인구 증가에 대한 우려를 담은 책을 써달라고 요청했는데, 폴 에를리히 부부가 기존의 강의 노트를 기반으로 약 3주 만에 책의 초안을 내놓았다. 그 유명한 『인구폭탄(The Population Bomb)』이 마침내 세상에 폭탄처럼 던져진 것이다.[81] 인류가 인구를 줄이지 않는다면 우리 모두는 죽어가는 행성에서 대량 기아에 직면하게 될 거라는 종말론을 피력한 이 책은 200만 권 이상이 팔려나가는 베스트셀러가 되었고, 찬반론으로 갈리며 격렬한 논쟁을 형성했다. 책을 의뢰했던 브라워는 "인류를 위한 전투 소책자"라며 칭찬을 아끼지 않았다. 폴 에를리히는 TV 쇼 프로그램에 연달아 출연하며 스타덤에 올랐는데, 인구 증가가 그대로 지속되면 15년 안에 대량 기아가 발생하고 1980년대가 되면 인간들이 한꺼번에 굶어 죽게 될 거라는 대담한 예언을 펼치며 센세이셔널한 반응을 일으켰다. 딸 하나를 낳고 1963년 정관수술을 했던 그는 남성들에게 수술을 권장하며 '인구성장제로(ZPG, Zero Population Growth)'라는 조직을 창립했다. 1972년 미국 전역에 400여 개의 지부가 세워지고 회원 수가 35,000명으로 증가했다. 『인구폭탄』은 그렇게 하나의 신드롬이 되었다. 학계, 문화, 환경운동 등 인구 담론과 종말론적 비관이 전 사회적으로 퍼져나갔다. 그 영향하에 〈소일렌트 그린Soylent Green〉(1973), 〈로건의 탈출Logan's Run〉(1976)처럼 인구 증가로 인한 디스토피아 세계를 그린 SF 대작 영화들이 연달아 제작됐다.

1970년에 처음으로 개최된 '지구의 날'은 1960, 70년대 폭발적으로 증가한 대중의 환경 의식을 대변하는 상징적 행사였다. 1969년 쿠야호가강 화재, 샌타바버라 유정 폭발, 이리 호수의 재앙적 오염 등 극적인 사건이 연달아 일어나며 미국인들의 공포심을 자극했다. 1970년 4월 22일의 첫 지구의 날 행사에 무려 2천만 명이 운집했다. 이 뜨거운 대중적 관심과 열의는 곧장 의회와 백악관을 움직이게 만들었다. 리처드 닉슨 대통령은 환경보호국(EPA)을 창설하고, 공기청정법(Clean Air Act), 깨끗한 물법(Clean Water Act) 및 멸종위기종법(Endangered Species Act) 등 일련의 환경법을 재빠르게 제정하기에 이른다. 하지만 지구의 날이 전 세계적인 환경 이벤트로 자리잡은 초기의 경로에, 맬서스주의가 끼친 영향을 제대로 인지하는 경우는 드물다. 지구의 날의 창립자인 게일로드 넬슨Gaylord Nelson은 확실히 자유주의자인 동시에 맬서스주의자였다. 더러워진 공기와 물, 야생 보존과 같은 백인 중상층의 고전적인 환경 이슈를 겨냥하는 동시에, 지구의 날을 통해 인구 증가 의제가 확산되기를 바랐다. 자서전에서 그는 "나는 이 나라에서 '환경에는 찬성하지만 이민을 제한하는 데는 반대한다'고 말하는 것은 가짜라고 생각한다"고 말했을 뿐만 아니라, 2001년 지구의 날 연설에서는 이주로 인해 자원이 고갈되고 야생동물 서식지와 자연환경이 파괴될 거라고 성토했다.

"안정화를 이루려면 이민율을 크게 줄여야 하는데, 일부 친이민 단체에서는 이를 인종차별이라고 공격합니다. 이로 인해 많은 언론과 사람들이 침묵했습니다. 조지프 매카시가 구사한 매카시즘 전술을 똑같이 사용했습니다."[82]

인종차별 때문에 이주 반대 목소리를 침묵시키는 건 매카시즘이나 마찬가지라는 이야기다. 오늘날 전 세계적인 이벤트로 자리잡은 지구의 날 행사가 환경을 파괴하는 자본주의 체제를 고발하기보다 기껏 밤에 소등이나 하는 개인적 실천으로 자족감을 얻고, 자연과 야생 보호, 청결과 질서 같은 중산층적 환경 담론에 정박된 채 인구 증가가 환경 위기의 원인이라는 주장을 앵무새처럼 반복하게 된 데에는 1960년대 미국 환경운동의 계급적 한계가 작용한 바가 크다. 훨씬 더 많은 환경적 피해를 받는 유색인종과 저소득층의 계급적 입장을 반영한 '환경 정의'는 지구의 날 행사에서 배제되어 있었다. 인구 증가에 대한 공포가 사실 가난한 자와 유색인종들에게 집중적으로 전가되어 있기 때문이다. 1970년 첫 지구의 날 행사에 운집했던 2천만 명의 대부분이 백인들이었고, 질서 잡힌 환경에 대한 백인들의 열광이 1960년대 후반 미국을 뒤흔들었던 흑인 민권운동 목소리를 지우는 데 혁혁한 공헌을 했다는 흑인 급진주의자들의 날선 비판은 충분히 경청할 만하다.

맬서스주의의 문제의 핵심은 빈곤에 대해 가난한 사람들을 비난한다는 것이다. 그들이 보기에 빈곤은 사회-정치적 구성물이 아니다. 빈곤은 타고나는 것이며 팔자소관이다. 따라서 가난한 사람들이 늘어날수록 빈곤과 자원 고갈이 발생하기 때문에 빈민법 같은 구제책을 모두 제거해 스스로 소멸하도록 돕는 게 더 현명한 선택이다. 인구 증가는 곧 빈자의 증가다. 폴 에를리히의 『인구폭탄』에 묘사된 인도 델리 풍경은 이 위선의 시각을 극명하게 드러내준다.

"거리는 사람들로 북적거렸다. 밥 먹는 사람, 씻는 사람, 잠자는 사람. 사람들이 찾아오고, 다투고, 소리를 지르기도 했다. 택시 창문으로 손을 내밀며 구걸하는 사람들. 배변과 소변을 보는 사람들. 버스에 달라붙는 사람들. 동물을 몰고 다니는 사람들. 사람, 사람, 사람, 사람……. 그날 밤부터 나는 인구 과잉이 어떤 느낌인지 알게 됐다."

에를리히 부부는 1966년에 인도 델리에서 택시를 탔다. 그런데 당시 델리에는 얼마나 많은 사람들이 살고 있었을까? 유엔 데이터에 따르면 280만 명이 조금 넘는다. 이에 비해 1966년 당시 프랑스 파리의 인구는 약 800만 명이었다.[83] 하지만 북반구 그 어느 누구도 샹젤리제 거리에 북적거리는 사람들을 보며 인구 공포를 느끼지 않는다. 1960년대 파리는 우아함과 세련됨의 상징, 백인 문명의 정점으로 상찬됐다. 대부분의 인구 증가 담론은 철저히 계급적이다. 제국과 식민지, 북반구와 남반구, 부자와 빈자, 자본가와 노동자, 백인과 유색인종 사이를 가로지르는 배제의 정치학이다. 통계와 예언 모두 엉터리로 판명났음에도 맬서스주의가 나치를 경유하며 북반구 전역에 감염병처럼 퍼져나갈 수 있었던 것은 인구 통제 담론이 곧 식민주의, 인종주의, 계급주의를 교묘하게 은폐하면서도 그 책임을 온전하게 피지배자들에게 떠넘길 수 있기 때문이다. 1960년대 중반 이후 인구 증가 공포가 사회 전역으로 실핏줄처럼 퍼져나가는 사이, 미국의 지배 엘리트들은 인구 통제를 냉전 체제의 무기로 활용하기 시작했다.

1960년대 중반까지 미국의 인구 통제 프로그램은 우생학주의에 뿌리를 둔 인구위원회(Population Council)와 가족계획연맹(Planned Parenthood)과 같은 민간 조직에 의해 주로 시행되고 있었다. 가족계획연맹의 설립자 마거릿 생어Margaret Sanger는 철저한 우생학 신봉자였다. 가난한 자와 장애인은 '인간 이하'로 치부했고 가난한 대가족이 유아에게 행할 수 있는 가장 자비로운 일은 그 아이를 죽이는 것이라고까지 주장했다. 이렇게 민간 영역에서 우생학에 기반한 낙태와 피임 캠페인을 벌이다가, 1960년대 중반 이후 환경운동의 힘을 빌려 인구 과잉 이데올로기가 전 사회적으로 퍼져나가자 미 의회와 행정부의 태도가 급변했다. 대량 낙태와 강제 불임 수술을 위한 글로벌 캠페인에 수십억 달러의 연방 자금을 투입하기 시작했다. 미국 내에선 주로 유색인종을 향해 메스를 꺼내들었다. 1977년까지 아메리카 선주민 여성의 최대 4분의 1이 불임 수술을 받은 것으로 추정되며, 미국령인 푸에르토리코의 경우 1975년까지 가임기 여성의 3분의 1이 불임 수술을 받았다. 상당 부분이 사전 동의 없이 시행된 수술이었다. 하지만 인구 통제의 칼질이 난무한 곳은 국내보다 해외였다. 존슨 대통령은 "인구 통제에 투자한 5달러는 경제 성장에 투자한 100달러와 같다"고 주장하며 해외지원법(Foreign Assistance Act)을 통과시켰다. 가난한 사람들을 불임시키는 3세계 정부에 경제적 지원을 하는 게 이 법의 골자였다. 또 인구국을 설치하고, 라이머트 토롤프 라벤홀트Reimert Thorolf Ravenholt 박사를 초대 국장으로 임명했다. 라벤홀트는 13년 동안 인구국을 통해 세계 곳곳에서 대량 낙태와 불임 수술을 자행한 인물이다. 한편, 1968년에는 신심 깊은 맬서스주의자였던 로버트 맥나마라Robert McNamara가 국방장관직을 사임하고 세계은행 총재를 맡게 된다. 연간 불임 할당량 준수 여부에 따라 3세계 국가에 대한 세계은행 대출 여부가 결정되기 시작했다. 더 나아가 닉슨 정부 하에서는 유엔인구기금(UNFPA) 설립에 미국 지원금을 승인했다.[84]

　　미국 지배 엘리트들이 이토록 인구 통제에 집착했던 이유는 남반구의 빈곤화로 인해 분노한 프롤레타리아 인민들이 대량 양산되는 것에 대한 두려움 때문이었다. 그로 인해 공산주의 진영이 더 넓어지고 미국 자본주의를 위협할 혁명 세력의 힘이 커질까 봐서였다. 인구국의 라벤홀트 박사는 전염병학자 출신으로, 임신을 천연두나 황열병처럼 근절되어야 하는 질병으로 여겼다. 콘돔에 자신의 명함을 새기고 다녔던 그는 세계 인구의 4분의 1이 줄어야 하며, 그렇지 않을 경우 인구폭발이 일어나 전 세계에 공산 세력이 늘어날 것이라고 주장했다. 아시아, 라틴 아메리카, 아프리카 지역의 인구 증가를 냉전 체제하에서 미 제국의 힘을 위축시킬 잠재적 위협으로 여긴 것이다. 그 덕에, 페루의 후시모리 정부하에서 딘 5년 동안 314,605명의 여성들이 불임 수술을 '당했다'. 미국의 인구국, 유엔인구기금, 국제가족계획연맹이 자금을 지원했다. 1976년에는 인도에서 무려 800만 명의 여성이 불임 수술을 받았다. 상상하기 어려운 대규모 인권 침해였다. 라이머트 라벤홀트 박사는 하루에 12,800명을 수술할 수 있는 64대의 첨단 복강경 기계를 인도에 급파했고, 로버트 맥나마라 세계은행 총재는 "마침내 인도가 인구 문제를 효과적으로 해결하고 있다"고 칭찬했다.[85] 1970년대 초 오일쇼크로 당시 인도는 국가 비상사태를 선언할 만큼 경제적으로 어려운 상황이었다. 세계은행으로부터 대출을 받기 위해 어쩔 수 없이 대량의 불임 수술을 강행해야만 했던 것이다. 한편, 1980년대의 중국에서 저질러진 짓은 대학살이라는 표현에 견줄 만한 것이었다. 1982년 《뉴욕타임스》의 해외 특파원은 수천 명의 중국 여성이 연행된 채 낙태를 강요당하고 있다는 걸 폭로했다.[86] 길거리에서 임신한 여성들을 납치해 낙태 진료소로 끌고 갔다는 것이다. 실제로 당시 중국 공산당 간부들에겐 불임 수술, 낙태 수술, 자궁 내 장치 IUD 삽입 수술에 대한 할당량이 주어졌다. 할당량을 채우지 못하면 당에서 추방당했다. 1983년 1,600만 명의 여성과 400만 명의 남성이 불임 수술을 받았고, 1,800만 명의 여성이 IUD를 삽입했으며, 1,400만 명 이상의 태아가 낙태되었다. 이후에도 이러한 수치는 계속 유지돼 1985년까지 강제 낙태, IUD 이식, 불임 수술을 합쳐 연간 3천만 건을 넘어설 지경이었다. 『인구폭탄』의 폴 에를리히가 제안했던 강제적 불임의 잔인한 디스토피아가 마침내 중국에서 연출된 것이다. 유엔인구기금은 이 캠페인을 주도한 중국 위생부 장관 치안 신중Qian Xinzhong에게 공을 기리는 의미로 1983년 최초로 '유엔 인구상'을 수여했다. 또 세계은행은 깊은 감사의 뜻을 전하며 1996년까지 중국에 220억 달러의 대출을 제공했다.[87]

맬서스주의는 미국과 유럽 등 북반구 엘리트의 보편적이며 항시적인 통치 기제라는 걸 이해하는 게 중요하다. 마찬가지로 나치의 우생학과 인종 말살 정책도 예외적 기제가 아니라 북반구의 글로벌 자본주의에 항시적으로 잠복해 있는 폭력의 통치술으로 봐야 한다. 단지 감추어져왔고, 감추어져 있을 뿐이다. 프랑스령 마르티니크Martinique의 시인이자 흑인 해방 지도자였던 에메 세제르Aimé Césaire의 지적은 우리에게 은폐된 진실을 통찰할 수 있는 영감을 건네준다. 그에 따르면, 유럽인들은 나치즘의 피해자가 되기 전에는 공범자였다. 그들은 나치즘을 용인하고, 나치즘을 배양해온 책임이 있다. 여기에서 나치즘은 식민주의의 연장선상이다. 독일 나치즘은 유럽 제국이 아프리카와 라틴 아메리카에서 저질렀던 온갖 피비린내 나는 식민지 폭력의 반영에 지나지 않는다. 15세기 이래 인간을 비인간화하고 대량의 제노사이드를 저질렀던 식민 지배 체제가 존재하지 않았다면 나치즘도 없었을 것이다. 유럽인들은 유럽 한복판에 나치가 출현하고 자신들에게 총부리를 겨눈 것에 충격을 받고 인류와 문명의 죄악을 운운하며 탄식했지만, 비유럽 지역의 사람들은 수백 년 동안 유럽 제국이 자행한 나치즘적 폭력에 일상적으로 시달렸다.[88] 보호받아야 할 '문명인'과 그렇지 않은 '미개인'의 절멸. 나치즘은 정확하게 식민주의의 배양물이다. 그렇다면 저 우생학적 폭력과 인구 과잉에 대한 공포 역시, 전적으로 식민주의의 반영일 것이다. 그것이 나치즘과 미국의 세계 인구 통제에서부터 최근 장벽을 쌓자는 유럽과 미국 극우들에 이르기까지 인구 공포 담론이 꺼지지 않는 활화산처럼 지속적으로 기승을 부리며, 가난한 자의 생명력에 저주를 퍼붓는 이유이다.

1960년대 중반 이후 미국의 지배 엘리트들이 인구 통제를 냉전 체제의 무기로 가용하는 사이, 우리의 백인 환경주의자들은 인구 과잉 때문에 세상이 종말을 맞이할 거라고 비명을 질러댔다. 그들은 인간이 곧 '천연두'와 '암'이라는 수사를 거리낌없이 사용한다. 환경보호 단체 '지구 먼저(Earth First)!'의 저널은 1980년대 기승을 부린 에이즈의 높은 치사율에 대해 "인구 감소가 불가피한 상황에서 환영할 만한 발전"이라고 칭찬했다. 이 단체의 설립자 데이브 포먼Dave Foreman은 급진 환경운동의 대명사 중 한 명인데, 데이비드 애튼버러와 마찬가지로 에티오피아 원조를 반대하며, 이렇게 주장했다. "자연이 스스로 균형을 찾도록 내버려두자."[89] 인구가 많으니 그냥 죽게 내버려두자는 것이다. 애튼버러 역시 그에 화답하듯 2013년에 "인간은 지구상의 전염병"이기 때문에 인구 제한을 하지 않으면 지구가 인류를 쓸어버릴 거라고 경고했다.[90] 심지어 미국 CNN 방송국의 설립자 테드 터너Ted Turner는 인구가 계속 증가하면 살아남은 사람들이 식인종이 될 거라고 한술 더 뜬다. 지구 온난화는 인구 과잉 때문에 발생했고, 지구가 점점 뜨거워질 경우 살아남은 사람들은 서로를 잡아먹게 된다는 것이다.[91] 인구 과잉과 종말론은 이렇게 혼란스럽게 뒤섞여 종교적 믿음과 신화로 끊임없이 재가공된다. 코로나 팬데믹이 왔을 때 세상 사람들이 가장 많이 한 이야기는 "인간이 바이러스"라는 말이었다. 인간 때문에 감염병이 도래했다는 것이다. 보라, 인간이 봉쇄되고 사라지니 야생동물이 귀환하지 않는가! 자연이 치유제다! 인간은 지구의 종양 덩어리이자 박멸해야 할 바이러스다. 오늘날의 인수공통 감염병의 대부분은 공장식 축산과 단일 작물 재배 시스템, 그리고 서식지 파괴 같은 자본 축적의 경로를 통해 움직인다. 유칼립투스를 연료 삼은 산불과 마찬가지다. 자본주의를 뜯어고치자는 말 대신 '인간은 바이러스다!'라고 외치는 어리석음이 반복되는 것이다.

아마도 인구 과잉의 두려움을 토로하는 현대의 환경주의자들에게 에코 파시스트라는 정체성을 부여하면 대부분이 화들짝 부정할 것이다. 하지만 표현의 차이가 있을 뿐, 맬서스주의라는 인식론적 토대를 공유한다. 가난한 자들이 무한하게 번식해 세상을 지옥으로 만들 것이라는 종말론의 세례를 받았다는 점에서 동일한 정체성을 갖는다. 그런 점에서 최근 유럽에 득세하는 극우 생태주의를 예외적인 정치적 현상으로 분류하려는 시도는 꽤 기만적이다. 극우 생태주의는 오랜 식민주의의 결과물이자 오늘날 유럽과 미국, 더 나아가 지구촌 곳곳을 뒤흔드는 우익 포퓰리즘이라는 대지진의 산물이기 때문이다. 당장 유럽연합의 외교 책임자 조셉 보렐Josep Borrell의 지정학적 비유만 해도, 극우들의 상상도를 탁월하게 소묘한다. 2022년 10월 그는 유럽을 목가적인 '정원'으로, 나머지 세계는 '정글'로 표현해 논란을 자초했다. 유럽인들은 정치적 자유, 경제적 번영, 그리고 사회적 결속을 갖춘 정원을 건설했지만, 남반구는 그렇지 못한 정글에 불과하며 언제든 정원을 침범할 것이라고 주장한다. 이에 대한 대응으로 극우 생태주의자들은 이주민을 내쫓고 장벽을 높이 쌓아 올리자고 말하는 반면, 조셉 보렐은 "정글은 성장 역량이 강하기 때문에 정원을 보호하기에는 장벽이 충분히 높지 않을 것"이라고 분석하며 유럽의 외교관들이 정원사가 되어 세계 각지와 더 많은 교류를 해야 한다고 충고하는 것으로 다른 해법을 제시한다. "그렇지 않으면 다른 남반구 국가들이 다양한 방법과 수단으로 우리를 침략할 것입니다."[92]

사실상 유럽연합은 조셉 보렐이 비유한 바와 같이, 정글로 둘러싸인 목가적 정원을 보호하기 위해 이미 국경을 군사화하고 장벽을 쌓아 올리고 있다. 이민자를 추방하고 국경을 강화하겠다는 정치적 의지는 유럽연합의 일반의지이다. 이에 비해 극우들은 덜 위선적이고 덜 가식적이다. 난민 위기가 촉발된 2015년 이후, 유럽의 국경선은 315킬로미터에서 2,048킬로미터로 늘어났다.[93] 무려 여섯 배가 증가했다. 유럽 국경수비대인 프론텍스Frontex의 예산은 2005년 520만 유로에서 2023년 8억 4,500만 유로로 껑충 뛰었다. 프론텍스는 2004년 창설됐는데, 유럽의 국경 보안을 강화함으로써 이주를 봉쇄하고 '유럽 요새'를 구축하기 위한 군사 기관이다. 애초에는 미국 9.11 테러 여파로 안보를 강화하기 위해 만들었지만 점차 이민자들로부터 유럽을 보호하는 방어막으로 진화해왔다. 이스라엘 드론이 삼엄하게 철책 위를 날아다니는 유럽의 국경 장벽은 날이 갈수록 점점 더 많은 군비, 더 많은 무기, 더 많은 군사 로비스트들로 북적이고 있다.

2021~2027년 다년간 재정 프레임워크(MFF)의 안보 및 국방 예산은 이전보다 두 배 이상 증가했다. 러시아 침공이 있기 훨씬 전에 결성된바, 가장 크게 예산이 증가한 게 유럽 방위 기금이다. 1,256%나 상승했다. 내부 안보 기금은 19억 유로, 프론텍스 기금은 96억 유로로 증액되었다.[94] 인권 침해 우려는 물론, 유럽이 어떻게 국경을 요새화-무기화하고 있는지를 단적으로 보여준다.

기후 아파르트헤이트, 기후 장벽

　유럽연합이 기후변화를 안보의 문제로 인식하게 된 것은 2008년경부터다. 2008년 EU 보고서 「기후변화와 국제 안보」는 기후변화로 인한 이주를 자원 기반 분쟁, 도시와 해안선의 경제적 피해, 영토 분쟁에 이어 네 번째로 중요한 안보 문제로 꼽는다. 보고서는 환경으로 인한 이주 스트레스를 고려할 것을 촉구하고 있다. 하지만 기후변화에 따른 이주 문제가 치명적으로 드러난 계기는 시리아 내전이었다. 2015년 유럽 대륙에 망명 신청을 한 난민과 이주자는 130만 명에 달했는데, 2차 세계대전 이후 가장 많은 규모였다. 이라크, 아프가니스탄 등 발칸 지역의 난민들도 포함돼 있었지만 상당수는 시리아인이었다. 당시엔 중동에서 격화된 내전과 분쟁에 초점을 맞췄지만 이후의 새로운 연구들은 기후변화가 대이주를 촉발시킨 중요한 배경이었음을 밝혀냈다. 내전이 발생하기 전, 2006년에서 2011년까지 시리아는 1천 년 만의 대가뭄에 휩싸여 있었다. 시리아 농업 지대의 75%가 궤멸했고 가축의 85%가 목숨을 잃었다. 농작물 수확량 붕괴로 150만 명의 농부가 집과 생활 터전을 잃은 채 다마스쿠스 같은 도시들로 이주했는데, 2002년에 890만 명이던 도시 인구가 2010년경에는 1,380만 명으로 급증한 터였다.[95] 물과 식량 등 도시 내부의 자원 부족을 놓고 갈등할 수밖에 없는 상황이었다. 각종 시위가 일어났고, 40년을 통치해온 아사드 정부에 대한 분노가 내전으로까지 확대됐다. 기후변화가 내전을 일으킨 직접적인 원인은 아니더라도 정치적 위기를 촉발시킨 결정적 배경 중 하나였다는 사실은 분명하다. 시리아는 12,000년경 마지막 빙하기가 물러나고 홀로세가 시작뇌었을 때 신석기 혁명과 농업을 탄생시킨 비옥한 초승달 지역 중 일부다. 인류의 요람이 기후변화로 바짝 말라가면서 굶주림과 내전에 시달렸고, 결국 100만 명 이상의 이주민들이 목숨을 건 여행 끝에 유럽의 국경을 두드리게 된 것이다. 풍요로웠던 홀로세의 붕괴를 이토록 상징적으로 보여주는 장면도 없을 것이다.

우리는 2015년 시리아 사태가 결정적 방아쇠였다는 것을 익히 알고 있다. 대규모 난민 유입이 유럽의 반이민 정서를 강화시키고 포퓰리즘 세력들을 춤추게 만들었다는 것을. 2008년 글로벌 금융위기로 신자유주의와 세계화에 대한 분노가 확산되면서 반이민, 반세계화, 반유로화에 기반한 포퓰리즘이 득세한 가운데, 2015년 시리아 사태가 반이민 정서의 쓰나미를 일으킨 진앙으로 작용했다. 먼저 폴란드와 헝가리 같은 동유럽 국가들의 극우 포퓰리즘 세력이 난민 반대를 주요 의제로 내세우며 깃발을 꽂았고, 곧이어 영국이 브렉시트로 유럽을 출렁이게 했다. 도미노처럼 연달아 핀란드, 오스트리아, 이탈리아 등에서 극우 정부가 들어섰는가 하면 스페인, 프랑스, 불가리아, 덴마크 등에선 극우 정당이 눈부시게 약진하고 있다. 심지어 나치 역사로 인해 극우 정당에 대한 금기가 있는 독일에서마저 '독일을 위한 대안(AfD)'이 20%가 넘는 지지를 받으며 충격적인 기세를 선보이는 와중이다. 폭주하는 기관차처럼 금융과 시장의 세계화를 일방적으로 추진해온 신자유주의는 주권, 보호, 안전 문제를 취약하게 만들었고, 이에 우익 포퓰리즘은 반이민, 반이주, 강력한 신국가주의로 주권이 보호되는 안전한 민족 국가를 건설하자는 기치를 앞세워 신자유주의가 양산한 공백들을 게걸스럽게 먹어치우고 있는 것이다. 자유무역과 세계화가 국민국가의 주권을 모호하게 만들고 민족적 정체성의 위기를 불러왔으니 이제 문을 굳게 걸어 잠가야 한다는 것이다. 유럽연합 내의 자유주의 정부들도 표면적으로는 극우 정당의 약진을 우려하는 것처럼 보이지만, 2015년 시리아

사태를 기점으로 유럽의 국경을 걸어 잠그는 데 표를 던졌다는 점에서 유럽의 요새화냐, 각 국가의 개별적 요새화냐의 차이가 있을지언정, 남반구 이주자들을 쫓아내는 구조적 폭력의 강도에서는 이미 극우들과 나란히 서 있는 형국이다.

　확실히 2015년 시리아 사태는 중요한 변곡점이었다. 유럽연합은 자신들의 국경을 군사화하는 동시에, 심지어 국경의 경계를 '외주화'한다. 2015년 유럽연합은 아프리카 긴급신탁기금(EUTF)을 조성했다. 말은 그럴싸하게 아프리카의 불안정 이주 문제를 돕기 위한 펀드라고 하지만, 실상은 국경의 아웃소싱이 목적이다. 예를 들어, 유럽연합은 2015년에서 2022년까지 튀니지에 9,300만~1억 7,000만 유로의 이주 관련 자금을 투입했다. 2023년에는 아예 10억 유로 계약을 체결했다.[96] 유럽이 튀니지에 이렇게 많은 돈을 투입하는 이유는 유럽으로 건너오는 난민들을 막아주는 것에 대한 수고비를 챙겨주기 위해서다. 튀니지는 유럽으로 향하는 북아프리카의 관문이다. 리비아를 제치고 북아프리카에서 가장 많은 난민들이 유럽으로 향하는 경유지가 됐다. 휴먼 라이츠 워치에 따르면, 2023년 1월부터 5월까지 3,500명 이상의 이주자들이 체포됐고, 불법 출국을 시도하는 23,000명이 차단됐다. 이 과정에서 튀니지 경찰, 군대, 해안경비대가 아프리카 흑인 이주민과 망명 신청자들을 일상적으로 학대하는 '제도적 폭력'이 발생한다. 특히 흑인 아프리카인들은 해상에서 체포된 채 바로 제3국으로 추방되거나 비밀 구금 시설로 끌려간다. 구타, 살인, 최루가스, 공중 총격, 보트 탈취와 손상, 보트 전복과 같은 심각한 폭력이 비일비재하게 일어난다.[97] 공교롭게도 튀니지의 카이스Kais 대통령은 유럽 극우들의 '백인 대체' 음모론을 적극 차용하는 명예 백인이다. 사하라 이남 아프리카 흑인들이 튀니지인들을 대체할 거라고 주장하며 이주 혐오를 부추긴다. 그 선동에 힘입어 일반 시민들 사이에서도 흑인 아프리카인에 대한 증오와 폭력이 점차 거세지고 있다. 지난 7월 항구 도시 스팍스에서 주민과 이주민 사이에 충돌이 발생한 후, 사하라 이남 아프리카인들은 직장과 집에서 쫓겨났으며, 수백 명의 이주민이 알제리와 리비아 국경으로 내쫓겼다. 그 과정에서 일부는 사막에서 목말라 죽어갔다.[98]

유럽 입장에서는 북아프리카의 권위주의 정부와 군대에 약간의 수고비만 찔러주면 국경 감시 비용도 줄이고 인권 침해에 대한 국제적 비난도 피할 수 있으니 얼마나 편리한 수습이겠는가. 자신들의 국경 업무를 외주화하기 위해 쾌속정, 위성전화기, 소형 보트와 유니폼, 군인들에 대한 훈련 등을 아낌없이 제공한다. 튀니지뿐 아니라, 모로코, 리비아, 세네갈 등 북아프리카 국가들, 심지어는 아프리카 서부의 수단과 니제르와도 계약을 체결했다. 사하라 이남 아프리카에서 유럽으로 향하는 중요 육로 경로가 바로 수단이다. 에티오피아, 소말리아 등 아프리카 뿔 지역의 이주민들을 아예 출발지에서부터 차단하기 위해 수단 정부에 수백만 유로를 지급했고, 이 돈은 다르푸르 학살로 악명 높은 잔자위드Janjaweed 민병대 출신들을 국경 수비대로 배치하는 데 사용된다. 유럽의 국경이 아프리카 내부에도 세워지는 것이다. 이렇게 국경 업무를 외주화하면 보다 노골적이고 치명적인 인권 유린이 발생할 수밖에 없다. 2017년 리비아 해안 경비대는 유럽으로 향하던 난민들을 강제 송환하는 과정에서 마구잡이로 총격을 가했다. 이를 피하려고 100명 이상이 바다에 뛰어들었고, 유아와 어린이를 포함해 30명이 익사하는 끔찍한 참극이 벌어졌다.[99] 2022년 6월 스페인과 모로코 국경에서 벌어진 비극 역시, 이 은폐된 폭력의 뒷거래를 극명하게 보여준다. 아프리카 이민자 1,500여 명이 북아프리카 끝자락에 위치한 스페인 자치 도시 멜리야에서 모로코와 스페인 국경을 넘으려 시도했는데, 이에 맞서 모로코 국경 수비대가 최루탄을 쏘고 곤봉으로 이주민들을 구타했다. 사정없는 폭력에 23명이 사망했고, 스페인 영토에 들어온 470여 명의 이주민은 다시 모로코로 송환됐다. 이렇게 송환된 이주민들은 또다시 폭력의 굴레에 갇혀야 한다. 명백히 이주민의 생명을 위협하는 장소로 돌려보내지 말아야 한다는 유럽 인권 협약 제3조를 어긴 사건이다.[100] 좌파 정부인 스페인의 사회당마저 유럽의 요새화에 동참한 것이다. 유럽 바깥 변방에서 벌어진 일이기에 세계 시민들은 이런 일들이 벌어지는지조차 잘 알지 못한다.

그 와중에 2023년 6월 난민선이 그리스 앞바다에서 좌초된 사건이 발생했다. 유럽의 요새화가 빚어낸 가장 끔찍한 지중해 참극이다. 최대 700여 명을 태운 배가 뒤집혔고, 수백여 명이 그대로 수장됐다. 구조된 사람은 104명에 불과하다. 지금도 여전히 지중해 속에 찾지 못한 시신들이 배회한다. 그리스 우파 정부는 가라앉는 배를 그저 나 몰라라 했을 뿐이다. 뒤집힌 배 주위로 이주자들이 살기 위해 발버둥치던 장면은 가히 충격적이었다. 이 같은 끔찍한 사건에도 그리스에서의 반이민 공기는 더욱 짙어지고 있다. 같은 해 6월에 치러진 총선에서 그리스는 극우 정당 세 개가 의회에 진출하는 유일한 유럽 국가가 됐다.

이미 지중해는 죽음의 바다다. 유엔난민기구(UNHCR)에 따르면, 2023년 1월부터 9월까지 바다를 통해 남부 유럽에 도착한 이주민은 186,000명이다. 그중 2,778명이 지중해를 건너다 사망했다. 지난 9년 동안 유럽에 가려다 목숨을 잃은 사람은 27,000여 명이다. 정치적 분쟁, 내전, 식량 위기, 일자리 부족 등 다양한 이유들로 아프리카와 중동 지역의 이주자들은 목숨을 건 여행길에 나선다. 유럽의 극우들은 남반구 이주민의 필사적인 탈출을 인구 과잉 문제로 오역하지만, 남반구의 대부분 분쟁과 소요는 식민 제국들이 자의적으로 그어놓은 영토 분할의 깊은 상처 자국을 따라, 냉전 체제의 대리 전쟁의 흔적을 따라 형성된 것이다. 또 북반구 강대국들에 의해 주도된 불평등 무역 체제와 시장의 세계화가 구조적 빈곤을 낳은 주범이다. 현재, 지중해를 건너는 남반구 이주민들은 자명하게도 '식민 부채'의 도래다. 식민주의의 폭력에 따라붙은 지불 명세서인 셈이다. 그동안 북반구가 제국적 생활양식을 위해 남반구의 노동력과 자원을 쥐어짜는 바람에 도무지 살기 어려워진 사람들이 빚을 갚으라 문을 두드리는 것이다. 그런가

하면 지중해를 건너는 이주자들은 '생태 부채'의 도래다. 기후-생태 위기의 가속화로 고향을 등지고 떠나온 자들이 내미는 손해배상 청구서다. 부유한 북반구가 압도적으로 배출한 온실가스와 추출주의에 기반한 환경 파괴로 인해 가장 먼저 피해를 입은 자들이 저 사막의 계곡과 죽음의 바다를 가로질러 유럽의 문 앞에 도착해 빼앗긴 몫을 요구하는 것이다.

오늘날의 이주 위기는 여러 사안이 포개진 복합 위기다. 지정학적 갈등, 정치적 소요, 종교 분쟁, 글로벌 자본주의의 폭력 등이 얽히고설켜 있지만, 기후위기는 이 모든 위기를 심화시키는 배경을 이룬다. 정치적, 경제적 위기가 기후위기를 더욱 확장하고, 기후위기가 또 다른 위기를 증식시키는 끊임없는 되먹임이 작동한다. 실제로 아프리카와 중동에서 유럽으로 향하는 이주자들은 더 나은 일자리를 찾기 위해, 그리고 조국의 폭력적 상황을 피하기 위해 이주를 선택했다고 생각하고, 또 그렇게 말한다. 기후위기의 영향과 피해는 물리적으로 정량화하기 힘들다. 그저 갈등을 촉발시키고 해당 사회의 취약한 부분을 붕괴하는 빙하처럼 속절없이 허물어뜨릴 뿐이다. 유엔난민기구가 지적하다시피, 전 세계 난민과 이주자의 약 90%가 기후에 가장 취약한 국가 출신이다.[101] 2022년에는 84%가 기후에 매우 취약한 국가에서 탈출했고, 이는 2010년의 61%보다 증가한 수치다. 태풍, 홍수, 산불, 폭염, 가뭄, 해수면 상승과 같은 극단적인 기후위기는 식량, 식수, 토지 및 자원 부족을 야기한다. 또 이를 둘러싼 갈등을 촉발시키며 기존 시스템의 취약성을 더욱 악화시킨다. 재해 인프라가 잘 갖춰진 북반구에 사는 시민들은 체감하지 못하지만, 어느덧 우리는 1초에 기후 이재민이 한 명씩 발생하는 세계에 돌입했다. 그 짧은 1초마다 한 사람의 우주가 붕괴된다. 매년 평균 2,600만 명의 사람들이 홍수와 가뭄 재난으로 고향을 떠난다. 유엔 국제이주기구(IOM)는 2050년경 2억 명 이상의 기후 이재민이 자국 내에서, 또는 국경을 넘어 이주할 것으로 예상한다. 유엔사막화방지협약(UNCCD)의 추정은 조금 더 구체적이다. 2045년까지 사막화로 인해

1억 3,500만 명이 이재민이 될 가능성이 높다. 매년 최대 1,200헥타르의 농경지가 황폐해지고 있으며 이는 2,000만 톤의 곡물의 상실을 의미한다. 특히 가뭄은 다른 어떤 새난보다 더 많은 사람의 복숨을 위협하고 물 부족을 둘러싼 갈등을 부채질한다. 현재 10억 명이 넘는 사람들이 물을 이용할 수 없는데, 물 위기는 대수층 고갈과 가뭄으로 더욱 악화될 것이다. 지난 60년 동안 발생한 지역 내 갈등의 40%가 바로 물과 같은 천연자원의 배분과 관련이 있다.[102]

기후 이재민들이 1초에 한 명씩 고향을 떠나고 있는 지금, 기후재난은 전 세계적으로 분쟁과 전쟁보다 3~10배 더 많은 이재민을 양산한다. 생태적 압력을 견딜 만큼 회복력이 충분하지 않은 31개국에 대략 12억 명의 사람들이 살고 있다.[103] 기후 압력이 거세질수록 지중해에 뛰어들고 유럽 국경을 두드리는 사람들이 가파르게 증가할 수밖에 없다. 물론 난민과 이주자들에게 미친 기후위기 영향에 대한 연구들이 활발하게 진행되고 있지만, 아직까지 합의된 내용이 그리 많지 않다. 그만큼 기후변화와 이주의 관계가 다차원적이고 복잡하기 때문이다. 하지만 유엔난민기구가 시행한 최근의 국적 조사 결과는 우리에게 희미하게나마 지도를 그리게 한다. 조사에 따르면, 2021년 이후 유럽에 도착하는 망명 신청자들의 대다수는 튀니지, 방글라데시, 이집트에서 출발했다.[104] 최근 유럽행 이주의 핫스팟으로 자리 잡은 튀니지 경로를 가장 많이 이용하는 사람들이 사하라 이남 아프리카인이다. 유럽의 지원을 받는 국경수비대와 주요 도로를 피한 채 밤에 사하라 사막을 걸어 튀니지에 도착한다. 그리고 튀니지에서 목숨을 걸고 지중해를 건넌다. 이 경로가 아프리카에서 유럽으로 이르는 경로 중 가장 치명적이고 사람들이 가장 많이 사망하는 무덤의 길이다. 21명 중에 한 명꼴로 사망하는데, 튀니지에 도착하기도 전에 사막에서 많은 사람들이 죽어간다.[105] 적도 부근에 위치한 사하라 이남 아프리카는 기후위기의 최전선이다. 지구 기온이 상승할수록 아프리카의 가난한 농부들이 밤의 사막을 횡단하게 될 것이다. 사정은 이집트도 마찬가지다. 2021년 이후 지중해를 횡단하는 이집트인은 세 배로 증가했다. 기뭄과 해수면 상승에 따른 염분 침입 때문에 나일강 삼각주의 많은 농부들이 농사를 짓지 못하고 이주를 선택하고 있다. 2018년 이집트 관개부 장관은 기후변화로 나일강 삼각주에서 적어도 500만 명이 이주하게 될 것이라고 토로했다.[106] 그리고 방글라데시는 해수면 상승과 강력한 태풍으로 인해 기후 이주자들이 세계에서 가장 많은 나라 중 하나다. 몬순 기간에 홍수로 매년 수백만 명의 이재민이 속출하고 국토의 3분의 1이 저지대인 까닭에 염분이 스며들어와 농사를 망치기 일쑤다. 매해 수십만 명이 수도 다카로 이동하며 세계 최초로 기후 이재민을 위한 인공 도시를 구축했다. 기후전문가들은 2050년까지 해수면 상승으로 방글라데시 국토의 17%가 물에 잠기고 2천만 명이 국내와 국외로 이주할 것으로 추정한다. 현재 방글라데시는 유럽으로 가장 많은 사람들이 이주하는 단일 국가이며, 매해 더 많은 사람들이 유럽의 국경 앞에 밀려드는 추세다.[107]

점점 더 성난 노도처럼 유럽을 향해 밀려가는 이주자들. 그들의 이름은 무엇일까? 난민일까? 이재민일까? 이주자일까? 2018년 유엔 인권이사회는 1951년 난민법에 의거해 '난민'의 정의에 맞지 않는다는 이유로 '기후 난민' 대신, '기후변화의 잊혀진 피해자(forgotten victims of climate change)'라는 표현을 제시했다. 시적이긴 하지만, 잊히기 딱 좋은 모호한 표현이다. 난민에 대한 현재적 정의는 전쟁, 정치적 폭력, 박해를 피해 조국을 등진 사람이다. 피해가 입증 가능해야만 한다. 1951년의 난민법 자체가 홀로코스트에 대응하기 위해 고안된 형식이었다. 세계 엘리트와 유엔 관료들은 기후변화를 전쟁과 같은 비상사태가 아니라고 생각한다. 또 박해를 행사하는 가해자를 특정하기 어렵고 피해를 증명하기도 쉽지 않다. 호주와 투발루가 맺은 세계 최초의 기후 재정착 조약처럼 난민 지위에 대한 언급이나 인정 없이 투발루 시민들이 호주에 정착할 수 있도록 한 예외적인 상황이 있긴 하지만, 말 그대로 예외적이다. 호주는 주변 섬에 이주자들의 강제 수용소를 구축하고 학대와 인권 침해를 거듭해온 최대의 반이주 국가이사, 유럽연합이 지중해 섬에 건설하는 잔혹한 이민 수용소의 모델을 제공한 나라다. 투발루와 맺은 저 조약은 그린워싱의 소지가 농후하다. 반면에 많은 도서 국가들은 아예 '기후 난민'이라는 표현을 거부한다. 그들에게 난민이란 일방적인 피해자나 국제 사회의 보호가 필요한 수동적인 사람들을 의미한다. 오히려 조국을 떠나고 싶지 않기에 중심부 국가들이 탄소 배출을 시급히 줄일 것을 요구하며, 어쩔 수 없이 이주하더라도 '존엄하게 이주할 수 있는 기회'를 갖고 싶다고 말한다.[108] 요컨대 '정의로운 기후 이주'를 요청하는 것이다.

인류 역사상 가장 큰 규모의 이주가 펼쳐지고 있다. 기온이 상승함에 따라 수목한계선도 점차 북쪽을 향해 이동한다. 성큼성큼 나무들이 걸어서 이동하는 것이다. 북극에서 특히 속도가 빠른데 자작나무가 먼저 선봉에 선 채 1년에 40~50미터씩 이주한다.[109] 곤충들, 육지와 바다의 동물들도 북쪽으로 이동한다. 10년에 약 17킬로미터씩 고위도 지역으로, 10년에 11미터씩 고도가 높은 지역으로 움직인다.[110] 평지에 있는 동물들은 북쪽을 향해, 산 아래쪽 동물들은 산 위쪽으로 생존을 위해 터전을 옮긴다. 바닷속 동물들의 이주 속도가 육지보다 더 빠르다. 이에 바이러스도 덩달아 이주한다. 생물군의 이주에 따라 생태계가 급격히 변화하고 기후변화의 빠른 속도를 견디지 못하는 생물종은 멸종위기에 처하게 된다. 녹색연합이 2019년에 촬영한 태백산 영상을 보면, 고산침엽수들이 하얗게 메말라 죽어 있는 걸 볼 수 있다. 위를 향해 숨가쁘게 올라가다 산 정상에서 오도 가도 못한 채 절멸을 당한 것이다. 이것을 생태학에서는 '멸종으로 가는 에스컬레이터'라고 부른다. 지구 행성에 거주하는 생명체들이 기후변화를 따라 대이주를 감행하는데, 인간이라고 예외일 수 있겠는가. 사하라 이남 아프리카, 남아시아, 중동, 그리고 중앙아메리카처럼 사람들이 북쪽으로, 더 나은 환경을 찾아 이주를 감행한다. 이 같은 대규모 이주는 정치적 변화와 지성학적 갈등을 초래할 가능성이 높다. 자본주의와 식민주의는 정확히 환대와 돌봄의 반대편, 즉 적대와 수탈에 기반한 시스템이기 때문이다. 여봐란 듯 반이주를 주창하는 극우 포퓰리즘이 아우성치고, 마침내 '기후 장벽'이 들어서고 있다.

기후 장벽은 미국에서도 21세기의 중요한 정치적 풍경이 됐다. 《뉴욕타임스 매거진》과 《프로퍼블리카》가 2020년에 공동 개발한 예측 모델로 시뮬레이션한 결과, 중앙아메리카와 멕시코에서 미국 국경에 도착하는 이민자 수가 연간 약 70만 명에 이르는 것으로 추정됐다. 이 추세라면 향후 30년 동안 약 3천만 명 이상의 이민자가 미국 국경에 도착하게 된다. 2050년경에는 이주 물결이 더 거세져 연간 150만 명이 국경을 두드릴 것으로 전망된다.[111] 중앙아메리카와 멕시코에서 이주 물결이 거세지는 이유는 '건조 회랑(Dry Corridor)'과 관련이 있다. 건조 회랑은 멕시코 남부에서 파나마에 이르는, 중앙아메리카 태평양 연안의 열대 건조 산림 지역을 지칭한다. 특히 온두라스, 과테말라, 엘살바도르, 니카라과가 이에 해당된다. 사실 건조 회랑이라는 개념이 기상학계에 등장한 건 대략 15년 남짓밖에 되지 않는다. 기후변화를 반영하는 신조어들이 새롭게 등장하고 있는데 건조 회랑도 그중 하나다. 세계기상기구(WMO)에 따르면, 1998년부터 2020년 사이에 기후변화 및 지구물리학적 사건으로 인해 건조 회랑 지대에서 312,000명이 목숨을 잃었고 2억 7,700만 명이 넘는 사람들이 직접적으로 영향을 받았다.[112] 이곳에 사는 사람들의 3분의 1 이상이 농업에 종사한다. 유엔 식량농업기구에 따르면, 2006년부터 2016년까지 이 지역의 농작물 손실은 50~90%에 달하며, 350만 명이 인도적 지원이 필요한 상황에 처했다.[113] 하지만 건조 회랑의 기후는 점점 더 심각해지고 있다. 지독한 가뭄과 등급 4, 5의 거대 허리케인이 번갈아 강타한다. 특히 커피 녹병이 재앙적으로 번성함에 따라 커피 농장 일자리도 급격히 감소했다. 세계식량계획(WFP)에

의하면 2018년 이후 건조 회랑 국가들에서 기아가 네 배 증가했으며 거의 800만 명이 식량 부족에 처한 상황이다. 긴급 식량 지원이 필요한 사람만 자그마치 170만 명에 달한다.[114] '빚을 갚을 수 없거나 식량을 구할 수 없기에' 당연히 이주를 생각할 수밖에 없다. 무법의 도시로 이주해 마피아들에게 총을 맞을 것인가, 아니면 미국 국경에 줄을 설 것인가, 이들에게는 선택지가 많지 않다. 기후위기가 첨예해지고 자원이 부족해짐에 따라 마피아들의 폭력이 늘어나고 공적인 부조 시스템이 붕괴되고 있다. 더 나아가 정부 관료, 민간 개발자, 범죄 조직이 기후재난을 틈타 선주민과 농민들의 토지와 천연자원을 갈취하는 지경에 이르렀다.[115] 2010년에서 2015년 사이에 이 지역을 탈출하는 사람이 500% 증가했으며,[116] 시간이 흐를수록 미국 국경을 향하는 캐러밴 행렬은 더욱 늘어나고 있다. 이주자를 대상으로 실시한 세계식량계획의 연구에서 고향을 등지고 미국으로 이주하는 사람의 절반이 '식량 부족'을 그 이유로 꼽았다.[117] 2021년 미국 국경에서 체포된 121개국 이주자들 중 43%가 중앙아메리카 출신이다.[118] 2022년 통계치에 따르면 부모 없이 미국 국경을 두드리는 아동들이 계속 증가하는데, 이들 중 4분의 3이 역시 중앙아메리카에서 온 아이들이다.

중앙아메리카, 멕시코, 그리고 카리브해 지역을 탈출한 이주자들이 미국의 국경을 두드리는 건 당연한 귀결이다. 기후변화는 인간 사회의 취약성을 전면에 드러낸다. 가난한 자들의 삶을 더욱 피폐하게 하고, 구조적 폭력에 불길을 더하며, 불평등한 사회의 뼈대를 남김없이 노출한다. 온두라스를 비롯한 중앙아메리카는 전체 탄소 배출량의 0.5%밖에 배출하지 않는다. 그렇다, 단 0.5%. 하지만 가장 먼저 기후재난에 휩싸여 삶이 초토화되고 있다. 이른바 '바나나 공화국'의 인민들이 더 나은 삶을 위해 세계에서 가장 위험한 육로를 이동하며 목숨 건 이주를 시도하는 것이다.

바나나 공화국이란 미국의 신식민주의 지배를 받았던 중앙아메리카 국가들에 대한 멸칭이다. 부패한 독재자가 지배하고, 국가 경제가 한두 개의 수출 작물에 종속된 나라들을 지칭한다. 과테말라, 온두라스, 엘살바도르 등이 이에 속한다. 공교롭시 않은가? 건조 회랑 지대의 나라들이 고스란히 바나나 공화국이었다. 한때 미국이 자국에서 단 한 개의 바나나도 생산하지 않으면서도 바나나 수출로 세계에서 가장 많은 돈을 벌 수 있었던 것은 이들 나라를 온통 바나나 플랜테이션으로 만들었기 때문이다. 1950년대까지 온두라스 수출의 절반이 바나나였다. 미국의 다국적 기업 유나이티드프루트컴퍼니United Fruit Company가 이들 나라의 부패한 정부와 결탁한 채 바나나 플랜테이션을 강제했다. 이에 식량 주권이 무너지면서 빈곤이 양산되고 경제적 종속이 심화됐다. 바나나 공화극의 비극을 단번에 펼쳐 보이는 사건이 1953년 과테말라 아르벤스 정권의 붕괴일 것이다. 사회주의 세력의 지지를 받으며 1950년 과테말라 대통령으로 당선된 하코보 아르벤스 구스만Jacobo Arbenz Guzman은 진보적인 인물이었다. 가장 먼저 그는 토지 개혁을 단행했다. 독재정권이 유나이티드프루트에 헐값에 팔아넘긴 토지를 농민에게 다시 귀속시키려 했던 것이다. 그러자 유나이티드프루트와 그 뒷배를 봐주던 CIA가 아르벤스 정부를 위험천만한 공산 세력으로 매도하며 전복을 기획했다. 뒤이어 1953년 아이젠하워는 전복 작전을 위해 특별 예산을 편성했다. 이 작전으로 아르벤스 측근 70여 명이 살해되고, CIA와 미 해병의 지원을 받은 쿠데타가 발발했다. 10여 년간 지속된 과테말라의 민주주의가 그렇게 허무하게 단명했다. 대신 빈곤과 부패의 계절이 다시 도래했다.[119] 다시 힘주어 말하지만, 현재에 이르러 점점 더 가속화되는 이주자 물결은 '식민 부채'이자 '기후 부채'의 표상이다.

2010년에서 2015년 사이 기후위기로 인해 바나나 공화국에서의 이주 행렬이 500% 증가하던 그때, 미국에선 금융위기를 경유하며 반세계화와 반이주를 주창하는 극우 이데올로기가 한참 번성하고 있었다. 급기야 트럼프가 등장했다. 그는 자신이 대통령이 되면 불법 월경을 줄이기 위해 국경 장벽을 건설하겠다고 선언했다. 또 아이젠하워가 100만 명의 이주자들을 내쫓았듯이 자신은 최대 300만 명의 불법 이민자들을 모두 추방할 거라고 단언했다. 트럼프는 국경에 도착하는 이주자들이 미국을 망치기 위해 기회를 노리는 '외계인', '정신병자', '침략자들'이라고 줄곧 비난했다. 그 비난 대상에는 온두라스, 엘살바도르, 과테말라 3국 출신의 이민자들이 중심을 차지한다. 계속 이주자들을 보내면 3개국에 대해 미국의 지원을 삭감하겠노라 엄포를 놓으면서, 유럽연합의 장벽 건설을 모델 삼아 미국에도 거대 국경 장벽을 세울 것이라고 협박했다. 기후변화 담론이 중국의 거짓말이라고 일축했지만, 스스로 인지했든 그렇지 못했든, 유럽과 마찬가지로 기후 장벽을 구축하려고 했던 것이다. 미국의 우익들은 신자유주의의 여러 모순에 대한 책임을 딥스테이트, 트랜스젠더, 이주자들에게 덮어씌우는 휘황찬 음모론들을 끊임없이 생산해왔고, 트럼프는 그 음모론의 화려한 지휘자였다. 최근 트럼프는 상당한 지지율로 두 번째 재선에 도전하면서 국경을 넘는 이주자들을 향해 "그들이 우리나라의 피를 파괴하고 있습니다. 그것이 그들이 하는 일입니다. 그들은 우리나라를 파괴하고 있습니다!"[120]라며, 거침없이 나치의 수사를 쏟아낸다.

이렇게 뜨거운 파시즘적 기후는 기후부정론자들이 득실거리는 미국 내에서조차 극우 생태주의가 부화할 수 있는 환경을 조성한다. 2021년 4월 애리조나주 법무장관은 국토안보부를 상대로 소송을 제기했는데, 바이든 행정부의 이민 정책이 "주택, 인프라, 병원, 학교"에 대한 수요를 증가시켜 환경에 영향을 미쳤다고 비판했다. 이민자들이 자동차를 운전하고, 물건을 구매하고, 공공 공원 및 기타 시설을 이용하기 때문에 "오염 물질, 이산화탄소 및 기타 온실가스를 대기 중으로 방출하여 대기질에 직접적인 영향을 미쳤다"는 것이다.[121] 중국인을 비롯한 이민자들이 오히려 미국 백인들에 비해 탄소 배출과 환경 오염이 적다는 연구가 즐비하지만, 이들은 도통 들으려 하지 않는다. 이민이 환경을 악화시킨다고 주장하는 극우 단체들도 점차 늘어나는 상황이다. 넘버즈Numbers USA라는 단체는 "미국의 강제적인 인구 증가 프로그램"인 이민 정책으로 인해 애리조나주 전역이 황폐화되었나고 비난한다. 또 다른 단체 '네거티브 인구 성장(Negative Population Growth)'은 지구 온난화 배출을 줄이기 위해 미국의 이민을 80%까지 줄이자는 캠페인을 벌이고 있다.[122] 유럽에서와 마찬가지로 이주를 환경 파괴 원인으로 치부하며 장벽을 올려야 한다는 목소리들이 서서히 예열되는 것이다.

트럼프는 표면적으론 어떤 행정부보다 이주에 대해 적대적인 태도를 보인다. 남서부 국경에서 사람들이 망명 신청을 하는 걸 막았고, 아이들을 이민 가족과 분리했으며, 국경 장벽을 확장했다. 낸시 펠로시 전 하원의장은 트럼프가 '크고 아름다운 장벽'을 결국에 짓지 않았다고 조롱했지만, 트럼프 행정 기간 전체적으로 458마일의 장벽이 재구축되었다. 373마일은 시설 보강, 그리고 약 85마일에는 새 장벽이 추가되었다. 애초 목적이었던 450마일에는 미치지 못했지만 새로 확장한 장벽은 흑곰, 퓨마, 멕시코늑대 등 포유류 122종의 이동 경로를 차단했을 뿐 아니라 이주에 대한 미국의 거부를 상징하는 데 부족함이 없었다.[123] 그런데 트럼프의 이주 정책을 비난해왔던 조 바이든 역시 슬그머니 20마일의 텍사스 국경 장벽을 새롭게 건설하고 있다. 20여 개의 연방환경법을 어기면서, 또 단 1피트의 국경 장벽도 세우지 않겠다는 자신의 공약을 어기면서 엘파소 국경 쪽에 장벽을 구축한다.

미국의 국경 장벽은 트럼프나 우익들만의 작품이 아니다. 민주, 공화 할 것 없이 초당적으로 장벽을 세워왔다. 최초의 울타리는 프랭클린 루스벨트와 트루먼 정부하에서 동물 이주를 막기 위해 시작한 것이었다. 1940년대와 1950년대를 거치며 미국으로 이주하는 사람들에게 초점이 이동했다. 동물에서 이주자로 그 대상이 옮겨진 것이다. 그러다 빌 클린턴 시대에 장벽이 본격적으로 늘어나고 군사화됐다. 심지어 군용 철제 매트를 용접하여 국경을 통과할 수 없는 벽으로 만들기도 했다.[124] 또 국경 순찰대 규모를 획기적으로 확대하고 새로운 구금 센터를 설립했다. 당시 미국은 멕시코와 북미자유무역협정(NAFTA)을 맺은 참이었다. 이 협정으로 멕시코 농업이 괴멸되다시피 했다. 농업 보조금을 끊는 바람에 옥수수 농가들이 직격탄을 맞았고, 농촌 경제가 붕괴된 터였다. 빈곤해진 수백만 명이 일자리를 찾아 뿔뿔이 흩어졌다. 그 여파로 수십만 명이 미국행을 시도했던 것이다. 클린턴 행정부의 군사화된 국경은 상품과 자본의 이동은 무한하게 열어놓되 사람의 이동은 철저히 차단하는 신자유주의의 작품이다. 클린턴 임기 동안 국경 지역에서 사망한 이주자들이 두 배로 늘어났다.[125]

　일방적으로 수탈은 하되 고통은 분담하지 않으려는 신자유주의적 장벽은 오늘날 기후 장벽의 원형이다. 조 바이든 행정부는 트럼프와 크게 다를 것처럼 보이지만, 수사의 측면에서만 차이를 보일 뿐 근본적인 태도에서는 별반 다르지 않다. 바이든 행정부의 우선순위 중 하나로 중앙아메리카의 기후와 식량 충격에 대한 지원을 추진하겠다고 선언했지만 그저 립서비스에 불과했다. 또 100억 달러를 남반구의 기후 완화와 회복을 위해 내놓겠다고 공언했지만 그것도 공염불이었다. 코딱지만 한 10억 달러를 하원에서 결의한 게 전부다. 심지어 존 케리 기후 특사는 배상 책임에 대해 줄곧 'NO'라고 대답해왔다. COP28에서도 배상 문제만 나오면 미꾸라지처럼 회피하느라 여념이 없었다. 미국은 20세기 초반부터 화석연료를 막대하게 배출하며 부를 축적한 국가다. 최소 25% 이상의 배출량 책임이 있는 압도적 기후 부채국이다. 2009년 코펜하겐 회담에서 결의했던 북반구의 배상액 1천억 달러 중 적게 잡아도 최소 250억 달러의 책임을 갖고 있는데, 이조차도 지금의 기후재난 규모에 비하면 턱없이 부족한 금액이다. 하지만 미국은 현재까지 배상 문제에 관해 완벽하게 모르쇠로 일관한다. 조 바이든의 기후위기 대응 정책인 '인플레이션 감축법'도 유럽의 그린딜과 마찬가지로, 자국의 녹색성장을 주축으로 불평등한 무역 관계를 고수하는 "탄소 장벽"에 불과하다. 버니 샌더스에서부터 알렉산드리아 오카시오-코르테스에 이르기까지 미국 녹색 진영과 좌파들이 주창하는 그린뉴딜 역시 자국의 일자리 창출과 재생에너지 확대 그리고 디지털 기술 확장에만 초점을 맞추는, 국민국가에 한정된 녹색성장 패키지다. 미 제국의 식민주의를 어떻게 극복할지, 기후 부채 배상은 어떻게 할 것인지, 녹색성장이 필연적으로 전제할 수밖에 없는 추출주의를 어떻게 할 것인지, 그리고 기후 이주와 그로 인해 부추겨지는 군사화와 지정학적 갈등에 대해서 어떻게 대응할지에 대한 사유의 고민이 당혹스러울 정도로 빈곤하다. 앞에서는, '기후에는 국경이 없다, 기후위기는 지구적 위기다'라는 구호들을 외치지만, 정작 글로벌 자본주의에 대한 비판과 행성적 사유는 방관한 채 자기 발치 아래만 바라보는 근시안에 머물러 있다.

최소 25% 이상의 배출 책임이 있는 미국이 0.5%의 책임밖에 없는 중앙아메리카의 이주자들을 침략자로 비난하며 장벽을 쌓아 올리는 건 그렇게 기만적인 일이다. 석유 기반의 자본주의를 관철하기 위해 세계 도처에서 전쟁을 일삼던 미국이 이제 기후재난에 휩싸여 짓던 농사일도 포기하고 가족의 생계를 위해 월경하려는 중앙아메리카 이주자들 앞에서 음모론과 종말론을 주워 삼키며 나치즘을 다시 소환하는 풍경은 또 얼마나 파렴치한가. 그만큼 미국 내 좌파 목소리가 협소해지고 민주주의의 토대가 약하다는 방증일 것이다. 인류사에 유례가 없는 기후 대이주는 정치적 격변을 야기할 불씨를 가득 품고 있다. 민주주의와 환대의 정치가 존재하지 않을 때, 극우적 맹동은 고삐 풀린 짐승이 된다. 이주 혐오와 인종 혐오, 젠더 폭력, 극단적 민족주의, 적대와 배제가 만개한다. 제어되지 않는 약탈 자본주의는 기후 이주라는 쓰나미 앞에서 국경의 방파제를 보다 더 높이 올리고 군사력을 배가하는 수순을 밟고 있다.

그런 점에서 미 국방부와 펜타곤의 움직임은 주목할 만한 것이다. 기후변화에 대한 미 국방부의 남다른 관심이 수면 위에 처음 오른 건 2004년이다. 미 국방부의 비밀 보고서가 언론에 유출됐는데, 충격적인 예언 때문에 세상을 아연하게 했다. 당시는 기후변화를 부정하는 부시 행정부 치하였다. 국방부가 부시 행정부와 다른 행보를 보이며 자체적으로 10만 달러를 들여 전문가들을 위촉하고 기후변화와 지정학적 갈등을 연구했다는 점도 놀라운 대목이다. '상상할 수 없는 것을 상상하기(Imagining the Unthinkable)'라는 부제가 달린 이 보고서는 기후 환란에 휩싸인 2020~2030년 사이의 지구 풍경을 조목조목 묘사하고 있다.[126] 시베리아처럼 추워진 영국, 해수면 상승으로 사람이 살기 힘들어진 유럽의 주요 도시들, 대가뭄에 처해진 중국 남부와 유럽 북부, 한국을 비롯해 핵무기를 개발한 국가들 사이의 분열과 갈등, 그리고 방글라데시와 중앙아메리카의 기후 이주 등을 예견했다. 또한 대규모 가뭄과 기근, 폭동, 이주, 핵 분쟁으로 지구가 무정부 상태에 빠지게 될 거라는 무시무시한 경고를 담고 있다. 공교롭게도 그해 개봉돼 세계적인 화제를 모았던 영화 〈투모로우(The Day After Tomorrow)〉처럼 북미를 뒤덮은 소빙하기 같은 과장된 예측에 기초한 내용이지만, 이 글을 쓰는 2024년 1월의 상황에 견줘봤을 때 몇 가지는 놀랍도록 일치한다. 가뭄에 대한 예측도 정확하고, 북극에 중국을 비롯한 강대국들의 투자가 증가할 거라는 부분도 얼추 비슷하다. 가장 놀라운 부분은 탄소 포집 및 저장 같은 기술주의적 해법이나 시장 기반의 해법이 기후변화 대응을 늦추지 못할 거라고 분석한 대목이다. 이 보고서는 유럽이 침략자들로부터 자신을 보호하고 이민을 억제하기 위해 통합된 블록을 형성한 것처럼 미국 역시 자원을 보존하기 위해 국경을 강화하고 요새를 건설할 것을 주문하면서, "급격한 기후변화로 인해 전쟁이 다시 인류의 삶을 규정하게 될지도 모른다"는 의미심장한 경고를 던지며 마무리된다.[127]

기후변화 부정론에 잠식된 조지 부시 행정부 그리고 트럼프 행정부와 행보를 달리하면서 미 펜타곤이 기후변화 연구에 매진한 첫 번째 이유는 미 군대가 실존적 위협을 피부로 경험하기 때문이다. 해수면 상승으로 미국 내 30개 이상의 중요 군사 기지가 심각한 영향을 받고 있다. 버지니아

남부에 있는 세계 최대의 군사 기지 NS 노퍽Norfolk도 해수면 상승과 해안 침식으로 위협받는 실정이다. 2019년에만 해도 허리케인에 의해 틴들 공군 기지(Tyndall Air Force Base)와 해병대 베이스 캠프 르준(Lejeune) 시설이 붕괴돼 수십억 달러의 피해를 입었다.[128] 기후변화가 군사 시설에 이미 적지 않은 타격을 입히고 있는 것이다. 그러나 미군 수뇌부가 기후변화에 대해 각별하게 관심을 기울이는 진짜 이유는 기후변화에 따른 분쟁과 갈등이 군사력 증대에 대한 알리바이를 제공해주는 탓이다. 2014년 보고서에선 기후변화가 테러와 기타 형태의 폭력을 조장하는 "위협 승수(Threat multiplier)"라고 주장하며, 2021년 보고서는 더 나아가 미 군대의 존재론적 위상을 제고할 것을 요구한다. 가령, 북극이 녹아내리면서 러시아, 중국 등과 북극 자원을 놓고 치열한 항로 경쟁이 벌어지는 상황인데 보고서는 미국의 선제적 개입을 요청하고 있다. 또 방글라데시를 비롯한 남아시아에서의 이주, 중앙아메리카에서의 이주로 인해 지정학적 갈등이 발생하고 국가 붕괴와 분쟁 같은 혼란이 빚어질 것이라고 내다봤다. 한편으로 지구가 뜨거워짐에 따라 황입자 살포 같은 지구공학이 무기가 되어 국가 간 갈등과 전쟁을 유발할 것이라고 예상한다.[129] 명시적이지 않지만 보고서의 결론은 간단하다. 기후위기가 지정학적 갈등과 전쟁을 유발할 가능성이 높기 때문에 군사력을 더 증가시켜야 한다는 것이다. 자원 경쟁에서 이기기 위해 전진할 것, 미국을 난공불락의 요새로 만들 것.

호주 국방부도 사정은 마찬가지다. 2007년에 호주방위군은 「기후 변화: 환경, 자원 및 갈등」이라는 기후 분쟁 보고서를 비밀리에 작성했다. 2년 후에 유출된 보고서 요약본을 살펴보면, 미국의 2007년 보고서와 마찬가지로 북극이 녹으면서 자원을 놓고 벌어질 갈등을 예견할 뿐 아니라, 지구적 분쟁과 재난 앞에서 만반의 준비를 해야 한다고 요청하고 있다.

"기후변화와 기타 다양한 요인으로 인한 환경 스트레스는 전 세계 취약 국가에 '위협 승수'로 작용하여 국가 실패의 가능성을 높일 것입니다. 이로 인해 향후 추가 안정화, 분쟁 후 재건 및 재난 구호 작전에 호주방위군을 배치해야 한다는 요구가 증가할 것으로 보입니다."[130]

미국의 펜타곤이든 호수의 방위군이든 기후변화를 이렇게 '위협 승수' 프레임으로 이해하고 전쟁과 지정학적 갈등에 초점을 맞추는 이유는 기후 재난과 그로 인해 양산될 분쟁과 전쟁이 이들 군산복합체에 새로운 기회를 창출해줄 거라고 믿기 때문이다. 영구적인 전쟁, 그것이 곧 군국주의와 제국주의의 토양이다. 아니나 다를까, 이주를 위협과 침략으로 프레이밍하는 군산복합체와 북반구 엘리트들은 이미 '국경 보안 복합체'를 구성하고 막대한 돈잔치를 벌이는 중이다. 돈의 흐름을 추적하면 이 세계의 작동 방식을 이해하게 된다.

지난 2013년에서부터 2018년까지 미국, 독일, 영국, 일본, 캐나다, 프랑스, 호주 등 최대 온실가스 배출국 7개국은 남반구 지원 명목의 기후 금융에 144억 달러를 지출한 반면, 국경 및 이민 단속에는 두 배 이상 더 많은 비용을 지출했다. 캐나다는 15억 달러로 15배, 호주는 27억 달러로 13배, 미국은 196억 달러로 11배가 증가했다. 미국의 경우 2003년 92억 달러에서 2024년 현재 250억 달러로 거의 3배 가까이 급증했다.[131] 트럼프든 바이든이든, 앞에서는 서로 으르렁거리지만 국경 비용을 올리는 데는 의기투합이다. 트럼프가 물리적 장벽의 위용에 집착했다면, 바이든은 소위 스마트 국경 보안 시스템에 보다 힘을 준다. 바이든 행정부는 이전의 어떤 정부보다 더 많은 국경 보안 자원을 확보하고 23,000명으로 역대 가장 많은 무장요원을 배치했는데, 이 업적이 자못 자랑스러웠는지 백악관 홈페이지에 떡하니 기재해놓았다. 유럽연합의 경우 잠깐 언급했듯, 국경 기관인 프론텍스 예산이 2006년 설립 이후 2021년까지 무려 2,763%가 증가했다. EU 기관 중 가장 많은 예산이 배정된다. 거기에 더해 2021년부터 2027년까지 56억 유로가 추가 배정될 예정이다. 또한 EU는 유럽방위기금을 통해 군사 연구 개발 자금으로 80억 유로를 배정할 계획이며, 이는 코로나19 대응을 위해 배정된 예산보다 많은 액수다.[132] 그야말로 국경에 돈이 눈처럼 쏟아 신나. 그 덕에 유럽과 미국의 국경이 침단화되고 있다. 무장한 국경 순찰대, 블랙호크 헬리콥터, 무인 항공 시스템, 모션 센서, 생체 인식, 적외선 카메라 등 각종 최첨단 보안 기술들이 국경에 집결하는 양상이다. 이 모든 것의 배후에는 군비 증강을 도모하고 그로부터 이익을 얻는 산업이 존재한다.

구명정과 우주선

국경 보안 산업 시장은 기후재난 시대의 골드러시와 같다. 기후 이주라는 잭팟이 터진 것이다. 액센추어 에어버스, G4S, GEO 그룹, 레오나르도, 탈레스, 유니시스 등 무기 및 보안 관련 기업들이 고위급 안보 원탁회의에 참여하고, 무기 박람회에서 정치인들과 어울리며 로비 활동을 화려하게 펼치고 있다. 정치인들 대상으로 정치 자금을 기부하는 것은 물론 국경 통제에 관한 군사적 접근 방식과 기술을 장려함으로써 보안 시장을 점차 확대한다. 이들은 브뤼셀과 워싱턴의 깊숙한 곳까지 스며들어 각종 무기와 보안 기술, 그리고 이주자 구금과 처리 서비스를 게걸스럽게 팔아치운다. 다양한 보안 기업들과 군사 계약업체가 국경 강화를 빌미로 유럽과 미국, 호주와 동아시아에 걸쳐 긴밀한 정치적 회로를 구축한 것이다. 미국에서만 2008년부터 2020년까지 이들 민간 기업에 550억 달러 상당의 105,000건의 계약이 성사됐다. 한 시장 조사 기관에 따르면, 세계 국경 보안 시장은 2022년에 약 480억 달러의 가치가 있었으며 2030년까지 810억 달러까지 성장할 것으로 예측된다.[133] 무인 항공기, 무인 수중 차량, 매핑 및 측량, 항공 사진 및 비디오 촬영, 수색과 구조 테크놀로지, 용병과 구금 시설, 심지어 튀니지와 리비아 등에 대한 국경 외주화 작업에도 이들의 손이 뻗친다. 말하자면 가난한 국가에 가뭄이 들수록, 홍수가 날수록, 그리하여 이주자들이 유럽과 미국의 국경을 침범할수록 이들 민간 기업들은 돈벼락에 흥겨워 춤을 추게 된다. 가난한 자들의 고통이 곧 노다지가 된 것이다. 이들 기업은 가열하게 로비를 벌이며 정치인들의 귀에 대고 이주가 인도주의적 위기가 아니라 안보 위협이라고 끊임없이 속삭인다.

즉 규제되지 않는 국경 보안의 '민영화'가 가속화되는 것이다. 당연히 인권 침해가 뒤따른다. 난민에 대한 폭력, 급격한 사망자 증가, 구금자에 대한 비인도적 대우, 가족 결합과 망명 신청권에 대한 자의적 거부, 만연한 성폭력, 생체인식과 감시 시스템 증가로 인한 사생활 침범과 차별 등 인권 침해 목록이 무수하게 이어진다. 런던에 본부를 두고 있는 세계 최대의 다국적 보안 기업 G4S가 대표적인 사례다. 이 기업은 미국-멕시코 국경, 이스라엘 국경, 남아프리카공화국, 카타르 등 120여 개국에 걸쳐 서비스를 제공한다. 국경 보안 업무뿐만 아니라 전 세계 감옥 보안 서비스를 제공하는 게 G4S의 주 업무인데, 그동안 무수한 인권 침해로 악명을 떨쳐왔다. 이스라엘에서는 분리 장벽의 군사 검문소에 대한 보안 서비스를 담당하면서 팔레스타인 아동들을 구금하고 많은 사람들을 잔인하게 대우해 국제적 비난에 휩싸였고,[134] 남아프리카 교도소에서는 수감자들에게 항정신병 약물을 강제로 주사한 것으로 밝혀져 충격을 안겨줬다. 또한 2017년에는 영국 이민 추방센터에서 이주자들을 폭행하는 장면이 BBC를 통해 고스란히 방송되었을 뿐만 아니라, 호주 마누스섬의 수용소에서 구금된 사람들을 가혹하게 대우함에 따라 2천여 명의 이주자들이 사상 최대 규모의 집단 소송을 벌이기도 했다.[135] 하지만 온갖 비판에도 불구하고 G4S는 여전히 건재하다. 미국 국경 보안 업무에서도 이주자들에 대한 가혹 행위들이 적발되었지만, 버젓이 사업을 확장해가고 있다.

국경의 외주화는 이렇게 폭력을 외주화한다. 촘촘하게 짜인 정치 로비를 통해 군사 및 보안 시장은 날로 증가하고 난민과 이주자에 대한 환경은 점점 더 적대적으로 변하고 있다. 한편으론 이주 정책의 외주화는 아프리카와 중동의 권위주의 국가와의 협력을 강화함으로써 해당 국가의 민주주의를 축소하는 데 일조한다. 권위주의 정권의 보안 역량 강화를 위해 자금,

장비, 훈련을 지원하게 되면 이는 또다시 인권 침해와 민주주의의 후퇴로 이어지게 된다. 결국 유럽과 미국의 국경의 군사화로 인해 단비를 만끽하며 춤을 추는 세 주체가 존재한다. 첫째는 지속적인 갈등 국면에 쾌재를 부르는 펜타곤과 같은 군부들, 두 번째는 국경 보안 기업들, 마지막으로 남반구의 권위주의 정부들이다. 그리고 이 세 주체가 손을 잡고 빙글빙글 춤을 추는 그 폭력의 한복판에 가난한 자들이 내던져져 맷돌 속의 옥수수처럼 갈려나가게 된다.

기후위기의 이미지를 떠올릴 때 많은 사람들이 점점 붉은색으로 잠식되는 지구 이미지나 급격하게 녹아내리는 빙하의 모습을 생각하곤 한다. 하지만 과학적 사실로 채색된 이미지는 그 아래 숨겨진 진짜 이야기를 드러내지 못한다. 기후위기보다 더 무서운 것은 기후위기에 대한 폭력적이고 배제적인 대응이다. 국경을 보아라, 그곳에 진실이 있다. 이것이 이 챕터에서 긴 여정을 통해 말하려고 했던 주제다. 유럽과 미국의 국경의 군사화는 이주자를 기후위기의 피해자가 아니라 가해자, 침략자, 위협의 존재로 규정한 기후 안보 전략에 뿌리를 둔다. 극우 세력과 생태파시즘도 그 뿌리를 함께 공유한다. 그리고 그 뿌리의 근원에는 식민주의가 존재한다. 자연, 남반구, 여성, 돌봄과 호혜를 식민화하고 배제해온 유구한 자본-제국주의의 억압적 기제들이 국경 장벽을 구성하는 벽돌들이다. 우리는 기후위기에 대해 통상 두 가지 전략을 이야기한다. 하나는 탄소 배출량을 줄이는 완화(Mitigation), 다른 하나는 기후변화에 적응하고 피해를 줄이는 적응(Adaptation)이다. 탄소 배출을 얼른 줄이는 게 급선무이지만, 이미 초과된 탄소 때문에 기후위기 피해가 계속 증가하는 조건 속에서 적응 전략도 세워야 한다는 이야기다. 그러나 현재 유럽과 미국이 추진하는 국경 봉쇄 전략의 초점은 철저히 안보와 배제에 맞춰져 있다. 탄소 배출을 재빨리 줄이고, 그동안 탄소를 배출해온 책임을 정당하게 지며, 또 자원을 함께 나눠 기후위기에 대한 회복력을 높이는 전략이 아니라, 미개한 야만인들이 장벽 아래에서 물에 빠져 죽든 말든 문명인의 아름다운 녹색 정원을 사수하겠다는 저 이기적인 욕망이 바로 국경의 주춧돌에 각인돼 있는 것이다. 낭연한 이야기지만 전 세계 국방비를 기후 완화와 기후정의에 사용했다면, 나는 이처럼 고통스럽게 이 책을 쓰지 않아도 되었을 것이다. 그런 의미에서 최상의 기후위기 대응은 평화다. 물론 우리는 지독히 위선적이고, 지독히 불평등하며, 지독히 파괴적인 체제하에 붙들려 있다.

미국, 독일, 영국, 프랑스, 캐나다, 호주 등 7개국은 전체 탄소 배출량 중 48.3%를 배출해왔다. 단 7개국이 절반 가까이 배출해온 것이다. 또 세계 10대 배출국이 1850년 이래 세계 온실가스의 72%를 배출했다.[136] 이들은 지구를 불타오르게 한 책임을 졌을까? 그저 모르쇠로 일관했다. 그나마 기후 금융 명목으로 지금까지 나온 공여금도 과대포장된 회계와 대출 형태를 배제하면 형편없이 적은 금액이다. 너무 적고, 너무 늦다. 대신 전체 배출량의 절반 가까이를 차지한 저 7개국은 국경 장벽을 더 높이, 더 위험하게 하는 데 돈을 쏟아붓는다. 역사적으로 가장 큰 온실가스 배출국일수록 국경 보안을 위해 더 많은 돈을 쓰고 있는 것이다. 헬기와 드론이 날아다니고, 정교하고 값비싼 감시 기술로 이주자들을 차단하며, 마치 연옥의 어느 중간지대처럼 어디가 어디인지 모를 온갖 구금 시설에 이주자들을 감금해놓는다. 한편 제인 구달을 비롯한 우리의 백인 지식인들은 인구 과잉이 이주를 부추기고 생태적 조건을 악화시키는 시한폭탄이라고 줄기차게 가스라이팅을 반복한다. 소말리아의 배출량은 총 배출량의 0.00027%를 차지한다. 정말 인구 과잉이 문제인가? 매년 수백만 명의 이재민이 상실의 고통에 잠기는 방글라데시의 탄소 배출량은 전체의 0.015%다. 정말로 인구 과잉 탓인가? 트럼프과 미국 극우들이 침략자라고 비난하는 온두라스의 배출량은 고작 0.012%다.[137] 이렇게 미미하게 탄소를 배출했지만, 그간의 식민주의와 글로벌 자본주의의 수탈의 경로를 따라, 제국주의 국가들이 배출해놓은 탄소의 경로를 따라 삶이 총체적으로 파괴된 가난한 자들이 이주한 이유가 정말로 인구 과잉 때문인가?

마침내 국경 장벽의 군사화는 우리에게 '구명정 윤리'와 마주치게 한다. 「공유지의 비극」으로 잘 알려져 있는 생태학자 개릿 하딘Garrett Hardin이 1974년에 쓴 에세이 「구명정의 윤리(Lifeboat Ethics: the Case Against Helping the Poor)」는 기후-생태 위기 시대의 식민주의와 우생학의 위선이 어디를 가리키는지를 보여주는 지남철과 같다. 개릿 하딘이 말하는 '공유지의 비극'이란 알다시피, 모든 가축 사유자들에게 목초지를 개방할 경우 모조리 황폐화되어 가축들이 전부 굶어 죽게 되는 상황을 의미한다. 우리의 생태 환경이 파괴되고 자원이 부족해지는 것도 이렇듯 공유지의 비극 때문이라는 것이다. 따라서 무법적인 욕망을 제어하기 위해서는 기업의 개입과 사적 소유 질서가 필요하다는 것이 이 이론의 결론이다. 공유지 연구로 여성 최초로 노벨경제학상을 받은 엘리너 오스트롬Elinor Ostrom에 의해 철저히 논파됐음에도, 시장만능주의자들과 자본주의 경제학자들이 하딘의 이론을 여전히 금과옥조로 여기는 데는 사적 소유에 대한 예찬으로 가득하기 때문이다. '구명정의 윤리' 역시 공유지의 비극의 모순을 그대로 답습한다.

"구명정에 50명이 타고 있다고 가정해봅시다. 조금 관대한 마음으로 열명을 더 태울 수 있는 공간이 있어 총 60명을 수용할 수 있다고 가정해봅시다. 그리고 바깥의 물속에서 헤엄치는 100명의 사람들이 우리 구명정에 타게 해달라거나 물건을 달라고 구걸하는 것을 지켜본다고 가정해봅시다. 우리는 '형제애'라는 기독교적 이상에 따라 살거나, '각자의 필요에 따라'라는 마르크스주의적 이상에 맞춰 살려는 유혹을 받을 수 있습니다. 물속에 있는 모든 사람의 필요는 같고, 우리 모두는 '형제'로 볼 수 있기 때문에 60명이 타도록 설계된 보트에 총 150명을 태울 수 있습니다. 배가 뒤집혀 모두가 익사합니다. 완전한 정의, 완전한 재앙."[138]

맬서스주의자인 개릿 하딘에게는 두 가지 선택지밖에 없다. 물속에서 발버둥치는 사람들을 구명정에 태워 모두가 함께 익사하거나, 그렇지 않으면 구조를 거부함으로써 50명이라도 생존하거나. 공유지를 모두에게 개방하면 파괴되듯이, 구명정을 모두에게 개방하면 배가 뒤집히고 완전한 재앙을 맞이할 수밖에 없다는 것이다. 개릿 하딘은 이 논쟁적 에세이를 세계식량은행 설립에 반대하기 위해 썼다. 세계식량은행이 가난한 사람들에게 식량을 나눠주면 인구가 증가하고 이주자들이 넘쳐나 결국에 부유한 국가의 구명정마저 전복시킬 거라고 염려한다. 때문에 비록 가혹할지라도 50명이라도 살아남을 수 있는 구명정의 윤리가 필요하다고 주장한다. 지구와 후세대를 위해서는 '우주선의 윤리'가 아니라 '구명정의 윤리'가 정립되어야 한다는 것이다. 우주선의 윤리란 검은 우주를 떠다니는 지구 우주선, 취약한 공기와 토양에 의존하는 작고 소중한 우주선을 지키기 위해 그 안에 탑승한 지구인 승객들이 자원을 공유하고 함께 돌보아야 한다는 정언명령을 품고 있다. 카우보이 경제에서 우주선의 경제로 이행할 것을 촉구한 경제학자 케네스 볼딩이 주장한 것처럼, 이 지구는 유한하기도 하지만 어떻게 돌보냐에 따라 충분히 지속 가능하기 때문이다. 그러나 개릿 하딘에게 우주선의 윤리는 모두의 절멸을 의미한다. 자원은 절대적으로 희소한데 인구가 무한하게 증가한다고 보기 때문이다. 구명정의 전복을 막기 위해 가난한 자들을 익사시키는 것은 어쩔 수 없는 희생이다. 여기에 더해, 심층생태학자 펜티 린콜라Pentti Linkola의 구명정 윤리는 조금 더 직관적이고 조금 더 슬래서 호러무비에 가까워진다. 생태근본주의자들과 극우 생태주의자들에게 영향을 끼치고 있는 핀란드의 영성 깊은 생태학자의 손에는 피 묻은 도끼가 들려 있다.

"100명의 승객을 태운 배가 갑자기 전복되어 겨우 열 명이 탈 수 있는 구명보트 한 척만 띄워졌을 때 어떻게 해야 할까요? 구명정에 열 명이 탔는데도 생명을 싫어하는 사람들은 더 많은 사람을 태우려 할 것이고, 결국 모두가 가라앉을 수밖에 없습니다. 생명을 사랑하고 존중하는 사람들은 도끼를 집어든 채 뱃전에 매달린 나머지 손들을 잘라낼 것입니다."[139]

펜티 린콜라는 개릿 하딘보다 한 걸음 더 나아간다. 뱃전에 매달린 사람의 손을 도끼로 잘라내는 것은 생명을 사랑하는 것이고, 익사 직전의 사람을 구한 사람은 생명을 싫어하는 것이다. 전쟁과 강제 피임, 사형제도와 같은 폭력 기제들은 인구를 줄이기 때문에 생명 보호를 위한 도덕적 행위에 해당된다. 손도끼를 든 핀란드의 이 에코파시스트는 인간 일반을 도덕적으로 정죄할 뿐만 아니라 순수하고 아름다운 자연을 보존하고 인구를 줄이기 위해 피를 묻히는 폭력도 감수해야 한다고 믿는다. 인간 모두가 평등하다는 믿음은 인간의 증식을 합리화하기 때문에 재앙에 가깝다. 인권은 문명의 기초가 아니라 모든 창조물에 대한 사형선고다. 따라서 저소득층과 사회적 약자에 대한 사회 보장 제도를 도끼로 뱃전의 손을 잘라내듯 당장 중단해야 한다고 주장한다.

혹자는 펜티 린콜라의 에코파시즘이 극단적인 사례라고 말할 것이다. 하지만 그의 손에 들려진 도끼가 시각적으로 두려움을 자아내서 그렇지 개릿 하딘과 전혀 다르지 않다. 인도주의적 식량 지원을 끊고 굶주림을 통해 인구 조절과 이주 물결을 통제하자는 개릿 하딘의 구명정의 윤리와 다를 게 무엇인가. 1990년대 중반 처음으로 환경 관련 서적을 읽었을 때 서장에 나온 게 바로 저 구명정의 윤리였다. 망망대해에 작은 보트가 한 척 떠 있고, 이미 만석이 된 보트 주변으로 물에 허우적거리는 손들로 가득한 도판이 실려 있었다. 지구 행성 위기의 책임을 구명정 바깥의 물속에서 발버둥치는 사람들에게 전가하는 북반구 환경운동의 끈질긴 이데올로기가 그 도판 하나에 오롯이 담겨 있었다. '인간 탓이다, 인구 증가 탓이다, 가난한 자들이 번식을 더 많이 한다.' 이 문장을 쓰다가 우연히 읽은 한국의 모 지역 녹색당 회보에도 기후위기에 대처하기 위해서는 인구 감소가 답이라는 칼럼이 실려 있다. 자연과 인간의 운명을 걱정하는 듯 보이지만, 지구의 모든 생명과 사물을 상품화하고 축적을 위해 끊임없이 생태를 파괴하는 자본주의와 대결하기보다 위기에 대한 책임을 전가하기 위해 인간의 생명을 증오하거나 가난한 자와 다른 인종의 절멸을 상정한다는 점에서 곡진한 환경주의자든, 나치든, 아니면 장벽을 쌓아 올리는 북반구든 에코파시즘의 자장에 붙들려 있다.

평생 생태적 관점에서 재난과 도시 불평등 문제를 사유했던 마이크 데이비스는 '재난의 예언자'답게, 죽기 전 마지막 인터뷰에서 우리에게 중요한 경고를 남겨놓았다.

"예전엔 하늘을 나는 우주선이 착륙하고 인류가 공동의 대의에 동참할 것이라는 믿음이 있었습니다. 하지만 보세요. 국경에 쌓이는 시체들과 건설되는 장벽을 보세요. 환경 난민들은 그저 죽게 될 겁니다."[140]

기후비상사태가 벌어지고 이주자들이 북쪽을 향해 올라가면서 우주선의 윤리 대신 구명정의 윤리가 기승을 부리는 사태를 한탄한 것이다. 마이크 데이비스는 기후와 생태 압력이 심화될수록 지금의 체제에서는 부자들이 가난한 자들을 차단하기 위해 미친 듯이 장벽을 칠 거라고 경고해온 터였다. 공생을 위해 힘을 합치자는 우주선의 윤리는 점차 힘을 잃고, '가까운 미래에 우리의 생존을 위해서는 비록 가혹할지라도 구명정의 윤리에 따라 우리의 행동을 통제해야 한다'는 개릿 하딘의 충고가 훨씬 더 힘을 얻고 있는 상황처럼 보인다. 탐사보도 저널리스트 크리스천 퍼렌티Christian Parenti는 『왜 열대는 죽음의 땅이 되었나』에서 이를 "무장한 구명정(the armed lifeboat)"으로 설명한다. 남반구 세계는 기후위기에 따라 붕괴 일로로 치닫게 되는데, 경제적으로 발전한 강대국들은 외국인 혐오, 인종 차별주의, 경찰 진압, 감시, 군국주의와 같은 수단을 선택함으로써 요새화된 사회로 바꾸어간다는 것이다.

"결국 시간이 흐르면서 선진국들은 혼돈의 바다에 떠 있는 비교적 안정적인 신파시스트들의 섬으로 변해갈 것이다. 하지만 기후변화로 붕괴 일로에 있는 나머지 세상이 그들을 가만둘 리 없다. 기아, 질병, 범죄, 광신, 폭력으로 인한 사회 해체 등으로 점철된 나머지 세상이 결국에는 '무장화된 구명정'을 전복시킬 테고, 모두가 같은 늪으로 빠져들 것이다."[141]

'무장한 구명정'은 군사화된 미국과 유럽의 국경에 대한 적절한 비유다. 그러나 크리스천 퍼렌티 역시 개릿 하딘과 동일한 엔딩에 도달한다. 나머지 사람들이 모두 구명정에 올라타 배가 전복되고 공멸에 이르게 될 거라고 예상하는 것이다. 그러면서도 공멸에 이르지 않는 다른 길을 예시한다. 즉각적인 이산화탄소 배출 감소와 함께 국가 내부에서, 그리고 북반구와 남반구 사이에 보다 긴밀한 상호 협력과 경제 재분배가 이루어지는 방향으로 나아가는 방법이 그것이다.[142] 하지만 안타깝게도 현재의 추세로 보건대, 구명정 정치가 승기를 잡고 있는 것 같다며 자신의 논지를 갈무리한다.

확실히 현재 구명정의 정치가 승기를 잡은 것처럼 보인다. 단적인 예로, 지구 구석구석 장벽이 계속 늘어나고 있다. 2018년 트럼프 전 대통령은 엑스에 이렇게 썼다.

"현재 전 세계에 77개의 중요한 장벽이 건설되었으며, 45개 국가에서 장벽을 계획하거나 건설 중입니다. 유럽에서는 2015년에만 800마일이 넘는 장벽이 건설되었습니다. 이 장벽들은 모두 100%에 가까운 성공을 거둔 것으로 인정받고 있습니다. 남부 국경에서 범죄를 막으세요!"

사람들은 트럼프가 또 거짓말을 하고 있다고 여겼고, 미 언론들은 즉각 팩트 체크에 나섰다. 약간의 차이가 있긴 했지만 트럼프의 말은 사실이다. 현재 지구상에 대략 74개의 장벽이 존재하며 대부분은 최근 20년간 세워진 것이다. 2차 세계대전이 끝날 무렵에는 5개 미만, 베를린 장벽이 무너졌을 때는 12개 정도만 존재했다.[143] 21세기 들어 9.11 테러, 그리고 2015년 유럽 이민 위기를 경유하며 장벽 건설이 6배 이상 증가했다. 트럼프가 말한 바와 같이 2015년 이후 오스트리아, 불가리아, 그리스, 헝가리, 마케도니아, 슬로베니아 등에 최소 800마일에 달하는 울타리가 세워졌다.[144] 베를린 장벽의 붕괴가 전 세계에 생중계되었을 때만 해도 사람들은 이제 장벽의 시대는 끝났다고 생각했다. 그것을 증명하듯, 1990년에 남아공의 아파르트헤이트의 종식이 본격화됐다. 곧이어 세계화가 지구를 휩쓸고 상품-자본-노동력이 국경을 넘나들며 국경과 주권이 사라진 듯한 착각의 시대가 도래했다. 하지만 21세기가 시작되자마자 9.11, 금융위기, 이민 위기, 기후재난이 연거푸 들이닥치며 안보와 보호를 위한 장벽들이 우후죽순 건설된다. 이민(32%), 테러(18%), 밀수품 및 인신매매(16%), 마약 밀매(10%), 영토 분쟁(11%), 외국 무장세력 저지(5%) 등이 장벽을 세우는 주요 이유들인데, 후대로 갈수록 세계화에 따른 주권과 정체성 위기가 주된 배경을 이루고 있다.[145] "국경이 없는 국가는 국가가 아니다"라는 트럼프의 주장대로, 전 세계에서 극우 포퓰리즘과 권위주의 정권은 장벽과 함께 도래한다. 국경 장벽을 건설함으로써 주권을 다시 회복하고, 인종적-민족적 정체성을 함양하자는 노래가 울려퍼지고 있는 것이다. 그러자면, 나치가 그랬듯 인종적 장벽이 필요하다. 또 정체성 장벽이 필요하다. 유대인과 동성애자를 아리안족의 순혈을 더럽히는 오염덩어리로 치부하며 수용소로 끌고 갔던 나치처럼, 21세기 지금에 이르러서도 이스라엘 네타냐후 극우 정부는 유대 우월주의를 주창하며 팔레스타인 사람들을 학살하고, 인도 모디 정부는 힌두 우월주의를 노래하며 이슬람인들에게 파시즘적 폭력을 행사하고 있다. 그런가 하면 미국과 동유럽의 극우들은 자신의 정체성을 타락시키는 위험한 타자로 성소수자를 맹렬히 비난한다.

이렇게 세계화의 역기능으로부터 도출된 국경의 확산이 이제 기후비상사태를 맞아 더욱 배가되는 상황에 이르게 된 것이다. 안전과 보호를 상징하는 국경의 존재는 역설적이게도 사회의 불안정성을 지속시킨다. 국경 하나에 의지하는 안전이란 외줄타기나 마찬가지다. 아무리 국경을 쌓아 올려도 이주자들은 틈새로 빠져나오게 된다. 그러면 그때마다 권위주의는 국경을 강화하자고 할 것이다. 다시 말해, 국경은 권위주의와 극우의 번성을 재생산하는 보험 장치다.

미래의 예견은 결코 쉬운 일이 아니다. 미래에 관한 한 단정은 섣부른

짓이다. 그럼에도 기후 이주자들을 알리바이 삼아 북반구 국가들이 장벽을 올려 기후 아파르트헤이트를 강화할 거라는 건 충분히 예측 가능한 일이다. 최근 관련 연구들 중에서 『기후 리바이어던』은 중요한 시사점을 던져준다. 두 저자는 기후위기가 심화됨에 따라 완화보다 적응에 맞춘 전략이 주도권을 잡는다는 가정하에, 네 개의 정치적 지평이 열리는 시나리오를 개진한다. 하나는 행성적 주권체로서의 '기후 리바이어던'의 출현이다. 중심부 국가들이 자본 축적을 지속하면서 지구적인 기후위기 대응을 강력하게 통제하는 체제다. 두 번째는 '기후 마오'로서, 중국을 중심으로 아시아 국가들이 기존의 강대국에 맞서 기후위기 대응을 주도하는 상황을 의미한다. 세 번째는 '기후 베헤못'으로서 트럼프와 보우소나루 등 극우 정치의 난립과 무질서가 횡행하는 상황이 지속되는 것이다. 그리고 네 번째는 '기후 X'인데, 저자들은 국제적 연대를 통해 자본주의를 변혁하려는 아래로부터의 기후정의운동이 출현할지도 모른다고 조심스럽게 가정한다.

하지만 '기후 리바이어던'과 '기후 베헤못'은 그렇게 상반되지 않는다. 녹색 자본주의에 기반한 북반구의 기후 전략과 극우 정치 사이에는 식민주의라는 끈끈한 가교가 존재한다. 기후위기가 더욱 악화되면서 기후부정론이 소멸되면 두 전략은 서로 겹쳐지고 수렴될 가능성이 크다. 『기후 리바이어던』의 저자들은 기후 리바이어던이 민주적 합법성과 기술로 무장한 규제적 권위로서 담수, 탄소 배출, 기후 이주, 인구 재생산 등을 통제하고 감시하는 판옵티콘의 능력을 보유할 것이라고 예상한다. 배출총량거래, 녹색 비즈니스, 원자력, 경영진 리더십, 탄소 포집 및 저장, 녹색금융, 그리고 궁극적으로 지구공학 등이 기후 리바이어던 체제의 중요 통제술이라는 것이다.[146] 타당한 분석이다. 하지만 그들이 거론하는 기술적 대응들은 이미 오늘날 '탄소 장벽' 안에서 작동 중이다. 탄소 장벽은 단지 지구적 불평등을 심화시키는 것뿐만 아니라, 자본 축적을 위해 더 느리고 더 미적거리는 대응을 통해 남반구의 고통을 더욱 가중시키고, 그로 말미암아 기후 이주자들을 대량 양산하며 또 그것을 '이민 위기'라는 비상사태로 전환함으로써 상벽의 군사화에 대한 정당성을 얻게 한다. 즉 남반구를 희생 삼아 파괴적인 자본주의를 계속 구동하는 경로가 구축된 지 이미 오래다. 『기후 리바이어던』의 두 저자가 간과한 게 있다면 바로 장벽으로 상징되는 구명정 정치가 벌써부터 작동되고 있다는 점이다. 북반구의 녹색 자본주의와 극우 정치는 구명정에 올라 도끼를 집어든 상태라고 봐야 할 것이다. 북반구 연구자들의 기후재난에 대한 감각과 시간은 안온한 관념의 장벽 안에 머물러 있는 경향이 있다.

이에 반해 콜롬비아의 구스타보 페트로 대통령은 북반구의 위선을 제대로 꼬집는다. 비록 선동적이라고 비판받지만, 그의 주장은 분명 핵심을 찌른다. 2023년 12월 두바이에서 열린 COP28 연설에서 부유한 국가들이 "석유, 석탄, 가스 등 화석 자본의 가치를 떨어뜨리고 싶어 하지 않는다"고 경고하며, 그들의 부유한 소비는 "다른 사람들의 죽음을 기반으로 한 소비"라고 지적한다. 그러면서 기후위기와 이스라엘의 가자 지구의 학살을 연결 지으며 그 안에 내장된 식민주의를 폭로한다.

"기후위기와 전쟁이 계속된다면 10년 후 세계의 미래는 어떻게 될까요? 민주주의는 어떻게 될 것이며, 국제법은 어떻게 될 것이며, 또 인류는 어떻게 될까요? 5년 또는 10년 후의 기후위기 예측과 현재 팔레스타인 사람들에 대한 대량 학살의 조합을 상상해보시기 바랍니다. […] 이것이 기후위기로 촉발된 남반구 이주자들을 기다리는 것입니다. […] 히틀러는 유럽과 북미 중산층의 집 문을 두드리고 있으며 이미 많은 사람들이 그를 들여보내고 있습니다. 가자 지구에서 우리가 목격하고 있는 엄청난 폭력과 야만성 그 자체로 [이주자들에게] 대응할 것입니다. 가자 지구는 미래의 시험대입니다. 탄소를 많이 소비하는 국가들이 왜 가자 지구에서 수천 명의 어린이를 조직적으로 살해하는 것을 허용했을까요? 히틀러가 이미 그들의 집에 들어갔기 때문입니다."

구스타보 페트로가 보기에 기후 이주자들에 대한 배제와 폭력, 그리고 가자 지구에서의 야만적 폭력은 식민주의라는 공통의 근원에서 촉발된 것이다. 세계에서 장벽이 가장 많은 곳이 이스라엘이다. 20년 이상 장벽을 쌓고 팔레스타인을 가혹하게 식민 지배 해오다 현재 수만 명의 가자인들을 학살하고 있는 그 배경에 이스라엘과 북반구 제국의 카르텔이 존재하듯, 이주자들을 막느라 장벽을 치는 구명정 정치의 배후에도 같은 제국들이 자리한다. 이스라엘 무기 제조업체가 만든 16미터 길이의 '헤론Heron'이라는 감시용 드론이 팔레스타인 국경, 그리고 동시에 유럽 국경 위를 날아다니는 장면은 이 관계의 끈을 충분히 은유화한다.

다시 반복하지만, 기후위기보다 더 위험한 것은 기후위기를 배경으로 펼쳐지는 극우 정치의 만개다. 푸른 지중해 앞에 난공불락의 요새처럼 구축된 유럽의 국경은 구명정이다. 중앙아메리카 이주자들이 기어오르다 무수하게 굴러떨어지는 미국의 국경 또한 구명정이다. 그리고 지상의 피조물들을 뿌리치며 하늘로 치솟는 제프 베이조스의 남근 우주선도 부자들을 위한 구명정이다. 화성 식민지를 건설하려는 스페이스X의 우주선도 지구를 탈출하려는 자본주의의 구명정이다. 빅 테크 자본가들이 사막에 지으려는 저 유토피아 도시들도 구명정의 신기루 버전이다. 부유한 억만장자와 북반구의 구명정 정치가 우세해지면서 극우들이 기승을 부리고 파시즘의 계절이 도래한다. 이러한 정치적 형식이 고착되면 기후 적소에서 내쫓겨진 수많은 사람들이 장벽 아래에서 허우적거릴 것이다. 지구공학이 야기하는 생태적 붕괴와 오염으로 가난한 인간과 비인간 존재들이 고통받게 될 것이다. 불평등이 악화되어 공동체의 약한 틈새들이 허물어질 것이다. 그러면 괴물이 아가리를 벌리고 우리를 기다린다.

구명정 앞에서 우리는, 야만인가, 전환인가, 중대한 선택을 요구받을 수밖에 없다. 우선적으로 구명정의 윤리가 요구하는 질문, 즉 '모두가 공멸할 것인가, 아니면 혜택받은 소수만이라도 살아남을 것인가?'에 대한 질문을 단호하게 거부해야 한다. 지구는 희소성의 구명정이 아니다. 모든 생명체들이 충분히 공생할 수 있는 공유지나. 그러기 위해 무한하게 성장할 수 있다는 성장주의의 신화를 분쇄할 필요가 있다. 이 우주에 무한하게 성장할 수 있는 건 암세포밖에 없다. 그것이야말로 공멸의 형식이다. 인구 증가가 아니라, 수탈의 기계를 무한하게 가동하려는 성장주의와 자본 축적 기제가 바로 암세포다. 만일 지구에 실제의 유의미한 국경이 존재한다면 그것은 딱 하나 우주와 지구의 경계선일 뿐이다. 지구 행성의 생태적 한계에 조응해 서로 자원을 평등하게 공유하고 삶의 기쁨을 증진시키자는 공유지 윤리의 복원과 재발명, 그것이 구명정 윤리의 병증을 치유할 수 있는 해독제다.

물론 탄소 배출량에 압도적 책임이 있는 북반구는 이주에 책임을 져야 한다. 배출량에 따라 미국이 이주자의 최소 25% 이상을, 유럽연합이 최소 24% 이상을, 중국은 14%가량을, 한국의 경우엔 2% 이상을 할당받아야 정당하다. 그러나 이주만으로는 답이 될 수 없다. 혹자는 인류 역사가 이주의 역사였으며 우리 모두가 사실 이주자의 후손이기 때문에, 기후위기에 따른 이주를 자연스럽게 받아 안는 것이 해법이 될 수 있다고 제안한다. 유럽과 북미, 동아시아처럼 부유한 국가들이 노령화와 인구 감소를 겪는 만큼 남반구의 이주자를 환대하여 기후 격변에 적응하자는 것이다.[147] 하지만 이러한 기후변화에 대한 '심층 적응'은 탄소를 대량으로 방출하는 시스템을 그대로 방기할 위험성이 존재한다. 또한 그러잖아도 이미 과밀화를 겪고 있는 대도시로의 인구 집적을 정당화할 개연성이 농후하다. 이미 전 세계 인구의 3분의 2가 대도시에 집중돼 있다. 유엔에 따르면, 이 추세가 지속될 경우 2050년경에는 인류의 대다수가 도시에서 살아가게 된다. 자본주의에 의해 농촌과 지역에서 뿌리 뽑힌 사람들이 도시로 몰려가면서 생긴 기형적인 구조다. 현재 기후 이주자들의 대부분은 농사를 짓던 사람들이다. 그들은 새로운 삶을 개척하기 위해 빙판 위를 걷거나 우연한 기회에 돛단배에 의지해 판게아의 틈을 건넜던 조상들이 아니다. 일찍이 마이크 데이비스는 농촌 지역에 빈곤을 가속화시킨 신자유주의가 이 대량 이주의 원인이라고 지적한 바 있다. 그러니까 지금까지 자본주의의 수탈 기제에 의해, 그리고 이제는 '자본주의 허리케인'인 기후재앙에 의해 강제로 뿌리 뽑혀 이동하는 것이다. 이러한 잔혹하고 불공정한 체제를 변화시키지 않고 기후 이주를 해법인 양 제시하는 것은 순진한 발상이다. 이미 유럽과 미국의 국경은 일종의 체처럼 사람들을 걸러낸다. 청소, 하수구, 건설, 딸기농장 등에서 일할 저렴한 노동력만 국경을 통과시킨다. 불평등을 양산하는 과두제 자본주의를 변화시키지 않는 한, 설령 기후 이주자들을 받아 안는다고 해도 그들은 슬럼가에 거주지가 할당되고 저렴한 노동력을 제공하는 처지로 전락하게 될 것이다. "제국의 편에 조지 오웰이 예언했던 억압적 테크놀로지가 포진해 있다면, 제국에서 추방당한 사람들 편에는 혼돈의 신이 포진해 있다"[148]는 마이크 데이비스의 『슬럼, 지구를 뒤덮다』의 마지막 문장을 읽어주는 것만으로도 기후 이주가 해법이라는 주장에 충분한 반박이 될 것이다. 대량 이주를 기후 격변에서 살아남을 수 있는 유일한 탈출구로 제시하는 이러한 주장은 기후위기, 더 나아가 지금의 파괴적인 성장주의를 어쩔 수 없이 수긍하는 현상 유지(Status Quo)에 강박된 체념의 전략일 뿐만 아니라, 남반구와 소멸 위기에 놓인 농촌을 야생 지대로 보전하거나 기업농들이 지배하는 식량-바이오에너지 공장으로 전유하자는 식민주의의 동어반복에 그칠 공산이 크다.

지금 이 시간에도 가라앉는 태평양 섬 국가들이 주장하는 것처럼, 시혜나 온정이 아니라 당연한 삶의 권리로서 정의로운 기후 이주가 보장되어야 하지만 그보다 더 중요한 것은 북반구 국가들이 탄소 배출량을 재빨리 줄이고 지금까지 지구를 망쳐놓은 것에 상응하는 책임을 지는 것이다. 남반구와 농촌에 사람이 살 수 없는 지구가 과연 지속 가능한 상태일까? 누구도 뿌리 뽑히지 않고 자신의 고향과 조국에서 삶을 지속할 수 있도록 다시 지구 시스템을 안정화하는 게 급선무다. 이것이 국제적 연대를 토대로 아래로부터의 기후정의운동이 계속 성장해야 하는 필연적 이유다.

북미 그린뉴딜의 대모라 불리는 나오미 클라인은 지구를 불타오르게 하는 극우의 불길을 끄기 위해선 변혁적 그린뉴딜이 처방전이 되어야 한다고 말한다. 지금의 극우 정치는 공적 영역의 민영화를 양산해 생활세계를 폐허로 만든 신자유주의에 기인한다. 따라서 공적 영역에 대한 대대적인 투자를 통해 일자리와 공공복지를 늘리고 재생에너지를 확장하는 것이 극우 세력의 기승을 막고 지구를 불타오르게 하지 않는 해법이라는 것이다. 이러한 관점은 녹색 전환의 비용과 도덕적 책임을 시민들에게 전가하고 또 그 이유 때문에 농민과 저소득층의 분노를 유발하는 유럽의 그린딜과는 확연하게 구분된다. 프랑스 노란 조끼의 노동자들은 왜 파리를 불태웠나? 독일 시민들은 난방 전환을 경유하며 왜 극우 정당을 지지하나? 그리고 최근 네덜란드와 프랑스를 필두로 유럽 농민들이 트랙터를 몰고 도시로 몰려가는 이유는 무엇인가? 유럽의회가 녹색전환 비용과 책임을 노동자와 농부들에게 전가하기 때문이다. 그 덕에 유럽 극우들이 시민들의 분노를 포퓰리즘의 연료로 사용하는 중이다. 따라서 파시즘에 먹히지 않기 위해서는 정의롭고 대담한 체제 전환이 전개되어야 한다. 샹탈 무페 역시 「녹색 민주주의 혁명을 위하여」라는 최근의 소책자를 통해 녹색 민주주의 혁명의 긴급성을 개진한다. 급진적인 개혁 정치로 시민들에게 보다 더 많은 권한을 주고 불평등을 해소함으로써 보호와 안전에 집착하는 극우적 정동을 해소시켜야 한다는 것이다. 십분 동의하고 일리 있는 이야기들이다. 하지만 나오미 클라인이든 샹탈 무페든, 문제에 대한 이해와 그 해결 방식이 일국적 차원에 갇혀 있다는 점에서, 그리고 국가권력에 기댄다는 점에서 한계를 노정한다. 구명정 정치는 국제적 차원에서, 정반대로 지역적 차원에서 공히 동시에 펼쳐지는 사회운동과 인식의 대전환이 전제되어야 해소 가능하기 때문이다.

물론 현재 정세를 지배하는 건 구명정 정치가 분명하다. 그 탓에 행성적 주권자로서의 국제적 기후정의운동이 존재하냐고 의심을 펴는 사람도 적지 않다. 하지만 2000년대 중반부터 개진된 기후정의운동은 무럭무럭 자라나고 있다. 단적으로, 유엔당사국총회(COP)에서 남반구에 대한 '손실과 보상' 의제를 논의하거나 기후변화에 관한 정부간 패널(IPCC) 보고서들이 점차 기후정의와 반식민주의 관점을 반영하는 것은 기후정의운동이 끼친 영향 때문이다. 남반구 구석구석에서 지구를 양육해왔던 선주민들, 기후 격변 속에서도 땅을 지키려는 세계의 수많은 농부들, 일자리를 위협받는 노동자들, 극우들이 번성하는 유럽과 미국과 달리 추출주의에 반대하는 목소리에 힘입어 정권을 잡은 남미의 좌파 정부들, 그리고 북반구의 진보적인 시민들과 사회운동도 기후정의운동에 속속 동참하고 있다. 이토록 아름답고 풍요로운 지구를 '불평등 주식회사'로 만드는 착취와 수탈의 체제를 전환하지 않고서는 인간의 삶도, 비인간 존재의 삶도 계속 재난의 심연 속으로 곤두박질칠 수밖에 없다는 절박함의 몸짓이자 지금과는 다른 세계를 꿈꾸는 자들의 춤이 시작된 것이다.

기후정의운동의 역사는 기껏 20여 년이다. 500여 년의 낡은 골리앗과 20년의 젊은 다윗 사이에는 짱돌이 필요할 뿐이다. 역설적이게도, 기후비상사태가 심화될수록 파시즘의 검은 그림자들도 아우성치겠지만 반대로 모두의 우주선을 안전한 대지에 접안하려는 풀뿌리들의 운동도 더욱 거세질 것이다. 왜냐하면 우리가 거처하는 지구는 이 우주에 딱 하나밖에 없기 때문이다.

6장

제국적 생활양식:
자동차를 파묻어라

"어째서 노약자와 아이들이 자동차 때문에
거리를 이용하지 못하는 걸까요?
어떻게 사유재산인 자동차가 공공장소를
점유할 수 있는 걸까요?"

세자르 모스케라

파트리스 루뭄바의 어금니

"왜 해마다 파트리스 루뭄바는 1961년 1월 17일이라는 날짜만 묘비에 새겨져 있고 매장되지도 못한 채 죽은 자로 남아야 하는 걸까요?"

2020년 6월 30일, 콩고민주공화국(DNC) 독립 60주년이 되던 날, 줄리아나 루뭄바는 벨기에 왕에게 한 통의 편지를 보냈다. 자신의 아버지 유해를 보내달라는 요구였다. 그의 명예를 더 이상 모욕하지 말라는 거였다.[1] 그런데 유해라고 해봤자 도금된 썩은 어금니가 전부였다. 2022년 전 세계적으로 '흑인 목숨은 소중하다' 운동이 한창일 때, 마침내 62년 만에 한 남자의 어금니가 콩고민주공화국으로 송환됐다.

그의 이름은 파트리스 루뭄바Patrice Lumumba 콩고민주공화국의 초대 총리였다. 1960년 6월 총리에 재임하자마자 넉 달 만에 체포됐고, 1961년 1월 17일 총살됐다. 하지만 죽음으로 끝난 게 아니었다. 잠시 매장됐던 그의 시신은 다시 파내어져 멀리 떨어진 곳으로 옮겨졌다. 뒤이어 시신을 산산조각 토막내고, 산성용액에 넣어 용해시켰다. 남은 뼈는 갈아서 먼지로 흩뿌렸다. 그의 유해가 겪은 고난은 존재 자체를 지상에서 지우는 지옥의 여정이었다. 남은 유해라곤 금박으로 쌓인 썩은 어금니가 전부였다. 벨기에 경찰이 전리품으로 그의 어금니를 몰래 챙겨 고국으로 돌아갔다.

무엇이 그토록 파트리스 루뭄바를 두려워하게 만든 걸까? 1964년 6월 28일 말콤 X는 뉴욕 연설에서 그를 "아프리카 대륙을 걸었던 가장 위대한 흑인"이라고 칭송한다.

"루뭄바는 아프리카 대륙을 걸었던 가장 위대한 흑인입니다. 그는 누구도 두려워하지 않았어요. 사람들이 그를 죽여야 할 정도로 겁먹게 만들었죠. 그들은 루뭄바를 매수할 수도, 겁을 줄 수도, 다가갈 수도 없었죠. 그는 벨기에 국왕에게 이렇게 말했습니다. 우리를 자유롭게 해주고 독립을 주었지만 이 상처는 절대 잊을 수 없다고요. […] 왜냐고요? 우리 몸에 새긴 이 상처를 되찾아줄 수 있나요? 당신이 잘라버린 우리의 팔다리를 돌려줄 수 있어요?"[2]

말콤 X가 인용한 것처럼 벨기에 왕가가 콩고를 사유지처럼 지배하면서 수백만 명의 팔다리와 손목을 잘라낸 것은 잘 알려진 사실이다. 1885~1908년 약 23년 동안 1천만 명에 이르는 콩고 인구의 절반이 잔혹하게 죽임을 당했다. 순전히 고무를 채취하기 위해서였다. 고무 할당량을 채우지 못한 콩고인들은 손발이 잘려나갔고 무참하게 살해되었다. 다른 제국주의 국가들마저 그 잔혹함에 혀를 내둘렀는데, 국제적 비난에 휩싸이자 마지못해 콩고를 식민지로 병합하게 된다.

그러다 1960년 17개 국가가 독립하는 등 전 세계적으로 독립운동과 식민지 해방의 파도가 물결치자 벨기에도 어쩔 수 없이 콩고 독립을 승인하게 된다. 1959년 콩고에서 일어난 대규모 대중 봉기도 영향을 미쳤다. 마침내 1960년 5월 콩고에서 최초의 의회 선거가 치러졌고, 콩고 민족 운동을 이끌던 35살의 파트리스 루뭄바가 초대 총리로 당선됐다. 우체국 직원 출신의 파트리스 루뭄바는 수감 생활을 하는 등 여러 곡절을 겪으며 아프리카 민족주의를 대변하는 대중 정치인으로 성장한 인물이다. 그는 선거 과정에서 제국주의와 단절하고 범아프리카 연대를 추진하겠다는 포부를 밝혔다. 또 공식 독립기념 선포일인 6월 30일에는 초대 총리의 자격으로, 노예제도에 맞서 싸웠던 콩고인의 분노와 자긍심을 웅변해 벨기에 관료들의 간담을 서늘하게 했다.

하지만 독립 과정은 순탄하지 않았다. 벨기에가 카탕가 지역을 무력 지배하면서 분리 독립을 주장했기 때문이다. 이 지역은 광물이 풍부한 지역이었다. 독립 당시 콩고 경제력의 80%가 바로 카탕가의 광물에서 나왔다. 가령, 카탕가의 구리는 세계 최고 등급에 속하며 제1차 세계대전의 탄피를 제조하는 데 사용됐다. 또한 1914년에 카탕가에 세계 최대의 코발트 매장지가 있다는 게 발견됐다. 따라서 이 지역의 백인 정착민과 국제 광산기업들은 자원 민족주의를 주장하는 급진적인 총리가 내심 두려울 수밖에 없었다. 광물 노다지인 카탕가를 빼앗길 수도 있었기 때문이다. 곧장 국제 광산 회사들은 백인 정착민들과 함께 카탕가 분리 독립을 주도하기에 이른다. 벨기에 군대가 합류하는 동시에 백인 용병 모집도 추진했다. 벨기에, 미국, 영국, 프랑스 등에서 자금이 흘러나오며 분리 독립의 위용을 갖추기 시작했다.[3] 막 신생 독립국이 된 콩고 입장에서 그대로 방관할 수만은 없었다. 루뭄바 총리는 유엔에 카탕가 지역에서 벨기에 군대를 쫓아내줄 것을 요청했다. 유엔은 이에 응하지 않았다. 루뭄바는 9개국을 순회하며 조국의 독립을 도와줄 것을 간절히 호소하고 다녔다. 하지만 어떤 국가도 도움의 손길을 내밀지 않았다. 서구 열강 국가와 국제 광산기업들과의 이해관계가 얽혀 있었던 것이다. 결국 마지막 지푸라기를 잡듯이 35세의 젊은 총리는 소련 쪽에 군대 지원을 요청하기로 결정했다.

그러자 미국이 등판했다. 1960년 7월 21일 국가안전보장회의(NSC) 회의에서 CIA 국장은 파트리스 루뭄바가 "피델 카스트로보다 더 나쁜 사람"이며 소련으로부터 돈을 받고 있다고 보고했고,[4] 대형 야생동물 사냥이 취미였던 예산국 국장은 루뭄바의 진정한 목표는 백인들을 몰아내고 그들의 재산을 강탈하는 것이라고 주장했다. 이에 8월 18일 아이젠하워 대통령이 CIA 국장에게 "저 사람을 제거할 수 없냐"고 물었다.[5] 즉 제거하라는 명령이었다. 곧바로 콩고 주재 CIA에 이 명령이 하달됐다. 루뭄바는 총리에 취임한 지 2개월 반 만에 쿠데타로 축출되었고, 4개월 후에 총살됐다.

아이젠하워와 CIA가 벌인 루뭄바 제거 작전은 미국 정부가 처음으로 시행한 타국의 정권 전복이다. 이후 수많은 나라에서 자행할 정치 공작의 모델을 제공하게 된다. 왜 이런 공작 정치를 펼쳤을까? 미국이 1945년에 일본에 투하한 원자폭탄의 우라늄이 채굴된 곳이 바로 콩고였다. 지금은 잊힌, 사실은 미국에 의해 철저히 은폐된 콩고 카탕가 지역의 작은 마을 신콜로베Shinkolobwe에서 우라늄이 채굴됐다. 히로시마에 투하된 우라늄의 70% 이상의 양이었다. 2차 세계대전 이후, 미국은 콩고의 우라늄 광산이 소련이나 다른 열강의 손에 들어가는 걸 바라지 않았다.[6] 콩고 독립 후 비밀리에 광산을 폐쇄하고 지도에서 아예 광산 이름을 삭제해버렸다. 광부들과 콩고 군인들, 인근 주민들이 그곳에서 우라늄을 채굴하다 방사능에 오염된 비극도 함께 잊혔다. 우리는 영화 〈오펜하이머〉를 통해 맨해튼 프로젝트를 지휘했던 오펜하이머의 고뇌에 동감하고 영화적 완성도에 박수를 치지만, 그 우라늄을 위해 얼마나 많은 사람들이 고통받았는지, 미국 정부가 어떻게 우라늄 채굴을 계기로 콩고를 신식민지화했는지 알지 못한다. 이렇듯 우라늄을 포함한 콩고의 막대한 천연자원은 미국의 핵무기 프로그램과 냉전 체제의 패권을 유지하는 데 중요한 전략적 자원이었다.

그런 의미에서 파트리스 루뭄바는 미국, 벨기에, 유럽 강국이 천혜의 자원 부국이었던 콩고를 신식민지화하는 데 결정적인 걸림돌이었다. 다시 말해 루뭄바가 실현하려던 아프리카 독립이 두려웠던 것이다. 그게 미국과 벨기에, 다국적 광산 기업들이 동맹을 맺은 채 루뭄바를 살해하고 시신조차 찾을 수 없도록 무참히 훼손한 이유였다. 이들의 꼭두각시였던 모부투 세세 세코Mobutu Sese Seko는 루뭄바가 제거된 후 콩고의 독재자가 된다. 1965년부터 1997년까지 지속된 모부투의 잔인한 독재 치하에서 콩고의 정치적 상황은 늘 불안정했고, 그로 말미암아 아프리카의 세계대전이라 불린 두 개의 전쟁이 촉발되기에 이른다. 이 전쟁으로 600만 명이 사망한바, 2차 세계대전 이후로 가장 많은 사망자가 나왔다. 끊임없는 전쟁과 정치적 불안 속에서 콩고는 그렇게 오늘날 서구 열강들이 모든 땅의 구석구석을 파헤쳐 자원을 채굴하는 지상 최대의 거대하고 파괴적인 광산이 되고 말았다.

어쩌면 그렇기에 더더욱 콩고인들이 그의 죽음을 순교로 여기는 동시에, 독립과 통일 조국에 대한 그의 이상을 되새기는지도 모른다. 여전히 그가 총살된 1월 17일을 루뭄바의 날(Lumumba Day)로 기린다. 그리고 공교롭게도 나는 2024년 1월 17일 그에 관한 글을 쓰고 있다. 내 폴더에는 파트리스 루뭄바에 관련된 사진들이 저장되어 있다. 체포된 직후의 사진이 가장 눈길을 끈다. 한 군인이 팔을 뒤로 꺾어 결박하고 다른 군인은 머리채를 잡아 카메라 쪽으로 루뭄바 얼굴을 돌리는 사진이다. 평소에 쓰던 뿔테 안경은 어디론가 사라졌다. 슬프고 텅 빈 눈으로 허공을 주시하는 루뭄바의 마지막 사진. 고달프고 서러운 아프리카인의 비애가 오롯이 담긴 얼굴이다. 벨기에의 한 전기 작가는 그의 죽음을 '20세기의 가장 중요한 암살 사건'이라고 표현한 바 있다. 그가 계속 콩고의 총리를 맡았다면, 그리하여 그의 꿈처럼 제국주의와 결별하고 완전한 자결을 추진했다면, 지금의 콩고는 어떤 모습으로 변했을까?

이 장을 루뭄바 이야기로 시작한 이유는 루뭄바 암살이 곧 콩고 자원에 대한 신식민주의 수탈의 신호탄이었기 때문이다. 무려 24조 달러의 광물이 매장된 것으로 추정되는 콩고민주공화국, 주기율표의 거의 모든 금속 원소가 추출되는 천혜의 자원 부국을 지상의 생지옥으로 만든 신식민주의의 수탈 과정을 온전히 응시해야만 행성 위기에 대한 이해에 도달할 수 있는 까닭이다. 혹자는 콩고의 비극을 '자원의 저주', 또는 '디지털과 녹색 전환의 어두운 이면'이라고 비유하지만, 마치 불가항력의 어쩔 수 없는 희생인 것처럼 오도하는 표현들이다. 콩고의 비극은 자본주의와 식민주의의 저주다.

우선 다큐멘터리 이야기부터 해보자. 콩고민주공화국에는 '기쁨의 도시'가 있다. 강간 피해 여성들을 돕는 셸터이자 학교. 피해자들이 고통에서 벗어나 자신의 고유한 힘을 발견하고 리더십을 배워 각자의 고향에 돌아가 공동체 재건에 기여하도록 돕는 공간이다. 다큐 영화 〈기쁨의 도시(City of Joy)〉(2016)는 이 공간에 기거하는 생존자들의 치유 과정과 증언을 빼곡히 채록하고, 콩고 여성에 대한 폭력이 북반구 자본의 자원 수탈과 공모돼 있음을 폭로하는 고발극이다. 1994년부터 지금까지 콩고에서는 족히 30만 이상의 여성들이 강간 피해를 입었다. 이 다큐가 제작되기 직전인 2008년과 2009년 사이엔 매달 1,000여 건의 강간이 발생했는데, 이 중 10%가 10세 미만의 어린이에게 일어났다. 강간에서 살아남은 여성들을 치유하는 판지병원에 따르면, 당시 "매일 최소 열 명의 강간당한 여성과 소녀들이 입원했다." 콩고에서 이렇게 어린 유아에서부터 할머니까지 닥치는 대로 성폭력을 당하고 살해되는 이유는 강간이 전쟁 수단이자 통제 수단으로 고착되었기 때문이다.

거칠게 소묘하면, 1990년대에서부터 2000년대 중반까지의 표적 강간이 정부군과 반군의 분쟁의 경계선을 따라 이루어졌다면, 그 이후로는 광산 지역을 따라 행해지고 있다. 다큐 〈기쁨의 도시〉에도 지도 한 장이 등장한다. 대량 강간이 발생하는 지역들에 점을 찍어놓고 보면 모두 광산 지역이다. 코발트, 콜탄, 구리, 텅스텐, 금, 주석, 다이아몬드 광산을 따라 분쟁과 강간의 폭력이 흐른다. 군인들이 마을에서 표적 강간을 저지르면 사람들이 두려움에 떨며 도망가기 때문에 그곳을 손쉽게 점령할 수 있다. 비용을 절감하는 것이다. 대부분 반군, 정부군, 그리고 다국적 기업들에 의해 모집된 민병대에 의해 이런 끔찍한 폭력이 저질러진다. 채굴된 희토류와 광물은 고스란히 전쟁 자금과 디지털 기업의 이윤이 된다. 2008년 하반기처럼 호주의 콜탄 생산량이 감소하고 국제 투기꾼들이 콩고민주공화국 동부에 몰려오면 피비린내 나는 유혈 사태가 벌어진다. 동시에 표적 강간이 폭증한다. 반군과 민병대에 100개 이상의 다국적 기업이 은밀하게 자금을 대주기도 했다. 〈기쁨의 도시〉의 한 생존자는 '분쟁 광물' 때문에 자신이 끔찍한 성폭력을 당했다며 분노에 찬 어조로 그 연루 기업들의 상호를 또박또박

호명한다. 자랑스럽게도 한국의 대기업들도 명단에 포함돼 있다.

"삼성, LG, 니콘, 캐논, 도시비, 모토로리, IBM……."

〈기쁨의 도시〉에 등장하는 판지병원의 의사 드니 무퀘게Denis Mukwege는 콩고 동부의 성폭력에서 생존한 여성의 44%를 치유했다. 그 공로로 2018년 노벨평화상을 받기도 했는데, 전시 강간을 제발 중지시켜달라며 여전히 국제사회에 호소하고 다닌다. 2024년 1월에는 대통령 선거에 입후보하기도 했다. 한편 2023년 1월 콩고민주공화국을 방문한 프란치스코 교황은 강간, 신체 절단, 성 노예 등 각종 잔학 행위를 듣고 치를 떨어야만 했다.

"이제 그만하십시오! 가난한 이들의 희생을 대가로, 피로 얼룩진 자원과 돈으로 부자가 되는 짓을 멈추십시오! […] 무기화된 경제를 부채질하고 불안정과 부패를 요구하는 원자재와 돈에 대한 만족할 줄 모르는 탐욕이 촉발한 전쟁입니다. 사람들이 강간당하고 살해당하는 상황에서 이러한 폭력과 죽음을 초래하는 상업이 계속 번성하는 것은 얼마나 위선적입니까."[7]

교황의 말대로, 무기화된 경제가 콩고민주공화국의 비극의 주원인이다. 1994년 르완다 인종학살 이후 후투족과 투치족의 군사적 갈등이 콩고 전쟁을 촉발시켰지만, 2000년대 중반 이후의 분쟁은 광물을 둘러싼 갈등이 지배하고 있다. 특히 르완다 지원을 받는 반란군 M23이 2021년에 다시 전쟁을 일으키며 콩고를 초토화하고 있는데, 이 역시 코발트를 비롯한 천연자원을 차지하기 위한 것이다. 현재 콩고 동부에는 최소 120여 개의 무장 단체와 군벌이 활동하며 광물에 얽힌 이권을 놓고 치열한 각축전을 벌인다. 물론 그 배후에는 테슬라, 애플, 삼성 등 광물 자원에 굶주린 다국적 기업들이 도사리고 있다. 2023년 11월 8일, 한 콩고 남성이 분신하는 영상이 인터넷에 퍼진 바 있다. 신원이 밝혀지지 않은 남성이 수도 킨샤사에서 "콩고에서의 대량학살을 멈춰라"라고 적힌 팻말을 들고 서 있었다. 잠시 후 그는 자신의 몸에 휘발유를 붓고 불을 붙였다.[8] 이 남자가 분신자살로 처절하게 웅변했던 '대량학살'은 콩고의 현재를 정확하게 표현한다. 최근 수십 년간 수백만 명이 죽고, 현재에도 수많은 사람들이 죽음과 빈곤의 수레바퀴에 매달려 있는 것은 단순히 가난한 아프리카 국가의 골치 아픈 분쟁 때문이 아니라 콩고의 자원을 채굴하려는 북반구 자본주의의 탐욕과 고의적 망각에 의해 야기된 것이고, 이는 곧 대량학살의 개념으로밖에는 설명할 수 없기 때문이다. 분신 사건 이후에 핸드폰과 노트북 등 디지털 기기에 대한 보이콧 운동이 산발적으로 펼쳐졌지만, 북반구 시민들 대부분은 그런 일이 일어났는지조차 알지 못한다. 혹은 알아도 그저 고개를 돌릴 뿐이다.

콩고에는 세계 코발트의 70%, 콜탄의 80%가 매장되어 있다. 압도적인 비중이다. 코발트는 리튬이온 배터리에 들어가는데, 실상 리튬보다 8배가 더 소요된다. 코발트가 없으면 휴대폰도, 전기차도, 제트 엔진도 만들 수 없다. 평균 전기차 배터리에는 13킬로그램 이상의 코발트가 필요하고 휴대폰 배터리에는 약 7그램이 들어간다.[9] 휴대폰을 사용하는 우리 모두는 콩고의 땅 한 조각씩을 들고 다닌다. 2차전지, 전기차, 태양광 및 풍력 등 소위 재생에너지 시장이 기하급수적으로 커지면서 코발트와 리튬 같은 '녹색 광물'을 확보하기 위한 치열한 경쟁이 펼쳐지는 가운데, 전기차용 리튬이온 배터리 수요는 향후 10년 동안 300% 이상 증가할 것으로 예상된다.[10] 2022년에는 780만 대의 EV가 판매되었는데, 《블룸버그》에 따르면 2040년경에는 6,600만 대로 증가하며 전 세계 자동차 시장의 3분의 2가 EV일 가능성이 높다.[11] 이에 코발트 시장도 폭발적으로 성장하게 될 것이다.

그러나 막대한 천연자원의 이익은 1억여 명의 콩고인들에게 흘러내리지 않는다. 세계은행에 따르면, 콩고 인구의 약 3분의 2가 하루 2.15달러 미만으로 살아간다. 수많은 사람들이 광산에서 광물을 채굴하며 살아가지만 빈곤에 허덕인다. 콩고 정부와 군벌들이 광물 자원을 놓고 국지전을 벌이면서 글로벌 기업이나 서방 국가들과 개별 교섭으로 가격 낮추기 경쟁에 나섰고, 이 과정에서 채굴 임금이 점점 낮아졌기 때문이다. 코발트의 경우 콩고 정부와의 계약하에 중국의 국영 및 민간 기업이 산업용 광산 19개 중 15개를 통제한다. 그리고 영세 광산의 유통 경로도 상당 부분 장악하고 있는데,[12] 이는 광산 노동자의 저임금 구조를 고착시키는 데 기여한다. 낮은 임금 때문에 남자뿐 아니라 어린아이들까지 코발트 채굴에 나설 수밖에 없는 구조적 빈곤이 자리하는 것이다. 최근 몇 년간 아동 노동 착취 문제가 불거지자 애플, 테슬라, 삼성 등이 윤리적이지 않은 콩고의 코발트를 사용하지 않겠다고 선언했지만 사실상, 기만적인 눈속임에 불과하다. 그나마 규제가 적용되는 '산업 광산'과 그렇지 않은 '영세 광산'의 교차 오염이 일반적이기 때문이다.

콩고 정부에 임대료를 지불하는 대기업이 운영하는 산업 광산은 중장비와 굴삭기 등이 가용되는 반면, 영세 광산의 대부분은 인력으로 코발트를 채굴한다. 삽과 곡괭이, 그리고 맨손이 전부다. '장인 광산(artisanal mining)'이라는 이상한 표현으로 불리지만 막상 수십만 명이 맨손으로 흙을 파헤치고 망치로 암석을 깨뜨려 코발트를 채굴하는 생산 방식이다. 땅을 파낸 좁은 갱도 속으로 보호 장비도 없이 어린아이들이 내려가 손으로 흙을 파고 얼룩덜룩한 청색의 코발트를 추출한다. 채굴 과정에서 방사능에 오염되고 폐질환을 앓게 될 위험이 있는 데다, 좁은 갱도가 무너져 생매장 당하는 불상사가 허다하다. 그러나 2달러에서 최대 8달러에 이르는 일일 수익은 거부하기 힘든 조건이다. 대여섯 살 어린아이들은 하루에 채 2달러도 못 버는 경우가 다반사다. 갱도 밖에서 하루 종일 망치를 휘두르며 코발트 암석을 깨지만 성인의 채굴량에 비할 수가 없다. 그래도 생활하기 위해선 그 돈이라도 벌어야 한다. 이렇게 백만 명 이상의 사람들이 영세 광부들의 손에 전적으로 의존해 살아간다. 여성이 광산에 들어오면 불운이 따른다는 미신 때문에 여성들은 광산 인근의 강과 냇가에서 코발트 광석을 세척하는 일을 주로 맡는다. 그 탓에 가중된 가사노동과 만성적인 성차별에 시달린다. 현재 콩고에는 20만여 명의 영세 광부들이 존재하며 전체 코발트 생산의 15~30%를 차지한다. 영세 광부 중 4만 명이 바로 어린아이들이다. 그리고 영세 광부의 56%는 군벌들에 의해 통제된다.[13] 그런데 이 중 5%가량은 인신매매와 강제노동으로 끌려온 아이들이다. 어린아이들이 인신매매되는 이유는 좁은 갱도를 지나갈 정도로 체구가 작기 때문이다.

　명목상으로 영세 광산은 협동조합에 속한다. 따라서 광부들이 그 이익을 가져가야 하지만, 군벌과 무장 단체들, 중국 자본가, 협동조합 중개인이 유통 과정을 매개하며 대부분의 수익을 갈취한다. 영세 광산에서 흘러나온 코발트는 중국 중간상, 제련업체, 제3국의 시장을 경유하며 산업 광산의 코발트와 함께 섞여 테슬라, 애플, 삼성, 마이크로소프트 같은 빅 테크 자본의 공장으로 흘러간다. 아동 노동을 착취하지 않는 순수한 코발트만 사용하겠다는 다국적 기업들의 약속이 무색하게 교차 오염이 발생하는 것이다. 2019년 국제 권리 옹호 단체(International Rights Advocates)는 애플, 마이크로소프트, 테슬라 등 5개 빅 테크 기업들을 대상으로 '어린아이들을 잔인하게 이용하면서 돈을 벌고 있다'며 연방 소송을 제기했다. 채굴 과정 중에 어린이 중 열한 명이 팔다리와 척추가 부러지고 다섯 명이 갱도가 무너지면서 사망한 사건의 피해자 가족을 대리한 소송이었다. 하지만 2022년 미국 지방법원 판사는 기업의 행위와 광부의 부상 사이에는 충분한 인과관계가 성립되지 않는다는 이유로 소송을 기각했다. 그런데 놀랍게도, 이 판결을 내린 판사는 사건 배정 당시 애플과 마이크로소프트의 채권을 보유하고 있었다. 심지어 사건이 계류 중이던 2020년에는 애플에서 일곱 번, 마이크로소프트에서 다섯 번의 채권을 구입했다는 게 밝혀졌다.[14] 코발트의 가치 사슬은 빅 테크 자본과 미국 사법 권력의 결탁으로까지도 끈끈하게 연결되어 있는 것이다.

◐

코발트와 테슬라

블루 골드라 불리는 코발트는 이렇게 콩고의 노동력을 저렴하게 수탈하기도 하지만, 한편으로 인간과 자연을 오염시킨다. 코발트 채굴 중에 방사성 물질, 암 유발 입자, 시력 손상과 심장 문제, 그리고 갑상선 손상을 유발하는 입자들이 배출된다. 고농도의 코발트 입자를 호흡할 경우 천식이나 폐렴이 나타날 수 있다. 자연환경에서 코발트는 토양, 물, 암석, 식물 등과 접촉하며 일단 환경에 유입되면 파괴되지 않는다. 아무 보호 장비도 없이 채굴하는 영세 광부들에게 호흡기 질환, 암, 두통, 고통스러운 피부 질환이 발생하는 이유다. 어린 광부들은 중금속 노출로 발달 장애를 겪기도 한다. 또한 비소와 망간 등에 노출돼 선천적 기형을 가진 아이들을 출산하는 것으로 드러났다.[15] 그런가 하면 코발트 광산을 위해 열대우림이 파괴되고, 폐수로 인해 강과 지하수가 오염된다. 콜탄의 경우엔 주로 콩고 동부에서 채굴되는데 마운틴고릴라를 비롯한 멸종위기종 동물들의 서식지를 위협하고 있다. 계속 이 흐름이 이어지면, 재생에너지 확대에 따라 콩고는 코발트, 콜탄, 구리, 주석을 캐내느라 온통 벌집처럼 헤집어지고 생태계가 오염될 것이다.

종종 코발트 광산 사진들을 들여다본다. 확실히 시선을 돌리고 싶은 장면이다. 어린 청소년들이 생매장될지도 모르는 비좁은 갱도 안에 들어가거나, 서너 살쯤 되어 보이는 아이들이 독성을 가진 푸른색 돌조각을 맨손으로 가려내거나, 계곡 광산에 수천 명이 운집된 채 흙을 퍼나른다. 휴대폰,

노트북, 태양광 집열판, EV 등 우리가 사용하는 전자기기 대부분의 핵심 소재가 바로 저 아프리카 땅속에서, 가난한 노동자들의 저렴한 노동력 속에서 건져올려진 것들이다. 그 장면들은 세바스치앙 살가두Sebastião Salgado의 그 유명한 브라질 금광 사진들과 정확하게 겹쳐진다. 1980년대 중반 세라 펠라다에서 금맥이 발견되면서 골드러시가 이루어졌고, 수많은 사람들이 몰려들었다. 거대한 계곡 광산에 수만 명이 곡괭이질을 하고 흙을 퍼나르고, 때론 진흙 구덩이 속에서 서로 격렬하게 싸우는 흑백의 광경은 보는 사람으로 하여금 전율을 일으키기에 충분하다. 살가두는 자신의 전기 다큐영화 〈제네시스: 세상의 소금〉에서 세라 펠라다 광산을 본 소회를 이렇게 술회한다.

"그런 광경은 본 적조차 없었어요. 인간의 모든 역사가 한순간에 내 눈앞에서 펼쳐지는 것 같았습니다. […] 다들 노예처럼 일했지만, 정작 노예는 한 명도 없었습니다. 그들을 속박하는 것이 있었다면, 부자가 되고 싶다는 욕망이었죠. 그곳의 모두 다, 부자가 되길 꿈꿨습니다."

살가두의 지적은 예리하다. 코발트 영세 광산에서 노동하는 사람들을 단지 수동적인 피해자와 노예처럼 대상화하는 것은 또 다른 식민주의적 시선일 것이다. 그들 역시 각자의 욕망과 의지를 가진 주체적인 존재로, 자신의 삶을 선택한다. 그저 불쌍하다, 죄의식을 느낀다와 같은 감정들은 그저 자신의 조막만 한 도덕심을 위로하는 일에 불과할 것이다. 하지만 살가두처럼 사람들이 스스로의 선택으로 코발트 영세 광산에 뛰어들었다고 말하면, 그들을 광산으로 향하게 만든 배경을 보지 못하게 된다. 북반구의 많은 시장주의자들이 '불쌍하긴 하지만, 결국 그들이 선택한 일이잖아. 만약 코발트를 채굴하지 못하게 하면 저들은 굶게 될 거야'라고 말하는 논리로 귀결될 수밖에 없다. 광산에 뛰어들 수밖에 없는 빈곤의 구조, 그리고 식민 지배에 기반한 '추출주의'가 세계의 광산이 된 콩고의 이면이라는 걸 이해할 필요가 있다.

아마도 추출주의의 최초의 원형을 제공하는 장소는 안데스 고원의 포토시Potosí일 것이다. 금과 은을 찾기 위해 혈안이 되어 있던 스페인은 1543년, 해발 4,000미터의 세로 리코 봉을 발견했다. 봉우리 자체가 순도 50%의 은 덩어리였다. 말 그대로, 엘도라도가 발견된 것이다. 그곳에 포토시라는 세계에서 가장 높은, 단기간에 가장 번창한 광산 도시가 건설됐다. 남미의 압도적인 곡창지역이자 목축지역인 팜파스가 형성된 것도 그 당시 포토시 지역에 곡물과 가축을 조달하기 위해서였다. 그야말로 포토시는 마르지 않는 은의 젖줄이었다.[16] 16세기에 인구가 20만 명 이상 늘어나며 파리와 런던에 맞먹는 대도시를 형성했으며, 이곳의 은 광산은 당시 세계 은 생산량의 60%를 차지했다. 1545년에서 1810년 사이 포토시의 은이 265년 동안 전 세계에서 생산된 모든 은의 약 20%를 차지한다.[17] 대서양을 건너 스페인과 유럽으로, 동쪽으로는 오스만 제국, 인도 무굴 제국, 명나라의 중국에 이르기까지 포토시의 은이 글로벌 통화로 기능하며 거침없이 퍼져나갔다. 포토시는 명실상부 200년 동안 스페인의 돈줄이었으며, 유럽 자본주의가 발흥하게 된 물적 토대를 제공했다. 유럽으로 건너온 은 때문에 17세기 초반 유럽에서 주화로 사용할 수 있는 귀금속의 공급이 여덟 배나 늘었다. 이로써 지구적 중상주의와 세계화가 막 개화하게 된 것이다. 스페인의 필립 2세가 "제국의 도시"로 선포하고 세르반테스가 『돈키호테』 속에서 '포토시만큼 가치가 있다'는 표현을 사용하며 예찬할 정도로, 자본주의 최초의 도시 포토시는 스페인과 유럽에 풍요를 선사했다.

하지만 남아메리카 선주민들은 포토시를 '사람을 잡아먹는 도시(Cerro rico la montaña que come hombres)'라고 불렀다. 벌집이 된 광산에서 수많은 노예 광부들이 죽어갔기 때문이다. 처음엔 나무를 태워 은을 제련했다. 고지가 높은 탓에 가마솥이 잘 달궈지지 않았다. 더 많은 나무가 필요해졌고 나중에는 포토시 주변의 숲이 모조리 사라졌다. 그리하여 대체 제련법이 등장했다. 수은을 부어 은을 걸러내는 파티오patio 방식이다. 수은은 섭게 기화하기 때문에 폐와 핏줄, 심지어 모든 장기 속으로 스며든다. 광산에서 일하는 많은 사람들이 수은중독으로 사망했으며 사망자 대부분은 30살 미만이었다. 수백 년이 지난 현재까지도 은광 노동자들의 뼈는 수은 때문에 썩지 않은 채 하얗게 반짝인다.[18] 스페인은 '미타mita'라는 강제 노역 시스템을 도입해 안데스의 모든 마을에서 일정 비율의 남성을 포토시 광산으로 보내게 했다. 광산에 파견된 사람이 집으로 돌아올 확률은 약 30%였다. 광산 채굴 과정에서 동굴 붕괴, 과로, 굶주림, 질병, 수은중독으로 수많은 사람이 죽어갔다. 나중에는 아메리카 선주민 노예가 부족해지자 서아프리카에서 끌고 온 아프리카 노예들을 광산에 투입했다. 그렇게 포토시의 죽음의 용광로는 식민지 노예들의 목숨을 연료로 200년 넘게 끓어올랐다. 정확히 얼마나 많은 사람들이 죽었는지는 포토시 광산만이 알겠지만 최소 수십만, 많게는 800만 명에 이르는 것으로 추정된다. 800만설은 우루과이의 유명 작가 에두아르도 갈레아노가 『수탈된 대지Las venas abiertas de america latina』에서 처음 피력했는데, 볼리비아인들은 이 책의 한 문장을 여전히 포토시에 대한 추모와 분노의 기억을 대신해 암송한다. "이곳에서 채굴된 광물로 포토시에서 마드리드까지 은빛 다리를 건설할 수 있는데, 그 다리는 죽은 사람들의 뼈로도 만들 수 있다."[19]

이처럼 포토시의 영광은 식민 노예들의 이름 없는 무덤들로 채워진 것이었다. 자본주의 첫 도약을 가능하게 했던 그 힘의 원천은 포토시의 은 추출, 브라질의 금 추출, 그리고 노예 노동력의 추출이었던 것이다. 추출주의와 식민주의는 떼려야 뗄 수 없는 자본주의 몸체를 굴리는 두 개의 바퀴와 같다. 저 깊은 지구의 내장을 파헤쳐 은빛의 광물을 채굴함으로써, 그러니까 잠들어 있던 태고의 광물을 갈취하고 훔쳐냄으로써 자본주의가 시작되었다는 이야기는 우화가 아니라 자명한 역사적 진실이다. 여기에 생태학자 캐롤린 머천드가 우리에게 들려주는 이야기를 대입하면 훨씬 더 깊은 성찰을 얻을 수 있다. 그에 따르면, 기계론적 철학이 지배적인 세계관으로 자리

잡기 시작한 근대 이전에는 '채굴'이 금기시됐다. 사람들은 금속을 살아 있는 생명체라고 여겼다. 동물이나 식물보다 낮은 형태의 생명체이며, 작은 금속 씨앗이 자라나는 것이라고 생각했다. 어머니 지구의 가장 깊은 자궁 속을 파헤쳐 금속을 채굴하는 행위는 그래서 부도덕한 일이었다. 금속의 채굴은 필경 탐욕과 전쟁을 야기하게 된다. 숲과 경작지를 파괴하고 어머니 지구를 아프게 해 지진을 일으키게 될 것이다.『자연의 죽음』에서 캐롤린 머천드가 인용하는 16세기의 한 문장은 이 같은 유기론적 세계관의 풍경을 단번에 펼쳐 보인다.

"지구는 인류에게 유용하고 필요한 것들을 우리 눈에서 치우거나 감추지 않는다. 반대로 온정적으로 친절한 어머니처럼, 그녀는 자신이 베풀 수 있는 것은 많은 양을 풍성하게 양보하며, 허브 차와 채소, 곡식, 과실 그리고 나무들을 대낮의 빛에 내놓는다. 이에 반해 광석들은 그녀가 땅속 아래 깊숙이 묻어놓은 바, 따라서 그것들을 찾아서는 안 된다."[20]

이와 같은 유기론적 세계관, 양육하는 어머니로서의 지구에 대한 규범적 믿음은 근대화가 시작되며 기계론적 세계관과 자본주의에 의해 철저히 분쇄되기에 이른다. 이제 자연은 그저 생기 없는 비활성 입자들에 지나지 않는다. 기계 문명을 위해 분해되고 조립되는 부품들로 치부된다. 지구의 배를 가르고 내장 속에 깊이 감추어져 있던 광물들을 채굴하는 일은 과학과 진보를 위해 중요한 일이 되었다. 철기 시대에조차 견지되었던 채굴에 대한 우려의 소리는 근대화를 거치며 거의 소멸되다시피 했다.

인류의 삶은 수백만 년 동안 기본적으로 주기율표의 몇 가지 원소만으로 유지되어왔다. 산소, 탄소, 칼슘, 수소, 인, 황, 마그네슘, 칼륨, 규소가 지구상 거의 모든 생명체의 구성 요소이며, 인간 역시 그 원소들에 의지해 문명을 구축해온 터다. 그러나 도시화, 철도, 비행기, 컴퓨터, 스마트폰, 전기자동차 등 자본주의 문명이 비대해지면서 점점 더 많은 화학 원소를 필요로 한다. 1900년경에는 인류가 사용하는 원소의 약 80%가 목재, 식물, 음식과 같은 바이오매스로부터 나왔다. 이 수치는 2005년에 32%로 떨어졌고, 2050년에는 약 20%로 줄어들 전망이다. 현재 우리가 사용하는 원소의 약 80%가 비생물적 요소에서 나온다.[21] 녹색과 디지털 경제가 확장됨에 따라 이러한 추세는 계속 증가하게 될 것이다. 비생물적 원소는 생물체에는 거의 존재하지 않거니와 대부분이 땅속에 매장돼 있다. 조금 더 시야를 넓혀보면, 우리는 근대 이후 한편에서는 비생물적 원소들을 채굴해 기계 장치를 만들어왔고, 또 다른 편에선 화석연료를 채굴해 그 연료를 제공함으로써 기계 문명을 구축해온 셈이다. 그로 인해 기후-생태가 붕괴되는 현재에 이르게 된 것이다. 일반적으로 비생물적 원소와 화석연료 매장지는 소수의 국가에 한정된다. 당연히 추출 문제를 놓고 지정학적, 정치경제학적, 환경적 분쟁이 발생할 수밖에 없다. 시초의 풍경이었던 포토시의 은광이 그랬듯, 그리고 지금의 콩고 코발트 광산이 그렇듯 채굴은 식민 지배와 전쟁을 동반한다.

확실히 자본주의는 추출을 통해 작동한다. 노동자들로부터는 노동력을 뽑아내고, 상품을 생산하기 위해 화석연료, 광물, 그리고 생물 자원을 마치 흡혈하듯이 끊임없이 추출한다. 콩고에서 5세기 동안 벌어진 일은 북반구 자본주의가 어떻게 사람과 자연을 흡혈해왔는지를 적나라하게 보여준다. 조지프 콘래드Joseph Conrad는 『어둠의 심연(Heart of Darkness)』에서 콩고에서 일어난 수탈사를 "인류 양심의 역사를 더럽힌 가장 사악한 전리품의 쟁탈전"이라고 묘사한다. 콘래드가 콩고의 벨기에 무역소에서 근무하다 목격한 것을 토대로 써내려간 이 소설은 19세기 유럽 제국주의의 위선을 날카롭게 해부한다. 소설이 발간된 1899년은 벨기에의 레오폴드 국왕이 콩고를 사유화한 채 닥치는 대로 사람들의 손목을 자르고 식인 용병 부대(Zappo Zap)를 고용해 대량 학살을 자행하던 때다. 소설 속에서, 바이런의 시를 읊으며 아프리카인의 목을 칼로 베는 커츠 대령의 잔인한 모습은 흑인들에게 백인 문명과 문화를 아프리카에 전수하겠다던 고귀한 신념이 실상 착취와 학살을 가리는 헛소리에 불과했음을 적시하는 장면이다. 『어둠의 심연』에서 커츠가 남긴 마지막 유언인 "공포다, 공포(It's horror, horror)!"에 빗대자면, 콩고에서의 수탈사는 '추출이다, 추출!'로 표현될 수 있을 것이다.

콩고에서 일어난 첫 번째 추출은 노예 노동력이었다. 1480년대 포르투갈이 콩고에 도착한 이래, 300년 동안 콩고에서 노예 무역으로 팔려간 사람이 대략 500만 명에 이른다. 콩고강 어귀 양쪽 수백 마일 이내에서 포로로 붙잡혔고, 대부분 브라질과 아이티로 실려가 설탕을 생산해야 했다. 1526년 콩고의 아폰스 왕이 포르투갈 왕 주앙 3세에게 편지를 보내 콩고 인구가 너무 급감하고 있으니 노예 무역을 제발 중단해달라고 간청할 정도였다.[22] 또다시 인구가 절반으로 급감한 것은 19세기 말과 20세기 초 벨기에 왕이 콩고에서 고무를 추출하느라 선주민을 학살했기 때문이다. 노예 무역이 금지되자 피아노 건반용 코끼리 상아와 다이아몬드 등을 수출하며 소소하게 이득을 보던 레오폴드 2세는 고무에 눈길을 돌렸다. 산업혁명 이후에는 공장 기계와 상품 생산에 들어가는 고무에 대한 수요가 증가했고, 1888년에 공기압 타이어가 발명되자 유럽에서 자전거 열풍이 불었다. 그 뒤를 이어 자동차가 상업화되면서 고무 수요가 폭증했다. 그리고 20세기 초반에는 자본주의 발달에 따라 구리, 주석, 아연, 은, 금 같은 금속들을 부지런히 채굴했다. 제1차 세계대전에서 사용된 황동 총알 탄피에 쓰인 구리의 75%가 바로 콩고에서 생산된 것이다.[23] 콩고 카탕가 지역에서 채굴된 구리는 세계 최상 등급이었다. 그다음 1960년대에는 일본에 핵을 투하하고 핵전쟁의 승기를 잡기 위해 미국이 신콜로베에서 은밀하게 우라늄을 채굴했다. 2000년대에 접어들면서는 컴퓨터와 전자기기를 위해 탄탈륨과 텅스텐을 가열하게 뽑아갔으며, 그 이후에는 디지털 혁신과 에너지 전환을 맞아 코발트와 콜탄 등을 게걸스럽게 흡혈하는 중이다. 그야말로 5세기 동안 끝없이 추출했다. 자전거 혁명, 자동차 혁명, 1·2차 세계대전, 컴퓨터

혁명, 디지털 혁명, 에너지 녹색 전환으로 이어지는 자본주의 폭주기관차를 콩고의 광물과 노동력이 두 개의 기둥으로 떠받치고 있었던 것이다. 그 사이 콩고의 인민들은 자원에 대해 어떠한 혜택도 받은 적이 없다. 오히려 최소의 비용, 최대의 고통으로 자원을 추출하려는 자본주의 열강에 노예 노동력을 제공했을 뿐이다. 이것은 지리학적 스캔들이 아니라 정확히 북반구 추출주의의 스캔들이다. 좌파 민족주의자였던 루뭄바는 살해되기 전에 '역사가 말할 날이 올 것입니다. 아프리카는 스스로의 역사를 쓸 것이며, 남북 모두 영광과 존엄의 역사가 될 것입니다.'라고 콩고의 미래에 희망을 부여했지만, 도리어 이 추출 기계의 파괴력은 현재 더 기승을 부린다. 재생에너지 확대라는 미명하에, 최소 120개 이상의 군벌과 무장 단체, 수백 개의 다국적 외국 기업, 부패한 관료들, 수천 명의 부당 이득자, 곳곳에 암약하는 수많은 산업 스파이들이 흡혈파리들처럼 콩고의 광물 위를 날아다니는 형국이다. 콩고에만 무려 24조 달러어치의 광물이 매장돼 있기 때문이다. 코발트는 이 흡혈 만찬의 메인 요리다.

북반구 언론과 학자들은 콩고 코발트가 휴대폰과 전기자동차로 흘러들어가는 경로를 점잖은 척 '글로벌 공급망'이라고 표현하는데, 실제로는 '수탈의 가치 사슬'이라고 부르는 게 정확하다. 일론 머스크가 시간당 약 2,080만 달러를 버는 동안 코발트 암석을 맨손으로 채굴하는 다섯 살 어린 아동이 하루에 채 2달러도 벌지 못하는 불평등 교환이 어떻게 글로벌 공급망으로 우아하게 치장될 수 있을까. 영세 광산에서 직접 갱도를 파고 코발트 암석을 채굴한 소년이 있다고 치자. 이 소년은 코발트 암석을 자루에 담아 중간상인(negociant)에게 헐값에 판매한다. 직접 코발트 보급소까지 공급할 여력이 없기 때문에 가격이 형편없다. 그마저도 채굴권 명목으로 군벌과 광산업자들에게 사용료를 뜯겨야 한다. 소년의 코발트 자루를 구매한 중간 상인은 이를 보급소에 판다. 보급소에선 다양한 광산에서 온 코발트를 수집한다. 그런 다음 콩고 내 제련업체로 이동해 여러 불순물을 제거하는 작업을 거치게 되는데, 이 과정에서 영세 광산과 산업 광산의 코발트가 뒤섞이게 된다. 그리고 정제를 위해 중국으로 이동한다. 전 세계 코발트의 4분의 3이 중국에서 정제된다. 화유 코발트Huayou Cobalt가 22%를 독점하고 있다. 콩고에서 직접 정제하지 못하는 이유는 중국이 공급망을 독점하고 있기도 하지만, 정제를 할 수 있는 전력이 부족하기 때문이다. 이렇게 정제된 코발트는 이제 리튬이온 배터리 제조 기업들에 판매된다. 중국에는 CATL과 BYD, 한국에는 LG에너지, 삼성SDI, SK이노베이션, 일본에는 파나소닉이 있다. 이 여섯 개의 기업이 2021년 기준으로 전 세계 리튬이온 배터리의 86%를 생산한다.[24] 최종적으로 이 배터리는 테슬라, 애플, 마이크로소프트, 삼성과 같은 빅 테크 기업으로 흘러 들어간다. 전기차, 핸드폰, 태양광 전지 등엔 그렇게 콩고 소년의 지문이 찍혀 있는 것이다. 콩고의 코발트 비극에 대해 이야기하면 별나라 이야기처럼 딴청을 피우는 한국인들이 거의 태반인데, 한국 자본주의 회로에도 콩고 광부들의 인장이 핏자국처럼 선연하게 박혀 있다.

이처럼 글로벌 공급망이란 표현은 수탈을 공정한 절차인 것처럼 미화한다. 2022년 기준으로 전 세계 코발트 수요의 44%가 전기차 배터리다. 즉 채굴되는 코발트의 절반가량이 전기차에 들어가는 것이다. 이조차도 10년 안에 두 배로 증가해 전체 코발트 수요의 84%를 전기차가 독차지하게 된다.[25] 아동 노동에 대한 윤리성 논란이 불거진 후, 테슬라는 영국-스위스의 광산 기업 글렌코어Glencore로부터 연간 6,000톤의 코발트를 공급받기로 계약을 체결하고, 다양한 감시망을 구축해 리튬이온 배터리의 윤리적 오염을 방지하겠다고 발표했다. 투명하게 헛소리다. 익히 말한 바와 같이, 이미 영세 광산과 산업 광산의 코발트가 섞이면서 교차 오염이 상시적으로 발생할 뿐 아니라 세계 최대 코발트 공급업체인 글렌코어 기업은 코발트와 관련해 세계 최대 인권 침해 기업이기도 하다. 2010년부터 지금까지 열악한 노동 조건을 포함해 70건의 인권 침해 혐의를 받고 있다. 노동자 학대, 환경 오염, 뇌물 수수 및 시장 조작 혐의 등 화려한 프로필을 자랑한다.[26] 이 기업은 화석연료까지도 채굴한다.

코발트를 착하게 소비하자는 이야기는 사실 그다지 의미가 없다. 친환경 텀블러만큼이나 자기 위안적이다. 콩고민주공화국의 정치가 안정되고 협동조합을 통해 광부의 노동력이 보호되는 시스템이 당연히 선결되어야 하겠지만, 점진적으로 추출주의로부터 벗어나 돌봄과 연대의 경제를 구성하도록 글로벌 자본주의 질서를 전환시키는 것이 중요하다. 그 이행 과정에 식민 배상과 기후 배상도 당연히 전제되어야 하며, 채굴 산업에 대한 글로벌 조세를 부과할 필요가 있다. 부등가 교환이 지배적인 지구적 자본주의하에서 추출이 있는 곳에 무력 분쟁과 오염 그리고 수탈이 존재하기 마련이다. 현재의 추출주의를 그대로 방관할 경우, 불평등과 폭력이 더욱 심화되고 기후-생태 위기 역시 악화일로에 놓일 수밖에 없다. 코발트 윤리 문제가 제기된 이후에 코발트가 없는 배터리 연구가 한창인데, 이거야말로 착한 소비 이데올로기의 광물 버전일 것이다. 중국 배터리 제조 기업 CATL은 코발트와 니켈이 필요 없는 EV 배터리를 개발하고 있으며, 테슬라 역시 코발트가 없는 리튬인산철 배터리를 개발해 신차를 생산하는 중이고, 연이어 망간 기반의 새로운 음극 배터리를 개발하고 있다. 그런데 코발트만 사라지면 문제가 해결되는 걸까? 리튬은 어디에서 채굴할까? 망간은? 구리는? 철은? 전기차는 코발트로만 이루어진 게 아니다.

2023년 11월, 미국의 일곱 개 기후 단체들이 「기후 행동 현황」이라는 보고서를 발표했는데, 그에 따르면 42개의 기후 행동 지표 중 단 하나만 유일하게 유의미한 성과를 보이고 있었다.[27] 전기차가 그 주인공이다. 석탄의 단계적 폐지, 삼림 벌채 감소, 육류 소비 감소 같은 기후 대응은 턱없이 모자라거나 진척이 느린 반면에, 유독 전기차만 열심히 증가했다는 의미다. 하기는 전 세계 기후 인센티브의 상당 부분이 전기차에 집중돼 있는 게 현실이다. 지금 당장 언론들의 경제면을 펼쳐보라. 하루가 멀다 하고 전기차 시장 동향을 보도한다. 내연기관 자동차를 전기자동차로만 바꾸면 기후위기가 해소될 것처럼, 온 세상이 유난을 떨어왔다. 한국의 자칭 기후전문가들이 굵직한 환경운동 단체에 고문 자리를 꿰찬 채 전기차 찬양가를 읊고, 심지어 일론 머스크를 기후 전사로 숭앙하며 테슬라 주식을 자랑하는 걸 보면 확실히 에너지 전환 시대에 전기차는 거의 신화적 존재임이 분명해 보인다. 매해 수백 명의 청강자에게 강의할 적마다 전기차 신화와 마주하게 된다. 자신의 내연기관 자동차를 전기차로 전환하면 문제가 해결되는 것 아니냐는 확신의 눈빛들. 그럴 때마다 매번 이 질문을 던져왔는데 안타깝게도 그때마다 제대로 대답하는 사람을 본 적이 없다. 질문은 단지 이것이었다. "전기차는 무엇으로 만듭니까?"

전기차는 무엇으로 만들어지는가

우리는 상품이 어디에서 왔는지, 어떤 관계를 통해 왔는지 질문하는 법을 완연히 잃어버렸다. 아마 마르크스라면 '상품의 물신숭배'를 지적했을 것이다. 상품 속에 투여된 노동력과 사회적 관계가 지워지고 상품이 그 자체로 생명력을 가진 것처럼 숭배하는 현상을 의미한다. 우리는 화폐를 주고 상품을 구매하지만, 정작 그 상품에 깃든 노동관계를 잘 알지 못한다. 최근의 생태학은 상품의 물신숭배 개념을 보다 더 확장한다. 그 상품의 고향은 어디인가? 어느 곳에서 뿌리 뽑혀 왔는가? 과연 무엇으로 만든 것인가? 어느 곳의 자연을 쥐어짜 재료를 추출했는가? 속류 마르크스주의 역시 그동안 이 질문을 놓쳤던 게 사실이다. 성장을 위해 자연을 무한하게 추출하고 조각내도 된다는 이념을 시장주의자들과 함께 나란히 공유했기 때문이다. 모름지기 콩고의 수탈사는 자본주의의 상품화 과정이 곧 망각의 과정이라는 것을 시사한다. 콩고 초대 총리 루뭄바의 암살은 북반구 제국들의 추출주의가 야기한 쿠데타였고, 상품 물신숭배를 위한 희생 제의였다. 설령 그 사실을 안다손 치더라도 부득이한 희생이라고 치부하는 고의적 집단 망각이 북반구 시민들의 의식을 잠식한 지 오래다. 자본주의는 물질에 각인된 고향의 기억을 지우고, 뿌리의 궤적을 은폐한다. 근자에 이르러서는, 녹색 자본주의가 우리로 하여금 전기차를, 그저 화석에너지에서 전기에너지로 배터리를 전환하면 문제가 사라진다는 듯 마법의 기계로 물신숭배하게 만들고 있다. 전기차는 마치 전기로만 이루어진 무중력의 상품인

양. 이러한 은폐가 바로 추출주의의 작동 원리다. 일론 머스크가 천재적인 두뇌로 테슬라 자동차를 만들었고 녹색 자본주의가 영예의 화환을 씌워주고 이제 곧 억만장자를 넘어 조만장자로 부를 축적하게 하는 동안, 콩고의 아이들은 세계의 무관심과 망각 속에서 그저 생매장되지 않기를 기도하며 그 작은 몸을 그림자처럼 구긴 채 갱도 속으로 들어갈 뿐이다.

자, 이제 녹색 자본주의가 신격화하는 전기차를 해부할 시간이다. 전기차를 구성하는 물질의 경로를 추적하는 것은 자본주의와 추출주의의 진의를 이해하는 길이며, 또한 우리가 제국적 생활양식을 끝장내지 않는 한 기후-생태 위기를 극복할 수 없다는 걸 깨닫는 여정이기도 하다.

전기차는 무엇으로 만드는가? 당연히 전기차도 내연기관 차량처럼 철강, 알루미늄, 플라스틱, 유리, 고무 등으로 만들어진다. 심지어 전기자동차는 내연기관 자동차보다 차체가 대략 1.3배 더 무겁다. 내연기관보다 2~3배 더 무거운 배터리가 들어간다. 주행거리를 늘릴수록 배터리 무게가 더 증가하게 된다. 대략 전기차는 기존 차량보다 45% 더 많은 금속을 사용한다. 전기차의 탄소 배출을 단지 배기가스 배출량으로만 한정하면 전기 배터리로 인해 당장에 배출량을 줄이는 것처럼 보이지만, 이는 얄팍한 꼼수에 지나지 않는다. 자동차를 이루는 물질과 각각의 에너지 처리량, 그리고 채굴과 생산 과정에서 발생하는 환경적 오염을 정량화해야 자동차의 생태 발자국을 온전히 그릴 수 있기 때문이다. 2021년에 전 세계에서 채굴된 금속은 26억 톤, 2022년에는 28억 톤이다. 그중 철강이 93%를 차지한다. 전기차 시장이 성장함에 따라 철강 생산량도 계속 늘어나게 된다. 잘 알려져 있다시피, 철강은 산업 분야에서 가장 탄소집약적이다. 카본 브리프Carbon Brief에 따르면 철강 제품은 전체 CO_2 배출량의 11%를 차지한다.[28] 압도적인 비중이다. 전기차를 경량화하기 위해 알루미늄 수요도 증가하고 있는데 2030년까지 10배 증가하여 연간 1,000만 톤에 이를 것으로 예상된다. 자동차를 이루는 금속 하나하나 채굴량이 증가하게 되고, 이는 물질과 에너지 처리량이 함께 증가한다는 걸 의미한다. 실제로 광업은 제련 및 정제 활동을 포함해 전 세계 온실가스 배출량의 10%를 차지한다.[29] 광산 기업들이 공정의 탈탄소화를 위해 하는 일이라곤 탄소배출권을 사들여 스스로 죄를 사하거나, 풍력 터빈과 태양광 패널을 설치하는 것이다. 그러나 터빈과 패널에도 금속이 들어간다. 이를 위해 또다시 금속 채굴량을 올려야 하는 악순환에 봉착한다. 탄소중립 목표와 전기차를 위해 2040년까지 리튬은 최소 40배, 흑연은 25배, 니켈과 코발트는 20배 더 생산량이 증가해야 한다.[30] 과연 전기차 생산을 위해 계속 금속을 채굴한다는 것은 무엇을 의미하는가?

금속 채굴이 실제로 온실가스를 추가 배출하고 환경 오염을 야기한다는 점에서 녹색 전환은 마치 자기 꼬리를 씹는 뱀의 처지와 비슷하다. 2000년대 이전에만 해도 대부분의 금속과 희토류는 전기 분야에 주로 사용됐는데, 이제는 디지털 혁명과 녹색 전환을 위해 금속 수요가 맹렬히 증가하고 있다. 그 가운데에는 세상의 모든 금속에 굶주린 전기차가 존재한다. 전기차 제조 기업들과 녹색 자본주의자들은 재생에너지 확대로 채굴의 환경 비용을 충분히 충당할 수 있다고 주장하지만, 채굴 과정에서 발생하는 추가 배출, 환경 오염, 지역 사회의 피해는 정확히 산정하지도 않거니와 산정할 의지도 별로 없다. 추출 경제가 낳는 파괴적 피해가 드러날수록 전기차의 위선과 녹색 추출주의의 폭력성이 전면에 드러나기 때문이다.

우선 리튬을 보자. 휴대폰과 재생에너지는 물론 전기차에 필요한 대체 불가능의 필수 금속이다. 그 중요도 때문에 '백금(white gold)'이라는 별명이 붙었다. 19세기가 석탄의 시대이고, 20세기가 석유의 시대였다면, 21세기는 리튬의 시대. 칠레, 볼리비아, 아르헨티나의 국경에 위치한 소금 사막은 리튬 삼각 지대로 불리는데, 전 세계 리튬 매장량의 60%가 바로 이 사막 아래에 존재한다. 리튬 채굴은 통상 세 가지 방식으로 이루어진다. 암석 퇴적물에서 추출하거나, 점토층에서 추출하거나, 리튬 삼각 지대와 같이 염수에서 추출하는 방식으로 나뉜다. 리튬 삼각 지대에서는 200미터 지하에 있는 염수(소금물)를 뽑아 물은 증발시키고 화학 공정과 정제를 거쳐 하얀 금속을 추출한다. 때문에 리튬 추출 공정은 대단히 물 집약적이다. 초당 1,700리터의 염수를 지하로부터 뽑아낸다. 리튬 1톤을 추출하기 위해선 약 200만 리터의 물이 필요하다. 인공 호수에서 18~24개월에 걸쳐 천천히 물을 증발시키는데, 이는 인구 35만 명의 도시의 연간 물 소비량에 필적하는 양이다.[31] 칠레는 현재 세계 리튬 생산량의 4분의 1을 차지한다. 특히 아타카마Atacama 사막에 매장량의 90%가 집중돼 있다. 아타카마 사막은 지구에서 가장 건조한 사막 중 하나다. 기원전 10,000년경 인간이 소금 사막에 최초로 정착한 이래 아타카메뇨Atacameño와 리카난타이Lickanantay 선주민들이 옥수수와 퀴노아를 경작하고, 알팔파와 라마를 키우며 전통적 농업공동체를 꾸려 살아가던 곳이다. 푸른 물이 졸졸 흐르는 이곳은 생물 다양성이 풍부하고, 선주민들의 문화 유적지가 빼곡하다. 플라밍고를 비롯한 희귀 동물과 식물들이 건조 생태계에서 균형을 이루며 살아간다. 이곳에서 처음 채굴이 이루어진 것은 스페인 정복 때다. 아타카마 사막이 '비어 있다'는 이유가 금 채굴의 명분이었다. 이 논리는 피노체트 독재 정부에까지 이어져 신자유주의적 추출의 정당성을 부여했다. 금, 구리, 염수 기반의 비료 등 채굴이 본격화되면서 이곳에 거주하던 많은 선주민들이 죽임을 당하거나 추방됐다. 그리고 이제 녹색 추출주의가 깃발을 꽂은 채 리튬을 추출한다. 그 탓에 수십여 개의 선주민 부족들이 고갈된 물로 고통당한다. 피노체트의 악명 높은 물 민영화가 수자원을 철저히 사기업의 이익에 종속시켰고, 리튬 추출이 야기한 물 부족이 인근 주민들의 고통을 배가시키고 있다. 심지어 칠레 리튬을 가장 많이 채굴하는 광산 기업 SQM도 피노체트 유산이다. 미국의 지원으로 쿠데타를 일으켜 아옌데 정부를 붕괴시킨 후 국영 기업이던 SQM을 민영화했는데, 그의 가족들이 상당 부분 기업의 지분을 소유하고 있다. 이 기업은 그동안 리튬을 독점적으로 채굴하며 떼돈을 긁어모았다. 덕분에 소금 사막의 강이 메마르고, 지하수는 지층에 축적된 염분 때문에 짜졌으며, 2022년에는 습지의 물 부족으로 플라밍고가 떼죽음을 당했다.[32] 기업들은 계속 어마어마한 양의 염수를 펌핑하는 반면, 인근 농부들의 집 담벼락에는 빈 생수병이 매달린 채 건조한 바람에 달그락거릴 뿐이다. 그리고 리튬 추출에 사용되는 황산과 수산화나트륨은 토양과 물에 침투하여 생태계를 오염시키고 생물종을 멸종위기에 빠뜨리고 있다. "물 한 방울도 감사히 여기고, 물의 순환을 이해하던" 선주민들에게 가뭄과 물 약탈의 느린 폭력이 가해지는 것이다. 그럼에도 광산 기업들은 마지막 한 방울까지도 쥐어짜겠다는 기세로 염수를 퍼내고 있고, 좌파로 분류되는 가브리엘 보리치 정부도 리튬의 국영화를 통해 채굴을 확대한다는 점에서 기존의 추출 전략과 다를 바 없는 태도를 취하고 있다. 천연자원보호협의회(NRDC)의 회보에 실린 한 칠레 선주민의 인터뷰는 이 불평등한 세계의 단면을 가로지른다.

"칠레에 남는 것은 아무것도 없어요. 모두 다른 곳으로 이동합니다. 칠레에는 전기차가 없습니다. 우리는 오염으로 고통받고 있고, 친환경 에너지는 북반구로 흘러가고 있어요. 근데 그 대가는 누가 치르고 있습니까?"[33]

사정은 아르헨티나도 마찬가지다. 리튬에 관한 장을 쓰고 있는 이 시간에도 아르헨티나 후후이Jujuy 지역의 선주민들은 처절하게 리튬 전쟁을 벌인다. 그들의 구호는 "리튬에 반대, 물과 생명에 찬성"이다. 대립 과정에서 시위대가 강간당하고, 눈이 멀고, 폭력적으로 진압되는 상황에서도 고향을 지키기 위한 선주민의 투쟁은 멈출 줄 모른다.[34] 이들은 지난 10년 동안 리튬 광산 확장에 반대해왔다. 농사를 짓고 소금 염전을 일구던 삶의 터전을 잃을 처지에 놓인 까닭이다. 그들의 페이스북 계정에는 리튬 추출에 대한 끈질긴 투쟁의 역사가 고스란히 기록돼 있다. 하지만 최근 상황은 더욱 악화일로다. 2022년에는 아르헨티나 리튬 수출이 235% 증가했고, 급기야 2023년 6월 다국적 광산 기업들이 선주민의 동의 없이 채굴할 수 있도록 지역 헌법이 개정됐다. 리튬에 대한 국제적 수요가 증가함에 따라 선주민의 권리를 보호하던 헌법까지 뜯어고친 것이다. 설상가상, 최근 무정부적 자본주의자를 자칭하는 극우 하비에르 밀레이가 대통령에 당선됐다. 리튬 추출을 더욱 부추길 것이다.

안데스의 리튬 삼각 지대 중 세 번째 국가인 볼리비아에서는 리튬 문제가 정치적 갈등으로까지 격화됐다. 2019년 4선에 도전하던 에보 모랄레스 전 대통령은 부정 선거 혐의로 군부와 우익들에 의해 축출됐다. 서구 언론 대다수는 부정 선거라고 규정한 반면, 좌파 매체들, 버니 샌더스, 제레미 코빈 등 좌파 진영에서는 일제히 '쿠데타'라고 비판했다. 에보 모랄레스 역시 자신이 군부와 미국에 의해 쫓겨난 것은 리튬 때문이라고 주장했다. 즉 리튬 쿠데타라는 것이다. 그리고 배후로 테슬라를 지목했다. 공교롭게도 모랄레스가 쫓겨난 직후 테슬라 주가가 폭등해 세간의 궁금증을 자아냈다. 미국의 한 진보 매체가 테슬라와 볼리비아 쿠데타와의 관계를 추궁하자, 일론 머스크는 엑스에 이렇게 응수했다. "우리가 원하면 그 누구에게라도 쿠데타를 일으킬 수 있다." 아직까지 모랄레스 축출 배경에 리튬이 존재했는지는 명확히 밝혀지지 않았다. 애초에 모랄레스는 독일 기업과 리튬 채굴 거래를 시도하다가 선주민들의 강력한 시위에 부딪혀 뒤로 물러난 이력이 있다. 리튬 쿠데타설은 모랄레스의 억측일 가능성도 있지만, 한편으로 미국, 유럽, 심지어 한국 자본 들이 각다귀처럼 몰려가 볼리비아 리튬에 잔뜩 침을 흘렸던 것도 사실이다. 볼리비아의 아름다운 우유니 소금 사막 아래에는 거대한 리튬 매장지가 잠들어 있다. 미국 지질청에 따르면 2,100만 톤으로 추정되는데 순도가 떨어지는 걸 감안하더라도 이는 세계 어느 나라보다도 많은 양이다.[35] 볼리비아 선주민들이 리튬 채굴을 반대하는 이유는 간단하다. 잠들어 있던 리튬을 흔들어 깨우면, 조상 대대로 살아오던 그들의 땅이 파괴되기 때문이다.

남미 안데스 소금 사막을 찍은 항공 사진을 가만히 들여다보면, 여러 색이 뒤섞인 이상한 풍경들이 펼쳐진다. 분홍색, 흰색, 청록색, 노란색의 사각형들이 바둑판처럼 형상화되어 있다. 리튬 채굴장이다. 탄산리튬의 농도에 따라 색깔이 달라진다. 지구의 풍경이라기보다는 외계 행성의 이미지에 가깝다. 그 형형색색의 인공 리튬 저수지는 가뭄, 담수의 염분화, 생물다양성 파괴, 화학 오염, 그리고 선주민들의 고통을 그대로 반영한다. 그럼에도 채굴의 강도가 더 거세지고 있다. 미국 조 바이든 정부는 인플레이션 감소법(IRA)을 통해 전기차와 광산업에 대한 인센티브를 두 배로 늘렸다. 배터리 및 전기차 생산에 대한 세액 공제에 3,700억 달러를 쏟아부었다. 전 세계 리튬 공급망의 약 70%를 지배하는 중국으로부터 벗어나기 위해 자국 내 리튬 채굴에 박차를 가하는 것이다. 미국의 경우 안데스 삼각 지대 그리고 호주 다음으로 리튬 매장량이 많다. 네바다, 노스캐롤라이나, 캘리포니아, 애리조나에 걸쳐 세계 매장량의 약 4%를 보유하고 있다. 그러나 리튬 매장지의 79%가 미국 선주민 부족 영토에서 56킬로미터 내에 위치한다. 또 희귀 생물종의 서식지와도 겹친다.[36] 예를 들어, 네바다주 태커 패스Thacker Pass에서도 격렬한 싸움과 소송전이 진행되고 있는데, 선주민들은 자신의 신성한 유적지를 파괴하는 데다 자신들의 삶을 무너뜨리는 일이라며 반대하고, 환경단체들은 뇌조와 송어, 가지뿔영양 등의 주요 서식지 파괴를 심각하게 우려하는 상황이다.

미국뿐 아니라 전 세계에서 리튬 매장지를 따라 환경 갈등이 속출한다. 유럽에서 리튬이 가장 많이 매장된 포르투갈에서도 격렬한 저항이 발생하고 있다. 포르투갈 북부에 위치한 바르도소Bardoso 지역은 유엔의 세계농업유산(GIAHS)에 등재될 정도로 전통적 농업과 경관을 간직한 오래된 농촌이다. 이곳이 리튬 채굴지로 지목되면서 개발이 시작됐다. 해당 지역 주민들과 환경운동가들이 대규모 시위를 조직하는 등 반대에 나서며 갈등이 이어진다. 그런데 공교롭게도 리튬 채굴권을 놓고 포르투갈 사상 최악의 부패 스캔들이 벌어졌다. 2023년 11월 사건에 연루된 안토니오 코스타 총리가 전격 사임했고, 그의 비서진 다섯 명이 구속됐다.[37] 그동안 안토니오 코스타 정부는 리튬 채굴을 본격화하면 800개의 일자리가 창출될 것이라 공언해왔는데, 사실은 두둑이 채워진 자신들의 지갑을 의미했던 모양이다. 콩고와 달리 유럽의 광산 채굴은 대부분 자본집약적이다. 일자리 확대는 터무니없는 주장이었다. 그걸 진즉에 간파한 포르투갈 지역 주민들의 95%가 정부의 계획을 거부한다. 한편 세르비아에서도 리튬 채굴을 놓고 여전히 진통 중이다. 2022년 리튬 채굴에 반대하는 지역민과 환경운동가들의 대규모 시위로 세르비아 정부가 채굴 계획을 포기했는가 싶었지만, 2023년 12월 유럽연합 집행위와 리튬에 관한 전략적 파트너십 조약에 슬그머니 서명함으로써 또다시 논란이 불붙기 시작했다.

환경 갈등과 더불어, 리튬 매장지를 따라 무력 분쟁의 불씨도 점점 타오르는 기세다. 최근 인도의 국경 지대인 잠무와 카슈미르Jammu & Kashmir에 590만 톤가량의 리튬 매장지가 있다는 게 발견했다. 인도의 모디 정부는 중국의 리튬 종속에서 벗어날 것을 기대하며 쾌재를 불렀다. 하지만 이곳은 인도-파키스탄 영토 분쟁의 핫스팟이다. 힌두교와 이슬람교가 뒤섞여 있고, 자치권을 요구하는 무장 단체들이 난립할 뿐만 아니라 세계에서 가장 군사화된 지역이기도 하다. 최근 파키스탄의 지원을 받는 인민반파시스트 전선(People's Anti Fascist Front)이 이곳에서 인도의 리튬 채굴을 절대 허용하지 않을 것이라고 경고장을 날렸다.[38] 그런가 하면 2018년 나이지리아에서도 15,000톤의 상업용 리튬이 발견됐는데, 그동안 금, 구리와 같은 광물을 놓고 무력 분쟁이 발생해왔던 과정을 감안하면 리튬 역시 폭력의 각축전에 휩싸일 가능성이 높다.[39] 멕시코의 경우는 상황이 훨씬 더 복잡하고 난망하다. 2018년 영국 기반의 다국적 광산 기업 바카노라 리튬Bacanora Lithium이 멕시코 소노라 지역에서 무려 2억 4,380만 톤에 이르는 리튬 매장지를 발견했다고 발표했다. 이는 단연 세계 최대의 리튬 양이다. 하지만 멕시코 당국과 다른 기관들의 추정치에 의하면 수백만 톤에 불과하다. 미국 지질조사국은 170만 톤 정도라고 분석했다. 이렇게 매장량이 어처구니 없이 부풀려진 데는 광물 이익을 둘러싸고 다국적 광산 기업들과 카르텔이 치열하게 경합하고 있기 때문이다. 소노라 지역에선 부패 정치인, 기업가, 범죄 집단이 수십 년 동안 여러 광물과 아보카도 같은 농산물 추출을 지휘 해왔으며, 그 결과 학살, 살인, 이주, 실종 등 극심한 폭력이 발생해왔다.[40] 특히 광물 매장지를 따라 피비린내 나는 폭력이 점철된 것으로 잘 알려져 있다. 현재 리튬 채굴을 국영화하겠다는 멕시코 정부와 다국적 자본-카르 텔의 대치와 반목이 계속 이어지는 형국이다.

2021년 기준으로 전 세계에 8,800만 톤의 리튬이 매장된 것으로 추정 된다. 전기차 한 대당 평균 8킬로그램의 리튬이 들어간다. 테슬라 Model3 에는 12킬로그램이 소요된다. 간단히 계산하면, 8,800만 톤의 리튬으로 대 략 110억 대의 전기차를 생산할 수 있다. 2023년 기준으로 9,800만 톤의 매장량이 추정되는 등 곳곳에서 리튬이 발견됨에 따라 전기차 생산은 계속 증가하게 될 것이다. 기후-생태 위기에 대응하기 위해 최소 100억 대 이상 의 자동차가 지구 표면을 질주하는 풍경을 상상해보자. 과연 이것이 우리 의 미래인가? 단 하나의 리튬만으로도 이렇게 생태적 오염과 사회적 고통 이 촉발되는데 이것이 과연 녹색의 길인가? 문제는 리튬 하나만의 문제가 아니라는 것이다. 전기차 배터리는 리튬, 코발트, 니켈, 구리, 망간, 금, 은, 흑연 등으로 구성된다. 이 금속들은 각각 물질과 에너지 사용량을 증가시 키고 또 저마다의 생태 오염과 비극적인 이야기들을 품고 있다. 예를 들어 구리의 경우, 내연기관에는 평균 23킬로그램이 들어가지만 EV 배터리에 는 약 83킬로그램이 들어간다. 전 세계 구리 생산량 증가의 3분의 2가 전 기차 배터리 증가에 기인한다. 각각의 금속에 얽힌 이야기를 하다 보면, 이 책 한 권 분량보다 더 많은 지면이 필요할 것이다. 리튬에 더해, 인도네시 아의 니켈에 대해서만 잠깐 살펴보자.

2023년 인도네시아에서 세 명의 여성이 마체테를 휘두르며 광부를 위협하는 사건이 일어났다. 몇 개의 작은 언론들만 소소하게 이 사건을 보도했나.[41] 자신들의 땅을 지키기 위해 결사적으로 저항하는 세 명의 여자들. '마치 흡혈귀들이 코끼리에게 달라붙어 순식간에 해체하듯이' 전 세계 자본들이 맹렬히 니켈을 채굴하는 지역이 인도네시아 섬 술라웨시다. 이 지역에는 로에하의 여성 전사들(Women Fighters of Loeha)이라는 저항 조직이 존재한다. 니켈 채굴로부터 고추밭, 과수원 등을 지키기 위한 여자 농부들의 결사체다. 인도네시아에서 가장 오래된 환경단체인 생활환경포럼(WALHI)은 G20에 보낸 성명에서 "전기차를 기후위기에 대한 친환경적인 대안이자 해결책"으로 홍보하는 것을 중단하라고 경고했다.[42] 니켈 채굴이 지역사회, 특히 농부와 여성에게 재앙이 될 거라는 것이다. 수십 년간 인도네시아 정부는 팜유를 위해 열대우림과 공유지를 다국적 기업들에게 넘겨줬는데 이제는 그 표적이 니켈이 되었다. 인도네시아는 금세기 말까지 세계 니켈 생산량의 60%를 채굴할 것으로 예상되는 니켈 강대국이다. 특히 술라웨시는 니켈 기반 배터리 시장이 커지면서 전 세계 기술 자본의 관심을 한 몸에 받는 지역이다. 니켈 채굴권의 60%를 점유한 중국 자본에 이어, 테슬라, 폭스바겐, 포드 같은 자동차 제조 기업들, 그리고 한국 기업을 포함한 배터리 기업들이 문전성시를 이룬다. 50여 개의 노천 광산들과 제련소, 정제 업체들이 섬을 지배하는 새로운 군주가 되었다. 덕분에 그곳에서 농사를 짓던 사람들은 공유지를 뺏기면서 고향을 떠나야 하는 신세다. 검은원숭이, 말레오 새, 안경원숭이의 서식지이자 생물다양성이 풍요로웠던 섬의 풍경이 점차 화성 같은 황무지로 변모해간다. 인도네시아 니켈은 주로 원광석의 표면에 섞여 있다. 그래서 표토층을 걷어내 채굴하는 노천 광산이 대부분이다. 당연히 열대우림이 벌채된다. 현재까지 술라웨시섬에서 4,400헥타르의 열대우림이 잘려나갔다. 그곳에 살던 선주민들도 쫓겨났다. 채굴이 증가함에 따라 침식된 토양이 빗물에 섞여 강과 바다로 정처 없이 흘러간다. 니켈 정제 과정에서 빠져나온 독성 물질도 함께 흘러간다.

황 성분은 물론, 인체에 심각한 손상을 일으키는 크롬도 섞여 있다. 그런데 토양과 물이 점점 핏빛으로 변한다. 폐기물 속에 산화철이 있기 때문이다. 논, 밭, 마당, 진흙, 하천, 호수, 바다 할 것 없이 온 세상이 모두 핏빛으로 물들어간다. 니켈을 채굴하는 러시아와 필리핀도 마찬가지다. 광산 인근 호수와 바다가 온통 핏빛이다. 물고기가 사라지고, 물속에서 뛰어놀던 아이들은 피부병에 시달린다. 인근 바다의 산호초들도 핏빛 속에서 죽어간다.[43] 중국 자본이 니켈을 채굴한 파푸아뉴기니의 바다 역시 시뻘건 핏빛으로 오염돼 선주민들의 극렬한 저항을 야기했다. 니켈 채굴을 따라 바다와 강이 핏물로 물들어가는 것이다.

인도네시아 니켈 채굴에서 특히 문제가 되는 건 석탄발전소다. 이곳에서는 높은 온도와 압력, 그리고 황산을 이용해 원광석으로부터 니켈을 침출하는 고압산침출법(HPAL)이 주를 이룬다. 그런데 에너지를 위해 석탄발전소를 짓는 중이다. 스칸 어소시에이츠Skarn Associates의 데이터에 따르면 인도네시아에서 생산된 니켈 1톤당 평균 58.6톤의 이산화탄소 등가물이 배출된다.[44] 탄소를 줄이기 위해 전기차를 생산하는데, 전기차 배터리를 위해 석탄발전소를 가동하는 기막힌 모순이 벌어지는 것이다. 현재에도 인도네시아 술라웨시섬 지역에는 끊임없이 석탄 연기가 피어오른다. 인근에 사는 주민들이 석탄 매연이 야기하는 질병과 고통을 호소한다. 땅과 바다는 핏빛이고, 하늘은 석탄 매연으로 그을린다. 광산 노동자들도 고통을 받긴 매한가지다. 인도네시아 노동자, 중국 노동자, 그리고 이곳 고향에서 쫓겨나 오갈 데 없는 선주민들이 광산 채굴과 정련 과정에 투입되는데, 노동자들이 독성 물질에 오염돼 사망하거나 폭발 사고가 일어나는 등 안전 문제가 지속적으로 불거지고 있다. 노동자들이 종종 파업을 하지만 그때마다 폭력적으로 진압된다. 2023년 12월 크리스마스이브에도 니켈 가공 공장이 폭발해 최소 13명이 숨지고 수십 명이 다치는 사고가 일어났다.[45] 그러나 인도네시아 정부는 이제 니켈 수출을 제한하면서 자체적으로 전기차를 생산하겠다는 달콤한 꿈에 젖어 있다.

이것이 인도네시아 선주민 여성들이 마체테를 들고 광부를 위협했던 이유다. 핏빛으로 물든 대지에 대한 분노이자 하늘을 점령한 석탄 연기에 대한 저항이다. 나아가 이 대치는 금속 추출을 둘러싼 세계관의 부딪침이기도 하다. 기후위기를 핑계로 끊임없이 땅속의 자원을 추출하려는 녹색 자본주의 탐욕과, 지구의 대지 위에서 자연을 양육하고 인간의 삶을 건사하며 살아온 자들의 땅을 지키려는 결단이 마주하는 순간이다. 마체테를 든 인도네시아 여성이든, 안데스 지역의 농부든, 포르투갈 바로소의 지역민이든 공히 같은 질문을 한다. 전기자동차는 정말 녹색인가? 정말로 친환경인가? 한 연구에 따르면, 전 세계 금속 채굴의 80%가 생물다양성이 풍요로운 생물권에서 이루어지고, 채굴 현장의 90%가 상대적으로 물이 부족한 지역이며, 채굴 현장의 거의 50%가 보호 지역 내, 혹은 20킬로미터 이내 거리에 위치한다.[46] 다시 말해 금속 채굴은 오염의 과정이다. 토지를 빼앗고, 삼림을 벌채하고, 물을 고갈시키고, 땅과 강을 오염시키고, 채굴과 정제 과정에서 탄소를 배출하고, 안데스의 사막을 청록색으로 인도네시아 바다를 핏빛으로 물들이는 이 경로가 정말 친환경적이고 녹색인가?

하지만 아직 멀었다. 뒤이어 전기차 자본과 녹색 자본주의가 도무지 이야기하지 않는 '고무'에 대해 이야기하려고 한다. 자동차는 금속과 플라스틱, 유리와 같은 광물 자원으로만 이루어진 게 아니라는 이 간단한 사실을 애써 감추려 드는 저 속내를 파헤쳐야 우리의 전기차 해부학 시간이 끝날수 있다.

2020년 《사이언스》에 은연어의 폐사의 원인을 추적한 선구적인 논문이 한 편 실렸다. 수십 년 동안 산란을 위해 태평양에서 미국 워싱턴주의 강으로 돌아오는 은연어가 매년 대량으로 죽어가고 있었다. 과학자들은 대부분 폭우가 내린 후에 은연어가 갑자기 폐사했다는 결론을 내렸다. 문제는 무엇이 은연어를 죽였는가다. 살충제, 질병, 산소 부족, 화학 물질 등 15년 동안 그 죽음의 원인을 추적하던 독성학자들은 산고 끝에 마침내 원인을 찾아냈다. 자동차 타이어가 범인이었다. 타이어 손상을 방지하기 위한 첨가제의 산화물인 '6PPD-퀴논'이라는 독성 물질이 은연어의 떼죽음을 야기했던 것이다.[47]

타이어의 오염 문제가 이렇게 뒤늦게 연구되는 이유는 타이어 기업들이 기술 유출을 이유로 타이어 성분에 대해 불완전한 정보만을 제출해왔고, 자동차가 우리 삶에 절대적 필수품이라고 여기는 인식이 만연해 있기 때문이다. 자동차 바퀴에 대해 세상이 별반 주의를 기울이지 않는 동안, 타이어에서 방출되는 미세 플라스틱은 지구 구석구석을 뒤덮고 있다. 2017년 국제자연보존연맹I(UCN)은 합성 섬유(35%)에 이어, 타이어 마모(28%)를 해양의 미세 플라스틱 오염을 일으키는 두 번째 발생원으로 지목했다.[48] 반면에 미국 환경단체 지구의 벗은 차량 타이어를 해양 오염의 가장 큰 원인으로 추정한다. 매년 유럽 전역에서만 50만 톤의 타이어 마모 파편이 배출되고, 이 중 19,000톤의 타이어 미세 플라스틱이 강과 바다로 유입되는 것으로 추정한다.[49] 전 세계적으로 확장해보면, 약 16억 대의 자동차와 트럭이 연간 600만 톤의 타이어 마모 입자를 배출한다.[50] 자동차 타이어는 고무와 플라스틱을 비롯해 다양한 합성 재료들이 뒤섞여 있다. 원유에서 추출된 약 200가지의 구성 요소와 화학 물질도 포함된다. 통상 타이어 수명이 6년 정도 되는데, 타이어 평균 수명당 4킬로그램이 마모된다. 다시 말해, 수십억 개의 타이어가 도로를 달리는 동안 마찰 과정에서 수많은 입자와 미세 플라스틱을 쉬지 않고 토해내는 것이다. 0.01밀리미터보다 작은 그 입자들의 절반이 빗물 등에 섞여 수로를 타고 바다로 흘러간다. 또 수만 톤이 바람을 타고 날아가 북극의 얼음에까지 내려앉는다. 얼음 위의 어두운 입자들이 태양열을 흡수하고 햇빛 반사율을 떨어뜨리면서 빙하 녹는 속도를 더욱 부채질한다. 그리고 타이어 입자 속의 독성 물질은 바다 생물과 인간에게 심각한 해를 끼친다. 최근에는 타이어에서 배출되는 미세 플라스틱

이 어린이의 폐 발달을 저해할 수 있다는 사실이 밝혀져 충격을 주기도 했다.[51]

이쯤 되면 자동차는 도로 위를 달리는 환경 무기나 마찬가지다. 심지어 북미 지역에서만 매년 2억 5천만 개의 타이어가 폐기되며 이 중 절반이 연소된다. 환경에 관심이 있는 독자라면 한 번쯤 타이어가 산더미처럼 쌓아 올려진 장면을 보았을 것이다. 지구상에 버려진 채 쌓아 올려진 타이어가 자그마치 40억 개다. 또 그 타이어가 소각되면서 하늘로 치솟는 검은 연기를 보았을 것이다. 대량의 온실가스가 하늘로 퍼져나가는 장면이다. 자, 이제 우리 시대의 우상인 전기차가 등장할 차례다. 전기차 시장이 확대됨에 따라 세계 타이어 시장 규모는 2022년 156억 달러에서 2027년 462억 달러로 비약적으로 성장할 것으로 전망된다. 연간 성장률이 무려 24.3%에 달한다.[52] 이것은 무엇을 의미하는가? 앞으로 연간 40억 개 이상의 타이어가 생산된다는 것을 뜻한다. 게다가 전기차는 내연기관 차량보다 대략 1.3배 더 무거우니 타이어 마모율이 30% 더 높다. 무거워진 차체로 인해 타이어가 더 빠르게 닳고, 더 빠르게 마모 입자와 미세 플라스틱을 배출하게 된다. 앞으로 전기차 수십억 대가 도로 위를 질주하는 동안, 바다와 빙하와 동식물과 인체에 검은 먼지들이 그렇게 차곡차곡 쌓이게 될 것이다. 이게 친환경 전기차의 마법이다.

악몽은 여기에서 그치지 않는다. 2023년 10월 《네이처Nature》에 발표된 한 논문이 천연고무 때문에 발생하는 삼림 벌채의 규모가 과소평가되었다고 지적해 화제를 모았다. 이 연구는 새로운 지구 위성 데이터와 첨단 컴퓨터를 이용해 동남아시아에 펼쳐진 1,420만 헥타르 면적의 고무 농장에 대한 고해상도 지도를 거의 처음으로 그려냈다.[53] 이에 따르면, 1993년 이후 30년 동안 고무로 인해 동남아시아에서 400만 헥타르 이상의 열대림이 손실됐다. 이전의 추정치에 비해 2~3배 더 많은 수치다. 주요 생물다양성 지역에는 100만 헥타르 이상의 고무 농장이 들어섰다. 캄보디아의 경우, 고무 농장의 40% 이상이 삼림 벌채와 관련이 있으며, 그중 19%가 주요 생물 다양성 지역을 훼손한 것으로 드러났다. 이 정도 규모면 팜유 다음으로, 고무가 열대우림 벌채의 두 번째 요인이 되는 영예를 차지할 가능성이 높다.

전 세계에서 생산되는 천연고무의 70%가 바로 타이어 제조에 들어간다. 일반적으로 타이어는 천연 고무, 석유 추출물로 구성된 합성 고무, 카본 블랙 충전재 등으로 구성되는데 천연고무의 비중이 대략 30~40% 정도다. 천연고무 함유량이 높을수록 내구성이 좋기 때문에 자동차보다 트럭 타이어에 더 많이 가용된다. 통상 트럭 타이어에 20~25킬로그램의 고무가 사용된다. 이는 대략 75평의 고무나무 경작지를 필요로 한다. 자동차 타이어는 60평 남짓의 경작지가 소요된다. 세계에서 고무나무를 가장 많이 재배하는 곳은 태국, 인도네시아, 중국 등 아시아다. 이곳에서 천연고무의 90%를 생산하고, 약 600만 명의 소농들이 천연고무의 85%를 공급한다.[54] 이렇게 소규모 농장들로 구성돼 있어 최근까지 삼림 벌채 규모를 파악하기 어려웠던 것이다. 농부들은 고무나무 껍질을 벗겨 유백색의 수액을 추출한다. 공급량 과잉과 낮은 가격 때문에 더 많은 라텍스 수액를 얻기 위해 고무나무를 혹사시키고 그 결과 잎마름병 등의 질병에 취약하게 만든다. 보통 수액을 얻기 위해서는 7년의 시간이 필요하기에, 다른 열대우림을 벌채하면서 또다시 고무나무 농장을 개간하게 된다. 최근에는 기후위기로 인해 고무 농장들이 타격을 받으면서 아예 농장을 포기하는 경우도 속출하고 있다.

중부와 서부 아프리카에서는 팜유를 제치고, 고무가 열대우림에 가장 큰 위협을 가하는 농업수출품이 됐다. 글로벌 위트니스Global Witness의 최근 분석에 따르면, 이 지역에서 2000년 이후 브뤼셀 면적의 16배에 달하는 약 520제곱킬로미터의 삼림 벌채가 발생했다.[55] 이에 따라 선주민들의 토지와 생계 압력이 증가하고 있다. 상당수의 고무 농장이 선주민의 동의 없이 설립된 것이다. 일부 지역에서는 고무 농장 반대 시위를 치안 당국이 폭력적으로 진압한다. 예를 들어 카메룬의 바카족은 고무 농장이 건설되면서 그들의 터전이 파괴됐다. 중국 고무 국영기업과 카메룬 자회사가 고무 농장을 짓기 위해 열대우림을 벌채하고 그들을 내쫓았다.[56] 카메룬 전역에 그렇게 고무 농장이 들어서면서 2002년부터 2021년까지 180만 헥타르의 숲을 잃었다. 그런가 하면 유럽연합은 아프리카에서 생산된 고무의 30%를 수입한다. 라보뱅크, 도이치뱅크, 바클레이즈 등 유럽 은행들이 삼림 벌채와 관련된 고무 다국적 기업들과 끈끈한 유착 관계를 형성하고 있다. 최근에는 고무 생산이 삼림 벌채와 생물다양성 훼손을 야기한다는 비판이 가열되자 타이어 기업들이 지속 가능한 고무 생산을 주창하고 나선다. 세계 최대 타이어 기업인 프랑스의 미쉐린Michelin은 2015년에 전 세계를 대상으로 녹색 프로젝트를 선언한 바 있다. 인도네시아 최대 석유화학 기업 바리토 퍼시픽Barito Pacific의 자회사인 농림업 기업 RLU와 계약을 맞고 지속 가능한 고무를 생산하고 고무 농장 주변에 서식하는 수마트라 호랑이, 코끼리, 오랑우탄을 보호할 것이라고 주장하며 9,500만 달러에 이르는 녹색 채권을 모았다. 이를 보증하기 위해 세계자연기금(World Wildlife Fund)을 프로젝트에 끌어들였다. 그리고 세계자연기금 대표는 《타임스》에 프랑스의 미쉐린이 지속 가능 발전의 본보기를 전 세계에 보여준다며 입이 마르게 상찬했다.[57] 하지만 여러 조사 결과, 축구장 8,260개에 이르는 수천 헥타르의 열대우림과 멸종위기 서식지를 파괴하고 두 개의 선주민 공동체의 땅을 강탈했다는 게 드러났다.[58] 그저 타이어 자본과 석유 자본의 다정한 그린워싱이었던 것이다.

아시아와 아프리카에서의 고무 추출은 이처럼 토지 압력을 양산하고 생물다양성을 훼손한다. 19세기 말 벨기에 레오폴드 왕이 고무 추출을 위해 콩고에서 자행한 끔찍한 학살의 형태는 아닐지언정, 1895년 자동차에 최초의 공압 타이어가 적용된 이래 아시아 전역과 아프리카에 식민주의적 고무 플랜테이션이 확산되면서 단일 작물 재배 양식의 병폐를 그대로 재현하고 있다. 숲을 소멸시키고, 토양과 물을 고갈시키며 살충제로 생태계를 오염시킨다. 또 소농들에게 환금 작물 종속이라는 세계화의 덫을 선사한다. 심지어 유럽 공공은행은 유럽에서 금지된 살충제를 가난한 고무 농장을 지원한다는 명목으로 아프리카 소농들에게 슬그머니 나눠주는 '환경 투기(Environmental dumping)'를 자행하기도 한다.[59] 최근 타이어 제조 업체 일각에서는 고무를 대체한답시고 민들레, 과율 등의 다른 식물 자원을 연구하고 있는데, 이것들 역시 거대 규모의 단일 작물 재배를 전제할 수밖에 없다.

자동차에 빨려 들어가는 생물 자원은 고무 외에도 또 있다. 고무보다 훨씬 더 토지 압력과 식량 위기를 부추기는 식물 자원, 바이오연료가 그것이다. 미국에서 재배되는 옥수수의 절반가량이 사람의 입이 아니라 자동차 주입구에 들어가기 위해 에탄올로 가공된다. 2009년에는 미국 곡물의 4분의 1을 바이오연료에 쓸어담을 만큼 투자 열풍이 불었다.[60] 유럽연합에선 연간 1억 5천만 명이 먹을 수 있는 작물이 바이오디젤로 가공된다. 매일 1,500만 덩어리의 빵을 만들 수 있는 밀과 곡물이 액체 바이오연료로 바뀐다. 지난 10년 동안 유럽에서 바이오연료를 위해 벌채된 삼림이 네덜란드 면적에 해당되는데, 삼림 벌채로 인해 발생하는 이산화탄소량은 화석연료를 불태우는 것보다 더 많다. [61] 또 유럽연합은 폴란드보다 더 넓은 면적에 달하는 대륙 농지의 20%에 밀과 유채씨 등 바이오 작물을 재배하는 기후 정책을 추진하는 중이다.[62]

2000년대 중반 이후 석유의 환경적 오염을 줄이고자 바이오연료를 재생에너지로 규정하고 자동차 연료 혼합을 의무화하면서 관련 시장이 폭발적으로 성장했다. 옥수수, 대두, 사탕무, 유채, 팜 등을 가공해 자동차 바이오연료로 전환하는 것이다. 그러나 바이오 작물을 재배하느라 삼림 벌채를 하면 탄소를 대량으로 발생시킨다. 최근 벌채된 세계 열대우림의 3분의 1이 팜유 때문인데, 그중 상당수가 바이오연료로 전환된다. 팜 1톤을 생산하는 데 석유보다 열 배 많은 33톤의 이산화탄소가 배출된다.[63] 심지어 원시림 토양 훼손으로 발생한 폐기 가스를 상쇄하려면 최대 423년이 걸린다. 특히 한국은 팜유 제국이다. 바이오디젤을 생산하기 위해 팜 부산물을 닥치는 대로 수입하고 있다. 한국에서 소비되는 바이오연료의 55% 이상이 팜유와 팜 부산물이다. 2014년 27만 톤이던 수입량이 2021년 58만 톤으로 두 배 이상 껑충 뛰었다. 재생에너지 가중치를 적용받아 국가 보조금을 받는 동시에 운송용과 발전용으로 팔아 막대한 이윤을 벌어들이기 때문에 한국의 대기업들이 팜유 생산과 수입에 경쟁적으로 뛰어들고 있다. 대우그룹은 마다가스카르에서 팜유를 생산하기 위해 한국 농지의 70%에 필적하는 130만 헥타르의 토지를 임대 계약하려고 부패한 정부와 은밀히 거래하다가 들통이 나 국제적 망신을 당한 바 있다. 결국 이 사건이 도화선이 돼 마다가스카르 정부가 전복됐다. 한편, 삼성물산과 포스코인터내셔널을 비롯한 대기업들은 팜유 플랜테이션을 구축하느라 인도네시아에서 열대우림을 불태우고 인권 침해를 자행했다는 비난에 시달리고 있다. 작년에 한국 대기업들의 지독한 팜유 사랑을 폭로한 칼럼을 지면에 쓴 바 있는데,[64] 모 대기업으로부터 항의 전화를 받는 영광을 누리기도 했다. 결국 이 모든 소란의 배후에는 자동차가 존재한다.

팜유와 바이오디젤용 팜 부산물은 열대우림을 훼손하고 생물다양성과 토착민의 삶을 파괴하면서 추출한 눈물의 액체에 다름 아니다. 지금도 한국을 필두로 유럽과 미국의 기업들이 아프리카와 남미의 토지를 맹렬히 사들인다. 그 이유 중 하나가 바로 팜 바이오연료다. 설령 기존의 토지를 이용하는 경우에도 환경 오염과 더불어 식량 윤리 문제가 대두될 수밖에 없다.

"SUV 자동차에 에탄올을 한 번 채우는 데 필요한 곡물은 한 사람이 1년 동안 먹을 수 있는 양이다." 자동차의 한 끼니가 사람의 1년 식량이 되는 것이다. 이 말은 지구정책연구소의 레스터 브라운Lester Brown이 2006년에 한 주장이다.[65] 곧장 세상이 충격을 받았다. 8억 대의 자동차를 위해 20억 명 이상의 인간이 기아에 시달려야 하는 참혹한 불평등의 지평을 펼쳐 보였기 때문이다. 최근의 경우만 살펴봐도, 우크라이나-러시아 전쟁 직후 유럽과 미국이 유가 상승에 대처한답시고 바이오연료 생산에 더 많은 곡물을 쓸어넣으면서 국제적 비난에 휩싸였다. 전쟁통에 사람들이 굶어 죽고 있는데 밀을 태워 자동차를 먹였다는 것이다. 영국의 경우, 바이오디젤을 위해 밀, 대두, 유채씨, 사탕무 등을 재배하는데 이를 식량으로 전환하면 350만 명이 기아에서 벗어날 수 있다.[66]

바이오연료는 세계 식량 위기를 야기하는 결정적 원인이다. 2007~2008년 식량 위기가 대표적인 사례다. 밀, 쌀 및 기타 곡물 가격이 30여 년 안정세를 유지하다가 2005년부터 서서히 상승하기 시작했고, 2008년에 급등하면서 세계적인 식량 위기와 공황이 촉발됐다. 중동의 봄을 촉발시킨 배후에는 식량 위기가 존재하고, 그 배후의 배후에는 바이오연료가 존재한다. 2007년 멕시코 시티에서도 에탄올을 위해 옥수수가 불태워지면서, 주식인 토르티야 가격이 치솟아 수만 명이 시위를 벌여야 했다. 국제식량정책연구소IFPRI에 따르면, 바이오연료에 대한 수요 증가가 옥수수와 대두 가격의 상승을 견인하며 식량 위기를 자초한 가장 중요한 원인이었다.[67] 세계은행의 기밀 보고서도 당시 세계 식량 가격을 폭등시킨 75%의 책임이 바로 바이오연료에 있다는 끔찍한 사실을 적시했다.[68] 토지에 식량 대신 자동차를 먹일 곡물을 심으면 당연히 식량 가격이 뛰고 먹거리 위기가 촉발될 수밖에 없다. 2008년 유엔의 식량권 보고관은 식량 위기를 부추기는 바이오연료를 "인류에 대한 범죄"로 규정한 바 있다.

바이오연료를 청정에너지로 여기는 건 일부 좌파들도 마찬가지다. 자동차가 굴러가야 노동생산성이 지속된다는 성장주의에 기대고 있을 뿐 아니라 바이오연료의 '외부', 즉 토지 압력, 식량 위기 같은 중요한 모순을 읽는 시야가 흐려졌기 때문이다. 바이오연료를 재생에너지로 규정하고 탄소중립의 중요한 에너지로 가정하는 현재의 국제 협약은 녹색 자본주의 그리고 자동차 자본주의에 그 뿌리를 두고 있다. 사람이 먹을 곡물을 자동차들이 게걸스레 먹어치울 때, 인류의 10분의 1은 만성적인 식량 위기에 휩싸이고 약 3억 4천만 명이 주린 배를 움켜쥐고 있다.[69] 자동차를 굴리기 위해, 삼림을 베어내고 사람을 굶겨 죽이는 더러운 에너지를 청정에너지로 둔갑시키는 마법이 버젓이 일어나고 있는 것이다.

자동차는 인간의 노동력뿐 아니라, 이렇게 지구의 광물과 생물 자원을 끊임없이 추출한다. 그것은 모든 것을 흡입한다. 자동차를 구성하는 금속들 하나하나 땅속 깊은 곳에서 채굴될 때마다 자본은 수익을 얻는 대신, 그 자리에는 빈곤과 오염이 남는다. 추출이 가속될 때마다 불평등과 생태계 붕괴가 더욱 악화된다. 자동차가 도로 위를 달릴 때마다 타이어의 검은 입자들이 흩날리고, 아시아의 농부들은 생산량을 늘리기 위해 고무나무를 쥐어짜고 살충제를 뿌린다. 콩고의 아이들은 검은 갱도 속으로 작은 몸을 옹송그린다. 전기차가 도로 위를 질주할 때마다 안데스 농부들은 갈증에 시달리고 아프리카 선주민들이 고향에서 쫓겨난다. 전기차가 친환경이라는 말이 횡행할 때마다 세계의 멸종위기 동식물의 서식지가 파괴된다. 바이오 연료가 청정에너지로 칭송될 때마다 아프리카와 남미의 선주민들이 땅을 뺏기고 고향에서 쫓겨난다. 그리고 세계의 수많은 빈자들이 굶주림에 시달린다. 추출주의는 결코 자연 자원을 재생산하지 않는다. 그것은 오로지 추출할 뿐이다. 전기차에 들어가는 리튬의 재활용률은 현재 단 1%다. 자본주의의 추출 기계는 한쪽에 쓰레기를 바벨 탑처럼 쌓아 올리고, 자원을 뽑아낸 곳은 궁극적으로 불모지로 황폐화한다. 내연기관 자동차가 석유를 추출해 에너지를 얻었다면, 이제 전기차는 금속을 추출해 에너지를 얻는다. 금속은 오늘날의 석유다. 기술적 발전을 통해 물질세계로부터 비동조화할 수 있다는 신화와 더불어 기술 발전이 곧 친환경이라는 이데올로기를 발신하는 녹색 자본주의의 상징이 바로 전기차다. 녹색 자본주의가 전기차를 이 세계의 물질-생명과 전혀 관계없이 단지 전기 배터리로만 구동하는 탈물질의 기체인 것처럼 끊임없이 착각하게 만드는 이유는 추출의 진실을 은폐하기 위해서다. 전기차가 땅속의 미네랄과 생명 물질, 그리고 인간과 비인간 존재에 대한 수탈로 만들어졌다는 자명한 진실 말이다. 전기차는 자연 물질과 분리되는 무중력의 존재가 아니라 자연과 인간을 추출하고 쥐어짠 결과물일 뿐이다. 마르크스의 말을 빗대면, '전기차는 머리에서 발끝까지 온몸의 구멍에서 피와 오물을 뚝뚝 흘린다.' 기후-생태 위기가 날로 심각해지는 이유는 우리가 그 진실을 외면한 채 전기차 같은 허상에 유혹되어 있기 때문이다.

자동차가 사람을 몰아내다

녹색 자본주의가 다른 기후 대응에는 슬로모션처럼 느리게 움직이면서도 유독 전기차만은 초당 12프레임 속도로 약삭빠르게 대처하는 이유는 무엇일까? 정말로 내연기관 차량을 전기차로 바꾸면 기후위기를 극복할 수 있다고 믿는 걸까? 오히려 전기차에 대한 이 집요한 강박은 자본주의의 강박증이라고 보는 게 타당하다. 자동차가 20세기 자본주의 발전의 중핵을 차지해왔고, 자동차 없는 세계는 곧 자본주의의 종말처럼 현상되기 때문이다. 근거 없는 공포도 아니다. 1910년대 미국에서 상업화된 이래, 자동차는 자본주의 경제 질서를 구축한 일등공신이었다. 자동차의 대량 생산은 철강, 구리 등 금속 자원을 비롯하여 석유, 전력을 대량으로 소비하게 만들고 다른 산업 부문의 성장을 독려한다. 또 고속도로 건설은 주유소, 레스토랑, 모텔 등 관련 산업을 연이어 파생시키고, 2차, 3차 고용파급 효과를 일으킨다. 자동차를 중심으로, 도시 공간과 생산 활동이 오로지 이윤에 복무하는 시스템으로 구축되는 것이다. 사정이 이러니 자동차의 대량생산-대량소비는 사람들에게 풍요를 상징하는 것처럼 여겨진다. 자동차 없는 세계는 가난과 결핍의 나락이요, 세계의 종말이다. 할리우드 SF 재난 영화들에 가장 많이 나오는 장면이 고장나고 불탄 자동차가 길에 줄지어 있는 광경이라는 건 이 세계가 자동차 문명이라는 걸 설득력 있게 예시한다. 비유하자면 자동차는 자본주의의 혈관이다. 축적 기계의 기관들에 산소와 영양을 보급한다. 자동차가 더 빠르게, 그리고 더 많이 달릴수록, 축적의 속도가 더 빨라지게 되는 것이다.

그 때문에 자동차 문명의 시작은 길의 사유화였다. 행인과 방해물들을 길에서 쫓아내는 것이 그 시작이었다. 인류사에서 처음으로 막 자동차가 상업화되기 시작한 1910~1920년대의 미국의 길을 떠올려보자. 당시엔 도로에 횡단보도가 그려져 있지 않았다. 길은 모두의 길이었다. 사람이 길을 건너다녔고, 마차가 다녔고, 전기자전거가 다녔고, 전차가 다녔고, 그리고 자동차가 다녔다. 천지에 말똥이 굴러다니고, 사람과 기계 장치들이 혼탁하게 뒤섞인 무질서의 풍경이지만, 이때만 해도 도시는 확실히 공공의 장소였다. 미국의 역사학자 피터 노튼Peter Norton은 자동차가 등장한 초창기에는 사람을 피하는 것이 운전자의 몫이었다고 날카롭게 지적한다.[70] 속도 제한 없이 달리는 자동차는 사람을 위협하는 거리의 무법자로 단죄됐다. 19세기 말에 영국과 미국에 등장한 적기법(Red Flag Law), 그러니까 자동차가 도시를 지나기 위해서는 붉은 깃발을 든 기수가 자동차 앞에서 걸어가며 사람들에게 위험하다는 신호를 보내야 한다는 안전 규칙이 여전히 통용되고 있었다. 안전을 해치는 자동차를 비판하는 만화가 출판되거나, 종종 자동차를 저승사자와 견주기도 했다. 교통사고로 사망한 어린이를 기리는 추모비를 세우는가 하면, 언론들도 교통사고 사망 사건을 자세히 다루며 대개 운전자를 비난하는 논조를 취했다. 자동차는 난데없이 등장한 어린이 학살자였다. 당연히 통제할 필요가 있었다. 적어도 1920년대 초반까지만 해도 자동차 속도 제한과 안전한 도로에 대한 폭넓은 사회적 합의가 존재했을 뿐 아니라, 거리를 무법의 속도로 지배할 자동차에 대한 저항감이 만연했다. 가령, 샌프란시스코의 경우, 도시 통근자의 70% 이상이 전차를 사용한 반면 11%만이 자동차를 이용했다. 또 일일 통근자 110만 명 중 3분의 1이 집에서 직장까지 걸어서 갔다.[71] 전차와 도보 이용자들이 딱히 자동차 속도에 공감할 이유가 없었던 것이다. 전차 운전자들은 자동차가 전차 속도를 늦추고 거리의 질서를 위협한다고 비난을 퍼붓기 일쑤였다.

하지만 1920년대부터 힘의 균형추가 자동차 쪽으로 기울기 시작했다. 자동자 기업들은 정치계에 대한 대대적인 로비를 통해 교통 에티켓을 사회화했다. 무단횡단을 처벌하는 조례를 만들고, 학교를 비롯한 공공기관에서 무단횡단 캠페인을 대대적으로 벌였다. 피터 노튼에 따르면, 자동차 기업들이 보이스카우트 대원들을 고용해 길에서 사람들에게 무단횡단을 하지 말라는 전단지를 뿌리게 했다. 또 무단횡단을 하는 사람들을 멍청이라는 뜻을 지닌 '제이-워커Jay-walkers'라고 조롱하며 도로에 표지판을 다는 등 공개적으로 수치심을 줬다. 예를 들어, 1925년에는 수백 명의 디트로이트 학교 어린이들이 무단횡단을 한 12세 소년의 '재판'을 지켜보아야 했다. 배심원단은 이 소년에게 일주일 동안 칠판을 청소하라는 판결을 내렸다.[72] 우리가 통상 무단횡단 에티켓이라고 부르는 규칙들은 바로 사람을 도로 위에서 추방하는 과정의 결과물이다. 이를 합리화하기 위해 자동차 기업과 관련 단체들은 휘발유세를 내기 때문에 도로를 사적으로 소유할 수 있다고 주장했다. 휘발유세는 도로를 넓히고 확장하는 데 사용되기 때문에 자동차 자본 입장에서는 오히려 환영할 만한 일이었다. 더 많은 자동차가 도로를 달리고 더 많은 이윤을 얻을 수 있는데 마다할 이유가 없었던 것이다. 게다가 1921년 제정된 연방도로법에 따라 건설비의 2분의 1을 연방 정부로부터 보조받을 수 있었다.[73] 자동차 기업은 휘발유세를 냈으니 도로를 상품으로 구매한다고 주장하지만, 실상은 시민들의 세금이 자동차의 편의를 위해 전용된 것이었다. 그렇게 미국의 거리는 공공성을 추방하고 하나의 '상품'으로 재개념화되었다. 도시라는 공유지에 울타리가 쳐지고 사람들을 추방하는 인클로저가 대대적으로 일어났던 것이다.

1914년은 자동차 역사, 아니 자본주의 역사에 중요한 분기점이다. 포드사가 컨베이어 벨트를 이용해 완전한 조립라인으로 자동차를 대량생산하는 것이 가능해졌기 때문이다. 1920년대 미국의 한 자동차 잡지의 통계에 따르면, 1895년에는 단 4대의 자동차만 등록되었는데 1905년에

77,000대 이상으로 증가했으며, 1915년에는 230만 대, 1925년에는 무려 17,512,000대의 자동차가 도로를 달렸다.[74] 그럼에도 당시에는 대부분의 사람들이 도보와 전차를 이용했다. 더 많은 자동차를 생산하려면 어떻게 해야 할까? 그래서 자동차를 더 빠르게 달리게 하려면 어떻게 해야 할까? 우선 거추장스러운 사람을 길에서 추방하는 게 필요했다. 무단횡단자라며 사람들에게 수치심을 주고, 사람의 횡단 자체를 범죄화하는 것이다. 캘리포니아 차량 법규에는 '보행자는 도로를 걷지 마세요'라고 규칙이 명시되어 있고, 이를 어길 경우 벌금을 부과한다. 1920년대에 생긴 이 법은 2022년 개빈 뉴섬 주지사가 '걸을 권리(Freedom to Walk)' 법안에 서명할 때까지 무려 100년 동안 보행자를 범죄화하며 악명을 떨쳐왔다.[75] 말하자면, 1920년대 자동차 기업들은 도로가 자동차의 소유라는 새로운 사회적 규칙을 만들어냈던 것이다.

　도로에서 사람이 쫓겨난 후 궤도 기반의 전차, 즉 대중교통이 그다음 수순에 처해졌다. 로버트 저메키스의 만화영화 〈누가 로저 래빗을 모함했나〉 (1988)는 이 과정을 흥미롭게 재현한다. 영화가 시작되자마자 꼬마들과 함께 빨간 트램 위에 무임승차한 탐정이 이렇게 말한다. "LA에서 왜 자동차를 타겠니, 세상에서 최고로 좋은 교통수단이 있는데." 이 영화는 1940년대의 자동차 음모론을 배경으로 제작됐다. 1927~1955년 사이 제너럴 모터스, 스탠더드 오일 등 자동차 기업과 석유 기업들이 은밀히 담합해 트램을 없앴다는 것이 음모론의 골자다. 값싸고 편리한 트램을 없애고 석유 기반의 자동차 왕국을 만들기 위한 이들의 음모가 1955년에 발각돼, '셔먼 반독점법' 위반으로 유죄 판결을 받았다는 것이다. 이 음모론은 학술서에서마저 여전히 정설처럼 인용되기 일쑤인데, 사실은 절반의 진실이다. 이들이 반독점법 위반으로 법정에 선 것은 트램회사가 아니라 버스회사들을 사들여 생산과 운영을 독과점했기 때문이다. 물론 석유 기업과 자동차 기업의 담합과 로비가 1930년대부터 미국 연방 정부의 교통 정책에 지대한 영향을 끼친 게 사실이다. 내연기관 차량을 많이 팔수록, 석유 판매도 덩달아 증가하니 누 자본의 입장에서 고속도로 건설은 초미의 관심사일 수밖에 없었다. 1956년 아이젠하워 대통령은 연방 지원 고속도로법을 통해 250억 달러, 당시 미국 GDP의 5%에 해당하는 돈을 고속도로 개발에 퍼부었다.[76] 그 이후로 수십 년간 미 정부는 교통 부분 예산의 80%를 고속도로와 도로 망 구축에 투입했고, 대중교통엔 오직 20%만 할당했다. 트램과 철도 같은 대중교통이 점점 축소되고 밀려나는 대신, 석유 기반의 자동차 왕국이 건설된 것이다.

1950년대 후반까지 도시 공간과 이동 체계를 자동차 위주로 재구성한 미국적 모델은 이제 '발전' 패러다임의 주요 메뉴로 착장된 채 전 세계에 퍼져 나갔다. GDP와 자동차로 상징되는 경제 발전의 수준에 따라 세계를 '발전 국가'와 '저발전 국가', '선진국'과 '개발도상국'으로 서열화하며 발전과 성장을 채근했던 것이다. 자동차는 곧 발전 이데올로기의 기수였다. 1950년 대와 60년대에는 유럽에서, 1970년에는 멕시코와 브라질에서, 1980년대에는 아시아에서 자동차 생산이 본격화되었고 도시 구조가 고속도로 위주로 재편되었다.[77] 심지어 세계은행이 설립된 후 20년간 남반구에 제공된 차관의 상당 부분이 바로 고속도로 개발과 교통 확장에 들어갔다.[78] 자동차의 대량 생산, 석유 시장의 팽창, 그것이 선진국으로 가는 지름길이었다.

자동차 자본주의는 공공성을 약탈하고 도시를 사유화하면서 축조된 불평등 체계다. 자동차를 위해 거리에서 사람을 먼저 내쫓고, 자전거를 추방했으며, 대중교통을 점차 축소시켰다. 그리고 도시 공간의 50%를 도로와 주차장으로 만들었다. 확실히 이상한 세계. 이상하지 않은가? 도시 공간의 절반이 오로지 자동차를 위해 존재한다. 아이들이 마음껏 뛰어놀 수 있는 푸른 공원과 도시인들이 상호 결속을 도모할 수 있는 공공의 장소들을 빼앗고 대신 자동차에 배타적 소유권을 부여한 것이다. 과연 도시의 주인은 누구인가? 현재 86%의 내연기관 자동차는 석유를 먹고, 14% 남짓의 전기차는 금속을 먹는데, 이들이 먹는 게 또 하나 있다. 납세자들이 성실히 낸 세금이 그것이다. 자동차 시장은 무자비하게 정부 보조금의 젖꼭지를 빨며 성장한다. 자동차 판매, 고속도로와 주차장 건설, 도로 보강 등 혈세가 신의 축복처럼 흘러내린다. 내연기관 자동차도 그랬지만, 전기차 역시 많은 공적 보조금이 투여된다. 한국의 경우, 5,700만 원 미만의 전기승용차에 한해 국고 보조금이 최대 780만 원까지 지원된다. 이상하지 않은가? 병원, 학교, 주택, 에너지 등 공동체의 돌봄과 복지를 위해서 사용할 국고는 텅텅 비었다면서도 자동차를 위해서는 아낌없이 국고를 털어준다. 공동체를 보살피는 대신, 자동차를 요람에서 무덤까지 보필한다. 이렇게 납세자들의 헌신을 먹어치운 자동차는 도시 소음의 가장 큰 원인을 제공하고, 도시 대기 오염의 가장 큰 원인을 제공하고, 심지어 매일 사람들을 죽이거나 다치게 한다. 미국에서는 매년 4만 명 이상이 자동차 사고로 사망하고, 전 세계적으로는 연간 100만 명이 사망한다. 이상하지 않은가? 오염된 도시에서 사람들이 질병을 앓고 교통사고로 많은 이들이 죽어가는데도, 한국에서는 스쿨존 하나 건사하지 못한 채 속절없이 아이들이 교통사고를 당하는데도 자동차를 위해 아낌없이 국고를 털어주는 게 이상하지 않은가? 프랑스의 생태 경제학자 앙드레 고르츠André Gorz는 이 상황을 비꼬면서 자동차 만능주의가 '완벽한 순환'을 구축했다고 진단한다.

"자동차는 대도시를 사람이 살 수 없는 곳으로 만들어버렸다. 자동차는 대도시를 냄새 나고, 시끄럽고, 숨 막히고, 먼지 많고, 가슴 답답한 곳으로 만들었다. […] 자동차가 도시를 죽였기 때문에 고속도로를 타고 좀 더 먼 교외 쪽으로 도망치려면 훨씬 더 빠른 차가 더 많이 필요하다. 나무랄 데 없는 순환성이다. 자동차가 초래하는 황폐화를 피하기 위해 우리에게 좀 더 많은 차를 주소서, 라고."[79]

밀집되고 오염된 대도시에서 교외 지역으로 엑소더스를 펼치기 위해 위성 도시들을 구축하고, 더 많은 고속도로를 건설하고 자동차를 대량생산하는 순환성이 이루어졌다는 지적이다. 자동차가 도시를 죽이고 또 그것을 만회하기 위해 자동차를 더 많이 생산하는 기이한 세계에 유폐된 것이나. 이렇게 도시와 외곽을 오가는 자동차들 덕에, 우리는 막대하게 탄소를 배출하는 세계에 살아간다. 국제에너지기구(IEA)의 보수적인 추정치에 따르더라도 2022년 개인용 자동차와 밴은 세계 석유 사용의 25% 이상, 전 세계 에너지 관련 이산화탄소 배출량의 약 10%를 차지한다.[80] 미국의 경우 운송 부분이 전체 배출량의 29%, 이 중 자동차와 밴이 약 60%를 배출한다.[81] 그러나 앞서 우리가 보아온 것처럼, 이는 보이지 않도록 은폐된 광물 채굴과 벌채 과정의 탄소 배출과 환경 오염이 반영되지 않은 수치에 지나지 않는다. 어떻게 포장하든, 자동차는 생태적 비상사태를 야기한 최대 원인 중 하나다.

이반 일리치Ivan Illich는 이 이상한 나라의 자동차에 대해 근본적인 의문을 덧붙인다. 우리가 자동차 하나에 터무니없이 많은 노동력과 시간을 할애한다는 것이다. 1970년대 자료에 기반한 추정이긴 하지만 이반 일리치의 질문은 우리에게 중요한 지점을 상기시킨다. 그에 따르면, 우리는 공간 설계자로서의 지위를 잃고 단순한 통근자의 위치로 전락하고 말았다.

"미국인 남성은 대체로 1년에 1,600시간 이상을 자기 차에 바친다. […] 눈을 뜨고 있는 16시간 가운데 4시간을 도로 위에서 쓰거나 그것을 위한 돈을 마련하는 데 쓰고 있는 것이다. […] 미국인은 연평균으로 1만 2,000킬로미터 이동에 1,600시간을 쓰고 있는데, 이것은 시간당 7.5킬로미터에 지나지 않는다."[82]

이 명석한 철학자는 단지 운송 수단에 불과한 자동차에 인간의 자율성이 결박당했다고 분석한다. 아닌 게 아니라 우리는 자동차에 신기할 정도로 많은 시간을 헌납한다. 평균적으로 전 세계의 자동차는 생애 기간 중 96%의 시간을 그냥 주차된 채 흘려보낸다. 80%의 시간은 집에, 16%는 다른 곳에 주차되어 있다. 자동차를 타고 이동하는 시간은 고작 4%에 불과하다.[83] 여기에 교통 정체 때문에 낭비되는 시간은 덤이다. 연료 효율성은 20% 남짓으로 극도로 낮은 데다, 토지 활용도도 터무니없이 낮다. 그런데도 전 세계 도시 공간의 절반이 자동차가 달리고 주차하고 신호 대기하는 데 할애된다. 한편 자동차 구입과 유지에도 많은 비용이 들어간다. 미국 시민들은 자동차를 구입하고 유지하는 비용을 벌기 위해 평균 직장 생활의 3분의 1을 투여한다.[84] 북반구의 대다수 시민들이 자동차 구입, 연료, 유지 관리, 타이어, 보험, 면허, 등록 및 세금, 감가상각비, 금융 비용, 주차 비용 등을 위해 인생의 많은 시간을 쏟아붓는다. 사치재인 자동차를 신으로 모시고 봉양하기 위해 평생 노동을 하는 것이다.

이상하지 않은가? 우리는 매일 광고를 통해 자동차가 우리에게 세상의 속박으로부터 벗어나 무한하게 이동의 자유를 선사할 것이라고 약속받지만, 실제적으로는 교통 체증에 시달려야 할 뿐만 아니라 자동차 구입과 유지를 위해서 매일 노동을 해야 한다. 또 석유와 전기 에너지를 구입하지 않으면 단 1밀리미터도 움직일 수 없다. 다시 말해, 지구를 오염시키지 않으면 단 한 발짝도 움직일 수 없는 것이다. 도보와 자전거는 스스로의 근육 에너지로 자유롭게 이동할 수 있는 반면에, 자동차는 자연 물질과 에너지, 그리고 돈과 노동시간에 종속된다. 미국의 철학자 헨리 데이비드 소로Henry David Thoreau의 유명한 내기를 여기에 대입하면 더 쉬운 통찰을 얻을 수 있다. 나와 당신이 저기 천안까지 가는 데 내기를 했다고 치자. 당신은 자동차를 타고 가고, 나는 걸어서 가야 한다. 자동차가 더 빠를까? 여기엔 조건이 하나 있다. 우리가 무일푼으로 시작해야 한다는 것이다. 당신은 자동차를 구입하기 위해 지금부터 노동을 해야겠지만, 나는 내기가 시작되자마자 바로 걸어갈 수 있다. 아마 당신이 자동차 부품 하나 살 정도의 돈을 모았을 무렵 이미 난 천안에 도착했을 것이다. 헨리 데이비드 소로는 여기에 걷는 이점을 후하게 제공한다. 주위 풍경을 천천히 바라보며 사색에 잠길 수 있고, 더 건강해진다는 것. 걷기와 자전거 같은 자율성을 추방하고, 대중교통과 공공성을 축소하고 그 자리를 무한한 자유를 약속한 자동차들이 차지했지만, 오히려 우리는 더 송속되었을 뿐이다. 이렇게 종속적 상황을 사유로 착각하는 관념은 일종의 자기 소외다. 서울 강남에서 외제 고급 스포츠카를 보기 위해 카메라를 든 채 줄지어 기다리는 청년들의 선망하는 표정을 보면, 확실히 자동차는 자본주의의 종교처럼 보인다. 특히 자본주의 경제를 신봉하는 사람들에게 자동차는 신성불가침 조약이나 마찬가지다.

"25살 이상의 성인이 버스를 타면 루저입니다."

종종 이 문장은 마거릿 대처 전 영국 총리가 한 말이라고 인용된다. 영국 좌파 정치인 제레미 코빈도 마거릿 대처가 그렇게 말했다고 인용한 적이 있다. 하지만 대처는 이 말의 저작권자가 아니다. 한 공작부인이 저작권자였다. 대처는 딱 한 번 저 문장을 인용했을 뿐이다. 그럼에도 여전히 사람들은 마거릿 대처의 말이라고 생각한다. 마치 '빵이 없으면 케이크를 먹지'라는 문장을 마리 앙투아네트가 읊조렸다고 여기는 것처럼. 그도 그럴 것이 마거릿 대처는 혹독한 신자유주의 구조조정으로 버스와 기차 등의 대중교통을 형해화하고 대형 도로 건설 프로그램을 강행했다. 그 어떤 것도 '위대한 자동차 경제(the great car economy)'를 저해하면 안 된다고 주장했다. 그러면서 자신은 기차를 한 번도 타본 적이 없다고 자랑하곤 했다. 그러나 대처식 신자유주의 덕분에 런던은 점점 자동차들의 교통 지옥으로 변했다. 교통 빈곤율도 점점 증가해, 자동차를 소유하지 못한 저소득층과 교통약자들은 민영화된 값비싼 대중교통을 이용하거나 위험한 갓길에서 자전거를 몰다가 사고를 당하기 일쑤였다. 확실히 버스를 타는 사람들은 루저가 될 수밖에 없는 처지였으니, 저 발언을 대처가 했다고 생각한들 딱히 틀린 것도 아닐 것이다. 런던의 악명 높은 교통 체증 때문에 토니 블레어 전 총리가 견디다 못해 총리 리무진을 길에 놔둔 채 수행들과 함께 지하철을 탄 에피소드는 영국 신자유주의가 연출하는 블랙 코미디의 진수를 보여준다.[85] 그럼에도 현 총리인 리시 수낙은 "나는 자동차 운전자 편이다"라며 자동차 왕국의 신자유주의를 계속 관철할 것임을 천명하고 있다.

자동차 자본주의는 대중교통을 타면 루저, 고급 스포츠카를 타면 성공한 부자라는 허상을 반복적으로 재생산한다. 대중매체 속에서 버스와 지하철에 앉은 가난한 서민, 고급 세단에 앉은 여유로운 부자의 대칭을 지겹도록 보며 살아간다. 공공성은 루저의 삶이요, 자동차 소유 자본주의는 성공의 삶으로 재현되는 것이다. 앙드레 고르츠는 이 같은 자동차 신격화가 부르주아 이데올로기의 승리에 기인한다고 봤다.

"사람들의 자동차 만능주의는 개개인이 '남들을 누르고' 남보다 나아져서 자기 이득을 취할 수 있다는 헛된 믿음의 토대가 되며 그 믿음을 키워준다. 1분 1분마다 상징적으로 '타인들'을 살해하는 운전자—운전대를 잡으면 그때부터는 남들을 자기가 내고 있는 속도에 대한 장애물이자 물질적 방해물로 보게 되니까—의 공격적이고 경쟁적인 이 이기주의는 일상적 자동차 만능주의에 힘입어 '보편적으로 부르주아적인 행동'이 도래한 현상이다."[86]

자동차가 처음 등장했을 때 부르주아들이 시골에서 보여준 기행만 보더라도 앙드레 고르츠의 말은 꽤 설득력이 있다. 미국과 유럽 도시의 부자들은 세상에 막 태어난 자동차를 타고 경쟁적으로 시골로 달려갔다. 시골길에 흩날리는 흙먼지 속에서 자동차의 속도와 기량을 과시하기 위해서였다. 경작지를 함부로 훼손하고 말과 농부들을 수시로 놀라게 했다. 이에 독일을 비롯한 시골 농부들은 자동차가 들어오지 못하도록 마을 앞에 바리케이드를 치거나 난폭한 자동차 운전자를 지탄했다. 하지만 20세기 초엽의 열광적인 자동차 옹호자들은 자동차를 진보의 등대이자 자유와 이동성을 증진시키는 이상적 기술로 추켜세우며, 이에 대한 반감을 반동적 산물로 몰아갔다.[87] 그들에게 자동차는 낡은 세계를 혁파하는 진보의 상징이었다. 느린 삶, 걷는 것, 경쟁에서 뒤처진 존재들, 그리고 순환적인 농촌의 시간과 풍경 따위는 쾌속으로 질주하는 자동차 뒤편으로 도태될 낡은 과거나 다름없었다. 자동차를 아직 점령되지 않은 미래의 소실점을 향해 달려가는 개척자주의와 진보적인 세계관의 응축으로 여긴 것이다. 심지어 그들이 보기에 자동차는 도시의 더러운 거리를 청소하는 '환경의 구원자'이기도 했다. 그토록 많은 말똥들을 사라지게 한 위생학적 기적이었다.

19세기 말, 미국과 유럽의 대도시는 온통 말똥 천지였다. 런던에만 5만 마리 이상의 말이 거리를 가득 채웠다. 사람과 상품을 실어나르기 위해서였다. 가장 큰 문제는 말의 분뇨였다. 말 한 마리가 평균적으로 하루에 6~15킬로그램의 분뇨를 배출했으니 그 규모가 얼마나 큰지 짐작할 수 있을 것이다.[88] 말똥에 발목이 잠기고 비라도 오면 오줌과 진흙으로 길이 온통 질척거렸다. 또 파리들이 엄청나게 들끓고 장티푸스 같은 질병이 만연했다. 그 와중에 혹사당하던 말이 죽으면 그 사체를 치우지 않아 거리마다 악취가 풍겼다. 당시의 흑백 사진들을 어렵지 않게 인터넷에서 찾아볼 수 있는데 말똥으로 뒤덮인 대도시의 풍경이 가히 압도적이다. 1894년 《런던 타임스》는 "50년 안에 런던의 모든 거리가 9피트의 거름 아래에 묻힐 것이다"라고 보도했으며, 이 똥 사태를 '1894년 말똥 위기'로 호명하기에 이른다. 미국 뉴욕의 경우, 말의 수가 거의 10만~20만 마리에 육박했고 상황은 더욱 난장판이었다. 도시 전체가 도살장에 버금갈 정도로 말 사체와 말똥이 뒤엉켜 있었다. 1930년이 되면 말 분뇨가 차올라 뉴욕의 3층 창문에까지 도달할 것이라는 비관에 휩싸였다.[89] 급기야 1898년 뉴욕에서 세계 최초로 국제 도시계획 컨퍼런스(Global Urban Planning Conference)가 개최됐는데, 그 주제가 말 분뇨를 어떻게 할 것인가였다. 그러나 3일 동안 열띤 토론에도 아무 결론을 내지 못한 채 각자 나라로 돌아가야 했다.[90] 정말로 시대사적 말똥 위기이자 환경 재앙이었다.

과연 이 말똥 사태를 어떻게 극복했던 걸까? 우리의 자동차 옹호자들은 자동차가 말똥의 지옥으로부터 인류를 구원한 환경 구원자였다고 주장해 왔다. 필요가 발명의 어머니인 것처럼 자동차가 말을 대체함으로써 환경과 위생을 지켜냈다는 것이다. 보아라, 자동차야말로 진보의 전위다! 그러나

이는 인식의 조작이다. 19세기 말 자동차는 극소수 부르주아들만이 갖고 있는 장난감이었다. 1913년이 되어서야 헨리 포드의 모델 T가 대량생산되며 상업화가 본격화된 것이다. 말을 대신한 건 철도였다. 횡단 열차와 도심의 노면전차가 사람과 물건을 실어나르면서 점증적으로 말을 대체했다. 또 도시의 위생 환경이 개선된 건 하수구 시스템 도입 때문이었다. 1895년 뉴욕 시장은 배수 기술자였던 조지 워링George Waring을 뉴욕시 거리 청소국 국장으로 임명했는데, 그가 최초로 일반 빗물 유출수와 하수를 분리하는 시스템을 도입했다. 그리고 말, 돼지, 심지어 사람의 배설물을 청소하고 분류하는 조직화된 도시 청소 체계를 개발했다. 이는 오늘날의 현대적인 재활용, 거리 청소와 폐기물 수거 시스템의 전신이었다. 조지 워링과 뉴욕 청소국의 획기적인 노력은 이내 미국 전역에 도입되었고, 국제적으로도 많은 영향을 끼쳤다.[91] 다시 말해, 자동차가 아니라 공공 시스템 강화로 환경 위기를 극복한 것이다. 자본주의 발달로 인구와 물류가 대도시에 순식간에 집적되면서 비롯된 환경 위기를 넘어설 수 있었던 결정적 동력은 자동차 발명과 같은 과학 기술 발전이 아니라 공공 시스템을 강화하고 사회를 복원하려던 일단의 노력이었다.

상황이 이런데도 자동차 옹호자들은 현재까지도 19세기의 말똥 위기를 극복해낸 건 자동차였다는 터무니없는 가짜뉴스를 여전히 조잘조잘 반복하고 있다. 그동안 탄소를 대량으로 방출하고 대기질을 악화시킴으로써 도시와 지구의 환경 위기를 더욱 극한으로 밀어붙인 자동차의 결정적인 책임을 은폐하면서. 더 나아가 자동차가 말똥 위기에서 인류를 구해냈던 것처럼, 이제는 전기자동차가 기후위기로부터 인류를 구원해낼 것이라는 주장을 서슴지 않는다. 인식의 조작이 19세기부터 21세기까지 이어지고 있는 것이다.

기후위기가 그렇게 걱정이고 교통 부문의 탄소를 절감하고 싶다면, 19세기 말 뉴욕시가 했던 것처럼 공공성을 강화하는 게 최선의 답이다. 말똥 위기의 간결한 교훈이다. 즉 대중교통을 확장하는 것이다. 미국의 경우 전체 운송 부문의 배출량 중 자동차가 58.5%를 차지한 반면, 여객철도 배출량은 난 0.2%다. 화물철도는 1.7%, 버스는 1.5%다. 미국 전체 배출량으로 환산하면 철도는 고작 0.5%를 배출한다.[92] 각기 나라마다 사정이 다르겠지만, 부유한 북반구 국가들 사이에서 이 수치는 대동소이하다. 58.5% vs 0.2%. 더할 나위 없이 간단한 셈법 아닌가? 기후위기로 지구와 인류가 곧 망하게 생겼으니 전기차를 구입하라고 닦달할 게 아니라, 그냥 대중교통을 이용하면 되지 않는가? 도대체 이토록 간단한 대답에 또 부연이 필요한가?

그렇지만 탄소량으로 문제를 환원하는 건 단순한 일이다. 행성 위기를 탄소 문제로만 정량화한 채 망가진 체제의 내면을 보지 못하게 하는 관리주의적 접근에 머물 가능성이 높다. 질문을 바로 해야 더 나은 대답을 얻을 수 있다. 우리의 질문은 이것이다. 이 도시는 누구의 것인가? 과연 이 지구는 누구의 것인가? 자동차와 주차 공간을 대폭 줄이고 대중교통을 강화하는 것은 도시를 자본이 아니라 다시 사람에게 되돌려준다는 것을 의미한다. 아이들은 자전거를 끌고 거리로 나오고, 사람들은 다시 광장을 되찾을 것이고, 떠났던 새들도 돌아와 둥지를 틀 것이다. 사유화되고 상품화된 도시에 공공성이라는 거름이 뿌려지고 다시 민주주의의 싹이 자라게 되는 것이다. 또한 금속 채굴을 위해 온 세계를 덜 파헤치니 당연히 생태계가 덜 파괴되고 해당 지역의 선주민들도 각자의 삶을 평화롭게 유지할 것이다. 최근의 한 연구가 밝혔듯이, 대중교통으로 운송 체계를 전환하고 리튬을 재활용하면 리튬 채굴을 최대 92%까지 줄일 수 있다.[93] 병원, 경찰, 우편 등 필수 영역의 자동차 운행은 당연히 유지하되, 트램, 버스, 철도 등에 대한 공공투자로 더 빠르고 더 쾌적하게 구석구석 낙오되는 존재 없이 광역의 교통망을 구축하는 동시에 사람들이 걷고, 자전거를 타고, 광장이나 도시 텃밭처럼 함께 모여 공동의 삶을 모색하는 장소들을 다시 열어젖히는 것이 이 지구를 자동차 무덤으로 만드는 것보다 훨씬 현명한 길이다.

제국적 생활양식

그런데 왜 이렇게 하지 않는가? 이렇게 하면 자본의 이익에 도움이 되지 않기 때문이다. 그런 연유로, 우리의 녹색 자본주의는 전기자동차를 고집스럽게 숭배한다. 자동차를 타고 질주하는 것이 진보적이라고 주장한다. 사회와 공동체가 파괴되든, 사람과 자연이 갈려나가든, 중요한 건 그게 아니다. 그들이 보기에 자동차가 멈추면 축적과 성장이 멈추고 따라서 지구가 멸망하기 때문이다. 앙드레 고르츠가 말한 바와 같이, '1분 1분마다 상징적으로 타인들을 살해하는 운전자의 공격적이고 경쟁적인 이기주의'야말로 곧 성장주의의 본령이다. 다시 말해 자동차는 파괴적인 생산을 통해 부를 축적하는 부르주아 이데올로기의 정수를 담고 있는 것이다. 다른 한편, 시민들은 소비 외에 더 나은 자유의 가능성을 지워버린 자본주의하에서 자동차 소비로 인정 욕구를 달래기 위해 애쓴다. 자본주의는 우리의 생활양식에서 충분한 것의 규범적 기준을 모두 없애버렸다. 덜 일하고 덜 소비하는 쪽을 선택하는 것이 좀 더 자유로운 삶을 촉진할 수 있다는 전망도 동시에 없애버렸다.[94] 오로지 남은 선택지는 반짝거리는 상품 진열대에서 계속 상품을 구매하는 것이다. 무한의 소비가 삶의 의미를 구성하는 유일한 가치가 되었다. 대중교통에 불리하게 구축된 교통 체계, 자동차 구매에 대한 정부의 퍼주기식 인센티브, 지배적인 남성성, 느슨한 배기가스 배출 기준, 자동차를 통한 사회적 지위 경쟁, 심지어 지구를 살리는 친환경 전기차라는 이데올로기 등 자동차를 소비해야만 가치가 있는 사람으로 인정되는 세계에 붙들려 있는 것이다.

자동차가 온갖 광고들과 전시장 조명 속에서 반짝반짝 물신화되는 순간, 우리가 새 자동차에 올라타는 순간, 자동차의 '외부'는 철저히 보이지 않게 가려진다. 상품의 생산과 상품의 소비 사이에는 커다란 단절이 형성된다. 자동차를 구성하는 금속, 고무, 화석연료, 바이오연료가 어디에서 왔는지, 어떤 파괴의 경로를 통해 왔는지, 어떤 노동력과 슬픔을 등에 지고 왔는지 도대체 알 도리가 없다. 그 과정은 '글로벌 공급망'이라는 안개 같은 표현 속에 가려져 있다. 농촌사회학자 필립 맥마이클은 식품의 원산지와 생산 과정을 모호하게 함으로써 무제한적인 생물 자원의 추출을 정상화하는 전략을 '어디에서 오는지 모르는 먹거리(food from nowhere)'라고 명명한 바 있다.[95] 유럽의 식탁을 꾸미는 저렴한 중국산 딸기, 유럽의 거실을 수놓은 케냐의 장미, 이주 노동자들이 열악한 환경에서 생산하는 토마토와 채소들, 북반구 소비자를 위해 맹그로브 숲을 파괴해가며 생산하는 동남아 양식 새우…… 도무지 어디에서 오는지 모르기에 북반구 소비자들은 상품에 내재된 노동력 착취와 환경 오염에 대해 별다른 관심을 두지 않은 채 계속 소비할 수 있다. 말하자면 체계적인 집단 망각이 이루어지는 것이다.

저명한 페미니즘 학자인 실비아 페데리치Silvia Federici는 이렇게 사회적-생태적인 비용을 외부화하는 방식으로 구성되는 생활양식이 바로 '제국적 생활양식(imperial mode of living)'이라고 진단한다. 외부화는, 북반구를 위한 소비재 생산 과정에서 배출되고 남반구의 생태계에 흡수되는 이산화탄소의 형태로, 북반구의 디지털화와 4차 산업혁명에 불가결한 전제인 금속 원료의 형태로, 또는 북반구에서 소비하는 열대 과일을 생산하느라 농약으로 오염된 플랜테이션에서 뼈 빠지게 일함으로써 자신의 건강과 생명을 위험에 빠뜨리는 남반구의 노동력 형태로 이루어진다.[96] '제국적 생활양식'을 처음 제안한 이는 독일 학자 울리히 브란트Ulrich Brand인데, 최근 행성 위기를 분석하는 주요 개념으로 발전하고 있다. 그에 따르면 제국적 생활양식은 일상적 관행, 소비 형태, 세계에 대한 관점 등 북반구 시민의 사회적 정체성을 이룬다. 북반구 시민과 남반구의 중산층은 자연 자원의 무제한적인 추출과 값싼 노동력에 의존하며 살아가지만, 이것을 그저 시장 질서가 구축한 자연스러운 삶의 방식인 것처럼 받아들인다. 시장의 마법에 의해 상품이 어떻게 생산되는지 파악하지 못하거나 설령 알고 있다고 해도 그냥 무시하고 살아간다. 마치 그러한 수탈의 세계가 당연하다는 듯이. 제국적 생활양식은 국가 간 불평등은 물론이고 국가 내 계급, 성별, 지역, 인종에 따라서도 비대칭의 사회적 관계로 촘촘히 구축되어 있다.[97] 문제는 이렇게 은폐와 고의적 망각으로 점철된 제국적 생활양식이 지속되면, 대량생산과 대량소비의 가공할 만한 맷돌이 계속 돌아가며 자연을 쥐어짜고 노동력을 갈아버리면서 생태 위기와 불평등이 더욱 가속된다는 점이다.

라즈 파텔Raj Patel은 『저렴한 것들의 세계사』를 비롯한 다양한 저작 속에서 기후비상사태와 생태 위기가 사실은 자연과 노동력을 싸구려로 만들며 그 비용을 꽁꽁 감춰온 것에 대한 청구서라고 비판한다. 15세기 이래 남반구의 자연과 노예 노동, 그리고 여성의 재생산 노동을 저렴하게 수탈함으로써 부를 축적했던 자본주의에서 벗어나지 않는 한 행성 위기에서 벗어날 수 없다는 것이다. 라즈 파텔은 이렇게 피에 굶주린 자본주의를 윈디고에 비교한다.[98] 윈디고Weendigo는 서부 캐나다와 미국의 토착 문화권의 전설에 등장하는 식인귀다. 할리우드 B급 영화에 종종 전설의 괴물로 인용되기도 한다. 윈디고는 끊임없이 이빨을 가느라 입술에선 피가 흐르고 사람 피를 마실수록 더욱 배고파한다. 사람들을 잡아먹다가도, 내면의 욕망 때문에 결국에는 서로를 잡아먹는 식인종. 이 전설은 수확기에 무절제하게 소비하면 춘궁기에 식량이 부족할 것임을 일깨워주는 선대의 교훈이 반영된 이야기다. 현재의 적당한 몫보다 더 많이 먹는 것은 사실상 미래의 후손들에게 가하는 일종의 식인 행위가 되는 것이다. 윈디고 자본주의는 곧 지구 행성의 미래를 잡아먹는다.

자본주의가 남반구의 자연과 노동력을 저렴하게 수탈하는 이유는 북반구의 임금을 낮추고 노동자의 조직적 힘을 약화시키며, 또한 시민들로 하여금 대량 소비에 중독되게 함으로써 더 많은 돈을 벌기 위해서다. 저렴한 자연, 저렴한 노동력은 북반구의 생산과 재생산 비용을 떨어뜨리고 이는 곧 북반구 노동자의 임금 하락으로 연결될 수밖에 없다. 예를 들어 제조업이 북반구에서 남반구로 아웃소싱된 후, G7 국가들에서 1982년부터 2005년 사이 국민 소득에서 임금이 차지하는 비중이 6퍼센트나 하락했다. 그와 동시에 손쉬운 신용과 값싼 수입품의 유혹에 빠진 소비자들이 부채의 늪으로 빠져들었다.[99] 자연과 남반구의 노동력이 싸구려 취급을 받을수록, 북반구의 삶의 질도 축소될 수밖에 없다. 우리가 살아가는 북반구, 그리고 남반구의 부유한 도시는 어디에서 왔는지 모를 저렴한 것들로 가득 찬 슈퍼마켓 사회. 사시사철 마트 진열대에서 반짝거리는 싱싱한 채소들을 보라. 그것들은 어디에서 오는가? 유럽 식탁의 채소와 딸기의 3분의 1은 안달루시아 지역에서 이주노동자들의 저렴한 노동력으로 생산된 것들이다. 화학비료와 살충제로 재배되고 지하수를 고갈시키며 자란 채소들이다. 그 탓에 안달루시아 농부들은 대수층 고갈과 기후변화에 따른 가뭄으로 부족해진 물을 놓고 정부와 사투를 벌이는 중이다. 한국 슈퍼마켓의 채소들도 똑같은 경로를 밟는다. 그것들은 남반구에서, 비닐하우스에 살아가는 이주노동자의 손에서, 그저 도시에 먹거리를 제공하는 후배지로 전락한 채 싸구려 취급을 받는 농촌에서 온다.

최근 북반구가 사랑해 마지않는 아보카도를 보자. 북미, 유럽, 그리고 한국을 비롯한 동아시아 지역에서 주로 소비하는 녹색 과일이다. 그런데 미국인들이 아보카도를 먹을 때마다 지진이 발생한다. 2020년 1월 5일부터 2월 15일에 이르는 동안 멕시코 미초아칸에서는 3,247개의 크고 작은 지진이 기록됐다.[100] 지역 당국은 지진이 지하수 추출 때문에 발생했다고 결론지었다. 아보카도는 압도적으로 물을 많이 먹고 자라는 과일이다. 한 개의 아보카도를 얻기 위해선 320리터의 물이 필요하다. 토마토보다 열네 배 더 물을 흡입해야 생장할 수 있다. 그 때문에 멕시코 미초아칸에서는 아보카도 재배를 위해 매일 수십억 리터의 물을 뽑아 쓴다. 대수층이 텅텅 비어가고 지하동굴이 무너지면서 지진이 발생하는 것이다. 미초아칸은 세계에서 아보카도를 가장 많이 생산하는데, 이 중 80%가 미국으로 건너간다. 슈퍼볼이 열리고 미국인들이 과카몰레를 만들어 먹느라 단 하루 동안 멕시코 아보카도의 7%가 소비된다.[101] 경기가 열리기 전날, 6분마다 아보카도를 실은 트럭이 미국으로 달려간다. 몇 년 전 트럼프가 장벽을 세운다고 하니 우리의 아보카도는 어쩌냐고 볼멘소리가 나올 지경이었다. 미국인들은 애초부터 이 녹색 과일에 중독되었던 걸까? 그렇지 않다. 북미자유무역협정(NAFTA)이 체결된 직후 10년 동안에만 미국 내 아보카도 소비가 두 배 이상 증가했다. 중독을 야기한 건 저렴한 단일 작물을 쏟아내는 자유무역이었던 것이다.

또 아보카도는 멕시코 삼림 벌채의 주원인이다. 현재 연간 산림 손실의 30~40%가 아보카도로 인해 발생했다.[102] 매년 워싱턴 D.C. 절반 크기에 해당하는 약 15,000~20,000에이커의 숲이 잘려나간다. 미초아칸은 원래 농업 지대였다. 북미자유무역협정 이후 수요가 폭발하면서 닥치는 대로 숲을 베어내고 아보카도 나무를 심었다. 생물다양성이 붕괴되는 건 당연한 수순이다. 매년 450,000리터의 살충제, 900,000톤의 살균제, 30,000톤의 비료가 아보카도 농장에 비처럼 쏟아진다.[103] 지하수와 토양이 오염되고 농부들이 질병에 시달린다. 원래 이 지역은 세계 희귀종인 왕나비의 고향이었다.

아보카도가 피의 다이아몬드가 되는 건 시간문제였다. 마약 카르텔이 SUV에 무기를 싣고 미초아칸으로 몰려온 것이다. 아보카도 재배 경로를 따라 시체들이 나뒹굴기 시작했다. 아보카도 관련한 산림 벌채 때문에 저항하던 환경운동가들이 속절없이 살해됐다. 카르텔은 미초아칸을 활보하며 농장주들로부터 수수료와 보호세를 뜯어내거나 아예 직접 농장을 경영하기도 한다. 세를 과시하기 위해 시체를 공중에 매달고, 경찰을 살해하는 폭력이 다반

사로 펼쳐진다. 인터뷰 기사들을 볼 때마다 이곳 주민들은 예전엔 이곳이 가난하더라도 평화로운 곳이었다고 한결같이 한숨을 섞어 술회한다. 근래 들어 유럽과 동아시아에도 아보카도 수요가 폭발적으로 성장하고 있다. 한국의 경우 2015년 1,500톤에서 2021년 1만 6,000톤으로 무려 열 배 이상 증가했다. 이렇게 아보카도 생산과 소비가 확대되는 뒤편으로는 사모 펀드와 대형 투자자들이 자리한다. 블랙록과 뱅가드 그룹 같은 악명 높은 투자 자본이 아보카도 시장에 본격적으로 뛰어들고 있다.[104] 어느덧 아보카도는 수백억 달러 이상의 돈을 벌어들이는 녹색 황금이 되었고, 자본의 골드러시가 전 세계에서 펼쳐지며 토지와 물을 또다시 수탈하기 시작한 것이다.

사정은 칠레도 마찬가지다. 아보카도 수출의 60%를 차지하는 페토르카 Petorca 지방은 계곡마다 아보카도 농장이 늘어서 있다. 1990년대부터 정부 관료와 기업들이 페토르카 계곡으로 몰려와 땅을 사들이고 아보카도 농장을 만들었다. 역시 문제는 물이다. 피노체트 정부의 악명 높은 물 민영화로 인해 강과 수로가 사유지가 돼버렸기 때문이다. 아보카도 농장이 강과 대수층의 물을 빨아들이는 탓에 인근의 소농과 선주민들은 먼지 날리는 대지에 엎드려 고통을 호소한다. 기후위기로 인한 가뭄도 문제인데, 반짝이는 아보카도 과일을 위해 대수층이 바짝 말라가는 것이다.

부유한 국가의 중산층들이 녹색 과일을 자르는 동안, 저기 멕시코 땅에서는 물이 마르고 지진이 일어난다. 어쩌다 총도 발사된다. 벌채를 통해 탄소가 풀려나오고 지하수가 고갈되며 생태계 오염이 심화된다. 아보카도 식품 자본과 카르텔은 지역 주민들에게 일자리와 소득을 제공한다고 주장하지만, 빈곤은 여전하다. 그들 스스로 지속 가능한 농법을 통해 삶을 꾸려나갈 수 있는 가능성을 붕괴시키고 폭력적인 글로벌 시장에 끌여들였기 때문이다. 아보카도로 이익을 얻는 건 대농과 지주들이다.

한국 TV에서 유명 셰프와 연예인들이 과카몰레와 샐러드를 만든답시고 도마 위에 아보카도를 올릴 때마다 자못 궁금하다. 저 녹색 과일은 어디에서 온 걸까? 얼마나 많은 물을 추출하고, 살충제를 사용했을까? 얼마나 많은 나비의 생명을 앗아간 걸까? TV쇼에서 조명을 받아 반짝거리는 저 아보카도의 외부가 말끔히 지워져 있는 것이다. 이 글을 쓰기 위해 인터넷으로 검색해보니 커다란 아보카도 다섯 개를 한국 돈으로 1만 원에 판매하고 있다. 이 저렴한 가격에는 외부 비용이 당연히 포함돼 있지 않다. 삼림 벌채 값, 탄소 배출 값, 지하수 고갈 값, 살충제로 인한 생물다양성 파괴 값, 아보카도 노동자들이 덜 받은 임금값, 물 부족을 겪는 사람들의 비애……. 외부 비용을 지불하지 않음으로써, 그 피해를 자연과 남반구 소농들에 전가함으로써, 그리고 그 외부의 경로를 보이지 않게 함으로써 1만 원짜리의 저렴한 제국적 생활양식이 가능한 것이다.

　라즈 파텔은 제국적 생활양식을 지탱하는 저렴한 상품의 예로 '햄버거'를 인용한 바 있다. 우리가 먹는 햄버거가 너무 저렴하다는 것이다.[105] 미국의 경우, 연방 정부가 매년 380억 달러를 육류 및 유제품 산업에 보조금으로 지출한다. 2015년의 연구에 따르면, 이러한 보조금 덕에 빅맥의 가격이 13달러에서 5달러로 낮춰진 것으로 나타났다.[106] 여기에 수십억 달러의 옥수수 보조금까지 더한다면, 옥수수로 사육되는 소 덕택에 관련 기업들은 수억 달러의 이익을 챙기게 된다. 육식을 하지 않는 사람들의 세금이 고스란히 기업의 이익으로 들어가는 셈이다. 그런데 그 햄버거엔 반영되지 않는 비용들이 숨겨져 있다. 패스트푸드 기업들은 매장의 파트타임 노동자들에게 과연 노동력에 준해 임금을 제대로 지불하는 걸까? 또 대부분의 햄버거에는 토마토가 들어가는데, 이 붉은 채소는 어디에서, 누구의 손을 거쳐 온 걸까? 2000년대 초반 미국에서 '토마토 1파운드당 1센트를 올려라' 운동이 벌어진 적이 있다. 맥도날드, 버거킹, 타코벨, KFC, 피자헛 등을 대상으로 350여 개의 대학과 고등학교에서 장장 4년에 걸쳐 토마토 보이콧이 일어났다.[107] 멕시코, 과테말라, 아이티에서 온 노동자들이 구타, 성폭력, 억류, 악질적인 저임금과 임금 체불로 얼룩진 현대판 노예 농장에서 혹사당하다 마침내 투쟁에 나서며 패스트푸드 산업이 어떻게 이주노동자들의 노동력을 저렴하게 착취하고 있는지를 폭로했던 것이다. 아무리 토마토를 따도 이주노동자에게 돌아오는 임금이 터무니없이 적었다. 미국 농무부(USDA)에 따르면 미국 내 250만 명의 농장 종사자들은 단속 협박, 장시간 노동과 저임금, 열악한 주택, 언어 장벽과 차별, 살충제 노출, 극심한 기후 스트레스 속에서 빨갛고 맛깔스러운 토마토를 수확한다.[108] 물론 비닐하우스에서 동사한 캄보디아인 여성 노동자 속헹의 비극에서 보듯, 한국의 이주노동자들도 그 못지않은 엄혹한 차별 속에서 한국인들의 식탁에 올릴 깻잎을 따고 대파를 뽑고, 또 토마토를 딴다.

햄버거 가격 속에는 지불되지 않은 노동력, 아울러 비만과 질병 등 보건 비용도 소비자들에게 전가된 채 누락되어 있다. 그리고 결정적으로, 햄버거 가격 속엔 생태적 비용이 빠져 있다. 인도의 과학환경센터(Center for Science and the Environment)의 보고에 따르면, 열대우림을 벌채한 땅에서 사육되었거나 그 땅에서 재배된 대두를 먹고 자란 소의 고기로 만든 햄버거의 값은 족히 200달러는 나가야 한다.[109] 이 연구가 시행된 게 1994년이었으니 지금으로 환산하면 햄버거 가격은 훨씬 더 올라가게 될 것이다. 열대우림을 벌채하면 그만큼 탄소 흡수원이 사라지고 생태계가 무너지게 된다. 이는 인류의 미래를 미리 먹어치운 것이기에 그 비용을 산정하기도 쉽지 않다. 또한 사료용 대두를 재배하는 과정에서 지하수 고갈과 살충제 남용은 물론 치명적인 양의 질소를 생태계에 축적한다. 일부 생태학자는 이를 '질소 폭포 효과(Nitrogen Cascade Effect)'라고 부른다.[110] 질소 비료는 작물 재배에 필요하지만 식물과 동물이 흡수하는 질소의 양은 그리 많지 않다. 투입되는 질소의 약 10~15%만이 우리의 입으로 들어갈 뿐이다. 나머지는 물과 토양을 오염시키고 연소를 통해 대기로 주입된다. 자본주의적 단일 작물 재배를 위해 땅에 들이붓는 질소가 거의 흡수되지 못한 채 자연 생태계에 폭포처럼 쏟아지는 것이다. 그 폭포의 물결이 지구 온난화, 산성비, 오존층 파괴, 해양 부영양화로 이어지며 지구의 행성 한계를 붕괴시키는 중이다. 우리는 통상적으로 기후위기와 관련해 이산화탄소에만 집중하지만 질소 과잉 역시 행성 위기를 부추기는 요인이다. 햄버거 가격 속엔 이 모든 치명적 비용들이 지워져 있다.

세계에서 열대우림을 가장 많이 불태우고 대두를 심는 곳이 남미다. 미국이 최대 대두 생산국이었지만, 최근 20년간 남미 국가들이 빠르게 성장해 전 세계 대두 생산량의 57%를 차지한다. 브라질은 대략 총 전 세계 대두의 37%를 생산한다.[111] 그러면, 이 대두는 어디로 흘러갈까? 대략 90% 정도가 분쇄되어 동물 사료가 된다. 나머지는 대두유로 만든다. 그중 일부는 또 바이오디젤로 가용된다. 그러니까 그 너른 경작지에 질소 비료와 살충제를 퍼부으며 대두를 심는 독보적인 이유는 단 하나, 육류 때문이다. 유럽은 대두 수요의 64%를 브라질과 미국에 의존한다.[112] 중국 역시 미국과 브라질로부터 대두의 80%를 수입한다.[113] 콩 자급률이 23% 남짓밖에 되지 않는 한국의 경우 미국과 남미로부터 대두를 대량 수입한다. 그 대부분이 소, 돼지, 가금류의 사료를 위해서다. 기존에는 북미와 유럽이 압도적으로 소비했다면 지금은 중국을 비롯한 아시아에서도 육류 소비량이 증가하고 있다. 그런데 육류는 단연 비효율적인 식량이다. 전 세계 칼로리 섭취량의 17%만이 동물에서 나오는 반면, 식물 식품이 칼로리 섭취량의 83%를 공급한다. 단백질 섭취량의 단 33%만이 육류와 유제품에서 나온다.[114] 이 비효율의 곡예는 계속 펼쳐진다. 쇠고기 1킬로그램을 생산하는 데는 3~10킬로그램의 곡물이 들어가야 하고, 곡물을 키우기 위해서는 화학비료와 살충제 때문에 화석연료를 들이부어야 한다. 고쳐 말해, 곡물을 먹인 쇠고기 1킬로그램을 생산하려면 약 8리터 이상의 화석연료가 들어간다. 이렇게 에너지 집약적인데도 그 효율은 식물에 비해 터무니없이 떨어진다. 1헥타르 경작지에서 쌀이나 감자를 재배할 경우 1년에 19~22명을 먹일 수 있지만, 쇠고기나 양고기는 1~2명만 먹일 수 있다.[115]

잠시 눈을 감고 상상해보자. 우리는 지금 우주에서 지구 행성을 바라보고 있나. 눈 시리게 푸르고 아름다운 행성, 하나밖에 없는 인류의 고향. 하얀 얼음과 파란 바다와 초록빛으로 출렁이는 산맥이 보인다. 뒤이어 얼음이 없는 땅이 보일 것이다. 바로 그 땅의 약 38%가 인류의 경작지다. 그러나 이 경작지의 80%가량이 오로지 육류를 위한 대두 재배지와 목초지다. 라틴 아메리카 대륙에 필적하는 어마어마한 크기다. 혹시 여기는 소와 돼지와 닭의 행성일까? 인간과 가축의 개체수가 전체 포유류 바이오매스의 96%를 차지한다. 야생종은 기껏 4% 남짓으로 쪼그라들었다. 한때는 야생종이 거닐던 곳에 이제는 사육종이 감금당한 채 그 자리를 채우고 있다. 그런가 하면, 북반구에서 육류를 게걸스럽게 먹는 동안 저기 남반구에서는 식량 부족으로 많은 사람들이 굶어 죽고 있다. 축산 자본이 열대우림을 파괴하는 동안 아마존의 어린 선주민 청소년들은 캠코더와 드론에 의존한 채 자신들의 땅을 지키다 살해된다. 도대체 이 행성의 이름은 무엇일까? 그 이름은 육식 행성이다.

육식 자본주의가 이렇게 지구 행성을 지배하게 된 것은 육류를 저렴하게 판매하기 위해서다. 즉 자본의 이익을 위해서다. 저렴하게 팔아야 더 많이 팔 수 있고 더 많은 이윤을 축적할 수 있기 때문이다. 20세기 초부터 생태계를 쥐어짜 대두와 육류를 추출한 결과, 지구는 온통 사료 재배지로 변모했으며, 북반구 사람들은 훨씬 더 뚱뚱해졌고, 부채에 시달리던 소농들이 소멸되는 대신 소수의 대농들이 토지를 더 많이 소유하게 되었고, 인류가 발생시키는 모든 이산화탄소 중 14.5%가 가축 생산에서 나오는 육식 자본주의가 탄생하게 된 것이다. 아마도 저기 수단과 소말리아 등 사하라 이남 아프리카만큼 육식 자본주의의 약탈적 면모를 잘 보여주는 공간도 없을 것이다. 흔히들 우리는 이곳의 분쟁과 난민이 그들의 부도덕과 인종적 특질 때문이라고 치부하지만, 사하라 이남 아프리카 비극의 상당 부분이 육식과 관련이 있다는 사실은 거의 알려져 있지 않다. 코로나 팬데믹 이전, 수단과 소말리아는 걸프만 지역의 중동 국가들에 동물성 단백질의 90%를 공급했다.[116] 1980년대부터 중동의 오일머니가 이 지역을 육류 생산의 배후지로 지정하고 대규모 투자를 쏟아내면서, 목동과 농부의 관계가 토지와 물 자원을 놓고 악화되었다. 기존에는 목축과 농경이 비교적 안정적이고 평화로운 관계를 유지했지만, 목축이 방대한 규모로 상업화되고 신자유주의 질서에 휩쓸리면서 모든 게 달라졌다. 방목을 위해 농부의 토지를 빼앗는 인클로저가 자행되는가 하면, 육류 산업에 민병대와 준군사조직이 연루되며 점점 축산업 자체가 군사화되었다. 이에 따라 많은 분쟁이 발생했고, 폭력과 토지 강탈에 쫓겨난 수많은 농부들이 난민을 형성하게 된 것이다. 지난 30~40년 동안 걸프만 지역이 석유를 판 돈으로 도시를 짓고 흥청망청 메가 이벤트를 벌이는 동안 사하라 이남 아프리카에서는 값싼 육류를 제공하기 위해 서로의 땅과 물을 뺏느라 피를 흘려야 했다.[117]

자명하게도, 육류는 자동차와 더불어 제국적 생활양식의 표본을 제공한다. 동시에 자본주의의 대량생산-대량소비 시스템을 상징하는 두 개의 축이다. 심지어 둘은 운명적으로 긴밀하게 엮여 있다. 헨리 포드가 자동차 공정에 도입한 컨베이어 벨트 아이디어가 나온 곳이 시카고의 유명 육류업체의 도축장이다. 소와 돼지의 사체가 부위별로 절단되고 포장되는 공정라인을 보고 아이디어를 얻은 헨리 포드는 1913년에 컨베이어 벨트를 자동차 생산 공정에 도입했다. 자동차 한 대를 조립하는 데 열두 시간 걸리던 시간이 90분으로 단축되었고, 삽시간에 포드의 모델 T가 대량 복제되며 1922년경에는 미국 자동차 절반을 장악하게 된다. 825달러에 달하던 가격이 260달러까지 뚝 떨어지자 일반 시민들도 자동차를 살 수 있게 됐다.[118] 마침내 육류 공장과 자동차 공장의 만남을 통해, 대량생산-대량소비 시대가 활짝 펼쳐진 것이다. 이 시스템은 이내 미국뿐 아니라 전 세계 산업의 모든 분야로 퍼져나갔고, 20세기를 저렴한 소비재가 흘러넘치는 세계로 만들었다. 이탈리아 좌파 지식인 안토니오 그람시Antonio Gramsci는 이를 '포디즘Fordism'이라고 명명했다.

여성 노동과 패스트패션

    쉼 없이 돌아가는 대량생산 시스템은 추출을 하지 않고서는 작동되지 않는다. 화석연료를 채굴하고, 자연과 저렴한 노동이 추출돼 시스템 안에 빨려 들어가야 한다. 콩고의 코발트에서부터 햄버거 패티에 이르기까지, 수많은 자원과 인간의 노동력이 대량생산이라는 기계 장치 안에 싸구려 가격으로 무한히 공급되어야 한다. 그 비용을 지불하지 않고 저렴한 풍요로움을 즐기는 것, 그것이 제국적 생활양식이다. 그러나 제국적 생활양식은 또 하나의 결정적인 비용을 지불하지 않는다. 여성의 재생산노동이 그것이다.

    자본주의는 상품을 생산하거나 가격이 매겨진 노동이 아니면 무가치한 노동으로 치부한다. 그런데 우리의 삶을 지속시키는 게 단지 상품 생산과 소비일 뿐일까? 누가 밥을 짓는가? 청소는 누가 하는가? 아픈 가족은 누가 돌보는가? 빨래는 누가 하고 아이는 누가 키우며, 우리가 살아가는 데 필수불가결한 재생산과 돌봄의 영역은 누가 담당하는가? 왜 이 노동들은 그토록 무가치하게 여기는 걸까? 인간의 삶을 돌보는 가장 중요한 이 노동에 왜 아무도 비용을 지불하지 않는 걸까? 실비아 페데리치의 다음 문장은 부불노동을 수행하는 여성의 삶을 통렬하게 응축한다. "우리는 하녀이자 매춘부이고 간호사이자 정신과 의사이다."[119] 가사노동을 도맡고 남편에게는 성적 서비스를 제공하며 가족의 육체적-정신적 건강을 돌보는 노동을 밤낮없이 하는데도, 여성의 노동은 가치가 없는 것으로 취급당하며 그 대가를 받지 못한다는 것이다. 16세기 식민지의 사탕수수 플랜테이션에서의 노예 노동처럼, "가정이라는 플랜테이션 농장"에서 여성들도 똑같이 값이 지불되지 않는 노예 노동을 한다.[120] 실비아 페데리치는 마르크스조차 재생산노동 문제를 가볍게 넘겼다고 비판한다. 여성의 재생산노동을 저평가하는 까닭은 간단히 말해, 자본이 남성 노동자의 노동력을 저임금으로 묶어두기 위해서다. 노동력을 재생산하고 돌보는 비용을 사랑과 헌신이라는 허울을 씌워, 여성의 재생산노동과 희생에 무료로 전가함으로써 임금을 낮출 수 있기 때문이다. 이것은 또한 저렴한 상품을 생산할 수 있게 한다. 가부장제 자본주의가 여성의 재생산노동을 공짜로 추출함으로써 축적 체제를 확장해온 것이다. 여성의 재생산노동 연구에 지대한 공헌을 한 마리아 미즈Maria Mies 역시 남반구의 식민지화가 유럽 노동자를 혹사시키고 임금을 낮추는 데 기여했듯이, 여성의 가정주부화가 '내부 식민지'로 기능했다고 분석한다.[121]

여성의 재생산노동과 돌봄 노동은 경제와 사회의 바퀴를 돌리는 숨겨진 엔진이다. 농사에서부터 가족을 돌보는 노동에 이르기까지, 여성의 재생산노동이 갑자기 멈춘다면 인류의 삶은 단 하루도 작동되지 않는다. 모든 여성이 파업을 한다면 이 세계는 그대로 멈추게 된다. 옥스팜에 따르면, 지구상의 여성과 소녀는 매일 125억 시간의 무급의 돌봄 노동을 수행한다. 최저임금으로 평가하면 연간 최소 10조 8,000억 달러의 가치를 가지며, 이는 세계 산업 규모의 세 배가 넘는 수치다.[122] 그런데도 여성의 재생산노동의 가치는 흐릿한 안개처럼 취급된다. 여성 농부만 보더라도 흙을 만지는 그 손으로 인류의 생명을 건사한다. 전 세계에서 대부분의 먹거리는 여성이 생산하는데, 라틴 아메리카의 경우 여성의 먹거리 생산 비율이 30~40%, 아시아에서는 50~60%, 사하라 이남 아프리카에서는 80~90%에 이른다.[123] 이조차도 여성의 토지 소유권이 박탈된 경우가 대부분이라 지분이 작게 책정돼 있다. 세계에서 가장 빈곤한 사람의 80%가 여성이라는 사실은 세상의 모든 곳에서 재생산노동을 수행하는 여성이 얼마나 무시되고 가치절하되는지를 적확하게 예시한다.

　재생산노동과 돌봄 노동의 가치절하는 결국에 제조업과 서비스 산업에서의 여성 임금을 낮추는 지렛대로 기능한다. 한국의 경우 여성 임금이 남성 임금의 60%에 불과하며, 격차가 연간 2천만 원에 달한다. 여성 노동의 저평가는 가부장제 자본주의의 보편적 현상이다. 여성 노동의 저렴화가 곧 임금 전반의 저렴화, 그리고 대량생산에 기반한 제국적 생활양식의 토대가 되기 때문이다. 이와 동시에 제국적 생활양식은 '아동 노동'과 '현대판 노예 노동'도 부단히 흡혈한다. 오늘날 전 세계적으로 1억 6천만 명의 소녀와 소년이 아동 노동을 수행한다. 그중 70%가 농업 부문에서 일하는데, 농작물 재배, 가축, 임업, 어업, 양식업 등에 종사한다.[124] 목화를 따거나, 소 젖을 짜거나, 또는 그물을 꿰매는 어린 아동의 노동이 그 가치가 지불되지 않은 채 세계 축적 회로에 빨려 들어간다. 현대판 노예 노동도 마찬가지다. 현재 지구상에서 노예 노동을 수행하는 사람은 대략 5천만 명으로 추정된다.[125] 강제 노동, 강제 결혼, 인신매매 형태의 다양한 착취 관행 속에 붙들린 사람들이다. 15세기 이래 500년 동안 서아프리카 해안에서 납치돼 대서양을 건너간 흑인 노예가 1,500만 명 정도였던 걸 감안하면, 지금 이 시대가 얼마나 윤리적으로 망가져 있는지를 알 수 있다. 노예 노동 중 약 2,800만 명이 강제적으로 일하는데, 이 중 86%가 우리가 매일 소비하는 상품을 위해 노동력을 제공한다. 초콜릿에서부터 금속 채굴에 이르기까지, 글로벌 가치 사슬의 끝단에서 보이지 않는 존재로 취급당하며 부불노동을 수행하는 것이다. 다국적 기업들은 노예 노동의 존재를 알고 있지만 국제법 법망을 피해가며 이들의 노동력 가치를 북반구로 실어나르면서 부를 축적한다.

　가치절하된 여성의 노동, 아동 노동, 노예 노동에 의해 구축된 제국적 생활양식의 실상을 압축적으로 보여주는 게 패스트 패션Fast Fashion이다. 패션 쇼나 유명인들이 선도하는 유행에 맞춰 빠른 속도로 저렴하게 생산하는 의류 상품을 의미한다. '더 빠르게, 더 저렴하게', 이것이 패스트 패션의 모토다. 1980년대 북반구 제조업이 임금이 싸고 환경적 비용을 지불하지 않아도 되는 남반구로 대거 몰려갈 때 패스트 패션 산업은 전위부대인 양 재빠르게 남아시아에 외주화되었다. H&M, 자라, 인디텍스Inditex, 유니클로, 아디다스, 휴고보스, 스파오, GAP 등 이 목록은 대책 없이 이어진다. 패스트 패션 공정에서 생산되는 옷 한 벌의 일생은 곧 제국적 생활양식의 설계도와 같다.

먼저 목화 종자를 보자. 인도는 전 세계 면화의 25% 정도를 생산한다. 약 50만 명의 어린이들이 하루 최대 열세 시간씩 수작업으로 목화꽃의 가루받이 일을 한다. 그 여린 손으로 꽃송이와 종자를 골라낸다.[126] 이 중 90%가 여자아이들이다. 또 90%가 빚을 지고 있다. 이들은 아무런 교육도 받지 못한 채 목화밭에서, 면화 공장에서 혹사당한다. 작업 중에 몬산토의 고농도 살충제에 노출되어 구토와 경련을 호소하기 일쑤고, 공장 먼지로 인해 어린 나이에 폐암에 걸리는 경우도 많다.[127] 패스트 패션의 그 시작점부터 이렇게 아동 노동과 강제 노동이 각인돼 있다. 여성 농부들 역시 인도의 면화 생산에서 지대한 역할을 한다. 세계식량기구(FAO)에 따르면, 인도의 전체 목화 파종 노동의 70%, 목화 수확 노동의 90%를 여성이 담당한다. 수익성 높은 작업의 참여가 배제되는 대신 목화 재배와 같은 노동집약적 작업을 주로 도맡는다. 그렇지만 남성 소득의 78%를 받는다. 또 최대 면화 생산지인 마하라슈트라주의 여성 농부들은 고작 16%만이 토지를 소유한다.[128] 목화 농가는 기존 종자보다 네 배 더 비싼 유전자 변형 종자와 그와 연계된 살충제를 구입하느라 빚에 허덕이는 동시에, 매년 최소 100만 명이 농약에 중독될 정도로 환경 위기를 양산한다. 목화는 세계에서 가장 더러운 작물이라는 별명이 있다. 그만큼 살충제를 많이 사용한다. 진딧물, 거미 진드기, 총채벌레 등 다양한 벌레가 목화를 좋아한다. 그 때문에 전 세계에서 매년 20억~30억 달러 상당의 농약을 목화밭에 뿌린다. 사람, 동식물, 식수와 강에까지 살충제가 실핏줄처럼 파고든다. 목화는 또 압도적으로 물 집약적이다. 면 티셔츠 한 장을 생산하는 데 최소한 728갤런의 물이 들어간다. 한 사람이 2년 반 동안 사용할 수 있는 양이다.[129] 인구의 절반가량이 안전한 물에 대한 접근권을 박탈당하고 1억 가구의 어린이들이 제대로 물을 사용할 수 없는 인도에서 면화 산업은 그렇게 물을 게걸스럽게 빨아들인다.

세계 패션 동향을 확인하기 위해 우리는 어디를 보면 될까? 패션쇼? 인플루언서의 인스타? 아니다. 인도와 방글라데시, 그리고 중국의 하천과 강의 색깔을 보면 그해 유럽과 미국에서 유행하는 패션의 경향을 가늠할 수 있다. 목화밭에서 추출한 면화는 합성섬유와 함께 염료 작업을 거치게 되는데, 이 과정에서 배출되는 화학 염료와 각종 독소들이 하천과 강을 형형색색으로 오염시킨다. 새파란 하천, 빨간 하천, 하얀 거품 하천……. SF 재난영화에 나올 법한 그 괴이한 색깔의 하천들은 북반구 국가들의 화려한 패스트 패션 산업이 잔뜩 토해놓은 독극물이다. 가령, 2017년 인도 뭄바이에서 열한 마리의 파란 개가 발견돼 세상에 충격을 줬다. 수백 개의 염료 공장들이 밀집되어 있는 카사디Kasadi강을 헤엄치다 물든 것이다.[130] 또 중국의 셴양Xiantang의 하천들은 온통 더러운 섬유 조각들이 쌓여 있고, 물은 파란색과 핏빛으로 오염돼 있다. 이 지역은 연간 약 3억 벌의 청바지를 생산하며 전 세계 청바지의 3분의 1을 공급한다. 염료 과정에서 수은, 납, 산 성분이 하천으로 쉼 없이 쏟아져 나온다. 색이 바랜 듯한 청바지 스톤워시 룩을 위해 독성 화학 물질을 대량으로 사용하기 때문이다.[131] 국제적 비판에 직면해 제혁소가 다른 지역으로 분산되긴 했지만 몇 년 전까지 방글라데시 다카의 하자리바그Hazaribagh 지역은 세계에서 가장 독성이 집적된 곳 중 하나였다. 이 지역은 10억 달러 규모의 무두질 산업이 발달한 곳으로 150여 개의 제혁 공장이 존재했다. '하자리바그'와 '가죽', 두 개의 키워드로 구글 검색을 해보시라. 산처럼 쌓인 가죽 쓰레기와 오염된 하천을 볼 수 있을 것이다. 반짝거리는 가죽옷, 벨트, 지갑을 만들기 위해 이곳에서 소 가죽을 두들기거나 화학 공정을 거치는데, 어린아이들이 보호 장비도 없고 신발도 신지 않은 채 가죽을 산(alkali)에 담그는 위험한 모습을 어렵지 않게 볼 수 있다. 세계보건기구에 따르면, 하자리바그 제혁소에서 일하는 노동자의 90%는 50세 이전에 사망할 가능성이 높다.[132] 최근 제혁 공장이 다른 지역으로 이전됐지만, 마찬가지로 그곳의 하천과 강도 서서히 죽어가는 상황이다.

이제 우리의 옷은 목화밭과 염료 공장을 거쳐 봉제 공장으로 들어간다. 방글라데시, 중국, 인도, 베트남 등 주로 남아시아에 봉제 공장이 펼쳐져 있다. 우선 패스트 패션의 속살과 마주하기 위해선 2013년 4월 24일을 떠올려야만 한다. 그날, 방글라데시 다카의 상업 지역에서 8층짜리 라나 플라자 건물이 붕괴됐다. 의류 공장이었다. 채 90초도 되지 않는 짧은 시간에 건물이 폭삭 무너져내렸다. 이 사고로 1,134명이 사망하고 2,500명이 부상을 입었다. 인류 역사상 가장 치명적인 산업재해였다. 사망자의 80%가 여성과 어린이들이었다. 전날에 노동자들은 건물의 균열을 발견하고 심상치 않다고 느꼈다. 문제가 해결될 때까지 작업 중단을 요청했다. 하지만 경영진은 이를 거절했다. 주문 작업을 제시간에 마감해야 했다. 패스트 패션의 바이어들이 더 빠르고 신속한 생산 주기를 선호하기 때문이다. 이 참사를 계기로 패스트 패션 산업이 아시아 여성 노동자들을 어떻게 착취하는지 그 숨겨진 내막이 드러났다. 단지 일회적인 사건이 아니라, 반복적으로 발생하는 구조적인 산업재해였던 것이다. 2012년 파키스탄 의류 공장에서도 대형 화재가 발생해 314명의 노동자가 사망한 터였다. 노동자들이 작업을 다 끝내기 전에 건물을 떠나지 못하도록 문을 잠그고 창문을 막아놓는 공장의 관행 때문에, 그 안에 있던 노동자들이 갇힌 채 연기에 질식돼 죽어갔다.[133] 방글라데시에서도 1990년 이후 50건의 의류 공장 화재로 400명 이상의 노동자가 사망하고 수천 명이 부상을 입었다.[134]

중국에 이어 방글라데시는 세계에서 두 번째로 큰 의류 및 섬유 생산국이나. 나라 전체 수출 수익의 85%를 차지한다. 의류 산업의 연간 수익은 약 340억 달러이며 GDP의 35.1%에 해당된다. 3,500여 개의 의류 공장에 대략 400만 명이 고용되어 있는데, 이 중 80%가 여성이다. 그들의 임금은 이른바 '빈곤 임금'이다. 최저 생계비에도 훨씬 못 미치는 월 75달러 수준.[135] 이마저도 2013년 라나 플라자 참사 이후에 노동자들이 투쟁을 통해 간신히 상승시킨 금액이다. 종전에는 36달러에 불과했다. 방글라데시 의류 노동자들은 연간 340억 달러의 경제적 가치를 생산해내고 있지만, 의류 가격에 포함되는 임금의 비율은 고작 2%에 불과하다. 의류 공장에서 일하는 여성 노동자의 91%가 월급으로 자녀들의 생계를 감당하지 못하고 식료품점에 빚더미를 쌓아 올린 채 살아간다.[136] 결사의 자유도 없고, 출산과 육아 휴가도 없으며, 장시간 노동과 만성적 질병, 그리고 신체적·언어적 성적 폭력이 난무하는 공장 안에서, 터무니없이 저렴한 값으로 노동력을 제공한다. 가부장제하에서 여성의 바느질은 언제나 무가치하고 시시한 돌봄 노동으로 취급되어왔다. 그 뒤를 이어 패스트 패션 자본주의가 아시아 전역의 의류 공장에서 여성의 노동력을 저렴하게 수탈하는 것이다. 급기야 2023년 10월 의류 노동자들이 임금 상승을 요구하며 2주 동안 격렬히 투쟁을 전개했다. 경찰이 쏘는 고무탄에 4명이 사망했다. 다급해진 정부가 113달러로 임금을 올리겠다고 발표했지만, 의류 노동자들은 인플레이션을 고려하지 않은 낮은 수준이라며 반발했다.[137] 라나 플라자 붕괴 재난에도 불구하고 도무지 변하지 않는 노동 조건에 대한 분노가 12년 만에 터져나온 것이다.

최근에 유명 패션쇼와 패스트 패션 기업들이 라나 플라자가 붕괴된 4월 24일을 추모하는 이벤트를 종종 벌이곤 한다. 자성을 촉구하고 지속 가능한 패션을 이야기한다. 폐플라스틱으로 만든 디자인을 패션쇼에서 선보이며 친환경 패션의 선두 주자인 것처럼 뽐낸다. 하지만 그들이 말하는 지속 가능성은 그들 사업의 지속 가능성을 의미할 따름이다. 현재 유럽에서

18.25달러에 판매되는 폴로 셔츠의 가격 속에 포함된 방글라데시 여성 노동자의 임금은 0.54달러다.[138] 단 2.96%, 그렇게 노동력을 헐값에 쥐어짠다. 패스트 패션 기업들이 주장하는 지속 가능성은 철저히 임금 절도에 기반해 있다. 더 나아가 지상의 자연을 끊임없이 갈취한다. 매년 980억 세제곱미터의 막대한 물을 사용하며, 그 대신 직물 염색 과정에서 압도적인 양의 독극물을 토해낸다. 전 세계 폐수의 20%가 직물 염색 과정에서 발생한다. 화석연료 다음으로 물 오염을 야기한다. 그뿐만 아니라 500억 개의 플라스틱 병에 필적하는 50만 톤의 플라스틱 마이크로 섬유를 매년 바다로 흘려보낸다.[139] 패스트 패션은 또 걷잡을 수 없이 많은 쓰레기를 배출한다. 1초마다 옷 쓰레기를 가득 채운 트럭들이 매립지와 소각장으로 달려간다. 팔리지 않은 멀쩡한 재고들도 상당수 포함되는데, 유명 브랜드 기업들이 몰래 버리다 발각되는 일이 허다하다. 이 옷 쓰레기들은 가난한 동남아와 아프리카로 실려가 그곳의 대지와 강을 집어삼킨다. 굶주린 코끼리와 소가 산처럼 쌓인 옷 쓰레기를 뒤적이는 장면은 이제 흔한 지구촌 뉴스가 되었다. 심지어 칠레 아타카마 사막에도 옷 쓰레기가 버려진다. 위성 사진으로도 선명하게 확인될 정도로 막대한 면적의 옷 쓰레기장이 사막 속에 은밀히 구축된다. 방글라데시와 중국에서 제조돼 유럽, 동아시아 또는 미국을 거쳐 라틴 아메리카 사막에 도착한 중고 의류들이다. 이른바, 쓰레기 식민주의(Waste colonialism)다. 하지만 패스트 패션 시장은 날로 성장하는 중이다. 2000년에서 2014년 사이에만 패션 소비가 60% 증가했다. 2030년까지 패션 산업은 지구 두 개에 해당하는 자원을 소비할 것으로 예상된다.[140] 과연 패스트 패션 업계가 주장하는 것처럼 지속 가능한 패션이 성립 가능한가? 이들의 주장을 비웃기라도 하듯, 전 세계 중고 의류의 재활용은 단 1%에 그치고 있다.[141]

이것이 패스트 패션 시스템에서 생산되는 옷 한 벌의 여정이다. 인도 목화밭에서 시작해 방글라데시의 의류 공장을 거쳐 칠레 사막에 버려지는 이 과정은 제국적 생활양식의 작동 원리를 단번에 보여준다. 그리고 이 여정의 잔혹한 쳇바퀴를 통해 패스트 패션 산업이 배출하는 탄소량은 무려 전체의 10%를 차지한다.[142] 직물 1킬로그램을 생산하는 데 온실가스 23킬로그램을 배출한다.[143] 실로 압도적인 배출량이다. 세계 불평등을 직조하고, 생태계에 독극물을 뒤집어씌우는 것도 모자라 막대하게 탄소를 배출하는 것이다. 혹자는 그러면 헐벗고 다니라는 것이냐 항변할지도 모르겠다. 생태 문제를 지적하면 다짜고짜 결핍과 헐벗음을 내세우는 전형적인 반응들이다. 당연히 헐벗고 다닐 필요가 없다. 너무 많이 생산하고, 너무 많이 버린다는 이야기를 하는 것이다. 더 빨리, 더 저렴하게 생산 회로를 가동하는 패스트 패션 자본이 저렴한 의류 상품을 쏟아내는 동안, 막대한 쓰레기로 지구를 뒤덮는 동안, 아시아 여성과 어린이의 노동력을 착취하고 인류의 고향을 재앙 속에 몰아넣는다는 이야기를 하는 것이다. 우리가 그 저렴한 의류를 구입해 몇 번 입고 그냥 버릴 때마다, 그 무의미한 소비를 반복하면서 인정 욕구를 채우고 삶의 의미를 헛헛하게 갈구할 때마다, 심지어는 옷을 사재기하느라 빚을 질 때마다, 살충제에 전 목화송이를 따는 인도 소녀의 삶은, 그리고 자식들을 굶기지 않으려고 열네 시간 동안 미싱을 밟으면서도 턱없이 모자란 돈을 받는 방글라데시 여성의 삶은 어떻게 할 것이냐, 강과 바다로 흘러가는 형형색색의 독극물과 대기로 풀려나가는 이산화탄소는 어떻게 할 것이냐 그걸 질문하는 것이다.

청년 간디를 감화시켰던 『나중에 온 이 사람에게도』에서, 존 러스킨John Ruskin은 우리가 어떤 물건을 구매할 때 그것을 만든 사람의 삶과 노동 조건을 살펴보아야 한다고 조언한다. 그렇지 않으면 물건을 만드는 사람의 생명력과 삶이 끊임없이 약화되거나 끝내 절멸하게 되는 까닭이다. 그것은 지속 불가능을 의미한다. 또 구매하는 물건이 우리의 생명과 삶을 이어가는 데 얼마나 유용한가를 꼼꼼히 성찰해야 한다고 말한다.[144] 과연 그 물건이 우리의 삶을 재생산하고 돌보는 데 꼭 필요한 것인지, 아니면 소비를 위한 소비의 무의미한 굴레에 종속된 것인지. 그는 기쁨으로 만들어지지 않은 물건에서 우리는 기쁨을 누릴 수도 없고 그래서도 안 된다고 여겼다. 여기에 또 다른 질문을 추가할 필요가 있다. 과연 그 물건은 이 지구의 지속 가능성을 담보하는가, 행성의 생명 한계를 준수했는가. 이 질문이 빠져버리면 결국 무한히 돌아가는 축적의 톱니바퀴에 지구의 자연이 압착되기 때문이다.

◑

체란의 모닥불 혁명

　확실히 지구 행성의 표면은 괴이한 모습이다. 수십억 대의 자동차가 질주하고, 육류를 위해 농경지의 태반이 잠식되었으며, 옷 쓰레기들이 대지와 바다를 뒤덮고 있다. 도무지 비용을 지불하지 않는 뻔뻔한 세계의 풍경이다. 대량생산과 대량소비, 이것을 위해 자연과 인간의 노동력을 마구잡이로 뽑아 사용하는 자본의 축적 기계가 만들어낸 행성 위기의 진면목이다. 사람들에게 소비의 쾌락이 삶의 유일한 의미인 것처럼 닦달하며 구축한 제국적 생활양식의 필연적 결과다. 녹색 자본주의는 우리에게 재생에너지로 배터리를 교체하면 행성 위기가 해소될 거라고 말하지만, 과연 그런가? 허무맹랑한 이야기다. 자동차, 육류, 패스트 패션, 전자기기, 단일 작물 등 추출주의에 기반한 축적 모델이 지속되는 한, 자연을 공짜 수도꼭지와 하수구처럼 여기는 한 탄소 배출뿐 아니라 현재 인류가 맞이한 절체의 행성 위기에서 벗어날 수 없다.

　추출주의를 극복하기 위해서는 먼저 숨겨진 외부를 직시하는 게 중요하다. 우리가 구입하는 상품 영수증에 기입되어 있지 않은 생명과 자연의 목록들, 그 생생한 목소리들. 지금 우리가 논의하는 추출주의라는 개념 자체도 남미 선주민들이 펼쳐낸 저항의 역사에서 비롯되었다. 라틴 아메리카 학자들이 그 저항의 역사를 조명하고 글로벌 자본주의의 축적 기제를 추출주의라는 용어로 개념화한 것이다. 오늘날, 자명하게도 저항의 상상력을 풀무질하는 장소는 북쪽이 아니라 남쪽이다. 땅과 삶의 주권을 지키기 위해 글로벌 자본주의와 대척하는 남쪽의 현장으로부터, 감춰진 세계의 이면을 폭로하고 다른 세계로 초대하는 편지들이 날아온다. 물 민영화 전쟁으로 신자유주의를 격퇴했던 볼리비아 민중들, 세계화에 대한 저항 속에서 다른 세계가 가능하다는 걸 증명한 멕시코 사파티스타Zapatista 민족해방군, 자립과 땅을 얻기 위해 투쟁하는 브라질의 무토지 농민운동(MST), 세계 최초로 자연의 권리를 인정한 에콰도르의 자연 헌법 등이 제국적 생활양식의 정반대편에서 다른 형태의 삶을 구축하기 위한 씨앗이 동봉된 편지들이다.

안데스 지역의 선주민들이 형성한 '부엔 비비르Buen Vivir'가 대표적인 그 씨앗의 하나다. 일반적으로 '좋은 삶'으로 번역되는 이 세계관은 개발 담론과 추출주의의 폭력성을 배격한다. 무한한 성장이 자연의 무제한적인 추출과 양립할 수 있다는 자본주의의 선형적인 진보관은 단지 무한한 폭력을 가중시킬 뿐이다. 대신에 부엔 비비르는 자연과 조화를 이루고 인간의 존엄성을 바탕으로 새로운 생산양식을 추구하기 위해 애쓴다. 조화로운 삶의 즐거움, 그것이 핵심이다. 생명을 경제에 종속시키는 자본주의와 달리, 경제를 생명에 종속시키고 모든 존재가 평화롭게 어우러지는 세계를 지향한다. 흔히 오해하듯, 부엔 비비르는 안데스 선주민 조상으로부터 물려받은 주술적 세계관이 아니다. 또 딱히 통일적 형식이 존재하는 것도 아니다. 서구 제국의 정복과 강탈에 저항하는 과정에서, 특히 1980년대 이후 신자유주의와 세계화를 통해 다국적 자본이 화석연료, 광물, 농작물 등 자연 자원을 수탈하는 데 맞서 싸우는 과정에서 생성된 복합적 세계관이다. 선주민 중심으로 신자유주의와 대대적으로 격돌했던 볼리비아와 에콰도르는 부엔 비비르의 정신을 헌법에 기입했다. 자연과 인간의 공생을 도모하고 추출 경제와의 결별을 선언하는 인류 최초의 헌법이었다. 물론 나중에 에콰도르 정부는 부엔 비비르를 제도적인 허울 속에 가둬놓고 또다시 채굴을 용인하는 악수를 두었지만, 선주민의 상당수는 여전히 추출주의에 강력하게 저항하고 있다. 이처럼 부엔 비비르는 역사적 산물이며 지금도 끊임없이 변화한다. 북반구의 많은 이들이 제국적 생활양식의 포로가 되어 있는 농안 남미의 선주민과 민중들은 식민주의 너머, 신자유주의 너머, 세계화의 너머, 추출주의의 그 너머를 바라보았던 것이다. 현실의 폭력을 뚫고 그 너머를 응시하는 힘이야말로 우리를 다음 단계로 도약할 수 있게 한다.

　남미의 민중들은 지금 이 순간에도 추출주의에 격렬히 저항하며 다른 세계의 가능성을 선구적으로 열어젖히고 있다. 2023년 11월, 파나마에선 수많은 사람들이 거리로 뛰쳐나와 깃발을 흔들며 춤을 췄다. 대법원이 구리 광산 계약이 위헌이라는 판결을 내렸기 때문이다. 파나마에는 세계 최대 규모의 노천 구리 광산 코브레 파남Cobre Panam이 있다. 파나마 정부가 캐나다 구리 생산 기업인 퍼스트 퀀텀First Quantum, 그리고 한국의 공기업인 광업광물자원공사(KOMIR)와 20년간의 채굴 연장 계약을 체결했는데, 시민들이 들고일어났다. 다국적 기업에게 유리하게 진행된 부패한 계약이며 환경을 파괴한다는 것이 이유였다. 그 구리 광산은 보호구역과 국립공원들 사이에 위태롭게 위치해 있었고, 이미 295건의 환경법을 위반한 상태였다.[145] 노동자, 학생, 선주민, 환경운동가 등 25만 명의 시위자들이 몇 주간에 걸쳐 고속도로와 항만 시설을 점거하며 파나마를 마비시킬 정도로 격렬히 저항했다. 대법원 판결은 그 시위의 함성 속에서 내려진 조치였다. 구리 채굴 산업이 GDP의 5%를 차지할 정도로 큰 경제적 가치를 지니지만 파나마 민중들은 결국 환경과 삶의 존엄성을 선택했던 것이다. 이보다 앞선 2023년 8월에는 에콰도르에서도 역사적인 선택이 이루어졌다. 두 차례의 국민투표를 거쳐, 야수니Yasuni 자연보호구역과 초코안디노Choco Andino 숲에서 석유와 광물 추출을 중단하기로 결정했다. 지역 선주민과 시민들이 해당 지역의 석유 시추를 중단하라는 청원 운동을 벌여 75만 명의 서명을 받았고, 이에 결국 국민투표가 시행된 것이었다. 에콰도르 국영 석유 회사는 국민투표가 통과될 경우 향후 20년 동안 138억 달러의 손실을 입을 거라며 사람들의 패닉을 유도했지만, 결국 유권자의 59%가 석유 시추 금지

법안을 지지했다. 아울러 68%의 유권자가 초코안디노 숲에서의 금 채굴을 반대했다. 숲과 강의 권리를 헌법에 기입한 에콰도르답게 GDP와 오일머니 대신, 어머니 자연을 선택한 것이다. 그 덕에 에콰도르는 민주적 투표를 통해 자원 추출에 제동을 건 최초의 국가 중 하나가 되었다. 한 선주민 지도자는 인터뷰에서 이렇게 소감을 밝혔다. "마침내 석유 회사가 우리 영토에서 쫓겨나게 됩니다. 이것은 모든 선주민, 동물, 식물, 숲의 정령, 기후를 위한 중대한 승리입니다!"[146]

그런가 하면 추출주의에 저항하는 과정에서 작은 혁명을 일으킨 선주민 공동체도 존재한다. 마체테를 든 여성들이 멕시코 미초아칸주의 작은 도시 체란Cherán에서 주도한 봉기는 단번에 미초아칸 전역에 희망의 등불이 되었다. 체란의 혁명은 조금 더 자세히 들여다볼 필요가 있다. 미초아칸주는 멕시코에서 조직범죄가 가장 기승을 부리며 폭력으로 얼룩진 지역이다. 앞서 보았듯 마약 카르텔, 그리고 부패한 경찰과 지역 정치인들, 다국적 사모펀드로 얽혀진 추출 경제에 의해 아보카도를 세계에서 가장 많이 생산하는 곳이다. 푸레페차Purepecha 선주민 2만여 명이 살고 있는 가난한 도시 체란에도 2006년경부터 카르텔의 폭력이 그림자를 드리웠다. 보호를 해주겠다는 명목으로 약탈을 일삼다가, 이내 공유지 숲에서 나무를 벌채해 목재용으로 팔아넘기기 시작했다. 체란의 공유지 숲은 소나무 숲이다. 지역 주민의 상당수가 숲에서 송진을 채취하고 그걸로 공예품을 만들어 내다판다. 그런데 카르텔은 하루에도 수백 그루의 소나무를 베어내며 그곳에 아보카도 나무를 심었다. 2006년에서 2011년 사이에 공유지 숲의 3분의 2가 파괴됐다. 마을의 송진 채취자들은 살해 위협 때문에 숲에 들어가지도 못할 지경이었다. 시장과 경찰에게 아무리 하소연해도 무장 카르텔과 연루된 그들은 모르쇠로 일관했다. 이렇게 공유지 숲이 계속 파괴되면 송진을 얻을 수도 없고 아보카도 때문에 극심하게 물이 부족해질 것이었다. 체란의 여자들이 무장한 카르텔의 벌목꾼을 설득하기 위해 애썼지만 번번이 쫓겨나기 일쑤였다. 그러다 2011년 4월 15일, 여섯 명의 여자들이 벌목꾼 두 명을 어깨 숄로 꽁꽁 묶어 교회로 데려오는 사건이 발생했다. 분노한 여성들이 참다 참다 벌목꾼을 잡아온 것이었다. 교회 종이 울렸고, 폭죽이 쏘아지자 사람들이 교회로 달려왔다. 그게 봉기의 시작이었다.[147]

마체테를 휘두르는 여자들, 빗자루와 야구 방망이를 든 노인들, 돌을 던지고 불꽃을 쏘는 청년들 수천 명이 무장한 벌목꾼들을 쫓아내기 시작했다. 무장 카르텔에 의해 학살이 일어날 수도 있었던 상황이지만, 체란의 주인들은 그에 굴하지 않았다. 벌목꾼과 카르텔뿐만 아니라 급기야 시장과 경찰까지 모두 도시 바깥으로 내쫓았다. 그날 밤, 도시 전역의 교차로에는 약 200개의 모닥불이 피워졌다. 혹시나 있을 공격에 대처하기 위해서였다. '포가타fogatas'라 불리는 이 모닥불은 그날 이후 체란 봉기의 상징이 되었다. 뒤이은 카르텔의 공격으로 사망자가 나왔지만, 모닥불은 밤마다 타올랐다. 여자들이 피워올린 모닥불에 옹기종기 모여앉아 마을의 운명과 자신들의 삶을 어떻게 재구성할지를 의논하기 시작했다. 의회와 경찰 등을 자치화하고, 공동체 숲을 복원하며, 여성과 어린이와 노인을 존중하는 수평적인 정치를 구성하자는 합의가 여성 주도의 이 모닥불 회의에서 도출되었다. 생태주의와 자치에 대한 흥미로운 시민 실험이 모닥불의 불꽃 속에서 빚어지기 시작한 것이다. 2014년 긴 소송 끝에 체란은 마침내 자치권을 얻어냈고, 자체적으로 경비대를 조직해 도시를 지키고 있다.[148] 지금도 한 달에 한 번, 모닥불이 타오른다. 그사이 수백만 그루의 나무가 재조림되었다. 카르텔과 추출 경제가 물러가니 공유지 숲이 점차 되살아났다. 도시 한편의 묘목장에는 계속 나무 씨앗이 발아하는 중이다. 체란의 사람들은 숲에 속한다는 그들만의 원칙이 다시 자라나는 것이다. 현재 이곳 주민들은 정치를 자치화하고, 이자가 없는 연대 대출(solidarity loans)로 지역 공동체의 경제를 돌보며, 아보카도를 금지하고, 역사와 문화를 다양하게 재현하기 위해 문화운동을 장려하며, 또 자체 기율을 세워 삶을 재생산하고 있다. 만

약 절도 사건이 발생하면, 붙잡힌 사람 손에 '나는 도둑질을 좋아합니다'라는 팻말을 들려 동네를 돌게 한다. 정식 감옥이 없는 이 도시에서는 범죄자가 실수를 인정하고 공동체가 이를 받아들이면 다시 구성원으로 되돌아가는 경로를 따른다. 응보적 정의가 아니라 회복적 정의를 중요시하는 것이다. 그렇게 살인과 폭력이 얼룩졌던 지역인데 봉기 이후 범죄율이 물에 쓸려나가듯 급감했다. 그렇다고 이들이 현재적인 기술을 배척하냐면 그것도 아니다. 이곳의 청소년들은 라디오, 인터넷, 페이스북, 틱톡 등의 기술적인 자원을 토지 방어를 위한 네트워크에 적극 활용하고 있다.[149] 식민주의, 국가 폭력, 범죄, 추출 경제에 의해 핏빛으로 물든 미초아칸 지역에서 체란은 그렇게 푸른 오아시스를 일궈냈다.

체란의 모닥불은 무엇을 의미할까? 그것은 꺼지지 않는 삶, 어둠을 사르는 삶을 의미한다. 공유지 숲에 의존해 살아가는 다양한 생명의 민주주의를 깨닫게 하는 희망의 불길이다. 우리는 중남미의 투쟁으로부터 배워야 한다. 자본주의와 파괴적인 추출 경제에 맞서 풀뿌리들의 연대와 자치로 다시 공동체의 터전을 일구는 그 변혁적 과정에는 삶의 재생산이 자리한다. 자연과 인간의 노동력을 귀한 줄 모르고 마구잡이로 흡수하는 추출주의와 제국적 생활양식은 우리의 삶을 재생산하지 않는다. 화폐로, 연료로, 쓰레기로, 탄소로, 미세플라스틱으로, 다시 말해 죽음의 형태로 축적할 뿐이다. 하지만 삶의 재생산에 초점을 맞추는 정치는 우리가 살아가는 데 가장 필요로 하는 것들의 질적인 향상을 요청한다. 음식, 주거, 의료, 에너지, 교통, 돌봄, 친목 등 불가분의 필수 영역을 공공화하고 낙오자 없이 넉넉히 챙겨 모두가 그 기쁨을 누릴 수 있는 체제로의 전환을 의미한다. 요컨대 제국적 생활양식의 맞은편에는 연대적 생활양식, 돌봄의 생활양식, 자급의 생활양식, 재생산의 생활양식, 공유지 생활양식이 존재한다.

북반구의 마르크스주의 일각에서는 추출주의와 제국적 생활양식에 대한 논의에 대해 체제의 문제를 소비에 국한하고, 소비자들에게 책임을 전가하는 기존의 중산층 환경운동의 전략을 답습한다고 비판하곤 한다. 하지만 제국적 생활양식에 대한 비판이야말로 마르크스가 힘주어 주장한 '은폐된 생산의 장소'를 낱낱이 폭로할 뿐만 아니라 지금의 축적 체제를 근원적으로 전환해야 한다고 요청한다. 대공장 임금 투쟁에 국한된 그 낡은 이론적 틀, 그리고 자연과 농촌과 주변부 노동력의 수탈에 대해 눈 감는 맹목의 관념으로는 행성 위기를 자초한 죽음의 축적 체제의 본질에 결코 도달할 수 없다. 지금 여기에서 말하려고 하는 것은 아보카도 먹지 말라, 자동차 사용하지 말라, 육류 먹지 말라, 옷 아껴 입어라 같은 훈계가 아니다. 개인적 실천은 그 자신을 만족시키는 데는 훌륭한 테크닉일지 모르지만, 체제를 변화시키는 데는 아무 도움이 되지 않는다. 상품들을 저렴하게 소비하고 자연을 낭비하는 과정에서 혹시 우리가 잃어버린 게 무엇인지 그 무의식적인, 또는 고의적인 집단 망각을 해체하고 문제의 근원을 마주하자는 이야기를 하는 것이다.

가령, 자동차를 싹 없앤 도시가 있다고 치자. 아마도 그 도시 시민들은 마치 체란의 주민들이 공유지 숲을 바라보듯이 그제야 도시 공유지의 진면목과 마주칠지도 모른다. 도시 공유지는 잃어버린 장소다. 마치 범죄 카르텔이 돈을 벌기 위해 체란의 공유지 숲을 벌목하고 아보카도 플랜테이션으로 만들려고 했듯이, 이윤을 축적하기 위해 사람들을 길에서 내쫓고 자동차 위주로 도시 공간을 사유화-상품화하는 과정도 정확히 동일한 궤적을 그린다. 카르텔과 부패한 정치인들을 내쫓았을 때 공유지 숲이 체란 시민들 앞에 나타났듯, 자동차를 내쫓았을 때 공유지 도시가 눈앞에 출현한다. 실제로 이런 도시들이 존재한다. 특히 스페인 북서부의 자치 도시 폰테베드라Pontevedra의 변화된 풍경이 상징적이다. 지난 20년이 넘는 기간 자동차를 도시에서 거의 추방하다시피 했기 때문이다.

1999년 폰테베드라의 시장 후보로 나선 미겔 로레스Miguel Lores는 자동차를 줄이겠다는 공약을 발표했다. 인구 8만여 명의 해안 도시는 하루에도 수만 대의 자동차가 경유하는 복잡한 도시였다. 늘 교통 체증이 발생했고 주차장을 찾는 자동차들 때문에 도로는 항상 붐볐다. 높은 교통 사고율, 각종 소음, 심지어 마약을 비롯한 범죄율도 치솟는 상황이었다. 어느 모로 보나 오염되고 쇠퇴한 도시였다. 미겔 로레스는 프랑코 독재 이후 보수 지역에서 처음으로 시장에 당선된 좌파 정치인이다. 당선되자마자 그가 맨 처음 한 일은 자동차 통행을 제한하는 것이었다. 도심의 모든 지상 주차장을 폐쇄하고, 신호등을 없앴으며, 차 없는 구역을 계속 확장해나갔다. 또 도심 주행 속도를 10~30킬로미터로 제한했다. 사람의 보폭에 맞춰 도시의 흐름을 재구성한 것이다. "도시는 단순히 길이 아니라 공존의 공간입니다." 미겔 로레스가 자주 하는 말이다. 공공 공간을 확대해 자동차가 아니라 사람에게 할당하자는 이야기다.[150] 필수 자동차 업무를 제외하고 도시 전반에 걸쳐 자동차 운행을 제한한 이 선구적 프로그램의 결과는 어땠을까?

도시 공간의 4분의 3에서 자동차가 사라졌다. 도심 시가지에선 교통량이 97% 감소했다. 2011년 이후로 단 한 명의 교통 사망자도 나오지 않았다. 2016년 이후로 경찰은 단 한 건의 과속 위반 딱지도 발부하지 않았다. 덕분에 대기질은 깨끗해졌고, 이 도시의 탄소 배출량은 70%가량이나 현저히 줄었다. 또 경적 소리와 자동차 소음이 사라졌다. 대신, 새소리와 커피 숟가락 부딪히는 소리와 대화를 나누는 사람의 목소리가 선명하게 들린다. 6~12세 사이의 2천 명의 아이들은 이제 안전한 길로 걸어서 학교에 다닌다. 덩달아 범죄율도 뚝 떨어졌다. 사람 살기 좋다는 소문에 12,000명 정도의 외부 인구가 몰려왔다.[151] 자동차 없애면 상가가 망한다고 법석을 떨던 사람들이 무안하게도 도심 상가는 이전보다 훨씬 더 북적거린다. 자동차보다 자전거, 자전거보다 도보가 활성화될 때 상가가 더 번영하기 때문이다. 자동차가 멈추자 산책하는 삶, 건강한 일상이 감추었던 모습을 드러냈다. 사람들은 이제 자동차를 놓고 자전거를 타거나 걸어서 이동한다. 시민 만족도가 상승한 덕분에 미겔 로레스는 20년 이상 시장을 역임했다. 한때 보수적이었던 이 도시는 최근 기세가 오른 스페인 극우 VOX도 맥을 못 추는 지역이 됐다. 폰테베드라의 파격적 실험은 프랑스 파리를 비롯해 현재 유럽 전역에서 시도되는 '자동차 없는 도시'의 원형을 제공한 것으로 평가받는다.

"어째서 노약자와 아이들이 자동차 때문에 거리를 이용하지 못하는 걸까요? 어떻게 사유재산인 자동차가 공공장소를 점유할 수 있는 걸까요?"

도시 인프라 책임자 세자르 모스케라César Mosquera의 말이다. 자동차가 공공의 장소를 소유하는 기이한 세계에 대한 일침이다. 폰테베드라의 공식 슬로건은 "더 적은 자동차, 더 많은 도시(Menos coches, más ciudad)"다. 자동차를 줄일수록, 더 많은 도시 공간이 열린다는 뜻이다. 필수 영역의 자동차 통행은 인정하되 가급적 자동차를 줄일수록 공공의 공간이 창출될 수밖에 없다. 이것은 간단한 이치다, 하지만 계속 놓치고 있는 공리다. 폰테베드라의 실험은 자동차로 대변되는 제국적 생활양식의 표면을 벗겨내 그 숨겨진 속살을 보여준다. 우리가 무엇을 잃고 살아왔는지, 또 무엇이 우리를 지배했는지. 공유지 숲이 모두에게 열릴 때 그것은 얼마나 풍요로운가. 추출 경제와 소비지상주의를 벗어나고서도 우리의 삶이 기꺼이 기뻐질 수 있다는 걸 희미하게나마 현시한다. 그렇게 체란의 공유지 숲과 폰테베드라의 공유지 도시가 이어진다. 추출 기계를 쫓아내고 안전한 소나무 숲으로 걸어 들어가는 체란의 선주민 여성은, 추출 기계 자동차를 쫓아내고 도시의 숲으로 걸어 들어가는 폰테베드라 여성의 모습과 겹쳐진다. 생태학의 가장 강력한 가르침은 모든 게 연결되어 있다는 것이다.

체란과 폰테베드라의 실험이 주는 교훈은 지금의 파괴적인 추출 경제를 공유지 중심으로, 서로를 돌보며 삶을 지속시킬 수 있는 재생산의 생활양식으로 바꿔야 한다는 것이다. '기후위기에 어떻게 대응해야 하나요?'의 질문은 이렇게 바뀌어야 한다. '지금의 삶의 양식을 어떻게 바꾸어야 하나요?' 행성 위기를 자초한 체제와 생활양식을 그대로 놔둔 채 위기를 극복할 수 있는 방법은 우주 전체를 다 뒤져도 존재하지 않는다. 그 파괴적이고 소모적인 삶의 양식을 유지하기 위해 우주를 뒤지는 일만큼 무모하고 어리석은 일도 없을 것이다. 생산을 위한 생산, 대량의 상품, 이윤 축적으로 구조화된 자본주의 생산양식이 아니라 사회의 재생산과 지구 자연을 두루 건사하는 생산양식으로 체제의 방향타를 바꿀 때, 비로소 우리 앞에 모두의 찬연한 숲이 등장하게 될 것이다.

7장

이야기의
행성

"대지는 모든 사람을 위한 보물창고다."

디거스

◐

해바라기는 죄가 없다

2022년 10월 런던 내셔널 갤러리에 전시되어 있던 빈센트 반 고흐의 그림 〈해바라기〉 위로 토마토수프가 날아왔다. 액자 유리 표면 위로 수프가 흘러내렸다. 오 마이 갓, 비명이 터져나왔다. 수프를 던진 건 20대 초반의 두 영국 여성. 재킷을 벗고 'Just Stop Oil'이라는 단체명이 적힌 티셔츠를 드러냈다. 그중 한 명이 관람객들에게 외쳤다.

"예술과 생명 중 무엇이 더 가치가 있을까요? 음식보다 가치가 있나요? 정의보다 가치가 있나요? 그림 한 점을 보호하는 것이 더 중요합니까, 아니면 지구와 사람들을 보호하는 것이 더 중요합니까?"[1]

두 사람은 기후 직접행동 단체인 저스트 스톱 오일의 멤버들이었다. 한편 그와 동시에, 유럽의 다른 박물관에서도 음식물이 날아다녔다. 독일 포츠담 박물관에 걸려 있는 모네 그림에는 으깬 감자가, 프랑스 루브르의 〈모나리자〉에는 케이크가, 이탈리아에서는 또 다른 고흐의 그림에 완두콩 수프가 투척됐다. 그 뒤를 이어 보티첼리, 파블로 피카소, 구스타프 클림트의 그림들도 줄줄이 표적이 됐다. 유럽에서 가장 유명한 예술작품들 위로 동시다발적으로 온갖 음식들이 쏟아지며 난데없이 만찬이 벌어진 것이다. 메시지는 간단했다. "죽은 행성에는 예술이 없다." 저스트 스톱 오일의 경우 애초에는 유조선 점거, 주유소 파손, 화석연료 은행 사보타주 등 주로 화석연료 반대 시위에 집중했는데, 대중들에게 기후위기의 심각성을 보다 강렬하게 전하기 위해 반달리즘 전술을 변칙적으로 구사한 거였다.

이 같은 시위 퍼포먼스를 처음 접한 사람들은 놀라겠지만, 이미 유럽에서는 2018년 '멸종 반란(Extinction Rebellion)'이 설립된 후 자주 목격되는 기후 직접행동이다. 이 조직의 슬로건은 '비상사태'다. 기후위기와 생물다양성 붕괴로 지구 생명체가 멸종으로 치닫고 있다는 비상벨을 울리기 위해 영국에서 설립된 글로벌 운동 조직이다. 멸종 반란은 체포와 투옥을 각오한 시민 불복종 저항을 우선시했다. 도로와 다리를 막고, 기차에 몸을 묶으며, 화석연료 기업 건물에 가짜 피를 뿌렸다. 체포는 하나의 미덕으로 취급된다. 저항이 시작된 이래, 수천 명이 체포됐다. 2019년 10월에는 2주 동안 다양한 공간에서 점거 농성을 벌이며 이른바 '세계 봉기'를 추진했는데, 2주 동안의 직접행동으로 1,768명이 연행됐다. 이 과정에서 런던의 지하철역을 막고 시위대가 지하철 위로 올라가 시위를 벌이다가 분노한 승객들에게 두들겨 맞고 질질 끌려 내려오는 사건이 발생했다. 이 지하철역은 런던 동부의 노동자 밀집 지역이다. 출근 시간을 늦춘 것에 화가 난 노동자들이 폭력을 저지른 것이었다. 하필 왜 노동자들의 발을 묶고 시위를 했냐는 지적과 함께 폭력을 가한 노동자들에게도 동시에 비판이 가해지면서 여론이 악화되고 조직이 분열되기 시작했다. 스펙터클한 시위로 주목과 비판을 동시에 견인하며 세계에서 가장 유명한 기후운동 조직으로 자리매김했지만, 경찰들에게 꽃을 전달하는 등 갈팡질팡하는 모습을 보이며 점차 조직세가 위축되기 시작했다. 그러던 2022년 12월 31일, 갑자기 '우리는 관둔다(WE QUIT)'는 성명서를 홈페이지에 기재한다. 지금까지 시민들에게 혼란을 야기하고 주목을 끄는 방식의 시위를 일시적으로 관두고, 보다 대중적인 조직으로 거듭나겠다는 내용이었다. 멸종 반란이 잠시 소강 상태로 접어들자 그 하위 조직이랄 수 있는 저스트 스톱 오일이 보다 과격한 직접행동의 형태로 박물관 퍼포먼스를 선보였고, 그와 함께 '영국을 단열하라(Insulate Britain)', '동물 반란(Animal Rebellion)', '청년 기후 군단(Youth Climate Swarm)' 같은 청년 조직들이 도로를 점거하거나 SUV 타이어에 바람을 빼는 등 다양한 형태의 시위를 벌여나간 게 이 사태에 이르는 궤적이다.

확실히 박물관 시위는 주목을 끌었다. 단지 부정적인 시선이 주를 이뤘다는 것이 문제다. 신난 우익 언론들은 유명 그림들을 대상으로 시위를 벌인 활동가들을 광신자, 테러리스트라고 맹비난을 퍼부었다. 저스트 스톱 오일의 박물관 시위 직후에 실시된 다양한 여론조사에서 부정적인 여론이 우세했다. 우호적인 자유주의 언론에서도 이렇듯 대중들을 소외시키는 급진적 전술의 효과에 대해 고개를 갸웃거렸다. 물론 소수이긴 하지만 지지하는 사람들도 적지 않았다. 그림을 부순 것도 아니고, 지구 행성이 불타고 있는 심각성을 알리느라 액자 유리에 음식물을 던진 게 무슨 대수냐고 변론하는 목소리도 심심찮게 들렸다. 최근 기후운동의 슈퍼스타로 자리매김한 스웨덴의 인간 생태학자 안드레아스 말름Andreas Malm도《뉴욕타임스》에 "역사는 수프를 던진 사람들을 무죄라고 말할지도 모른다"는 칼럼을 게재하며 세간의 비판에 응수했다.[2] 박물관 시위는 오히려 너무 얌전하고 순진한 시위에 불과하다고 주장하면서 기존의 급진적 저항운동의 성공 사례를 열거한다. 여성 참정권 운동, 아이티 봉기, 아파르트헤이트 반대 운동, 흑인 민권운동 등 폭력을 마다하지 않았던 그 저항의 역사가 화석연료에 대한 투쟁의 본보기가 될 수 있다고 지적한다. 가령, 스페인의 유명 화가 디에고 벨라스케스Diego Velazquez 의 〈비너스의 거울(The Rokeby Venus)〉은 1914년 한 여성이 고기를 다지는 주방기구로 내려쳐 북북 찢었는데, 이는 참정권을 요구하는 여성들의 직접행동이었다. 이 사건 이전에도 참정권 활동가들이 박물관을 습격해 보호 유리를 깨고, 상당수의 그림들을 훼손한 터였다. 말름은 고흐의 〈해바라기〉에 토마토수프를 던진 행위가 여성 참정권 활동가들이 벨라스케스의 그림을 찢은 것과 별반 다르지 않다고 두둔한 것이다. 직접행동 기후 활동가들에게 스웨덴의 이 전투적인 사상가는 상당한 영향력을 발휘한다. 말름이《뉴욕타임스》칼럼으로 그들을 격려한 이후, 정말로 저스트 스톱 오일 활동가들이 런던 국립 미술관에 쳐들어가 디에고 벨라스케스의 〈비너스의 거울〉의 보호 유리 필름을 박살냈다.[3] 그 명화는 90년 동안 두 번에 걸쳐, 한 번은 여성 참정권, 두 번째는 기후비상사태를 맞아 봉변을 당한 셈이다.

결론부터 말하면 말름의 비교는 설득력이 없다. 1914년 여성 참정권 활동가가 〈비너스의 거울〉을 훼손한 것은 그 그림이 여성의 나체를 전시하고 중년 중산층 신사들의 애정을 듬뿍 받았던 작품이기 때문이다. 가부장제를 재현한 그림을 훼손함으로써 배제당한 여성의 권리를 주장한 것이었다. 반면에 고흐의 〈해바라기〉나 〈비너스의 거울〉은 화석연료와 그다지 연관성이 없다. 값비싼 명화를 전시하는 박물관들이 화석연료 관련 기업들로부터 스폰서를 받은 것에 대한 항의라고 주장할 수도 있겠지만, 박물관을 보이콧하는 것과 예술작품에 대한 화풀이는 전혀 다른 결을 갖는다. 그리고 무엇보다 권력관계와 역사적 맥락을 제거한 채 폭력을 수반하는 모든 직접행동이 옳다는 주장은 상당히 문제적이다. 여성 참정권, 아이티 봉기, 아파르트헤이트 투쟁은 가해와 피해, 억압과 피억압이라는 명확한 대립관계가 존재한다. 따라서 피억압 주체가 권력에게 행사하는 제한된 폭력은 정당성을 얻는 데 용이할 뿐만 아니라 보다 대중적인 운동으로 성장할 기폭제가 될 수 있다. 억압의 기제가 명확히 보이기 때문이다. 하지만 고흐의 〈해바라기〉에 수프를 던지는 행위는 모호함으로 가득한 안개 속에서 혼자 치르는 망상의 전투나 다름없다. 억압자는 누구인가? 고흐인가? 〈해바라기〉인가? 행성 위기를 촉발한 건 거울을 바라보는 나체의 비너스인가? 안드레아스 말름은 직접행동을 옹호하는 논지를 계속 이어가며 기존의 자신의 주장을 되풀이한다. 화석연료의 흐름을 끊기 위해 송유관 폭파, 주유소 훼손, 유조선 점거 등의 직접행동을 개시하자는 것이다. 정말로 송유관을 부수고 유조선을 점거하면 화석연료를 몰아낼 수 있을까?

"엄청 많이 들었어요. 국회의사당으로 가라, 정유 공장으로 가라, 뭐든 하라고요. 저는 36시간 동안 유조선에 갇혀 있었어요. 아무것도 안 했어요. 사흘 동안 6만 명의 사람들과 함께 국회 광장에 있었는데도 아무 일도 일어나지 않았어요. 하지만 제 절친한 친구가 반 고흐에게 수프를 던졌고 우리는 몇 달 동안 뉴스에 나왔어요."[4]

저스트 스톱 오일 활동가들이 아무도 관심을 주지 않는 유조선을 포기하고 박물관에 가서 수프를 던진 것은 이목을 끌기 위해서였다. 이들의 목적은 과연 화석연료 근절일까? 인지도일까? 이러한 직접행동을 옹호하는 사람들은 더 나아가 그들의 급진성 때문에 상대적으로 온건한 주장이 지지를 받게 된다는 기상천외한 주장을 펴곤 한다. 심지어 이 논리는 한국의 일부 기후운동 진영에 수입되어 버젓이 통용된다. 말하자면, 자신들이 희생양이 되어 세상의 변화를 추동한다는 것이다. 소영웅주의와 좌익 소아병은 그리 멀리 있지 않다. 대중과 괴리된 채 활동가들의 헌신만으로 세계를 구동시킬 수 있다는 믿음은 정작 변화를 늦추는 족쇄가 되기도 한다. 풀뿌리 운동을 조직하는 대신 미디어 앞에서 전위적인 투사의 이미지를 연출함으로써 국제적 명성과 후원금의 세례를 받은 그린피스Greenpeace의 족적이 이들에게 적잖은 영감을 제공했을 것이다. 수프 투척에 화가 난 대중들의 상당수도 이미 수많은 여론조사가 말해주듯, 기후위기가 심각하다는 걸 알고 있다. 다 알고 있는 내용을 혼자만 알고 있는 것처럼 '시간이 없다'와 '세상이 곧 망한다'는 종말론적 경고를 광야에 선포하기 위해 뜬금없이 박물관에 음식을 던지는 것뿐이다. 대중들이 이에 대해 짜증을 내는 이유는 그들이 전부 우익이어서도 아니고, 기후변화 문제에 무관심해서도 아니다. 그저 엘리트적인 우월성을 뽐내며 대중을 무시하는 데다 다른 세계에 대한 비전을 보여주지 않는 무책임 때문이다. 저스트 스톱 오일이 박물관 습격으로 세계의 이목을 끌 때 내가 엑스에서 실시간으로 본 남반구 기후정의 활동가들의 감상평은 대략 이런 거였다. '남반구와 연대해도 부족할 시간에 부유한 북반구의 아이들이 투정을 부린다.'

2021년 선주민 환경 네트워크(Indigenous Environmental Network) 보고서에 따르면, 캐나다와 미국의 선주민들은 화석연료 송유관 건설에 저항함으로써 해당 국가의 연간 온실가스 배출량의 최소 4분의 1을 감소시켰다.[5] 저항 과정에서 끔찍한 폭력을 당하면서도 선주민, 환경운동가, 시민들, 그리고 국제 조직 등 다양한 풀뿌리 연대로 구축한 놀라운 성과다. 나오미 클라인이 이를 '블로카디아Blockadia'라고 처음 개념화하면서 중요한 저항 운동의 지표가 되었다. 블로카디아란 지도에 표시된 특정 장소를 가리키는 지명이 아니다. 노천 채광이나 프래킹 가스 채취, 혹은 타르 샌드오일 채취 사업이 추진되는 과정에서 국경을 초월한 충돌의 빈도와 강도가 갈수록 심해지는 지대를 가리키는 말이다. 극단적 채취 활동에 대한 이 저항운동은 다양한 기반을 지닌 풀뿌리 주민 운동의 네트워크로 꾸려진다.

"이를 단순히 환경운동으로만 간주하는 것은 옳지 않다. 이 현상을 뒷받 침하는 주요 원동력은 공동체 생존에 필수적인 자원(건강한 물과 공기와 토양)에 대한 실질적인 통제권을 보장하는 근원적 형태의 민주주의를 향한 갈망이다."[6]

나오미 클라인이 명료하게 요약하듯, 블로카디아 투쟁은 단지 화석연료를 땅속에 그대로 놔둔다는 차원의 문제를 넘어, 토지와 자원의 수탈이 결국 민주주의의 문제라는 것을 풀뿌리 연대로 증명해내는 과정이다. 화석 자본가가 가장 두려워하는 것은 추출이 이루어지는 바로 그 지점에서 수백만 달러의 경제적 가치를 봉인하고 민주주의와 공유지를 복원하려는 풀뿌리 연대의 정치이지, 나에게 관심을 가져달라는 인스타그램과 틱톡의 '주목 경제'가 아니다. 아마도 화석 자본가들은 〈해바라기〉에 흘러내리는 토마토수프를 보며 빙그레 웃을 것이다. 자신의 행위에 스스로 만족하고, 성난 우익들의 비난을 직접행동의 알리바이로 삼는 이런 시위는 충분히 북반구스럽고, 충분히 백인스럽다. 실제로 그 활동가들은 너무 하얗다.

안드레아스 말름은 블로카디아에 열광하면서도 정작 핵심은 피하고 모든 문제를 '화석연료 투쟁'으로 축소한다. 논쟁적인 그의 저작 『송유관을 폭파하는 방법(How to Blow Up a Pipeline)』에서도 지구 온난화를 막기 위해 화석연료의 흐름을 끊는 전위적 투쟁이 최전선의 목표가 되어야 한다고 주장한다. 송유관, 정유소, 탄광, 비행기, SUV처럼 탄소를 대량 배출하는 목표물을 집중적으로 공략하고 폭파하라고 요구한다. 이 책은 저스트 스톱 오일을 비롯해 전 세계 기후 직접행동 활동가들에게 꽤 많은 영향을 줬고, 2022년에는 동명의 영화로도 제작돼 화제를 모았다. 기묘하게도, 영화 속에서 대사가 거의 나오지 않는다. 어떤 이유로 자신들이 송유관을 폭파하려는 건지, 어떤 세계를 원하는 건지 도무지 알 도리가 없다. 송유관을 폭파하려는 활동가들의 비장한 모습과 침묵의 제스처들만 물신화된 채 재현된다. 송유관을 제단에 바치지 않으면 세상이 곧 망하기 때문에 필사적으로 제의에 임하는 신도들의 성스러운 몸짓들만 가득하다. 하긴 이 영화적 기표들이야말로 원작에 담겨 있는 정념을 정확히 반영하는 것일 테다. 안드레아스 말름이 보기에, 기후위기를 일으킨 원인은 오로지 '화석연료'이기 때문이다. 19세기 영국 자본이 노동자의 힘과 개입을 위축시키고 생산의 장소를 자유롭게 옮기기 위해 수력 에너지에서 석탄 에너지로 전환했다는 말름의 분석은 탁월하고 명료하지만, 행성 위기의 원인을 화석연료 하나로 환원하는 것은 협소한 시야일 수밖에 없다. 결국 송유관을 폭파하는 기후 볼셰비키가 되자는 막다른 주장에 도달하기 때문이다. 내친김에 그는 또 '생태적 레닌주의'를 주창한다. 1917년 블라디미르 일리치 레닌이 '임박한 파국에 어떻게 대처할 것인가'에 대한 응답으로 프롤레타리아 독재를 선택했듯, 강고한 국가권력과 사회주의 계획경제로 화석연료를 봉인하고, 재빨리 재생에너지를 확대하는 것만이 기후 파국에 대한 해결책이 될 수 있다는 것이다.[7] 이렇게 레닌과 볼셰비즘을 다시 소환하는 이유는 인류 종말을 앞둔 상황에서 에너지 전환을 가장 빠르게 이룰 수 있는 방법이 레닌식 사회주의밖에 없기 때문이다. 다시 말해 파국에 처할 것인가, 아니면 사회주의 계획경제인가의 양자택일이 존재할 뿐이다. 영국의 유명 환경 작가 조지 몽비오George Monbiot는 안드레아스 말름이 화석연료 문제로 자본주의 문제를 치환한다고 지적하며 송유관을 폭파한다고 과연 "지구를 먹어치우는 기계"인 자본주의 체제를 변화시킬 수 있겠냐고 반문한다. 설령 지금 당장 정유소와 송유관을 날려버린다고 해도 현재의 식량 시스템과 대량소비 생활양식 때문에 온실가스는 계속 배출될 수밖에 없다. 토지 이용 변화에 따른 탄소 배출만 해도 전체의 3분의 1을 차지하기 때문이다. 토양 붕괴, 담수 고갈, 해양 생물다양성, 서식지 파괴, 살충제 및 기타 합성 화학물질을 해결하기 위해서는 자본주의 체제 전반을 바꾸는 방법을 모색해야 한다고 지적한다.[8] 하지만 말름은 이에 대한 반론에서, '기후 파괴'와 '환경 파괴'는 동일시할 수 없으며 기후 파괴를 막기 위해서는 화석연료에 대한 물리적 타격이 중요하다는 종전의 주장을 되풀이한다.[9] 행성 위기를 화석연료 문제로 간단히 수렴하는 것이다.

그 전투적이고 급진적인 수사들에도 불구하고, 안드레아스 말름의 화석연료 물신주의는 녹색 자본주의의 탄소 물신주의와 정확히 같은 경로를 그린다. 녹색 자본주의가 자본주의의 구조적 병폐를 타개하기보다 기후위기 문제를 탄소 하나로 환원하고 정량화하듯이, 말름 역시 자본주의 문제를 화석 연료로 말끔히 치환한다. 녹색 자본주의가 에너지 전환을 '시장'에 맡긴다면, 말름은 그 역할을 '국가'에 위탁한다는 차이만 존재한다. 말름의 해결 방식은 강력한 사회주의 국가를 출현시켜 '모든 것을 국유화'하는 것이다.[10] 화석연료를 봉인하고 재생에너지로 대거 전환하며, 탄소 포집 및 저장 기술을 개발하고, 지구 전반에 걸쳐 일괄적으로 육류를 포기시키고 채식을 종용하게 하는 계획경제가 그 대안이다. 그런데 현재 화석 자본이 가장 심혈을 기울이는 분야가 탄소 포집 및 저장 기술이다. 안드레아스 말름이 그토록 비판하는 유엔 기후변화협약 당사국 총회(COP)의 2023년 회담에서 바로 이 그린워싱 기술을 놓고 전 세계 화석연료 로비스트들이 파리떼처럼 달라붙어 만찬을 즐겼다는 사실은 차치하더라도, 그가 제시하는 국가 주도 해법에는 기후정의 관점이 텅 비어 있다. 녹색 자본주의와 완벽히 일치하는 지점이다. 예를 들어, 그는 『화석 자본』에서 재생에너지 전환을 위해 강력한 계획경제의 불가피성을 역설하며 그 예로 '데저텍Desertec'을 인용한다.

　데저텍은 유럽에 전력 공급을 목적으로 사하라 사막에 짓는 태양광 발전소와 풍력 발전 단지를 말한다. 2050년까지 유럽 전력의 약 20%를 공급할 목적으로 2009년부터 추진되다가 중간에 지지부진해진 바 있다. 안드레아스 말름은 사막 위에서 반짝거리는 이 원대한 태양광 공장이 좌초된 것은 단기 이익에 충실한 자본의 특성 때문이라고 분석한다. 자본 대신 국가가 총력을 기울이면 데저텍과 고비 사막의 태양광 발전소인 고비텍이 성공할 수 있다는 것이다.[11] 그의 『화석 자본』이 발간된 게 2016년인데, 그 이후로 북아프리카 사막 프로젝트는 데저텍3.0으로 다시 부활했다. 우크라이나 전쟁을 경유하며 유럽에서 소비할 재생에너지를 확대하기 위해서였다. 그리고 그 계획이 잠시 좌초되었던 것은 단기 이윤에 종속된 자본의 특성뿐 아니라 바로 데저텍 프로젝트가 식민주의적 추출이라는 비판에 시달렸기 때문이다. 어떻게 해서든지 얼른 재생에너지로 전환해야 한다는 전일적 목표에 도착된 안드레아스 말름에게 서사하라 사막에 존재하는 실제의 삶과 목소리들이 들릴 리 없을 것이다. 그곳은 지난 수백 년간 유럽의 식민주의자들이 지겹게 주장해온 것처럼 '텅 빈 곳'이 아니라 선주민들이 살아가는 곳이다. 녹색 전환을 위해 유럽 국가들이 북아프리카를 에너지 플랜테이션으로 다시 식민지화함으로써 발생하는 문제들에 대해 말름은 단 한 단어도 할애하지 않는다. 모로코, 튀니지, 알제리 등 북아프리카를 유럽의 재생에너지 식민지로 구축하느라 유럽 은행들과 세계은행이 돈을 빌려주고 민영화를 재촉하는 동안, 사막의 소수 민족과 부족들은 기존보다 더 탄압당하고, 공유지가 파괴당했으며, 태양광 패널을 식히기 위해 가뜩이나 기후위기로 물 부족을 겪는 곳에서 댐이 건설되고 담수가 고갈되고 있다.[12] 유럽이 모로코 정부에게 찔러주는 돈은 권위주의 국가의 철권통치를 강화하는 한편 토지의 민영화를 재촉한다. 그 덕에 점차 토지가 소수에게 집중되고 있다. 공유지를 빼앗긴 모로코 여성들이 전국적으로 '소울알리야트Soulaliyate 운동'을 펼친다. 이 운동은 토지의 극심한 상품화와 사유화의 맥락 속에서 일어났다. 토지가 매각되더라도 가부장제 구조 때문에 여성들이 보상을 받지 못하고 생계 위험에 내몰릴 수밖에 없기 때문이다.[13] 만성적 식량 부족에 시달리는 튀니지에서는 다국적 기업들이 유럽으로 실어나르는 햇빛 에너지를 위해 먹거리를 심을 땅에 태양광을 심는다. 과연 그 에너지는 누구를 위해 존재하는가? 정작 그 나라의 시민들은 잦은 정전 때문에 고통을 당하고 있다. 북아프리카의 토지와 물, 그리고 민주주의를 약탈하며 유럽으로 전송된 에너지는 그들의 막대한 소비 문화와 제국적 생활양식을 유지하는 데 사용될 것이다. 한편, 유럽이 이렇게 북아프리카에 재생에너지 이니셔티브를 제공하는 또 하나의 숨겨진 이유가 있다. 경제적 발전과 일자리를 위해 재생에너지 건설에 돈을 빌려줄 테니, 유럽으로 향하는 이민자들을 차단하라는 것이다.[14]

유럽 자본주의의 녹색전환 배경에는 북아프리카의 '녹색 식민지화', 그리고 '유럽의 요새화'가 자리한다. 부유한 스웨덴의 교수인 안드레아스 말름이 순진하게 착각하듯, 그곳은 비어 있는 황무지도 아니고 주인이 없는 태양의 땅도 아니다. 중앙집권적 국가로 행위 주체가 바뀐들, 달라지는 게 무엇인가. 안드레아스 말름의 사회주의는 이렇듯 식민주의, 정의롭고 공정한 에너지 전환, 민주주의, 행성 한계를 준수하는 경제에 대한 관점이 결여되어 있다. 녹색 자본주의가 전 세계에 태양광과 풍력을 외주화하는 지점마다 토지 갈등과 농민들의 분노가 점철돼 있다는 사실은 그에게 중요한 문제가 아니다. 단적으로, 그가 살고 있는 스웨덴의 사미Smi족 문제만 봐도 그렇다. 스웨덴과 노르웨이에 걸쳐 조상 대대로 순록을 키우며 살아온 사미족은 풍력 발전 단지가 터전을 침식하는 것에 격렬하게 투쟁하는 중이다. 세계 선주민 단체들과 그레타 툰베리가 연대하는 등 국제적으로도 많은 관심을 받았다. 하지만 말름은 조국에서 벌어지는 일에 대해 한마디도 언급하지 않는다. 왜냐하면 화석연료 대신 얼른 재생에너지로 전환하는 당위의 목표가 저 앞에서 반짝거리기 때문이다. 그렇지 않으면 곧 종말이 들이닥치기 때문이다. 이렇듯 민주주의를 유예한 채 강력한 권위로 기후를 통제해야 된다는 발상은 자칫 붉은 옷을 입은 기후 리바이어던으로 성장할 소지가 농후하다. 정확히 말해, 말름이 이론적으로 판매하는 것은 사회주의가 아니라 종말론과 파국이다. 지난날 속류 마르크스주의자들이 자본주의 공황론과 파국론을 담보로 혁명과 사회주의의 당위성을 종용해왔던 것처럼, 이제 기후 파국 앞에서 팸플릿을 나눠주며 볼셰비키처럼 전위적 투사가 되어 송유관을 파괴하고 사회주의 국가를 건설하자는 것이다. 그리고 그 종말론에 휩쓸려 북반구의 기후 활동가들은 〈해바라기〉에 토마토수프를 던지며 스스로 혁명적 대의에 복무하고 있다고 착각하는 것이다.

안드레아스 말름의 논지를 다소 길게 비판하는 이유는 기후위기 대응에 혼돈을 주는 종말론적 사유에 대한 경각심을 공유하기 위해서다. 종말론은 시야를 흐리고 각종의 사이비 구원의 말에 사람들을 미혹되게 만든다. 자본주의 체제를 치밀하게 진단하지 못하면 제대로 된 해법을 찾을 수 없다. 비상사태이기 때문에, 오히려 비상사태를 낳은 체제의 모순을 정확히 인식해야 한다. 말름은 기후비상사태에 사회주의가 '종자은행' 역할을 한다고 주장하지만, 막상 그가 그 은행에서 끄집어낸 것은 레닌의 낡은 초상화일 뿐이다. 그에 비해, 사회주의를 재발명하자는 낸시 프레이저Nancy Fraser는 그마나 나은 것들을 끄집어낸다. 최근작『좌파의 길』을 통해 프레이저는 자연과 식민지와 여성의 노동을 저렴하게 먹어치우는 '식인자본주의'가 오늘날의 기후-생태 위기를 자초했다고 분석한다. 그리고 "지구를 파괴하면서 자유롭고 민주적으로 사람답게 살 기회를 좌절시키는 시스템에 대한 대안"으로 사회주의를 다시 재창조해내자고 제안한다.[15] 그가 그리는 밑그림은 자본주의가 상품 생산과 축적을 위해 우리의 사회적-생태적 재생산을 종속시킨 그 상하관계의 전복이다. "사회주의자는 이 뒤집힌 것을 바로 돌려놓아야 한다. 즉 사람들의 양육, 자연의 보호, 민주적 자치를 사회의 최우선 사항으로 놓고, 이것들이 효율성과 성장을 압도하게 해야 한다."[16] 요 컨대 주거, 의복, 음식, 교육, 보건, 교통, 통신, 에너지, 여가, 깨끗한 물과 공 기와 같은 기본적 필요와 삶의 재생산에 바탕을 둔 체제로 전환하자는 것 이다. 기존의 좌파 경제학이 간과해왔던 재생산 문제를 솔직하게 인정하고 또 그것을 체제 전환의 동력으로 삼아야 한다고 말한다는 점에서 분명 낸 시 프레이저의 사회주의는 한 단계 도약의 가능성을 품고 있다.

그러나 한편으로 커머닝commoning(공유화), 사회적 경제, 연대 경제, 부엔 비비르 같은 탈성장 흐름에 대해 여전히 확신을 갖지 못한 채 고개를 갸웃 한다. 다양한 탈성장 흐름을 단호하게 부정하는 안드레아스 말름보다는 신 중한 태도지만, 암암리에 전환의 주체를 국가로 설정하면서 자치와 자급에 초점을 맞추는 운동들이 과연 변화를 이끌어낼 수 있을까 의심하는 것이 다. 정작 낸시 프레이저가 『좌파의 길』에서 저렴한 노동력과 재생산 문제 를 논하기 위해, 사실은 전혀 새롭지 않은 이야기에 사회주의 외피를 씌우 기 위해 참조한 사상가들, 즉 마리아 미즈, 실비아 페데리치, 라즈 파텔 같 은 사상가들이 자급과 자립, 그리고 공유지가 얼마나 중요한 재생산 운동 이고 다른 세계를 위한 비전인지를 역설했음에도 끝내 판단을 유보한다.[17] 여전히 많은 좌파들은 사회주의라는 이름하에 강력한 대중 동원과 중앙집 권적 국가권력의 미상에 사로잡혀 있다. 국가와 자치, 중앙집권과 분산, 통 치와 자율, 미래의 혁명과 지금 여기 등 권력을 어떻게 구성할 것인가를 놓 고 100년이 넘도록 펼쳐진 사회주의와 아나키즘의 갈등이 행성 위기 앞에 서도 다시 재현되는 셈이다.

이야기를 보다 진전시키기 위해 '멸종 반란'을 둘러싼 논쟁으로 잠시 우 회해보자. 2020년 9월 1일, 멸종 반란 영국의 트위터 공식 계정이 다음과 같은 글을 올려 구설수에 오른 바 있다.

"분명히 말씀드리지만, 우리는 사회주의 운동이 아닙니다. 우리는 어떤 단일 이데올로기도 신뢰하지 않으며, '시민 의회'와 같은 방식으로 우리 모두를 위한 최선의 미래를 찾기 위해 선택된 국민을 신뢰합니다. '사회주의냐, 멸종이냐'라는 현수막은 우리를 대표하지 않습니다."

멸종 반란 시위에 한 무리의 참가자들이 '사회주의냐, 멸종이냐'라고 적힌 플래카드를 들고 나왔고, 저 문장은 그에 대한 지도부의 입장이다. 그러자 미국 좌파 매체인 《자코뱅Jacobin》을 필두로 많은 사람들이 멸종 반란의 탈정치화에 대해 비판의 포문을 열었다. 정치적 주장 하나 못 펴게 하는 게 말이 되냐는 것이다. 멸종 반란이 출범할 때부터 기후 정치를 회피한 것은 잘 알려진 사실이다. 창립자 중 한 명인 게일 브래드브룩Gail Bradbrook은 과학자이자 전 NGO 프로젝트 관리자였는데, 조직 출범 이전에 영국 전역을 돌며 '멸종을 향하여'라는 강의를 하면서 "기후변화는 정치적인 문제가 아니라 도덕적인 문제입니다"라고 주장한 터였다.[18] 다른 창립자들도 비슷한 주장을 펼쳤다. 더 많은 대중들을 모으기 위해서는 기후 정치보다 도덕적 호소가 적합하다고 여겼기 때문이다. 그 탓에 멸종 반란은 다양한 좌파 분파들, 영성주의자들, 심지어 인구 감소를 주장하는 에코 파시스트들에 이르기까지 혼종의 무늬를 지니고 있었다. 의회 선거에 개입해 기후 정치를 관철하기보다 중립적인 시민 의회 형태로 더 많은 사람들을 포괄하려고 했고, 도덕적 호소와 순교 정신에 의거해 비폭력 저항을 하다가 감옥에 들어가는 전략을 고수했다. 하지만 계급적, 인종적 갈등이 계속 조직 내에서 불거졌다. 실상 흑인과 가난한 이들이 체포와 투옥 과정에서 감옥과 경찰로부터 더 많은 차별을 받았기 때문이다. 일각에서 멸종 반란이 '대량 투옥'을 그저 방관하고 있다는 비판이 제기될 정도였다. 그에 더해, 노동자 밀집 지역의 지하철역을 봉쇄하거나 경찰과 협력하는 모습을 보이면서 탈정치적 색채에 대해서도 비판이 더해졌다. 자본주의 체제의 문제를 도외시하고 기후 정의 관점이 없다는 지적과 자성의 목소리가 쏟아진 것이다. 멸종 반란 지도부는 사건이 터질 때마다 사과하며 조금씩 정치적으로 진화하는 듯한 모습을 보였지만, 코로나 팬데믹이 터지면서 소강 상태로 접어들고 말았다.[19]

생태사회주의와 탈성장

　멸종이라는 종말론에 의지했을 때, 그리고 비폭력 저항을 단순히 도덕의 문제로 치환하는 자유주의적 문법에 치중했을 때 오히려 조직의 확장성은커녕 구심점마저도 흔들릴 수 있다는 교훈을 얻은 셈이다. 그런 점에서 멸종 반란의 궤적은 미국의 대표적인 기후정의 조직인 '선라이즈 무브먼트Sunrise Movement'와 여러 가지로 비교할 가치가 충분하다. 그레타 툰베리와 '미래를 위한 금요일'을 제외한다면, 유럽과 북미에서 가장 큰 영향력을 발휘한 게 바로 멸종 반란과 선라이즈 무브먼트다. 공교롭게도 두 조직은 대중 동원에 방점을 찍고, 하버드 정치학 교수인 에리카 체노웨스Erica Chenoweth의 '3.5% 법칙'을 동일하게 조직의 나침반으로 삼았다. 3.5% 법칙이란 전체 국민의 3.5%가 비폭력 시위와 집회를 이어가면 정권이 바뀐다는 통계에 기초해 만들어진 원리다. 에리카 체노웨스는 1900년부터 2006년까지 시민 저항과 사회운동에 관한 323개의 데이터를 수집하고 이를 토대로 3.5%의 시민들이 참여할 경우 대부분의 정권이 무너졌다는 결론을 내렸다. 전반적으로 비폭력 저항은 폭력 저항보다 성공할 확률이 2배 더 높았다. 폭력 시위의 경우 26%가 성공했고, 비폭력 저항은 성공할 확률이 53%에 달했다.[20] 1986년 수백만 명의 필리핀인들이 비폭력 저항으로 4일 만에 마르코스 정권을 붕괴시킨 피플 파워 운동이나, 2003년 손에 꽃을 든 조지아 국민들이 국회의사당에 무혈 입성하고 에두아르트 정부를 무너뜨린 장미 혁명이 대표적인 예다. 한국의 촛불 시위 때도 에리카 체노웨스의 3.5% 법칙이 자주 인용되기도 했다. 멸종 반란과 선라이즈 무브먼트는 그렇게 3.5%의 시민을 모아 기후비상사태를 넘어설 힘을 갖기 위해 조직되었다.

선라이즈 무브먼트는 2017년에 설립된 이후 400개 이상의 지부로 확대되었고, 멸종 반란은 2018년 이래 영국과 수십 개 국가에 500개 이상의 지부로 그 지지세를 넓히며 인지도를 축적했다. 두 조직 모두 비폭력 불복종 저항을 운동의 근간으로 삼았다. 짧은 시간에 이룬 눈부신 도약이다. 하지만 정치에 대한 접근 방식에서 두 조직은 상이한 방향으로 움직이기 시작했다. 멸종 반란이 도덕적 호소에 기반해 대중 시위와 투옥 전략의 길을 걸었다면, 선라이즈 무브먼트는 2018년 미국 중간 선거 개입을 시작으로 의회 정치에 압력을 넣는 방식을 택했다. 전자가 다리를 봉쇄하고 에너지 전환을 촉구했다면, 후자는 미국 하원의장인 낸시 펠로시 의장실을 점거하고 재생에너지 확대를 종용했다. 또 멸종 반란이 시민과 정치-기업을 향해 다 함께 종말을 막자고 호소할 때, 선라이즈 무브먼트는 알렉산드리아 오카시오-코르테스와 에드 마키 같은 정치인들과 함께 그린뉴딜이라는 구체적인 정치적 플랫폼을 제시했다. 한편으로 멸종 반란이 영국 선거 기간에 '정치를 초월하자'는 기치하에 정치를 초당적인 문제로 만들고 시민 의회에 보다 초점을 맞출 때, 선라이즈 무브먼트는 버니 샌더스 캠프에 집결했다가 나중에 그가 후보를 사퇴한 이후로는 못마땅하긴 하지만 트럼프를 좌초시키기 위해 조 바이든의 선거를 도왔다. 또 각종 선거마다 '기후 후보'를 내세우며 의회 정치에 깊숙이 개입해 들어갔다. 따라서 멸종 반란이 선거에 개입하지 않고 기권함으로써 영국 우익의 승리에 일조했다는 비판을 받는 동안, 선라이즈 무브먼트는 트럼프를 패배시키는 데 기여했고 조 바이든 정부의 에너지 전환 프로그램인 '인플레이션 감축법'을 견인하는 데 일조했다는 자족의 평가를 스스로 챙겼다. 두 조직이 출발은 비슷했으나 방향 설정에 따라, 기후를 어떻게 정치화할 것인지에 대한 지향점에 따라 확연하게 다른 길을 걸었던 것이다. 그런 연유로 2020년 멸종 반란의 트위터 계정이 '우리는 사회주의 운동이 아닙니다'라고 선언했을 때, 런던의 좌파들이 득달같이 달려들어 멸종 반란의 자유주의와 정치의 '외부'를 떠도는 모호한 도덕주의를 비판하며 선라이즈 무브먼트의 기후 정치 모델을 칭찬하기에 이른 것이다.[21]

그런데 과연 선라이즈 무브먼트는 기후 정치를 한 단계 도약시킨 걸까? 확실히 기후와 환경을 탈정치화한 멸종 반란에 비해, 제도권 정치를 압박하고 재생에너지와 일자리 확대를 연계시킨 그린뉴딜 모델을 대중에게 환기한 것은 인정할 만하다. 애초에 계획했던 뉴딜 규모의 공공지출보다 현격히 줄어들긴 했지만 '인플레이션 감축법'의 연방 예산이 지역의 재생에너지 확대, 학교와 보건 등 공동체 돌봄, 공공 인프라 재구축을 위해 사용되고 있다. 그리고 현재에도 선라이즈 무브먼트는 이스라엘의 팔레스타인 가자 학살에 흘러 들어가는 미국의 돈줄을 끊고, 그 예산으로 지역 사회에 재투자하라고 바이든 정부를 압박한다. 하지만 그것은 표면적인 제스처일 뿐, 현실은 그다지 변한 게 없다. 2023년 미국의 화석연료 배출량은 고작 1% 감소한 것으로 추정되고, 멕시코만 연안에서의 시추를 포함해 향후 4년 동안 미국의 액화 천연가스 수출은 두 배로 늘어날 전망이다.[22] 특별한 조치가 취해지지 않는 한, 미국 정부의 화석연료 광풍은 2050년까지 기록적인 수준으로 치달을 것이다. 단적으로 바이든 정부는 2023년에 선라이즈 무브먼트를 비롯한 기후 활동가들, 이누피아트Inupiat 선주민들, 그리고 미국 시민들이 무려 100만 통 이상의 항의 편지를 백악관에 쏟아냈지만 결국 알래스카의 윌로 석유 시추 프로젝트를 승인했다.[23] 다시 말해, 선라이즈 무브먼트와 미국의 기후 정치는 자유주의 정당인 민주당과 조 바이든을 제압하지 못했다. 좌파 대항 정당이 없는 가운데, 활동가 중심의 선라이즈 무브먼트 운동은 민주당을 압박하는 데 수년의 세월을 공들였지만 그 성적표는 그리 썩 좋다고 할 수 없다. 그리고 이 지점에서 궁금한 것은 애초에 계획했던 '3.5% 계획', 즉 대중의 조직화는 어떻게 됐냐는 것이다. 지난 수년간 선라이즈 무브먼트의 활동상을 꾸준히 지켜본 입장에서 보면, 시, 주, 하원, 상원 선거 때마다 기후 후보를 내고 특정 후보를 지지하는 모습들은 많이 봤지만 대중을 조직하는 과정은 그다지 본 게 없다. 창립자 중한 명이 바이든 행정부에 결합하는 등 정부와의 정책 협상과 거버넌스 구성에 꽤 많은 공을 들인 게 사실이다. 어쩌면 선라이즈 무브먼트는 의회 정치, 그것도 민주당 압박에만 몰입하느라 정작 대중을 조직하는 데는 실패한 게 아니었을까? 의회 압박과 대중 투쟁이 동시에 진행되었다면 어떤 성적표를 받아들었을까?

단지 멸종 반란과 선라이즈 무브먼트 중 어떤 선택이 낫다고 말하려고 두 조직을 비교한 게 아니다. 나름의 성취는 인정하되, 두 조직이 직면한 한계를 직시해야 더 나은 도약이 가능해지기 때문이다. 글로벌 기후정의 운동, 미래를 위한 금요일, 비아 캄페시나La Via Campesina 등이 국제 기후운동의 가능성을 안겨줬다면, 멸종 반란과 선라이즈 무브먼트는 대중과 의회 정치를 대상으로 기후운동을 어떻게 조직해야 하는지 그 가능성과 한계를 동시에 사유하게 한다.

첫째, 행성 위기 앞에서 투쟁의 '주체'는 과연 누구인가? 브뤼노 라투르Bruno Latour와 니콜라이 슐츠Nikolaj Schultz는 공동 저서 『녹색 계급의 출현』을 통해 그동안 자유주의와 사회주의의 이름으로 지구 생태를 정신없이 먹어치워온 파괴적인 근대성을 효과적으로 제압할 '녹색 계급'을 창출해내자고 제안한다. 추출주의에 맞서 투쟁하는 전 세계 선주민을 중심으로 "모든 활동가, 투사, 선한 의지의 사람, 보통의 시민, 농민, 정원사, 기업가, 투자자, 이런저런 자격의 탐험가" 등 기후-생태 위기를 끝장내고 지구를 양육할 새로운 계급을 형성하자는 것이다.[24] 기존에 노동자 계급이 우선적 위치를 점했다면 이제 생태학의 시대에 녹색 계급이 그 위상의 자격을 가져야 한다고 주장한다. 그런데 이미 멸종 반란이 조직한 사람들은 녹색 계급에 가까운 게 아닐까? 애니미즘을 실천하는 영성주의자, 에코 파시스트, 심지어 자본가와 엘리트들까지 멸종 반란에 가담해 세계의 모든 생명체를 지키자는 도덕적 호소에 기꺼이 참여하지 않았던가? 우리는 20세기 초 근대성을 증오하던 독일의 생태주의자들이 어떻게 에코파시즘의 깃발을 들게 되었는지 그 뼈아픈 교훈을 잊으면 안 될 것이다. 브뤼노 라투르는 생산 체계 장악에 우선순위를 두는 사회주의의 한계를 지적한다. 그가 옳다. 그러나 자본주의 생산 체계를 장악하지 않고서는, 그러니까 지금의 생산 체계를 공공선에 복무하도록 민주적으로 통제하지 않으면 자본은 그나마 남은 지구마저 다 먹어치우게 될 것이다. 따라서 자연의 해방, 인간의 해방을 도모하기 위해서는 생산수단을 민주적으로 통제하는 사회주의 기획이 전제될 수밖에 없다. 생태주의는 사회주의를 필요로 한다. 사회주의 또한 생태주의를 필요로 한다. 계급의 착취와 자연의 수탈은 필연적으로 묶여 있기 때문이다. 인간 해방이 없는 생태 해방은 없다. 그러나 인간중심주의와 가부장제로 설계된 사회주의 기획은 보다 생태주의적으로 확장해야 하고 보다 더 여성주의적으로 해체되어야 한다. 말하자면, 인간 삶의 불평등을 심화하고 자연을 먹어치우는 파괴적인 시스템에 저항하는 생태사회주의가 필요하다. 안드레아스 말름이 『송유관을 폭파하는 방법』을 쓴 애초의 계기는 멸종 반란에 대한 불만을 토로하기 위해서였다. 보다 더 화석연료에 집중하고 직접행동을 불사르는 볼셰비키가 되어야 한다고 요청한 것이다. 이 주장의 근간에는 생산수단을 장악해 혁명을 수행하자는 교조적 사회주의의 낡고 앙상한 교본이 자리한다. 그에 반해 더 많은 사람들을 모으기 위해 도덕적 호소에 치중했던 멸종 반란은 결국 그 도덕의 진창에 빠졌고, 다시 헤어나기 위해 애쓰고 있다. 우리는 두 가지의 늪에서 헤어나야 한다. 행성 위기 앞에서 투쟁의 주체는 누구인가? 비상사태 속으로 인간과 자연을 구겨넣은 자본주의에 저항하는 사람들이어야 한다. 농민과 노동자들을 필두로 자본주의 축적 기제에 고통받는 사람들, 여성, 빈민, 청년, 환경운동가,

지역운동가 등이 생태사회주의의 주체가 되어야 한다.

둘째, 멸종 반란과 선라이즈 무브먼트의 궤적을 보며 다시 한번 상기하는 교훈은 사회운동과 의회 정치가 함께 가야 한다는 점이다. 풀뿌리 연대에 기초한 사회운동이 버팀목이 되지 않는다면, 의회 정치는 한계에 봉착하게 된다. 4년 혹은 2년마다 선거 일정에 일희일비하고 전환의 기획들이 선거 결과와 정치 공학에 따라 엎치락뒤치락 바뀌는 여정을 반복할 수밖에 없다. 레닌은 "모든 혁명의 문제는 의심할 바 없이 국가권력의 문제"라고 주장했지만, 프롤레타리아 독재를 전제하지 않는 한 지금의 대의제 체제하에서 국가권력만을 에워싼 한계는 명확하다. 브라질에서 룰라 정부가 지나간 후 보우소나루 정부가 들어섰던 것처럼, 그리스에서 급진좌파 시리자 이후에 우익 정부가 들어섰던 것처럼. 따라서 체제 전환과 유의미한 변화를 위해서는 강력한 사회운동과 풀뿌리 운동이 그 중심이 되어야 한다. 의회와 정당에 대한 개입과 참여를 등한시하자는 게 아니라 사회운동과 자율적 조직들의 연대가 전체 흐름의 주동력이 되어야 한다는 뜻이다. 선라이즈 무브먼트와 멸종 반란이 설계 도면으로 이용한 에리카 체노웨스의 3.5% 법칙은 사실 대부분의 사례가 권위주의 정권의 전복에 해당된다. 쿠데타, 헌법 질서의 교란, 대의제 민주주의의 훼손 등이 발생했을 때 체제를 정상화하기 위해 시민들이 대정부 투쟁을 벌이는 경우들이다. 거리에 나와 촛불을 들거나 함성을 지르는 사람들은 인구의 3.5% 안팎이지만, 거리에 나오지 않더라도 이미 체제의 정상화를 지지하는 사람들이 그 저항의 배경을 이루게 된다. 그러나 체제를 전환하는 경우에는 이 법칙의 무작위 적용이 어렵다. 가령, '흑인 목숨은 소중하다' 시위의 경우 대략 1,500만~2,600만 명이 참가한 것으로 추정된다. 미국 인구의 6%에 해당된다. 그래서 어떻게 되었나? 물론 다소 성과를 이루긴 했지만, 흑인들이 요구했던 미 경찰 제도의 전면적 재편을 비롯해 구조적 변화는 일어나지 않았다. 심지어 트럼프의 인기와 극우 카르텔은 여전히 강고하다. 구조적 인종주의가 사회의 뼈마디와 사람들의 영혼에까지 깊숙이 각인되어 있기 때문이다. 또한 '흑인이 백인 경찰들에게 폭력을 당한다'는 논점과 '미국 시민들이 항상 범죄와 폭력의 불안에 시달린다'는 논점이 치열하게 경합하기에, 사회운동과 풀뿌리 운동이 지배 이데올로기가 퇴적된 사회문화적 지층을 강렬하게 흔들어야만 틈새가 벌어질 수 있다. 기후운동 역시 탈탄소 사회로의 이행 요구와 시장주의, 무관심과 이기주의, 그리고 자본의 이해가 복잡하게 각축하는 이데올로기 전쟁 속에 놓여 있다. 더 많은 목소리를 응집하기 위해서는 사회운동과 풀뿌리 운동의 역능이 그만큼 중요할 수밖에 없다. 안토니오 그람시의 그 유명한 정식인 '기동전'과 '진지전', 즉 국가권력과 의회를 재구성하기 위한 기동전과, 시민사회 전반에 뿌리내린 성장주의의 독소를 뽑아내는 풀뿌리들의 진지전이 동시에 펼쳐져야 비로소 체제를 전환할 수 있는 힘을 갖게 될 것이다.

셋째, '비전'의 문제. 기후비상사태를 극복하고 체제를 전환하며 우리가 구성할 대안적인 세계의 상은 무엇인가? 멸종 반란은 '시간이 없다'와 '그래서 바꿔야 한다'는 당위를 내세울 뿐 어떤 세계를 만들지에 대한 지도를 제시하지 않는다. 자본주의가 행성 위기의 원인이라는 정치적 관점을 유보했기 때문이다. 사회는 당위를 재촉한다고 해서 쉽게 변화하지 않는다. 사람들에게 공포를 조장하고 윽박지른다고 해서 투쟁의 대열에 뛰어들지도 않는다. 선라이즈 무브먼트는 공공재정 확대로 재생에너지 전환과 녹색 일자리 창출이라는 그린뉴딜 아이디어를 제시했지만, 과연 일자리 창출과 사회복지 강화와 같은 기존의 케인스주의적 정책의 답습으로 시민들을 설득할 수 있을까? 게다가 알렉산드리아 오카시오-코르테스와 에드 마키에 의해 고안된 그린뉴딜은 다른 변혁적 그린뉴딜 안에 비해, 기후비상사태를 극복할 근본적 대안을 제시하지도 않거니와 미국의 국제적 책임과 연대를 도외시한 채 일국적 상황에 정박되어 있는 버전이다. 아무리 진보적인 수사를 동원하더라도, 결국엔 내연기관 자동차를 전기자동차로 바꾸는 녹색

성장주의에 닻을 내릴 가능성이 높다. 견고한 사회적 지층을 깨고 그 틈새를 벌려 다른 세계의 비전을 보여주지 못하면 체제의 전환은 동화 속 이야기로 번역될 수밖에 없다. 자본주의 너머를 응시하며 새로운 비전을 탑재한 강력한 사회운동과 풀뿌리 운동이 요청되는 이유다. 인간은 서사의 동물이다. 다른 세계로 건너가기 위해서는 다른 이야기가 필요하다. 비전이란 결국 다른 세계로부터 낡은 세계로 날아온, 다른 세계가 가능하다는 전언이기 때문이다.

그리스 철학자 코넬리우스 카스토리아디스Cornelius Castoriadis는 우리의 '사회적 상상계'가 자본주의와 성장주의에 의해 식민화되어 있다고 지적한다. 사회적 상상계란 우리가 살아가는 사회를 이루는 중요한 토대 중 하나다. 사회란 물적인 구성물이기도 하지만 상상과 의미의 축조물이기도 하다. 자본주의에 식민화된 상상계를 벗어나기 위해 급진적 상상력을 길어올려야 한다는 카스토리아디스의 일성은 기후-행성 위기를 맞은 이 시대에 아주 중요한 통찰을 제공한다.

"과거와 비할 수 없는 규모의 새로운 상상계를 창조하는 데 필요한 것은 생산과 소비의 확장 외의 의미들을 삶의 중심에 놓는 것이다. 즉 추구할 만한 가치가 있다고 여겨지는 삶의 다른 목표들을 중심에 놓는 것이다. 이는 우리가 마주해야 할 매우 어려운 과제이다. 우리는 경제적 가치가 더 이상 중심에 (혹은 유일하게) 있지 않은 사회, 즉 경제를 궁극적 목표가 아닌, 단지 삶의 수단으로 되돌리는 사회, 다시 말해 계속해서 증가하는 소비를 향한 광란의 질주를 포기하는 사회를 바라야 한다. 이는 자연환경 파괴를 피하기 위해서뿐만 아니라 현대 인간의 정신적이고 도덕적인 빈곤으로부터 탈출하기 위해 더욱 필요하다."[25]

이윤 축적과 경제 성장만을 최우선으로 하는 자본주의에 의해 굴레가 씌워진 우리의 상상계를 다른 상상계로 급진적으로 변침하자는 이야기다. 프랑스 사회철학자 세르주 라투슈Serge Latouche는 카스토리아디스에게

서 영감을 받아 '상상계의 탈식민화'라는 개념을 확장하며 탈성장론의 지평을 넓힌다. 우선 '지속 가능한 발전'과 '녹색 성장' 같은 개념들에 지배되는 언어적 상상계를 탈식민화해야 한다고 주장한다.[26] 발전과 성장을 지속하면서도 지구를 먹어치우지 않을 수 있다는 이 언어도단의 이데올로기는 1992년 리우 환경회담의 합의서에 오른 이후부터 지금까지 녹색 자본주의에 끊임없이 인식론적 젖줄을 제공한다. 경제 성장은 정상이며 필연적이고 끝없이 계속될 거라는 신화적 믿음을 양산하는 것이다. 지구가 불타고 섬 국가들이 물 밑으로 가라앉는 전대미문의 재난과 곤경에 처했음에도 불구하고, 발전을 계속하면서도 우리의 삶이 지속 가능하다는 속삭임, 보다 많은 성장을 추구하면서도 자연을 유지할 수 있다는 저 달콤한 약속에 우리는 안도의 한숨을 내쉰다. 발목에 찰랑찰랑 물이 잠기고, 집 서까래에 불이 붙었는데도 구원을 약속하는 저 복음을 믿고 그 자리에 머물러 쇼핑을 즐기고 유튜브 먹방 채널의 구독을 즐거이 누른다. 기후비상사태의 경고를 온몸으로 끌어안고 지금과 다른 세계를 상상한다면, 이와 같은 식민화된 상상계와 단호히 결별해야 한다.

세르주 라투슈는 언어적 차원의 단절에 이어, 물적 차원에서의 탈식민화를 강조한다. 경제 성장에 대한 집착으로부터 해방되기 위해서는 탈성장 사회 구축을 위한 다양한 프로그램들이 요구된다. 그는 2007년 프랑스 정부에 열 개의 정책을 제안한 바 있다. 간단히 줄여 소개하면, 생태발자국 회복, 교통량 감소, 경제-정치-사회적 활동의 재지역화, 농민 주체의 재생 농업, 노동 시간 절감과 고용 창출, 대인관계 서비스의 확대, 에너지 소비를 4분의 1로 감소, 광고 시간 제한, 과학 기술 연구 방향의 전환, 화폐의 재영유화 등이다.[27] 소비사회로부터 벗어나 탈성장을 주창하는 학자이니만큼 제안된 목록이 주로 소비 감소에 초점이 맞추어져 있다. 하지만 그는 이 목록이 가변적이며 절대적 대안이 아니라고 덧붙인다. 그가 보기에 탈성장은 특정한 대안 모델이 아니라 다양한 대안의 모태와 같다.

탈성장은 정확히 무엇을 지시할까? 특정의 이념이나 주의를 지향하는 게 아니기 때문에 딱 잘라 정의내리기 어렵다. 100명이면 100개의 탈성장이 존재할 것이다. 하지만 분명 교집합은 존재한다. "모든 사람의 좋은 삶을 촉진하면서 물질 및 에너지 처리량의 급격한 감축을 목표로 하며, 산업사회의 정치 및 경제 구조의 급진적인 민주적 재조직화를 대안으로 제시"하는 것이다.[28] 자본주의가 인간의 불평등과 소외를 부추기며 물질과 에너지 처리량의 무한한 증가를 유발해 기후-생태 위기를 자초한 반면, 탈성장은 반대로 자연을 덜 파괴하면서 인간의 삶을 더 풍요롭게 하는 급진적 상상력에 뿌리를 둔다. 자연 에너지는 덜 쓰는 대신 상상력의 에너지는 더 쓰는 것이다. 물질 및 에너지 처리량을 감소하자고 하니, 녹색 성장주의자들은 헐벗은 채 전기도 없는 토굴 속으로 들어가야 하냐며 힐난한다. 그리고 이에 대한 비판이 두려워 동조자들조차도 자발적 가난, 검소, 검약, 절제의 표현들 속으로 숨곤 한다. 그러나 결핍에 대한 두려움과 자발적 가난에 대한 호소 모두, 물질적 소비와 경제 성장에 포획된 식민화된 상상계의 관념들이다. 앙드레 고르츠에 따르면, 탈성장은 "더 적은 그러나 더 좋은"이라는 슬로건으로 요약될 수 있다. 더 적게 소비하고 더 잘 사는 사회라는 것이다. 노동시간을 단축하고 기본소득을 제공하면, 물질과 에너지 처리량은 줄이는 대신 우리가 향유할 수 있는 시간과 공간은 풍요로워지게 된다. 이윤 축적과 경제 성장을 위해 우리가 잃어버렸던, 또는 우리가 아직 가보지 못한 급진적 풍요의 사회로 도약하자는 이야기다. 요컨대 탈성장은 더 적은 것의 정치가 아니라, 모두를 위한 충분함의 정치다.[29] 경제학자 케네스 볼딩이 말한 바와 같이, "유한의 세계에서 기하급수적인 경제 성장이 끝없이 계속될 것으로 믿는 자는 미치광이이거나 또는 경제학자이다."[30] 자본주의의 욕망은 미치광이의 꿈이다. 오늘날의 기후-생태 위기는 바로 이 미치광이의 악몽이다.

지구상의 거의 모든 국가들이 GDP 경제 모델에 매달리는 동안 인간의 행복이 걷잡을 수 없이 곤두박질쳤다. 또 지구 자연이 무너졌다. 국내총생산(GDP)은 한 국가가 물리적 국경 안에서 생산한 모든 최종 재화와 서비스의 총가치를 화폐 단위로 측정한 것이다. GDP와 성장주의에 대한 저 맹목의 신화로부터 벗어나지 못하면 대부분의 인간과 비인간 존재의 삶은 계속 침식될 수밖에 없다. 이 신화와 정면으로 대결하는 것이 탈성장이다. 앙드레 고르츠, 세르주 라투슈 등 탈성장 담론이 본격적으로 제기된 이후 지금까지 15년 넘게 수많은 학자들이 달라붙어 논쟁을 지속하며 탈성장 흐름을 다듬어왔다. 연대 경제, 돌봄 사회, 커머닝, 공생공락 기술, 노동시간 단축, 농촌의 재지역화, 국제 연대 등 중요한 키워드들이 세공되고 있다. 전반적으로 탈성장은 케네스 볼딩이 말한 '우주선 지구의 경제학'이라는 실제적 은유에 기초한다. 검은 우주의 경계를 따라 폐쇄된 지구 행성에서 인류가 지속적으로 삶을 구가하기 위해서는 어떻게 해야 할까? 우선 상대적으로 부유한 북반구가 물질과 에너지 처리량을 줄여, 남반구가 보편적 서비스와 기술적 자원을 갖도록 탄소 예산과 에너지 처리량을 남겨두는 것이다. 두 번째는 경제 성장과 성장주의로 향하는 파괴적 방향, 즉 자본의 블랙홀에서 얼른 빠져나와 우리 모두가 우리를 돌보는 풍요의 행성으로 향해야 한다. 세 번째, 모든 변화를 혁명 이후와 국가권력 통제에 맡기는 게 아니라 우리 스스로의 자율성과 연대를 통해 지금, 바로, 여기에서 시작하는 것이다. 나우토피아Nowtopia는 유예된 유토피아가 아니라 지금 발 딛고 있는 곳에서 바로 시작하는 현재성의 유토피아다. 그것은 탈성장의 비전을 현실로 만드는 과정이다. 자전거를 타는 사람은 전기자동차보다 더 적은 탄소와 에너지를 배출한다. 도구를 함께 나누는 사람은 쇼핑에 중독된 자들보다 훨씬 더 지속 가능성의 세계를 펼쳐낸다. 공유지 운동에 참여하는 시민은 물질 및 에너지 처리량을 현격히 줄이고 우리 공동의 삶을 증진시킨다. 유기농 농부와 도시 텃밭 시민들은 탄소 배출을 줄이는 건 물론 지구 자연을 양육한다. 나우토피아의 목록은 끝없이 이어질 수 있다. 여기에서 코넬리우스 카스토리아디스는 중요한 질문을 던진다. 우리는 자율성을 원하는가, 타율성을 원하는가? 즉 우리는 스스로를 직접 통치하기를 원하는가? 아니면 국가와 자본주의 사회의 통제를 받기를 원하는가? 나우토피아는 우리 스스로를 직접 통치하며 자유와 자립을 확장하는 과정이다. 물론 일부 사회주의자들이 탈성장 실천들을 가리켜 '고립된 섬'이라고 비판하는 지점은 분명히 귀담아 들을 필요가 있다. 유럽의 많은 녹색당이 자전거를 탄 신자유주의라고 비판받는 이유는 환경 문제를 국소화하고, 중산층이 좋아할 법한 환경 의제들을 애호하며, 경제적 불평등과 국제 연대 등을 나 몰라라 하기 때문이다. 폐쇄적인 공동체 안에서, 국소적 의제 안에서 자족으로 완결되는 운동은 필시 고립된 섬으로 분리될 가능성이 높다. 그것 자체로 게토화되고 물신화될 우려가 크다. 심지어 그처럼 분리된 운동들은 자전거 운동이나 유기농처럼 종종 신자유주의와 상업주의가 멋진 포장재를 씌워 팔아먹는 먹잇감이 되기도 한다. 스스로 도착되지 않는 방법은 끊임없이 정치적인 것을 상상하고 타자를 향해 흐르는 것, 즉 다른 이들과 연결되는 것이다. 자본주의의 금융과 생산을 민주적으로 통제하고 다른 사회로 방향타를 옮기는 전체 기획 속에서, 각자의 자율성을 조직하는 풀뿌리 운동들의 유기적 연대가 바로 탈성장 운동의 기본 설계 도면이다. 이는 다른 세계를 향한 비전의 종자은행이 될 것이다.

최근에는 생태사회주의와 탈성장 운동의 교차와 절합이 활발하게 이루어진다. 인류가 이제 사회적 관계를 근본적으로 재구성하지 않으면 생태학적 위기를 해결할 수 없다는 절박함을 공유하기 때문이다. 기후와 생태 한계라는 결정적인 변수는 지난날의 마르크스주의와 아나키즘의 오래된 반목과 갈등조차 협력의 증진으로 전환시킨다. 존 벨라미 포스터John Bellamy Foster 등 이른바 신진대사 학파라 분류되는 생태사회주의 그룹에서부터, 일본과 한국에서 화제를 모은 『지속 불가능 자본주의』를 통해 탈성장 코뮤니즘을 주창한 사이토 고헤이에 이르기까지 생태사회주의와 탈성장을 접목하려는 다양한 시도들이 진행 중이다. 미카엘 뢰비Michael Löwy와 요르고스 칼리스Giorgos Kallis 같은 쟁쟁한 생태사회주의자와 탈성장 이론가들이 모여 '생태사회주의적 탈성장을 위한 테제'[31]를 제출하는가 하면, 존 벨라미 포스터는 둘 간의 상호보충성을 강조하기도 한다. 최근 글에서 그는 대부분의 탈성장 전략들이 에너지 기업의 국유화, 기업의 배출량 감축 의무화 같은 사회경제적 계획을 등한시한다고 비판하면서, 민주적인 계획 시스템이 전제되어야 모든 사람을 위한 부엔 비비르를 보장할 수 있다고 지적한다.[32] 탈성장 담론장의 중요 이론가로 자리매김한 제이슨 히켈Jason Hickel 역시, 최근에 들어 민주적 계획통제와 노동운동과의 연대를 적극적으로 부각하고 있다. 그에 따르면, 금융과 생산에 대한 민주적 통제를 토대로 삼아야 웰빙과 생태학이라는 이중의 목표를 이룰 수 있다. 다시 말해, 민간 기업이 민주화-공영화되어야 하고, 적절하게 노동자와 시민에 의해 조율되어야 하며, 웰빙과 생태학을 중심으로 생산 체계가 재편되어야 한다는 것이다. 탈상품화된 보편적 서비스, 저렴한 단열 주거, 공공 일자리 보장, 부유세와 과감한 조세 제도 개혁을 통한 상위 부자들에 대한 통제 등이 이루어져야 한다. 아울러 실질적으로 자본주의 세계 경제를 움직이는 남반구 노동자와 농민들이 수행하는 급진적이고 반식민적인 사회운동과 연대하고 적극적으로 이를 지원하는 것이 중요하다고 역설한다.[33]

우리의 푸르고 창백한 지구 행성은 한계가 명확하다. 무한한 성장과 증식은 암세포의 꿈이다. 자본주의가 돈을 벌기 위해 지구의 자연을 쥐어짜 상품을 대량으로 생산하고 또 그것을 소비하도록 몰아세우는 시스템을 셧다운하지 않으면, 행성 한계가 무너지고 인류가 지금껏 당면하지 못한 재앙에 처하게 된다. 생산과 재정의 민주적 통제를 통해 필요의 왕국을 지배하고 자유의 왕국으로 나아가자는 생태사회주의든, 물질과 에너지 처리량을 줄이면서 공생의 기쁨을 증진시키자는 탈성장 운동이든, 자본주의의 폐허에서 자라나 그다음의 시간을 응시하는 버섯의 생명력을 간직하고 있다.

생태사회주의가 조직화된 사회 투쟁과 정치 투쟁을 기반으로 하는 기동전이라면, 탈성장 운동은 영혼의 모세혈관까지 지배하는 성장주의와 시장만능주의와 단절하고 새로운 공동체에 대한 비전과 활력을 널리 공유하는 진지전일 것이다. 비전이 없는 투쟁, 투쟁이 없는 비전은 필패할 수밖에 없다. 체제를 전환하기 위해서는 두 가지가 견고하게 묶여야 한다.

고흐의 해바라기 그림에 토마토수프를 던진 저스트 스톱 오일의 활동가의 말을 다시 소환해보자.

"예술과 생명 중 무엇이 더 가치가 있을까요? 음식보다 가치가 있나요? 정의보다 가치가 있나요? 그림 한 점을 보호하는 것이 더 중요합니까, 아니면 지구와 사람들을 보호하는 것이 더 중요합니까?"

이렇게 예술과 생명, 문화와 자연을 구별하는 이분법으로는 지구도, 문화도 구할 수 없다. 우리는 지구도 필요하지만 고흐의 〈해바라기〉도 필요하기 때문이다. 절망과 공포에 의존하는 사유, 종말론에 기댄 채 하나는 버리고 다른 하나만 취하려는 획일적 사유와 투쟁은 바늘귀의 비좁은 틈으로 세상을 축소시킨다. 반대로 기술적 발전과 시시포스의 노동과도 같은 개인적 실천들로 이 위기를 해결할 수 있다는 기만적인 녹색 자본주의의 낙관론과 희망의 찬가 역시 우리가 처한 기후비상사태의 진실을 보지 못하게 한다. 기후비상사태를 넘어서기 위해서는 이 낡고 파괴적인 체제를 넘어서야 한다. 다른 체제를 향한 담대한 발걸음, 그것이 행성 위기를 건너려는 시작이 되어야 할 것이다. 오래된 비상사태를 벗어나기 위해 우리는 봉인된 상상계의 입구를 열어야 한다. 더 많은 이야기와 더 많은 상상의 도구들, 더 많은 호미와 망치가 필요하다. 공부와 혜안이 부족한 나는 비전의 지도를 제시할 능력이 없지만, 그동안 훔쳐보았던 몇 개의 풍경을 여기에 소박하게 스냅사진처럼 남겨놓는다.

분명하게도 이 세계는 원자가 아니라 이야기로 이루어져 있다.

◗

태양의 반란

카리브해에 있는 미국령 푸에르토리코. 고단한 식민지 역사를 짊어진 이 지역은 여전히 빈곤과 인프라 부족에 시달린다. 한편으로 심각한 기후 위기 취약 지역이기도 하다. 점점 더 강력해지는 허리케인이 매년 더 잦은 빈도로 카리브해를 휩쓸기 때문이다. 2017년 허리케인 마리아가 덮쳤을 때, 이곳의 인프라가 말 그대로 붕괴됐다. 4,600명 이상이 사망하고, 수많은 이재민이 발생했다. 미국 역사상 가장 많은 피해가 났던 2005년 허리케인 카트리나로 1,833명이 사망했던 것과 비교해도 두 배 이상의 압도적 재난이다. 전기, 물, 식량, 의약품 등이 끊기며 주민들이 큰 고통을 겪어야 했는데, 특히 전력이 문제였다. 수백만 가정에 전기가 끊겼고 정상화되는 데 328일이나 걸렸다. 노후화된 인프라와 신뢰할 수 없는 중앙집중식 전력망이 원인이다. 7년이 흐른 지금까지도 완전하게 복구되지 못했다. 허리케인 마리아가 지나간 후 푸에르토리코인들은 1년 가까이 어둠 속에서 생활해야 했다. 그들에게 가장 절실한 게 바로 '빛'이었다.

그런데 아드훈타스Adjuntas라는 도시의 한 비영리 단체의 건물은 예외였다. 푸에르토리코의 다른 지역과 마찬가지로 18,000여 명이 거주하는 이 도시도 완전히 어둠에 잠겨 있었는데, 그 건물만이 홀로 전깃불을 밝히고 있었다. 심지어 라디오 방송을 통해 주민들에게 재난 정보를 알려주기까지 했다. 주민들은 그 건물로 몰려갔다. 그곳 전력으로 핸드폰을 충전하고, 투석기를 가동했으며, 냉장고에 자신들의 약을 보관할 수 있었다. 한 이웃 주민은 아들의 천식 치료를 위해 매일 그곳에 들렀다. 그 후부터 사람들은 그곳을 '에너지의 오아시스'라고 불렀다. 어둠에 잠긴 아드훈타스에 등대처럼 빛의 기적을 선사한 그 단체는 '민중의 집Casa Pueblo'이다.

민중의 집은 오래된 낡은 건물을 개조하고 핑크색 페인트를 칠한 단아한 건물에 둥지를 틀고 있다. 공동체와 주민들을 돕기 위한 비영리 단체로서 1980년에 창립됐다. 애초에 이 조직이 생긴 이유는 노천 광산 때문이다. 1980년 푸에르토리코 정부는 다국적 기업에 노천 채굴을 허용했다. 금, 은, 구리가 아드훈타스 지역에 매장되어 있었다. 채굴이 본격화되면 벌채, 토양 오염, 농경지 훼손, 일자리 감소 등 지역 경제가 무너질 게 뻔했다. 그렇게 시민들이 풀뿌리 저항운동을 시작했다. 처음엔 손가락으로 셀 수 있을 정도의 소수 인원만 광장에 나와 시위를 벌였다. 심지어 경찰이 더 많았다. 하지만 시간이 지나면서 점점 더 사람이 늘어나 수천 명이 투쟁에 함께했다. 지역민들은 싸우는 과정에서, 외국의 다국적 기업이 토지 약탈과 금속 채굴로 막대한 이익을 독차지하면서 환경 재앙을 야기하고 지역 경제를 파괴하는 노골적인 식민주의가 작동한다는 걸 깨달았다.[34] 16세기, 스페인이 푸에르토리코를 식민지화할 때 그곳엔 타이노Taino라는 선주민이 살고 있었다. 유럽인들이 가져온 전염병으로 타이노족의 대부분이 죽자 다른 지역의 선주민들, 그리고 서아프리카에서 흑인 노예들을 데리고 와 광산 채굴과 사탕수수 플랜테이션을 가동했다. 나중에 19세기 말 전쟁에서 스페인이 패배하고 미국이 그 식민 지배의 바통을 이어받은 게 지금까지 이어진 것이다. 광산 채굴에 저항하면서 아드훈타스의 풀뿌리 운동은 '어떠한 경우에도 광산을 허용하지 않는다'는 원칙을 세웠다. 숲이 존재해야 그 지역의 고유한 정체성과 자긍심, 그리고 자립이 형성될 수 있다는 걸 깨달았다. 결국 그들은 다국적 기업을 쫓아내고 숲을 지켜냈다. 곧이어 자연보호구역으로 지정하고 생태통로, 생물다양성 모니터링, 자생 수목의 재조림 등 지역 공동체가 주축이 되어 생태적 관리에 들어갔다. 그 과정에서 결성된 게 바로 민중의 집이다. 2012년에는 가스 파이프라인 건설 계획을 중단시키는가 하면, 다른 지역의 산림 보호 지역을 설립하는 데 도움을 주었다. 민중의 집은 지역의 자립과 자치라는 '사회 변혁 모델'을 기반으로 아드훈타스 민중의 연대를 촉진하기 위해 설립된 것이다.[35]

"우리는 아드훈타스 마을과 땅, 물, 미래를 지키는 일부터 시작했습니다. 이제 민중의 집의 목표는 생태, 문화, 교육, 음악 주권 프로젝트를 통해 활동적이고 창의적인 상태를 유지하는 것입니다."[36]

민중의 집 창립자인 생태학자 알렉시스 마솔 곤살레스Alexis Massol Gonzalez의 말이다. 음악의 주권이라는 표현이 눈길을 끈다. 처음 광산 투쟁에 나서고 경찰보다 더 적은 인원이 모였을 때 시위가 실패했다는 걸 절감하고, 시민들의 관심을 불러일으킬 수 있는 가장 좋은 방법은 무엇일까 모색한 터였다. 그들은 지역 문화, 특히 음악이 통합의 수단이 될 수 있다는 걸 깨달았다. 전통 음악 장인, 뮤지션, 음유시인, 어린이 민속 무용 그룹 등 다양한 문화적 그룹을 조직했다. 그렇게 시위 현장에 음악과 춤이 흐르면서 시위 인원이 증가하고, 다양한 그룹들이 참가할 수 있었던 것이다. 민중의 집은 광산 투쟁 이후에도 공동체 문화 활성화, 라디오 네트워크, 정보수집, 과학 및 연구, 다양한 교육 프로그램, 커피 생산, 공동체 가게, 생태관광 등 문화적-생태적-경제적 자립을 구현해왔다.[37] 매년 8만여 명이 방문하는 명실상부 지역의 생태문화학교의 위상을 갖게 된 것이다.

그러던 1999년 민중의 집이 옥상에 태양광 패널을 설치했다. 화석연료로부터 벗어나고 에너지 자립을 실천하기 위해서였다. 푸에르토리코 전력의 97%는 남부의 중앙집중식 화석연료 발전소에서 생산되는데, 미국 본토에서 석탄과 천연가스를 수입해 연소한다. 노후한 배전선 때문에 정전이 일상적으로 일어난다. 민중의 집은 에너지 자립이 곧 식민지에서 벗어나는 길이라고 여겼다. 그 어느 곳보다 빨리 태양 에너지로 전환한 민중의 집의 진가는 마침내 2017년 허리케인 마리아가 푸에르토리코 전력망을 파괴했을 때 드러났다. 깜깜한 어둠 속에서 홀로 전깃불을 밝혔던 것이다.

마리아 태풍 재난은 재생에너지로의 전환, 에너지 자급, 분산형 그리드가 얼마나 중요한지 깨닫는 계기가 됐다. 푸에르토리코의 국영기업인 PREPA는 거의 100년 동안 에너지 시스템을 독점적으로 지배해왔다. 화석연료 발전소와 산을 가로지르는 복잡한 송전선을 통해 섬에 전력을 공급해왔는데, 배전선의 노후화, 90억 달러의 부채, 이사회와 고위 관리들의 부패로 인해 그 기능이 처참할 정도로 무너져 있었다. 마리아 태풍에 4천 명 이상의 희생자가 나온 것도 전력이 끊기며 병원이 제 기능을 하지 못했기 때문이다. 결국 국영기업 PREPA가 파산하자, 2021년 미국-캐나다 민간기업 LUMA에 섬의 전력 시스템을 양도하게 된다. 즉 민영화로 돌파구를 찾은 것이다. 그 덕에 전기 가격이 곧장 일곱 배나 껑충 올랐다. 푸에르토리코 시민들은 무려 소득의 8%(평균 21,967달러)를 전기에 지출하는 신세가 됐다. 미국 본토의 2.4%에 비해, 터무니없이 비싼 가격으로 전력을 구매해야 했다.[38] 그렇다고 전력 시스템이 보강됐냐면 그것도 아니었다. 잦은 정전은 여전했고, 2022년 허리케인 피오나가 들이닥치자 또다시 전력 시스템이 완전히 붕괴됐다. 피오나가 마리아보다 강도가 더 낮았음에도 다시 한번 시스템의 문제를 고스란히 노출했던 것이다.

어리석은 에너지 시스템이었다. 누가 봐도 해결책은 태양광이었다. 푸에르토리코 재생에너지 운동 조직인 '우리는 태양을 원한다(Queremos Sol)'에 따르면, 옥상 태양광 설치만으로도 주거용 에너지의 네 배를 제공할 수 있는 것으로 밝혀졌다.[39] 저 무한한 햇빛 에너지를 지역적으로 분산하고 자급 형태로 생산하면 그 지긋지긋한 에너지 위기에서 벗어날 수 있는 게 명백했다. 중앙집권식 전력 시스템을 신뢰하지 못하는, 자금력을 갖춘 푸에르토리코인들이 각자의 지붕에 패널을 설치하기 시작했다. 아드훈타스의 민중의 집은 태양광으로의 전환을 '에너지 반란'이라고 선언했다. 화석연료에 기반한 부패한 정부의 독점적 운영, 그리고 민영화가 미국 본토와 푸에르토리코의 엘리트들에게 부를 이전하며 아드훈타스와 같은 작은 도시를 가난하게 만드는 수탈적 식민주의 시스템의 일부라고 보았다. 태양광으로의 자립이 곧 에너지 반란이었다.

마리아 태풍 이후, 민중의 집은 아드훈타스에 태양광 설치를 본격적으로 시행했다. 약국, 빵집, 식료품점, 철물점 등 일곱 개의 건물 옥상에 패널을 설치하고 태양광 마이크로그리드를 구축했다. 지역사회에 필수 서비스를 제공하는 건물들이었다. 전력이 끊기더라도 식량과 의료 서비스 접근성을 유지하기 위해서였다. 패널 설치에는 상당한 돈이 들어가기 때문에 공익 재단 기부금, 그리고 자체적으로 재배하고 공동체 가게에서 판매하는 커피 수익금으로 그 예산을 충당했다. 2022년 허리케인 피오나가 덮쳤을 때도 다른 지역들은 또다시 어둠 속에 잠겼지만, 아드훈타스의 필수 서비스 부문은 전력을 사용할 수 있었다. 그러나 민중의 집과 풀뿌리 재생에너지 운동은 거기에서 그치지 않았다. 에너지 반란이 그 서막에 오른 것이다.

2023년 3월, 마침내 수천 명의 지역 주민들이 태양이 그려진 깃발과 플래카드를 들고 주말 동안 북을 치며 행진했다. 음악이 흘러나오고 일부는 흥겹게 춤을 추었다. 이른바 '태양의 행진'이었다. 막 완공된 협동조합 소유의 새로운 태양광 마이크로그리드를 축하하는 자리였다. 드디어 분산형 에너지 시스템에 18,000여 명의 주민들이 연결되고 14개 지역 기업이 자체적으로 전기를 생산할 수 있게 되었기 때문이다. 또 도심 한가운데는 나무 모양의 패널들로 구성된 공공 태양광 공원을 구축하고, 주택과 필수 서비스 건물에 350개 이상의 태양광 시스템을 설치했다. 지역 시민들, 지역 기업, 공익 재단 등의 협력을 통해 형성한 푸에르토리코 최초의 에너지 자립 체계다.[40] 이제 아드훈타스는 전력 회사로부터 전기를 구매하지 않아도 된다. 절약한 돈으로 마이크로그리드를 유지하고, 또 다른 지역 사회 프로젝트를 시작하는 데 밑거름을 제공할 수 있게 됐다. 지역 풀뿌리 운동이 가져온 태양의 반란이다. 아드훈타스의 성과에 자극을 받은 다른 지역

주민들은 이 모델을 복제하기 위해 민중의 집에 바쁘게 도움을 요청하고, 자극을 받은 미국의 에너지부도 푸에르토리코의 재생에너지 전환을 위해 10억 달러 규모의 기금을 지출하기로 했다. 그러나 이 성취와 의미는 태양광 패널과 배터리 문제로 축소되지 않는다. 민중의 집 전무이사인 아르투로 마솔-데야Arturo Massol-Deya는 《타임스》와의 인터뷰에서 이렇게 소감을 밝힌다.

"우리는 푸에르토리코의 탈식민지화를 돕고 싶습니다. […] 단순히 전력을 공급받기 위한 태양광 패널에 관한 것이 아닙니다. 이 섬의 미래를 위해 훨씬 더 깊고 중요한 일입니다. […] 에너지 민주주의를 계속 추진하려면 이러한 사회운동에 활력을 불어넣어야 합니다. 왜냐하면 에너지 민주주의는 위에서 아래로 일어나는 일이 아니기 때문이죠."[41]

태양이 그려진 플래카드를 들고 환한 얼굴로 행진하는 아드훈타스 시민의 모습은 아래로부터 구축된 풀뿌리 에너지 운동의 힘과 가능성을 동시에 펼쳐 보인다. 푸에르토리코는 매년 점점 더 거세지는 허리케인을 맞이한다. 하지만 그 안에는 민중의 집이 있고, 태양의 반란이 있으며, 또 풀뿌리 운동이 존재한다. 재난이 올 때, 위기가 다가올 때 그것을 타개하는 가장 슬기로운 해법은 뭉치는 것이다. 그리고 민중이 스스로 삶을 조직하는 것이다. 당연히 화석연료를 중지하고 얼른 재생에너지로 전환해야 하지만, 그것만으로는 부족하다. 아드훈타스의 태양의 반란은 명료하게 질문을 던진다. 농민들의 분노를 무시한 채 농촌에 까는 태양에너지는 과연 누구의 것인가? 제주도와 어촌 마을에 설치하는 풍력 터빈의 주인은 누구인가? 왜 태양과 바람이 사유화되고 상품화되어야 하는가? 농촌과 어촌에 왜 그 피해를 전가하면서 녹색 식민주의를 만드는가? 에너지를 공공화하고 또 그것의 생산과 소비를 민주적으로 운영할 때, 그리고 시민들이 분권화된 형태로 에너지를 스스로 자급할 때 에너지 민주주의를 성취할 수 있다. 그래야 생태와 민주주의를 동시에 보호할 수 있기 때문이다. 아드훈타스의 태양광이 건물 옥상 위에 올라가고 도심의 공공 부지에 밀집되는 이유는 마이크로그리드 때문이기도 하지만, 태양광 발전으로 인한 농지 전용을 피하기 위해서다. 나무 모양의 골조에 패널을 잎사귀처럼 주렁주렁 달아놓은 '태양광 숲'의 놀라운 풍경은 단순한 기술적 아이디어가 아니라 에너지 민주주의가 반영된 형상이다.

아드훈타스 민중들이 이뤄낸 에너지 민주주의는 기후비상사태 속에서 에너지와 자연 자원을 어떻게 공유해야 하는지를 탁월하게 소묘한 지도와 같다. 그 지도를 바라보며 자연 이 질문을 떠올리게 된다. 그처럼 혹독한 상황에서도 저렇게 반짝거리는 태양의 반란을 일으키는데, 우리는 왜 모든 것을 관료들과 자본의 탐욕스러운 손에 맡기는가?

무화과나무와 노동조합

호주 시드니의 덤불숲(Kelly's Bush)은 백인 정착지 옆에 딸린 미개간지였다. 주머니쥐와 토종 조류가 서식하고 오래된 유적지가 자리하는 숲이었는데, 지역 시의원들은 진드기투성이 쓰레기장이라며 허투루 취급했다. 그러던 1971년 시 당국이 이곳에 고층 아파트를 짓겠다고 발표했다.

인근에 살던 전업주부들이 개발에 반대했다. 부자들의 고층 아파트를 짓느라 풍요로운 숲이 파괴되면 안 된다고 주장했다. 유력 정치인들과 언론사를 쫓아다니며 백방으로 하소연하고 다녔지만 아무 소용이 없었다. 시드니 시장은 '13명의 피의 주부들'이라고 조롱하기까지 했다. 낙담한 이들이 마지막으로 하소연한 곳이 뉴사우스웨일스의 건설노동자연맹(BLF, Builders Laborers Federation)이었다. 그곳에서 열세 명의 피의 주부들은 키가 작고 머리 숱이 덥수룩하게 우거진 공산당 출신의 연맹 지도자를 만났다. 잭 먼디Jack Mundey였다.

이 운명적 만남은 노동운동과 환경운동의 시초의 만남으로 평가된다. 만일 열세 명의 주부들이 잭 먼디를 만나지 못했다면, '먼저 불도저 앞에 드러누운' 중산층 여성들을 잭 먼디가 만나지 못했다면 덤불 숲은 부자들의 고층 빌딩 숲 아래로 사라졌을지도 모른다. 1960년대 말, 잭 먼디는 부패한 뉴사우스웨일스 건설노동자연맹을 민주적으로 재정립하고 있던 차였다. 건설노동자들이 임금과 노동 조건뿐만 아니라, '노동의 사회적 책임'에도 관심을 갖도록 촉구했다. 이에 건설노동자연맹은 베트남 전쟁 반대 활동을 벌이는가 하면, 선주민 공동체의 토지권 방어에도 적극 연대하고, 여성이 건축 현장에 고용될 수 있도록 지원함으로써 당시의 권위적이고 교조적인 좌파들과 결별한 채 새로운 지평을 열고 있었다. 열세 명의 피의 주부들이 연맹을 찾아온 직후 잭 먼디는 수백 명의 조합원들과 함께 격론을 벌였다. 일부는 임금 투쟁을 벌이기도 힘든데, 왜 자신들이 덤불 숲을 지키는 데까지 개입해야 하냐고 반박했다. 이에 대해 잭 먼디는 이렇게 응수했다.

"우리가 오염되고 무계획적인 도시에서 질식해 죽는다면 임금과 노동 조건의 개선을 위해 싸운들 무슨 소용이 있겠습니까? 우리는 노동시간 단축을 위해 싸우고 있지만, 만일 그게 성취된다고 해도 여전히 이 도시 안에서 살아가야 합니다. '삶의 질'은 결코 진부한 표현이 되어선 안 됩니다. 노동자들은 노동 조건뿐 아니라 삶의 모든 측면에 관심을 가져야 합니다."[42]

결국 건설노동자연맹은 논쟁 끝에 덤불 숲을 보호하기로 결정했다. 시 당국이 공사를 강행하자 건설노동자로서 일절 참여하지 않겠다고 못박았다. 그 지역 대다수 건설노동자들이 연맹 소속이었다. 공사가 중단될 수밖에 없었다. 결국 열세 명의 주부들과 노동자들이 덤불 숲을 지켜냈다. 그리고 이 사건을 계기로 '녹색 금지령(Green Bans)'이 탄생했다. 환경 보호와 공동체적 가치에 위배되는 건설 현장에 대한 전면 보이콧을 의미한다. '블랙 금지령'이 임금과 노동조건을 지켜내는 거라면, '녹색 금지령'은 무분별한 환경 파괴에 노동자들이 저항하는 운동이었다.

잭 먼디와 건설노동자연맹은 1971년부터 74년까지 54개의 녹색 금지령을 지정하고 무분별한 개발을 좌초시켰다. 경제적 가치로 환산하면 무려 50억 달러 규모였다. 당시에는 건축 붐이 한창이었다. 해외 자본이 시드니로 물밀듯이 들어오고, 해안가에 부유층의 고층 아파트와 유흥시설이 우후죽순 들어서고 있었다. 환경법은 아예 존재하지 않았다. 개발에 대한 반대 목소리도 전무한 실정이었다. 또 언론들이 녹색 금지령을 연일 물어뜯던 차였다. 그럼에도 건설노동자연맹과 지역 풀뿌리 조직들은 난개발에 완강하게 저항했다. 그 덕에 선주민 공동체와 삼림 보호 지역을 지켜냈고, 고속 노로 개발을 중지시켰다. 또 센테니얼 공원Centennial Park에서부터 킹스 크로스, 퀸즈랜드 해안의 프레이저섬에 이르기까지 다양한 지역과 노동자 주택 지역을 지켜냈다.[43] 예를 들어 오늘날 시드니의 록스The Rocks는 연간 300만 명이 넘는 사람들이 찾는 유명 관광 명소로 잘 알려져 있는데, 당시에는 노동자들이 거주하는 유서 깊은 지역이었다. 다국적 자본과 정부가 이곳을 밀고 초호화 건물들을 지으려고 하자 건설노동자연맹과 시민들이 '녹색 금지령'과 연대투쟁으로 100개 이상의 유적을 지켜내면서 지금의 유명세를 얻게 된 것이다. 내 컴퓨터 폴더 속엔 연맹 조합원 세 명이 나무 꼭대기에 매미처럼 달라붙어 경찰들과 대치하는 1973년의 흑백 사진 두 장이 있다. 확실히 기념비적인 장면이다. 노동자, 학생, 그 지역의 저소득층 주민들이 바리케이드를 치고 비폭력 연좌 농성을 벌이던 중에, 세 명이 나무 위에 올라가 아홉 시간을 버티며 수십 명의 경찰과 대치하는 순간을 담고 있다. 그들은 나무를 껴안은 채 '인민을 위해 록스를 지켜라!'라고 연거푸 외쳐댔다. 건설노동자들이 신축 공사 일자리를 마다하고 유적지와 지역 환경을 보존하기 위해 나무에 매달린 광경을 단연코 그 이전에도, 이후에도 본 적이 없다. 1970년대 인도 여성들이 물푸레나무를 끌어안은 '칩코Chipco 운동'을 벌여 벌채로부터 숲을 살려냈듯, 거의 같은 시기 호주의 건설노동자들이 나무를 껴안고 자본의 침탈로부터 자신들의 삶터를 지켜냈던 것이다.

잭 먼디와 건설노동자연맹은 그렇게 노동의 사회정치적 소임을 추구했다. 자본주의 노동이 야기하는 생태 문제와 공공성의 침해까지도 비판적으로 사유하는 이른바, '사회적 노동조합주의'를 탄생시킨 것이다. 노동자의 경제적 조건에만 정박된 경제적 조합주의를 뛰어넘어, 노동자가 생산의 주체로서 생산의 사회적 효과까지 책임져야 한다고 여겼던 것이다. 잭 먼디는 이를 이렇게 한마디로 요약한다. "노동자들은 자신의 노동이 유해한 방식으로 사용되지 않을 권리가 있습니다."

"네, 우리는 건물을 짓고 싶습니다. 하지만 상상할 수 없이 추하고 건축적으로도 봤을 때도 엉망인 형태의 콘크리트와 유리 사무실 블록을 짓는 것보다 환경을 충분히 고려하면서 디자인되고 사회에 필수적인 병원, 학교, 공공시설, 양질의 아파트, 주택을 짓기를 더 원합니다. […] 점점 더, 우리는 우리가 어떤 건물을 지을지 결정하게 될 것입니다."[44]

더 나아가 건설노동자연맹은 여학생들을 연구 과정에서 배제하며 차별한 시드니 대학에 녹색 금지령을 내렸고, 게이 학생을 퇴학시킨 맥쿼리 대학에는 핑크 금지령을 적용했다. 요약하면 녹색 금지령 운동은 노동자가 선주민, 여성, 성소수자, 퇴거자, 빈민 등과 함께 자본을 통제하고 도시 공간을 생태적이고 민주적인 형상으로 전유하려는 급진적인 연대운동이었던 것이다. 1970년대 호주에서 일어난 놀라운 성취였다. 당연히 좌·우파 모두 잭 먼디와 녹색 금지령 운동을 증오했다. 친소련파와 친중파로 갈라진 당시의 진부한 주류 좌파들에게 연맹의 시도가 중산층의 자유주의적 변절처럼 여겨진 반면, 자본과 정부 입장에서는 번번이 개발에 저항하니 치명적인 눈엣가시였다. 1974년 언론사들이 잉크가 마를 시간도 없이 연일 비난 기사들을 쏟아냈고, 건설 기업, 부패 정치인, 갱단, 경찰이 똘똘 뭉쳐 잭 먼디와 지도부를 연맹으로부터 축출했다. 생태사회주의자를 추방하기 위해 공히 좌우합작이 이루어진 것이다.

그럼에도 녹색 금지령 운동은 계속되었고 지금까지도 중요한 성취로 호명되고 있다. 그 운동이 있었기에 록스와 센테니얼 파크 등이 살아남아 시민의 휴식 장소를 제공하고, 호주 환경법과 유산보호법, 도로교통법의 단초가 마련될 수 있었다. 또한 독일 녹색당이 탄생하는 데 많은 영감을 부여했다. 독일의 저명한 환경운동가 페트라 켈리Petra Kelly는 1970년대 초반 호주를 방문했을 때, 녹색 금지령 운동에 상당한 관심을 가졌다. 당시 그녀는 창당을 준비하고 있었는데 새로운 이름이 필요한 상황이었다. Green이라는 단어에 매혹되었고, 귀국 후 새 정당에 '녹색'이라는 명칭을 부여하면서 세계 최초의 녹색당이 탄생했다.[45] 물론 독일 녹색당의 행보는 잭 먼디의 생태사회수의와는 다소 동떨어진 것이었다. 건설노동자연맹으로부터 축출된 이후로도 잭 먼디는 정력적으로 활동을 이어갔다. 한국 용산참사 때 응원 메시지를 보내는 등 다채널로 국제연대를 모색하는가 하면, 2016년에는 노구를 이끌고 시드니 해안가의 유적물을 사유화하려던 기업을 녹색 금지령으로 내쫓았다. 2020년 잭 먼디가 사망한 이후에는 건설노동자연맹이 그의 뜻을 이어받아 난개발에 박차를 가하는 자유당 정부에 맞서 녹색 투쟁을 벌이기도 했다.

1970년대 녹색 금지령은 노동자가 중심이 되어 건축과 자연환경을 보존하고 도시 환경 계획의 개선을 촉구한 선구적인 운동이다. 잭 먼디와 건설노동자연맹의 실험은 생산의 주체인 노동자가 앞장서 움직일 때 환경과 경제에 어떤 영향을 미치는지 중요한 통찰을 제공한다. 환경을 파괴하는 무분별한 축적의 생산이 아니라, 필요와 생태적 조건에 기초한 생산을 충분히 설계할 수 있는 가능성을 보여준 것이다. 또한 노동자가 생태 운동의 전면에 나섰을 때 커다란 반향을 일으킬 수 있음을 여실히 예증해 보였다. 아마도 잭 먼디의 사진 중 경찰들에게 몸이 붕 들린 상황에서 얼굴 가득 악동의 미소를 짓는 장면이 가장 유명할 것이다. 록스의 유적지 철거에 반대하다가 체포되는 순간인데, 한 번도 경찰에 체포된 적 없는 노파를 비롯해 일반 시민들이 체포된 잭 먼디의 뒤를 따라 자진해서 줄줄이 경찰차로 들어가는 진풍경을 연출했다. 끝내 록스 개발이 중단됐다.[46] 이렇게 가는 곳마다 수천 명의 시민들을 규합하고 연대의 장으로 끌어들일 수 있었던 것은 노동과 환경의 결합, 경제적 조합주의에 머물지 않고 노동조합의 사회정치적 역할을 확대했기 때문이다.

당연히 경제적 조합주의에 갇힌 시야로는 잭 먼디와 건설노동자연맹이 지켜낸 무화과나무의 가치를 이해하기 힘들 것이다. 1972년 시드니주 정부가 오페라 하우스의 주차장을 짓기 위해 인근 왕립 식물원의 오래된 무화과나무 세 그루를 베어낼 예정이었다. 지역 주민과 환경 과학자들이 주 당국에 우려를 전달했지만 묵살당했다. 그래서 건설노동자연맹에 연대를 요청했고, 곧바로 녹색 금지령이 내려졌다. 주 정부는 어쩔 수 없이 다른 곳에 주차장을 옮겼다. 덕분에 무화과나무가 살아남았다. 또 잭 먼디는 1988년에 센테니얼 파크의 오래된 무화과나무를, 2011년에는 80살이 넘은 나이에도 불구하고 다른 공원의 무화과나무를 지키기 위해 싸웠다.[47] 그가 죽은 후, 2021년에는 시의회와 시민들이 그를 기리기 위해 공원에 무화과나무를 심기도 했다.[48] 왜 노동조합이 무화과나무를 사수했을까? 그것은 무화과나무가 노동자뿐 아니라 모두에게 이롭기 때문이다. 무화과나무가 파괴되는 세상에선 노동자의 삶도 부서질 수밖에 없으니까.

이제 행성 위기 속에서 잭 먼디의 녹색 금지령이 곳곳에서 소환되고 있다. 2021년 COP26 인민 회담에서 제레미 코빈과 여러 패널들이 잭 먼디의 궤적을 성찰하는 자리를 마련했다.[49] 녹색 금지령 운동이 기후위기 시대에 중요한 좌표를 제공한다는 거였다. 잭 먼디와 건설노동자연맹이 제기한 노동의 사회적 책임은 곧 지구 생태를 해치지 않는 좋은 일자리로 연결된다. 우리의 노동력이 생태계에 무해하고 지구와 인간의 삶에 도움이 되는 것을 생산하도록 체제의 방향을 옮기며, 보건과 돌봄처럼 우리 삶에 필수적인 영역으로 양질의 일자리를 확대하는 것이 중요하기 때문이다. 잭 먼디도 살아생전에 기후위기 문제를 인식하고 있었다. 2011년 녹색 금지령을 내린 지 40년 만의 기념식에서 잭 먼디는 자본주의는 물론 소련과 중국 등 기존 사회주의 모델이 실패했다고 강조하면서 기후 온난화를 넘어서기 위해 자본주의를 뛰어넘어야 한다고 조언한다.

"21세기에 사회주의가 성공하려면 자연과 다른 생명체와 조화를 이루는 방향으로 나아가야 합니다. 가장 큰 문제는 다국적 기업을 통제할 수 있는가 하는 겁니다. 그들의 힘을 고려할 때 자본주의하에서는 불가능합니다. 자본주의는 인간화될 수 없어요. 소비 사회에서 보존 사회로 나아가기

위해서는 자본주의를 뛰어넘어야 합니다."⁵⁰

다큐멘터리 〈잭 먼디의 삶과 정치(The Life and Politics of Jack Mundey〉(2021)에서도 노회한 잭 먼디는 마지막으로 자신의 삶과 세계관을 이렇게 간단히 술회한다. "사회주의와 생태주의의 융합." 미래는 노동하는 자의 몫이며, 우리를 파괴하는 것들로부터 사회를 지켜내자는 것이다. 노동자가 생산권력을 통제할 때, 그리하여 자연과 사회의 돌봄에 주력할 때 우리는 자본주의 사회에서 보지 못했던 놀라운 풍경들을 마주하게 된다. 숲과 유적지와 공유지를 지켜낸 호주의 건설노동자연맹이 그것이다. 무화과나무를 지키는 노동조합의 풍경이 그것이다. 그리고 이와 비슷한 사례들이 가능성의 씨앗을 품은 채 지구 곳곳에서 움트고 있다. 그리스의 한 건축 자재 공장도 움트는 싹의 하나다.

그리스 테살로니키에 있는 건축 자재 공장 Vio.Me의 벽에는 이런 문구가 적혀져 있다. "점령하라, 저항하라, 생산하라." 원래 이 문구는 브라질 무토지 농민운동의 슬로건이다. 고작 3%의 부자들이 브라질 전체 농지의 70% 이상을 독점하고 있는 상황에서, 토지 없는 농부들이 수십 년간 벌여온 미사용 토지에 대한 정착 투쟁이 바로 무토지 농민운동이다. 150만 명이 넘는 농부들이 '점령, 저항, 생산'이라는 기치 아래 정착촌을 가꾸어나간다. 마찬가지로, 테살로니키의 Vio.Me 공장 역시 노동자들이 점령하고 저항하고 생산하는 곳이다. 접착제와 건축 자재를 생산하는 이곳엔 사장이 없다. 노동자들이 자주관리를 한다. 원래는 그리스 최대 세라믹 다국적 기업의 자회사였는데, 2011년 금융위기 여파로 임금을 체불하고 사장과 경영진이 줄행랑을 쳤다. 그리고 2년 후, 수백 명의 노동자들이 공장을 어떻게 할 것인가 논의하기 시작했다. 투표 결과, 97.5%가 자주관리에 찬성표를 던졌다. 물론 이 과정이 순탄하지만은 않다. 전기 차단, 정부의 공격, 공장부지의 경매 과정과 중단없이 싸워오고 있다.⁵¹

다른 자주관리 공장들이 그렇듯, 이곳에선 노동자들이 스스로 명령을 내린다. 매일, 매주, 매월 회의가 있고 그것에 기초해 노동시간과 생산량을 결정짓는다. 노동자 1명당 1표의 결정권을 행사한다. 그런데 놀라운 점이 하나 있다. 자주관리 이후에는 건축 자재와 청소 세제를 생분해 물질과 천연 유기성 재료로 대체해 생산한다는 점이다. 동물성 기름을 지양하고 모두 식물성 기름을 사용한다. 원자재 포장부터 모든 것을 재활용하며 유기성 폐기물의 경우 퇴비화하여 텃밭에 이용하고 있다.[52] 노동자들이 스스로 생산수단을 소유하고, 과연 자신들이 어떤 물건을 만들면 사회에 유용한가를 민주적으로 논의한 결과인 셈이다. 더 나아가 이 공장의 공터는 일종의 '공유지'로 이용된다. 다양한 사회운동 행사, 지역 축제, 콘서트가 열리고 때론 저소득층과 노동자를 돕는 의료센터로도 기능하며, 난민 구호소로도 이용된다. Vio.Me 의 한 노동자가 "이곳은 존엄성을 생산하는 공장입니다"라고 자신 있게 말하는 데는 이런 저간의 배경이 깔려 있는 것이다.[53]

그들이 스스로 공언하듯, Vio.Me 공장은 유토피아가 아니다. 완결된 서사의 유토피아와 대안은 환상에 불과하다. 단지 끊임없이 보다 나은 대안을 찾으려는 민주적인 과정이 공동체를 조금 더 나은 방향으로 변화시킬 뿐이다. 최근에도 암암리에 Vio.Me 공장부지가 매각되고 철거 강제 집행이 수행되는 압력 속에서, 노동자들은 시민 수천 명이 운집하는 뮤직페스티벌을 개최하는 동시에 소송과 연대 투쟁으로 이 공간을 지키기 위해 분투하고 있다. Vio.Me 사례는 경제 구조가 존엄성을 생산하게 되면 어떤 일이 벌어질지를 보여주는 훌륭한 예시일 것이다. 노동자가 이렇게 생산수단을 민주적으로 통제하고 사회화했을 때, 기후비상사태를 야기하는 파괴적 생산 체계를 바꿀 수 있다.

이를테면 노동자, 기후운동가, 시민 수만 명이 생산 체계의 생태적 전환을 요구하며 행진하는 기후 파업을 상상해보자. 실제로 이탈리아 피렌체에서는 4만여 명이 운집한 기후 파업이 일어났다. 노동자들과 그레타 툰베리의 '내일을 위한 금요일'을 위시로 수많은 기후정의 활동가들, 그리고 이에 동참하는 시민들이 한자리에 모였다. 이게 어떻게 가능했을까? 2021년 7월 9일, 자동차 기업 GKN이 공장을 폐쇄하고 400명 이상의 노동자를 해고한다고 발표했다. GKN은 전 세계에 50개 이상의 생산 공장을 보유한 자동차 제조업체다. 해고 위기에 처한 노동자들은 GKN 팩토리 콜렉티브 GKN Factory Collective를 결성하고, 공장을 점거한 채 자동차에서 화물용 자전거와 태양광 패널로 생산 체계를 전환하겠다는 놀라운 계획을 세웠다.[54]

GKN의 노동조합은 이미 전부터 생태적 전환과 계급 투쟁이 연결되어야 한다는 걸 명시적으로 깨닫고 있었다. 탈탄소 사회로 전환하는 과정에서 구조조정으로 자동차 산업계가 출렁이게 될 것이고, 이에 대한 피해와 비용이 고스란히 노동자들에게 전가될 것이기 때문이다. 그리고 아니나 다를까, 공장 폐쇄와 해고가 결정된 것이다. 노동자들은 2022년부터 기후정의 운동 진영과 꾸준히 대화를 펼쳤다. 이 과정은 상호 교육의 장이었다. 노동자들은 "아래로부터의 생산, 즉 누가 무엇을 어떻게 생산할지 결정하는 문제"가 중요하다는 걸 배웠고, 기후정의 진영은 생태주의와 계급 투쟁의 연결성을 보다 정교하게 사유할 수 있었다.[55] 사회적 투쟁과 환경적 투쟁이 연결되고, 일자리 보존과 생태적 전환 사이의 모순이 해소되는 지점을 찾아갔던 것이다. 그리고 현재 노동조합과 기후정의 진영은 대중적인 주주 캠페인을 벌이며 협동조합 운동을 벌이고 있다. 자동차 공장을 인수해 자전거와 태양광 패널을 생산하기 위해서다. 이렇게 되면 일자리도 보존될 것이고, 노동자들은 생태친화적인 도구들을 생산할 수 있게 된다. 이 캠페인의 슬로건은 1944년 이탈리아 피렌체를 해방시킨 빨치산의 슬로건인 Insorgiamo, 즉 '봉기하라'다.

지난 2년 동안 어쩌다 보니, 민주노총을 비롯해 전국의 많은 노조들 대상으로 기후위기와 정의로운 전환에 대한 강의를 다녔다. 대부분이 '정의로운 전환(Just Transition)'에 초점이 맞춰진다. 이는 탈탄소 사회로 전환하는 과정에서 어느 누구도 뒤처지거나 배제되지 않도록 보장하는 민주적 의

사 결정을 지칭하는 용어다. 단적으로 석탄발전소가 문을 닫으면 발전노동자의 일자리가 사라지게 된다. 당연히 일자리를 보장하거나 그 피해를 보전할 수 있는 구조적 장치가 보완되어야 함에도, 한국의 자본과 국가권력은 사실상 모르쇠로 일관한다. 탈탄소 사회로의 전환은 누구의 배제도 없는 민주주의를 동반해야 한다는 것이 기후정의의 요체다. 그것이 현재 한국의 발전노동자들이 기후정의 운동의 최전선에서 깃발을 들고 있는 이유다. 당연히 기후정의에 입각한 정의로운 전환이 선결되어야 하지만, 여기에서 '체제 전환'의 관점으로의 도약이 필요하다. 생산 체계를 관장하고 개입하는 노동자의 역능과 그 대안적 힘의 창출 말이다.

"자본주의 경제의 일반적 구조를 그대로 놔둔 채 노동운동의 정치적 지평이 임금과 노동조건을 둘러싼 산업별 싸움으로 축소되는 것을 우리는 어떻게 방치해왔나?"[56]

생태경제학자 제이슨 히켈은 행성 위기의 쓰나미를 넘기 위해 정치적 전망을 잃고 약화된 노동운동의 각성을 촉구한다. "원래의 정치적 비전을 되찾고 실업자뿐 아니라 전 부문이 단결해 모두를 위한 사회적 기반을 확보하고 경제 민주주의를 실현해야 한다"는 것이다. 설령 화석연료를 재생에너지로 교체한다고 하더라도, 지금의 파괴적인 생산 체계를 그대로 놔두면 기후-생태 위기는 계속 확대되기 때문이다. 아울러 노동자의 힘을 지렛대질하기 위해서는 환경운동과의 동맹이 필요하다고 지적한다. 근래의 환경운동이 기후 문제를 대중 담론장으로 끌어들이는 데는 성공했지만, 자본주의 체제에 대한 구조적 분석과 정치적 영향력은 부족했던 게 사실이다. 더 나아가 일부 기후-환경 운동은 노동자와 농민에게 환경적 비용을 지불하게 하거나 책임을 전가하는 방식으로 자본의 책임을 면제하며 노동자들을 고립시키는 주구 노릇을 서슴지 않는다. 따라서 자연보호만을 우선시하는 자유주의적 환경운동, 그리고 노동 계급과 제국주의 문제를 도외시하는 부르주아 녹색당의 한계를 뛰어넘어 환경운동과 노동운동의 동맹을 구축

하자는 히켈의 제안은 십분 동의할 만하다.[57]

　노동운동과 환경운동의 동맹, 그것이 이 재앙적이고 끔찍한 생산 체계를 바꿀 수 있는 강력한 힘이 될 수 있다. 잭 먼디와 건설노동자연맹의 녹색 금지령이 선구적으로 보여주었듯, 생산의 주체인 노동자가 생태적 의식을 갖고 생산 과정에 능동적으로 관여할 때 지금보다 나아진 세상을 충분히 맞이하게 될 것이다. 무화과나무를 사수하는 노동자들은 분명히 푸른 지구의 파수꾼이 될 것이다. 마르크스의 용어를 빌려 마침내 이렇게 말해야 할 시대가 도래했다. 만국의 노동자여, 만국의 생태주의자여 단결하라!

◐

들판의 행성

~~~~~~

　마리 앙투아네트는 감자꽃으로 옷과 모자를 치장하곤 했다. 루이 16세도 가끔 공식 행사에 감자꽃을 옷에 꽂고 등장했다. 자줏빛이 도는 감자꽃도 은은했지만, 이들의 퍼포먼스는 감자를 유럽에 알리기 위해 연출된 것이었다. 기근을 해결하는 놀라운 식물이니 널리 보급하자는 왕실의 캠페인이었던 것이다. 남미의 안데스에서 들여온 이래, 감자는 유럽 전역으로 퍼져나가며 '신이 내린 음식'이라는 상찬을 들었다.

　영양소가 풍부하고 척박한 땅에서도 잘 자랐기 때문이다. 감자는 이내 유럽인의 식단에 오르기 시작했다. 그리고 유럽 제국들이 지배하던 다른 대륙의 식민지들로 감자를 퍼뜨렸다. 특히 아일랜드가 감자를 주식으로 삼았다. 인구의 3분의 1이 거의 매일 감자를 먹었고, 17세기 후반부터 150년 동안 수백만 명의 아일랜드인의 생계를 유지하게 할 정도로 독보적인 위치를 차지했다. 그러던 1845년, 파이토프토라 인페스탄스(Phytophthora infestans)라는 곰팡이균에 의한 감자 마름병이 창궐한다. 곧장 유럽 전역의 감자밭이 초토화됐다. 이로 인해 아일랜드인 100만 명이 굶주려 사망하는 참사가 발상했다. 무려 인구의 8분의 1이었다. 감자 썩은 냄새가 들판에 진동했고, 매장되지 못한 시신들이 거리에 방치되었다. 이 참혹한 대기근은 1930년대 우크라이나 기근 외에는 필적할 만한 유럽의 사례가 없을 정도였다. 굶주림을 피해, 아일랜드인 200만 명이 미국으로 떠났다. 인구의 25%가 갑자기 사라진 것이다. 현재에 이르러서도 아일랜드는 당시에 손실된 인구 감소폭을 극복하지 못했다.

아일랜드 대기근과 감자의 관계는 오늘날까지도 꾸준히 회자되며 전염병, 식량, 기근과 같은 키워드들과 함께 묶인 채 종말론적인 재난 이미지로 재현되고 있다. 당시에 너무 많은 자식을 낳았기 때문에 아일랜드 기근이 발생했다고 주장하는 미련한 맬서스주의자들이나, 1840년대 유럽의 습한 기온이 감자 곰팡이균의 숙주 역할을 했다며 기후위기 대응을 촉구하는 유럽의 일부 기후운동 활동가들이 그 대표적인 예일 것이다. 하지만 이들은 갑자기 100만 명이나 사망한 저 놀라운 미스터리에는 별 관심이 없는 것처럼 보인다. 1997년, 뒤늦게나마 아일랜드 기근 사태에 대해 공식 사과를 했던 토니 블레어 전 영국 총리조차 "당시 세계에서 가장 부유하고 가장 강력했던 나라에서 백만 명이 죽어야 했다는 건 놀라운 일입니다"[58]라고 고백할 정도로 기이한 사건이 아닌가.

"감자 마름병은 토양 고갈로 인해 발생했으며, 이는 영국 통치의 산물이었습니다."

1867년 칼 마르크스는 한 강연에서 아일랜드 기근이 자본주의 농법에 의한 토양 고갈과 영국의 식민 지배의 결과라고 주장한 바 있다.[59] 확실히 영민한 통찰이다. 『독일 이데올로기』를 비롯해 마르크스는 다른 저작들에서도 아일랜드 기근에 대한 자신의 분석을 지속적으로 피력했다. 그에 따르면, 아일랜드는 영국에 종속된 '곡물 창고'나 다름없었다. 영국과 아일랜드 지주들이 대부분의 땅을 소유한 채 영국으로 수출할 야채와 곡식들을 재배했고, 토지를 임대한 아일랜드 소농들도 임대료를 지불하기 위해 수출용 작물들을 심었다.[60] 다시 말해, 아일랜드는 영국의 식량 플랜테이션이었다. 아일랜드에서 영국으로 온갖 식량와 임대료가 빨려들어갔던 것이다. 대신 아일랜드 농부들은 토지 면적당 소출이 좋은 감자를 심어 그것으로 생계를 연명해야 했다. 실제로 기근이 한창이던 1847년에만 해도 거의 4천 척에 달하는 선박이 아일랜드에서 영국의 주요 항구들로 식량을 운반

했다. 야채, 콩, 생선은 물론 돼지고기, 베이컨, 햄, 유제품 등이 수출되었는데, 1846년부터 1850년 사이에 총 300만 마리의 살아 있는 동물이 영국으로 실려나갔다. 이는 기근 기간 미국으로 이주한 200만 명보다 더 많은 수치였다.[61] 이처럼 아일랜드 기근은 감자 마름병 때문이 아니라 식민지 수탈 때문에 발생한 것이다. 19세기 말 최소 3천만 명의 사망자를 냈던 인도에서의 대기근 역시 마이크 데이비스가 탁월하게 분석한 바와 같이, 엘니뇨라는 기후재난 속에서 사람들이 굶어 죽는 가운데에서도 1천만 톤 이상의 식량을 실어날랐던 영국의 제국주의적 수탈이 그 직접적 원인이었다.

마르크스는 이러한 제국주의적 수탈과 함께 자본주의적 농법이 감자 마름병을 부추겼다고 보았다. 독일의 화학자 유스투스 폰 리비히Justus von Liebig의 이론에 기대어, 자본주의가 발달할수록 토양의 신진대사가 붕괴한다고 주장한 것이다. 쉽게 말해 식물의 주요 성분인 질소, 인, 칼륨의 순환 체계가 끊어져 토양이 고갈된다는 이야기다. 순환적인 농법에서는 영양소가 원을 그리며 돌아간다. 우리가 식물을 먹고 배출한 영양소는 거름이 되어 다시 식물을 자라게 한다. 하지만 자본 축적 기제에 의해 농촌과 도시가 분리되고, 농촌을 그저 도시의 식량 배후지로 전락시킨 채 대량의 식량을 추출하는 농법은 이러한 물질대사의 흐름을 끊고 토양을 지속적으로 수탈할 수밖에 없다. 자본주의 농법은 이렇게 끊어진 영양의 흐름을 잇기 위해 고갈된 토양에 화석연료 비료를 끊임없이 퍼붓는다. 즉 오늘날 우리가 먹는 것은 화석연료의 영양분이다. 생산력을 맹신하는 통속 마르크스주의자들은 마르크스가 『자본』의 각주와 다양한 저작들의 행간에 배치해놓은 이러한 생태학적 관점을 무시해왔는데, 근자에 들어 존 벨라미 포스터 등의 연구자들이 '신진대사' 개념을 기초로 생태사회주의의 또 다른 지평을 구축하고 있다.

한편 당시 마르크스가 주목하지 못했지만, 자본주의 농법이 야기하는 또 하나의 결정적 폐해는 대량생산을 위해 단일 작물 재배를 강요한다는 점이다. 프랑스와 독일이 그나마 다른 품종을 섞어 재배한 것에 반해, 아일랜드 농부들은 '럼퍼lumper'라는 단 하나의 감자 품종만을 재배했다. 유전적으로 동일한 품종이 획일적으로 도열된 들판은 면역력이 떨어지고 병충해에 취약하다. 유전적으로 다양한 감자를 심거나, 다른 작물과 함께 간작을 했다면 전염병의 피해를 조금이라도 덜 받았을 것이다.

감자의 고향인 페루에는 대략 4천 종이 넘는 다양한 감자 품종이 존재한다. 지구상의 모든 감자가 그곳에 있다. 하지만 아일랜드는 그중 단 한 개의 품종만 가져와 단일 재배했던 것이다. 나중에 과학자들은 남미에서 마름병에 대한 저항성 유전자를 가진 품종을 발견했다.[62] 그곳의 농부들은 야생 감자들을 비롯해 다양한 품종의 감자를 함께 재배함으로써 유전적 변이를 보존하고 질병으로부터도 방화벽을 구축하는 농법을 지속해오고 있다. 가령, 페루 고원의 '감자 공원'에서만 약 2,300종의 이상의 감자가 재배된다. 또한 유전적 다양성을 갖춘 다양한 야생종이 그곳에 서식한다. 감자 외에도 콩, 옥수수, 퀴노아, 트라위, 마슈아, 오카 등 안데스 토종 작물도 함께 양육한다.[63] 공원의 감자들을 한데 모아놓은 장면은 그 자체로 경이로움이다. 분홍색에서 푸른색에 이르기까지, 이 세상의 모든 색이 조각보처럼 섞여 있다. 우리가 슈퍼마켓에서 집어드는 한두 종의 감자는 이 감자 우주의 모자이크 앞에서 얼마나 초라한가.

페루의 피삭Pisac에 위치한 감자 공원은 2002년 6개의 선주민 공동체가 감자의 유전적 다양성, 선주민 농부들의 문화유산과 안데스 전통 경관을 보전하기 위해 만든 공유지다. 1만 헥타르에 달하는 고원의 보호구역 내에서 감자와 다양한 토종 작물을 재배하는데, 이들의 농법은 수천 년 조상 대대로 이어져온 지식에 의지하며 엘니뇨와 같은 극한 기후에 대한 회복력의 기억을 내장하고 있다. 세상에선 이곳에서 감자를 재배하는 8,000여 명의 선주민을 '토종 감자의 수호자들'이라고 부른다. 3~7년 사이의 윤작을 통해 땅에 휴식을 주고 화학비료와 살충제 사용이 없으니, 이 지역은 지구상에서 생물다양성이 가장 높은 곳 중 하나다. 당연히 다국적 자본이 눈독을 들인다. 반다나 시바Vandana Shiva가 말한 것처럼, 특정 종자에 특허를 붙이고 농사 지식을 훔치는 다국적 기업들의 '생물 해적질'이 이곳에서도 기회를 노리는 것이다. 하지만 감자 농원의 선주민들은 단호하게 이를 거절한다. 감자 종자는 특정 자본이 아니라 모두에게 귀속되어야 하기 때문이다. 그들은 비영리 기관들과 함께 가뭄과 추위에 강한 품종들을 계속 연구 중이다. 기후 상승에 따라 점점 높은 고도로 재배지를 옮기면서 종 다양성을 지키기 위해 애쓰고 있는데, 2015년에는 노르웨이에 있는 스발발드 글로벌 종자 저장고(Svalbald Global Seed Vault)에 750종의 감자 종자를 기탁하기도 했다.[64] 최후의 날 저장고(the doomsday vault)라는 별칭이 붙은 이 저장고는 2008년에 설립되어 현재 100만 개 이상의 종자를 보유하고 있는 것으로 알려져 있다.

그러나 실제로 세계 종자 다양성의 대부분은 유전자은행이 아니라 전 세계 25억 명의 소농들이 관리한다.[65] 유전자은행은 계란을 한 바구니에 담아놓지 말라는 선대의 교훈을 망각하는 한편, 종말을 기정사실화하고 이에 대한 적응을 부각한다는 점에서 한계가 명확하다. 자본주의적 농법에 저항하며 생태 농업을 실천하는 소농들이 인류와 지구의 삶을 건사하는 가장 중요한 종자은행이다.

아일랜드 기근 사태는 기근을 양산하고 토양과 작물 다양성을 축소하는 자본주의 농법의 치명적 문제를 환기시키는 대표적 사례다. 영국이 아일랜드 농부들에게 강제했던 바와 같이, 식량 주권을 파괴하고 토지를 빼앗아 폭력적인 글로벌 시장과 자유무역 체계 속으로 편입시키기 때문에 만성적인 식량 위기가 도래한다. 또한 자본주의 농법은 탄소를 대량으로 배출하며 생물다양성의 숲을 시시각각 먹어치운다. 자명하게도, 합성비료가 전체 온실가스 배출량의 2%를 차지한다. 또 아산화질소 배출의 주요 원인이다. 질소 비료를 생산하려면 전 세계 화석 가스의 3~5%가 필요하다.[66] 게다가 대부분의 사람들이 간과하는 것이 살충제의 99%가 화석연료로 이루어져 있다는 점이다. 엑슨모빌, 셸, 셰브론 등 세계 최대 석유 회사들이 앞다투어 살충제를 생산하고 이윤을 축적한다. 가령 2020년 영국에서 살포된 글리포세이트의 경우, 260만 킬로그램이 뿌려졌는데 81,410톤의 이산화탄소 환산량(CO_2e)을 생성했다. 이는 런던에서 시드니까지 75,000회 오가는 항공편에 해당되는 양이다. 통상적으로 제초제는 1킬로그램당 최대 26킬로그램, 살충제는 18킬로그램, 살균제는 29킬로그램의 이산화탄소 환산량을 생성한다.[67]

토양을 유기물과 식물이 살아가는 생명의 그물망이 아니라, 저렴한 식품을 대량생산하는 죽은 공장이라 여기기 때문에 화석연료를 쥐어짠 합성 비료와 살충제를 무한하게 때려붓는 것이다. 이것이 꿀벌을 비롯한 곤충과 조류들이 지구상에서 점차 절멸의 길을 걷는 이유다. 나아가 자본주의 농법은 작물 다양성을 파괴한다. 유엔 식량농업기구(FAO)에 따르면 1900년에서 2000년 사이에 작물 다양성의 75%가 사라져버렸다.[68] 현재 자본주의적 농업은 137종의 작물과 5종의 주요 가축을 중심으로 대량생산을 반복한다.[69] 생각해보라. 전 세계에 토마토 품종이 2만여 종에 달하는데, 우리가 슈퍼마켓 진열대에서 구매하는 품종은 고작 몇 가지뿐이다. 자본주의 농법은 작물 다양성을 급진적으로 단순화하고 초라하게 획일화한다. 반면에 여전히 전 세계에서 토착 시스템과 생태 농법을 고수하는 소농들이 수천 종의 작물과 수십 종의 가축을 지키고 있다. 생태 소농들은 말 그대로, 토양과 동식물을 양육한다.

우선 중미와 북미 선주민의 '세 자매' 농법을 보자. 수 세기 동안 이들 선주민은 옥수수, 콩, 호박을 함께 혼작해왔는데, 이 작물들은 '우리를 지탱해주는 존재'라는 뜻의 '데오헤코Diohe'ko'라고 불리는 세 자매 정령들에 의해 보호된다고 믿었다.[70] 실제로 이 세 자매 작물은 자라는 동안 경쟁하지 않고 보완적이고 유기적 관계를 맺는다. 가장 먼저 옥수수를 심어 덩굴 식물이 의지할 수 있는 버팀목을 구성한다. 두 번째로 콩을 심어 질소를 고정하고 땅을 기름지게 한다. 마지막으로 호박을 심는데, 호박의 큰 잎이 그늘을 드리워 토양이 수분을 머금게 하고 잡초가 자라지 못하도록 한다. 세 가지를 따로 재배하는 것보다 함께 키웠을 때 생산성이 30%가량 증가한다. 고도의 생태학적 설계인 셈이다. 옥수수와 콩과 호박은 인간을 먹여살리고, 인간 농부는 세 자매를 심음으로써 자연을 돌본다. 자연과 인간이 협력을 통해 공동으로 생산하는, 가장 시원의 돌봄 관계가 발생하는 것이다. 지구 자연과 인류 사이의 생태학적인 호혜 관계에 기반한 관행이자 농생태학의 시원적 풍경이랄 수 있을 것이다. 최근 동아프리카의 소농들이 시행하는 '밀고 당기기' 농법도 이와 유사하다. 식량 작물 사이에 해충 기피-해충 유인 식물을 혼작하여 해충을 쫓아내거나 억제하는 농법이다. 또 해충 기피 식물은 다년생의 질소 고정 콩과이기 때문에 토양의 비옥도를 올리고 수분을 보존한다. 1997년 케냐의 국제 곤충 생리학 및 생태학 센터에서 개발한 이 기술은 화학비료와 살충제를 사용하지 않는 농생태학적 농법으로, 단일 작물 재배에 비해 세 배 이상의 수확량을 올린다.[71] 현재 수십만 명의 소농들이 이 친환경 플랫폼 기술을 채택하고 있으며, 특히 아프리카 농업의 주축인 여성들에게 기후위기를 둘러싼 복합 위기를 헤쳐나갈 수 있는 모델로 환영받고 있다.

땅은 자연과 인간의 관계가 시작되는 시원의 장소다. 서로를 돌보느냐, 아니면 착취하느냐에 따라 세계가 바뀌게 된다. 그리고 그 관계의 형식은 다른 사회적 관계에도 영향을 미친다. 세 자매를 가꾸는 북미 선주민 농부나 안데스 고원의 감자 농부처럼 땅을 돌보고 작물을 양육하는 풍경은 지구의 미래를 약속하지만, 일방적으로 땅을 수탈하는 자본주의는 우리를 파국으로 몰고 가게 된다. 저렴한 식품 시스템과 육식 자본주의를 위해 전쟁 치르듯 합성비료와 살충제를 땅에 투하하고, 토착 농법을 차례차례 거세하며, 빚진 농부들에게서 토지를 빼앗고, 항구적인 가난을 양산하며, 생태적 재앙과 막대한 탄소 배출을 야기하는 자본주의 농업이 그대로 지속되는 한 지구별 위기도 계속 증가할 수밖에 없다. 세계은행과 IMF, 녹색혁명과 각종 무역기구들이 차관을 빌미로 주변부 국가들에 구조조정을 강제하고 전세계 농업을 자유무역이라는 사슬에 묶어 수출 작물 재배를 닦달하는 덕에 농부들의 빈곤과 비참이 늘어나고, 지구 환경과 인류의 건강이 더 훼손됐다. 그사이 다국적 금융자본의 주도하에 단 1%의 농장이 전 세계 농장의 70%를 먹어치우는 불평등의 세계가 펼쳐지게 됐다.[72]

그런데도 여전히 다국적 기업과 무역기구들, 그리고 버락 오바마 전 미국 대통령이나 빌 게이츠 같은 부유한 엘리트들은 식량 문제를 해결하기 위해 단작 시스템과 녹색혁명의 불가피성을 주장한다. 빌 게이츠는 아프리카에 제2의 녹색혁명이 필요하다고 주장하며 자신의 재단 '빌 앤드 멜린다 게이츠 재단(Bill and Melinda Gates Foundation)'을 통해 2003년부터 2020년까지 약 50억 달러를 지원해왔는데, 대부분이 유전자 변형 종자와 살충제 관련 분야에 흘러들어간다. 그가 관련 기업과 연구 재단들과 맺고 있는 끈끈한 경제적 유착 관계는 익히 잘 알려져 있다. 예를 들어 빌 게이츠 재단으로부터 수천만 달러의 지원금을 받는 코넬 과학 연합(CAS)은 아프리카 정치 지도자들을 대상으로 농생태학의 패러다임을 퇴행적이라고 공격하며 유전자 변형 종자를 상찬하는 로비를 꾸준히 벌인다.[73] 또 2007년 빌 게이츠가 록펠러 재단과 함께 설립한 '아프리카 녹색혁명을 위한 동맹(AGRA)'은 화학공업적 농업 시스템을 아프리카 정치-경제계에 전방위적으로 권고하며 비약적으로 성장한 기관인데, 빌 게이츠 재단으로부터 자그마치 6억 달러 이상의 돈을 지원받았다.[74] 2022년, 빌 게이츠는 코로나 팬데믹이 지나가자 《뉴욕타임스》와 《AP 통신》을 통해 다시 한번 녹색혁명과 기술 혁신을 강조한다. 기아를 극복하기 위해 더 많은 비료, 더 많은 유전자 변형 종자, 더 많은 살충제가 필요하다는 것이다. 심지어 '쿰바야Kumbaya를 부르지 않는 해결책'에 투자를 하겠다며 아프리카의 농생태학을 대놓고

조롱했다.[75]

이에 대해 '아프리카 식량주권연합(AFSA)'은 빌 게이츠에게 공개서한을 보내 아프리카 대륙에는 농생태학이 필요하다고 즉각 반박했다. 끊임없이 현실을 왜곡하는 저 백인 억만장자와 질긴 악연으로 묶인 조직이다. 식량주권연합은 아프리카 식량주권과 농생태학 투쟁에 참여하는 시민 사회 주체들의 연합체다. 2억 명 이상의 아프리카 농부, 어부, 선주민, 여성과 50개 이상의 조직으로 구성되어 있다. 이 조직은 빌 게이츠가 설립한 아프리카 녹색혁명을 위한 동맹(AGRA)에 대응하기 위해 풀뿌리 민중들이 만든 것이다. 그들은 공개서한에서 빌 게이츠가 '쿰바야'라고 조롱한 토착 지식과 첨단 과학을 결합한 소규모 농생태학적 농법이 산업형 농장보다 더 생산성이 높고, 농촌 경제를 안정화하며, 성평등을 촉진하고, 생물다양성을 보호한다고 조목조목 지적했다. 또 아프리카인들이 어떤 농법을 필요로 하는지 더 이상 아프리카인들에게 간섭하지 말라고 경고했다.[76]

확실히 퇴행적인 쪽은 빌 게이츠다. 유엔에 대한 지속적인 로비를 통해 화학-생명공학적 농법을 확산하려는 그의 야망과는 다르게, 2023년 COP28 회담에서 마침내 지속 가능 농업의 필요성을 인정했기 때문이다. 기후위기에 대처하기 위해 사상 처음으로 지속 가능 농업으로 전환해야 한다는 선언문이 작성되었고 여기에 150개국 이상이 참여했다. COP 역사상 전례가 없는 일이다. 회담 첫날 유엔 생태계국 국장 수잔 가드너Susan Gardner는 "분명히 말씀드리자면, 우리는 현재의 식량 시스템이 붕괴됐다는 걸 알고 있습니다. 농업이 생물다양성 손실의 60%에 책임이 있습니다. 이는 전 세계적으로 온실가스 배출량의 약 3분의 1을 발생시킵니다"라며 농업의 전환이 기후위기 대응에 중차대한 문제임을 상기시켰다.[77] 선언문에는 지역 및 토착 지식을 비롯한 과학적 혁신을 확장하여 생산성을 늘리고, 생태계 회복력을 촉진하며, 농촌 공동체, 소농, 가족농의 생계를 개선하자는 내용이 포함되어 있다. 물론 COP 선언문은 구속력이 없고 그동안의 역사가 증명하듯 유엔과 세계 정상들의 공허한 말 잔치에 그칠 공산이 큰 게 사실이다. 하지만 그나마 농업 의제가 이렇게 협상 테이블에 오른 것은 전 세계 농부들, 그리고 농생태학 지지자들의 꾸준한 시위와 압력 덕분이었다. COP28 회담에 벌떼처럼 몰려든 농축산업 로비스트들의 수가 그 선언의 의미를 증명한다. 2022년에 비해 두 배가 넘는 340여 명의 로비스트들이 두바이에 날아온 것이다. 육류 및 유제품, 살충제, 종자, 거대 식품 자본과 관련된 로비스트들이 회담장을 기웃거리며 논의 과정을 감시하고, 때로는 중요 협상 대상자로 등장하기도 한다.[78] 화석연료 로비스트들이 화석연료 감축 의제를 방해하고 지연시켜왔듯이, 이제 점점 더 많은 농축산 로비스트들이 다국적 기업과 관련 금융의 이익을 등에 업은 채 COP 회담장에 날아들고 있다.

어쨌든 COP28에서마저 농업의 대전환이 거론되는 실정이다. 왜냐하면 화석연료와 불평등 기반의 자본주의 농법이 철저히 실패했기 때문이다. 그것을 모른 척하는 건 미국 정부, 다국적 농축산 자본과 빌 게이츠 같은 억만장자들이다. 자신이 이렇게 농업에 관심이 많은 것은 소농들 때문이라는 빌 게이츠는 정작 미국에서 가장 많은 농지를 독차지한다. 미국 선주민의 전체 영토 면적보다 더 많은 땅을 쇼핑하듯 닥치는 대로 사들인다.[79] 위성으로 봐도 눈에 띌 만큼 압도적인 면적이다. 왜 이럴까? "우리는 석탄에 대해 이야기하는 만큼 흙에 대해서도 토론해야 합니다."[80] 그의 말에 답이 담겨 있다. 기후재앙에 대응하기 위해 화석연료 못지않게 토지와 식량에 대해서도 관심과 투자를 쏟아야 한다는 게 그의 주장이다. 뿌리가 긴 새로운 밀 품종, 합성 팜유와 같은 '마법의 종자' 개발만이 우리를 기아와 재난으로부터 구할 수 있다고 여긴다. 지구가 망하게 생겼으니 화성에 가서 살자는 일론 머스크처럼, 탄소포집 장치가 곧 개발될 거라며 금융 투자를 부추기는 자본들처럼, 핵융합 발전 기술이 있으니 그대여 걱정하지 말아요를 노래하는 한국 정치인들과 스타트업 자본들처럼, 빌 게이츠는 기아와 기후위기에 대응하자며 땅을 사들이고 녹색혁명을 그 희망의 대안으로 종용하는 것이다. 자선과 기부로 포장한 채 결국엔 기후재난 시대에 농업과 생명 공학 기술로 영향력을 확보하고 세계 시장을 먹어치우려는 자본의 욕망. 다시 말해 빌 게이츠는 '기후 스마트 농법', '마법의 종자', '생명공학 신기술'과 같은 번지르르하게 치장된 수사 뒤편으로 유전자 변형 종자와 화학 공법으로 설계된 식민주의적인 농업 시스템을 다시 새롭게 재설정하고 이윤을 축적하려는 다국적 자본의 욕망을 응집하고 있다. 그들이 걱정하는 건 기후위기도, 식량 문제도, 농부의 삶도 아니다. 어떤 종자와 비료와 살충 제를 많이 팔아먹냐일 뿐이다.

비아 캄페시나La Via Campesina는 이렇듯 하향식으로 부과되는 투입 집 약적 농업에 저항하기 위해 전 세계 2억 명 이상의 농부들이 주체가 돼 1993년에 설립한 국제 연합체다. 비아 캄페시나의 핵심은 '식량 주권 (Food sovereignty)'이다. 식량 주권이란 "생태적으로 건전하고 지속 가능한 방법으로 생산된 건강하고 문화적으로 적절한 식량에 대한 민중의 권리, 그리고 자신의 식량과 농업 시스템을 정의할 권리"를 의미한다.[81] '식량 안보'가 자유무역 체제를 기본적으로 전제한 채 식량 문제를 단지 수요와 공급 차원으로 협소화하는 국가주의적 관점이라면, '식량 주권'은 생산자와 소비자 모두 생태적이고 건강한 식량을 생산하고 소비할 수 있는 주권자의 권리에 입각한 개념이다. 전자가 시장과 국가의 요구대로 작동한다면, 후자는 민중의 필요에 의해 작동된다. 2007년 닐레니Nyéléni 선언에서는 식량 주권 개념을 성, 민족, 인종, 계층, 세대 간의 억압과 불평등이 없는 새로운 사회적 관계를 구축하려는 운동으로 보다 확대했다.[82] 즉 자연을 수탈하고 인간을 착취하지 않는 조건에서 식량을 생산하고 또 그것을 소비하는 것은 지금과는 다른 사회적 관계로의 도약이라고 본 것이다.

비아 캄페시나의 농생태학 핵심은 공간의 재영토화다. 산업 자본이 지배하는 농촌 공간을 민중의 저항 공간으로 재전유해야 한다는 주장이다.[83] 세계은행, 금융, 다국적 자본, 국가, 농업 엘리트들의 농촌 지배가 토지 약탈, 건강에 해로운 식품, 화학비료로 인한 온실가스, GMO 오염, 살충제 중독, 생물권 붕괴, 환경파괴, 기아, 불평등, 농촌 문화의 소멸을 초래한다면, 농생태학에 기반한 식량 주권 운동은 이처럼 파괴된 공간을 생태적이고 민주적인 공간으로 재영토화하는 과정이다. 브라질의 무토지 농민운동(MST)이 대표적인 예다. 이 운동은 1980년대 군부 독재 시절, 농경지가 소수의 엘리트와 자본에 점점 더 편중되자 토지 없는 가난한 농민들이 유휴 토지를 점령하고 정착촌을 꾸리며 시작됐다. 집단 학살 등 지난 정부들의 가혹한 탄압에도 브라질 24개 주에 걸쳐 점점 더 확대됐다. 협동조합 185개, 협회 1,900개, 400,000명의 정착민, 야영지에 사는 70,000명 등 현재까지도 비약적으로 성장하는 중이다.[84] 초기의 정착촌에선 기존의 투입 의존형 농법을 채택했는데, 다국적 기업들이 유휴 토지를 펄프용 목재, 바이오 연료용 대두, 유칼립투스와 소나무 등 단일 작물 농장으로 전환함에 따라 2000년대 중반부터 패러다임이 농생태학으로 전환됐다.[85] 단지 토지를 점거하는 것만으로는 자본주의적 농법 시스템에 저항할 수 없다는 걸 절감했기 때문이다.

마찬가지로, 인도의 제로예산자연농법 운동(ZBNF)도 농생태학으로의 전환이 얼마나 농민들에게 중요한지를 보여준다. 인도에서 지난 시기 수십만 명이 자살한 것은 부채가 가장 큰 이유였다. 빌 게이츠와 버락 오바마 같은 엘리트와 다국적 기업들이 그토록 찬양하는 녹색혁명 때문이었다. 값비싼 유전자 변형 종자, 살충제, 화학비료, 외부 투입물, 토지 임대료, 그리고 악명 높은 고리대금 등 부채의 악순환에서 벗어날 수가 없었다. 제로예산자연농법 운동은 말 그대로 화학비료와 살충제 같은 외부 투입물을 사용하지 않고 토양 멀칭과 천연 유기물을 투입함으로써 비용을 최소화하는 농법이다. 당연히 부채가 줄고 빈곤이 개선될 수밖에 없다. 비과학적이라는 농업 엘리트들의 반발에도 불구하고 생산량이 증가하자 인도 전역에 걸쳐 수십만 명의 농민들이 이 운동에 동참하고 있다.[86]

비과학적이라는 다국적 기업과 농업 기관들의 비판이 옹색하게도, 농생태학은 실제로 수확량과 생산성이 더 높다. 이를 뒷받침하는 연구도 수두룩하다. 예를 들어 브라질에서는 10만 개의 가족 농장이 농생태학적 관행을 채택한 후 검은콩과 옥수수의 수확량이 각각 300%와 100% 증가했다. 중장기적으로 봤을 때 농생태학 농법은 일반적으로 수확량을 50~100% 더 증가시킨다.[87] 또한 한 연구에서는 57개 국가에 걸쳐 3,700만 헥타르에 걸친 농생태학 프로젝트가 작물 수확량을 평균 79% 더 증가시키고, 1,260만 농장의 토지 생산성과 물 사용 효율성을 높인 것으로 나타났다.[88] 유엔 환경계획의 연구에 따르면, 아프리카에서는 작물 수확량이 116% 증가하여 농부들이 더 높은 이익을 얻었다.[89] 생태 농업이 관행 농업보다 훨씬 더 이롭다는 사실은 전 세계에서 쉽게 관찰된다. 쿠바의 농생태학 농장은 태풍으로부터 50~60% 덜 피해를 입고, 과테말라 생태농업 농민들은 두 배 이상의 소득을 얻고, 세네갈에서는 49% 이상 소득이 올랐다.[90] 심지어 2019년에는 유엔의 식량 안보 및 영양에 관한 고위급 전문가 패널(HLPE) 조차 각국 정부에 농생태학 지원을 권고했다.[91] 그러다 결국 COP28에서까지 기후변화에 대한 중요한 해법으로서 지속 가능한 농법 의제가 본격적으로 거론되기 시작한 것이다.

빌 게이츠가 쿰바야라고 조롱하는 농생태학은 토양을 보호함으로써 탄소를 격리하고, 생물다양성을 보전하며, 질 좋은 먹거리를 생산하고, 굶주림과 불평등을 해소할 수 있는 잠재력이 풍부하다. 농업 전문가들의 주장과 달리, 경작지를 친환경으로 전환해도 충분히 지금의 인구를 먹여살릴 수 있다. 하기는 이미 소농들이 먹거리의 상당 부분을 생산한다. 최근의 보정된 데이터에 따르면, 전체 농지의 12%를 차지하는 소농들(2헥타르 미만)이 전 세계 식량의 약 35%를 생산한다.[92] 이 수치는 44%에서 80%까지 남반구로 갈수록 증가한다. 기업농들이 경작하는 사료용 작물과 바이오 작물을 엄밀히 정량화하고 배제한다면, 소농이 생산하는 식량의 지분은 더 상승할 것이다. 다시 말해 육류를 줄이고 바이오연료의 폭력을 중지시키며 소농과 가족농을 농생태학으로 선환한다면 인구 증가와 기아에 대해 공포를 부추기는 저 지겨운 돌림노래들이 무색하게 인류를 먹이고도 남을 식량을 수확할 수 있다. 더군다나 농생태학이 자연과학 지식과 보다 촘촘히 상호연결된다면 막대한 양의 탄소를 격리하는 생태적 농업 기술이 쏟아져 나올 것이다. 그런데도 자본주의는 가룟 유다의 표정으로 농생태학을 부정하며 화학공법에 기초한 착취적 농법을 고집한다. 이유는 간단하다. 그래야 돈을 벌 수 있기 때문이다.

농생태학은 농업학과 생태학이라는 두 가지 과학의 융합이다. 과학이자 실천적 운동이다. 흙 위에서 벌어지는 가장 실재적 저항 운동이다. 비아 캄페시나와 아프리카 식량주권연합이 주도하는 농생태학 운동은 단순히 유기농 브랜드 시장이 아니다. 자본은 농생태학적 실천을 인증 마크를 통해 '유기농 브랜드'로 상품화하고 또 도시의 중산층은 그것을 소비함으로써 자신의 생태친화적 감수성과 건강을 자랑한다. 슈퍼마켓 진열대에 상품으로 전시되는 유기농은 환경 소비주의를 빛내는 상품에 불과하다. 한편으로 녹색 자본주의는 유기농 농법을 탄소 저장 기술처럼 대상화한다. 기후변화에 대응하기 위해 유럽연합과 미국이 경작지의 유기농화를 추진하고 있는데, 농경지에 덮개 식물을 심으면 탄소배출권을 발급하는 식으로 관리를 시장에 맡기거나 국가가 화학비료와 살충제를 금지함으로써 그 책임을 농부에게 전가하는 방식으로 이루어지고 있다. 최근 네덜란드, 프랑스, 독일, 벨기에, 스페인, 폴란드 등 유럽 농부들이 트랙터를 몰고 수도로 몰려가 시위를 벌이는 이유는 단순히 유기 농법을 탄소 감축의 전략으로 환원하고 정부가 농부들에게 책임을 떠넘기는 형식으로 진행되기 때문이다. 가뜩이나 자유무역과 구조적 차별로 인해 농부의 빈곤이 가중되고 농촌 지역마저 소멸 위기인데 이제 와 비료 사용하지 마라, 살충제 사용하지 마라, 정치 관료들이 윽박지르는 상황이니 농부들 입장에선 당연히 분노할 수밖에 없을 것이다. 한국에서 보수적인 기후 단체들이 메탄을 감축해야 하니 논물을 빼라 마라, 정부 관료들과 오지랖을 펼쳤던 것도 같은 맥락이다. 대도시와 제조업의 탄소 배출량은 그대로 놔둔 채 지금까지 그래왔듯 또다시 농촌을 탄소 식민지로 전락시키는 것이다. 사정이 이러니, 유럽 극우들이 기다렸다는 듯 농부의 분노를 극우 정치의 연료로 사용하는 것도 당연한 이치다. 극우 정치는 녹색 자본주의와 자유주의의 위선을 먹고 성장한다.

대안 운동으로서의 농생태학은 우선 식량에 대한 접근을 탈상품화한다. 식량을 상품으로 대하는 대신, 모두의 공공재로 관리하면 필요한 만큼만 생산하고 또 농부의 삶을 안정시킬 수 있다. 코로나 팬데믹 기간에 식량 공급망이 붕괴되자, 안데스 감자 공원의 선주민들이 쿠스코Cusco시에 상당한 양의 감자를 배포한 바 있다. 축구 경기장에 격리된 이주민들, 학대받는 십대 미혼모 등 도시의 취약 계층들에게 감자를 나눠줬다.[93] 식량을 모두의 공공재로 여기는 선주민들의 세계관이 반영된 공유 행위였다. 이렇게 식량을 공공재로 여길 때 수출 지향적 작물 생산의 파괴적 영향에서 벗어날 수 있다. 식량 생산 과정을 오로지 이윤 창출 과정으로 전환하는 다국적 기업들을 차단하고, 부재 지주들의 토지 소유를 불법화하는 동시에 식량 주권에 기초해 농민의 권리를 다시 민주적으로, 그리고 생태적으로 재설계하는 과정이 농생태학 운동의 핵심이다. 쉽게 말해 자본주의에 지배되는 땅을 농민들이 주체적으로 재영토화하는 과정이다.

애초에 농업은 자연과 인간의 공동생산 과정이었다. 인간의 노동력에, 햇빛과 물과 토양과 미생물의 손길이 더해져 수행되는 공동의 양육이다. 안데스 고원에서 감자 공원을 경작하는 선주민들은 '위웨이Uyway'를 중요시한다. 케추아족의 언어로서 '상호 돌봄' 또는 '상호 양육'을 뜻한다. 인간은 씨앗을 뿌리고 작물을 키우고, 또 이 작물은 인간을 먹여살리며 양육하는 상호적 관계가 계절의 리듬 속에서 순환된다. 농사를 짓는다는 것은 곧 공동생산이며 공동의 양육이다. 신석기 시대에 땅을 갈아엎고 기존의 협력

관계를 위협하는 '쟁기날'이 등장했지만, 이러한 공동생산 방식을 근본적으로 박살낸 것은 자본주의였다. 농촌을 도시의 식량 배후지로 주변화하면서 토지의 신진대사 능력을 고갈시키고, 그 대신 화석연료로 만든 화학비료와 살충제를 퍼붓는다. 자본주의 농업 시스템은 농민의 주권을 약화시키고 생태계를 쥐어짜는 동시에, 농촌 문화에 대한 집요한 차별과 배제를 지속해온 식민주의 체제다. 이에 따라 도시인들은 점차 농촌 문화를 퇴락하고 낙후된 것으로 여길 뿐만 아니라 먹거리가 어디에서 어떻게 오는지조차 모를 지경이 됐다. 그 덕에 남반구 농민들은 빈곤의 늪에, 북반구 농촌은 소멸 위기에 처하게 된 것이다. 마법의 종자를 개발해 위기를 극복할 수 있다고 헛소리를 늘어놓는 빌 게이츠처럼, 중산층을 위한 상추와 딸기 따위밖에 생산하지 못하는 스마트팜 같은 기술 장치들이 돌파구가 될 듯이 호들갑을 전시하는 기술지상주의자들 역시 어리석긴 마찬가지다.

농생태학은 자본주의에 의해 무너진 자연과 인간의 공동생산 방식을 다시 복원하는 여정이다. 인간과 자연의 끊어진 선을 연결하지 않고서는 기후-생태 위기를 넘어설 수 없다. 그것 자체가 생명의 선이자 시원적인 돌봄의 선이기 때문이다. 농생태학은 자본주의에 식민화된 상상계를 벗어나 다른 차원의 패러다임으로 도약할 것을 요구한다. 도대체 자연과 인간의 돌봄 양식인 농업을 내팽개치고 우리는 어디로 달려가고 있는 것인가? 자신이 먹는 것이 어디에서 왔는지, 누구의 손으로 만들어진 것인지, 그것이 과연 평화롭게 생산된 것인지 지구 자연을 갉아먹으며 폭력적으로 만들어진 것인지 전혀 알지 못하는 도시 시민들의 '고의적인 집단망각증'이야말로 파괴적인 자본주의 농법 시스템의 숨겨진 공모자일 것이다. 상품 생산 노동에만 가치를 두고, 인간의 생명을 건사하는 농사일에 대해 저평가와 멸시를 반복해오지 않았던가. 물가가 오를 때마다 시장을 안정시키기 위해 가장 먼저 식량 가격을 낮추고 농부의 울음보를 터뜨려오지 않았던가. 기후위기가 들이닥치니 기후전문가라는 사람들이 농촌에 태양광을 깔고, 식량은 해외에서 구입해오면 된다는 어리석은 말을 지껄이지 않았던가. 대놓고 말은 안 하지만 그게 도시인들 대부분이 견지해온 식민주의적 태도가 아니었던가. 첫째는 상호 양육으로서의 농업 관계에서 인간과 자연 사이를 분리하고, 두 번째는 농업을 무가치하게 취급하면서 농촌과 도시를 단절시킨 자본의 이중의 운동, 즉 자연/인간의 분리와 농촌/도시의 분리를 심화시킨 자본주의의 수탈 기제를 단호히 거부하고 자연과 인간 간의 돌봄의 윤리를 복원하며 농생태학적 대안을 창출하는 것이 행성 위기와 삶의 위기로부터 벗어나는 길이다.

농생태학은 요컨대 농촌의 재지역화다. 농민기본소득, 농지 공영제, 농산물 공공수급제 등으로 농민의 지위를 공적인 위치로 전환하고, 친환경 농법에 대한 전폭적 지원과 농생태학에 대한 과학 및 연구 투자를 통해 농정의 생태학적 전환을 추진하고, 여성농의 법적 지위를 보장하며, 다양한 협동조합과 사회적 농업 공동체를 지원한다면 지금의 수탈적 구조에서 벗어나 새로운 대안을 창출할 기회를 얻을 수 있을 것이다. 돈이 없다고? 자동차 소비 진작을 위해 들어가는 국가보조금의 일부만으로도 가능한 이야기다. 소농과 생태농이 살아나야 농촌이 재지역화되고, 농촌이 살아나야 지역이 살아난다. 지역 소멸을 우려하며 밑 빠진 독에 물을 붓듯이 신공항, 케이블카, 메가시티 등에 천문학적인 토건 비용을 어리석게 쏟아내고 있는데, 이 돈의 일부만으로도 위에 언급한 프로그램들을 충분히 시행하고도 남을 것이다. 우리에게 부족한 건 돈이 아니다. 생산력과 기술도 아니다. 농촌 식민지 위에 군림해온 타성에서 벗어날 용기가 없을 뿐이다.

지난 2년간 전국의 노동조합과 학교에 강의를 다니면서 두 가지를 질문해왔다. 하나, 급식으로 먹는 농산물이 어디에서 오는지 아시나요? 단한 명도 대답하지 못했다. 두 번째 질문은 이거였다. 우리 급식만이라도 바로 가까운 지역의 친환경 농산물을 이용하면 어떨까요? 두 번째 질문에 대해서도 아무도 쉽게 입을 열지 못했다. 기후위기에 대응한답시고 텀블러와 즐깅 같은 개인적 실천에는 관심이 많지만, 자신의 입속으로 들어가는 먹거리의 생태발자국을 따라 과연 우리가 어떤 세계에서 살고 있는지 들여다보는 데에는 별로 관심이 없다. 물론 지역 친환경 농산물을 먹게 되면 개인적 실천들보다 더 많은 탄소를 감축할 수 있다. 그러나 그게 주가 아니다. 도시 급식과 친환경 농가 간의 연대 경제를 통해, 자연/인간 그리고 농촌/도시 사이를 가로지르는 단절의 벽을 부수고 다시 연결되는 그 고리를 찾는 게 중요하다. 당신이 무엇을 먹는지도 모르면서 이 세계가 부서지지 않기를 바라는 마음은 이미 실패한 계획이다. 그렇다고 모두가 농사꾼이 되라는 말이 아니다. 모두를 먹여살리는 농부와 자연의 공동생산의 가치에 우리가 기꺼이 박수를 보낼 때 비로소 농부가 되돌아오고, 나비와 새가 되돌아오며, 강물과 하늘 구름이 반짝거리게 된다는 것을 이야기하고 싶은 것이다. 거꾸로 뒤집힌 가치의 목록을 이제 정상적으로 뒤집을 때다.

마이크 데이비스는 『누가 방주를 지을 것인가?(Who Will Build the Ark?)』에서 민주적이고 생태적인 도시가 기후위기의 파고를 버텨낼 방주가 될 수 있다고 주장한 바 있다.[94] 사유화된 도시를 민주적인 공공 공간으로 전환하고, 녹색의 도시 공원, 무료 박물관, 도서관, 무한한 인간 교류의 가능성 등 공공의 풍요에 기초해 혁명적으로 전환한 도시가 기후재난의 방주가 될 거라는 주장이다. 그런데 여기에 의문이 들 수밖에 없다. 도시 성벽의 바깥 풍경은 어떤 것인가? 민주적이고 생태적인 도시를 위해 농촌을 재생에너지 식민지로 만들고, 소농이 멸종된 후에 기업농들이 대형 트랙터를 몰고 다니며 토지를 황폐화하고 단일 작물을 생산하는 풍경을 의미하는 건가? 도시의 공공의 풍요를 위해 농촌의 들판은 보잘것없이 형해화되어도 되는 것인가?

당연하게도 도시의 전환은 농촌의 공공의 풍요를 바탕으로 이루어져야 한다. 거대한 메가 도시들과 그를 지탱하기 위해 식민화된 들판으로 구성된 행성엔 착취의 그늘이 드리워지게 된다. 소농들이 자긍심을 갖고 농업이 인간과 자연 모두를 돌보는 온전한 위상을 가지며, 옥수수와 콩과 호박의 세 자매가 나란히 바람결에 흔들리는 푸른 들판의 행성[95]이 생태적이고 민주적인 도시의 행성과 함께 공존해야 한다. 요컨대 방주, 그것은 우리 전체 행성이 되어야 한다.

씨앗 폭탄

호러 영화 〈바바리안Barbarian〉(2022)에서 그려진 미국 디트로이트는 오싹한 디스토피아의 풍경으로 점철되어 있다. 버려진 집들의 무덤이 끝없이 이어지는데, 과연 괴물이 그 안에서 살아갈 법할 만큼 황폐한 전경이다. 이 영화는 디트로이트의 악몽 같은 현실을 호러 장르에 빗대 탁월하게 빚어냈다. 한때 미국 자동차 산업의 부흥과 발전을 견인했던 디트로이트가 1950년대 말부터 산업적 침체를 겪더니 2008년 금융위기를 맞아 그 위상이 급격히 곤두박질쳤다. 1950년 185만 명에 달하던 인구가 2013년 70만 명으로 감소했다. 직장을 잃은 사람들이 도시를 떠나고 수만 채의 빈 건물이 그대로 방치되는 바람에 사람들이 기피하는 우범지대가 되고 말았다. 결국에 디트로이트는 미국 역사상 최대 규모의 지방자치단체 파산을 겪어야 했고, 자동차 도시라는 과거를 묘비명 삼은 유령 도시로 변모했다.

그랬던 도시에, 아무도 예상하지 못했던 놀라운 반전의 싹이 자라기 시작했다. 2000년대 중반부터 사람들이 버려진 공터와 땅에 농사를 짓기 시작한 것이다. 흑인이 먼저 움직였다. 디트로이트는 아프리카계 미국인들이 가장 많이 거주하는 도시이기도 하지만, 1960년대 말 민권운동의 격렬한 역사를 지닌 지역이기도 하다. 디트로이트 흑인 공동체 식량 안보 네트워크(Detroit Black Community Food Security Network)라는 풀뿌리 식량 정의 운동 조직이 2006년에 설립된바, 식량을 집단적으로 재배해 함께 나누려는 열망이 이 운동의 기원을 이룬다. 디트로이트는 이미 2000년대 초반부터 '식품 사막(Food deserts)'으로 호명되고 있었다. 식품 사막이란 건강하고 저렴한 식량에 대한 접근성이 부족한 지역을 의미한다. 신선한 과일과 채소, 통곡물 등 건강에 좋은 식품을 판매하는 식료품점이 부족한 까닭에 해당 지역 주민들은 소규모 편의점과 패스트푸드에 의존해 살아간다. 주로 소득이 낮은 저소득층과 유색인종이 사는 지역이 식품 불모지가 된다. 디트로이트에선 2009년경에 마지막 식료품점이 문을 닫았고, 가난한 흑인 주민 대다수가 신선한 채소와 과일을 제대로 먹지 못하던 차였다. 디트로이트 흑인 공동체 식량 안보 네트워크는 이러한 불평등을 타개하고 스스로 식량을 자급하기 위해 만들어진 것이다. D-타운 팜D-Town Farm이라는 농장을 만들어 7에이커의 땅에 화학비료와 살충제를 배제한 친환경 농법으로 수십 종의 야채와 과일을 심고, 사람들에게 농업을 교육하며, 흑인 식품 협동조합을 꾸려 공동체 관계를 증진시키기 위해 노력했다. 스스로 식량을 재배하고, 또 그것을 협동조합을 통해 소비하는 순환 경제를 통해 공동체의 결속과 사회적 부를 증진시키기 위함이었다. 이 조직의 설립 배경에는 '우분투Ubuntu' 철학이 스며 있다.[96] 우분투란 남부 아프리카에서 기원해 아프리카 대륙 전체에 영향을 준 공동체 철학으로서 상호성, 호혜, 결속, 환대, 우정과 같은 사회적 관계를 중시한다. 어떤 이웃이 한 해 농사가 실패했을 때, 공동체가 울타리가 되어 그 이웃의 굶주림을 방치하지 않고 함께 나누는 아프리카 농촌공동체의 흔적이 반영된 것이다. 사회적 평등을 장려하고 부의 분배를 우선시하는 정치 철학이기도 하다. 서구 철학은 데카르트의 코기토가 중심이 된다. "나는 생각한다, 고로 존재한다(Cogito, Ergo Sum)." 반면에 우분투의 이 핵심적 잠언은 서구의 개인주의와 대척한다. "당신이 있기에 내가 존재한다(Umuntu Ngumuntu Ngabantu)." 즉 우리가 있고 당신이 있기에 내가 존재할 수 있는 것이다. 인간 존재의 상호 연결성을 삶의 뿌리에 두고 있다. 왁자지껄 향연을 즐기고 썰물처럼 자본이 죄다 빠져나가고 가난한 흑인들만 폐허에 남겨진 디트로이트의 사막에서,

흑인들이 그렇게 우분투 정신을 되살려 함께 도시 텃밭을 만들고 씨를 뿌렸던 것이다.

흑인들의 텃밭 운동을 시작으로, 점점 더 많은 사람들이 도시 농업에 관심을 가지게 됐다. 그러다 2012년 미시간 도시 농업 이니셔티브라는 비영리 기관이 설립되면서 도시 농업의 열풍이 본격화된다. 2013년에는 시의회가 도시 텃밭을 장려하기 위해 공공 소유의 토지 이용과 보조금에 관한 조례를 통과시켰다. 마치 신호탄을 쏘아올린 듯 디트로이트 전역에 푸른 텃밭들이 꿈틀대기 시작했다. 가히 도시 텃밭 혁명이라 부를 만한 변화였다. 집 마당, 공터, 버려진 공원, 학교, 교회, 짜투리 땅마다 텃밭이 들어서고 수많은 도시 농업 조직들이 우후죽순 만들어졌다. 디트로이트 주민들의 식량 주권을 목적으로 설립된 비영리 조직인 킵 그로잉 디트로이트Keep Growing Detroit는 텃밭 지원 프로그램을 진행해 현재까지 2,000개 이상의 도시 농장을 지원하는 놀라운 성취를 선보였다. 이 과정에 2만 명이 훌쩍 넘는 주민들이 참여했다.[97] 다양한 풀뿌리 조직들이 시민 기반 크라우드 펀딩 플랫폼을 이용해 땅을 구입하고, 자신들이 직접 먹거나 지역 레스토랑에 판매하거나 또는 협동조합을 통해 공동체에 환원하기 위해 기꺼이 도시 농부가 되었다. 그리고 식품 사막이 도시 텃밭으로 전환하는 과정에서 다양한 형태의 일자리가 형성되고, 디트로이트 시민들이 서로 연결되며, 세대 간 유대가 구축되었다. 형해화되었던 공동체를 다시 연결하려는 급진적 실험들이 텃밭을 중심으로 펼쳐졌던 것이다. 2023년에는 디트로이트시와 풀뿌리 조직 간의 협력과 소통을 도모하기 위해 시 최초로 도시 농업 책임자를 임명했다.[98] 유령이 출몰하는 옛 자동차 도시, 그 자본주의의 폐허를 도시 농업의 메카로 탈바꿈시킨 풀뿌리 운동의 힘이 여실히 반영된 것이다.

디트로이트의 도시 텃밭 운동은 경제-사회적 위기가 도래했을 때 시민들이 땅이라는 근원의 돌봄의 장소로 귀환하는 풍경을 펼쳐 보인다. 직접 땅을 일구고 씨를 뿌려 부족한 식량을 스스로 조달하고, 이름을 몰랐던 이웃들과 연결되며 붕괴된 공동체를 다시 복원하는 과정을 응시하게 한다. 한편으로 땅을 일구는 과정은 트라우마를 극복하는 여정이 되기도 한다. 미국의 흑인 사회에선 땅을 '범죄 현장'으로 여기는 인식이 만연돼 있다. 노예 생활을 하며 조상들이 농사일에 혹사당하고 죽어갔기 때문이다. 그들에게 땅은 고통의 장소다. 농업에 관여하고 싶지 않은 흑인들이 여전히 많은 이유다.[99] 정원 가꾸기와 텃밭 노동은 이러한 트라우마를 극복하고 지구와 이웃과 평등하게 연결되는 치유의 과정을 제공하는 것이다.

공교롭게도 디트로이트 역사에서 도시 농업 운동이 펼쳐진 건 이것이 처음이 아니다. 1893년의 '감자밭'이 앞서 존재했다. 이 감자밭이야말로 근대 최초의 도시 농업으로 평가받는다. 당시에도 대공황이 들이닥쳤다. 금융은 물론 제조업이 타격을 입어 디트로이트 남성 노동자의 33%가 실업자로 전락할 정도였다. 만일 디트로이트의 시장 헤이젠 핑그리Hazen Pingree가 없었다면, 경제 위기의 여파는 더욱 심각했을 것이다. 가장 위대한 미국 시장 중 한 명으로 손꼽히는 핑그리는 프랭클린 루스벨트의 뉴딜에 앞서, 공공성 강화와 공공 재정 지출로 위기를 돌파해낸 선구적 인물이다. 공과금과 전차 요금 등 필수 서비스 비용을 낮추고 하수도와 대중교통 시스템을 정착시켰으며 국립학교를 짓고 도로를 개선했다. 또 디트로이트를 지배하는 부패한 기득권을 제압하면서 민주주의의 기틀을 닦았는가 하면, 민간 기업의 사유화에 맞서 공공성과 노동자의 권익을 지키느라 고군분투했다.[100] 특히 그에게 입지전적 위상을 부여한 건 감자밭이었다. 실업자가 들끓고 도시 변두리의 가난한 사람들이 굶게 되자 도시의 공터에 감자와 야채를 심자는 아이디어를 개진했다.

그 이후에 벌어진 일은 상당히 드라마틱하다. 디트로이트 언론들은 감자밭 아이디어를 조롱했고, 그의 정적들은 감자 벌레가 도시를 침공할 것이라고 비웃었다. 또 도시의 부자들은 어떤 기부와 지원도 거부했다. 그들은 가난한 사람들이 일하기에는 너무 게으르다고 주장했다. 디트로이트 외곽에 사는 가난한 사람들 대부분은 유럽에서 막 건너온 소작농 출신들이었다. 핑그리는 그들은 일할 의지가 있으며 그들에게 기회를 주어야 한다고 설득했지만 언론과 대형교회와 부자들은 듣는 체도 하지 않았다. 당시 디트로이트 재정 상태는 파산 직전이었고 시 금고도 텅텅 비어 있었다. 핑그리는 교회에 농기구, 종자 구입을 위한 기금을 기부해달라고 통사정했다. 하지만 한 장로교회 목사는 신도들에게 "아낌없이 기부하라. 감자가 시장의 머리카락처럼 자라서 디트로이트에 굶주리는 아이가 한 명도 남지 않도록 기도해달라."고 비꼬았고, 디트로이트 교회들은 고작 13.80달러를 모아 적선하듯 건네주었다.[101] 자못 모욕적이었다.

그에 굴하지 않고 핑그리 시장은 430에이커의 시 소유 토지를 찾아내고 자신의 말을 3분의 1 가격에 팔아 감자밭 프로그램을 시작했다. 1894년에는 945가구만 경작할 수 있었는데, 그해 14,000달러 상당의 농산물을 재배해 흑자를 냈다. 1895년에는 농장 수가 1,500개, 1896년에는 1,700개로 계속 증가했다. 덕분에 도시 농부들이 스스로 식량을 조달하고 또 관련 일자리들이 늘어났다. 10년 후 식량 지원 프로그램에 대한 보고서가 작성되었을 때, 이 텃밭 실험으로 빈곤층이 60%나 줄었다는 게 드러났다.[102] 의심할 바 없이 획기적 성공이었다. 그를 조롱하던 사람들은 입을 다물어야 했다. 이어, 전국에 소문이 파다하게 나면서 핑그리는 국민적 영웅이 된다. 그가 네 번에 걸쳐 디트로이트 시장을 역임하고 미시간 주지사를 두 번이나 할 수 있었던 데는 이처럼 감자 텃밭의 성공이 배경에 깔려 있다. 디트로이트의 도시 농법은 뉴욕, 보스턴, 시카고, 미니애폴리스, 시애틀 등 많은 도시에서 경제적 위기를 타개할 수 있는 식량 모델로 곧장 모방되었다.

헤이젠 핑그리는 헨리 조지Henry George의 사상에 입각해 산업 자본주의의 불평등 문제를 해소하기 위해 애썼던 진보주의자였다.[103] 토지에 대한 민간의 독점을 제어하지 않으면 불평등이 더욱 심화된다고 생각했다. 전차를 공공 소유로 만들기 위해 애쓰고 조명, 가스, 전차 등 필수 서비스 요금을 계속 낮췄던 이유도 그것이다. 당시 디트로이트의 공터들도 부자들이 소유하는 유휴 부지가 대부분이었다. 핑그리가 그 땅에 텃밭을 만들자고 했을 때 부자, 언론, 대형교회가 조롱하고 저주를 퍼부은 데는 그만한 이유가 있었던 것이다. 핑그리 시장의 감자 텃밭은 요컨대, 가난한 자들에게 토지 접근성을 부여했을 때 무슨 일이 일어나는지를 세상에 보여주기 위한 과감한 실험이었다. 1896년에 그는 한 자선협회에 대해 "자선은 한마디로 경제적 억압의 시녀"라고 비판했는데,[104] 가난한 자들의 토지 접근을 막는 대형교회들이 어쩌다 베푸는 자선과 겉치레 선의가 보기에는 달콤해 보일지 모르겠지만 오히려 불평등 체제를 더욱 지속시킨다는 날카로운 사회 인식이 담겨 있다. 진보적 시장 헤이젠 핑그리가 디트로이트에서 개진했던 근대 최초의 도시 농업은 우리에게 두 가지 교훈을 강렬히 상기시킨다. 사회 정의는 땅에 대한 평등한 접근을 통해 이루어진다는 것, 그리고 식량을 스스로 자급하는 민중의 힘으로부터 온다는 것. 19세기 말 도시 텃밭은 그렇게 무궁한 가능성들의 씨앗을 파종하며 시작되었다.

19세기 말의 감자밭과 최근의 텃밭 열풍, 디트로이트에서 두 번에 걸쳐 재현된 도시 농업의 활기는 경제-사회적 위기가 닥쳤을 때 사람들이 삶을 재생산하기 위해 땅으로 다시 귀환한다는 것을 보여준다. 자본주의 발전에 따라 농촌과 도시가 분리되고 사람들이 땅과 자연에서 멀어졌지만, 삶의 위기가 찾아올 때마다 다시 땅을 찾아가는 이 여정은 과연 우리 삶을 지속하고 지탱하는 데 중요한 게 무엇인지 기어이 질문하게 만든다. 19세기 이래 지금까지 남반구, 북반구 할 것 없이 모든 도시 농업은 공황과 전쟁 등 체제의 위기가 발생했을 때 반복적으로 등장한다.

미국에서 가장 큰 규모로 도시 농업이 펼쳐진 것은 양차 세계대전 때였다. 1차 세계대전 당시, 전쟁 때문에 부족해진 식량을 텃밭에서 충당하고 전방 군인들에게 식량을 조달하기 위해 대규모의 도시 텃밭 운동이 벌어졌는데, 전쟁이 끝날 무렵 이것을 '승리의 텃밭(Victory Gardens)'이라고 이름

붙였다. 2차 세계대전이 발발했을 때 승리의 텃밭 운동이 다시 들불처럼 펴져나갔다. 미국 정부는 후방의 시민들이 전쟁을 치르듯 텃밭에서 승리할 것을 종용했다. TV, 공익 광고, 포스터, 심지어 만화까지 텃밭 캠페인을 부추겼다. 작물을 공격하는 곤충들을 독일 나치와 비유하며 비소 살충제로 '쏘아 죽여라!(Shoot to kill!)'라는 캠페인이 공공연히 벌어졌다. 그렇게 학교 운동장, 공원, 베란다와 옥상에 이르기까지 텃밭 가꾸기가 열병처럼 미국을 휩쓸었다. 1939년에는 480만 개의 정원에서 2억 달러 이상의 야채가 재배되었고, 1944년에는 1,850만 명이 참여해 전체 야채와 과일의 40%를 생산했다. 전대미문의 도시 농업 규모였다. 전쟁이 끝나던 1945년에는 텃밭에서 무려 800만~1,000만 톤의 식량이 수확되었다.[105] 텃밭에서 일하는 동안 공동체적 관계를 회복하고 전쟁으로 인한 우울과 고립을 떨쳐내는 것도 또 다른 수확이었다. 하지만 전쟁이 끝나고 1950년대가 되자 텃밭에 대한 관심이 언제 그랬냐는 듯 사그라졌다. 텃밭이 있던 자리는 점차 주차장으로 변해갔다. 대량생산과 대량소비 체제가 본격화되고 플라스틱 혁명이 막 시작되고 있었다.

풀뿌리 운동으로 조직된 게 아니라 정부에 의해 하향식으로 기획되었을 때 도시 농업이 어떻게 한계를 가지는지, 텃밭이 전쟁의 승리를 위한 병참기지로 전락했을 때 어떻게 금방 참여의 열기가 사그라지는지를 미국의 '승리의 텃밭' 역사가 가감없이 예증한다. 그리고 사랑스러운 미국의 중산층 백인 가족들이 텃밭을 가꾸는 공익 포스터 뒷면에는 미국인들조차 잘 알지 못하는 '저항의 텃밭'이 숨겨져 있다. 일본이 진주만을 공격하자 미 정부는 일본계 미국인과 일본 이민자 12만 명을 내륙의 강제 수용소로 이주시켰다. 그중 3분의 2가 미국 시민권자였다.[106] 사실 2차 세계대전 당시 미국이 식량 부족을 겪은 중요한 원인이 바로 일본계 미국인의 수용소 격리였다. 서부 해안을 따라 정착한 일본계 미국인의 상당수가 농업에 종사했고 전통적 지식에 기반한 농법으로 미국에서 가장 생산성이 높았다. 1942년 일본계 미국인 소유 농장은 전쟁에 필요한 토마토 통조림의 절반과 스냅콩의 95%를 공급할 예정이었다. 또한 딸기의 주요 재배자들이었다. 1940년 일본계 미국인은 전체 농지의 4%를 소유하고 있었지만, 미국 전체 식량의 많은 부분을 책임지고 있었다. 이들을 강제 수용소로 이주시킨 것은 무엇보다 백인 기업농들이 땅을 빼앗기 위해서였다.[107] 전쟁을 기회 삼아 정치인들에게 집요하게 로비를 펼친 결과였다. 수용소로 이주된 일본인들은 그곳에서도 텃밭과 정원, 그리고 공원을 가꾸었다. 일부는 자신들이 얼마나 미국에 대한 애국심이 넘치는지를 증명하기 위해 승리의 텃밭을 모방한 것이지만, 다른 사람들은 험준한 땅을 개척하고 일본 전통 야채를 일구면서 자신들의 정체성과 문화를 지키기 위해 분투했다.[108] 말하자면 수용소 안의 텃밭이 저항의 보루로 기능했던 것이다.

이렇게 텃밭은 저항의 장소가 될 수도 있고, 승리의 텃밭처럼 하향식 프로그램에 동원된 일시적인 캠페인으로 그칠 수도 있다. 전쟁이 끝나자마자 미국인들이 곧바로 TV 앞에 앉아 각자 고립된 채 가공식품 광고를 보는 소비자로 전락하게 된 것은 애초에 그 도시 텃밭 운동이 땅과 연결되려는 풀뿌리의 욕망에서 비롯된 게 아니었기 때문이다. 최근 들어, 승리의 텃밭에 대한 역사적 기억이 다시 소환되고 있다. 기후위기를 극복하기 위해 도시 농업을 전개하자는 것이다. 이전과 다르게, 풀뿌리 운동과 생태 농법에 초점이 맞춰져 있다. 토양을 보호해 탄소를 저장하고 생태발자국을 줄일 수 있다는 자각이 공유되면서 참여자들이 증가 추세다. 기후 승리 텃밭을 추진하는 그린아메리카Green America 캠페인에 따르면, 2021년에 8,670개였던 텃밭이 2022년에 14,632개로 두 배가량 증가했다.[109]

하지만 도시 농업의 변혁적 가능성을 살펴보기 위해선 쿠바의 텃밭을 들여다봐야 한다. 쿠바의 도시 농업은 미국의 승리의 텃밭과 크게 세 가지 점에서 변별된다. 첫째는 풀뿌리 조직의 요구에 정부가 적극적으로 협력했다는 점이고, 두 번째는 식량 주권에 근거한 점이고, 세 번째는 농생태학적 관점을 취했다는 것이다. 오늘날 쿠바에는 30만 개의 도시 농장과 텃밭이 존재하며, 농산물의 약 50%를 생산한다. 세계 최대의 도시 농업이다. 수도 아바나에만 8,000개 이상의 도시 농장이 있으며 면적이 35,000헥타르에 이른다.[110] 심지어 농장의 상당수가 살충제와 합성비료를 사용하지 않는다. 전 세계를 깜짝 놀라게 한 성취였다. 지난 20여 년간 세계의 많은 이들이 그 비결을 직접 목도하기 위해 쿠바를 방문했다. 도대체 쿠바에선 무슨 일이 일어났던 걸까.

　1989년 베를린 장벽이 무너지고 잇따라 소련과 동구권이 붕괴되었을 때, 쿠바 경제도 동시에 궤멸되다시피 했다. 미국의 제재 조치 때문에 소련-동구권과 공생의 무역 관계를 발전시킨 터였다. 식량의 57%, 농업용 비료와 살충제의 90%를 전부 수입하는 처지였는데, 소련과 동구권 몰락으로 식량 무역의 80%가 갑자기 공중분해되었다.[111] 화석연료 수입이 중단됨에 따라 에너지 위기와 함께 심각한 식량 위기가 찾아왔다. 그러자 사람들이 게릴라처럼 모든 자투리땅에 작물을 심기 시작했다. 마당, 안뜰, 발코니, 옥상, 집 근처 등 닥치는 대로 심었고, 일부는 이웃들과 함께 콩, 토마토, 바나나, 상추, 가지, 토란 등을 재배했다. 쿠바 정부가 즉각 이에 부응했다. 국영 농장이 소유한 땅을 협동조합에 분배하기 시작했다. 애초에 국가가 농지의 80%를 소유했었는데 현재는 70% 이상을 협동조합이 관리한다.[112] 협동조합의 각 단위는 민주적으로 지도자를 선출하고, 지도자는 농장 활동을 감독한다. 1991년 쿠바 도시농업부의 모토는 "공동체의, 공동체에 의한, 공동체를 위한 생산"이었다.[113] 또 농업용 원자재에 대한 접근성을 잃게 되자 외부 투입물에 의존하던 기존의 화학 농법 대신 재빨리 농생태학으로 전환했다. 전국소농협회(ANAP)와 협동조합, 정부 기관, 관련 연구 기관 들이 협력해 농생태학의 교육, 훈련, 연구를 촉진한바, 쿠바 농부의 절반 이상이 농생태학 교육을 받게 되는 성과를 이루었다. 이는 최근 스리랑카가 유기 농법을 하향식으로 농부들에게 강제하다시피 하면서 정권의 붕괴까지 이어졌던 것과 달리, 농민, 협동조합, 정부, 이렇게 세 개의 주체가 동등하게 참여하는 상향식 시스템이었기 때문에 가능한 일이었다. 그 결과, 합성 화학 물질을 사용하지 않고도 쿠바의 도시 농업은 연간 100만 톤이상의 채소와 야채를 수확하고 40만 명 이상의 노동자에게 일자리를 제공할 정도로 비약적으로 발전했다. 세계식량기구에 따르면 2023년 기준으로, 일부 도시 농장에서는 해당 도시에서 소비되는 채소의 70% 이상을 공급한다. 국가 전체적으론 채소와 과일의 50%를 충당하는데, 20%에 불과한 국가 식량 생산율을 훨씬 상회하는 수치다.[114] 현지의 식량 수요와 풀뿌리에 기초한 친환경 식량 재배 시스템은 수출과 이윤을 목적으로 하는 대규모 단일 작물 시스템보다 훨씬 더 민주적일 수밖에 없다. 쿠바의 농민들은 보통 자신의 토지를 소유하고 있고, 그 누구도 이윤 축적을 위해 대량의 토지를 독점할 수 없다.

지난 30년간 쿠바 섬에서 일어난 도시 농업과 농생태학의 놀라운 실험은 화석연료 에너지에 의존하지 않고서도 식량 주권을 이룰 수 있는 가능성의 경로를 활짝 열어젖혔다. 그 배경에는 토지의 민주적 분배, 그리고 협동조합을 중심으로 한 풀뿌리 조직들과 정부의 협조가 존재한다. 물론 2023년부터 쿠바는 에너지와 식량 위기를 다시 겪는 중이다. 조 바이든 정부의 강력한 제재 조치, 코로나 팬데믹으로 인한 관광 수입의 감소가 위기의 중요 원인이다. 하지만 쿠바는 여전히 많은 잠재력을 품고 있으며 도시 농업인들이 위기를 돌파하기 위해 고군분투하고 있다.[115]

디트로이트와 쿠바의 도시 텃밭은 경제-사회적 파국이 오히려 도시민의 재생산과 돌봄의 형식을 다르게 구성하는 기회의 장을 제공한다는 걸보여준다. 자본주의가 실패했을 때, 자유무역과 상품 체제가 작동을 멈추었을 때, 식량 위기를 비롯해 불평등이 더욱 심화되었을 때, 그 불안과 분노를 파시즘 기계가 먹어치우지 않는 한 사람들은 자신의 삶에서 가장 중요한 게 무엇인지를 근원적으로 다시 질문하게 된다. 우리의 삶을 돌보기 위해 가장 필요한 것은 무엇인가? 그동안 잃어버렸던 것은 무엇인가? 씨를 뿌리는 것, 스스로의 삶을 건사하며 자립하는 것, 다시 땅과 자연과 연결되는 것. 그리고 공동체를 다시 복원하는 것. 한편으로 도시 텃밭은 식량 주권과 자립을 찾아가는 과정인 동시에, 공유화(Commoning)의 과정이기도 하다. 커머닝이란 커먼즈commons(공유지)를 만들어가는 저항과 협력의 여정이다. 공동체 이익을 위해 물질적-비물질적 자원을 관리하려는 사회적 실천과 규범, 그것이 커머닝이다.

가드닝 운동의 원형을 제공한 1970년대 미국의 '씨앗 폭탄(seed bomb)' 역시 커머닝이다. 이 운동의 발단은 뉴욕 브루클린 북부에서 시작되었다. 1930년대부터 백인들이 도심으로 이주하고 브루클린에는 가난한 노동자 계급과 유색인종이 방치된 채 빈곤에 휩싸여 있었다. 레드라이닝Redlining 때문에 지역 사회에 대한 인프라 투자가 전혀 이루어지지 않았다. 레드라이닝이란 주택금융 관련 기관이 유색인종 지역을 빨간 선으로 표시해 담보 고위험지역으로 분류하고 차별하는 시정을 말한다. 시쳇말로 그냥 방치하는 것이다. 덕분에 도시 인프라가 서서히 침식됐다. 부서진 가로등은 고쳐지지 않았고 오랫동안 관리되지 못한 나무들이 죽어갔다. 푸른 나무들이 없어 다른 지역보다 2.6도가 더 높았다. 수십 년간 빈곤의 만연과 환경 악화가 지속되었다. 1964년에 인종적 불의에 저항하는 폭동이 일어나기까지 했다. 그리고 그 모든 걸 조용히 지켜보던 한 노파가 있었다. 64세의 해티 카탄Hattie Carthan. '나무의 여인'이라는 수식이 붙은 이 여성은 최초의 흑인 환경운동을 펼쳤지만, 백인 중심으로 서술된 환경운동사에서 거의 지워진 존재다. 그녀는 자신의 마을에 모든 나무가 사라지고 딱 네 그루가 남았을 때, 마지막 나무들이 사라지기 전에 나무를 심어야겠다고 마음먹었다. 그것이 파괴된 공동체를 회복하는 원천이 될 거라고 생각했다. 사람들의 조롱에도 불구하고 포기하지 않고 나무를 심기 위해 계속 기금을 모았다. 결국 10년에 걸친 노력으로 흑인 민권운동 그룹과 시의회를 움직여 1,500그루의 나무를 심는 쾌거를 이룬다. 그녀는 또 철거 예정이던 낡은 건물과 목련 나무 한 그루를 지켜냈다. 1885년에 식재된 목련(Magnolia grandiflora, 태산목)을 지키기 위해 2년여에 걸쳐 시 관료들을 집요하게 설득했다. 끝내 그 낡은 건물은 '목련 나무와 지구 센터(Magnolia Tree and Earth Center)'라는 이름으로, 자연을 연구하고 이웃 공동체의 관계를 개선하는 방법을 연구하는 환경 교육 기관으로 거듭나게 된다. 센터와 목련 나무는 그녀가 사망한 이후에도 여전히 그곳에 존재한다. 이것이 해티 카탄에게 나무의 여인이라는 별칭이 붙은 이유다. 그녀의 나무 심기는 곧 환경 정의였다. 나무를 심음으로써, 가난한 사람들과 유색인종도 푸른 나무의 그늘 아래에서 살 권리를 주장한 것이었다. 그녀는 더 나아가 '나무 시민단(Tree Corps)'을 설립해 청소년들에게 나무 심는 방법을 교육하고, 1974년에는 또 다른 전설적인 여성인 리즈 크리스티Liz Christy 와 함께 '녹색 게릴라(Green Guerillas)'라는 도시 가드닝 조직을 결성하게 된다.[116] 현대 게릴라 가드닝 운동이 막 시작되는 순간이었다.

해티 카탄과 함께 녹색 게릴라의 공동 설립자였던 리즈 크리스티는 그리니치 빌리지의 예술가였다. 씨앗 폭탄을 디자인하고 그것을 처음으로 던진 역사적 인물이다. 퇴비와 거름 속에 나무와 채소의 씨앗을 넣고 둥글게 뭉쳤는데, 가장 시초의 형태는 콘돔 속에 토마토 씨앗을 넣은 것이다.[117] 피임 용품에 씨앗을 넣는 것 자체가 상당히 창의적이고 익살스러운 행위였다. 그렇게 녹색 게릴라들은 울타리 너머로 씨앗 폭탄을 던지기 시작했다. 공원과 공터 등 가릴 것 없이 씨앗 폭탄을 던지고 다녔다. 당시 뉴욕 브롱크스 지역은 1960년부터 1975년까지 많은 산업체와 백인들이 정부 보조금을 받으며 얌체처럼 도시 외곽과 다른 곳으로 이주하면서 제조업 일자리의 55%가 사라진 터였다.[118] 그 덕에 빈곤율이 치솟고 범죄와 마약이 들끓었다. 가장 큰 재앙은 화재였다. 1970년대 화재로 사우스 브롱크스 지역의 80%가 소실되고 25만 명의 이재민이 발생했다.[119] 정부의 소방 예산 삭감으로 상당수의 소방서들이 사라지고 소방 시스템이 전혀 작동하지 않은 탓이었다. 심지어 건물주 일부는 가난한 임차인을 몰아내고 보험금을 타내기 위해 일부러 불을 질렀다. 말 그대로 폐허나 마찬가지였다. 리즈 크리스티와 녹색 게릴라들이 씨앗 폭탄을 던진 것은 속수무책으로 파괴된 브롱크스를 되살리기 위함이었다. 지역 주민들도 곧장 화답했다. 풀뿌리 조직으로 연대하며 공터 청소와 정원 가꾸기에 적극적으로 동참했다. 정부와 백인 엘리트들이 도망치고 기본적인 필수 서비스조차 사라진 황무지에 희망을 파종하기 위하여.

1979년부터는 시 소유의 땅을 1달러에 임대하는 녹색 엄지(Green Thumb) 운동을 벌였고, 1985년까지 무려 1천 개의 정원을 가꾸었다.[120] 미국 역사상 가장 큰 도시 정원 운동이 벌어짐에 따라, 도시 텃밭과 꽃과 나무가 우거진 정원이 만개했다. 당연히 황량한 도시에 활력이 생기기 시작했다. 콘서트, 영화 상영회, 예술 행사, 파머컬처 수업, 강연 등 정원이 지역 공동체의 중심으로 자리잡았다. 또한 LGBTQ 예술 정원이 들어서는 등 도시의 사회적-문화적 다양성의 메카로 성장했다.[121] 도시 텃밭과 정원에서 꽃피워진 창의성의 정치가 급진적인 예술가, 작가, 음악가, 시인, 펑크족, 지하 신문, 스쾃 파티, 공원 축제를 마치 꽃이 나비를 유혹하듯 불러들인 것이다. '손바닥 안의 작은 혁명'이라 불리던 작은 씨앗 폭탄이 가져온 놀라운 풍경의 변화였다.

가장 오래된 형태의 씨앗 폭탄은 고대 이집트에서 발견된다. 강이 범람한 후, 강 주변 땅에 씨앗 폭탄을 던져 다시 대지를 기름지게 했다. 고대 일본에서도 '흙 만두'라는 이름으로 비슷한 형태의 원예 기술이 전승됐는데, 20세기에 다시 재조명되어 일본과 국제 사회에 소개되었다. 이렇게 농업과 원예의 기술로 진화한 씨앗 폭탄이 1970년대 뉴욕의 황폐화된 북부 지역에서 상실된 공유지를 되찾는 열쇠로 기능했던 것이다. 그것은 단지 도시 녹색화에 대한 요구가 아니었다. 자원을 위한 투쟁이었고, 토지의 부족과 열악한 자연환경에 대한 저항이었다. 울타리 너머로 씨앗 폭탄을 던지고 도시의 갈라진 틈에 꽃씨를 뿌리는 행위, 공터에 먹을 채소를 심고 사람의 온기를 나눌 나무 그늘을 드리우는 것은 기존의 정돈된 잔디밭과 기하학적인 화단이 상징하는 관료주의에 반발하는 것이며 도시에 무엇을 심고 무엇을 가꿀지를 재정의하는 상징 투쟁이다. 자본에 의해 사유화된 도시 공간의 틈새를 찢고 공유지를 다시 발견하고 탈환하는 과정이었다.

이런 의미를 역설적으로 증명한 게 1994년 루돌프 줄리아니Rudolph Giuliani가 뉴욕 시장이 되자마자 도시 전역의 텃밭과 정원에 파견한 불도저들이다. 부동산 투기 자본의 지휘하에 도시 개발 계획이 추진되었고, 순식간에 11,000개의 부지가 경매에 붙여졌다. 뒤이어 텃밭과 저소득층, 홈리스를 쓸어버리기 위해 불도저가 나타났다. 풀뿌리 운동을 통해 구축된 도시 공유지가 신자유주의에 의해 다시 파괴될 운명에 처했고, 시민들은 서로의 몸을 묶은 채 결사적으로 저항했다.[122] 줄리아니는 결국 뉴욕 정원의 절반 가까이를 파괴했다. 그러나 시민들이 불복종 운동으로 나머지 절반을 지켜냈다. 공유지 이론의 대가 피터 라인보우Peter Linebaugh는 "공유지는 잃어버리기 전에는 보이지 않는다"고 했는데,[123] 그 말처럼 공유지의 가치는 파괴될 때 가장 잘 드러난다.

공유지는 인류와 함께 늘 존속해왔다. 그것이 파괴되었을 때도, 온전할 때도 인류의 삶과 문화와 정체성을 규정한다. 이를테면 현재 영국의 공유지는 전체 토지 가운데 겨우 5퍼센트를 차지하는데 중세에는 거의 절반이었다.[124] 400년간의 약탈로 인해 19세기 초 영국의 엘리트들은 영국 농지의 80%를 독차지했다. 그러나 자본주의가 본격화되면서 인클로저를 통해 전통적 공동체를 붕괴시키고 농부들을 공유지에서 몰아내며 토지를 사유화했던 과정은 지금도 끊임없이 확장되고 있다. 남반구에서 추출 경제를 위해 숲을 벌목하고 토지를 강탈하는 행태를 보라. 특히 신자유주의는 지구에 남아 있는 마지막 공유지까지 이윤과 민영화의 제단에 헌납하려고 든다. 마시는 물에서부터 우리 몸의 세포에 이르기까지 모든 것에 가격표가 붙는다. 강을 댐으로 막고, 숲을 벌목하고, 대수층을 병에 담아 시장에 내놓고, 지적 재산권 규제를 통해 전통 지식 시스템을 없애고, 공립학교와 공공병원을 민영화한다.[125] 그리고 서울에서 뉴욕에 이르기까지 도시 공간이 점점 더 사유화되며 노점상을 내쫓고 우리가 편히 인도에 앉을 권리까지 강탈해간다. 또는 줄리아니 뉴욕 시장처럼 시민들이 일군 도시 텃밭과 꽃밭을 밀어버리기 위해 불도저를 전쟁터의 탱크처럼 도열시킨다.

흔히 오해하듯 공유지는 국유지, 공공재, 혹은 공유 자원이 아니다. 엘리너 오스트롬이 증명했다시피 공유지에는 공유지의 재생산을 위한 일련의 규칙이 존재한다. 다시 말해 공유지는 자원이라기보다 일련의 사회적 관계이자 공동체를 형성하는 과정이다. 따라서 공유지와 공유화가 없다면 공동체는 없다. 공동체가 없다면 공유지는 있을 수 없다.[126] 피터 라인보우가 말한 것처럼, 공유지는 '동사(verb)'로 이해하는 것이 가장 적절하다.[127] 즉 공유지는 자본주의가 기존의 사회적 관계를 파괴한 그 폐허 위에서, 또 자본주의의 외부에서 새로운 공동생산을 통해 공동체를 형성하려는 모든 실천과 규범들을 의미한다.

중요한 것은 아무리 자본주의가 공유지를 파괴하더라도, 새로운 공유지가 끊임없이 출현한다는 점이다. 공유 원칙을 기반으로 자유 소프트웨어, 연대 경제, 협동조합, 지역 통화, 시간 은행, 도시 정원, 공동체 지원 농업 등 다양하고 창발적인 공유지들이 자본주의가 공동체를 파괴한 그 선을 따라, 불가역적인 경제-사회적 위기와 재난이 발생한 지역들을 따라 생명력 넘치는 버섯처럼 끊임없이 자라난다. 이 세계는 국가와 시장만 있는 게 아니라 수많은 공유지와 공유인들, 그리고 공유화 과정이 존재한다. 모든 관계를 상품화하고 가격을 붙이는 자본주의 질서를 교란하고 무너뜨리면서 공동으로 생산하고 공동으로 분배하는 관계망을 계속 생산하는 것이다. 도시 농업과 게릴라 정원 운동은 공유화 과정을 가장 드라마틱하고 구체적으로 전경화한다. 토지를 점유하고, 씨앗을 뿌리고, 꽃을 틔워내거나 채소와 과일을 함께 나눔으로써 공생의 쾌락과 기쁨을 서로 향유할 수 있다. 기존의 경제 체제에 대한 의존에서 자기 관리로, 수동적 소비에서 능동적 생산으로, 개인의 고립에서 집단 공유로 도약하게 한다. 분명하게도 도시 텃밭은 상품 체제에 반기를 드는 저항의 진지이자 다른 사회적 관계를 잉태한 미래의 산실이다.

그러나 이러한 자기 관리와 자급적 생산이 자칫 신자유주의에 포섭될 가능성이 많은 것도 사실이다. 자급 생산은 필수 기본서비스에 긴축을 강요하고 공공 재정을 축소하려는 신자유주의 프로그램의 알리바이로 작용할 소지가 크다.[128] 정부의 부담을 줄이고 고통 분담을 위해 스스로 알아서 식량을 조달하는 사람들을 칭찬하는 것이 그것이다. 가령 기후위기 때문에 대파 값이 상승하고 가격 부담 때문에 시민들이 옥상과 베란다에 파를 심자 언론들이 현명한 '파테크'라며 칭찬했던 걸 상기해보자. 철저히 식품 자본에게 유리하게 작동하는 부패한 유통 시스템을 혁파하거나 기후위기에 대한 농촌의 회복력을 높이기보다, 그저 농부들의 고통을 방관하면서 소비자에게 그 비용을 고스란히 전가할 뿐이다. 이렇듯 자기 관리와 자기 만족은 신자유주의 체제가 은밀히 권장하는 이데올로기다. 게다가 한국 대부분의 도시 텃밭은 근린형이다. 도시 인근의 주말농장들처럼 텃밭이 시장에 종속되거나 시 정부와 지자체가 할당하는 공간에 선착순으로 텃밭을 배분받는 방식이 주를 이룬다. 다분히 순응적이고 충분히 중산층적이다. 개인의 만족은 충족할지언정 이런 방식은 공유지도 아니고 새로운 사회적 관계를 창출하지 못한다. 가로수 가꾸기 등 자기 만족적인 녹화 사업, 근린형 텃밭, 인간 공동체를 배제한 야생 환경 운동은 자본주의적 도시 질서에 저항하고 대안을 모색하기는커녕, 부분부분 녹색을 칠함으로써 전체적으로 그린워싱을 도모하는 녹색 자본주의의 첨병이 될 여지가 크다. 도시 농업과 정원 운동이 자본주의 질서에 포섭되지 않는 공유지가 되기 위해선 단지 붕괴된 사회적 서비스를 제공하거나 신자유주의의 파괴적 영향을 상쇄하기 위한 보충석인 조연 역할을 단호히 거부해야 한다. 삶의 재생산 조건에 대한 통제권을 되찾는 자율적 공간이자, 소멸된 공동체적 관계를 다시 복원하는 인류학의 실험실이자, 우리의 삶의 전환을 탐색하는 새로운 상상력의 장소가 되어야 한다.

최초의 게릴라 가드닝 운동으로 평가되는 영국 디거스Diggers의 시도도 이러한 상상력의 소산이었다. 빼앗긴 공유지를 되찾기 위해 14세기부터 영국의 민중들이 수백 년 동안 싸워왔는데, 특히 디거스의 공유지 운동은 지금까지도 게릴라 가드닝과 도시 농업에 많은 영감을 주고 있다. 디거스는 평등한 농촌 공동체를 건설하고 기존의 불합리한 사회 질서를 전복하려는 급진적 집단이었다. 1649년, 농부 5천여 명이 세인트 조지 힐St. George's Hill의 공유지를 기습적으로 점유하고 야채와 곡물을 심었다. 그러면서 그들은 사유재산 제도가 불평등의 원인이며 영주와 교회가 토지를 빼앗아 민중의 자율성을 짓밟는다고 주장했다. 그들의 지도자 제라드 윈스탠리Gerrard Winstanley가 민중의 방언으로 작성한 정치 팸플릿은 당시 지배 계급의 간담을 서늘하게 할 정도로 정곡을 찌른다. 심지어 지금 이 시대에도 정확히 맞아떨어지는 놀라운 통찰로 가득하다. 스스로를 영주라고 부르는 사람들에게 보내는 가난하고 억압받는 사람들의 선언문, 탐욕으로 공유지의 숲과 나무를 벌목하고 땅을 낭비하려는 모든 사람들에게 보내는 선언문이었다. "대지는 당신들이 주인이 되고 우리는 노예, 하인, 거렁뱅이가 되라고 만들어진 것이 아니다." "대지는 모든 사람을 위한 보물창고다." [129] 명징한 문장들이 보여주는 것처럼, 디거스는 소수의 지배 계급이 아니라 모든 사람이 땅을 평등하게 공유하고 자연을 생태적으로 양육하는 사회를 건설하고자 했다.

오늘날에도 디거스의 후예들은 여전히 도시의 황무지를 찾아 괭이와 삽으로 땅을 파고 씨앗을 뿌린다. 1966년에는 스스로를 샌프란시스코 디거스San Francisco Diggers라고 부르는 사람들이 미국에 등장했다. 신좌파와 히피가 결합된 반문화 운동으로서, 게릴라 거리 연극을 하고 무료 식품점을 열어 직접 경작한 농산물과 음식을 나누고 빵을 보급했다. 이들의 운동은 3년 후에 소멸했지만 식량을 탈상품화하고 상호부조를 통해 공동체를 복원하려던 정신은 그 이후에도 많은 영향을 끼치게 된다.[130] 그런가 하면 1996년, 500여 명의 영국 시민들이 템스강 유역의 버려진 땅을 점거했을 때도 그들은 디거스의 후예를 자처하며 캠페인명을 '땅은 우리 것(The Land Is Ours)'이라고 정했다. 도시 토지의 끔찍한 오용, 저렴한 주택 공급의 부족, 도시 환경의 악화를 비판하며 점유한 땅에 손수 가건물을 짓고 생태 농법을 실천했다.[131] 그로부터 몇 주 후에는 덴마크에서 1천여 명의 시민들이 하룻밤 사이에 코펜하겐 한복판의 빈 땅을 정원으로 탈바꿈시키는 마법을 시연했다. 2005년에는 남아프리카공화국 더반에서 공동체 토지를 지키려는 '판잣집 거주자 운동(Abahlali baseMjondolo)'이 시작되었다. 현재 12만 명이 참여하는데, 아파르트헤이트 이후 가장 큰 빈민운동으로 성장했다. 이 운동에서 텃밭은 생명의 참호와도 같다. 남아프리카공화국 가구의 26%가 식량 부족을 겪을 때, 여성들이 공유 텃밭을 운영한 eKhenana에서는 굶는 주민이 없었다.[132] 2000년 5월 노동절에는 런던의 국회의사당 광장에 7천 명의 시민들이 채소와 꽃을 심으며 점거 시위를 벌였다. 재무부 건물에 '대지는 모든 사람을 위한 보물창고다'라는 디거스의 슬로건이 내걸렸고, 시민들은 잔디밭을 뜯어내고 콘크리트를 뚫어 근대와 대황, 로즈메리, 레몬밤, 심지어 마리화나를 심었다. '런던에 싹을 틔우자', '저항은 비옥하다'와 같은 구호들이 남실댔으며, 수천 명이 광장에서 춤을 추었다. 이 시위를 지휘한 것은 1990년대부터 도시 민주주의를 주창해온 직접행동 조직 '거리를 되찾아라'였는데, 의사당 광장에 게릴라 가드닝 운동을 실연함으로써 도시를 생태적인 공유지로 전환해야 한다는 메시지를 타전한 것이었다. 시위 마지막에 경찰과의 폭력적인 대립으로 언론의 비난과 격렬한 논쟁을 야기했지만, 도시 황무지를 텃밭과 정원으로 바꾸자는 아이디어는 다른 지역으로 퍼져나가는 세기가 되었다.[133]

1990년대 공유지 운동과 게릴라 가드닝이 활발하게 펼쳐진 이유는 80년대부터 본격화된 신자유주의 때문이다. 긴축 정책으로 공공서비스가 축소되고, 공공 주택이 매각되며, 공공 공간이 점점 더 와해되는 상황에서 공공성을 다시 생산하려는 대안의 하나로 돌출된 것이다. 위기와 재난이 찾아오면 틀림없이 공유지에 대한 욕구가 자라난다. 2007~2008년 금융 위기 이후 도시 농업과 공유지 운동이 종전보다 더 활기찬 기세로 파동친 것도 그와 같은 맥락이다. 예를 들어, 2010년 독일의 폐쇄된 템펠호프 Tempelhof 공항은 시민들에 의해 생태 문화 공간으로 완전히 탈바꿈되었다. 나치와 냉전의 상징이던 낡은 공항을 공유 텃밭 중심으로 시민들이 향유하는 푸른 공유지로 변모시켰다. 호시탐탐 개발을 시도하는 부동산 자본의 시도에 맞서 이를 지켜냈다.[134] 한편, 부채에 시달리며 국가 부도 위기까지 치달았던 그리스에선 2011년부터 도시 농업이 파죽지세로 확산됐다. 청년 실업률이 50%에 육박하며 경제적 근간이 격랑에 흔들리던 차였다. 가장 잘 알려진 사례로는 아테나 남부의 오래된 엘리니콘Ellinikon 공항과 테살로니키의 폐쇄된 군사 시설을 시민들이 점거한 채 공유 텃밭을 만든 것이었다. 여봐란듯 직접 민주주의와 자립의 실험실이 탄생했다. 그뿐만 아니라 그리스 전역에서 시민들이 괭이와 삽을 들고 땅을 찾으러 다녔다. 공유지 운동이 가장 활발하게 전개된 테살로니키의 경우엔 시민들의 압력과 요구에 시 당국이 군대와 공공기관이 소유한 수십 개의 유휴 부지를 찾아내 시민들에게 배분했다.[135] 한편 프랑스에선 'R-어반Urban 네트워크'가 활발하게 전개되는 중이다. 공동체 텃밭을 중심으로 도시의 회복력을 강화하고 지역의 생태 순환을 촉진하기 위한 운동이다. 현재의 기후-생태 위기를 극복하기 위해선 앙드레 고르츠가 말한 것처럼 "우리가 소비하는 것을 생산하고 우리가 생산하는 것을 소비해야 한다"는 것이 이 운동의 동기다.[136]

도시 농업, 생태적 주거, 친환경 재활용 등 도시의 지속 가능한 순환을 위한 상향식 프로젝트다. R-어반 네트워크가 흥미로운 것은 국가가 경제적 책임을 맡지 않기 때문에 그 책임을 시민들에게 위임하는 방식이 아니라, 국가권력의 역할과 책임에 대해 근본적인 의문을 제기하는 사회적-정치적 권리를 표방한다는 점이다. 오히려 지방 당국과 공공기관을 끌어들여 네트워크 안에 통합하는 전략을 구사한다.[137] 현재 영국, 벨기에, 스페인, 루마니아, 독일 등으로 확산되는 와중이다.

1649년 디거스의 반란에서부터, 19세기 말 디트로이트의 감자밭, 쿠바의 농생태학, 그리고 유럽의 R-어반 네트워크에 이르기까지 공유 텃밭과 정원은 공유지를 강화시켜 삶을 재생산하는 근원의 해법으로 출현한다. 삶의 재생산이 위기에 처한 곳이면 반드시 등장한다. 그래서 특별히 제어되지 않는 한 세계의 모든 난민 캠프에도 텃밭이 존재한다. 가족에게 부족한 영양을 보충하고 심리적 안정을 취할 수 있기 때문이다. 인구 과밀로 부지가 없을 경우에도 로힝야 난민 캠프처럼 플라스틱 병에 흙을 넣고 채소를 심어 줄로 매달아놓는다.[138] 고향을 상실한 상황에서도 허공에 매달린 그 한 줌의 텃밭이 생명을 양육하는 힘을 갖고 있는 까닭이다. 자본주의는 그렇게 생명을 재생산하는 강력한 원천으로부터 사람들을 멀리 떨어지게 하고 그 땅을 사유화한 채 그저 이윤을 배양하는 대상으로 취급한다. 자본주의 위기가 도래할 때마다 약속이나 한 듯 텃밭이 등장하는 이유는 땅과 자연이 생명을 지속시킨다는 깨달음이 뇌우처럼 우리를 찾아오기 때문이다. 공황이 올 때마다, 금융위기가 올 때마다, 팬데믹이 올 때마다 텃밭은 어김없이 증식된다. 오늘날, 기후-생태 위기를 맞아 전 세계에서 도시 농업과 공유 텃밭이 널리 퍼져가는 이유도 그와 다르지 않다. 앞으로 기온 상승에 따라 세계 곳곳에서 소출이 줄고 식량 공급망이 갈수록 고장나게 될 것이다. 달리 말해, 도시 농업은 기후 격변의 방파제다.

자급에 기초한 도시 농업은 환금 작물을 단일 재배하는 남반구의 환경 파괴와 고통을 줄일 수 있으며 사회의 재생산을 우리가 통제할 기회를 제공한다. 또 공유 텃밭은 공동체를 회복시키는 힘을 갖고 있고, 친환경 도시 농업은 도시 녹화와 생물다양성을 증진시키며 생태발자국을 현저히 낮춘다. 도시 텃밭은 무엇보다 자본과 자동차가 사유화한 도시를 공유지로 전환하는 가능성의 첩경이다. 그곳에서 자라는 건 비단 작물만이 아닐 것이다. 도시를 생태적으로 전환하려는 상상력이 자라고, 우리 공동의 삶을 건사하기 위한 협력의 싹이 움튼다. 그것은 곧 자본으로부터 빼앗긴 우리의 영토를 재탈환하는 것이다. 자연을 양육하며 자연과 함께 살아가는 도시를 재창조하는 것이다.

1649년 디거스는 공유지를 탈환하고 곡물과 채소를 심으며 노래를 불렀다.[139] 공유지를 빼앗겨 생존 수단이 사라진 데다 1648년에 들이닥친 흉작 때문에 그들의 선택지는 명료할 수밖에 없었다. 공유지를 되찾고 씨를 뿌리며 노래를 부르는 것이었다. 디거스의 노래(The Diggers' Song)는 1988년에 영국의 급진적 밴드 첨바왐바Chumbawamba에 의해 다시 변주되기도 했다. 신자유주의가 영국을 집어삼키던 엄혹한 시절에 그 노래의 생생함과 에너지가 필요하다고 여겼기 때문이다. 그리고 지금 이 시대, 과연 위기가 도래했는가? 그러면 호미를 들고 함께 텃밭을 가꾸자. 전대미문의 행성 위기에 처한 우리 역시 그렇게 노래를 부를 시간이다.

> 삽과 괭이와 쟁기를 들고, 지금 일어나, 지금 일어나
> 삽과 괭이와 쟁기를 들고 지금 일어나
> […]
> 옥수수는 푸르고
> 꽃이 피고
> 우리의 창고는 가득 차게 될 거야
> 새들이 즐거운 소리로 기뻐할 것이며

모든 것이 달콤한 열매를 맺게 될 거야

우리 모두 노래를 부르자

화성인이 지구를 정복할 때

스페인에서 2010년에 제작된 다큐 〈전구 음모 이론(The Light Bulb Conspiracy)〉엔 고장난 프린터 때문에 애를 먹는 청년이 주인공으로 등장한다. 잘 작동하던 프린터가 갑자기 고장이 난 것인데, 여러 수리점에 가봐도 그냥 새로 구입하라는 말만 듣는다. 그러다 고장 원인을 알게 된다. 1만 8천 장을 프린트하면 작동이 멈추도록 설계돼 있었던 것이다. 도대체 왜 프린터의 죽음이 사전에 계획된 것일까? 다큐의 마지막 즈음에 독일의 한 천재적인 네티즌이 개발한 오픈 소스를 적용하니 청년의 고장난 프린터가 쌩쌩 잘만 돌아간다. 정말 프린터의 죽음은 누군가에 의해 조작된 것이었을까? 다큐는 이 미스터리를 찾아가는 과정에서 한 가지 답을 얻게 된다. '계획적 노후화(Planned Obsolescence)'가 그것이다.

1881년 에디슨이 발명한 전구의 수명은 대략 1,200시간에 달했다. 기술적 진보를 거듭해 1924년의 가정용 전구는 2,500시간 정도 연소할 수 있었다. 하지만 1930년대 돌연 전구의 수명이 1,000시간으로 줄었다. 여기에는 보이지 않는 손의 개입이 있었다. 독일의 오스람, 영국의 연합전기산업, 미국의 제너럴 일렉트릭 등 전 세계 전구 제조 기업들이 이른바 세계 최초의 카르텔인 '피버스Phoebus'를 결성해 전구 수명을 1,000시간으로 줄이기로 약삭빠르게 담합한 것이었다.[140] 빨리 노후화시켜 더 많은 전구 제품을 판매하기 위해서다. 이것이 바로 계획적 노후화다. 그 이후 LED 전구가 처음 나왔을 때 수명이 10만 시간에 이를 것으로 예상됐다. 이 정도면 수십 년 이상 사용할 수 있다. 그런데 지금 LED 수명은 고작 1만 시간밖에 되지 않는다.[141] 계획적 노후화다. 1939년 듀폰DuPont이 뉴욕 세계 박람회에서 새로 개발된 합성 스타킹을 선보였다. '강철처럼 강하고 거미줄처럼 가늘다'가 홍보 카피였는데, 내구성을 자랑하기 위해 스타킹으로 자동차를 끄는 광고를 시연했다. 그 덕에 6,400만 개를 판매했다. 하지만 여성들이 더 이상 스타킹을 구매하지 않자 듀폰은 디자이너들에게 쉽게 올이 나가는 제품 개발을 주문했다.[142] 이제 평균 여섯 번을 신으면 올이 나간다. 계획적 노후화다. 1920년대에는 1,000번을 사용할 수 있는 면도날이 개발되었다. 그러나 이제는 질레트의 일회용 면도날로 대체되었다. 몇 번 사용하면 금세 날이 무뎌진다. 계획적 노후화다. 이 목록은 자본주의 산업 전반으로 끝없이 이어진다.

계획적 노후화란 말을 처음 사용한 것은 뉴욕의 부동산업자 버나드 런던Bernard London이 1932년 제작한 팸플릿에서였다. 때는 바야흐로 불황이었다. 상품에 인위적인 유통기한을 명시하고 사람들이 오래된 물건을 보관하고 사용하는 것에 대해 세금을 내도록 의무화하여 경제 위기를 타개하자는 내용이었다.[143] 즉 상품 수명을 억지로 단축시켜 소비를 진작시키자는 놀라운 주장이 담겨 있다. 그러나 계획적 노후화를 산업적 모델로 채택한 건 1920년대 이후의 제너럴 모터스General Motors였다. 당시는 선발 주자인 포드사가 자동차 시장의 상당 부분을 차지하고 있었다. 헨리 포드는 1922년에 내구성을 중시하는 자신의 철학을 자랑스럽게 피력했다.

"구매자의 차가 낡거나 쓸모없어지는 것은 우리를 기쁘게 하지 않습니다. 우리는 우리 차를 구입한 사람이 다른 차를 살 필요가 없기를 바랍니다. 이전 모델을 쓸모없게 만드는 개선은 절대 하지 않습니다."[144]

그 이듬해 제너럴 모터스의 지분을 인수한 듀폰은 내구성으로는 포드와 경쟁할 수 없다는 걸 깨닫고 다른 판매 전략을 선택했다. 자동차에 다양한 색상을 칠하는 것이었다. 2, 3년마다 같은 차에 다른 색상을 입혀 새로운 모델로 출시했다. 다른 차가 시대에 뒤떨어진 것처럼 보이게 하는 게 아니라 바로 자신의 차가 시대에 뒤떨어지게 하는 것이 목적이었다. 소비자들은 즉시 이러한 디자인 혁신에 매혹되었다. 포드를 제치고 전미 1위의 자동차 기업으로 성장한 GM의 이 노후화 전략은 모든 산업 분야의 모델로 정착되기에 이른다. GM의 디자인 책임자는 이를 '동적 노후화(dynamic obsolescence)'라고 불렀다.

"우리의 가장 큰 임무는 노후화를 앞당기는 거예요. 1934년 평균 자동차 소유 기간은 5년이었습니다. 1955년인 지금은 2년입니다. 소유 기간이 1년이 되면 우리는 만점을 받게 되는 겁니다."[145]

더 많은 상품 생산, 더 많은 소비, 더 많은 이윤을 위해 상품 안에 '죽음의 유전자'를 삽입해 상품의 생애 주기를 극도로 짧게 만드는 것, 대단한 기술적 혁신이 아니라 디자인의 변주를 통해 기존의 상품을 낡아 보이게 하는 것, 그게 계획적 노후화다. 놀랍게도 1951년 영국에서 제작된 코미디 영화 〈흰 양복을 입은 사나이(The Man in the White Suit)〉는 계획적 노후화에 대한 적절한 비평을 담고 있다. 한 기술자가 끊어지거나 때가 타지 않는 합성 섬유를 발명하는데, 자본가는 이윤이 떨어질까 봐, 노동자는 일자리를 잃을까 봐 그 합성 섬유로 만든 흰 양복을 서로 빼앗기 위해 난리 북새통을 치르게 된다. 자본주의에 계획적 노후화가 얼마나 중요한지를 단번에 보여준다.

오늘날 자동차 기업들은 신차 판매를 촉진하기 위해 부품을 단종하고 오래된 인기 모델을 폐기한다. 정부에서는 심지어 폐차 보조금을 지급하며 쓰던 자동차를 빨리 버리고 새 자동차를 구입하라며 등을 떠민다. 이렇게 자본의 회전 속도에 맞춰 대부분의 상품이 출시 전부터 시한부의 운명에 처해 있다. 휴대폰의 경우, 주어진 생의 시간이 더 짧다. 사람들이 애플과 삼성의 휴대폰을 소유하는 평균 시간이 대략 2.5년인데, 그렇게 짧을 이유가 하등 없다. 하지만 매년 조금의 색상과 조금의 디자인을 바꿔 새로운 버전을 출시한다. 실상 아이폰11은 아이폰4와 디자인이 흡사하다. 그런데 신상 모델이 출시되면 마치 바통 터치를 하듯 기존 휴대폰의 속도가 느려진다. 애플은 배터리 성능 저하를 막기 위해 기기 속도를 늦춘다고 변명하지만, 이는 애초부터 소비자가 배터리를 교체할 수 없도록 설계했기 때문이다. 속도가 느려졌으니 새로운 신상품을 사라는 암묵적 신호를 보내는 것이다. 여기에 정부는 휴대폰 보조금을 살포하며 더 빨리, 더 빨리 휴대폰을 구매하라고 독려한다. 한편 독일 환경청 조사에 따르면, 독일에서 2012년까지 버려진 TV의 60% 이상이 여전히 작동되고 있었다. 고장나지 않은 TV를 그냥 버린다. 또 교체되는 가전제품의 3분의 1은 기기의 결함 때문이 아니라 사람들이 새로운 기기를 원하기 때문인 것으로 나타났다.[146]

이렇듯 생산적 진부화가 존재한다면, 심리적 진부화도 존재한다. 광고와 유행은 오래된 물건이 얼마나 낡고 볼품없는지 끊임없이 훈계하고 설득한다. 철 지난 물건을 사용하는 사람의 삶은 진부하고, 신상이야말로 우리의 삶을 돋보이게 하는 유일한 수단이다. 기술 혁신으로 낡은 것을 파괴하고 새로운 것을 만드는 '창조적 파괴'의 기업가 정신을 주창했던 경제학자 조지프 슘페터Joseph Schumpeter에서부터 아이폰과 애플 신상품이 나올 때마다 TV에 나와 혁신을 외치며 소비 부흥회를 열었던 스티브 잡스에 이르기까지 낡은 물건을 버리고 새로운 물건을 구입하는 것이 진보라고 쉴 새 없이 지저귀며 사람들의 불안을 증식시킨다. 스티브 잡스 한 마디에 날밤을 새우고 애플 스토어 앞을 수놓던 그 긴 줄의 장사진을 보라. 종교적 숭고함으로 가득하다. 이들은 모두 혁신과 창조를 노래하지만 그 이면에는 사물의 죽음이 존재한다. 끝없는 상품의 노후화와 죽음이 숭배되는 것이다. 안방 TV의 공영방송에서 공공 공간에 걸쳐, 유아에서부터 노인에 이르기까지 자본주의는 매일 광고를 쏟아내며 우리의 불안을 채근한다. 왜냐하면 '이미' 행복한 사람은 소비에 매달릴 이유가 없기 때문이다. 일상을 익사시킬 듯이 범람하는 광고 홍수 속에서 우리의 실존적 불안은 계속 증가하게 된다. 딱 한 시즌만 유행하는 패스트 패션처럼, 모든 상품들이 헌 옷을 벗고 새 옷을 입는 부한의 굴레 속으로 사람들을 구겨넣는다.

우리가 불안에 시달리며 소비하는 동안 한쪽에선 쓰레기들이 산처럼 쌓이게 된다. 계획적 노후화는 쓰레기 생산 체제다. 유엔 글로벌 전자 폐기물 모니터(Global E-waste Monitor)에 따르면, 전자 폐기물만 2022년에 6,200만 미터톤이 생산됐다. 40톤 트럭 155만 대의 규모다. 이는 2010년보다 82% 증가한 것이다. 세계 인구 1인당 7.3킬로그램의 전자 쓰레기를 버리는 셈이다. 매년 260만 미터톤씩 증가 추세인데, 2030년경이면 8,200미터톤에 이를 것으로 추정된다.[147] 한국의 경우엔 2019년 기준으로 연간 81.8만 톤의 전자 폐기물을 생성하고 1인당 15.8킬로그램으로 세계 평균의 두 배를 배출한다.[148] 한국인들이 자랑하는 IT 강국이란 말의 배후에는 실상 IT 쓰레기 왕국이 숨겨져 있다. 그러면 이 전자 쓰레기들은 어디로 가는가? 자본주의 체제 하에서 우리는 상품의 구성 요소들이 어디에서 오는지도 모르지만, 동시에 그 상품의 죽은 사체가 어디로 가는지도 잘 알지 못한다. 전 세계에서 생성된 전자 폐기물 중 22.3%만이 수거-재활용되고 나머지는 매립되거나, 비공식 부문으로 흘러가거나, 가난한 나라로 수출된다. 유럽을 비롯한 부유한 나라의 전자 폐기물의 일부가 남아시아와 아프리카로 실려간다. 가나 수도 아크라의 외부에 있는 빈민 지역 아그보그볼로시 Agbogbloshie는 세계에서 전자 폐기물이 가장 많이 모이는 곳 중 하나다. 전자 쓰레기의 마지막 종착역이라 불린다. 유럽 폐기물의 85%가량이 컨테이너에 실려 가나에 버려진다.[149] 매년 약 215,000톤이 가나의 땅에 쏟아지고, 그 상당수가 아그보그볼로시에 쌓이는 것이다. 가나 전 지역에서 수백여 명의 가난한 아이들이 매해 아그보그볼로시에 몰려간다. 축구 유니폼을 입은 열 살 미만의 소년들이 TV를 번쩍 들어 바닥에 내려친다. TV 안에 있는 미량의 금을 채굴하기 위해서다. 수백 번, 수천 번을 그렇게 내려친다. 그 소년들 뒤편으로는 장엄한 전자 쓰레기의 무덤이 펼쳐져 있는데, 매일 사방에서 연기가 피어오른다. 구리를 채굴하기 위해 케이블과 회로 기판을 태우기 때문이다. 사람들은 그 소년들을 '버너 보이burner boy'라고 부른다. 금을 채굴하는 소년들은 1천 개 이상의 유해 화학물질과 중금속에 오염되고, PVC 케이블을 불태워 구리를 채굴하는 소년들은 지구상에서 가장 유독한 다이옥신에 중독된다. 유럽 허용치의 220배의 다이옥신에 그대로 노출된다.[150] 물론 운반, 소각, 분해, 매립 과정에서 생태계 오염과 대량의 탄소 배출이 이루어진다. 최근의 한 연구에 따르면, 전자 기기의 수명을 연장하기 위한 규제나 법적 틀이 없다면 2030년까지 전자 폐기물에서 매년 약 8억 5,200만 미터톤의 이산화탄소 화합물이 배출될 것으로 예상된다.[151] 전자 폐기물은 사람에게도 환경에게도 끔찍한 재앙이다.

아그보그볼로시에서 TV를 내려치거나 전선을 태우는 소년들은 운이 좋으면 하루에 2달러, 나쁘면 0.5달러를 번다.[152] 그런데 어째 이상하지 않은가? 어디에서 많이 본 풍경이 아닌가? 지구는 둥글고 모든 건 연결되어 있다. 콩고에서 희토류를 채굴하는 아이들, 그리고 가나의 전자 쓰레기 무덤속에서 그 희토류를 또다시 채굴하는 아이들은 정확하게 겹쳐진다. 자본주의 상품 사슬의 처음과 끝은 이처럼 가난한 아이들의 이야기로 매듭지어진다. 계획적 노후화는 곧 인간의 노후화다.

다큐멘터리 〈전구 음모 이론〉에서 인터뷰이로 등장하는 프랑스 탈성장 이론가 세르주 라투슈는 그 인터뷰를 계기로 계획적 진부화에 관한 연구를 진행하고 『낭비 사회를 넘어서』라는 짧은 소책자를 집필한다. 그가 보기에 자본주의는 필요를 위해 성장하는 것이 아니라 성장하기 위해 성장하는 체제다. "생산을 무제한적으로 확대하기 위해서는 소비를 무제한적으로 부추겨야 하며, 새로운 욕망을 무제한적으로 불러일으켜야 한다. 종국에는 오염과 쓰레기가 늘어나 지구 생태계가 파괴된다."[153] 계획적 노후화와 일회용 제품의 일반화는 자본주의의 철의 법칙이나 다름없다. 세르주 라투슈는 무제한적으로 소비를 부추기기 위해서는 두 가지 조건이 충족되어야 한다

고 주장한다. 하나는 소비자들의 절약 습관을 몰아내는 것이고, 다음으로
는 값싼 미숙련 노농자들을 이용해 상품 가치를 떨어뜨리는 것이다.[154] 무
한한 소비주의를 재촉하기 위해서는 저렴한 상품을 쏟아내는 대량생산 시
스템과 더불어, 절제의 도덕을 낡은 것으로 정죄하는 소비자 정체성도 필
요하다.

　대량생산-대량소비 시스템은 2차 세계대전 이후에 고착됐지만, '소비
자'가 등장한 건 20세기 초라고 봐야 할 것이다. 이를 상징적으로 예시하는
하나의 공간이 있다. 슈퍼마켓이다. 슈퍼마켓의 탄생에 아이디어를 준 건
돼지들이었다. 클라렌스 손더스Clarence Saunders라는 식품 사업가가 어느 날
달리는 기차 안에서 우연히 한 무리의 돼지를 보게 된다. 울타리 아래를 비
집고 여물통을 향해 우르르 달려가는 모습이었다. 그 순간, 손더스는 상품
이 전시된 진열대를 향해 달려가는 소비자의 이미지를 상상했다. 돼지처럼
소비자들이 줄지어 출입구로 들어가면 어떤 일이 벌어질까? 1916년 손더
스는 미국 멤피스에 셀프 대형 식료품점을 세웠다. 그것이 바로 최초의 슈
퍼마켓, 전 세계에 퍼져 있는 슈퍼마켓의 원형이다. 돼지로부터 착상을 얻
었으니 이름을 피글리 위글리Piggly Wiggly라고 짓고 로고에도 돼지 이미지
를 사용했다.[155] 그 이전에는 소비자들이 구매 리스트를 건네면 식료품점의
주인이나 직원이 매장 창고에서 물건을 가져다주는 방식이었는데, 피글리
위글리는 이 전형을 완전히 깼다. 십자 모양의 출입구로 들어가 진열대 상
품을 셀프로 마음껏 선택한 다음에 계산대에서 돈을 내면 그만이었다. 즐
비하게 늘어선 상품의 천국 속을 돌아다니며 누리는 선택의 자유는 그동안
누리지 못한 감정이었다. 구매 리스트를 주고 주인이 필요한 물건을 주던
기존의 식료품점은 공산주의 독재나 마찬가지라고 여겼다. 절도를 방지하
느라 통로를 제외하고 모든 공간에 철조망이 쳐져 있었는데, 철조망에 갇
힌 조건하에서, 구매 능력의 한계 안에서 선택의 자유를 실컷 구가할 수 있
었다. 최초의 슈퍼마켓 피글리 위글리는 곧장 10년 만에 1,200개 이상의

체인점으로 증가했다.[156] 전 세계 슈퍼마켓의 모델이 등장한 것이다. 소비자들은 이제 상품의 미로 속에서 배회하며 더 많이 소비했다. 더 많이 낭비했다. 브람스와 쇼팽 중에 어떤 음악이 더 소비욕을 자극할까, 빨간색과 파란색 페인트 중에 어떤 색이 소비자 욕망을 더 자극할까, 식품 자본에게 슈퍼마켓은 혁신적인 실험실이 되었고, 소비자들은 점차 미로 속의 쥐가 됐다. 선택의 자유가 무한해졌다고 믿는 철장 속 쥐들 말이다. '소비자 권리'라는 표현이 등장하고, 상품 선택의 자유를 누리는 소비자 정체성이 미국적 민주주의의 표상으로 제시됐다.

2차 세계대전을 경유하며 미 정부와 식품 기업들은 슈퍼마켓을 미국의 풍요로움과 우월성을 과시하는 수단으로 이용하기 시작했다. 미국 자본주의의 힘을 증명하는 완벽한 랜드마크로 여겼던 것이다. 먼저 서유럽에 슈퍼마켓 모델을 수출했고, 1957년에는 유고슬라비아 박람회에 슈퍼마켓을 대대적으로 전시하며 동구권에도 그 위용을 자랑했다. 슈퍼마켓을 공산주의 체제를 붕괴시킬 강력한 미사일처럼 여기는 미국 관료들이 수두룩했다.[157] 이처럼 슈퍼마켓을 반공주의의 병참기지처럼 추켜세우던 차에, 당시 미국 내에서 활발히 전개되던 흑인과 노동자의 식품 협동조합은 볼썽사나운 눈엣가시일 수밖에 없었다. 1950년대 매카시즘과 반미활동위원회의 중요 표적 중 하나가 되었다. 식품 협동조합이 소련식 공산주의를 설파하는 스파이들의 장소라는 비난이 가해졌다. 전혀 '미국적인 것'이 아니라는 것이었다.[158] 하나의 대안으로 등장한 흑인과 노동자의 식품 협동조합은 그렇게 미 정부와 식품 자본에 의해 그 위세가 꺾이고 말았다. 최근까지도 식품 사막 지역에 지자체가 주관하는 협동조합 식품점이 등장할라치면 곧장 사회주의 경제 아니냐는 의심의 눈초리가 따라붙는 지경이다.[159]

슈퍼마켓을 찬양하는 1950년대 미국 주부 잡지의 문장들은 민주주의와 자유의 이름으로 소비자 정체성이 어떻게 만들어지는지를 정확하게 보여준다. "슈퍼마켓은 민주주의를 통해 높은 생활 수준을 달성한 미국의 상징입니다." "오늘날의 여성은 그 어느 때보다 자립심이 강하며 낡은 장벽을 뛰어넘어 새로운 자유를 얻었습니다. 그녀는 음식을 쇼핑할 때 스스로 자유롭게 선택하기를 원합니다!" "셀프서비스는 단순히 여성 고객들에게 식품을 판매하는 단순한 방법 그 이상입니다. 마케팅 데이를 모험으로 가득 차게 해줍니다."[160] 슈퍼마켓은 그야말로 모험과 무한한 선택의 자유가 펼쳐지는 쇼핑 민주주의의 무대다. 펩시와 코카콜라 중에서 하나를 고르는 것이 민주주의가 된 것이다.

이렇게 철창 속 쥐들이 슈퍼마켓 미로 속에서 달콤한 자유에 만족하는 사이, 북반구 정부와 다국적 기업들이 '식품의 노후화'를 가속화했다. 식품에 유통기한이 설정됨에 따라 충분히 먹을 수 있는 음식들이 막대하게 버려지고, 1950년대 플라스틱 혁명으로 플라스틱 포장재와 용기에 식품이 담겨 저렴한 일회용 가공식품으로 둔갑되었다. 그 덕에, 저렴한 식품 생산을 위해 전 세계의 토양과 생태계가 자본주의적 농법으로 시시각각 붕괴됐다. 돼지들이 여물통으로 달려가듯 우리가 슈퍼마켓에 몰려가 값싼 식품들을 소비하는 동안, 포장육과 수입 농산물을 아무렇지 않게 장바구니에 담는 동안 자본주의의 토지 수탈로 인해 전체 온실가스의 3분의 1이 배출되기에 이르렀다.

나는 소비한다, 고로 존재한다. 오늘날 자본주의에서 살아가는 우리는 분명히 호모 콘수무스Homo Consumus, 즉 소비하는 인간이다. 지구를 갉아먹고 서로의 노동력을 소진시키는데도 늘 불안에 잠식당한다. 자본 축적 기계는 그 불안을 재우려면 또다시 소비하는 방법밖에 없다고 끝없이 채찍질한다. 계획적 노후화와 대량소비 시스템이 야기한 소비 중독으로 말미암아, 전 세계 온실가스 배출량의 약 3분의 2가 바로 가구 소비로부터 연원하는 세상이 됐다.[161] 동력 에너지를 전부 재생에너지로 바꾼다고 해도 소비주의에 기반한 생활양식을 바꾸지 않는 한, 물질 및 에너지 처리량은 계속 증가할 수밖에 없다. 한국의 경우 도시와 지자체가 해결하지 못하는 산업 폐기물이 고스란히 농촌으로 실려가 매립된다. 대기업과 외국 다국적 자본, 심지어 사모펀드들이 매립장 건설로 돈 잔치를 벌이며 한국 농촌 일대를 산업 폐기물의 식민지로 만드는 형국이다. 하늘과 땅, 바다, 지구의 모든 구석구석마다 온전한 데 없이 온통 쓰레기들의 무덤이 되어간다. 소비주의와 정면으로 마주해야만 우리는 행성 위기를 풀 수 있는 실마리를 얻을 수 있다.

존 카펜터의 B급 SF 영화 〈화성인 지구 정복(They Live)〉(1988)은 자본주의와 소비주의에 대한 비판적 은유들로 가득한 작품이다. 탄광에서 해고된 한 노동자가 일자리를 찾아 전전긍긍하다가 어느 날 우연히 선글라스를 끼고 진짜 현실을 보게 되면서 충격에 사로잡힌다. 자본가, 부유층, 경찰, 방송과 언론인 등이 전부 화성에서 온 외계인이다. 그리고 도시의 수많은 광고판, TV, 잡지, 신문 광고들에 세뇌 메시지가 각인되어 있었다. 복종하라, 소비하라, 결혼하라와 같은 메시지들. 화성인들이 지구를 정복하고 사람들을 세뇌함으로써 소비에 중독시키고 진짜 현실을 은폐했던 것이다. 지구를 테라포밍하고 소비를 종용하면서 불평등을 은폐한 화성인들이란 곧 자본주의의 형상이다. 이 화성인들은 심지어 국가적 참사 앞에서도 소비가 가장 중요하다고 목청을 높인다. 미국에 9.11 테러가 발생했을 때, 사건 당일 저녁 조지 부시 대통령은 대국민 연설에서 미국 경제는 여전히 '영업 중(open for business)'이니 두려워하지 말고 "플로리다의 디즈니월드로 놀러 갑시다", "가족들과 함께 원하는 방식대로 삶을 즐기세요"라며 소비를 독려했다. 진보적인 경제학자로 분류되는 로버트 라이히Robert Reich마저 한 기고문에서 "테러리스트들이 미국 자본주의 중심을 공격하려 했습니다. 우리는 가능한 한 많은 신용 카드를 제공함으로써 미국 자본주의가 살아 있고 건강하다는 것을 보여줍니다."라고 썼다.[162] 끔찍한 테러가 발생한 직후에 베개, 티셔츠, 기저귀까지 애국적 소비주의를 자극하는 상품들이 대거 쏟아져 나왔고, 지금까지도 매년 9.11 테러 기념상품들이 잊지 않겠습니다라는 문구를 달고 판매된다. 서로를 돌보고 상처 입은 공동체를 회복하기 위해 관계를 다지는 것보다 소비를 녹려해 자본주의를 구하기 위해 고군분투하던 이들은 확실히 화성인처럼 보인다. 문제는 저 소비 강박증이 현재 거의 모든 자본주의 체제의 정신세계를 이룬다는 점이다. 〈화성인 지구 정복〉의 주인공들은 지구인이 세뇌에서 벗어나기를 바라며 방송국 안테나를 폭파한다. 그러나 영화 속 결말처럼 안테나 하나만 폭파한다고 소비주의가 간단히 근절될 리 없다. 대부분의 중독자들은 자신이 중독되어 있다는 걸 이미 알기 때문이다. 그렇다고 각각의 개인들에게 소비에 대한 죄의식을 전가하는 것은 구조적 병폐의 책임을 지우기도 하지만 실제적으로도 큰 변화를 가져오기 어렵다. 소비주의에서 벗어나기 위해서는 밤낮으로 사람들에게 소비를 종용하는 화성인의 안테나를 폭파하는 것과 동시에, 소비주의에 필적하는 새롭고 대안적인 쾌락주의의 발명이 필요하다.

우선, 계획적 노후화가 경쟁 우위를 차지하기 위해 은밀히 수행되는 기업 범죄이자 환경 범죄라는 인식이 규범화되어야 한다. 이미 프랑스는 2015년 에너지 전환법을 통해 계획적 노후화를 범죄로 규정하고 30만 유로의 벌금과 최대 2년의 징역형을 부과했다. 2020년 2월에는 순환경제법을 마련해 전기 및 전자제품의 생산자, 수입업자, 또는 소매업자가 수리 가능성 지수를 공개할 의무를 부과하는 한편, '수리할 권리'를 광범위하게 인정했다.[163] 더 나아가 2023년에는 애플사를 소환해 계획적 노후화에 대한 조사를 벌이기도 했다. 유럽연합의 경우에도 2024년 2월에 계획적 노후화를 단속하는 규정들을 공식화했다. 조기 노후화, 불필요한 소프트웨어 업그레이드, 수리에 대한 구체적 정보를 명시하지 않는 기업과 소매업체를 단속하게 된다.[164] 계획적 노후화의 덫에서 벗어나기 위해서 내구성 중심으로 상품을 생산하도록 기업을 견인하고, 그다음에는 수리와 업그레이드 가능성을 높여 물건을 오래 사용할 수 있도록 하는 것이다. 또 재활용에 영향을 미치기 위해 다양한 인센티브를 제공하는 것도 좋은 방편이 될 수 있다. 가령, 스웨덴은 일회용품 소비 문화에 대처하기 위해 의류, 냉장고, 자전거, 세탁기 수리에 대한 세금 감면 혜택을 적용한다. 고장난 물건을 수리해서 사용하면 부가가치세율을 인하하거나 수리비의 절반을 환급받을 수 있다.[165]

이렇게 시장을 제도적으로 규제하는 것도 중요하지만 이보다 낭비를 유의미하게 줄일 수 있는 방법은 공공재를 탈상품화하는 것이다. 간단하게 생수를 예로 들어보자. 현재 전 세계적으로 1분마다 100만 개의 생수병이 판매된다. 현재 추세라면 2030년까지 거의 두 배로 늘어나게 된다.[166] 그뿐만 아니라 최근 연구에 의하면 생수 1리터에는 약 25만 개의 미세 플라스틱과 나노 플라스틱이 포함돼 있다.[167] 수돗물보다 생수가 더 안전하다고 여기는 대중적 인식과 전혀 다른 현실이다. 대수층을 사유화하고 물을 플라스틱 병에 담아 상품화한 덕분에 지구는 물론, 인체까지도 플라스틱의 무덤이 되어가는 중이다. 농촌과 남반구 사람들이 음료 기업들의 대수층 개발 때문에 고통을 당하는 것은 말할 나위도 없고, 우리 전체가 건강 위협과 생태 재앙을 맞이하고 있는 것이다. 생수 기업들은 결코 물을 생산하지 않는다. 플라스틱 병을 생산할 뿐이다. 1994년 한국 대법원은 생수 판매가 합법적이라고 판결하며 생수를 마시는 것이 '국민의 행복 추구권'에 해당된다고 주장했다. 그로부터 정확히 30년이 흐른 지금, 이 피폐한 소비 지옥은 정말 국민을 행복하게 만들었나? 공공재를 자유와 행복의 이름으로 팔아넘긴 신자유주의 법정의 결말이란 이토록 자가당착적이다. 생수는 수도에 비해 300배에서 1,000배 더 많은 탄소를 배출한다.[168] 생수가 생태계에 미치는 부정적 영향은 수돗물보다 무려 1,400배 더 높다.[169] 환경이 붕괴된 폐허에서 생수를 마실 자유와 행복은 단지 자본의 자유와 행복일 뿐이다. 그런데 만약 우리가 스웨덴 스톡홀름 시민들처럼 깨끗한 수도를 마시고 생수 소비가 낭비라고 생각한다면 어떻게 될까? 누구나 깨끗한 물을 보편적으로 이용할 수 있다면 어떻게 될까? 환경적 비용은 제외하더라도, 상수도 위생과 보편적 접근성에 대한 공적 투자 비용은 실제 생수 소비 비용보다 훨씬 저렴하다. 다시 질문해보자. 대부분의 음용수를 깨끗한 수도에서 얻고 공원과 공공장소에서 간편하게 무료 식수를 마실 수 있다면 과연 어떻게 될까? 아울러, 플라스틱 생산과 유통으로 발생하는 환경적 비용을 자본이 책임지는 '내재화'의 원칙이 정립된다면 어떻게 될까? 적어도 물을 일회용품으로 취급하는 싸구려의 세계에서 벗어날 길이 열릴 것이다. 명백하게도 자원 사용과 낭비를 줄일 수 있는 현명한 방법은 물, 전기, 식량, 주택 등 우리 삶에 가장 기본적인 필수재들을 공공화하는 것이다. 생수 소비가 더 안전하다는 화성인들의 터무니없는 광고 공격에서 우리의 보편적 권리를 구원하는 것이다.

세르주 라투슈는 계획적 노후화에 저항하는 방법 중 하나로 가정에서 소비하는 내구재의 공동 사용을 제시한다. 예를 들어 각 가정마다 한 대씩 세탁기를 사용하는 대신, 스칸디나비아 지역처럼 주택 지하에 공동 소유의 세탁기를 두고 함께 사용하면 확실히 물질과 에너지를 덜 쓰게 될 것이다.[170] 확실히 공유는 소비 중독의 강력한 치유제다. 일례로 연장 도서관(Tool Library)도 소비주의에 대한 대안적 공유지로 기능한다. 연장 도서관은 책 대신 사물을 모아놓은 일종의 사물 도서관이다. 집을 수리하거나 텃밭을 가꾸거나 고장난 물건을 고치는 연장들이 구비된 도서관이 미국 시애틀에 몇 군데 운영되고 있다. 대부분이 지역 시민들의 기부품이다. 일정 회비를 내면 누구나 이용할 수도 있고, 사용이 쉽지 않은 기계에 대해서는 자원활동가가 사용법을 교육해준다. 종종 '수리 카페'가 열리고 함께 고장난 전자제품들을 고친다. 단순히 연장을 공유하는 것뿐만 아니라 지역 공동체 내에 활력을 불어넣는 공유지로 기능한다. 1970년대부터 시작되었던 연장 도서관 운동은 잠시 주춤했다가 최근 들어 공유 경제 모델로 각광받으며 전 세계에 확산되는 추세다. 런던의 사물 도서관은 여러 장소에 위치해 있는데, DIY 및 원예 도구는 물론 재봉틀, 우쿨렐레, 스피커, 드론, 조리 기구 등 다양한 도구들이 구비되어 있다. 이탈리아 팔레르모의 연장 도서관 제로ZERO는 2019년 기후변화 캠페인을 통해 얻은 기금으로 마련되었는데, 정원, 주방, 목공, 건축, 배관 및 재봉 도구들이 비치되어 있다. 가입비만 내면 모든 도구를 무료로 빌릴 수 있다. 이 도서관의 웹사이트에는 "순환 경제의 실험, 물건과 지식의 공유, 사람과 사람 사이의 연결"이라는 목표가 명시되어 있다.[171] 사물 도서관은 지역민의 만남과 사물의 공유를 통해 공동체를 가꾸고 공공 공간에 대한 더 큰 존중으로 이어지게 한다. 소비는 사물과 생명을 파괴하지만 공유는 관계와 삶을 재생산한다. 소비는 죽음의 충동인 반면, 공유는 생명의 율동이다.

우리는 흔히 소비주의를 비판할 때 검소, 절제, 연민을 앞세운다. 환경에 대한 관심을 촉구하며 왜 당신들은 동참하지 않냐고 날을 세우거나, 기껏 공정 무역과 착한 소비를 하자고 종용한다. 하지만 이렇게 개인의 죄의식을 닦달하는 방식은 한계에 봉착할 수밖에 없다. 첫째는 그것이 대안적 정치를 상상하지 못한 채 '채식', '저탄소', '유기농' 같은 브랜드 소비에 강박된 시장주의적이고 자유주의적인 한계 때문이고, 두 번째는 윤리적 죄의식이 소비주의의 쾌락을 결코 상쇄하지 못하기 때문이다. 초콜릿에 서아프리카 아동의 노예 노동력이 함유되어 있다는 걸 안다고 해도 초콜릿은 무엇보다 강력하고 달콤하다. 자동차가 환경을 파괴한다는 걸 눈치챘다고 해도 자동차를 매력적인 지위재로 추앙하는 지배적인 세계관 아래에서 이를 포기한다는 건 결코 쉬운 일이 아니다. 설령 압도적으로 탄소 배출을 하는 부자들의 소비 행위에 누진적인 세금을 물려 형평성을 도모하더라도, 소비가 곧 지상명령으로 우리의 정신세계를 지배하는 한 생태 위기는 지속되기 마련이다. 우리의 일상적 욕구와 쾌락을 충족하기 위해 시장에서 공급하는 재화와 서비스에 의존하는 경로를 벗어나 다른 길로 들어서기 위해서는 절제에 대한 호소가 아니라 다른 강력한 쾌락, 소비주의를 넘어서는 대안적 쾌락을 제시할 필요가 있다.

철학자 케이트 소퍼Kate Soper는 그것을 '대안적 쾌락주의'라고 부른다.

즐거움을 추구하는 인간의 욕망을 부정할 게 아니라, "다른 방식의 삶과 소비를 통한 이기적인 만족에 호소"하는 방편에 주목하자고 주장한다.[172]

"대안적 쾌락주의 관점은 이러한 광범위한 상품화가 바람직한지 의문을 제기하고, 더 많은 자급자족과 자율적 활동이 가능한 생활방식을 지지한다. […] 번영과 개인적 가치에 대한 노동 중심적 이해를 […] 그 자체로 고유한 가치가 있는 활동에 대한 참여로 대체하는 것이다."[173]

끊임없이 소비를 하기 위해 장시간 노동을 해야 하는 체제에서 벗어나, 노동시간을 단축하고 오히려 자급자족과 자율적 활동의 쾌락과 기쁨을 증진시키자는 이야기다. 소비자가 아니라 자립의 존재, 고립된 개인이 아니라 서로 돕는 공유인, 익명으로 뭉친 추상의 집단이 아니라 자유로운 개인의 연합으로 존재할 때 봉인되었던 쾌락이 비로소 기지개를 켜고 해방될 수 있다. 슈퍼마켓 진열대의 채소를 장바구니에 담는 대신, 공유 텃밭에서 함께 채소를 가꾸고 필요한 만큼 가져가 요리하는 즐거움. 물건을 사고 버리고 또 사는 게 아니라 함께 물건을 공유하며 관계의 실타래를 잣는 공유의 즐거움. 끊임없이 소비하는 것으로 자신의 지위를 인정받고 실존적 불안을 달래는 피폐한 삶의 방식이 아니라, 서로를 돌보고 호혜적 관계를 맺는 것이 가치 있는 일로 인정되는 삶의 형태. 이러한 욕구들은 소비의 욕구와 충분히 호환되고도 남을 만큼 풍요롭다. 우리가 식민화된 상상계를 찢고 대안적 쾌락을 계속 발명해야 하는 이유다. 그것이 발명인 까닭은 자본주의 체제가 소비주의 외에 우리 삶을 값지게 하는 진짜의 풍경들을 대부분 제거했기 때문이다. 오히려 다른 세계와 다른 쾌락이 가능하다는 것을 보여준 것은 자본주의를 넘어선 자본주의의 외부들, 즉 멕시코 사파티스타, 안데스의 부엔 비비르, 아프리카의 우분투, 쿠르드의 노자바 등 남반구에서 수행된 혁명적 실험들이었다. 권력과 자본에 순응적인 존재이기를 거부하고 자기 삶의 주인이 되려는 자치와 자율의 과정은 분명히 상품 소비가 주지 못하는 다른 생의 기쁨을 선사한다.

만일 도시에서 광고판이 사라진다면 어떤 것이 보일까? 브라질 상파울루는 2007년 청정도시법(Lei Cidade Limpa)을 통해 1년 만에 옥외 광고판 1만 5천 개, 상점 간판 30만 개를 철거했다. 도시 경관의 공공성을 위해서였다. 도시 공간에서 광고판이 모두 사라지자 그동안 보지 못했던 것이 드러났다. 가로수가 더 잘 보였고, 오래된 건물의 역사성이 빛을 발했고, 무엇보다 건물들 사이로 빈민가의 풍경이 적나라하게 등장했다.[174] 도시를 잠식한 화려한 광고판들이 세계의 불평등을 감추고 있었던 것이다. 상파울루에 이어 최근에는 다른 도시들도 광고판을 금지하고 있다. 인도 첸나이, 중국의 베이징, 프랑스 알프스 도시 그르노블Grenoble, 스위스의 브베Vevey 등이다. 미국에서는 버몬트주를 포함한 4개의 주에서 광고를 부분적으로 금지한다. 이란 테헤란의 경우엔 옥외 광고판을 모두 없애고 유명 예술작품의 사본들로 대체했다. 그런데 이렇게 광고판을 없애면 소비를 줄일 수 있을까? 오히려 금기는 욕망을 생산하기 마련이다. 국가의 권위로 절제를 강제한다고 과연 우리의 중독을 치유할 수 있을까?

마약만 중독을 일으키지 않는다. 술, 담배, 화석연료, 일회용품, 온갖 상품들 역시 중독을 야기한다. 자본주의는 중독을 조장하는 정치경제 체계다. 이를 항간에서는 변연계 자본주의(limbic capitalism)라고 개념화한다.[175] 인간의 대뇌피질과 간뇌 사이의 신경세포들마저 쾌락에 중독시킨 채 이윤을 축적하는 것이 소비 자본주의의 본성이라고 본 것이다. 우리가 중독 개념을 이해하기 시작한 것은 사실 얼마 되지 않았다. 20세기 초에 쥐를 가지고 수행된 일련의 실험들이 그에 대한 이해를 도왔다. 간단한 실험이었다. 쥐 한 마리를 독방에 넣고 물병 두 개를 주는데, 하나는 단순한 물이고 또 하나는 헤로인이나 코카인이 든 물병이었다. 독방 속의 쥐는 사지를 뒤틀며 죽을 때까지 약물이 든 물만 계속 마셨다. 여기까지가 우리가 알고 있는 중독에 대한 일차원적 통념이다. 하지만 1970년대 후반 심리학자 브루스 알렉산더Bruce Alexander가 시행한 '쥐 공원' 실험은 전혀 다른 이야기를 들려준다. 그와 대학원생들은 실험 공간을 아무것도 없는 독방과 공원으로 분리했다. 쥐 공원에는 각종 놀이 기구가 구비돼 있어 사교도 하고 자유롭게 섹스도 할 수 있다. 독방에는 쥐를 한 마리씩 격리해놓았고, 쥐 공원에는 여러 마리를 함께 살게 했다. 공원에 사는 쥐들은 독방에 격리된 쥐들보다 약물이 든 물을 마시지 않았다. 그냥 맹물을 마시는 비율이 훨씬 높았다. 특정 약물이 중독을 일으킨다는 기존의 통념이 무력해지는 결과였다. 그렇다면 중독의 원인은 무엇일까? 브루스 알렉산더는 실험 결과를 토대로 고립과 공동체의 파괴가 원인이라고 지목한다. 독방에 갇혀 고립된 쥐들은 마약에 더 많이 의존했고, 쥐 공원에 사는 쥐들은 놀이 기구를 이용하며 즐겁게 사교를 하고 새끼들을 번식시켰다. 사는 즐거움이 많고 놀거리가 풍부한데 굳이 마약에 의존할 필요가 없었던 것이다. 브루스 알렉산더는 미국과 캐나다의 수많은 선주민들이 식민 지배되었을 때 마약에 중독돼 속절없이 죽어갔던 것 역시 이와 다르지 않다고 분석한다. 공동체적 삶의 기반이 파괴되면 고립 외에는 아무것도 없기 때문이다.[176] 토지를 빼앗기고, 가족과 공동체가 해체되었으며, 아이들은 모국어를 배우지 못하고 전통적인 춤 축제와 포틀래치 파티가 금지된 식민화된 세계에서 그들은 독방 속의 쥐처럼 마약에 중독되었던 것이다. 그리고 이와 비슷한 인간 실험도 존재한다. 바로 베트남 전쟁이다. 베트남에 주둔한 미군의 절반가량이 마약을 시도하고, 그중 20%는 헤로인에 중독돼 있었다. 군인들이 전쟁의 고통을 잊도록 헤로인을 나눠준 터였다. 당시 미군의 보고서들엔 두려움이 가득했다. 심지어 리처드 닉슨 대통령은 마약 남용을 가장 우선적인 공중보건 문제라고 선언하기까지 했다. 중독에 대한 통념을 믿고 있었고, 전쟁 후에 중독된 군인이 미국에 돌아오면 어떤 일이 발생할까 두려워했던 것이다. 하지만 예상과 달리, 전쟁이 끝나고 귀국한 대부분의 군인들이 마약을 중단했다. 재발한 사람은 단 5%에 불과했다.[177] 왜 그랬던 걸까? 이유는 간단했다. 전쟁터에서 벗어났기 때문이다.

오늘날 자본주의 체제는 공동체와 유대감, 신뢰와 호혜성의 관습을 파괴하고 그 대신 개인들로 분해된 고립된 세상을 만들었다. 그리고 독방 속에 격리된 개인들을 끊임없이 소비자로 호명하며 약물이 든 물을 계속 주입한다. 고립이 곧 중독의 토대를 이룬다. 따라서 중독의 반대는 절제가 아니라 연결이다. 영국 작가 요한 하리Johann Hari는 마약에 관한 최근의 저서에서 중독 문제를 개인과 약물 간의 관계로 축소하는 관점을 비판한다. 중독에서 벗어나기 위해서는 격리와 도덕적 지탄이 아니라 더 많은 사회적 연결이 중요하다고 역설한다.[178] 소비 중독도 정확히 같은 경로를 따른다. 연결하고 또 연결하는 다양한 결속의 관계망이 중독의 치유제다. 다시 말해, 소비 중독에 대한 대안은 공원을 만드는 것이다. 놀거리가 풍부하고, 다양하게 사교를 하며, 짝짓기와 가족을 구성하는 흥겨운 쥐 공원. 사람들이 자존감을 서로 돋우는 상호 신뢰의 공원 말이다.

그러면 인간의 공원은 무엇일까? 우선 필수재의 공공화, 기본 서비스의 공영화, 노동시간 단축 등 이윤이 아니라 필요에 기초해 경제를 구성하고 돌봄과 재생산에 초점을 맞추는 체제를 의미한다. 그래야 상호 결속과 호혜가 흐르는 공동체의 시간이 만들어질 수 있기 때문이다. 또한 연대 경제와 공유지 운동들도 사물을 잇고 사람을 연결함으로써 다른 즐거움과 쾌락을 생산한다. 상품의 생애주기에 결착된 그 파괴적이고 우울한 쾌락 대신, 나눔과 베풂으로 이어진 선물 경제의 쾌락이 존재하는 것이다. 그것은 상품 소비가 하찮고 시시하다고 느낄 만한 강력한 대안적 쾌락이다. 우리가 그동안 놓쳐왔거나 잊어버렸던 생의 즐거움, 자본주의를 넘어 다른 세계로 도약할 수 있는 긍정의 에너지. 상품 소비가 본래의 인간 본성이라는 저 자본주의의 이념은 이 같은 대안적 쾌락 앞에서 무력해질 수밖에 없다. 소비 자본주의에 대한 대안의 첫걸음은 요컨대, 독방에서 뛰쳐나와 사람들에게 안녕하세요! 인사말을 건네는 것이다.

실제로 프랑스 파리에는 안녕하세요!로 시작된 공동체 운동이 존재한다. 2017년 파리의 한 마을에서 무표정한 얼굴로 하루에 다섯 번 건성으로 인사하던 평범한 이웃들을 하루에 50번 인사하는 특별한 이웃으로 변화시키기 위한 사회적 실험이 시작되었다. 협력, 상호지원, 이웃애를 통해 초지역적 관계를 구축해보기 위해서였다. 전직 언론인이자 지역 주민인 파트릭 베르나르Patrick Bernard가 동네 주민들을 잘 알고 있는 청과물 상인을 중심으로 한 명씩 연결을 시도하는 것으로 이 실험이 시작되었다. 처음으로 준비한 이벤트는 광장 파티였다. 사람들을 모이게 하는 데는 음식의 공유가 중요하다고 여겼기 때문이다. 한 50명 정도 모였으면 좋겠다는 마음으로 5개월간 공을 들였는데, 2017년 9월에 열린 첫 파티에 예상보다 훨씬 많은 사람이 참여했다. 길 한가운데 250미터의 테이블을 길게 늘어뜨리고 700여 명의 이웃이 나란히 앉는 장관이 펼쳐진 것이다. 테이블 위에는 각자 집에서 가져온 아름다운 식탁보, 음식, 아이들이 만든 장식과 꽃이 놓였다. 한쪽에선 브라스 밴드가 음악을 연주하고 골목은 금세 아이들로 가득 찼다. 모두가 놀라워했다.[179] 파리 좌안 14구역에서 15개의 거리와 15,000명이 참여하는 '슈퍼 이웃 공화국(Republique des Hyper Voisins)'의 공동체 실험이 그렇게 탄생했다.

슈퍼 이웃 공화국은 지난 5년간 2천 명 이상의 주민들이 각종의 문화 행사에 참여하며 접촉면을 늘려가고 크고 작은 그룹들이 각자의 공유지를 만들어내고 있다. 고장난 기기를 함께 수리하거나, 중고품을 서로 판매하거나, 의료 자원을 공유한다. 또 마을의 자투리땅에 정원을 가꾼다. 이 결속의 관계는 특히 팬데믹 기간에 빛을 발했다. 주민들이 함께 마스크를 만들고, 취약한 이웃에게 물품을 전달함으로써 재난에 대한 회복력을 높였다. 그리고 점점 더 도시 공간을 시민들이 전유하는 형태로 진화하고 있다. 비영리 기관과 합력하여 유기 폐기물을 퇴비화하는 처리장을 기존 주차장에 짓거나 파리 시청에서 자금을 지원받아 마을 노인들에게 간병인을 지원하는 프로그램을 진행한다. 그뿐만 아니라 자동차 대신 자전거를 권장하고, 마을 광장을 아예 보행자 전용 구역으로 바꿔놓았다.[180] 더 나아가 은행, 부동산, 배달 업체, 보험 회사들이 줄지어 늘어선 상업적 공간을 매입하는 프로그램을 진행 중이다. 상업 시설들 대신 의료 센터를 구축하기 위해서다.[181] 공동체에 실제적으로 중요한 것은 난개발과 소비가 아니라 돌봄이기 때문이다.

파리 14구의 실험은 굳이 군주의 목을 단두대로 자르지 않더라도 풀뿌리들이 모여 혁명적 변화를 만들 수 있는 가능성을 명확하게 시사한다. 최근 유럽에서 각광 받는 '15분 도시'가 하향식 프로그램이라면 슈퍼 이웃 공화국은 그것에 대한 풀뿌리 대응이라고 할 수 있다. '스마트 도시'가 기후위기를 핑계 삼은 디지털 기술 자본의 인질극이라면, 슈퍼 이웃 공화국의 실험은 돌봄과 삶의 재생산에 정확히 초점이 맞춰져 있다. 이 도시 실험은 지역의 공공성을 확장하는 것뿐만 아니라, 소비 자본주의에 대한 대안적 상을 그려보인다. 고립된 채 소비에 중독된 것보다 사람들이 광장에 모였을 때 더 많고 더 다양한 쾌락이 발명된다는 것을 기어이 증명한다. 이곳의 주민들 2천여 명은 수시로 공원 잔디밭에 모여 자체적으로 꾸민 영화제와 음악회를 즐긴다. 또 노인들과 아이들을 돌보기 위해 '시간 은행'이라는 혁신적인 신용 화폐와 디지털 앱을 실험하기도 한다. 이런 쾌락에 비해, 소비 자본주의가 제공하는 재미는 시시하고 하찮은 것이다.

체제를 바꾸는 것이 중요하지만 새롭게 구성할 체제의 비전을 만드는 것도 중요하다. 그 비전들은 미세한 틈새 속에서, 지금 여기 이 자리에서 충분히 생산하고 실험할 수 있다. 그 비전은 곧 대안적 세계를 위한 욕망의 교육이 되어야 한다. 절제가 아니라 더 많은 관계와 신뢰의 흘러넘침이 새로운 이야기의 동력이다. 아마도 그 시작은 독방에서 나가 사람들에게 안녕하세요! 손을 흔드는 것일지도 모른다.

기후위기 시대에 춤을 추어라

1995년 5월 14일, 영국 북부의 번화한 쇼핑 지역에 기이한 사건이 벌어졌다. 자동차 두 대가 교차로 한복판에서 부딪혔다. 운전자가 서로를 탓하며 싸우더니 갑자기 망치를 들고 서로의 자동차를 때려부수기 시작했다. 삽시간에 군중이 자동차 주위로 모여들었다. 그 순간, 어디선가 레이브 음악이 광광 울렸다. 자전거 페달링으로 생성된 전기로 구동되는 음향 시설에서 흘러나온 소리였다. 그게 신호탄이었다. 수백 명의 사람들이 거리를 점령하고 춤판을 벌였다. 파티는 다음 날까지 이어졌는데 각자 준비해온 음식을 꺼내 나눠 먹었다. 음악과 춤, 음식과 정치적 구호가 남실대는 점거 시위였다.

"거리를 되찾아라(Reclaim the Street)." 이른바 RTS 운동. 미리 계획된 퍼포먼스였다. 폐차 직전의 중고 자동차를 구입해 교통사고를 가장해 거리에 바리케이드를 치고 연극적 퍼포먼스를 벌인 것이다. 일반적인 집회 공지 방식이 아니라 서로 은밀히 장소와 시간을 공유한 다음, 일시에 거리를 장악했다. 자동차 운전자도, 구경꾼도, 밤새 거리 파티를 벌인 수백 명도 모두 RTS 회원들이었다. 그들이 시민들에게 나눠준 전단에는 이렇게 적혀 있었다.

"도보와 자전거를 위하여, 저렴하거나 무상화된 대중교통을 위하여, 그리고 자동차와 자동차만을 위해 존재하는 도로들을 반대하기 위하여."

1990년대의 독보적인 이 직접 운동은 신자유주의 교통 프로그램에 대한 저항으로부터 시작됐다. 1991년 고속도로 확장에 반대하는 점거 시위가 그 출발이었다. 머레이 북친Murray Bookchin의 사회생태론과 상황주의(Situationalism)에 영향을 받은 일단의 활동가들이 신자유주의적 난개발에 진저리를 치던 시민들의 분노를 점화시켰는데, 고속도로 확장과 공항 건설에 반대하며 도시 외곽에서 소규모로 시위를 벌이는 형태가 주를 이루었다. 그러다가 1994년부터는 도로를 사유화하는 자동차를 추방하고 도심을 사람에게 다시 돌려주자는 공유지 운동으로 확대되었다. 팸플릿에는 이렇게 적시돼 있다.

"도시의 길은 공유지임에도 불구하고, 산업과 권력 브로커들에 의해 상업과 소비를 위한 단순한 통로가 되었습니다. 물론 그 경제적 영웅은 자동차입니다. 자동차는 국가와 자본주의가 만들어낸 사회적-생태적 악몽의 상징이자 증상입니다. 개인의 자유를 약속하지만 결국 모두에게 소음, 파괴, 공해를 가져다줍니다."[1]

RTS 운동은 자동차와 대중교통 등 이동수단 문제에 국한되지 않고, 여성들이 안전하게 걸을 수 있고 LGBTQ도 평등하게 거리를 공유할 수 있는 젠더 평등의 관점으로 확장됐을 뿐만 아니라 노동운동과도 접점을 넓혀갔다. 1995년에는 리버풀의 해고된 항만 노동자들과 연대 시위를 벌이는가 하면, 1997년에는 '사회정의를 위한 행진'을 조직해 전통적 좌파 활동가들과 1만 명이 운집하는 거리 축제를 개최하기도 했다.[2]

시위의 형식을 축제로 구성한 것이 RTS 운동의 독특한 면모다. 상상력과 저항의 스펙터클로 지배 질서를 전복하고자 했던 상황주의의 해방 전략을 중요 지침으로 삼은 터였다. 2톤의 모래를 도로에 쏟아 아이들의 놀이터로 만드는가 하면, 당시 금지되었던 레이브 파티를 열거나 아스팔트를 뚫고 나무를 심는 등 시위가 일어나는 순간마다 춤과 노래가 흘렀다. "보도블록 아래, 해변(Sous les pavés, la plage)"이라는 슬로건이 이를 잘 보여준다. 이 문구는 1968년 프랑스 혁명 당시 사용된 주요 슬로건 중 하나이자 상황주의자들의 열띤 구호였다. 지배 질서 아래에 자연, 휴식, 진짜 삶이 있다는 뜻이다. 바리케이드를 치고 투쟁을 벌일 때 보도블록을 뜯어내야 하는데, 그 아래에는 모래가 있다. 모래는 해변으로 이어진다. 태양이 쏟아지고 바다가 춤을 추는 모래 해변은 영원이 거처하는 장소이기도 하다. 자연과 휴식 그리고 유토피아가 깃든 곳이다. 그러니까 생태적 반란을 통해 삭막한 콘크리트 도시 아래 눌려 있는 해변의 유토피아를 탈환하자는 이야기다. RTS의 창립자 중 한 명이자 이 운동의 형식을 디자인한 존 조던John Jordan은 도시의 거리가 이윤보다 사람을, 경제보다 생태를 우선시하는 시스템이 될 수 있는 비전을 예시하기 위해서 '상상의 세계'를 펼쳐야 한다고 주장했다. 아스팔트, 심지어 활주로에 드릴로 구멍을 뚫고 나무를 심는 행위는 기존의 상상계를 뒤집는 반역의 상상이 있기에 가능한 퍼포먼스였다. RTS의 이러한 방식은 시애틀 반세계화 시위에도 많은 영향을 끼쳤고, 최근에는 멸종 반란에까지 그 여파가 이어지고 있다.

존 조던은 '저항과 대안은 사회운동의 두 DNA'라고 주장한다. 저항도 중요하지만, 새로운 세계를 상상하고 대안의 그림을 그리는 데 두려워하지 말자는 것이다. 그에게 춤은 소비주의와 자본주의에서 벗어나 다른 세상을 여는 몸짓으로 체현된다. 하지만 이렇게 시위와 정치적 메시지를 심미화하는 데 주력하면 과연 다른 세상이 열릴까 싶은 의구심이 자연 고개를 든다. 실제로 RTS 운동은 2000년 5월 런던 국회의사당 광장 점거 이후 거의 소멸되다시피 했다. 그리고 RTS의 심미적 시위 형식을 답습한 멸종 반란의 경우에도 화려한 코스튬와 춤사위들이 그것 자체로 물신화된 행위로 전시된다는 인상을 지울 수 없다. 그리고자 하는 다른 세계가 그저 도덕적 명분으로 가득 찬 세계라면 그 춤은 충분히 저항적이지도 대안적이지도 않다. RTS 운동은 도시 공유지 운동을 천명하고 지금까지도 상상력과 영감을 나눠주는 1990년대의 중요한 역사적 장면이지만, 어떤 세계로 이행해야 하는지, 또 그것을 위해 어떻게 운동을 조직해야 하는지 미처 다 서술되지 못한 미완의 편지와도 같다.

사회운동의 DNA는 과연 저항과 대안으로만 구성된 걸까? 왜 '조직'이 빠져 있는 걸까? 정작 기후-생태 위기를 벗어나 구축하려는 다른 세계에 대한 상을 그리지 못해 그런 건 아니었을까? 반자본주의적이고 급진적 수사가 넘쳐났음에도 RTS 운동은 '탈계급적 환경운동', '백인 중산층의 낭만주의'와 같은 비판을 들어야 했고, 이는 충분히 납득할 만한 것이다. RTS 운동의 자본주의 비판이 계급 분석이 거의 부재한 데다 어떤 종류의 심층적 분석에도 기반을 두지 못한 게 사실이다. 체제 전환에 대한 상을 그리지 못한 건 당연한 수순이었다. 그것이 낭만적 저항과 신비적 대안은 있을지언정, 어떻게, 누구와 함께 춤을 출 것인지 조직상이 빠진 이유다. 오늘날 도덕의 진창에 빠진 멸종 반란의 한계를 앞서 답습한 것이다. 질병을 정확히 진단해야 치유를 할 수 있는 법이다. 생태사회주의든 탈성장이든, 자본주의 체제를 명확하게 분석하고 이에 근거해 치유법을 설계해야 비로소 대안이 창출되고 저항과 조직의 지도가 그려질 수 있다. 사회운동, 그러니까 기후운동은 저항과 대안 못지않게 차가운 분석과 뜨거운 조직 과정도 필요로 한다.

그래야 춤이 만개할 수 있다. 한계에도 불구하고, RTS 운동이 도시 한복판에서 전개한 저항으로서의 춤은 우리에게 중요한 지점을 환기시킨다. 사회운동의 동력원이 바로 춤이라는 사실 말이다. 아프리카에서 라틴 아메리카에 이르기까지, 세계 어느 곳을 막론하고 저항이 있는 곳에 춤이 존재한다. 왜 그럴까? 자동차는 춤을 추지 못한다. 자본은 춤을 추지 못한다. 또 영국 신자유주의 정치인들이 야외 레이브 파티를 금지했던 것처럼 지배 권력은 춤을 추지 않는다. 오로지 인간이, 그리고 동물을 비롯한 자연의 피조물만이 춤을 춘다. 춤은 죽은 자가 아니라 산 자의 노래인 까닭이다. 그것 자체가 생명의 증언이기 때문이다. 기후위기란 결국 춤을 추지 못하는 것들, 죽은 것들, 자본과 권력이 세계를 지배하면서 발생한 궁극의 비상사태다. 자동차와 자본 기계는 땅속의 죽은 화석연료를 동력원으로 사용하지만 살아 있는 것들은 춤을 동력원으로 사용한다. 바람의 파동에 몸을 맡기는 풀잎들, 짝짓기 춤을 추는 동물들, 그리고 태곳적부터 언제나 춤을 춰왔던 인간들에 이르기까지 지구는 애초에 춤의 행성이다. 생명체의 원초적인 리듬이자, 타자와 맺는 교감과 결속의 언어이며, 삶의 장소에 뿌리를 내리는 영역 표시로서의 춤이 만개한 행성이다.

자본주의는 '시간'에 정박된 시스템이다. 식민 지배를 위해 지도제작술과 나침반이 등장했고, 노동자의 노동시간을 정량화하기 위해 도시 첨탑에 대형 시계를 내걸었다. 축적의 시간을 위해 장소를 화폐로 추상화하는 시스템이 곧 자본주의다. 자연과 인간이 뿌리를 내리고 살아가는 구체적 장소는 자본에게 아무 의미가 없다. 삶의 구체와 풍요로움은 돈벌이에 방해가 될 뿐이다. 따라서 자본주의에 대척하는 모든 저항은 '장소'를 되찾으려는 운동이다. 삽과 괭이를 들고 언덕 위에 나타났던 영국의 디거스, 멕시코 사파티스타, 무토지 농민운동, 남아프리카공화국의 판잣집 거주자 운동, 자주관리를 위한 노동자의 공장 점거는 물론이고 글로벌 자본의 추출주의에 대항해 숲과 강을 지키는 선주민들에서부터 RTS를 비롯한 북반구의 무수한 공유지 운동에 이르기까지 대부분의 모든 저항은 장소를 탈환하려는 운동이다. 그 장소에 다시 구체의 살과 뼈를 붙이고, 생존을 위해 그곳에 뿌리를 내리며, 생명을 약탈하는 교환 관계를 협력과 상생의 공동체적 관계로 다시 전환하려는 투쟁이 끊임없이 전개되는 것이다. 그리고 이 모든 저항의 장소에 어김없이 춤이 등장한다. 중력을 반동 삼아 장소를 전유하려는 몸짓이기 때문이다. 서로를 견고하게 연결하기 위함이다. 죽은 것들에 대항해 새로운 것들을 창조하기 위해서다.

마찬가지로 초유의 행성 위기를 극복하기 위해서는 지구를 탈자본화해야 한다. 지구를 지배하는 죽은 자들의 권력을 파묻고, 인류의 유일한 원천인 이 지구를 인간과 자연의 공유지로 다시 재영토화하는 것이 목표가 되어야 한다. 춤을 출 수 없다면 그곳은 이미 죽은 행성이다.

에필로그를 쓰는 이 시점에도 미국의 조 바이든 행정부는 춤을 진압하고 있다. 컬럼비아 대학을 비롯해 미국의 여러 대학교들에서 학생들이 팔레스타인과의 연대를 주창하며 캠퍼스에 텐트 농성을 벌이고 손을 맞잡은 채 춤을 추자, 경찰을 보내 2천 명이 넘는 학생들을 체포하는 만행을 저지르고 있다. 베트남 반전 시위 때처럼 학생들이 경찰들에게 폭력을 당하고 질질 끌려나가는 장면이 전 세계에 충격을 줬다. 학생들이 한 거라곤 정말로 캠퍼스 안에서 평화와 연대를 노래하며 춤을 추는 것뿐이었다. 평소엔 입 아프게 표현의 자유, 시민권, 인권, 민주주의를 말하다가도 그것이 서구 헤게모니와 자본 축적의 목표와 충돌하면 스스로 재빨리 폐기해버리는 이 위악과 위선은 실로 한없이 투명한 권력의지의 소산이다.

이 책 역시 결국 이러한 위선에 대한 것이다. 절체절명의 비상사태가 다가왔다고, 그래서 힘을 모아야 한다고 주야장천 말하지만, 이윤 축적과 제국의 헤게모니를 위해 끊임없이 시간을 지연시킨 채 팔레스타인 제노사이드와 마찬가지로 기후위기 최전선 주체들의 대량학살을 방조하는 그 위선을 들춰내는 것이 이 책의 요점이다. 탄소 상쇄와 마법의 기술 장치로 위기를 극복할 수 있다고 주장하는 녹색 자본주의, 위기에 대한 책임을 개인과 인간에게 떠넘기는 자유주의 이념, 세계가 붕괴되더라도 모래 속에 머리를 파묻은 채 제 잇속 챙기기에 바쁜 이기주의자에게 지구 우주선의 운전을 맡겨놓았다가는 파괴적인 불시착으로 귀결될 수밖에 없다. 그 피해는 고스란히 자원과 인프라가 부족한 약자들, 그리고 무수한 비인간 존재들에게 떠넘겨지게 된다.

기후비상사태보다 더 위기를 가중시키는 게 바로 이러한 위선들이다. 사실상 기후비상사태는 자본주의가 야기한 비상사태들이 누적되어 발현된 총체적 위기다. 우리의 자유주의자들은 파국과 종말을 판매하기 위해 지구에 비상사태가 들이닥쳤다고 외치지만, 일자리를 잃고 삶이 무너져내린 노동자들에게는 이미 비상사태가 도래한 지 오래다. 자유무역과 세계화에 의해 초토화된 채 노인들의 지팡이 소리를 따라 가뭇없이 소멸되는 농촌의 비상사태는 오래된 비상사태다. 자원 추출 때문에 고향에서 쫓겨난 채 자신들의 숲이 쓰러지는 걸 목도하는 선주민들에게 비상사태는 15세기 말부터 이어져온 것이다. 토지를 강탈하기 위해 오늘도 마녀사냥을 당하는 아프리카의 여성들에게 통한의 종말은 이미 진즉에 당도한 현실이다. 물 뜨러 가는 길에 성폭력에 노출되는 아프리카 소녀들에게 비상사태는 일상의 위기다. 그리고 단일 재배 시스템과 남벌로 인해 소리 소문 없이 지구에서의 마지막 숨을 토해내며 멸종되는 벌과 새와 양서류 같은 비인간 존재들에게 비상사태는 이미 시작된 파국이다. 발터 베냐민Walter Benjamin이 말한 바와 같이, 억압받는 자들에게 비상사태는 상례다.

"억압받는 자들의 전통은 우리가 그 속에서 살고 있는 비상사태(예외상태)가 상례임을 가르쳐준다. 우리는 이에 상응하는 역사의 개념에 도달하지 않으면 안 된다. 그렇게 되면 진정한 비상사태를 도래시키는 것이 우리의 과제로 떠오를 것이다. 그리고 그로써 파시즘에 대항한 투쟁에서 우리의 입지가 개선될 것이다. 파시즘이 승산이 있는 이유는 무엇보다 그 적들이 역사적 규범으로서의 진보의 이름으로 그 파시즘에 대항하기 때문이다."[3]

여기에서 '진정한 비상사태'는 민중의 각성이다. 왜냐하면 민중의 각성과 조직이야말로 지배 세력에게는 가장 끔찍한 비상사태이기 때문이다. 베냐민은 각성한 민중들이 역사의 방향타를 움켜쥐어야만 파시즘과의 투쟁에서 이길 거라고 내다봤다. 반면에 '역사적 규범으로서의 진보'가 파시즘과 대항하면 결국에 파시즘이 승리한다고 지적한다. 베냐민의 이 역사 테제는 당시 통속적인 마르크스주의자들을 비판하기 위해 쓰였다. 지배 이데올로기, 단선적 역사관, 성장주의를 내면화한 통속적인 진보는 파시즘과의 싸움에서 승산이 없다. 그리고 오늘날 기후비상사태 속에서 녹색 자본주와 자유주의의 전략 역시, 지구 도처에 창궐하는 파시즘과의 싸움에서 승산이 없다. 파시즘은 바로 그 위선들을 먹어치우며 성장하기 때문이다.

진정한 비상사태를 도래시키는 길은 지구 우주선의 진로를 자본주의가 아니라 다른 체제로 변침시키는 것이다. 민중이 방향타를 움켜쥐고 자신의 운명을 스스로 결정짓는 것이다. 물론 지난한 일이다. 말처럼 쉬운 길이 아니라는 건 당신과 나도 잘 알고 있다. 그래도 결정적 희소식이 하나 있다면, 지구가 딱 한 개뿐이라는 사실이다. 우리가 살아왔고 앞으로도 살아가야 할 지구가 유일하고 유한하다는 사실만큼 자명한 반격의 명분도 없을 것이다. 우리는 일론 머스크처럼 지구 밖으로 도망갈 우주선도 없고, 마크 저커버그처럼 하와이의 초호화 벙커도 없다. 심지어 1만 년 가까이 인류에게 넉넉히 품을 내주어왔던 지구의 홀로세가 붕괴하고 막 잠에서 깨어나 포효하는 자연의 거인들이 파시즘의 편에 설지, 민중의 편에 설지 알지 못한다.

다만 한 가지, 인간 존재의 근원적 조건인 지구, 인류를 잉태하고 양육해온 이 푸른 대지와 바다의 곁에서 급진적 풍요를 함께 공유하는 조화로운 체제를 건설할 절호의 기회이자 마지막 기회를 우리가 맞이하게 되었다는 것이다. 우리에겐 퇴각할 다른 행성이 없다. 더 이상 물러날 벼랑도, 퇴로도 없다. 절망인가? 아니다. 오히려 그렇기에 반격이 가능하다. 희망은 '반드시 지켜야 할 것'의 염원에서 배양되기 때문이다. '물러설 수 없음'의 용수철에서 튕겨져나온 총알이기 때문이다.

유토피아에 대한 열망이 없는 행성은 죽은 행성이다. 이야기를 나누고, 분석하고, 저항하고, 상상하고, 서로를 조직하는 것. 끊임없이 장소를 찾아 나비처럼 모여들어 춤을 추는 것. 거기에 답이 있다고 믿는다.

1장 물 뜨는 여자들과 유칼립투스

1 Collecting water is often a colossal waste of time for women and girls, UNICEF, Aug 29, 2016.

2 António Guterres, Secretary-General's remarks to the Security Council, Feb 23, 2021.

3 Kate Sims, Education, Girls' Education and Climate Change, Education Development Trust, Mar 2021.

4 A greener, fairer future: Why leaders need to invest in climate and girls' education, Malala Fund, Mar 2021.

5 5 reasons why water is a women's issue, Concern Worldwide, Mar 7, 2022.

6 Desai, Bharat H and Mandal, Moumitab, Role of Climate Change in Exacerbating Sexual and Gender-Based Violence against Women: A New Challenge for International Law, Environmental Policy and Law, vol. 51, no. 3, 137~157, Jul 15, 2021.

7 Manon Verchot, Indrani Basu, Joanna Plucinska, Between The Dark Seas And Living Hell, Earth Journalism, Jul 1, 2016.

8 Romina Sta. Clara, Taskforce Yolanda combats human trafficking in post-typhoon Philippines, International Organization for Migration, Feb 18, 2014.

9 Nellemann, C., Verma, R., and Hislop, L., Women at the frontline of climate change: Gender risks and hopes, United Nations Environment Programme, Nov 18, 2023.

10 Salem Solomon, Food Insecurity, Poverty Force Kenyan Girls Into 'Survival

Sex', VOA news, Aug 21, 2017.

11 Samuel Webb, Climate crisis forcing Zimbabwean women and children into prostitution, Independent, Feb 15, 2022.

12 Koo, Jawoo – Azzarri et al., Effectively targeting climate investments: A methodology for mapping climate–agriculture–gender inequality hotspots, CGIAR – Research Programs and Platforms, 2022.

13 Carol S Camlin, Zachary A Kwena, Shari L Dworkin, Jaboya vs. jakambi: Status, negotiation, and HIV risks among female migrants in the "sex for fish" economy in Nyanza Province, Kenya, AIDS Educ Prev, Jul 22, 2013.

14 Kathryn Fiorella et al., Transactional Fish-for-Sex Relationships Amid Declining Fish Access in Kenya, World Development Vol. 74, 2015, p. 323~332.

15 Rebecca Davis, Marc Silver, No Sex For Fish: How Women In A Fishing Village Are Fighting For Power, NPR, Dec 26, 2019.

16 Robyn Molyneaux et al., Interpersonal violence and mental health outcomes following disaster, BJPsych Open, 2020.

17 Adolph Reed Jr., Michael Francis, Steve Striffler, Hurricane Katrina and Bernie Sanders: From Neoliberal Disaster to 'Political Revolution', Common Dreams, Aug 29, 2015.

18 Andrew B. Shears, Hurricane Katrina and New Orleans: Discursive Spaces of Safety and Resulting Environmental Injustice, Kent State University, Aug 2011.

19 'Never seen climate carnage' like Pakistan floods, says UN chief, Al Jazeera, Sep 10, 2022.

20 Tooba Syed, Pakistan's devastating floods: A historical legacy, Liberation, Oct 20, 2022.

21 Dr Daniel Haines, Is Pakistan's water sector still trapped by colonial legacies?, The Centre for Strategic and Contemporary Research, October 12, 2023.

22 Ali Nobil Ahmad, Infrastructure, Development, and Displacement in Pakistan's "Southern Punjab", Antipode Volume 54, Issue 5, Feb 20, 2022.

23 John P. Rafferty, Libya flooding of 2023, Britannica.

24 Karin Laub, NATO ends victorious 7 month Libya campaign, AP, Nov 1, 2011.

25 Jonathan Cook, Why the media aren't telling the whole story of Libya's floods, Declassified UK, Sep 15, 2023.

26 Hèla Yousfi, The Derna Tragedy: A Natural or Imperialist Disaster?, Jadaliyya, Feb 16, 2024.

27 Brian Williams, Colonial rule and capitalist plunder are behind Libya flood catastrophe, The Militant, Oct 16, 2023.

28 Patrick Martin, US imperialist hypocrisy and the Libyan flood, World Socialist Web Site, Sep 17, 2023.

29 Invasive Grasses in Hawaii and their Impacts, Hawaii Invasive Species Council.

30 Sophie Kevany, Non-native grass species blamed for ferocity of Hawaii wildfires, The Guardian, Aug 16, 2023.

31 Henry Carnell, How Colonialism Contributed to the Maui Wildfires, Mother Jones, Aug 11, 2023.

32 Anna Skinner, Maui Wildfire Blamed on 'Colonial Greed', Newsweek, Aug 13, 2023.

33 ibid.

34 Naomi Klein and Kapua'ala Sproat, Why was there no water to fight the fire in Maui?, The Guardian, 17 Aug 17, 2023.

35 Danni Button, Hawaii wildfire survivors are already getting calls from opportunistic land developers, The Street, Aug 14, 2023.

36 강영진, 국제지질학연합, 지구역사에 인류세 도입 않기로 최종 결정, 뉴시스, 2024년 3월 21일.

37 IPCC Sixth Assessment Report, Working Group III: Mitigation of Climate Change.

38 Mark Bonta et al., Intentional Fire-Spreading by "Firehawk" Raptors in Northern Australia, Journal of Ethnobiology, VOL 37. NO. 4, Dec 1, 2017.

39 Kylie Stevenson, How Australia's Aboriginal people fight fire—with fire, National Geographic, Apr 8, 2022.

40 Gary Nunn, Australia fires: Aboriginal planners say the bush 'needs to burn', BBC, Jan 13, 2020.

41 Andrew Brownbill, World-first research confirms Australia's forests became catastrophic fire risk after British invasion, The Conversation, Feb 15, 2022.

42 Gary Nunn, ibid.

43 Kylie Stevenson, ibid.

44 Wendy Stueck, Wildfires could be triple Canada's industrial emissions. But they're excluded from the official carbon tally, The Globe and Mail, Dec 1, 2023.

45 Daniel Capurro, Canada fires: How colonialism, logging and climate change are making the wildfires worse, inews, Aug 20, 2023.

46 Sara Wickham, Andrew Trant, Emma Davis, Kira Hoffman, How Indigenous burning practices can help curb the biodiversity crisis, The Conversation, Aug 8, 2021.

47 Piotr Kozak, Did Pinochet-era deregulation cause Chile's worst-ever wildfires?, The Guardian, Mar 3, 2017.

48 Stefan Schmalz, Jakob Graf, Dasten Julián-Vejar, Johanna Sittel & Cristian Alister Sanhueza, Challenging the three faces of extractivism: the Mapuche struggle and the forestry industry in Chile, Informa UK Limited, trading as Taylor & Francis Group, 2022.

49 Despite known coastal cooling trend, risk of deadly wildfires in central Chile increasing with changing land management in a warming climate, World Weather Attribution, February 22, 2024.

50 Brett M. Bennett, The El Dorado of Forestry: The Eucalyptus in India, South Africa, and Thailand, 1850~2000, Cambridge University Press, Dec 1, 2010.

51 ibid.

52 Philip Owen, South Africa: Death by Eucalyptus Monocultures, World Rainforest Movement, Sep 24, 2020.

53 Bonnie L. Grant, Eucalyptus Fire Hazards: Are Eucalyptus Trees Flammable, Gardening Know How, Dec 29, 2022.

54 Cara Tabachnick, Amid record heat, Spain sees goats as a solution to wildfires, Aug 10, 2023.

55 Juan Gonzalez, Chile's firefighting goats protect a native forest from deadly blazes, Reuters, May 15, 2023.

56 Oliver Munnion, Fire and Plantations in Portugal, Science for the People.

57 Rising from the Ashes: Rural Communities in Portugal's Fiery Landscapes, Enviro Society, Aug 2, 2022.

58 ibid.

59 Steve Taylor and Orin Langelleand, Profit Trumps people and planet in Brazil's eucalyptus industry, Movimento Sem Terra, Aug 31, 2023.

60 ibid.

61 Shanna Hanbury, U.S. conservation investment routed to eucalyptus expansion in Brazil's Cerrado, Mongabay, Jun 6, 2023.

62 김광수, 포스코 재무구조 개선 본격화, 한국경제, 2014년 7월 17일.

63 WRM Bulletin, Ghana: Eucalyptus plantations for producing energy, World Rainforest Movement, Mar 5, 2020.

64 Ben Lorber, Israel's Environmental Colonialism and Ecoapartheid, Socialist Project, Jun 15, 2018.

65 Mazin B. Qumsiyeh and Mohammed A. Abusarhan, An Environmental Nakba: The Palestinian Environment Under Israeli Colonization Science for the People, Science for the People Magazine, Science Under Occupation, Volume 23, number 1.

66 Léopold Lambert, Forests on Fire: The Political History of Pine Trees in Palestinian, The Funambulist Magazine, Nov 27, 2016.

67 Stelios Foteinopoulos, How Austerity Helped to Ignite Greece's Historic Wildfires, Tribunemag, Aug 13, 2021.

68 Erdoğan admits Turkey doesn't own single firefighting plane to battle flames, Duvar English, Jul 30, 2021.

69 Jared A. Brock, As California wildfires raged, incarcerated exploited for labor, USA TODAY, Nov 11, 2020.

70 The Case for Letting Malibu Burn, Longreads, Dec 4, 2018. 재인용.

71 Andreas Malm, Fossil Capital: The Rise of Steam Power and the Roots of Global Warming, 2016. [화석 자본, 위대한 옮김, 두번째테제, 2023], 425~430쪽.

72 Timothy Mitchell, Carbon Democracy: Political Power in the Age of Oil, 2011. [탄소 민주주의, 에너지기후정책연구소 옮김, 생각비행, 2017], 52쪽.

73 T. W. Crowther et al., Mapping tree density at a global scale, Nature volume 525, pages 201~205, 2015.

74 McKenzie Sadeghi, Fact check: A 1912 article about burning coal and climate change is authentic, USA TODAY, Aug 14, 2021.

75 Benjamin Franta, What Big Oil knew about climate change in 1959, GreenBiz, Nov 3, 2021.

76 Oliver Milman, Revealed: Exxon made 'breathtakingly' accurate climate predictions in 1970s and 80s, The Guardian, Jan 12, 2023.

77 James Plested, Thirty years of failure on climate: How did it come to this?, Red Flag, Dec 27, 2023.

78 CO_2 Emissions in 2023, IEA 웹사이트 참조.

79 Ajeyo Basu, Global Warming: 2023 breaks heat record; warmest in 100,000 years, Firstpost, Jan 9, 2024.

80 Graham Readfearn, 'Something weird is going on': search for answers as Antarctic sea ice stays at historic lows, The Guardian, Jul 29, 2023.

81 Gloria Dickie, 'More likely than not' world will soon see 1.5 degrees Celsius of warming, World Meteorlogical Organization says, Reuters, May 18, 2023.

82 Gabrielle Canon, Earth is on track to exceed 1.5C warming in the next decade, study using AI finds, The Guardian, Jan 30, 2023.

83 Carbon dioxide now more than 50% higher than pre-industrial levels,

NOAA, Jun 3, 2022.

84 Timothy Mitchell, p. 364 - 365.

85 NOAA, ibid.

86 Mark Sweney, World's largest oil companies have made $281bn profit since invasion of Ukraine, The Guardian, Feb 19, 2024.

87 Marco Turco et al., Anthropogenic climate change impacts exacerbate summer forest fires in California, University of California, Sep 2, 2022.

88 James Lovelock, Speech to the International Conference in Paris, 21~22 March 2005, James Lovelock 공식 웹사이트 참조.

89 Steven Poole, Novacene by James Lovelock review – a big welcome for the AI takeover, The Guardian, Jun 27, 2019.

90 Alejandro de la Garza, Why Billionaires are Obsessed With Blocking Out the Sun, TIME, Feb 24, 2023.

2장 기후위기의 심리학

1 Christopher Roosen, From the Titanic to Climate Change – How Normalcy Bias Causes Us To Deny Disaster, Christopherroosen.com, Jan 19, 2020.

2 Amanda Ripley, How to Get Out Alive, TIME, Apr 25, 2005.

3 Shunji Mikami & Ken'icbi Ikeda, Human Response to Disasters, SAGE Journals, 1985.

4 John Leach, Why People 'Freeze' in an Emergency: Temporal and Cognitive Constraints on Survival Responses, Aviation, Space, and Environmental Medicine, Vol.75, No.6, June 2004.

5 Gabriela Corrêa, Normality bias, Jul 23, 2020.

6 Christopher Roosen, From the Titanic to Climate Change – How Normalcy Bias Causes Us To Deny Disaster, Christopherroosen.com, Jan 19, 2020.

7 Survivalist, What is Normalcy Bias?, Medium, Jan 17, 2019.

8 George Marshall, Don't Even Think About It, 2014 [조지 마셜, 기후변화의 심

리학, 이은경 옮김 갈마바람, 2019], 74쪽 재인용.

9 Carl Ross, Covid-19 Pandemic from a "Normalcy Bias" Approach, School of Nursing and Health Sciences, Robert Morris University, May 4, 2020.

10 Matthew Wilburn King, How brain biases prevent climate action, BBC, Mar 8, 2019.

11 Colin Schultz, Meet the Money Behind The Climate Denial Movement, Smithsonian Magazine, Dec 23, 2013.

12 Lauren Sforza, Wyoming lawmakers propose ban on electric vehicle sales, The Hill, Jan 16, 2023.

13 Ashley Braun, What Happens When Climate Change Denialism and Wildfires Collide, Slate, Oct 6, 2020.

14 Blaming Kurds for Turkey's wildfires 'special warfare smear'–KCK, Aug 4, 2021.

15 Lynch mobs spread fear in Turkey's southwest as wildfires rage on, Ahval, Aug 05, 2021.

16 Greeks Think Wildfires Arson, Wind Turbine Conspiracy, National Herald, June 28, 2022.

17 83% of Greeks believe that tackling climate change and its consequences is the biggest challenge of the 21st century, European Investment Bank, NOV 11, 2021.

18 Canada wildfires spark 'ecoterrorist' conspiracy theory, France 24, Sep 6, 2023.

19 Algeria issues death sentences over wildfire killing, Nov 25, 2022.

20 Young People's Voices on Climate Anxiety, Government Betrayal and Moral Injury: A Global Phenomenon, The Lancet, Sep 7, 2021.

21 Mental health and Climate Change: Policy Brief, WHO, Jun 3, 2022.

22 El Atillah, Man ends his life after an AI chatbot 'encouraged' him to sacrifice himself to stop climate change, Euronews, Mar 31, 2023.

22 Lisa Martine Jenkins, 1 in 4 Childless Adults Say Climate Change Has Factored Into Their Reproductive Decisions, Morning Consult, Sept 28, 2020.

23 31개국 글로벌 조사 10명 중 4명 "기후위기 탓, 아기 안 가져"…한국 2위, 비건뉴스, 2022년 9월 28일.

24 Kellie Scott, How climate change is impacting people's decision to have kids in different ways, ABC Everyday, Dec 14, 2022.

25 Ayana Elizabeth Johnson and Katharine K. Wilkinson, All We Can Save, 2020. [우리가 구할 수 있는 모든 것, 김현우 외 옮김, 나름북스, 2022], 367쪽.

26 Isobel Sharpe and Colleen M. Davison, A Scoping Review of Climate Change, Climate-Related Disasters, and Mental Disorders among Children in Low-and Middle-Income Countries, Int J Environ Res Public Health, Mar 2, 2022.

27 Betty S. Lai and Annette M. La Greca, Trajectories of Posttraumatic Stress in Youths After Natural Disasters, JAMA Netw, Feb 15, 2021.

28 Ayana Elizabeth Johnson and Katharine K. Wilkinson, 2020, ibid., p. 367.

29 ibid., p. 372.

30 Glenn Albrecht et al., Solastalgia: The Distress Caused by Environmental Change, Australas Psychiatry, 2007.

31 Indigenous Islanders win UN climate case against Australia — opening the door for others, CBC Radio, Sep 28, 2022.

32 Majority across 34 countries describe effects of climate change in their community as severe, Ipsos, Sep 15, 2022.

33 Bruce Stokes, The U.S. isn't the only nation with big partisan divides on climate change, Pew Research Center, Nov 6, 2015.

34 30. Majority across 34 countries describe effects of climate change in their community as severe, Ipsos, Sep 15, 2022.

35 Rupert Read, Emergency talk, The Guardian, Nov 13, 2007.

36 Jen Christensen, Is it climate change or global warming? How science and a secret memo shaped the answer, CNN, Mar 2, 2019.

37 Tien Ming Lee, Ezra M. Markowitz, Peter D. Howe, Chia-Ying Ko & Anthony A. Leiserowitz, Predictors of public climate change awareness and risk perception around the world, Nature Climate Change volume 5, July 27,

2015.

38 Sarah Sunn Bush, Aanda Clayton, Facing Change: Gender and Climate Change Attitudes Worldwide, Cambridge University Press, Aug 1, 2022.

39 ibid.

40 Damian Carrington, Men cause more climate emissions than women, study finds, The Guardian, Jul 21, 2021.

41 Sarah Sunn Bush, Aanda Clayton, ibid.

42 조지 마셜, 기후변화의 심리학, 이은경 옮김, 갈마바람, 2019], 328쪽.

43 Laura Cozzi, Apostolos Petropoulos, Growing preference for SUVs challenges emissions reductions in passenger car market, IEA, Oct 15, 2019.

44 David Zipper, The blatant greenwashing of SUVs, Fastcompany, Feb 27, 2023.

45 Laura Cozzi, Apostolos Petropoulos, ibid.

46 양성운, 국내 자동차 시장 SUV 인기 여전…단순 크기보다 라이프 스타일 초점, 메트로신문, 2022년 10월 16일.

47 SUVs boost German car sales in February 2023, Economictimes, Mar 5, 2023.

48 Allie Jaynes, Driver safety 'arms race' fuelling boom in gas-guzzling SUVs, says journalist, CBC, Nov 1, 2019.

49 David Zipper, When we count on vehicle size to protect us in a crash, what do we expect to happen?, SLATE, Nov 7, 2022.

50 Ulrich Brand, Markus Wissen, Imperiale Lebensweise, 2017. [제국적 생활양식을 넘어서, 이신철 옮김, 에코리브르, 2020], 161쪽.

51 Michel Rose, Bike-friendly Paris votes to triple parking fees for SUVs, Reuters, Feb 5, 2024.

52 위키피디아, Apres moi, le deluge 항목 인용.

53 Tom Petruno, Karl Marx may have been prescient, but not that prescient, Los Angeles Times, Feb 11, 2009. 재인용.

54 Tracy McNicoll, 'End of the world' vs. 'end of the month': Macron walks tightrope amid fuel tax protests, France 24, Nov 27, 2018.

55 Becky Little, The Native American Government That Helped Inspire the US Constitution, HISTORY, A&E Television Networks, Jul 12, 2023.

56 Sally Roesch Wagner, How Native American Women Inspired the Women's Rights Movement, National Park Service.

57 Vern Morrissette and Gabriel RÈgallet, Our Responsibility to The Seventh, International Institute for Sustainable Development, Winnipeg, 1992.

3장 이메일을 지우면 산불이 꺼질까?

1 이진우 外, 1인당 탄소배출 2배 많은 한국… 탄소중립 충격 선진국 중 가장 커, 매일경제, 2022년 3월 22일.

2 The carbon footprint of the internet: what's the environmental impact of being online?, OVO Energy, Feb 7, 2022.

3 ibid.

4 김정수, 기어이 불붙은 '마지막 석탄발전소'…멀어지는 탄소중립, 한겨레, 2022년 12월 1일.

5 Geoffrey Supran and Naomi Oreskes, The forgotten oil ads that told us climate change was nothing, The Guardian, Nov 18, 2021.

6 Mark Kaufman, The carbon footprint sham, Mashable, 2021.

7 BP Ad: Carbon Footprint, 2008. 유튜브 참조.

8 Joe McCarthy, 100 Companies Account for 71% of All Greenhouse Gas Emissions, Global citizen, Jul 11, 2017.

9 David Chandler, Leaving our mark MIT News, Apr 16, 2008.

10 Benjamin Hulac, Tobacco and Oil Industries Used Same Researchers to Sway Public, Scientific American, Jul 20, 2016.

11 Ben Webster, Lucas Amin, PR firm accused of greenwashing big oil is helping organise COP27, openDemocracy, Oct 21, 2022.

12 Lissy C. Friedman et al., Tobacco Industry Use of Personal Responsibility Rhetoric in Public Relations and Litigation: Disguising Freedom to Blame as

Freedom of Choice, Am J Public Health, Feb, 2015.

13 ibid.

14 Geoffrey Supran, Rhetoric and frame analysis of ExxonMobil's climate change communications, Cell, May 13, 2021.

15 Edward-Isaac Dovere, Schwarzenegger to Sue Big Oil for 'First Degree Murder', POLITICO, March 12, 2018.

16 Geoffrey Supran, ibid.

17 ibid.

18 Lucas Chancel, Global carbon inequality over 1990~2019, Nature Sustainability, Sep 29, 2022.

19 Tim Gore, Confronting carbon inequality, The Oxfam report, Sep 21, 2020.

20 이신형, 부자가 가난한 사람보다 훨씬 많은 탄소 배출, ESG 경제, 2023년 2월 24일.

21 이상철, 온실가스 100만톤클럽②] 상위10곳이 국가전체의 46%, 뉴스펭귄, 2023년 2월 17일.

22 Karl Mathiesen, How the far right weaponized heat pumps, POLITICO, Oct 4, 2023.

23 Douglas Mainarchive, Think that your plastic is being recycled? Think again, MIT Technology Review, Oct 12, 2023.

24 Leiserowitz et al., International Public Opinion on Climate Change, Yale Program on Climate Change Communication and Data for Good at Meta, 2022.

25 Kristina Marusic, To Prove Your Company Isn't Greenwashing, Endorse Smart Regulation, Harvard Business Review, Nov 15, 2023.

26 Naomi Klein, This Changes Every Thing, 2014. [이것이 모든 것을 바꾼다, 이순희 옮김, 열린책들, 2016], 292 ~ 299쪽

27 ibid. 300쪽.

28 Alison Benjamin, Stern: Climate change a 'market failure', The Guardian, Nov 29, 2007.

29 Timothy M. Lenton et al, Quantifying the human cost of global warming, Nature Sustainability, May 22, 2023.

30 Planet warming at 'unprecedented rate', study finds, Aljazeera, Jun 8, 2023.

4장 제인 구달이 틀렸다

1 Sophia Tulp, Conservationist Jane Goodall's words on population distorted, AP news, Dec 29, 2022.

2 Jeff Cercone, Jane Goodall's comments about population growth at World Economic Forum show COVID-19 pandemic was planned, POLITIFACT, Jul 27, 2022.

3 Sir David Attenboroug: We Must Act On Population, Population Matters, Oct 5, 2018.

4 Mark Tran, David Attenborough: trying to tackle famine with bags of flour is 'barmy', The Guardian, Sep 18, 2013.

5 Ian Tiseo, Historical CO2 emissions in the United Kingdom 1750~2021, Statista, Mar 9, 2023.

6 Hannah Ritchie, Max Roser and Pablo Rosado, CO_2 and Greenhouse Gas Emissions, OurWorldInData.org, 2020.

7 Doris Dokua Sasu, CO2 emissions in Africa 2021, by country, Statista, Apr 28, 2023.

8 Vivienne Nunis, Ethiopia's economy battered by Tigray war, BBC News, Aug 10, 2021.

9 Most of the world's grain is not eaten by humans, The Economist, Jun 23, 2022.

10 Michael Le Page, Cutting biofuels can help avoid global food shock from Ukraine war, New Scientist, Mar 14, 2022.

11 Reuters Staff, Factbox: 2008 food price crisis—what caused it?, Reuter, Jun 10, 2011.

12 Lilian Gikandi, 10% of all greenhouse gas emissions come from food we throw in the bin, Panda, Jul 21, 2021.

13 David Yaffe-Bellany and Michael Corkery, Dumped milk, smashed eggs and plowed vegetables: Coronavirus pandemic leaves staggering amount of food waste, The New York Times, Apr 13, 2020.

14 Fiona Harvey, Record profits for grain firms amid food crisis prompt calls for windfall tax, The Guardian, Aug 23, 2022.

15 ibid.

16 Nanda Kishore Kannuria and Sushrut Jadhavb, Cultivating distress: cotton, caste and farmer suicides in India, Taylor & Francis Group, Nov 3, 2021.

17 PTI, Women are the single largest exclusion in India's farmer suicides data: P Sainath, The Indian Express, Jan 31, 2020.

18 Mike Davis, Late Victorian Holocausts, 2002. [엘니뇨와 제국주의로 본 빈곤의 역사, 정병선 옮김, 이후, 2008], 479~480쪽.

19 Sarthak Gaurav, Thiagu Ranganathan, Imdadul Halder, Pesticide Usage by Cotton Farmers in India: Changes over a Decade, Economic and Political Weekly, May, 2018.

20 Jo Adetunji, Child slavery in West Africa: understanding cocoa farming is key to ending the practice, The Conversation, Oct 26, 2021.

21 West Africa faces its worst food crisis in ten years, with over 27 million people already suffering from hunger, Oxfam, Apr 4, 2022.

22 Damian Carrington, 'Insect apocalypse' poses risk to all life on Earth, conservationists warn, The Guardian, Nov 13, 2019.

23 Hallmann at al, More than 75 percent decline over 27 years in total flying insect biomass in protected areas, PLOS ONE, Oct 18, 2017.

24 Europe-wide monitoring schemes highlight declines in widespread farmland birds, BirdLife International, 2013.

25 Siobhán Dunphy, Global trend towards a few high-value crop lineages could threaten sustainable agriculture, European Scientist, Feb 6, 2019.

26 Ian Angus, Insect Apocalypse in the Anthropocene, Part 2, Climate and Capitalism, Mar 5, 2023.

27 Marianne Haahr, Spotlight on biodiversity risk in the agriculture sector,

UNEP, Dec 16, 2022.

28 Johannes Hirn, We already grow enough crops to feed an extra 10 billion people, Medium, Nov 28, 2019.

29 Ben Webster, Prince William blames African population pressure for wildlife loss, The Times, Nov 23, 2021.

30 No future without courage, Amnesty International, Nov 2023.

31 Allen Blackman, Peter Veit, Titled Amazon Indigenous Communities Cut Forest Carbon Emissions, Ecological Economics, Volume 153, Nov 2018, Pages 56~67.

32 Caged Congolese teen: Why a zoo took 114 years to apologise, BBC, Aug27, 2020.

33 Marcus Colchester, Conservation Policy and Indigenous Peoples, Cultural Survival, May 7, 2010.

34 Joseph Lee, How the world's favorite conservation model was built on colonial violence, Grist, Apr 13, 2023.

35 Esther Marijnen, Judith Verweijen, Selling green militarization: The discursive (re)production of militarized conservation in the Virunga National Park, Democratic Republic of the Congo, Geoforum, Oct 3, 2016.

36 Investigation documents murder, rape by DRC national park guards, Al Jazeera, Apr 6, 2022.

37 ibid.

38 Aliya R. Hoff, Madison Grant (1865~1937), Embryo Project Encyclopedia, Arizona State University Jun 20, 2021.

39 Oryem Nyeko, Juliana Nnoko-Mewanu, Tanzania's Eviction of Maasai Pastoralists Continues, Human Rights Watch, Feb 2, 2023.

40 세렝게티의 눈물…4만 마사이족, 강제 이주 위기, 헤럴드경제, 2014년 11월 17일.

41 It's becoming a war zone': Tanzania's Maasai speak out on 'forced' removals, The Guardian, Jan 16, 2023.

42 Open Letter from Survival International to the Executive Director of the Frankfurt Zoological Society, Survival International, Feb 7, 2023.

43 Stephen Corry, Ngorongoro Nazi, The Elephant, Apr 18, 2022.

44 ibid.

45 Diego Muller, Indigenous Maasai Persecution Continues Discretely, Despite Global Outcry, Medium, Mar 17, 2024.

46 Government set to destroy Kalahari Bushman tribes, Survival International, Jan 29, 2002.

47 Stephen Corry, New Deal for Nature: Paying the Emperor to Fence the Wind, Counterpunch, Feb 24, 2020.

48 Ed Stoddard, Botswana's mining cadastre reveals hydrocarbon scramble in iconic Kalahari game reserve, Daily Maverick, Jan 22, 2023.

49 장훈교, 공동자원체제 Commons 2018~21 연구노트, 2022, 87.

50 Rebecca Solnit, Orwell's Roses, 2021. [오웰의 장미, 최애리 옮김, 반비, 2022], 221쪽.

51 Stephen Corry, The Elephant in the Room: Why Conservation Must Include Indigenous Knowledge, The Elephant, Apr 25, 2019.

52 ibid.

53 Allan Savory, How Can Deserts Turn Into Grasslands?, NPR, Nov 15, 2013.

54 Vicky Tauli-Corpuz et al., Adopting rights-based approaches to enable cost-effective conservation and climate action, World Development, Jun, 2020.

55 Ngorongoro Conservation Area, UNEP-WCMC.

56 Tribal conservationists in the Congo Basin, Survival International. 참조.

57 Christopher M. Stevenson et al., Variation in Rapa Nui (Easter Island) land use indicates production and population peaks prior to European contact, PNAS, vol. 112, no. 4, 1025~1030, Jan 27, 2015.

58 Benny Peiser, From Genocide to Ecocide: The Rape of Rapa Nui, Energy &Environment, Volume 16, No. 3&4, 2005.

59 'We are the guardians of vanishing ecosystems', United Nations Development Programme, Aug 5, 2022.

60 ibid.

61 Patrick Greenfield , More than 1,700 environmental activists murdered in the past decade, The Guardian, Sep 29, 2022.

62 Masking the Destruction: REDD+ in the Peruvian Amazon, World Rainforest Movement, Dec 9, 2014.

63 ibid.

64 Ed Davey, In Peru, Kichwa tribe wants compensation for carbon credits, Apnews, Dec 22, 2022.

65 Ed Davey, 'Gone wrong': Doubts on carbon-credit program in Peru forest, Apnews, Mar 30, 2023.

66 Frédéric Mousseau, Carbon Colonialism: The Failure of Green Resources' Carbon Offset Project in Uganda, Akland Institute, Dec 12, 2017.

67 Boaventura Monjane et al., The Legacy of the Community Carbon Project in Nhambita, Mozambique: Nostalgia, Disillusionment and Indignation, World Rainforest Movement, Apr 28, 2022.

68 The New Forests Company in Uganda: Villages Evicted, Deceived and Dumped into Poverty, World Rainforest Movement, Sep 27, 2021.

69 Kenya government illegally evicts Ogiek from their ancestral forests during King Charles's state visit, Survival International, Nov 3, 2023.

70 New report reveals major flaws with flagship carbon credits scheme on Indigenous land in Kenya, Survival International, Mar 16, 2023.

71 WRM International Secretariat, REDD and the Green Economy exacerbate oppression and deforestation in Pará, Brazil, World Rainforest Movement, Jul 22, 2023.

72 Mozambique-EU forest carbon deal is fraught with problems, new report reveals, Friends of the Earth.

73 "온실가스 65만 톤 감축" 산림청 홍보 뒤엔 숲 37% 파괴 있었다, 한겨레, 2021년 8월 23일.

74 Patrick Greenfield, Revealed: more than 90% of rainforest carbon offsets by biggest certifier are worthless, analysis shows, The Guardian, Jan 18, 2023.

75 Von Tin Fischer und Hannah Knuth, Phantom Offsets and Carbon Deceit,

DIE ZEIT, Jan 19, 2023.

76 김윤희, 산림청-베라(VERRA)-에스케이(SK) 임업, 업무협약 체결, 미디어데일, 2022년 11월 11일.

77 Anita Hofschneider, New report slams carbon offset project in Cambodia for violating Indigenous rights, Grist, Mar 13, 2024.

78 Leila Goldstein, It's a lose-lose situation': Carbon 'offset' project in Cambodia accused of human rights violations, The World, Mar 11, 2024.

79 Carbon Offsetting's Casualties, Human Rights Watch, Feb 28, 2024.

80 Max Dd Haldevang et al., Faulty credits tarnish billion-dollar carbon offset seller, Bloomberg, Mar 27, 2023.

81 Revolt of the South Pole penguins, SourceMaterial, Jul 13 , 2023. 9. 9.

82 WRM International Secretariat, REDD and the Green Economy exacerbate oppression and deforestation in Par, Brazil, World Rainforest Movement, Jul 22, 2023.

83 Joseph Lee, How Indigenous people are fighting to stop 'the biggest land grab in history', Grist, Dec 07, 2022.

84 Jillian Kestler-D'Amours, Indigenous people seek leadership, respect in biodiversity battle, Aljazeera, Dec 9, 2022.

85 ibid.

86 Alice McCool and Thomas Lewton, Canadian pipeline groups spend big to pose as Indigenous champions, The Guardian, Mar 10, 2022.

87 Teresa Anderson, Want to fix the climate? End debt traps, Al Jazeera, Apr 27, 2023.

88 ibid.

89 Omar Yampey, The UN'S Green Climate Fund Must Stop Financing False Solutions, Commondreams, Jul 14, 2023. 9. 12.

90 New research reveals how IMF policy advice undermines global climate goals by advising countries to invest in fossil fuels, Actionaid, Aug 24, 2021.

91 Heidi Chow, We Need Thomas Sankara's Political Vision Today, Jacobin, Oct 15, 2021.

92 Gustavo Petro, If we want to fully protect the Amazon, we must phase out fossil fuels, MiamiIerald, Jul 12, 2023.

93 Colombia External Debt: % of GDP, CEIC DATA.

94 Troy Vettese, Drew Pendergrass, Half-Earth Socialism, 2022. [지구의 절반을 넘어서, 정소영 옮김, 이콘, 2023], 169쪽.

95 유현민, UNEP총장 "자연과 전쟁 중"…생물다양성 위기 경고, 연합뉴스, 2022년 12월 7일.

5장 기후 장벽과 생태파시즘

1 Tony Owusu, Burning Man breakdown: How much pollution is the festival emitting?, Thestreet, Sep 5, 2023.

2 Vanessa Romo, Climate activists protested at Burning Man. Then the climate itself crashed the party, NPR, Sep 7, 2023.

3 Lara Williams, Burning Man 2023 Is a Climate-Crisis Parable, The Washington Post, Sep 6, 2023.

4 Keith A. Spencer, Why the Rich Love Burning Man, Jacobin, Aug 25, 2015.

5 Bill Chappell, Mars One Fizzles Into Bankruptcy After Promising A New Life In Space, NPR, Feb 12, 2019.

6 William Steigerwald, Mars Terraforming Not Possible Using Present-Day Technology, NASA, Jul 30, 2018.

7 Steve Rose, Eight go mad in Arizona: how a lockdown experiment went horribly wrong, The Guardian, Jul 13, 2020.

8 Emily Atkin, Steve Bannon's Weird Journey From Biosphere Champion to Climate Denying Crank, Motherjones, Mar 8, 2017.

9 Eliza Barclay, Stephen Hawking's warning: it's time to get the hell off planet Earth, Vox, Mar 14, 2018.

10 Leah Ginsberg, Elon Musk thinks life on earth will go extinct, and is putting most of his fortune toward colonizing Mars, CNBC, Jun 16, 2017.

11 Corey S. Powell, Jeff Bezos foresees a trillion people living in millions of space colonies. Here's what he's doing to get the ball rolling, Nbcnews, May 16, 2019.

12 억만장자 브랜슨 첫 민간 '우주여행' 성공, BBC 코리아, 2022년 12월 7일.

13 Corey S. Powell, Jeff Bezos foresees a trillion people living in millions of space colonies. Here's what he's doing to get the ball rolling, Nbcnews, May 16, 2019.

14 Hannah Arendt, The Human Condition, 1959. [인간의 조건, 이정우-태정호 옮김, 한길사, 1996], 50쪽.

15 Alexander Koch et al., Earth system impacts of the European arrival and Great Dying in the Americas after 1492, Quaternary Science Reviews Volume 207, Mar1, 2019.

16 Howard W. French, Born in Blackness: Africa, Africans, and the Making of the Modern World, 1471 to the Second World War, 2021. [본 인 블랙니스, 최재인 옮김, 책과함께, 2023], 269쪽.

17 ibid. 181쪽.

18 Alfred W. Crosby, Ecological Imperialism, 1986. [생태제국주의, 정범진, 안효상 옮김, 지식의 풍경, 2000], 93쪽.

19 ibid. 94쪽.

20 Beatrice Nolan, Ron DeSantis signs a bill into law that could potentially shield Elon Musk's SpaceX and other private space companies from liability over deaths and injuries, Businessinsider, May 30, 2023.

21 Jeff Foust, Commercial space station developers seek clarity on regulations, Spacenews, Oct 14, 2022.

22 Alejandro De La Garza, How Historians Are Reckoning With the Former Nazi Who Launched America's Space Program, TIME, Jul 18, 2019.
How Historians Are Reckoning With the Former Nazi Who Launched America's Space Program.

23 Darren Court, Von Braun, the V-2, and Slave Labor, White Sands Missile Range Museum, Jul 27, 2020.

24 Kenneth E. Boulding, The Economics of the Coming Spaceship Earth, 1966.

25 Jo Adetunji, Space junk in Earth orbit and on the Moon will increase with future missions – but nobody's in charge of cleaning it up, The Conversation, Aug 31, 2023.

26 Jack Bantock, The incredible true story of the time an astronaut played golf on the moon, CNN, Mar 21, 2023. 11. 13.

27 Shannon Stirone, Mars Is a Hellhole, The Atlantic, Feb 26, 2021.

28 Why is Larry Ellison turning Lanai, Hawaii into a 'health utopia'? The Oracle billionaire's island plans aren't just Four Seasons hotels and Nobu Matsuhisa restaurants, but sustainable living too, BUSINESS INSIDER, Mar 25, 2021.

29 Ariel Zilber, Life on Larry Ellison's Hawaiian island is so expensive only the super-rich could afford it, Nypost, Jun 9, 2022.

30 Bennett Purser, Billionaire Larry Ellison controls Hawaiian island like a 'Sims' game, kcrw, Jun. 22, 2022.

31 Grace Kay and Sam Tabahriti, Elon Musk is reportedly planning to build a town for Texas staff, complete with a swimming pool, private compound, and school, BUSINESS INSIDER, Mar 10, 2023. 11. 17.
Elon Musk is reportedly planning to build a town for Texas staff, complete with a swimming pool, private compound, and school.
Grace Kay and Sam Tabahriti Mar 10, 2023, 5:10 AM GMT+9

32 Thomas Kissel, "Telosa," the Billionaire-Backed Utopian City Inspired by Aristotle, Greekreporter, Oct 23, 2023.

33 Joshua Nevett, Nevada smart city: A millionaire's plan to create a local government, BBC News, Mar 18, 2021.

34 Joe Sommerlad, Billionaires spent $800m snapping up California farms. Their mystery plan for a 'utopian city' is drawing suspicion, Sep 7, 2023.

35 Lisa Jo Rudy, Garden City Movement: The Making of a Utopian Design Concept, Treehugger, Apr 26, 2022.

36 Alex Krieger, EPCOT Was Walt Disney's Radical Vision for a New Kind of City, Howstuffworks, Sep 29, 2021.

37 Inequality Inc, Oxfam International, Jan 15, 2024.

38 Jo Adetunji, What is The Line, the 170km-long mirrored metropolis Saudi Arabia is building in the desert?, The Conversation, Sep 14, 2022.

39 Doriane Ahdad et al., Greenwashing or revolution, what is NEOM all about?, Skema, Apr 21, 2023. 11. 22.

40 John Garnerin, Biodiver City—Is It Really The Best Solution?, Millennial Cities, Jul 10, 2021.

41 Mustafa Menshawy, Why is Egypt building a new capital?, Aljazeera, Jul 5, 2021.

42 Tad Friend, Sam Altman's Manifest Destiny, The New Yorker, Oct 3, 2016.

43 New Zealand is best placed to survive collapse, Global Sustainability Institute, ARU, Jul 29, 2021.

44 Mark O'Connell, Why Silicon Valley billionaires are prepping for the apocalypse in New Zealand, The Guardian, Feb 15, 2018.

45 Miles Dilworth, $160K apocalypse Super Trucks, $2M doomsday bunkers and a $3B emergency food industry: As 20M Americans get ready for Armageddon, DailyMail.com investigates the booming business of 'Prepping' the Preppers, DAILYMAIL, Jun 18, 2023.

46 ibid.

47 Evan Osnos, Doomsday Prep for the Super-Rich, The New Yorker, Jan 22, 2017.

48 Keiran Southern, Mark Zuckerberg building 'Bond villain' bunker in Hawaii, The Times, Dec 16, 2023.

49 Devon Pendleton, World's Super Rich Drive 77% Surge in Superyacht Sales Last Year, Bloomberg, Feb 1, 2022.

50 Evan Osnos, ibid.

51 Douglas Rushkoff, The super-rich 'preppers' planning to save themselves from the apocalypse, The Guardian, Sep 4, 2022.

52 Aude MAZOUE, Le Pen's National Rally goes green in bid for European election votes, france24, Apr 20, 2019.

53 ibid.

54 Kate Aronoff, Marine Le Pen's Climate Policy Has a Whiff of Ecofascism, The Newrepublic, Apr 15, 2022.

55 영국 국민당 British National Party 공식 웹사이트 참조.

56 Swiss People's Party provokes left on immigration climate impact, LE NEWS, May 6, 2019.

57 Swiss: SVP wants to cap immigration to Switzerland, The Swiss Times, Jul 5, 2023.

58 Federica Di Sario, Italy's Meloni aims to make climate change a right-wing issue, POLITICO, Oct 20, 2022.

59 Thomas Klikauer, Right-wing Environmentalism in Germany in World, Countercurrents.org, Jul 7, 2022.

60 Joe Turner & Dan Bailey, 'Ecobordering': casting immigration control as environmental protection, Taylor & Francis Online, Apr 29, 2021.

61 Eszter Szenes, Neo-Nazi environmentalism: The linguistic construction of ecofascism in a Nordic Resistance Movement manifesto, University of Adelaide, Jun, 2021.

62 Oliver Milman, Buffalo suspect may be latest mass shooter motivated by 'eco-fascism', The Guardian, May 17, 2022.

63 ibid.

64 Arsalan Iftikhar, Christchurch anniversary: The islamophobic 'Great Replacement' theory, Bridge, Mar 14, 2020.

65 ibid.

66 Armando Quesada Webb, Elon Musk and the controversy in South Africa over 'Kill the Boer': A song that encourages genocide?, El Pais, Sep 1, 2023.

67 Jamie Bartlett, The Next Wave of Extremists Will Be Green, Foreign Policy, Sep 1, 2017.

68 Janet Biehl, Lessons from the German Experience, 1995. [에코파시즘, 김상

영 옮김, 책으로 만나는 세상, 2003], 23쪽.

69 ibid., 22쪽.

70 ibid., 25쪽.

71 ibid., 26쪽.

72 ibid., 27쪽.

73 Hikmet Kuran, The ecofascist legacy of the Nazis: historical roots of far-right ecologies, Cappadocia journal of area studies, 2022.

74 ibid.

75 ibid.

76 Janet Biehl, 44.

77 ibid., p. 68.

78 Teresa Petrik, How Austria's Greens Became the Right's Best Ally, Jacobin, Jan 22, 2020.

79 David Brower, Activist Facts 참조.

80 Michael Brune, Pulling Down Our Monuments, Sierra Club, Jul 22, 2020.

81 Charles C. Mann, The Book That Incited a Worldwide Fear of Overpopulation, Smithsonian magazine, Jan, 2018.

82 Gaylord Nelson, The Environmental Future, Volume 15, Number 4 (Summer 2005), Issue theme: "Special anniversary issue: highlights from our first fifteen years".

83 Charles C. Mann, ibid.

84 Robert Zubrin, "The Population Control Holocaust," The New Atlantis, Number 35, Spring 2012, pp. 33~54.

85 ibid.

86 Christopher S. Wren, China's Birth Goals Meet Regional Resisiange, The New York Times, May 15, 1982.

87 Robert Zubrin, ibid.

88 Malory Nye, The brutal friendship between colonialism and fascism: some thoughts from Aimé Césaire on systematic racism, Medium, Jan 1, 2017.

89 Garn LeBaron Jr., The Confrontational Rhetoric of Earth First!, The Garn

LeBaron Writing Project, Jun 1, 2010.

90 Sir David Attenborough calls humans 'a plague on the Earth', NBC news, Jan 23, 2013.

91 Mike Morris, Ted Turner: Global warming can lead to cannibalism, The Atlanta Journal-Constitution, Apr 4, 2008.

92 Jorge Liboreiro, Josep Borrell apologises for controversial 'garden vs jungle' metaphor but defends speech, Euronews, Oct 19, 2022.

93 Ainhoa Ruiz Benedicto, Guarding the fortress, Centre Delàs d'Estudis per la Pau, Nov, 2019.

94 Diego Marin, Marguerite Culot, Green Supremacy: When Far-Right Politics Co-opts Environmentalism, Green European Journal, May 24, 2023.

95 Elaisha Stokes, The Drought That Preceded Syria's Civil War Was Likely the Worst in 900 Years, Vice, Mar 4, 2016.

96 Federica Marsi, In 2024, Europe to hunt for new partners to offload asylum seekers, Aljazeera, Jan 3, 2024.

97 Tunisia: No Safe Haven for Black African Migrants, Refugees, Human Rights Watch, July 19, 2023.

98 Lisa Bryant, In Tunisia, Climate of Fear Shrinks Options for Sub-Saharan Africans, Voa News, Aug 22, 2023.

99 Kayla Drake, Why Militarizing EU Borders is Unviable, Observatory on Contemporary Crises.

100 Lizzie Dearden, Libyan coastguard 'opens fire' during refugee rescue as deaths in Mediterranean Sea pass record 1,500, Independent, May 24, 2017.

101 Climate change link to displacement of most vulnerable is clear: UNHCR, UNHCR, UN News, Apr 21, 2021.

102 40% of conflicts linked to use of natural resources, reliefweb, Nov 6, 2013.

103 Baher Kamal, Climate Migrants Might Reach One Billion by 2050, reliefweb, Aug 21, 2017.

104 Dorian Jullien, Migrant deaths in the Mediterranean have already

exceeded 2022's death toll, Le Monde, Aug 10, 2023.

105 ibid.

106 Egypt: 5 million could be displaced by climate change, Middle East Monitor, Jun 21, 2018.

107 Lizzie Dearden, Bangladesh is now the single biggest country of origin for refugees on boats as new route to Europe emerges, Independent, May 5, 2017.

108 Pacific Islanders reject 'climate refugee' status, want to 'migrate with dignity', SIDS conference hears, ABC NEWS, Sep 5, 2014.

109 Ben Rawlence, 'The treeline is out of control': how the climate crisis is turning the Arctic green, The Guardian, Jan 20, 2022.

110 Couet, J., Marjakangas, EL., Santangeli, A. et al., Short-lived species move uphill faster under climate change, Oecologia 198, pp. 877~888 (2022).

111 Lustgarten A, The great climate migration has begun, The New York Times Magazine, Jul 23, 2020.

112 New report shows impacts of climate change and extreme weather in Latin America and Caribbean, WMO, Aug 17, 2021.

113 Balsari, S., Dresser, C. & Leaning, J. Climate Change, Migration, and Civil Strife, Curr Envir Health Rpt 7, 2020, pp. 404~414.

114 Honduras: Climate change, coronavirus and caravans, WFP, Apr 21, 2021.

115 Couet, J., Marjakangas, EL., Santangeli, A. et al.,ibid.

116 Balsari, S et al., ibid.

117 Food Security and Emigration, WFP, 2017.

118 Climate Change and Regional Instability in Central America, Council on Foreign Relations, Sep, 2022, p. 45.

119 [빈곤의 연대기, 김희순·박선미(지은이), 갈라파고스, 2015], 150~160쪽.

120 Zoë Richards, Trump doubles down on immigrant 'blood' remark, says he 'never read Mein Kampf', NBC news, Dec 20, 2023.

121 Jariel Arvin, The far right is weaponizing climate change to argue against immigration, Vox, Jun 3, 2021.

122 Oliver Milman, Right seizes Trump playbook to blame migrants for environmental harm, The Guardian, May 20, 2021.

123 Louise Boyle, The destructive legacy of Trump's border wall, Independent, Oct 20, 2021.

124 Mary E. Mendoza, America's Border Wall Is Bipartisan, TIME, Oct 30, 2023.

125 Border-Crossing Deaths Have Doubled Since 1995; Border Patrol's Efforts to Prevent Deaths Have Not Been Fully, United States Government Accountability Office, Aug 2006.

126 Storm over Pentagon climate scenario, NBC news, Feb 27, 2004.

127 David Stipp, The Pentagon's Weather Nightmare, Fortune, Jan 13, 2014.

128 Ari Shapiro, Tyndall Air Force Base Still Faces Challenges In Recovering From Hurricane Michael, NPR, May 31, 2019.

129 Climate Risk Analysis, Department of Defense, Office of the Undersecretary for Policy (Strategy, Plans, and Capabilities), Oct 2021.

130 Defence warns of climate conflict, Sydney Morning Herald, Jan 7, 2009.

131 Todd Miller with Nick Buxton and Mark Akkerman, Global Climate Wall, Transnational Institute, Amsterdam, Oct 2021.

132 ibid.

133 Mark Akkerman, Global Spending on Immigration Enforcement Is Higher than Ever and Rising, Migration Policy, May 31, 2023.

134 Nathaniel Rosenberg, Student groups call on Yale to cancel contract with British security company, alleging human rights violations, Yale daily news, Apr 19, 2023.

135 Todd Miller et al., ibid.

136 ibid.

137 ibid.

138 Garrett Hardin, Lifeboat Ethics: the Case Against Helping the Poor, Psychology Today, Sep 1974.

139 Pentti Linkola, The Elephant in the Environmentalist's Living Room, Old

Man's Mettle, Oct 6, 2019.

140 Sam Dean, Mike Davis is still a damn good storyteller, Los Angeles Times, Jul 25, 2022.

141 Christian Parenti, Tropic of Chaos: Climate Change and the New Geography of Violence, 2011. [왜 열대는 죽음의 땅이 되었나, 강혜정 옮김, 미지북스, 2012], 42쪽.

142 ibid.

143 Élisabeth Vallet, The World Is Witnessing a Rapid Proliferation of Border Walls, Migration Information Institute, Mar 2, 2022.

144 Kim Hjelmgaard, From 7 to 77: There's been an explosion in building border walls since World War II, USA TODAY, May 24, 2018.

145 Ainhoa Ruiz Benedicto, Mark Akkerman, Pere Brunet, A Walled World: Towards a global apartheid, Transnational Institute, Nov 2020.

146 Joel Wainwright, Geoff Mann, Climate Leviathan: A Political Theory of Our Planetary Future, 2019. [기후 리바이어던, 장용준 옮김, 엘피, 2023], 93쪽.

147 Benjamin Thompson, Gaia Vince on how climate change will shape where people live, Dec 2, 2022.

148 Mike Davis, Planet of Slums, 2006. [슬럼, 지구를 뒤덮다, 김정아 옮김, 돌베개, 2007], 263쪽.

6장 제국적 생활양식: 자동차를 파묻어라

1 Juliana Lumumba, Patrice Lumumba's Daughter: I'm Demanding Belgium Give Back My Father's Remains, Jacobin, Oct 1, 2020.

2 Malcolm X on Lumumba, Jun 28, 1964.

3 An interview with Georges Nzongola-Ntalaja, Why They Killed Patrice Lumumba, Jacobin, Jan 17, 2020.

4 140. Memorandum of Discussion at the 452d Meeting of the National Security Council0, Foreign Relations of the United States, 1958~1960, Africa,

Volume XIV, Jul 21, 1960.

5 Stuart A. Reid, How the U.S. Issued its First Ever Order to Assassinate a Foreign Leader, POLITICO, Oct 17, 2023.

6 Frank Swain, The forgotten mine that built the atomic bomb, BBC, Aug 4, 2020.

7 김성은, 콩고 방문 교황 "피 묻은 광물보다 사람이 중요" … 100만명 환영 인파 몰려, 서울신문, 2023년 2월 2일. 138.

8 Sophia Eppley, Silent genocide in the Congo demands our attention, The Red & Black, Jan 16, 2024.

9 Democratic Republic of the Congo: Industrial mining of cobalt and copper for rechargeable batteries is leading to grievous human rights abuses, Amnesty International, Sep 12, 2023.

10 Xinkai Fu et al., Perspectives on Cobalt Supply through 2030 in the Face of Changing Demand, Environ. Sci. Technol. 2020, 54, 5, 2985~2993.

11 Colin McKerracher and Siobhan Wagner, At Least Two-Thirds of Global Car Sales Will Be Electric by 2040, Bloomberg, Aug 9, 2021.

12 Dionne Searcey & Eric Lipton, Chinese Company Removed as Operator of Cobalt Mine in Congo. The New York Times, Feb 28, 2020.

13 Ken Matthysen et al., Analysis of the Interactive Map of Artisanal Mining Areas in Eastern DR Congo, 2020.

14 Sebastian Klovig Skelton, US court rules no conflict of interest in tech firms' mining deaths case, ComputerWeekly.com, Jul 1, 2022.

15 Daan Van Brusselen et al., Metal mining and birth defects: a case-control study in Lubumbashi, Democratic Republic of the Congo, The Lancet, Apr 2020.

16 [빈곤의 연대기, 김희순,박선미(지은이), 갈라파고스, 2015], 44쪽.

17 Kenneth Maxwell, Potosí and its Silver: The Beginnings of Globalization, The Second Line of Defense, Dec 13, 2020.

18 [빈곤의 연대기], 45쪽.

19 Patrick Greenfield, How silver turned Potosí into 'the first city of capitalism', The Guardian, Mar 21, 2016.

20 Carolyn Merchant, The Death of Nature, 1980. [자연의 죽음, 전규찬·이윤숙·전우경 옮김, 미토, 2005], 63쪽.

21 Anna Ramon, Humans milk the periodic table turning a blind eye to its risks, CREAF, Jan 16, 2023.

22 DR Congo: Chronology, Human Rights Watch, Aug 21, 2009.

23 Dan Snow, DR Congo: Cursed by its natural wealth, BBC, Oct 9, 2013.

24 Hannah Ritchie, Is cobalt the 'blood diamond of electric cars'? What can be done about it?, Sustainability by numbers, Jul 28, 2023.

25 Cobalt market may need new pricing mechanisms for EV era, Benchmark Source, May 12, 2023.

26 Justine Calma, Tesla battery material supplier tops list of human rights abuses for second year in a row, The Verge, Jun 16, 2023.

27 State of Climate Action, Climate Action Tracker, Nov 2023.

28 Molly Lempriere, Steel industry makes 'pivotal' shift towards lower-carbon production, CarbonBrief, Jul 20, 2023.

29 Veronica Nyhan Jones and Lachlan Wright, Clean, inclusive, and green: ESG underpins mining's net-zero pathways, CommDev, Jun 19, 2023.

30 The Role of Critical Minerals in Clean Energy Transitions, IEA, May 2021.

31 Marie-Monique Franssen, If the water disappears, life will disappear, Green European Journal, Jun 13, 2023.

32 Jorge S. Gutiérrez et al., Climate change and lithium mining influence flamingo abundance in the Lithium Triangle, Royal Society, Mar 9, 2022.

33 Nicole Greenfield, Lithium Mining Is Leaving Chile's Indigenous Communities High and Dry, Natural Resources Defense Council, Apr 26, 2022.

34 Harriet Barber, Blinded, sexually assaulted, silenced: the war over lithium, Argentina's 'white gold', The Guardian, Jan 11, 2024.

35 U.S. Geological Survey, Mineral Commodity Summaries, Jan 2022.

36 Teddy Ostrow, US has huge lithium reserves, but concerns mount over mining, DW, Dec 15, 2022.

37 Ana Nicolaci da Costa, Portuguese PM António Costa resigns over lithium deal probe, BBC News, Nov 7, 2023.

38 Jammu's Lithium reserves on target of terrorists, Northlines, Feb 13, 2023.

39 Charles Asiegbu, Lithium could fuel the next conflict in Nigeria, LSE, Aug 24, 2023.

40 Mining Project Sonora Lithium in Sonora, Mexico, EJAtlas, Apr 25, 2023.

41 Marchio Gorbiano, Indonesian farmers fight for their land in nickel mining boom, The Malaysian Reserve, Mar 22, 2023.

42 Alex Stambaugh and Masrur Jamaluddin, 'They destroyed our trees': Women say their farms were seized to support Indonesia's electric vehicle boom, CNN, Dec 9, 2023.

43 Riza Salman, Red floods near giant Indonesia nickel mine blight farms and fishing grounds, Mongabay, Jun 14, 2023.

44 Annie Lee, Indonesian nickel mine takes green steps as environmental concerns mount, Bloomberg, Jul 24, 2023.

45 Agence France-Presse, This article is more than 1 month old Explosion at a nickel plant in Indonesia leaves at least 13 dead and 46 injured, The Guardian, Dec 24, 2023.

46 Diego I. Murguía, Stefan Bringezu, Rüdiger Schaldach, Global direct pressures on biodiversity by large-scale metal mining: Spatial distribution and implications for conservation, Journal of Environmental Management Volume 180, Sep 15, 2016, pp. 409~420.

47 Zhenyu Tian et al., A ubiquitous tire rubber-derived chemical induces acute mortality in coho salmon, SCIENCE Vol 371, Issue 6525, Dec 3, 2020.

48 Julien Boucher, Damien Friot, Primary Microplastics in the Oceans: a Global Evaluation of Sources, International Union for Conservation of Nature and Natural Resources, 2017.

49 Marine plastic pollution: reducing household contributions, Friends of the Earth, Nov 21, 2018.

50 Zhengchu Tan et al., Tyre wear particles are toxic for us and the environment, Imperial Zero Pollution, 2023.

51 Thomas Hornall, Microplastics from car tyres could be stunting children's lung growth, investigation finds, Independent, Jun10, 2019.

52 Seann Walsh, The Impact of Electric Vehicles on Tires to 2027, smithers, Dec 23, 2022.

53 Wang, Y., Hollingsworth, P. M., Zhai, D., West, C. D., Green, J. M., Chen, H., Ahrends, A, High-resolution maps show that rubber causes substantial deforestation. Nature, 2023, pp. 340~346.

54 ibid.

55 Sydney Jones, Carole Mitchell, New investigation alleges deforestation and greenwashing linked to Michelin, Mighty Earth, Nov 15, 2022.

56 Chinese Rubber Plantations in Cameroon Destroy the Lives and Livelihoods of the Baka, ADF, Aug 22, 2023.

57 Carter Roberts, Don't Let Your Tires Destroy the World's Forests, Jul 1, 2016.

58 Mighty Earth, ibid.

59 Gideon Sarpong, How EU-banned pesticides ended up in rubber farms in Ghana with funding from EU public banks, Apr 18, 2023.

60 Earth Policy Institute, Cars and People Compete for Grain, Permaculture news, June 2, 2010.

61 Tavs Nyord, EU consumption of crops for biofuels could feed around 150 million people, CONTICO, May 2, 2022.

62 Michael Grunwald, Biofuels are accelerating the food crisis—and the climate crisis, too, Canary Media, April 19, 2022.

63 Eric Holt-gimenez. Raj Patel, Food Rebellions: Crisis and the Hunger for Justice, 2009. [먹거리 반란, 농업농민정책연구소 녀름 옮김, 따비, 2011], 121쪽.

64 이송희일, 팜유패밀리 전현무와 박나래가 잘 모르는 이야기, 미디어오늘, 2023년 9월 30일.

65 Lester Brown, Ethanol could leave the world hungry, CNN, Aug 16, 2006.

66 Harry Cockburn, Ending use of biofuels in UK petrol could feed 3.5

million people, says think tank, Independent, Jun 27, 2022.

67 Reuters Staff, Factbox: 2008 food price crisis — what caused it?, Reuter, Jun 10, 2011.

68 Aditya Chakrabortty, Secret report: biofuel caused food crisis, The Guardian, Jul 3, 2008.

69 WFP and FAO, Hunger Hotspots. FAO-WFP early warnings on acute food insecurity, Oct, 2022.

70 Richard F. Weingroff, Federal-Aid Highway Act of 1956: Creating The Interstate System, Public Roads - Summer 1996, Vol. 60, No. 1, 1996.

71 Peter Norton, Street Rivals: Jaywalking and the Invention of the Motor Age Street, Technology and Culture, Volume 48, Number 2, Apr 2007, pp. 331~359.

72 Chris Carlsson, People v Cars: The 20th Century Battle over Cities Shareable, Shareable, Sep 27, 2011.

73 Peter Norton, ibid.

74 Hirofumi Uzawa, 自動車の社會的費用, 1974. [자동차의 사회적 비용, 임경택 옮김, 사월의책, 2016], 63쪽.

75 Chris Carlsson, ibid.

76 Jordan Mendoza, Jaywalking will no longer be a crime in California under new law, USA TODAY, Oct 3, 2022.

77 Chris Carlsson, ibid.

78 Philip McMichael, Development and Social Change, 2012. [거대한 역설, 조효제 옮김, 교양인, 2013], 121쪽.

79 André Gorz, Ecologica, 2008. [에콜로지카, 임희근, 정혜용 옮김, 갈라파고스, 2015], 86쪽.

80 Apostolos Petropoulos, Cars and Vans, IEA, Last update on 11 July 2023.

81 Fast Facts on Transportation Greenhouse Gas Emissions 1990~2021, United States Environmental Protection Agency, June 2023.

82 Ivan Illich, Energy and Equity, 1974. [행복은 자전거를 타고 온다, 신수열 옮김, 사월의책, 2018], 36~37쪽.

83 Jo Adetunji, End of the road? Why it might be time to ditch your car February, The Conversation, Feb 14, 2017.

84 Phil Shannon, Stop Signs: Cars and capitalism on the road to economic, social and ecological decay, climate and capitalism, Feb 9, 2012.

85 Michael White and Ewen MacAskill, Jammed-in PM takes the Tube, The Guardian, Oct 26, 1999.

86 André Gorz, ibid, pp. 77~78.

87 Shelley O. Baranowski, Baranowski on Fraunholz, 'Motorphobia: Anti-Automobiler Protest in Kaiserreich und Weimarer Republik', H-German, July 2003.

88 Ben Johnson, The Great Horse Manure Crisis of 1894, historic-uk.com.

89 Marco Treven, All that is Wrong with Climate Predictions based on Horse Poop, Medium, Oct 4, 2020.

90 David Doochin, The First Global Urban Planning Conference Was Mostly About Manure, Atlas Obscura, Jul 29, 2016.

91 George Waring, History.com, Aug 21, 2018.

92 EPA: U.S. GHG Emissions from Transportation – 2021.

93 Thea Riofrancos et al., Achieving Zero Emissions with More Mobility and Less Mining, Climate and Community Project, Jan 2023.

94 André Gorz, ibid, pp. 69.

95 Philip McMichael, The World Food Crisis in Historical Perspective, MONTHLY REVIEW, Jul 01, 2009.

96 Ulrich Brand and Markus Wissen, Imperiale Lebensweise, 2017. [제국적 생활양식을 넘어서, 이신철 옮김, 에코리브르, 2020], 35쪽.

97 ibid, 68~72쪽.

98 Raj Patel, The Value of Nothing, 2009년. [경제학의 배신, 제현주 옮김, 북돋움, 2016], 151쪽.

99 Philip McMichael, Development and Social Change, 2012. [거대한 역설, 조효제 옮김, 교양인, 2013], 415쪽.

100 The Hangry Housewife, The Trouble With Avocados Is···, Medium, Feb

16, 2023.

101 ibid.

102 Jon Zhang, The Deforestation Dilemma: Contemplating the Impacts of Avocado Consumption on the Environment, The Triple Helix, Apr 15, 2022.

103 Metapolítica, "La guerra por el aguacate: deforestación y contaminación imparables," BiodiversidadLA, Jun 24, 2019.

104 GRAIN, The Avocados of Wrath, CADTM International, May 8, 2023.

105 Raj Patel, ibid, pp. 85.

106 Indira Joshi, Seetharam Param, Irene, Milind Gadre, Saving the Planet, The Market for Sustainable Meat Alternatives, Sutardja Center for Entrepreneurship & Technology, Technical Report, Nov 10, 2015.

107 Boycott the Bell - Coalition of Immokalee Workers 웹사이트 참조.

108 Nina Lakhani in the Rio Grande Valley, Meet the workers who put food on America's tables – but can't afford groceries, The Guardian, May 13, 2021.

109 Nancy Dunne, Why a hamburger should cost 200 dollars-The call for prices to reflect ecological factors, Financial Times, Jan 12, 1994.

110 James N. Galloway et al., The Nitrogen Cascade, BioScience, Volume 53, Issue 4, Apr 2003, pp. 341~356.

111 Feed and Livestock in Brazil, China, EU Consume Most Cerrado Soy, chainreactionresearch.com, Dec 17, 2019.

112 Food and Agriculture Organization of the United Nations, FAO, Food and Agriculture Data, Apr 18, 2021.

113 Brazilian soybeans and China's food security, The Strategist, Apr 21, 2023.

114 Dr. Michael Dent, The Meat Industry is Unsustainable, IDTechEx, Mar 25, 2020.

115 Globally, we consume around 350 million tons of meat a year, The World Counts 웹사이트 참조.

116 Mark Duffield and Nicholas Stockton, How capitalism is destroying the Horn of Africa: sheep and the crises in Somalia and Sudan, Review of African

Political Economy, Nov 2023.

117 ibid.

118 The Moving Assembly Line, Ford 웹사이트 참조.

119 Silvia Federici, Revolution at Point Zero: Housework, Reproduction, and Feminist Struggle, 2012. [혁명의 영점, 성원 옮김, 갈무리, 2013], 45쪽.

120 Silvia Federici, ibid, p. 171.

121 Maria Mies, Patriarchy and Accumulation on a World Scale, 1999. [가부장제와 자본주의, 최재인 옮김, 갈무리, 2014], 245쪽.

122 Annual Report 2022, Oxfam America.

123 Philip McMichael, ibid, p. 187.

124 Child Labour in Agriculture, FAO 웹사이트 참조.

125 Global Estimates of Modern Slavery, International Labour Organization (ILO), Walk Free, and International Organization for Migration (IOM), 2022.

126 Geeta Sekhon, Forced Labor and Child Trafficking in India's Garment Sector, The Asia Foundation, Sep 20, 2017.

127 Dr. Davuluri Venkateswarlu, Cotton's Forgotten Children, The India Committee of the Netherlands (ICN) and Stop Child Labor Coalition, Jul 2015.

128 Gender dimension in the Cotton Sector: Characterising the role of women, Food and Agriculture Organ'zation of the United Nations, 2022.

129 Why Cotton Is Called the World's Dirtiest Crop, The Modern Dane, Jun 1, 2019.

130 The blue dogs of Mumbai: industrial waste blamed for colourful canines, The Guardian, Aug 22, 2017.

131 Georgina Wilson Powell, How your cheap clothes are costing the earth, pebble mag, Sep 28, 2017.

132 Alex Renton, Bangladesh's toxic tanneries turning a profit at an intolerable human price, The Guardian, Dec 13, 2012.

133 Scott Neuman, Pakistan Factory Fires Kill More Than 300, NPR, Sep 12, 2012.

134 Naina Yadav, Why Bangladesh's Ongoing Garment Workers' Strike Is a

Feminist Issue, The Swaddle, Nov 9, 2023.

135 Ten years on from Rana Plaza tragedy: 9 in 10 Australians consider the safety of garment workers as important when purchasing clothing, Oxfam Australia, Apr 24, 2023.

136 Made in poverty, Oxfam Australia, Feb 2019.

137 Aruna Kashyap, Is Your Brand Paying Its Share to Reduce Bangladesh Workers' Wage Despair?, Human Rights Watch, Nov 12, 2023.

138 Workers get $0.54 of an $18.25 polo shirt, The Daily Star, Feb 26, 2020.

139 How Much Do Our Wardrobes Cost to the Environment?, World Bank, Sep 23, 2019.

140 Kirsi Niinimäki et al., The environmental price of fast fashion, Nature Reviews Earth & Environment volume 1, 189~200, 2020.

141 Natalie Obiko Pearson, Ekow Dontoh, and Dhwani Pandya, Fast-Fashion Waste Is Choking Developing Countries With Mountains of Trash, Bloomberg, Nov 2, 2022.

142 UN Alliance aims to put fashion on path to sustainability, United Nations Economic Commission for Europe, Jul 12, 2018.

143 Nathalie Remy, Eveline Speelman, and Steven Swartz, Style that's sustainable: A new fast-fashion formula, McKinsey & Company, Oct 20, 2016.

144 John Ruskin, Unto This Last, 1860. [나중에 온 이 사람에게도, 곽계일 옮김, 아인북스, 2014], 213~214쪽.

145 Paula Reisdorf, Panama Protestors Defeat First Quantum Minerals' Copper Mine, CorpWatch, Dec 8, 2023.

146 Dan Collyns, Ecuadorians vote to halt oil drilling in biodiverse Amazonian national park, The Guardian, Aug 21, 2023.

147 David Agren, The Mexican indigenous community that ran politicians out of town, The Guardian, Apr 3, 2018.

148 Giovanna Salazar, The Cherán Indigenous Community's Remarkable Road to Self-rule in Mexico, Our World, Apr 24, 2015.

149 Alicia Fàbregas, Generation Z of Cherán, GRID-Arendal, Jul 10, 2023.

150 Stephen Burgen, 'For me, this is paradise': life in the Spanish city that banned cars, The Guardian, Sep 18, 2018.

151 David Zipper, This Spanish city has been restricting cars for 24 years. Here's what we can learn from it, FastCompany, Sep 13, 2023.

7장 이야기의 행성

1 Damien Gayle, Just Stop Oil activists throw soup at Van Gogh's Sunflowers, The Guardian, Oct 14, 2022.

2 Andreas Malm, History May Absolve the Soup Throwers, The New York Times, Oct 20, 2022.

3 Climate protestors target Diego Velazquez painting at London's National Gallery, The Associated Press, Nov 7, 2023.

4 Sam Light, The method behind Just Stop Oil's madness, Waging Nonviolence, Dec 12, 2023.

5 Indigenous Resistance Against Carbon, Indigenous Environmental Network and Oil Change International, Aug 2021.

6 Naomi Klein, This Changes Everything, 2014. [이것이 모든 것을 바꾼다, 이순희 옮김, 열린책들, 2016], 417~418쪽.

7 Andreas Malm, Corona, Climate, Chronic Emergency, 2020. [코로나, 기후, 오래된 비상사태, 우석영, 장석준 옮김, 마농지, 2021], 167~174쪽.

8 George Monbiot, I back saboteurs who have acted with courage and coherence, but I won't blow up a pipeline. Here's why, The Guardian, Apr 28, 2023.

9 Andreas Malm, In Defense of Sabotage: A response to George Monbiot, VERSO Blog, May 5, 2023.

10 Andreas Malm, We Must Nationalise Total, VERSO Blog, Oct 11, 2021.

11 Andreas Malm, Fossil Capital: The Rise of Steam Power and the Roots of Global Warming, 2016. [화석 자본, 위대한 옮김, 두번째테제, 2023], 578~585쪽.

12 Hamza Hamouchene, The energy transition in North Africa, Transnational Institute, Oct 14, 2022.

13 Sara Razai, The Soulaliyate movement: Moroccan women fighting land dispossession, War on Want, Aug 14, 2020.

14 Hamza Hamouchene, ibid.

15 Nancy Fraser, Cannibal Capitalism: How our System is Devouring Democracy, Care, and the Planet and What We Can Do About It, 2022. [좌파의 길, 장석준 옮김, 서해문집, 2023], 288쪽.

16 ibid, 288쪽.

17 ibid, 201쪽.

18 Heading for Extinction and What to do About it, Extinction Rebellion, 유튜브 동영상 참조.

19 Diyora Shadijanova, Is Extinction Rebellion Still 'Beyond Politics'?, Novara Media, Apr 18, 2023.

20 Maria J. Stephan and Erica Chenoweth, Why Civil Resistance Works, Why Civil, President and Fellows of Harvard College and the Massachusetts Institute of Technology, International Security, Vol. 33, No. 1, 2008, pp. 7~44.

21 Edward Carver, To Force Climate Action, We Need More Than Just Protests, Jacobin, Dec 11, 2020.

22 LNG export capacity from North America is likely to more than double through 2027, US Energy Information Administration, Nov 13, 2023.

23 Ella Nilsen, The Willow Project has been approved. Here's what to know about the controversial oil-drilling venture, CNN, Mar 14, 2023.

24 Bruno Latour and Nikolaj Schultz, Mémo sur la nouvelle classe écologique: Comment faire émerger une classe écologique consciente et fière d'elle-meme, 2022. [녹색 계급의 출현, 이규현 옮김, 이음, 2022], 71쪽.

25 Giacomo D'Alisa, Federico Demaria, Giorgos Kallis, Degrowth: A Vocabulary for a New Era, 2014. [탈성장 개념어 사전, 강이현 옮김, 그물코, 2018], 214쪽 재인용.

26 Serge Latouche, Pour sortir de la societe de consommation: Voix et voies

de la decroissance, 2010. [탈성장 사회, 양상모 옮김, 오래된 생각, 2014], 66쪽.

27 ibid, 73쪽.

28 Matthias Schmelzer, Andrea Vetter, Aaron Vansintjan, The Future is Degrowth: A Guide to a World beyond Capitalism, 2022. [미래는 탈성장, 김현우, 이보아 옮김, 나름북스, 2023], 232쪽.

29 ibid, 237쪽.

30 Serge Latouche, ibid, 78쪽.

31 Michael Löwy, Bengi Akbulut, Sabrina Fernandes and Giorgos Kallis, For an Ecosocialist Degrowth, Monthly Review, Apr 01, 2022.

32 John Bellamy Foster, Planned Degrowth: Ecosocialism and Sustainable Human Development, Monthly Review, Jul 01, 2023.

33 Jason Hickel, The Double Objective of Democratic Ecosocialism, Monthly Review, Sep 01, 2023.

34 Alexis Massol-González, Avril Andromache Johnnidis and Arturo Massol-Deyá, The Evolution of Casa Pueblo, Puerto Rico, International Institute for Environment and Development, Aug 2008.

35 ibid.

36 Salome Ramirez, 'We're Building Another Puerto Rico: Communities Adapt to Climate Change', VOA, Mar 25, 2023.

37 Alexis Massol-González et al., ibid.

38 Katherine Rapin, The Grassroots Movement That Built Puerto Rico's First Community-Owned Microgrid, Next City, Jun 10, 2023.

39 Meghan Mooney and Katy Waechter, Puerto Rico Low-to-Moderate Income Rooftop PV and Solar Savings Potential, The National Renewable Energy Laboratory, Dec 17, 2020.

40 Alejandro de la Garza, In Puerto Rico, a Small Town Takes Climate Action Into Its Own Hands, The Times, Mar 20, 2023.

41 ibid.

42 Kurt Iveson, The Sydney "Green Bans" Show How We Can Transform Our Cities, Jacobin, Jul 10, 2021.

43 Meredith Burgmann and Verity Burgmann, Green Bans movement, Dictionary of Sydney, 2011.

44 Chloe Rafferty, Socialism can only come through revolution, Redflag, Feb 25, 2019.

45 Verity Burgmann, Jack Mundey, Labour History Melbourne, May 18, 2020.

46 Wendy Bacon, Jack Mundey was an Australian hero who saved Sydney from the bulldozers and shaped a generation of activists, The Guardian, May 12, 2020.

47 Jim O'Rourke, Mundey fighting for fig trees yet again, The Sydney Morning Herald, December 11, 2011.

48 Jack Mundey honoured with memorial tree planting, Randwick City Library, Jun 15, 2021.

49 In Celebration: Jack Mundey and the Green Bans, Project for Peace & Justice by Jeremy Corbyn, 유튜브 영상 참조.

50 Jack Mundey, For Jack Mundey, Union Militancy and Environmentalism Went Hand in Hand, Jacobin, Mar 14, 2020.

51 Christos Avramidis, Inside Vio.Me, Greece's only worker-managed factory that's operated for over 10 years, The Real News Network, Mar 8, 2023.

52 ibid.

53 Niko Georgiades, Occupy, Resist, Produce: Inside the Self-Managed Factory of Vio.Me., Unicorn Riot, Apr 16, 2019.

54 Insorgiamo: the story of how workers of an Italian factory are creating history, Peoples Dispatch, Jan 10, 2024.

55 Lukas Ferrari, #Insorgiamo: A Factory Occupation for the Climate, The Rosa Luxemburg Foundation, Nov 5, 2022.

56 Jason Hickel, ibid.

57 ibid.

58 Kathy Marks, Blair issues apology for Irish Potato Famine, Independent, Jun 2, 1997.

59 Eamonn Slater, Marx on the colonization of Irish soil, Department of

Sociology, Maynooth University.

60 ibid.

61 Christine Kinealy, Food Exports from Ireland 1846~47, 18th~19th Century History, Features, Issue 1, The Famine, Volume 5, 1997.

62 Monoculture and the Irish Potato Famine: cases of missing genetic variation, Berkeley University of California. 웹사이트 참조.

63 Kelly Oakes, The seed guardians of Peru trying to save the potato, BBC, Oct 3, 2023.

64 Indigenous Potato Seeds Safeguarded for Future Generations in Arctic Seed Vault, Sustainable Development Goals, Sep 9, 2015.

65 Karl S Zimmerer, Judith A Carney, Steven J Vanek, Sustainable smallholder intensification in global change? Pivotal spatial interactions, gendered livelihoods, and agrobiodiversity, Current Opinion in Environmental Sustainability, Volume 14, Jun 2015, pp. 49~60.

66 Fossils, Fertilizers, and False Solutions, Center for International Environmental Law, Oct 6, 2022.

67 Linking Fossil Fuels And Pesticides To Greenhouse Gases, Pesticide Action Network, Aug 18, 2023.

68 Conserving plant genetic diversity crucial for future food security, UN News, Oct 26, 2010.

69 Pat Mooney and Nnimmo Bassey, The Road to Food Sovereignty, Fair World Project, May 23, 2018.

70 Cat Mizzi-Orrell, "Three Sisters" Garden, The Office of Sustainability, Oct 10, 2022.

71 Emily A Poppenborg, Martin Felipe Librán, Embid Adewole Olagoke, Push-pull tech for sustainable agricultural intensification in East Africa, Open Access Government, Jun 28, 2021.

72 Jonathan Watts, 1% of farms operate 70% of world's farmland, GRAIN, Nov 26, 2020.

73 Million Belay, Bridget Mugambe, Bill Gates Should Stop Telling Africans

What Kind of Agriculture Africans Need, Scientific American, Jul 6, 2021.

74 Alexander Zaitchik, The New Colonialist Food Economy, The Nation, Sep 18, 2023.

75 Thalia Beaty, Bill Gates: Technological innovation would help solve hunger, AP, Sep 13, 2022.

76 Food, Farming, and Africa: An Open Letter to Bill Gates, Alliance for Food Sovereignty in Africa, Common Dreams, Nov 10, 2022.

77 Grey Moran, Global Leaders Bypass Real Agriculture Reform Again at COP28 Climate Summit, Civil Eats, Dec 12, 2023.

78 Rachel Sherrington, Clare Carlile and Hazel Healy, Big meat and dairy lobbyists turn out in record numbers at Cop28, The Guardian, Dec 9, 2023.

79 Nick Estes, Bill Gates is the biggest private owner of farmland in the United States. Why?, The Guardian, Apr 5, 2021.

80 Bill Gates, We should discuss soil as much as we talk about coal, Gates Notes, Mar 26, 2019.

81 Declaration of Nyéléni, Forum for Food Sovereignty, Feb 27, 2007.

82 ibid.

83 Peter M. Rosset and Maria Elena Martinez-Torres, La Via Campesina and Agroecology, La Via Campesina's Open Book: Celebrating 20 Years of Struggle and Hope, May 2013.

84 Gabriela Moncau, Landless Workers' Movement celebrates 40 years and becomes the longest-running peasant movement in Brazil, Brasil De Fato, Jan 22, 2024.

85 Peter M. Rosset and Maria Elena Martinez-Torres, ibid.

86 Sarah Duddigan, Zero Budget Natural Farming: a low-cost farming system that could achieve similar yields to organic and conventional techniques, University of Reading, Dec 5, 2022.

87 Stéphane Parmentier, Scaling up Agroecological Approaches: What, Why & How?, Oxfam-Solidarity, Belgium, Jan 2014.

88 J. N. Pretty et al, Resource-Conserving Agriculture Increases Yields in

Developing Countries, American Chemical Society, Dec 21, 2005.

89 Organic Agriculture and Food Security in Africa, UNEP-UNCTAD Capacity-building Task Force on Trade, Environment and Development, 2008.

90 Agroecological and other innovative approaches, the High Level Panel of Experts on Food Security and Nutrition, July 2019.

91 Climate change, adaptation, and the potential of agroecology, International Panel of Experts on Sustainable Food Systems 웹사이트 PDF 인용.

92 Sarah K. Lowder, Marco V. Sánchez and Raffaele Bertini, Which farms feed the world and has farmland become more concentrated?, World Development, Volume 142, June 2021.

93 Melissa Valdivia, In Peru, ancestral values shine during COVID-19 crisis, MAHB, Sept 10, 2020.

94 Mike Davis, Who Will Build the Ark?, New Left Review 61, Jan-Feb 2010.

95 Max Ajl, The Hypertrophic City vs The Planet of Fields, Towards a Study of Planetary Urbanization, Jan 2014, pp. 533~550.

96 James Shea, Detroit community garden founder kicks off lecture series honoring VCU grad who fought for food security, VCU News, Feb 23, 2023.

97 Keep Growing Detroit 웹사이트 참조.

98 Malachi Barrett, Detroit's new urban farming director targets land access issues, BridgeDetroit, Sep 11, 2023.

99 James Shea, ibid.

100 Bill Loomis, Hazen Pingree: Quite possibly Detroit's finest mayor, Detroit News, Feb 8, 2020.

101 Melvin G. Holli, From Reform in Detroit–Hazen S. Pingree and Urban Politics, 1969, 70.

102 History of Community Garden Movement in America–Part 2: Pingree's Potato Patches, Detroit, Community Gardeners of Maricopa County, Jun 30, 2018.

103 Alexandra W. Lough, Hazen S. Pingree and the Detroit Model of Urban

Reform, American Journal of Economics and Sociology, Volume 75, Issue 1, Jan 18, 2016.

104 Bill Loomis, ibid.

105 Megan E. Springate, Victory Gardens on the World War II Home Front, NPS Cultural Resources Office of Interpretation and Education, Nov 16, 2023.

106 The US Home Front During World War II, HISTORY.COM, Nov 15, 2022.

107 jwalton, Reclaiming Victory Gardens from Our Racist History, Green America, Apr 21, 2020.

108 Jeff Burton, Garden Management Plan: Gardens and Gardeners at Manzanar, National Park Service, 2015.

109 Katherine Martinko, Climate Victory Gardens Continue to Sprout Across the Country, Treehugger, Mar 21, 2022.

110 Elias Ferrer, Can We Learn From Cuba's Sustainable Revolution?, Forbes, Oct 19, 2018.

111 Katie Cashman, Pioneering urban agriculture, Digital Monthly Archive Contributors, Oct 19, 2018.

112 Sustainable Agriculture in Cuba: Interview with Margarita Fernandez, PhD (Part One), On Cuba News, Nov 6, 2023.

113 Katie Cashman, ibid.

114 The Urban, Peri-urban and Family Agriculture Program in Cuba and Municipal Self-sufficiency in Food Supply, Food and Agriculture Organization, Sep 30, 2023.

115 ibid.

116 Georgia Silvera Seamans, An African American Tree Activist Lived in Brooklyn, Brooklyn Botanic Garden, Mar 14, 2023.

117 Michael Hardman, Understanding guerrilla gardening: an exploration of illegal cultivation in the UK, Birmingham City University, Working Paper Series, no. 1, 2011.

118 Valeria Ricciulli, In the 1970s, the Bronx was burning, but some residents were rebuilding, Curbed, May 3, 2019.

119 Diogomaye Ndiaye, How the Bronx Burned, How the Bronx Burned, Sep 14, 2020.

120 How Radical Gardeners Took Back New York City, Open Culture, Jun 25, 2021.

121 Sarah Shearman, In New York City's Lower East Side, gardening is a political act of resistance, The Guardian, Aug 11, 2015.

122 New York Gardens Threatened With Destruction!, Urban Agriculture Notes, No. 87 – October 28, 2002 – East Coast Greenway Celebration.

123 Peter Linebaugh, Stop, Thief!: The Commons, Enclosures, and Resistance, 2014. [도둑이야, 서창현 옮김, 갈무리, 2021], 26쪽.

124 Guy Standing, Plunder of the Commons: A Manifesto for Sharing Public Wealth, 2019. [공유지의 약탈, 안효상 옮김, 창비, 2021], 43쪽.

125 George Caffentzis, Silvia Federici, Commons against and beyond capitalism, Community Development Journal, Volume 49, Issue suppl_1, Jan 2014, pp. 92~105.

126 Peter Linebaugh, ibid, 60쪽 재인용.

127 Peter Linebaugh, Some Principles of the Commons, CounterPunch, Jan 8, 2010.

128 George Caffentzis, ibid.

129 A Declaration from the Poor Oppressed People of England, Gerrard Winstanley, 1649.

130 Wren Awry, This 1960s Anarchist Group Believed Food Should Be Free, Atlas Obscura, Oct 3, 2023.

131 Return of the Diggers, Anarchist Communist Federation, 1996.

132 Jordan Buser, A worried mother wanted to build a communal garden in Durban, she was murdered for it, Maverick Insider, Jun 1, 2022.

133 John Vidal, Guerrilla gardeners plot to reclaim the world, The Guardian, Apr 22, 2000.

134 Ciarán Fahey, How Berliners refused to give Tempelhof airport over to developers, The Guardian, Mar 8, 2015.

135 Costas Kantouris, European volunteers help Greek 'bailout gardens', AP, Apr 28, 2014.

136 https://r-urban-wick.net/, R-URBAN 웹사이트 참조.

137 Constantin Petcou and Doina Petrescu, R-URBAN or how to co-produce a resilient city Constantin Petcou and Doina, www.ephemerajournal.org volume 15(1), pp. 249~262.

138 Guillaume Pajot, The secret gardens of Rohingya refugees, Equal Times, Jan 28, 2020.

139 Ariel Hessayon, The Diggers' Song, Counterfire, Apr 26, 2023.

140 Markus Krajewski, The Great Lightbulb Conspiracy, IEEE Spectrum, Sep 24, 2014.

141 Cory Doctorow, For 90 years, lightbulbs were designed to burn out. Now that's coming to LED bulbs, Boing Boing, Jul 15, 2016.

142 Kamilla BAŠA, Emese SZABÓ FARKAS, Buying behavior and planned obsolescence in the fashion, Sociálno-ekonomická revue, Feb 2022.

143 Bernard London, Ending the Depression Through Planned Obsolescence, 1932.

144 David Elikwu, Planning for Obsolescence, The Knowledge, Oct 11, 2021.

145 ibid.

146 Obsolescence fact check, Federal Environment Agency and Institute for Applied Ecology, Jan 3, 2015.

147 Rachel Ramirez, Electronic waste has grown to record levels. Here's why that's a huge problem, CNN, Mar 20, 2024.

148 권승문, '수리할 권리'로 1년 동안 자동차 500만대 도로서 없앨 수 있다, 프레시안, 2023.07.29.

149 Mike Anane, Your old electronics are poisoning people at this toxic dump in Ghana, WIRED UK, Nov 26, 2020.

150 Children and digital dumpsites: e-waste exposure and child health, WHO, Jun 15, 2021.

151 Narendra Singh, Oladele A. Ogunseitan, Disentangling the worldwide

web of e-waste and climate change co-benefits, Circular Economy, Volume 1, Issue 2, Dec 2022.

152 Mike Anane, ibid.

153 Serge Latouche, Bon pour la casse! Les deraisons de l'obsolescence programmée, 2012. [낭비 사회를 넘어서, 정기헌 옮김, 민음사, 2014], 17쪽.

154 ibid, 67쪽.

155 Ann Larson, The Secret Anti-Socialist History of Supermarkets, Jacobin, Aug 19, 2022.

156 ibid.

157 Stephen Dubner, How the Supermarket Helped America Win the Cold War, LinkedIn, Aug 1, 2019.

158 Ann Larson, Ibid.

159 Scott Johnson, Baldwin's town-owned food market sparks national political discussion, News4JAX, Dec 15, 2019.

160 Sally Edelstein, Mom's Suburban Supermarket Adventures, Envisioning The American Dream, Mar 18, 2013.

161 Diana Ivanova et al., Environmental Impact Assessment of Household Consumption, Special Issue: Linking Local Consumption to Global Impacts, Volume20, Issue3, Jun 2016.

162 Emily Stewart, How 9/11 convinced Americans to buy, buy, buy, VOX, Sep 9, 2021.

163 Sonia Cissé et al., In the Crosshairs: Planned Obsolescence, Lexology, Mar 31, 2020.

164 Simone De La Feld, EU crackdown on greenwashing and planned obsolescence is official, Eunews, Feb 20, 2024.

165 Richard Orange, Waste not want not: Sweden to give tax breaks for repairs, The Guardian, Sep 19, 2016.

166 Rachel Ramirez, The plastic water bottle industry is booming. Here's why that's a huge problem, CNN, Mar 16, 2023.

167 Saul Elbein, Bottled water contains hundreds of thousands of potentially

dangerous plastic fragments: Study, Aug 1, 2024.

168 What is the carbon footprint of bottled water?, Tappwater, May 1, 2023.

169 Joey Grostern, Environmental impact of bottled water 'up to 3,500 times greater than tap water', The Guardian, Aug 5, 2021.

170 Serge Latouche, 109쪽.

171 https://zeropalermo.it/, ZERO 웹사이트 참조.

172 Kate Sope, Post-Growth Living: For an Alternative Hedonism, 2020. [성장 이후의 삶, 안종희 옮김, 한문화, 2021], 69쪽.

173 ibid, 116쪽.

174 Kurt Kohlstedt, Secrets of São Paulo Uncovered by Outdoor Advertising Ban, 99% Invisible, May 2, 2016.

175 David T. Courtwright, What is Limbic Capitalism?, Damage, Jun 2, 2021.

176 Bruce K. Alexander, Addiction: The View from Rat Park, Oxford Univ. Press, 2010.

177 Lauren Aguirre, Lessons learned — and lost — from a Vietnam-era study of addiction, STAT, July 19, 2021.

178 Johann Hari & Naomi Klein: Does Capitalism Drive Drug Addiction?, Democracy Now, Mar 11, 2015.

179 Mïa et Marie du projet huje, Les voisins peuvent devenir maîtres d'ouvrage de l'espace public, Envies de ville. Sep 29, 2020.

180 Peter Yeung, 'It's a beautiful thing': how one Paris district rediscovered conviviality, The Guardian, Jul 14, 2022.

181 Ella Jelidi, Bettina de Guglielmo et Laurène Rocheteau, Paris: un collectif d'habitants veut pouvoir choisir ses commerçant, BFM, Nov 4, 2022.

에필로그

1 Today in London traffic history, 1995: Reclaim the Streets block Camden

High Street to party against car culture, London Radical Histories, May 14, 2019.

2 Emilia Weber, The Liverpool Dockers and Reclaim the Streets: Creating Spaces of Solidarity, Green Letters, Studies in Ecocriticism, Volume 27, 2023.

3 Walter Benjamin, On the Concept of History, 1940. [역사의 개념에 대하여, 최성만 옮김, 길, 2008], 337쪽.